实践技能课程系列教材

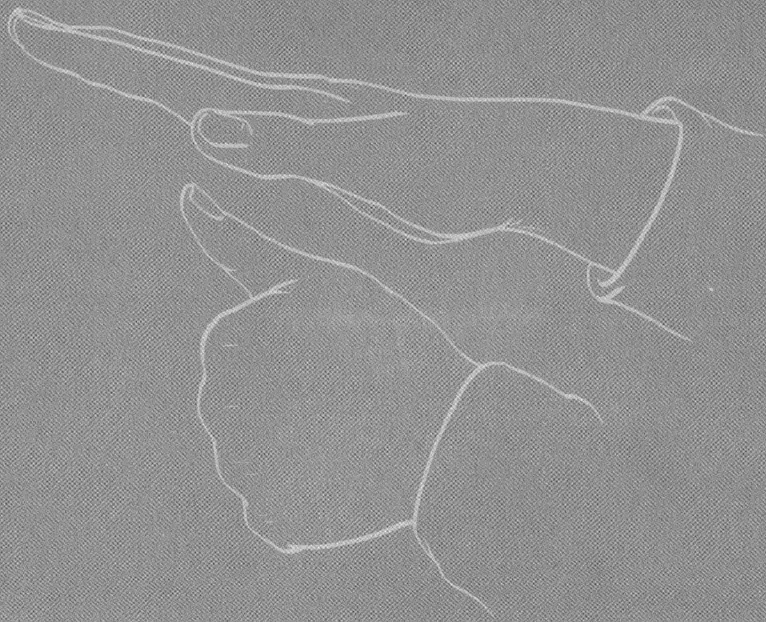

基础手语实训教程

王　敏◇主编

北京大学出版社
PEKING UNIVERSITY PRESS
黑龙江大学出版社
HEILONGJIANG UNIVERSITY PRESS

图书在版编目（CIP）数据

基础手语实训教程 / 王敏主编. -- 哈尔滨 : 黑龙江大学出版社 ; 北京 : 北京大学出版社, 2018.4（2020.9 重印）
ISBN 978-7-5686-0216-7

Ⅰ. ①基… Ⅱ. ①王… Ⅲ. ①手势语－中国－教材
Ⅳ. ①H126.3

中国版本图书馆 CIP 数据核字（2018）第 084211 号

基础手语实训教程
JICHU SHOUYU SHIXUN JIAOCHENG
王　敏　主编

责任编辑　刘　岩
出版发行　北京大学出版社　黑龙江大学出版社
地　　址　北京市海淀区成府路 205 号　哈尔滨市南岗区学府三道街 36 号
印　　刷　哈尔滨市石桥印务有限公司
开　　本　787 毫米 ×1092 毫米　1/16
印　　张　24.75
字　　数　499 千
版　　次　2018 年 4 月第 1 版
印　　次　2020 年 9 月第 2 次印刷
书　　号　ISBN 978-7-5686-0216-7
定　　价　52.00 元

前　言

随着社会文明的进步，人们对高等特殊教育的关注和研究逐步提高，聋人与健听人之间的交往也日益增多。这在一定程度上反映了以人为本的时代精神。有一种语言和社会文化备受关注，它们就是手语和聋人文化。聋人渴望与健听人沟通、融入健听人社会，由于健听人不会手语，因此聋人和健听人之间沟通、交流就会有障碍。为普及手语、便于交流，健听人需要掌握聋人的自然手语，但在这方面可供参考和学习的理论或具有实践性的资料较少。

20世纪50年代，我国就开始进行手语的规范和统一工作，改革开放以来，手语的规范和统一工作进入了一个新阶段。《聋哑人通用手语草图》（1960年中国盲人聋哑人协会出版）和新世纪初的《中国手语（修订版）》（2003年华夏出版社出版），标志着不同时期我国手语研究的成果和水平，是几代聋人和聋人工作者集体智慧的结晶，为我国手语的进一步研究和发展奠定了基础。随着人们对手语语言地位的认可和确认，聋人群体受到了更多的关注和尊重。近几年来，手语研究在国内也引起了许多教育专家和语言学家的兴趣，并有了一些相关研究成果。但多数研究是针对中国手语本身规律的探究，中国手语与自然手语的比较研究不常见，其实它们有着不同的手语词汇和句法，而且它们之间仍然存在着语言的普遍性，在这种背景下，开展中国手语和自然手语的比较研究是十分必要的。

本书旨在为中国手语与自然手语学习者提供便利条件，并通过一些常用的手势动作对比图示、说明及比较，使学习者能看得懂、学得会，有助于健听人与聋人之间相互学习和交流。

本书的特点是在简要介绍和比较中国手语与自然手语基本理论的基础上，通过常用词汇的比较，找出聋人常用词汇手语打法的基本规律，形象地展现中国手语与自然手语常用词汇之间的异同点。

为了便于健听人与聋人之间相互学习和交流，我们在设计全书框架时，将全书的结构分为上篇和下篇。

上篇为实践篇。上篇包括基础理论、词汇、句子训练、同步测试等内容，主要以聋人与健听人图片形式呈现。

下篇为综合篇。下篇主要包括五个场景对话和综合练习两部分，场景对话以聋人视频形式呈现。

图片是按照先说中国手语再说自然手语的顺序排列的，观看图片按照从左到右、从上到下的顺序。下篇的第一部分场景对话的五个主题配有视频，读者可以通过扫描各个主题右侧的二维码观看视频。

本书是参编人员根据各自研究特长，在大家共同努力下完成的，是集体智慧的结晶。教材编写分工：实践篇中基础理论部分、词汇部分及综合篇中场景对话的视频部分主要由绥化学院教育学院教师王敏完成；实践篇中句子训练与同步测试主要由绥化学院教育学院教师高文智完成；综合篇中场景对话文字部分由绥化学院教育学院教师贾天龙完成；综合篇中综合练习部分由绥化学院教育学院教师张百慧完成。参与书中图片的真人实景拍摄工作的有任广鑫（绥化学院教育学院特殊教育专业 2011 级学生），尤海（绥化学院特殊教育学院听障班 2013 级学生），苗卉、孙秋月（绥化学院特殊教育学院听障班 2016 级学生）。同时要感谢徐添福（绥化学院教育学院特殊教育专业 2016 级学生）为本书后期视频制作所提供的帮助。本书在编写过程中，得到了绥化学院和教育学院领导的大力支持与鼓励，得到了国内特殊教育领域同人的帮助，在此我们表示衷心感谢。

由于目前国内关于中国手语与自然手语比较方面的研究较少，尚无可借鉴之处，再加上时间仓促和编写者的水平有限，书中存在不妥之处，望指正！

此图片中的人的手势代表中国手语：

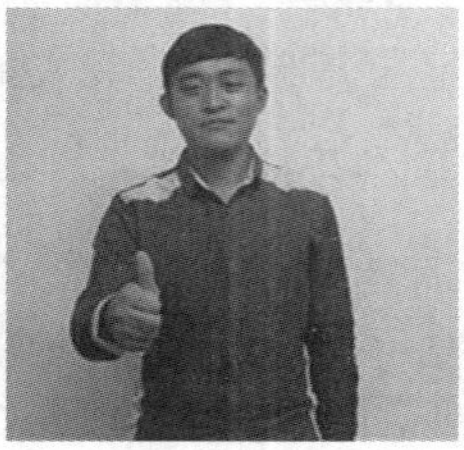

此图片中的人的手势代表自然手语：

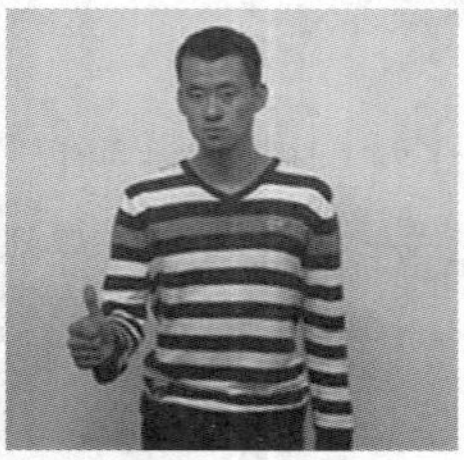

编者

2017 年 3 月

目　录

上　篇　实践篇

下　篇　综合篇

上　篇　实践篇

绪 论

一、手语的概念及类型

手语,就是用手来表达思想、情感等的语言,是语言的一种。手语主要是聋人使用的语言。因为聋人听不到声音,也不能说话,所以只能用眼睛看,用手的动作配合表情和姿势来表达意思。所以,手语是聋人进行思想交流和社会交际的主要工具。简单地说,手语是一种社会现象,是人类交往的一种特殊现象与工具,是聋人的手势视觉符号,是聋人交际的一种特殊的语言表达方式。

手语作为一种独立的语言,它有手指语和手势语两种。手指语也叫指语,是用手指的不同指式来代表不同的字母,按有声语言的规律拼出词汇、句子来表达意思,是手语的一种。1963 年通过的《汉语手指字母方案》中规定了 30 个指式。手势语主要是双手的不同动作,构成一定的意思。手势语有自然手势和人为手势之分:自然形成的简单的指点和形象的模仿,与有声语言和文字关系不大的手势叫作自然手势;在有声语言和文字基础上人为地创造出来的与有声语言相关的手势叫作人为手势。《中国手语》一书中共收录了手势语词汇 5 586 个。

二、中国手语的发展

研究、推广手语的职能最初由中国盲人聋哑人协会负责。1988 年中国残疾人联合会(简称中国残联)成立,中国盲人聋哑人协会并入中国残联,该职能自然转由中国残联负责。1995 年,国务院的"定职能、定机构、定编制"方案明确了中国残联负责研究、推广手语的职能。2001 年,中央机构编制委员会办公室的《关于印发〈中国残疾人联合会机关主要职责、内设机构和人员编制方案〉的通知》再次明确中国残联教育就业部承担"负责盲文、手语的研究与推广"的职能。手语是聋人表达思想、进行交际的工具。我国地域辽阔,存在众多的地方手语,给聋人之间的交流带来了不便。确定规范和统一的手语,对实现聋人"平等、参与、共享"具有至关重要的作用。从 20 世纪 50 年代开始,我国就开始手语的规范和统一工作。

1959 年,中国盲人聋哑人协会整理修订了《聋哑人通用手语草图》,报请内务部、教育部、中国文字改革委员会批准试行，先后共出版了4辑、含2 000个手势图示。1960年，内务部、教育部、中国文字改革委员会批转中国盲人聋哑人协会“关于修订聋哑人通用手语工作方案”的通知，提出了修订通用手语的原则，即：手语与现实生活相一致的原则、手势与手指字母相结合的原则、手语与口头语及书面语相一致或接近的原则、保持形象化和清晰易辨的原则，要求各地在试行期间应向聋人群体宣传通用手语的重要性，同时，并应说明，推行通用手语并不排除地方手语，两者可以并存。1979年，中国盲人聋哑人协会在草图的基础上重新绘图，又出版了两辑《聋哑人通用手语图》，1982年中国盲人聋哑人协会讨论和制定了640个新词手势动作，并由民政部、教育部、中国文字改革委员会批准试行和推广。中国盲人聋哑人协会联合有关部门先后召开过四次手语工作会议，为制定规范统一的通用手语做准备。中国聋人协会又组织专家在原有手语研究的基础上，结合有声语言和手指语的使用，编辑出版了统一规范的《中国手语》。中国聋人协会又编辑出版了《中国手语（续集）》，这已成为我国手语规范、统一成果的具体体现。自20世纪80年代以来，在国家制定的历次残疾人事业五年工作纲要中，在国家教育行政部门有关聋教育的文件中，多次提出要推行和使用《中国手语》，明确以规范统一的《中国手语》作为我国官方推广的通用手语。1991年，民政部、国家教育委员会、国家语言文字工作委员会、中国残疾人联合会共同下发《关于在全国推广应用〈中国手语〉的通知》，提出在公共场合、学校教育教学方面必须使用《中国手语》，高校特教专业应将《中国手语》列为教学内容等要求。在这期间，由中国残联和中国聋人协会举办的国家级手语培训班达4期，培训手语翻译数百人。同时，各级残联也举办了不同层次的中国手语培训班，培养了相当数量的手语翻译人员。为适应新形势需要，中国残联教育就业部和中国聋人协会于2001年7月，共同委托北京师范大学特殊教育研究中心，组织了由聋协主席、聋人代表、手语专家、聋校教师共同组成的中国手语修订专家小组对《中国手语》进行修订的工作。整个修订工作，历时近2年，最终于2003年4月完成并出版发行。

邓朴方同志为此题词：“规范中国手语，畅通交流渠道。”为充分了解各地对手语研究和推广的意见与建议，2004年6月中国残联教育就业部和中国聋人协会又在全国范围内进行问卷调查，广泛地征求了特教学校聋生、社会成年聋人、聋校教师、手语翻译以及热心学习手语的健听人对手语研究与推广工作的意见。全国共有27个省、市、自治区参与调查，收回有效问卷5 547份，数据收集完毕后对有效问卷进行编码处理，采用SPSS（Statistical Package for the Social Science）11.5统计软件包进行列联表统计分析。调查数据显示：不同被调查者均认为当前和今后一个时期首要工作为继续解决手语统一和规范问题，特别是手语为教学服务、手语拼打规则研究和手语词汇丰富问题；近80%的被调查者同意将《中国手语》作为全国统一、规范的聋人手语加以推广；有80%的被调查者认为《中国手语》推广存在的主要问题是没有系统培训和宣传不够；被调查者普遍认为应该将聋校师生作为推广《中国手语》的重点对象，更有80%

的被调查者建议在聋校开设手语课程。

三、中国手语的一般基本规律

(一)手势语词汇的分类

任何一种语言都有丰富的词汇,手势语也不例外。从手势语词汇的造词类型这一角度来看,由于我国聋人手势语的手势动作是根据汉语的字、词表示出来的,所以与汉字的造字方法有相似之处。古人分析汉字的造字方法有象形、指事、会意、假借、形声、转注"六书"之说,但手势动作与汉字造字方法又不完全相似,所以,手势语词汇主要可分为指事、象形、会意、表音、仿字、结合六种类型。

1. 指事式:直接指点所要表达的人或物。如:"我"是指一指自己,"你"是指一指对方;"前"是指一指前方,"后"是指一指后方;"鼻子""耳朵""嘴"是指一指具体部位;买东西时,只要指一指要买的东西就行了。

2. 象形式:用手的动作模仿事物的形状、动态,来表示某种意思、概念。如:将双手伸开,指尖相对,搭成"∧"形,模拟房子的外形,就表示"房子、屋子、家";类似的还有如"牛""海洋"。

3. 会意式:用手的动作,配合身体其他部位的动作、面部表情来象征某种意思,表示事物的含义、状态、发展、变化等。如"起床""冷"。

4. 表音式:用汉字读音的手势动作来表示读音相同或相似而又比较抽象的词。如"共产主义"的"义","满意"的"意",同"一"的读音相似,就借"一"的手势动作来表示。

5. 仿字式:用双手手指模拟汉字的字形或书空汉字来表达所要表示的意思。如一手拇指、食指做小圆形,另一手同样,并在下面左右移动一下,就表示"品"字。

6. 结合式:综合使用以上五种构词方法所产生的手势语词汇。如"办公室"这个词:"办"双手互拍手背,是会意式;"公"是仿字式;"室"是象形式,综合起来就是"办公室"。

(二)手势语词汇的构词特点

在现代汉语中,构成词汇的要素是最小的语音、语义结合体,叫词素,也叫语素。手势语词汇的构成与汉语词汇的构成也有相同之处,也是由最小的有意义的手势语词素构成的。如"满意"是语素"满"和"意"构成的,"办公室"是由"办""公""室"三个语素构成的。但由于其表现形式的不同也有不同点。综合起来,手势语词汇的构词特点有以下几点:

1. 简缩。将一个较复杂、由较多的词素组成的词语缩成一个简单的手势动作来表示。如"共产党"就用"共"字来表示。

2. 借代,引申。用手势动作借事物的某种特点来表示或引申出某种意义。如"中国"是借表示中式衣襟的手势引申出"中国"的意思。

3. 兼代。用同一个手势动作来表示几个同义、近义的词。如“相同”的手势也可以表示“一样”“同样”“相似”等。

4. 转注。有些词用手势一时不好表达，这时往往用转注解释的办法来表示。如“和睦”用“和”与“团结”的手势来转注解释。

5. 省略量词。量词的手势不完善，打不出，能打出的量词也往往省略掉。如“一张桌子”的“张”，“一把椅子”的“把”都不好用手势表示，只打“桌子一”“椅子一”。

6. 动宾不分。名词同该名词与相应的动词组成的动宾词组用同一个手势表示。如“吹笛子”“弹钢琴”“打鼓”这类动宾词组与宾语“笛子”“钢琴”“鼓”用同一个手势表示。

7. 词根或前缀(基本词)组词。某些有相同特征或某种有机联系的事物或活动，有时具有相同的手势语词语的词根或词的前缀。如“学校”“宿舍”“医院”“商店”都是以“房子”的手势语词语作为词根的。“教学”“教师”“教导”都是以“教”的手势作为前缀的。

8. 表情和姿势的配合。面部表情及打手势时手的活动部位、方向、频率等因素都与手势语词语的构成有直接关系。如“累”，如果在面部表情加以表现或夸大动作频率、幅度，就能表示“很累”“非常累”。

9. 手指语的配合。如打出音节的声母，也叫“字头”，构成专门符号来表示一定的词。如“部”“局”“处”“科”，用手指字母打出这几个词的声母“B”“J”“CH”“K”即可，用手势语不好表示而手指语则容易拼打的可用手指语，如姓氏中的“吴”“李”可用“WU”“LI”来表示。

10. 模糊表示。对手势语不好表达的字，聋人习惯用字形相像、手势语能表达的字来表示。如“殷”用“段”来表示，“舜”用“舞”来表示。

11. 半字表示。手势语难以表示的字，但其中一半用手势语且容易表示的，聋人习惯用半字来表示。如“祥”用“羊”来表示，“鲁”用“鱼”来表示。

（三）手势语句法的特征

由于聋人手势语是以动作和视觉为交流方式的，因此手势语也形成了自己的句法，与现代汉语的句法相比较，其主要特征是颠倒和省略。

1. 颠倒。主要有动宾颠倒，修饰与被修饰的颠倒，肯定、否定和被肯定、被否定的颠倒，主谓颠倒，疑问句颠倒，等等。如手语表示“书店我去”就是“我去书店”，“吃饭没有”就是“没有吃饭”，等等。

2. 省略。在聋人手势中，往往把一些虚词(如没有实际意义的助词、介词、连词、副词、叹词、拟声词等)、量词、动词省略掉。如“一本书”常用手语“书一”表示，“我去看电影”用手语表示为“我电影”，等等。

以上是手势语词汇语法的一些特点，掌握了手势语的内在基本规律，学起手语来就会事半功倍了。

最后强调几点：第一，初学手语一定要认真、细心，每个词语都要打得准确、规范，绝不能打得似是而非。第二，常活动手指，常和聋人交流，这样你的手语才会不断提高，不断进步。第三，打手语时一定要有面部表情和身体的姿态，否则很可能会弄混信息。第四，手语还存在中国手语和地方手语的差别，就像有声语言的普通话和方言。因此，在学好中国手语的前提下，掌握一点聋人常用的习惯打法和地方手语也是必要的。

四、中国手语与自然手语

聋人和健听人的交往是很重要的，要取得社会的理解和尊重靠聋人自己还不够，需要健听人和聋人平等合作，不仅聋人要了解健听人，健听人也要更多地了解聋人，以便达到双向沟通的目的。健听人在交往的过程中主要依赖口语，聋人在交往过程中的主要语言是手语，每个群体只掌握自己的母语，在自己的群体里面交往是不会有什么障碍的，可是如果想了解另一个群体、走进另一个群体，若不能很好地掌握对方交往时经常使用的语言，就不能达到很好交流的目的。自然手语就是聋人在交际情况下习惯使用的手势视觉符号系统，是聋人自己使用的一种语言，它是聋人群体中广泛交流思想、表情达意的工具。自然手语自成系统，成为与主流社会语言不同的语言，但是以健听人为中心，他们往往认为聋人应该向健听人靠拢，应该学习健听人的语言，所以他们对自然手语接受起来很困难。对于特殊教育专业的学生来说，他们以后很可能成为一名聋校教师，要想与聋人打交道，就一定要熟练掌握手语。目前，大部分聋校教师使用的手语都以汉语书面语的语法来规范，也就是使用中国手语，对自然手语知之甚少，这不符合聋人的思维规律和语言特征，往往起不到很好的教学效果，所以，我们必须掌握自然手语，在交流、交往过程中，以自然手语为工具教授聋人学习汉语。要想让健听人和聋人这两个群体能在一定程度上进行沟通，问题的关键在于健听人对聋人的了解，所以解决问题的最有效办法就是尽力推广自然手语，宣传聋人，让健听人学会一定的自然手语，了解聋人世界的沟通和交流方式。

第一部分　手指语

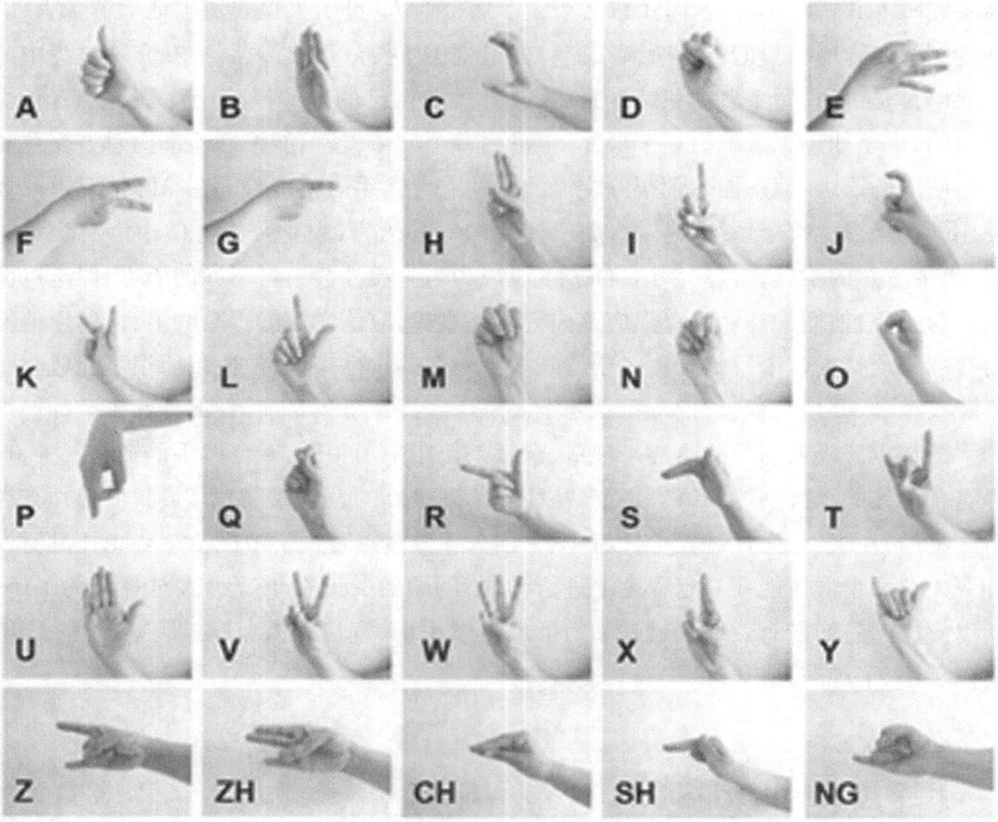

图一　汉语手指字母图

汉语手指字母方案：

A：拇指伸出，指尖朝上，其余四指握拳。

B：手掌伸直，拇指弯曲贴在掌心，其余四指并齐，指尖朝上，掌心向前。

C：拇指在下，向上弯曲，其余四指并齐，向下弯曲，拇指与四指相对，呈 C 形，虎口朝内。

D：手握拳，拇指搭在中指第二节上，虎口向后上方。

E：中、无名、小三指伸直，分开不并紧，指尖朝右，手背朝外，拇指和食指弯曲，拇指搭在食指上。

F：食、中二指伸直，分开不并，指尖向右，手背朝外，其余三指弯曲，拇指搭在无名指上。

G：食指伸直，指尖向右，其余四指握拳，手背朝外。

H：食、中二指并紧伸直，指尖向上，手心向前偏左，其余三指弯曲，拇指搭在无名指上。

I：食指伸直，指尖向上，其余四指握拳，拇指搭在中指上，手心向前偏左。

J：食指伸起带弯曲，其余四指握拳，拇指搭在中指上，手心向前偏左。

K：食指伸直，指尖向上，中指伸直跟食指成 90 度角，拇指跟中指交叉相搭，其余二指弯曲，虎口朝里。

L：拇、食二指伸直分开，形成 L 形，其余三指握拳，虎口向上，手心向前偏左。

M：拇指和小指弯回，拇指搭在小指第二节上，其余三指并齐、向下弯曲，指尖稍向下斜，临空压在拇指上，手心向前偏左。

N：无名指、小指弯回，拇指搭在无名指上，其余二指并齐，向下弯曲，指尖稍向下斜，临空压在拇指上，手心向前偏左。

O：食、中、无名、小四指并齐弯曲，拇指跟食指、中指相抵成空拳，虎口朝里，如 O 形。

P：拇指跟食指相抵成圆圈，其余三指伸直并齐，指尖向下斜伸，虎口向外稍斜。

Q：拇指跟食指、中指相捏，其余二指弯回，虎口朝里偏左。

R：拇指、食指伸出，拇指指尖向上稍斜，食指指尖向左，手心朝外，其余三指握拳。

S：食、中、无名、小四指并齐弯曲，手指靠近手掌一节跟手掌成 90 度角，拇指向上伸出，手心向左前方。

T：拇指跟中指、无名指相抵，成圆圈，食指和小指伸出，指尖向上，手心向前偏左。

U：手掌伸直，食、中、无名、小四指并齐，指尖向上，拇指分开不贴紧食指，手心向前偏左。

V：食指和中指伸直分开，呈 V 形，指尖向上，其余三指弯回，拇指搭在无名指上，手心向前偏左。

W：食、中、无名三指伸直分开，呈 W 形，指尖向上，其余二指弯回相搭，手心向前偏左。

X：中指搭在食指上，呈交叉形，指尖向上，其余三指握拳，拇指搭在无名指上，手心向前偏左。

Y：拇指和小指伸出，指尖向上，其余三指握拳，手心向前偏左。

Z：食指和小指伸直，指尖向左，手背向外，其余三指弯回，拇指搭在中指和无名指上。

ZH:食、中、小三指伸直,指尖向左,手心向外,拇指和无名指弯曲,拇指搭在无名指上。

CH:食、中、无名、小四指并齐伸直,跟拇指相捏,手背向上。

SH:食指和中指并齐弯曲,手指靠近手掌一节跟手掌成 90 度角,拇指向上伸出,无名指和小指弯回贴在手心,手心向前偏左。

NG:小指伸直,指尖向左,其余四指握拳,虎口向上,手心朝外。

第二部分 手势语

主题一:人

一、词汇

身体

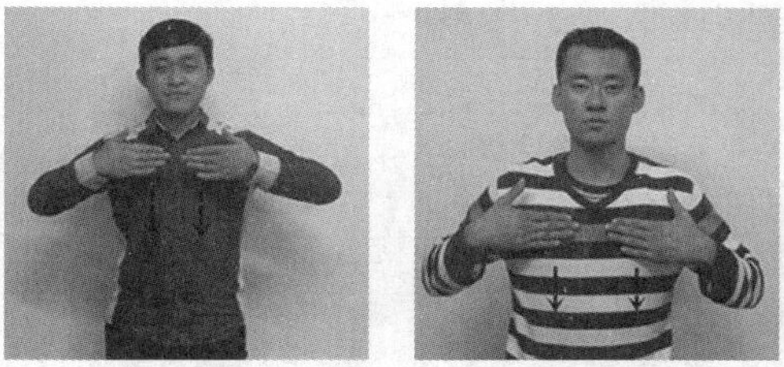

双手掌心向内,贴于胸部,
向下微移,象征身体。

头

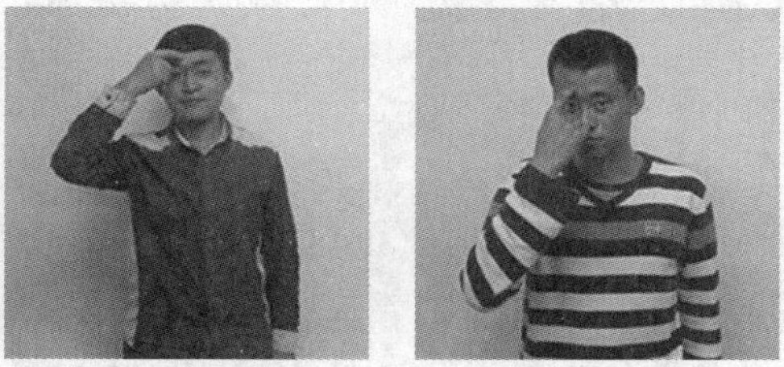

一手食指指额部。

脸

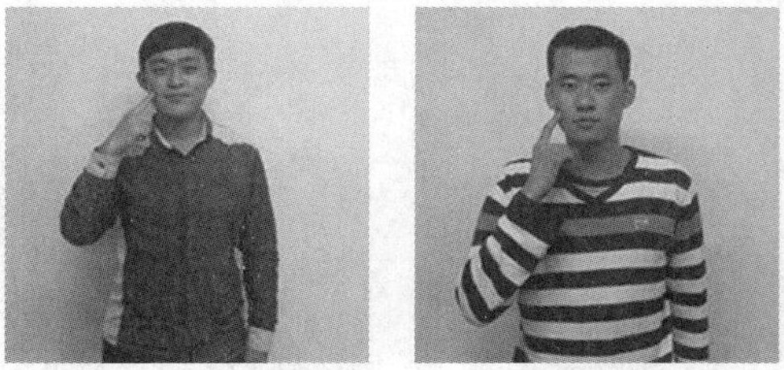

一手伸食指,并指向脸部。

皮肤

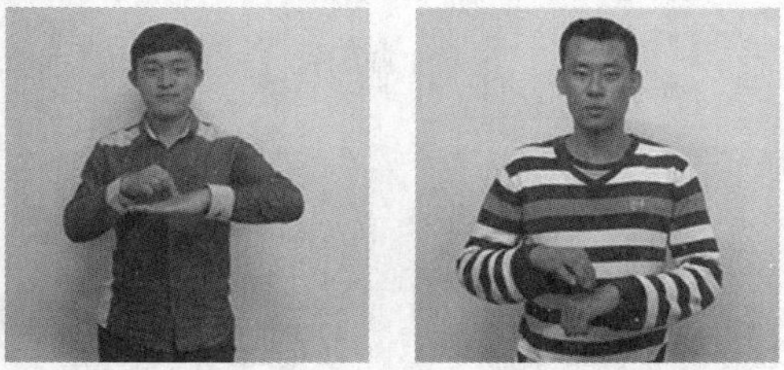

一手伸拇、食指,揪一下另一手背上的表皮。

眼

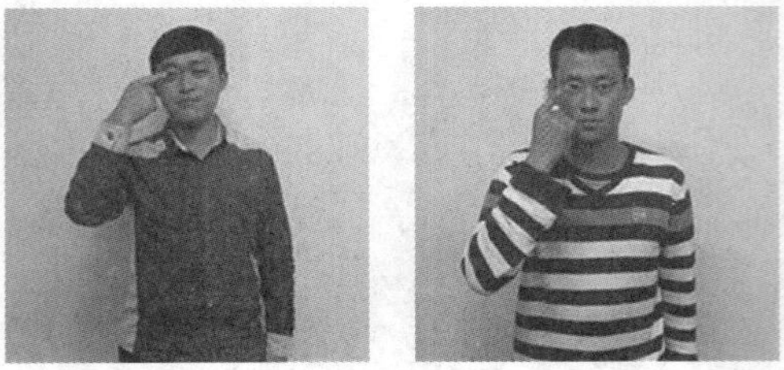

一手食指指眼部。

手

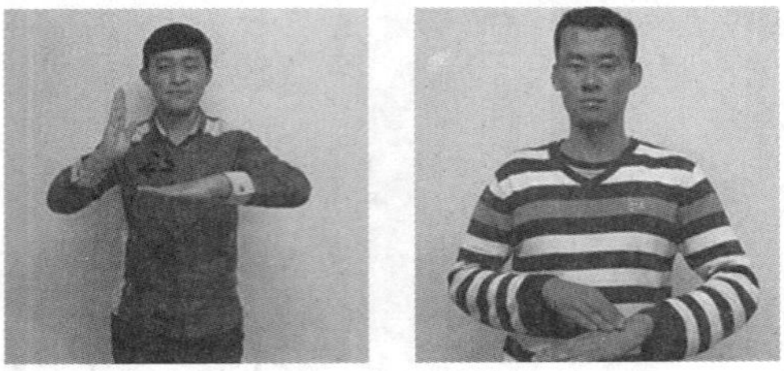

一手拍另一手背。

心

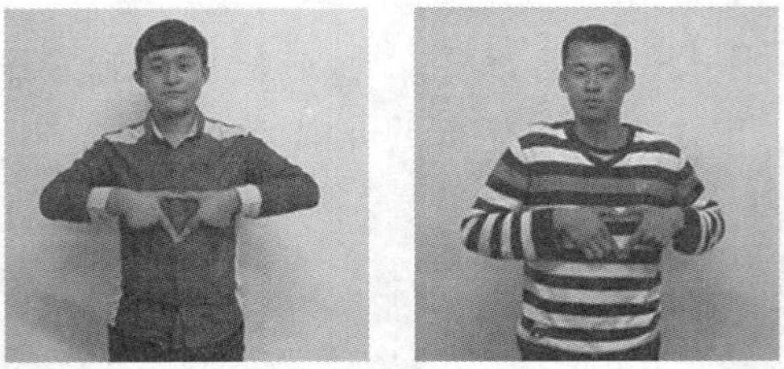

双手拇、食指搭成“♡”形，贴于左胸部。

耳

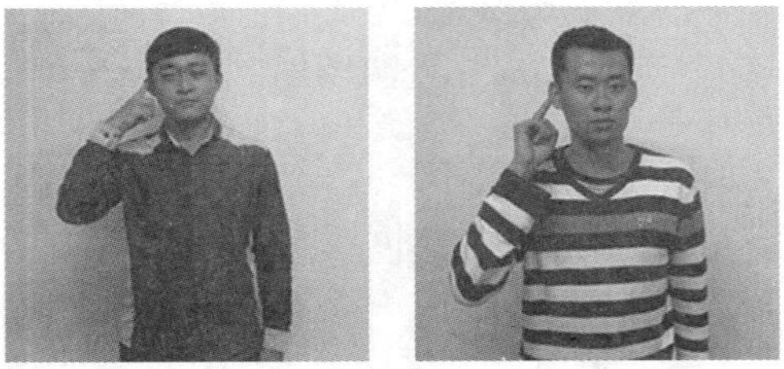

一手食指指耳朵。

鼻

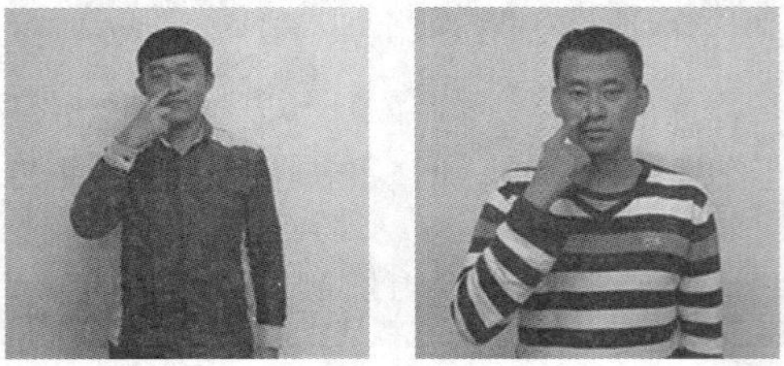

一手食指指鼻子。

舌

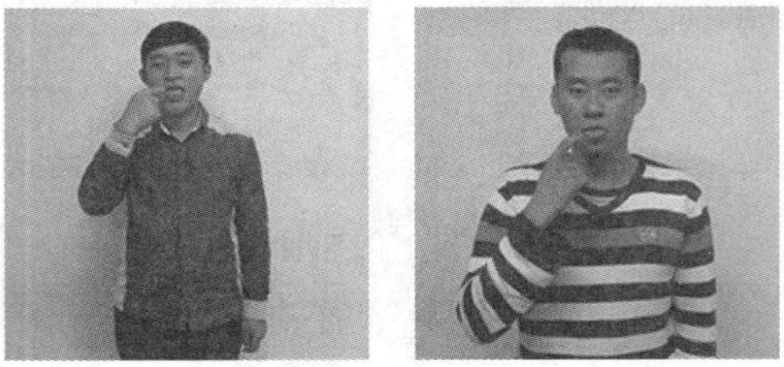

舌头伸出口外，以一手食指指舌头。

牙齿

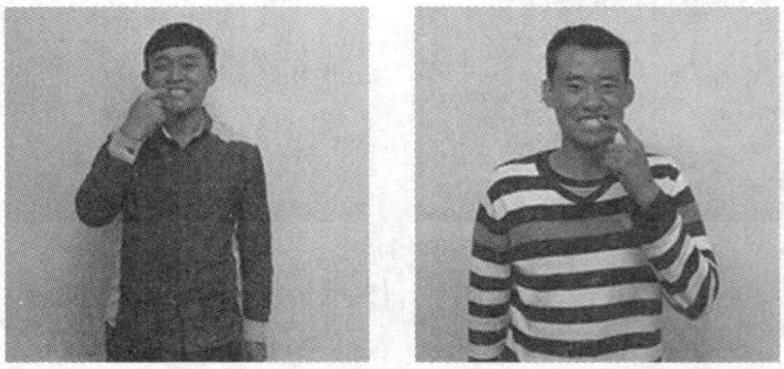

嘴张开，以一手食指指牙齿。

脚

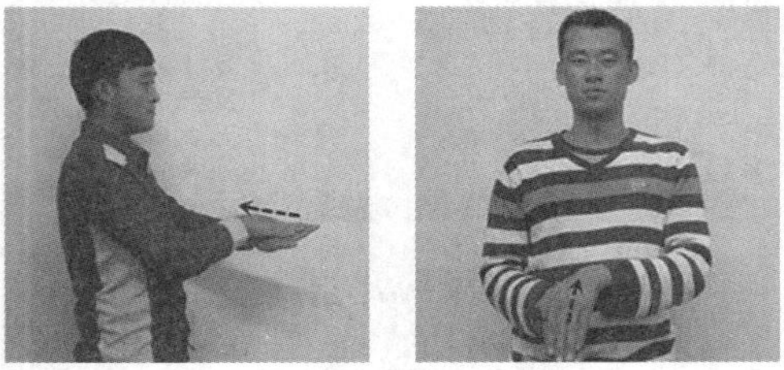

左手平伸，手背向上，五指并拢。右手掌在左手背上从前向后摸一下。

人

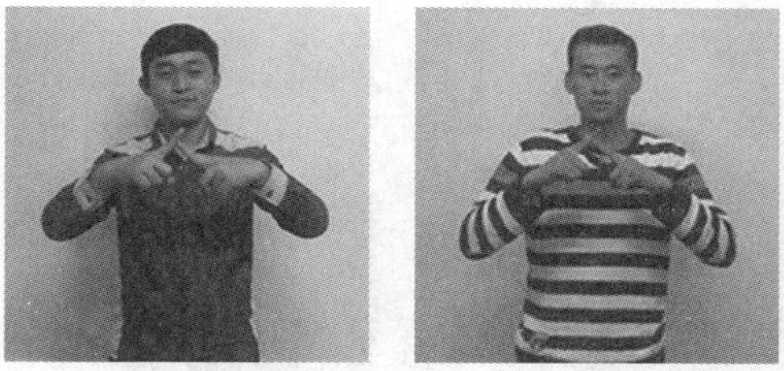

双手食指搭成“人”字形。

人民

双手食指搭成“人”字形并转一圈，表示人多的意思。

邻居

中国手语

双手拇、食指相捏，互相碰几下。双手相搭成“∧”形，向下移动一下。

自然手语

双手相搭成“∧”形，从左至右移动。（表示几个房子离得很近）

自己

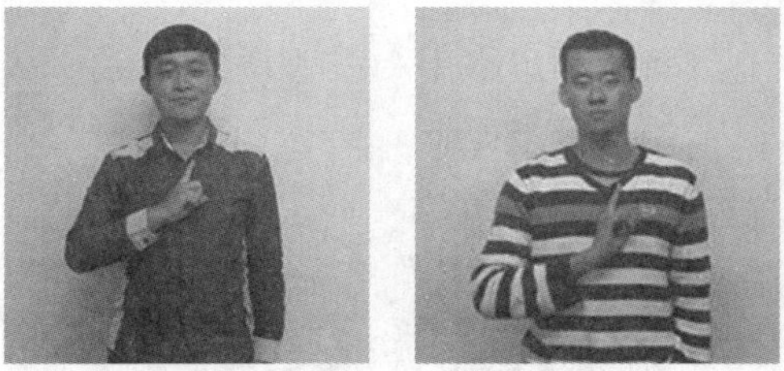

一手伸食指，指尖向上，贴于胸前。

我

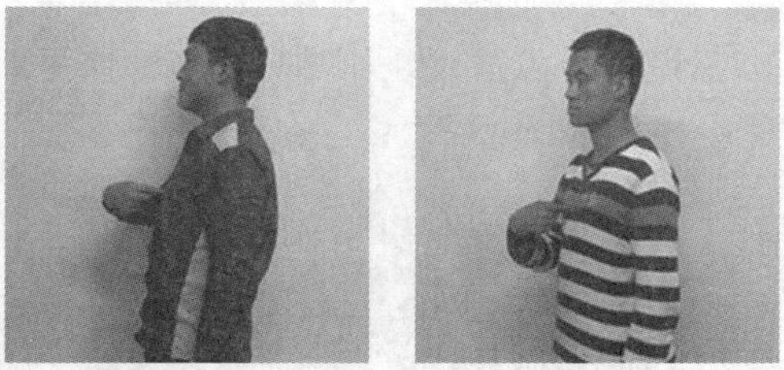

一手食指指自己。

你

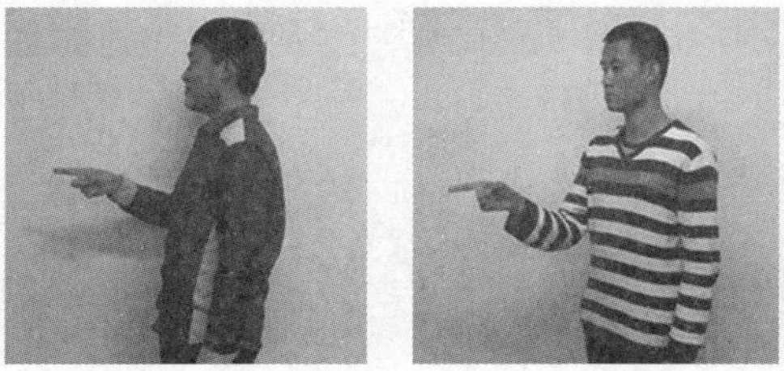

一手食指指向对方。

他（她、它）

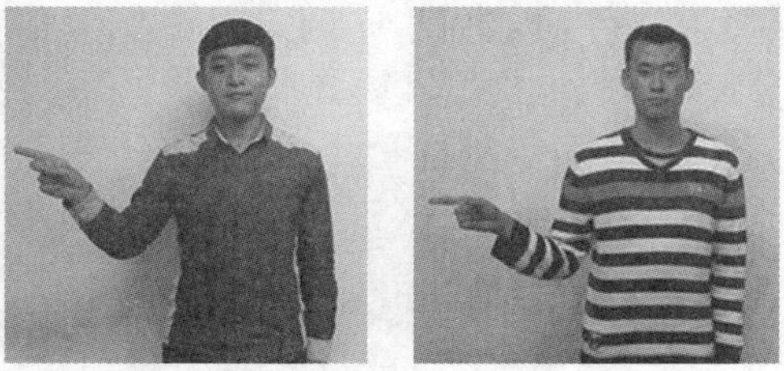

一手食指指向侧方第三者。

我们

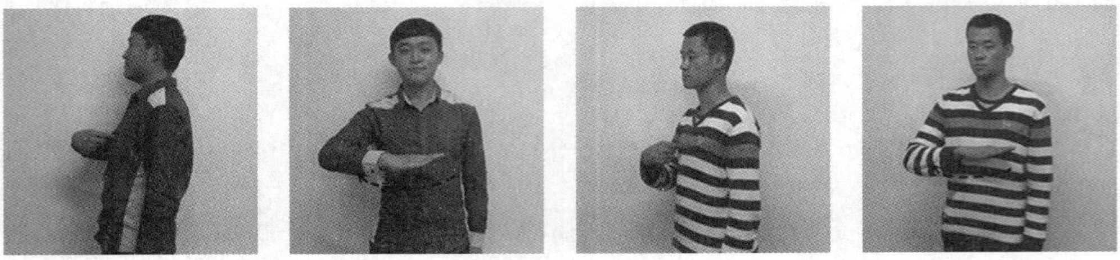

一手食指先指胸部。然后此手掌心向下，在胸前平行转一圈。

你们

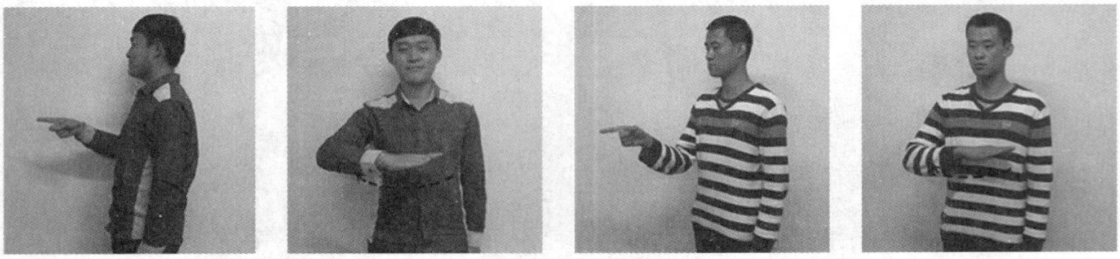

一手食指先指对方。然后此手掌心向下，在胸前平行转一圈。

他们

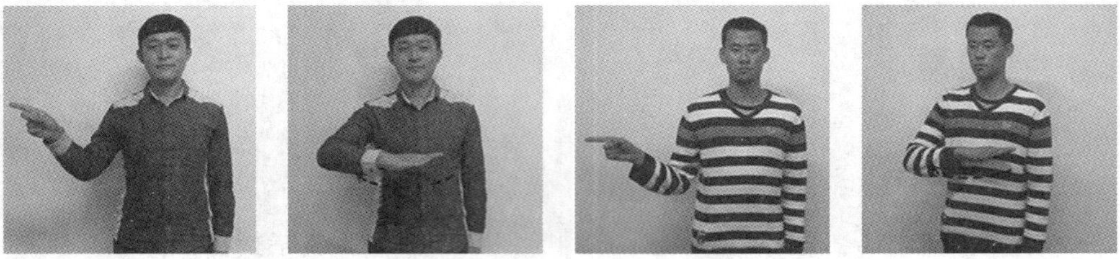

一手食指先指向侧方第三者。然后此手掌心向下，在胸前平行转一圈。

别人

一手食指指向侧方第三者。双手食指搭成“人”字形。

大家

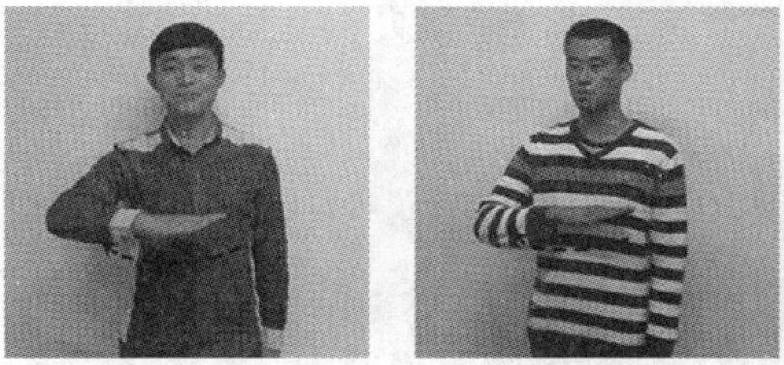

一手掌心向下，在胸前平行转一圈。

群众

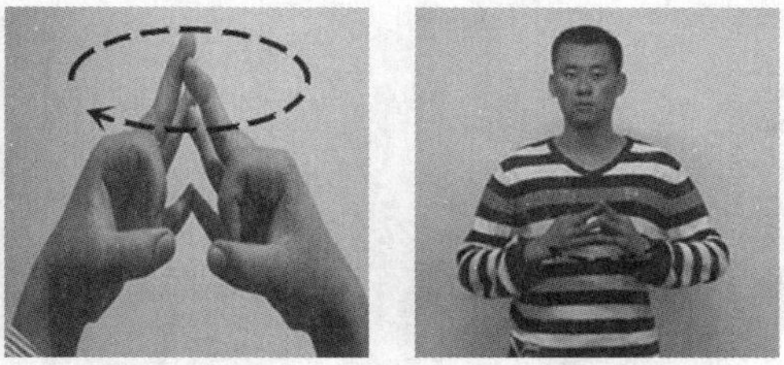

双手中、无名、小指搭成三个“人”字形，并绕一圈。

同事

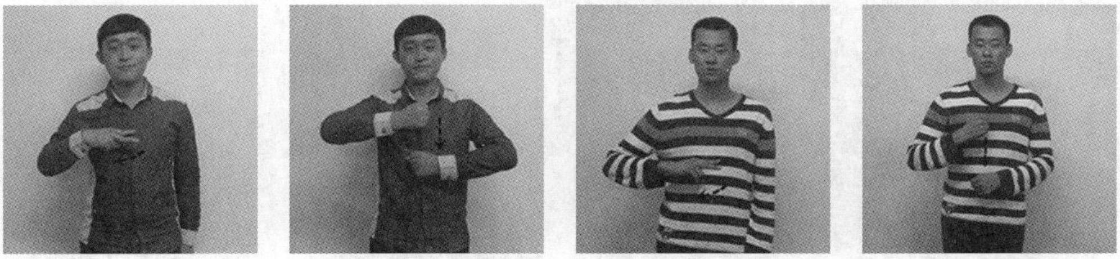

一手伸食、中指，手背向上，在胸前平行挥动两下。双手握拳，一上一下，互击两下，表示同在一起工作之意。

同学

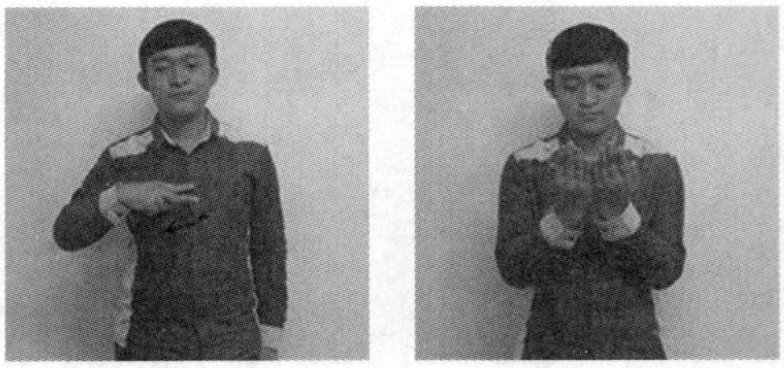

中国手语

一手伸食、中指，手背向上，在胸前平行挥动两下。双手伸掌，掌心向内，放于胸前，如读书状。

自然手语

右手置于腰部，从外向内移动。

朋友

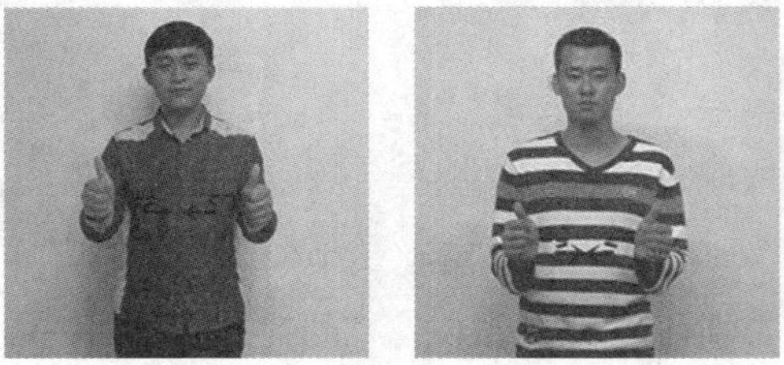

双手伸拇指互碰几下，表示友谊。

男

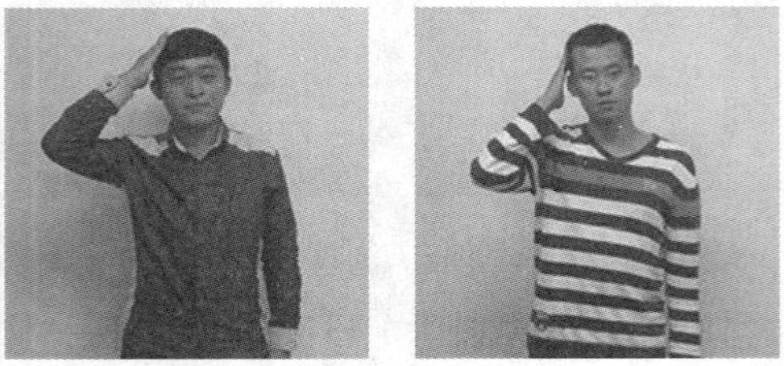

一手直立，五指并拢在头一侧前后挥动，以“短发”表示男子。

女

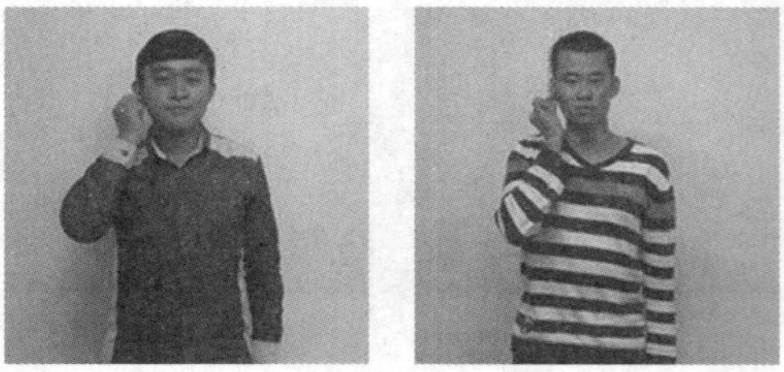

一手拇、食指捏耳垂，象征耳环，泛指妇女（凡女性均用此手势）。

先生

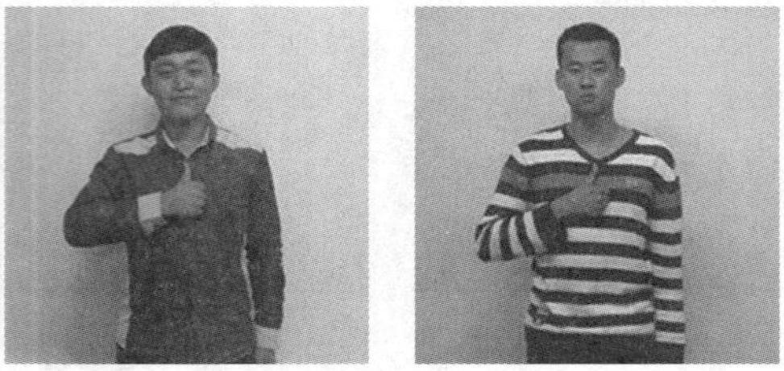

一手伸拇指，贴于胸前，表示尊敬。

女士

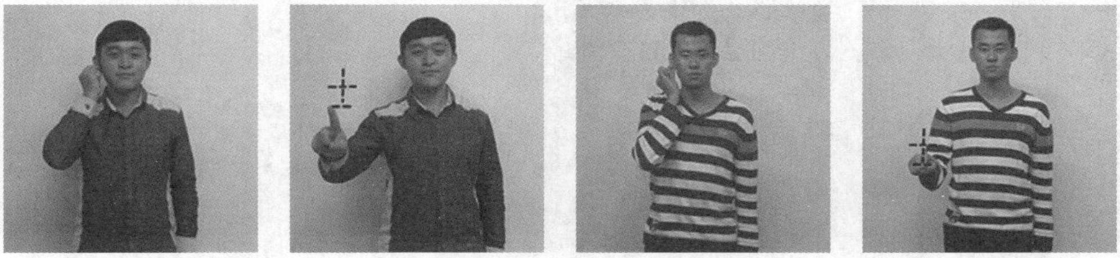

一手拇、食指捏耳垂,即“女”手势。一手食指书空“士”字。

小孩

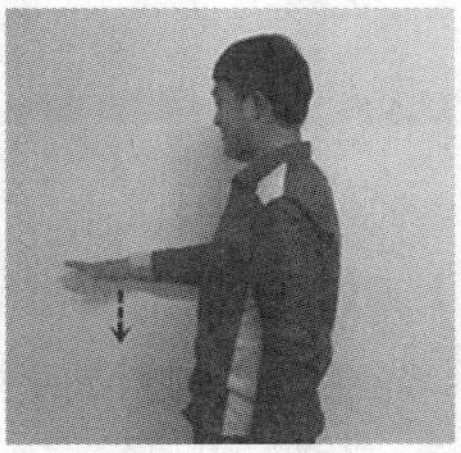

中国手语

一手平伸,掌心向下,在胸前向下微按(根据小孩不同身高而决定手的高低)。

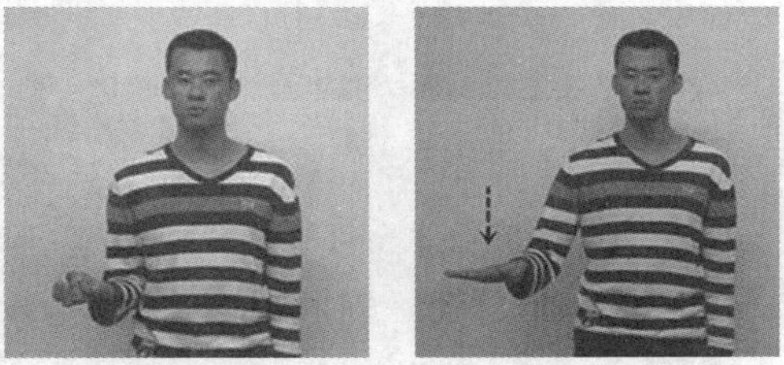

自然手语

一手拇指捏小指指尖。一手平伸,掌心向下,在胸前向下微按。

残疾人

中国手语

一手连打手指字母“C”“J”两个指式。双手食指搭成“人”字形。

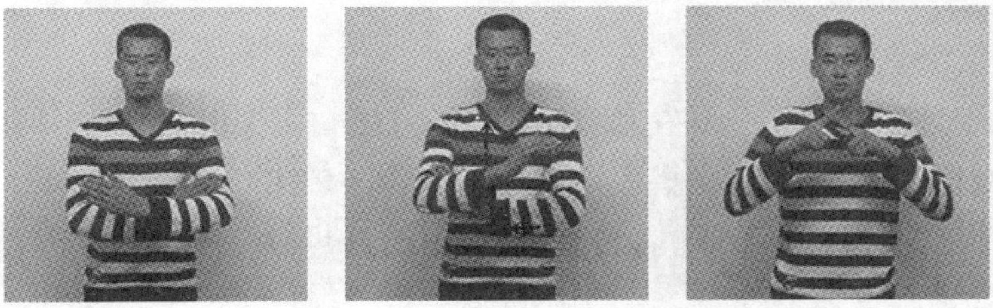

自然手语

左手砍右胳膊。右手砍左胳膊。双手食指搭成“人”字形。(通过上肢的不全泛指残疾人)

聋人

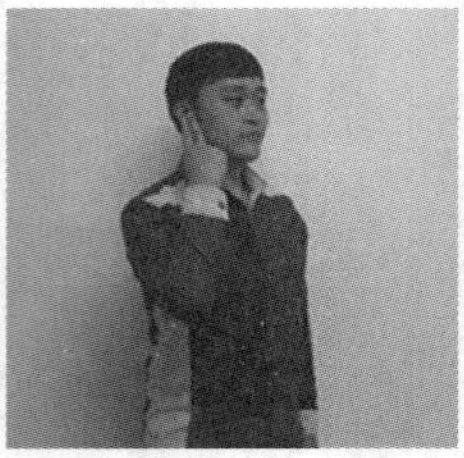

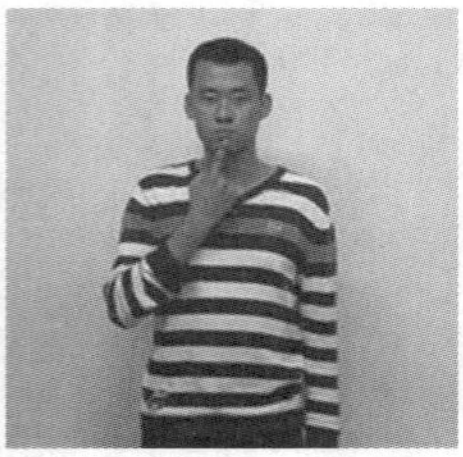

中国手语

一手伸食、中指，贴于耳部，表示耳聋。双手食指搭成“人”字形。

自然手语

右手伸食指，先指耳朵，再指嘴。（也有右手伸小指，先指耳朵，再指嘴，表示既听不见又不能说）

盲人

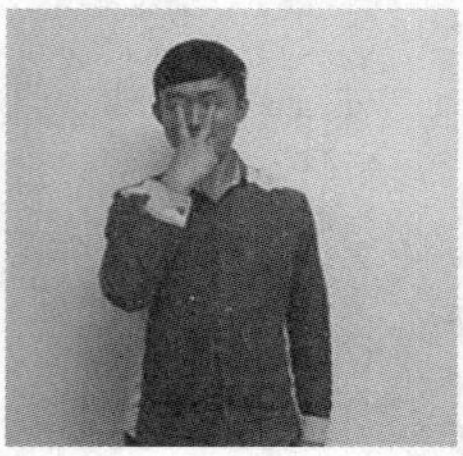
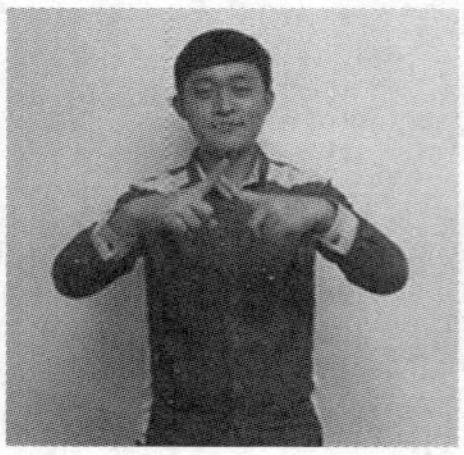
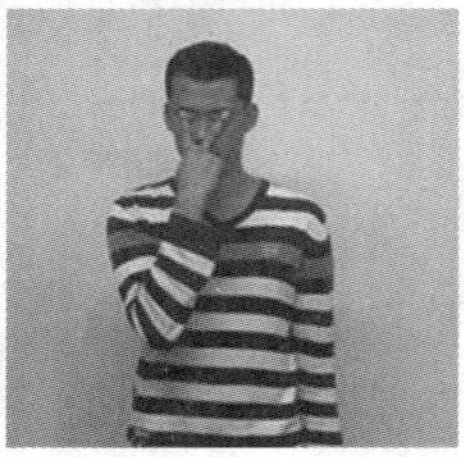

中国手语

一手食、中指伸直并分开，贴于左右眼部，表示双目失明。双手食指搭成“人”字形。

自然手语

一手食、中指伸直并分开，贴于左右眼部，表示双目失明。

弱智人

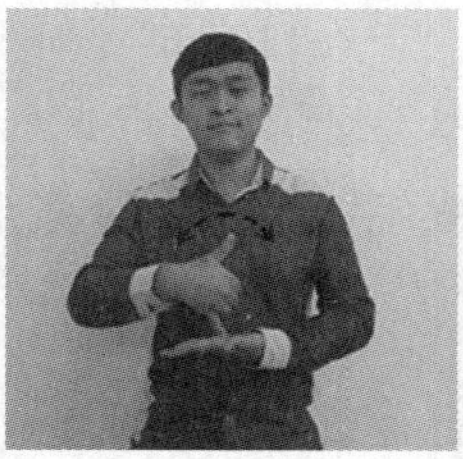

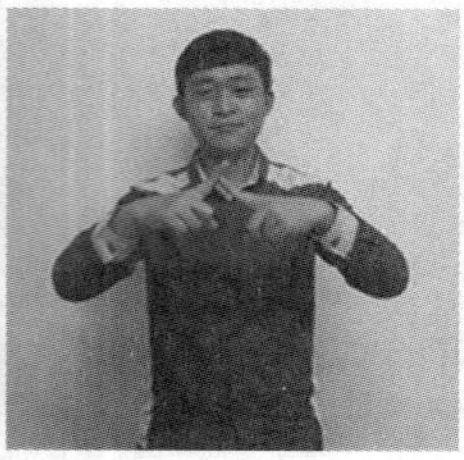
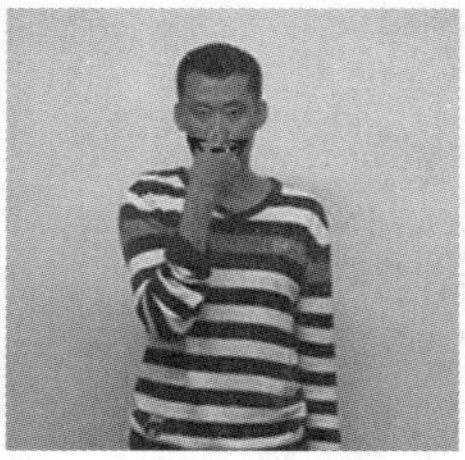

中国手语

一手伸拇、小指，直立于另一手掌心上，左右微动，表示弱。一手食指指前额，象征智力。双手食指搭成“人”字形。

自然手语

一手用拇、食指捏住鼻子，并左右摇晃。（也有用“牛”的手势，左右晃动几下，表示像牛一样笨）

爸爸

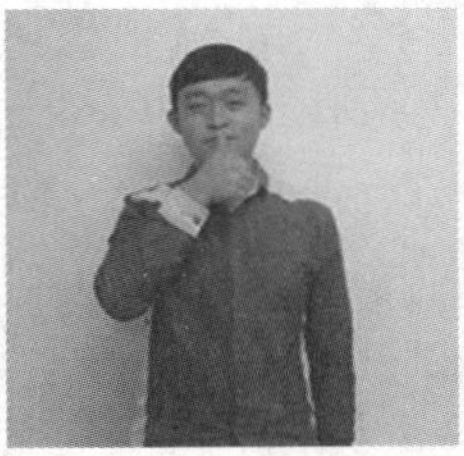
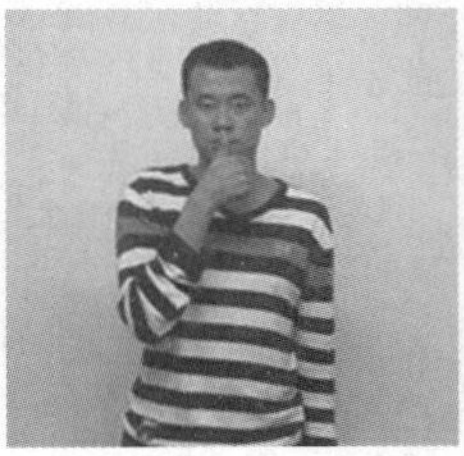

一手伸拇指贴在嘴唇上。
（象征爸爸在家中最有威信）

妈妈

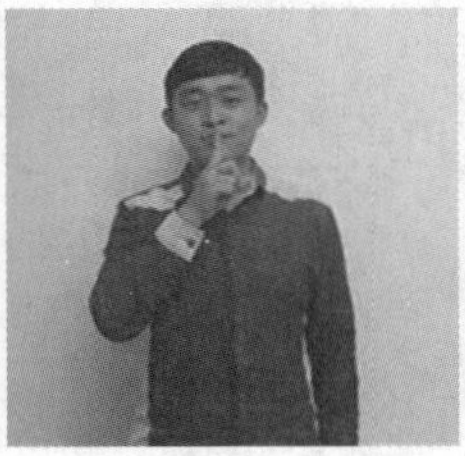
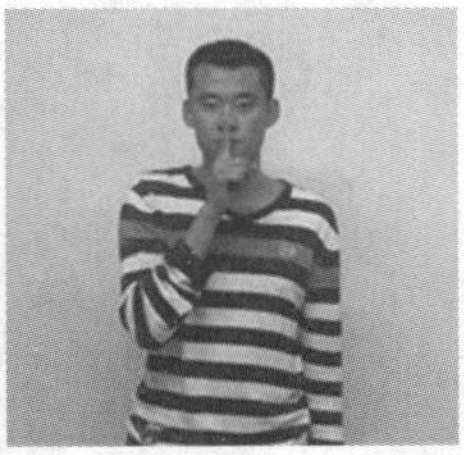

一手伸食指贴在嘴唇上。

哥哥

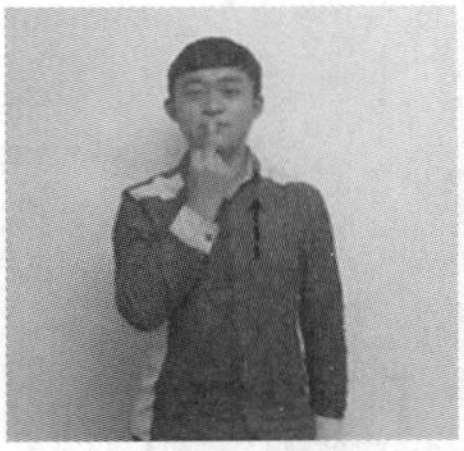

中国手语

一手先伸中指贴于嘴唇上。再改伸掌直立，在头一侧前后挥动，即“男”手势。

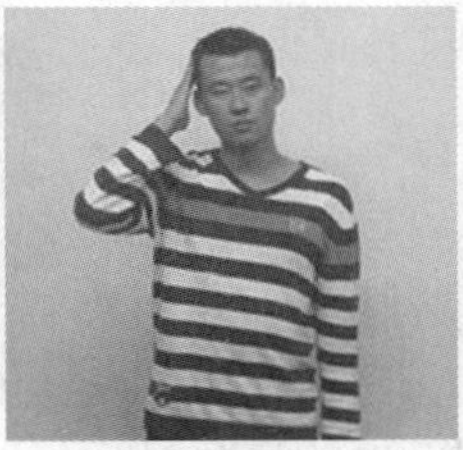

自然手语

伸掌直立，在头一侧前后挥动。右手平伸，从下向上移动，即个头比自己高的意思。

姐姐

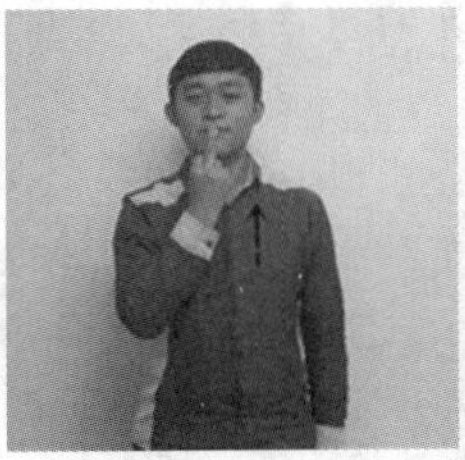

中国手语

一手先伸中指贴于嘴唇上。
然后改以拇、食指捏耳垂。

自然手语

一手以拇、食指捏耳垂。右手平伸，从下向上移动，即比自己个子高的意思，或者说比自己年长的意思。

弟弟

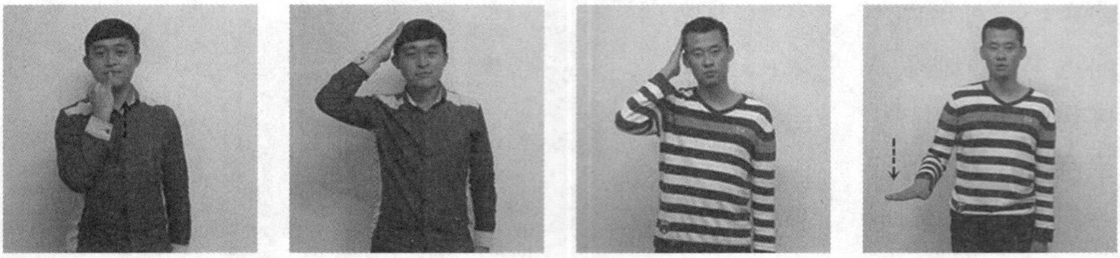

中国手语

一手先以小指贴于嘴唇上。再改伸掌直立,在头一侧前后挥动,即“男”手势。

自然手语

伸掌直立,在头一侧前后挥动,即“男”手势。右手平伸,从上向下移动,表示比自己个子矮或者年纪小的人。

妹妹

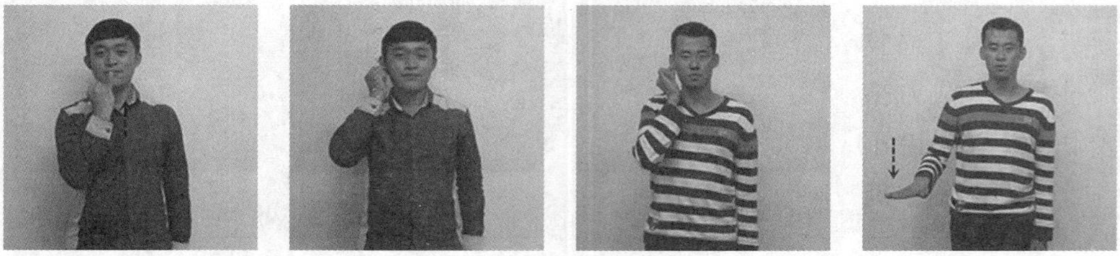

中国手语

一手先以小指贴于嘴唇上。然后改以拇、食指捏耳垂。

自然手语

一手以拇、食指捏耳垂。右手平伸,从上向下移动,表示比自己个子矮或者年纪小的人。

儿子

伸掌直立,在头一侧前后挥动,即“男”手势。右手平伸,从上向下移动,表示孩子。

女儿

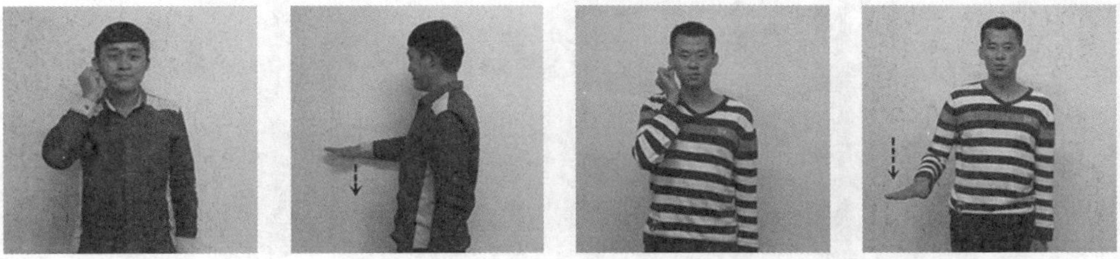

一手以拇、食指捏耳垂。右手平伸，从上向下移动，表示孩子。

丈夫

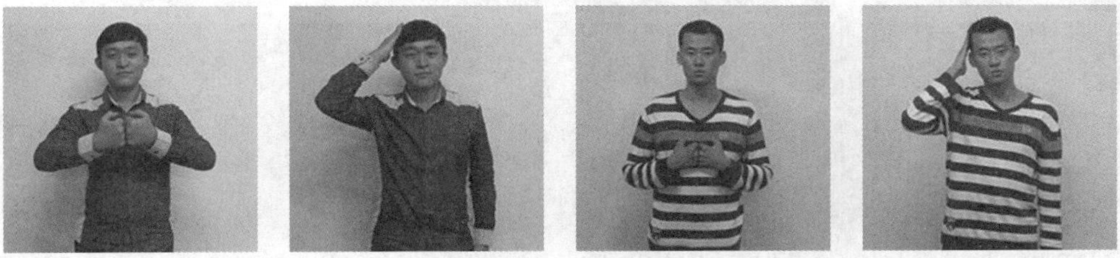

双手伸拇指，相对弯曲两下。伸掌直立，在头一侧前后挥动，即“男”手势。

妻子

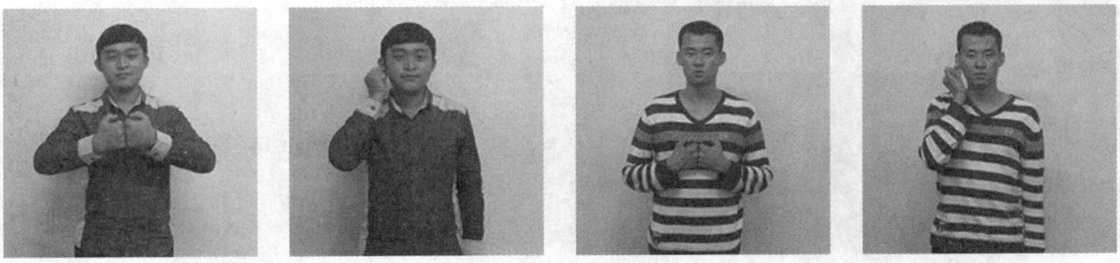

双手伸拇指，相对弯曲两下。以拇、食指捏耳垂，即“女”手势。

榜样

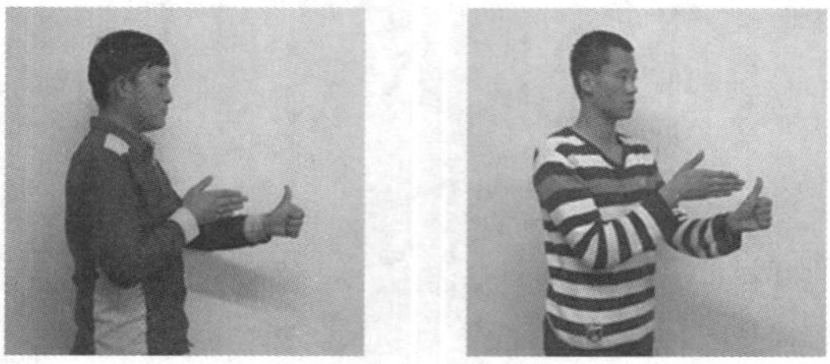

一手五指并拢伸直，对准另一手拇指。

老板

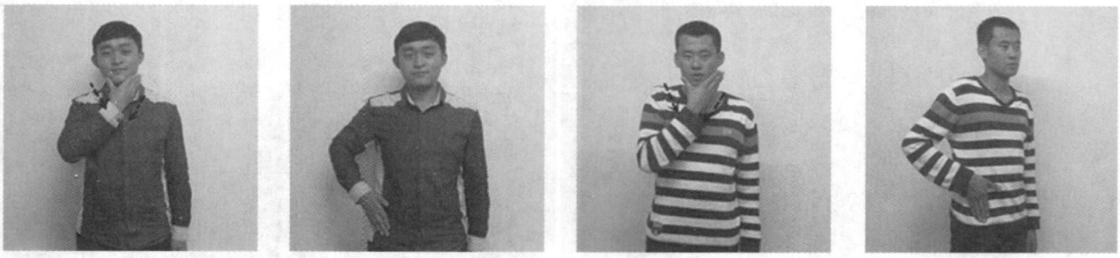

一手拇、食指在颏下做捋胡须的动作，即“老”手势。右手拍右侧腰带处，表示钱包。

顾客

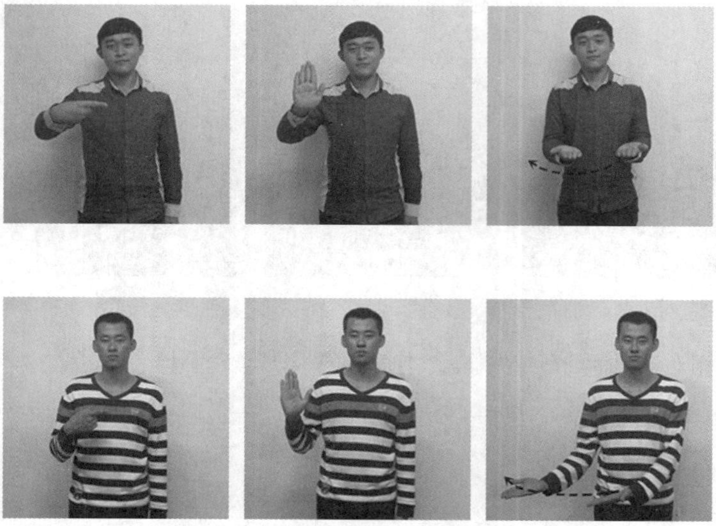

一手打手指字母“G”“U”的指式。双手掌心向上，同时向一侧移动一下，即“请”手势。

职业

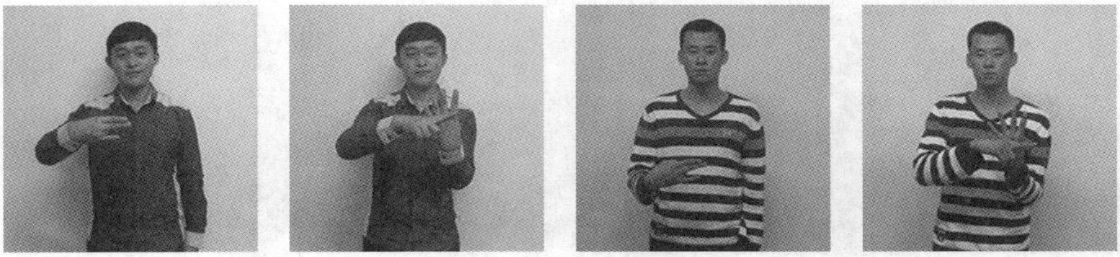

先打手指字母“ZH”的指式。一手食指横于另一手四指根部，仿“业”字形。

工人

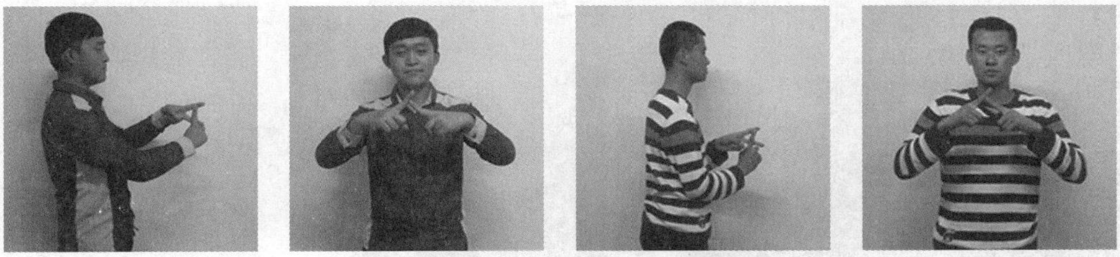

一手食、中指与另一手食指搭成“工”字形。双手食指搭成“人”字形。

教师

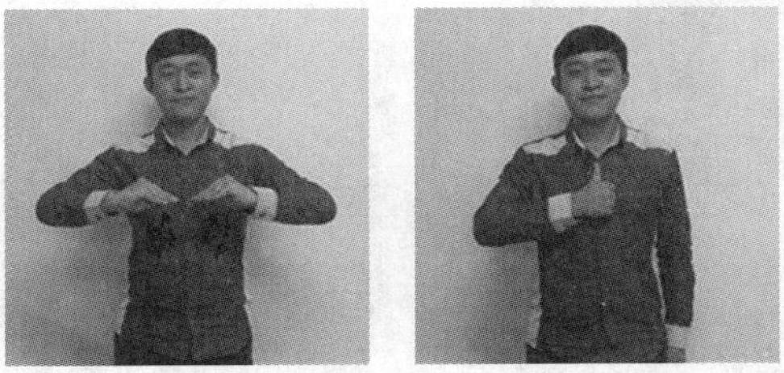

中国手语

双手五指撮合，指尖相对，手背向外，

在胸前前后微动几下，意即“传授”。

一手伸拇指贴于胸前。

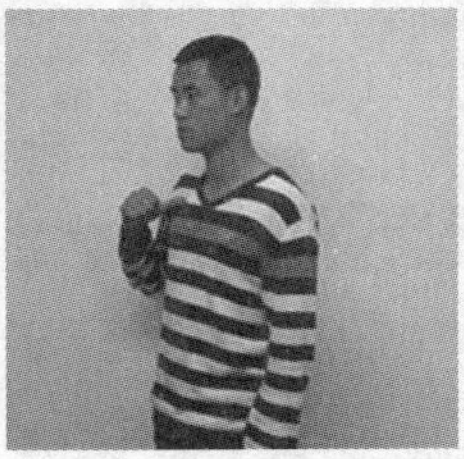

自然手语

右手伸出拇指，在右胸前滑动。

农民

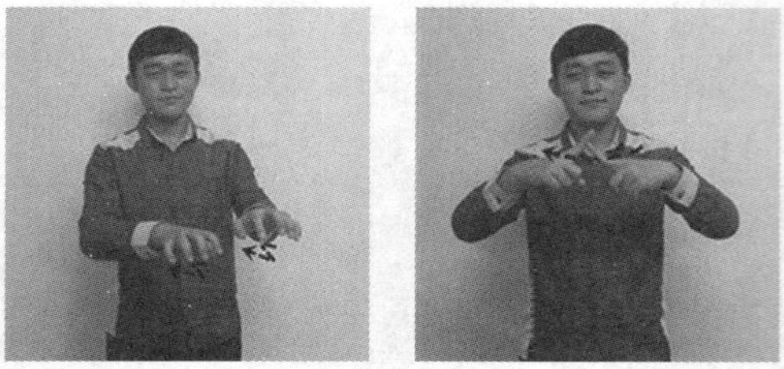

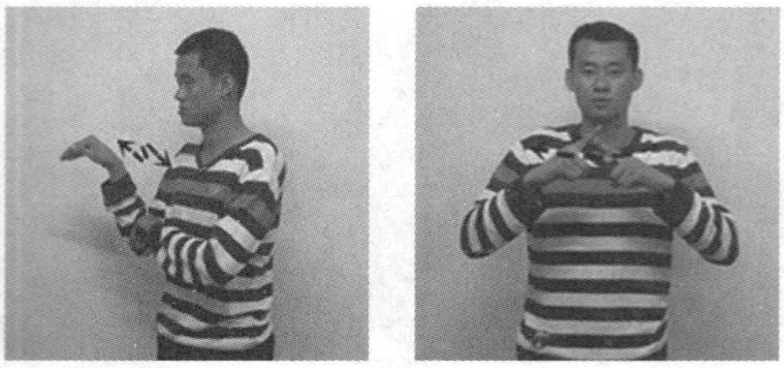

中国手语

双手五指弯曲，一前一后，来回耙动，如用耙耙田之状。双手食指搭成“人”字形，并转一圈。

自然手语

右手五指弯曲，左手置于右肘下，前后来回耙动。双手食指搭成“人”字形，并转一圈。

公务员

双手拇、食指相搭成“公”字形。右手拍一下左肩。右手拇、食指捏成小圆圈，贴于左胸侧。

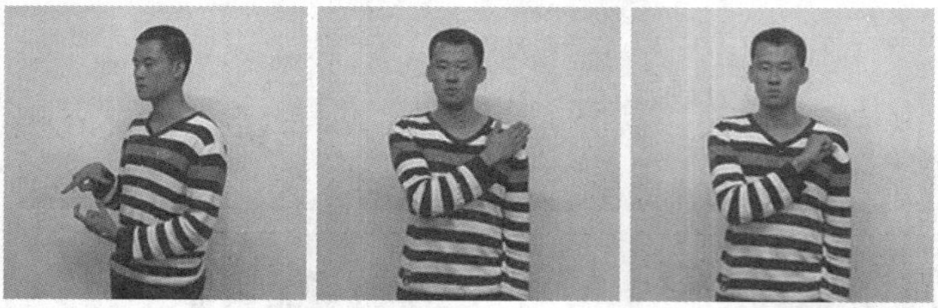

学生

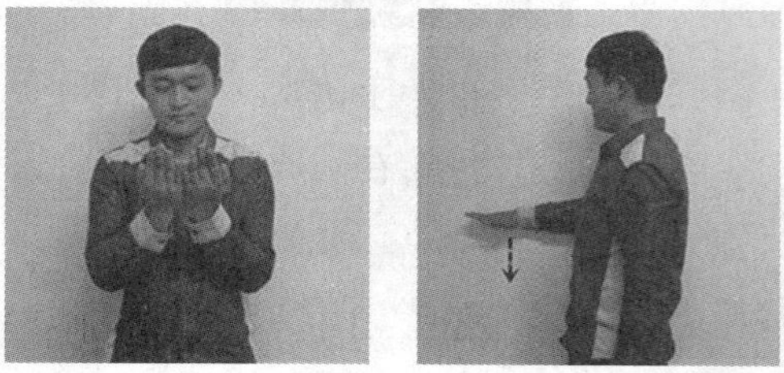

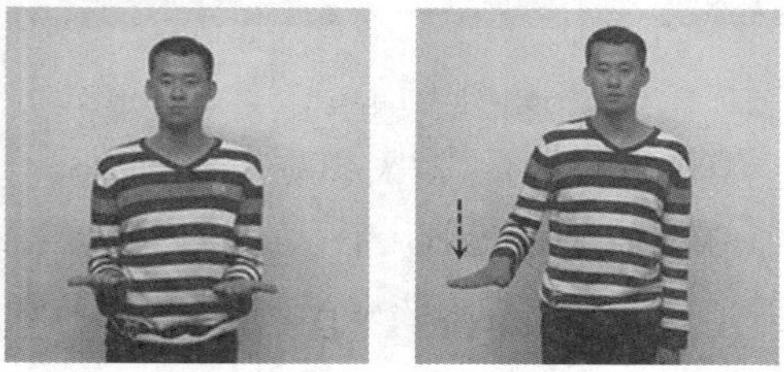

双手放于面前，如读书状。右手平伸从上到下移动。

领导

中国手语

左手伸拇指在前,右手五指分开在后,掌心向下,双手一同向前移动。

自然手语

左手五指张开,掌心向右,右手伸拇指贴在左手上。(表示多人中的领头人)

书记

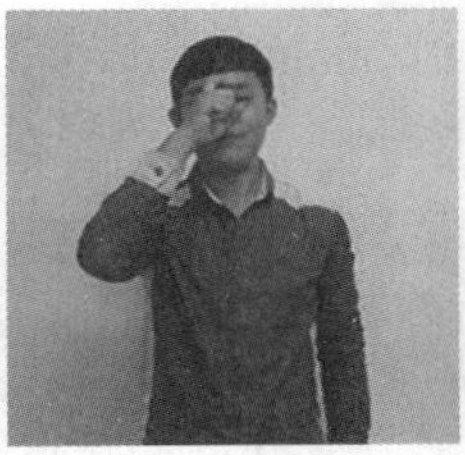

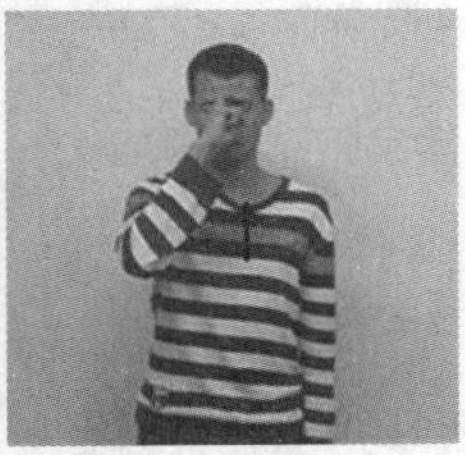

双手侧立,掌心先相合,再向两边打开,如翻书状。一手打手指字母“J”指式,并置于前额,表示“记住”之意。

医生

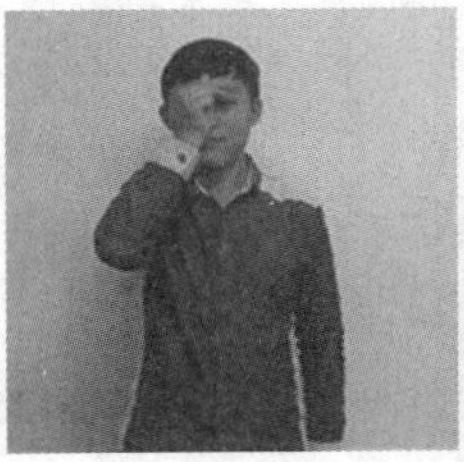

中国手语

一手拇、食指搭成“+”字形置于前额。一手伸拇指贴于胸前。

自然手语

双手侧立,掌心相对,五指张开,由中间向两侧移动。左手伸食、中指,右手用食指在左手的两个手指前方书空“人”字,仿“夫”字形。

护士

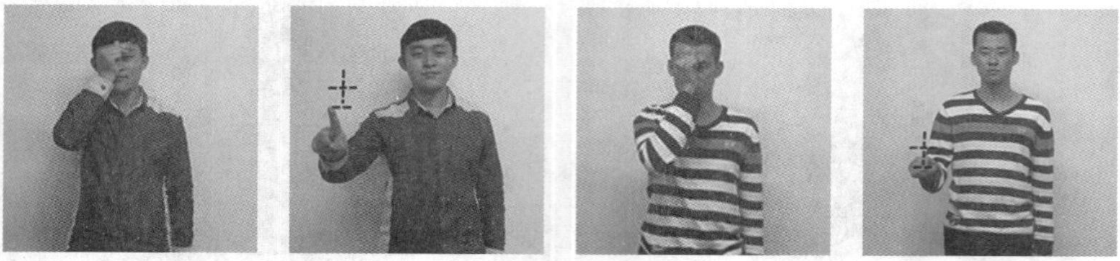

一手拇、食指搭成“ + ”字形，置于前额。一手在空中书写“士”字。

驾驶员（司机）

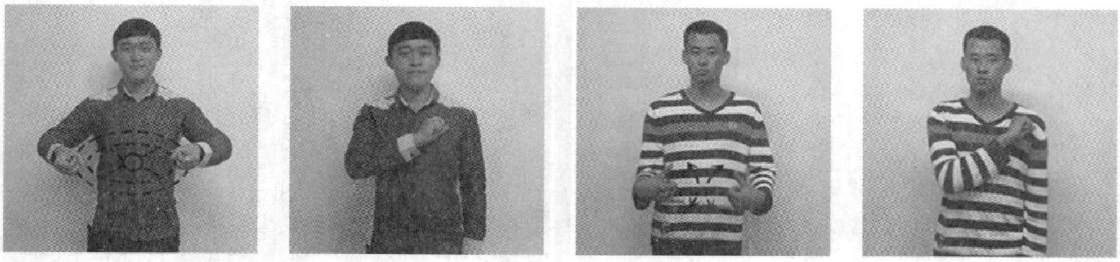

中国手语

双拳虚握，左右转动，如司机操纵方向盘动作。右手拇、食指捏成小圆圈，贴于左胸侧。

自然手语

双手伸拇、小指，拇指朝上，掌心向内，微微晃动，仿转动方向盘动作。右手拇、食指捏成小圆圈，贴于左胸侧。

邮递员

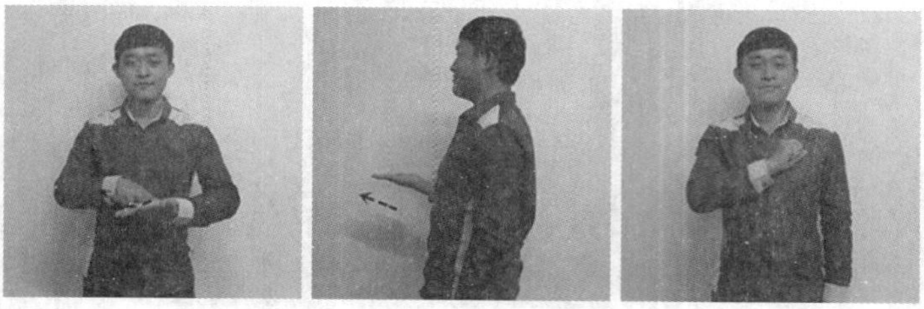

中国手语

一手食、中指在另一手掌心微贴一下，象征贴邮票状。一手向前伸出，如递物状。一手拇、食指捏成小圆圈，贴于胸侧。

自然手语

一手食、中指在另一手掌心微贴一下，象征贴邮票状。左手打“[”手势，右手插在左手中，向前移动。一手拇、食指捏成小圆圈，贴于胸侧。

警察

中国手语
右手食指微曲在上，拇、中指捏成圆形，置于前额。（表示警帽上檐）

自然手语
五指张开，拇、中指握成圈，置于前额，并来回弹动。

主席

中国手语
一手伸拇指贴于胸前。一手伸拇指、食指、中指，拇指抵在额头上，即“官”手势。

自然手语
左手伸中、无名、小指，右手伸食指，置于左手三指中部，仿“主”字形。一手伸拇指、食指、中指，拇指抵在额头上，即“官”手势。

干部

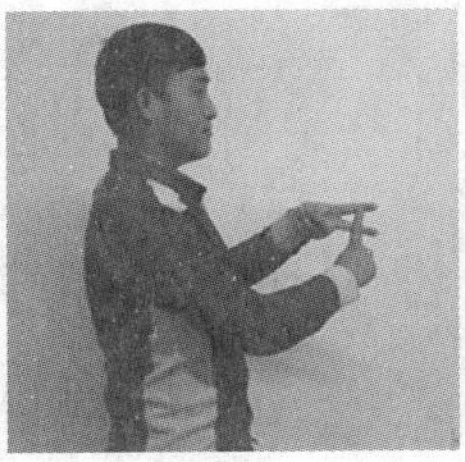

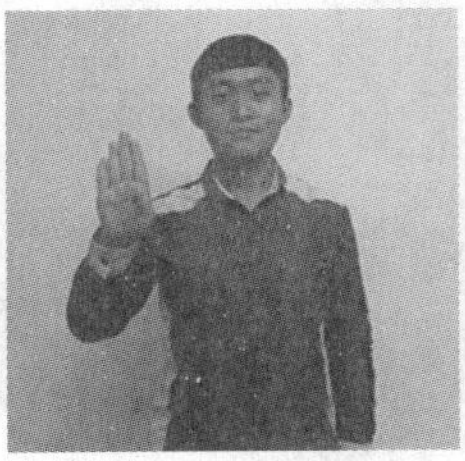

左手食、中指与右手食指搭成“干”字形。一手再打手指字母“B”指式。

主任

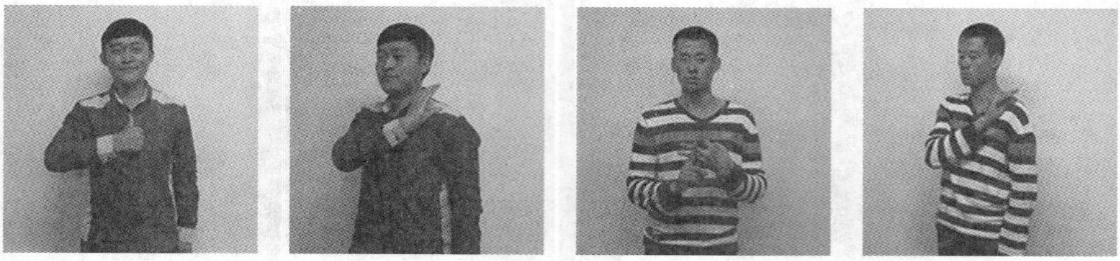

中国手语

一手伸拇指贴于胸前。右手呈“]”形，按向左肩上。

自然手语

左手伸中、无名、小指，右手伸食指，置于左手三指中部，仿“主”字形。右手呈“]”形，按向左肩上。

助理

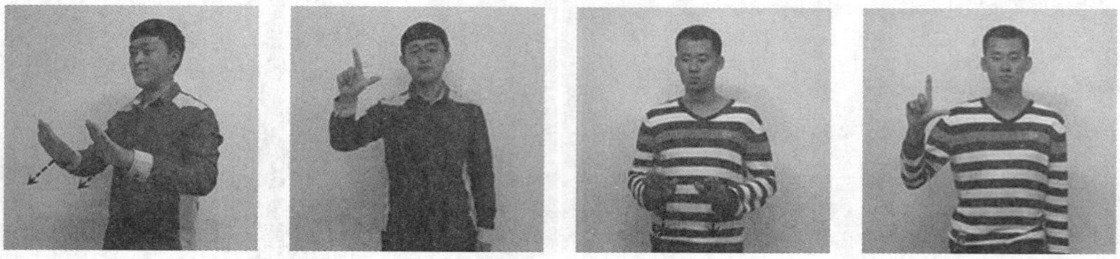

双手斜伸，掌心向外，微按一下。一手打手指字母“L”指式。

秘书

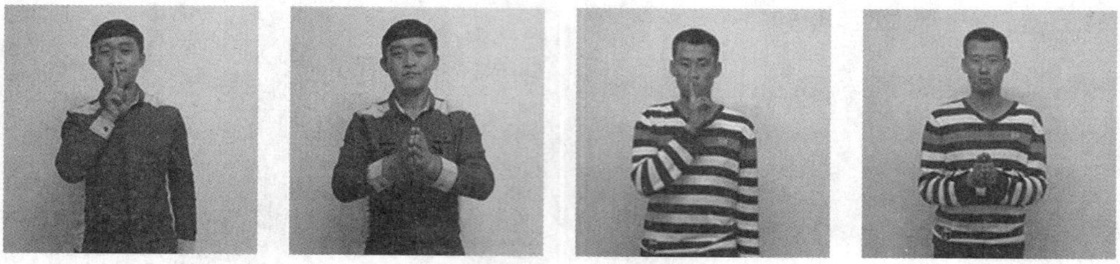

一手食、中指直立并相叠，贴于嘴唇上，表示机密之意。双手掌心相合，然后向两边摊开，仿翻书之状。

经理

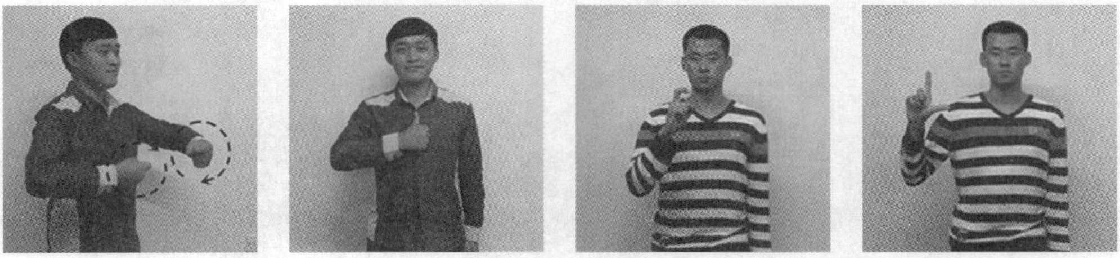

中国手语

双手拇、食指捏成小圈，交互转圈，表示经济。右手伸拇指置于胸部。

自然手语

一手连打手指字母“J”“L”的手势。

校长

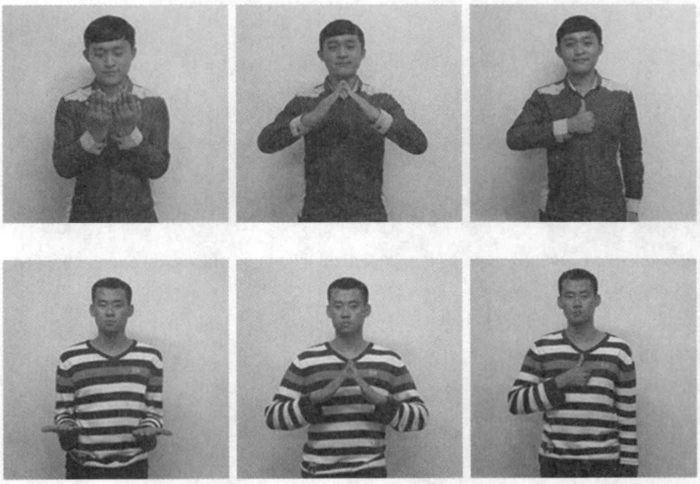

双手掌心向内，放在胸前作读书状。双手搭成“∧”字形，表示房子。右手伸拇指置于胸部。

教授

双手五指撮合，指尖相对，手背向外，在胸前前后微动几下，意即“传授”。

双手伸拇指，在胸前向下一顿，表示有地位、名望的人。

讲师

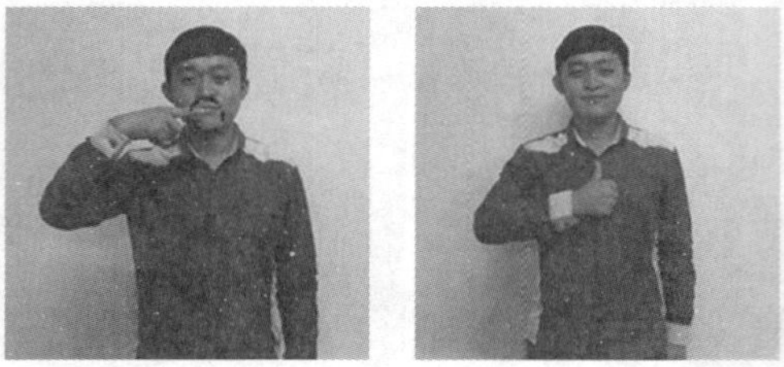

中国手语

一手食指横于嘴前前后转动几下，表示说话。右手伸拇指贴于胸前。

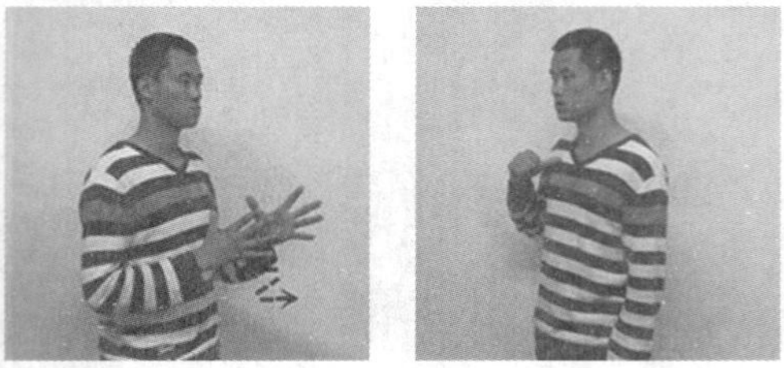

自然手语

双手直立，五指微曲，边前后交替移动，边灵活点动，如老师打手势动作一样。右手伸拇指在胸前滑动两下。

学历

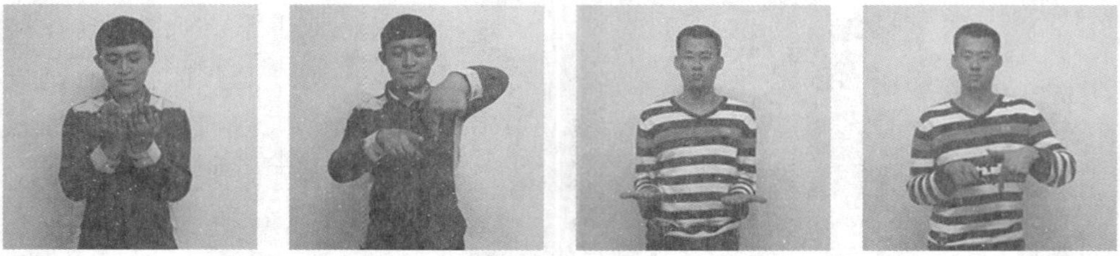

双手斜伸，掌心向内，置于胸前如读书状。左手拇、食指呈“厂”形，右手食指在“厂”内书空“力”字，仿“历”字形。

学位

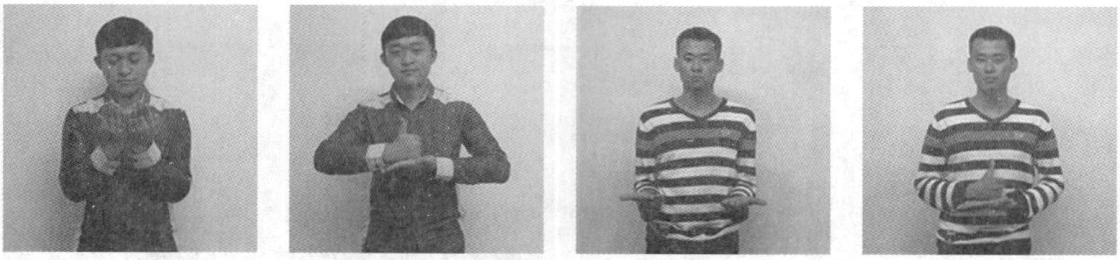

双手斜伸，掌心向内，置于胸前如读书状。左手横伸，右手伸拇指置于左手掌心上。

研究生

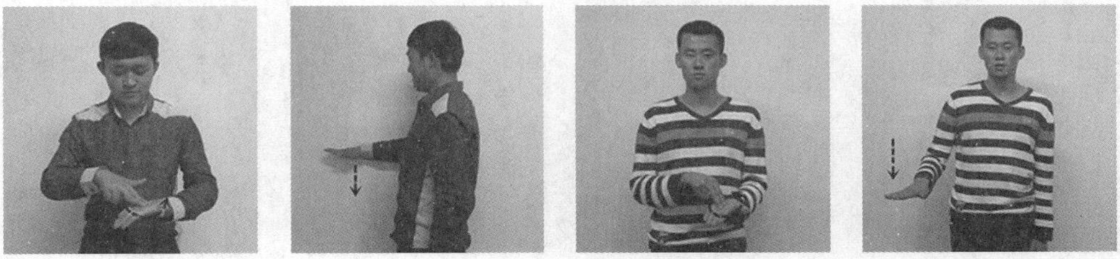

左手横伸，右手伸拇、食、中指，食、中指并拢，指尖朝下，在左手掌心上转几下。右手平伸，掌心向下，再向下一按。

学士

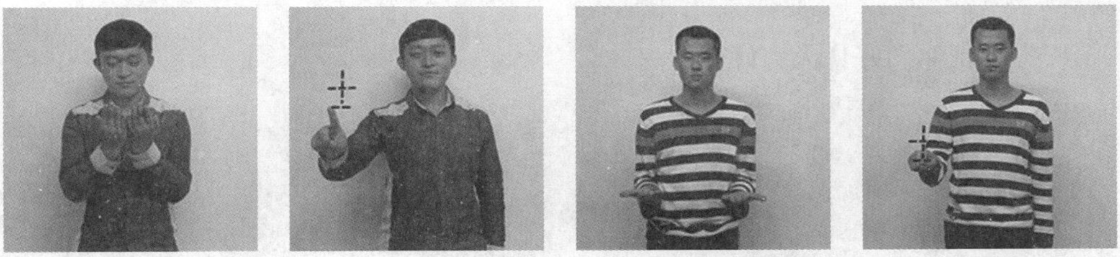

双手斜伸，掌心向内，置于胸前如读书状。右手食指书空“士”字。

硕士

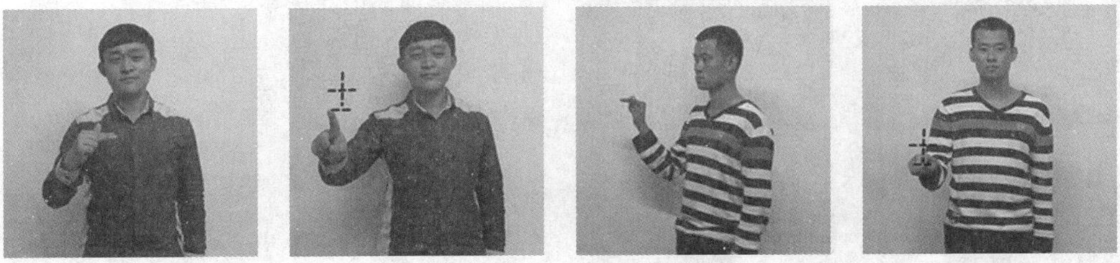

右手打手指字母“SH”的指式。右手食指书空“士”字。

博士

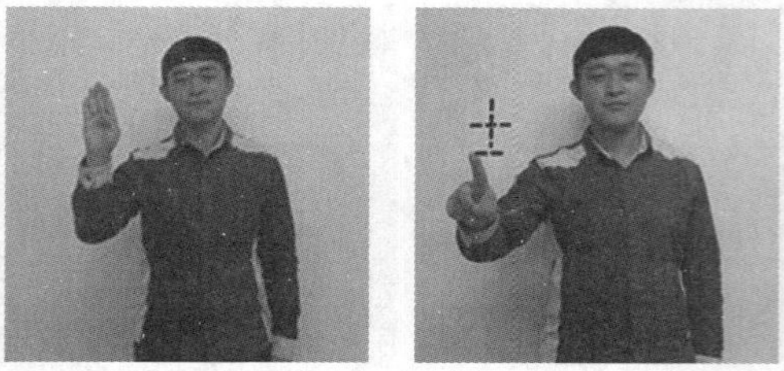

中国手语
右手打手指字母“B”的指式。
右手食指书空“士”字。

自然手语
双手呈圆形从头两侧向头顶方向移动。
双手拇、食指从头两端向两边移动，
边移动边闭合。

二、句子训练

1. 你好！你们好！大家好！

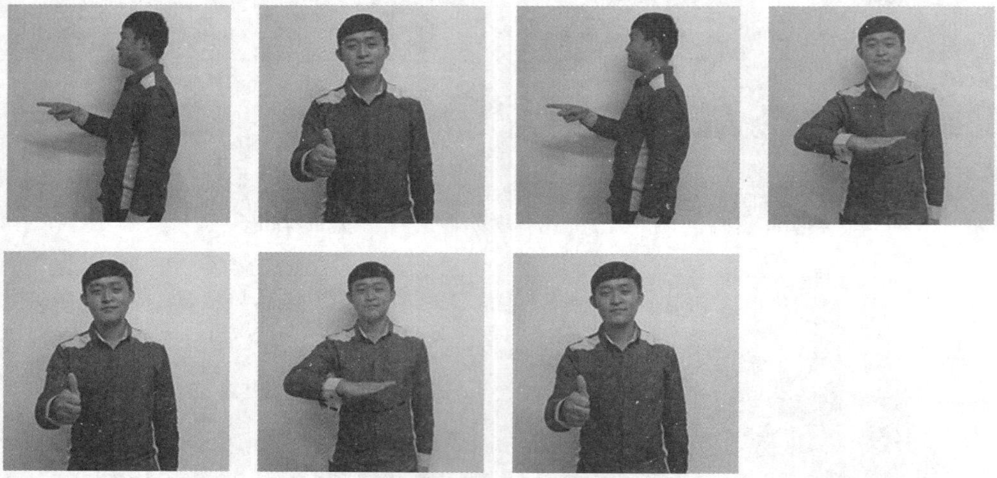

2. 我家里有爸爸、妈妈、哥哥、姐姐。

3. 我丈夫的职业是医生，我是一名教师。

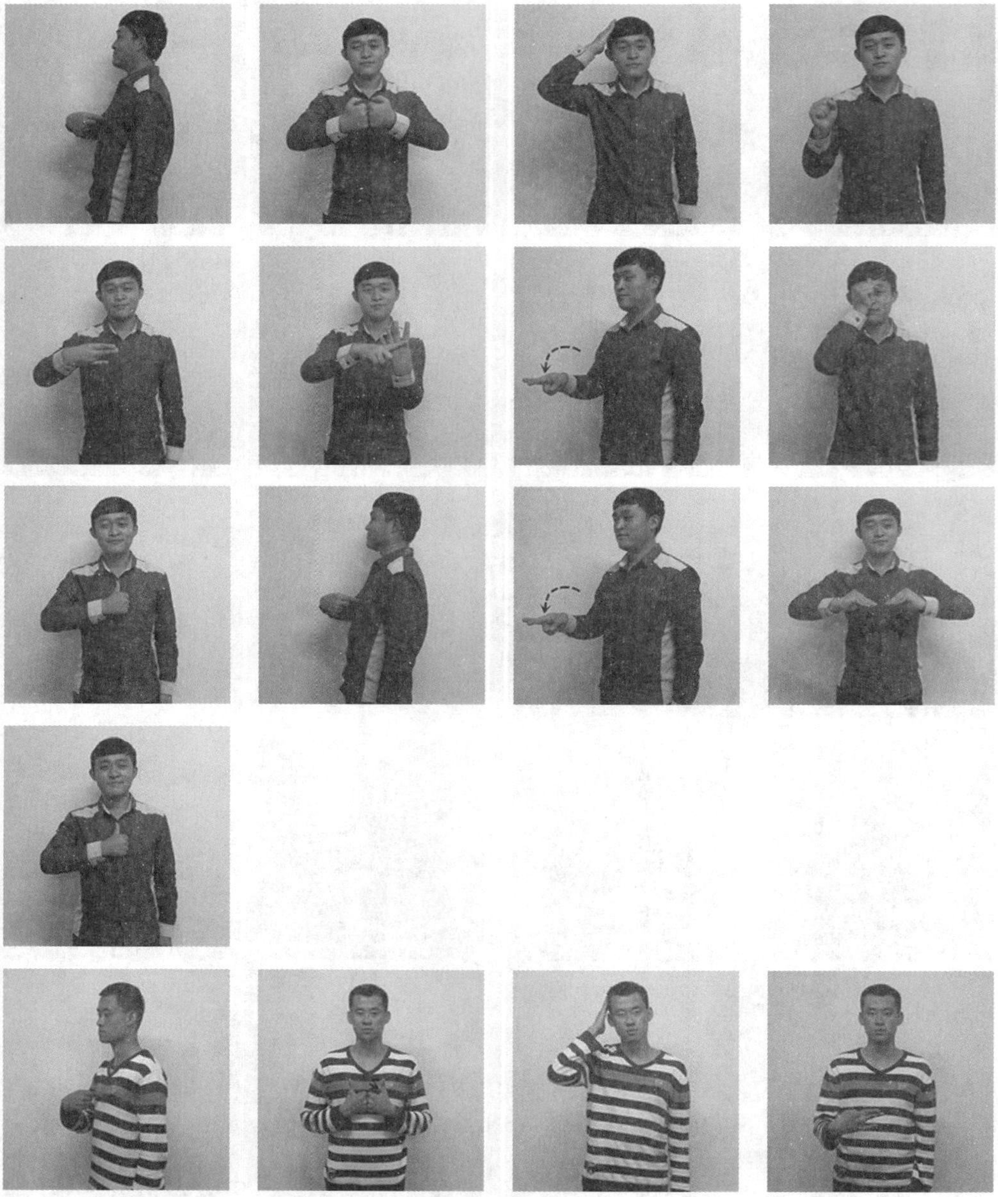

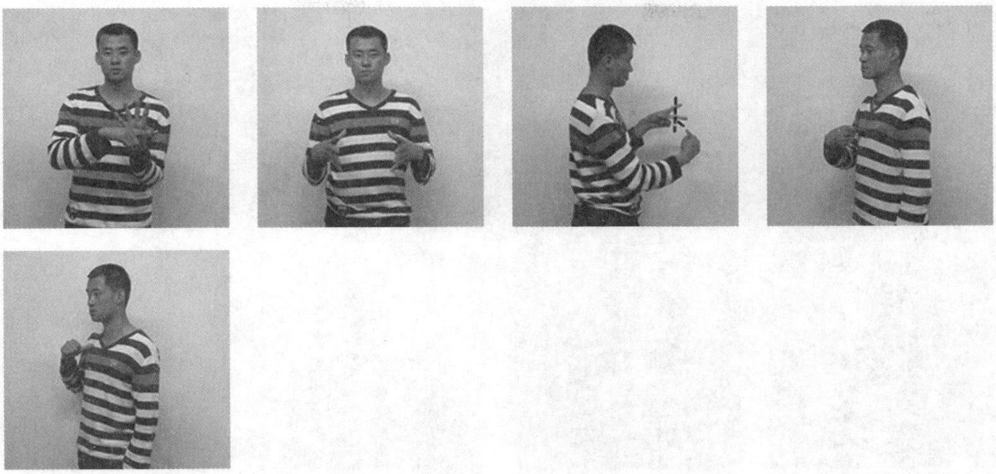

4. 他的朋友是校长，已经获得了博士学位。

三、同步测试

1. 请指出下列哪些词中含有“先生”这个手势。

   邻居　公务员　教师　医生　领导　主席　校长　教授　讲师

2. 请找出下列哪些词的手势语中含有手指语。

   丈夫　顾客　职业　教师　干部　书记　助理　经理　学士　研究生　硕士　博士

主题二:社会、生活

一、词汇

衣服

中国手语

一手拇指、食指揪一下胸前衣服。

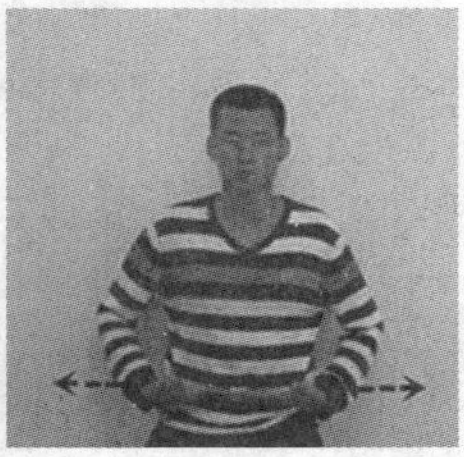

自然手语

双手掌心贴胸向下移，
至小腹处向左右横划。

西服

中国手语

双手伸拇指，自颈两旁至胸口
画两条斜线，象征西服领口。

自然手语

打“西”手势。双手伸拇指，自颈两旁
至胸口画两条斜线，象征西服领口。

牛仔服

中国手语

一手伸出拇、小指，拇指抵于太阳穴附近，小指指尖向上。一手打手指字母“Z”的指式。双手掌心贴胸向下移，至小腹处向左右横划。

自然手语
一手伸出拇、小指，拇指抵于太阳穴附近，小指指尖向上。左手呈“亻”形，右手呈“二”形。打“西服”手势。

夹克

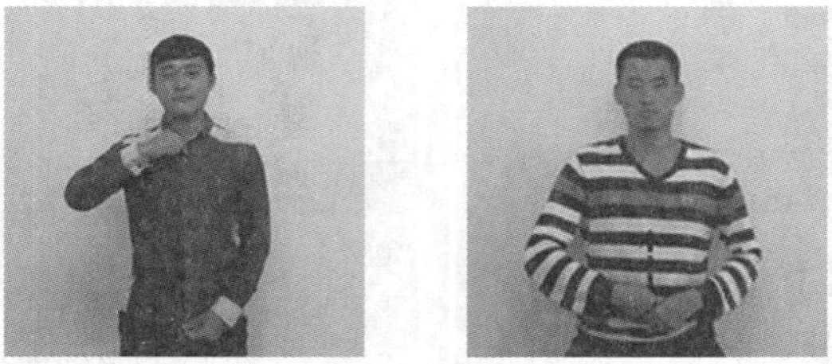

双手拇、食指相捏，一手捏住衣角，另一手同时做扣合拉链动作。

毛衣

中国手语
一手食指交错相搭，交替移动，仿纺织毛线动作。一手拇指、食指揪一下胸前衣服。

自然手语
一手食指交错相搭，交替移动，仿纺织毛线动作。打“西服”手势。

羽绒服

双手食指横伸，由胸前部向腹部做起伏状移动。双手掌心贴胸向下移，至小腹处向左右横划。

衬衫

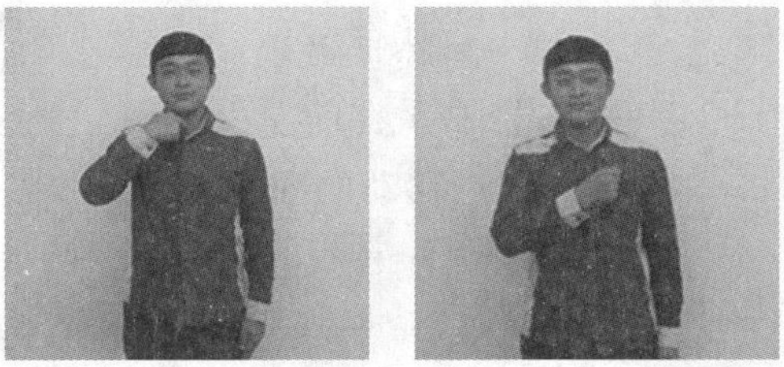

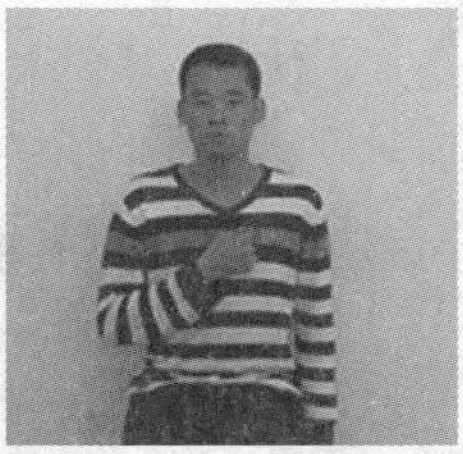

中国手语

一手先以食指向领口内指一下。然后改用拇、食指揪一下胸前衣服。

自然手语

用拇、食指揪一下胸前衣服。

裙子

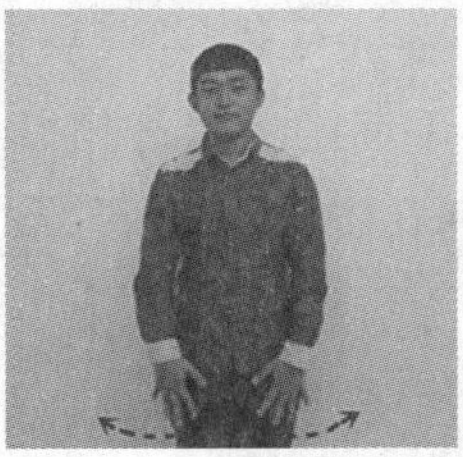

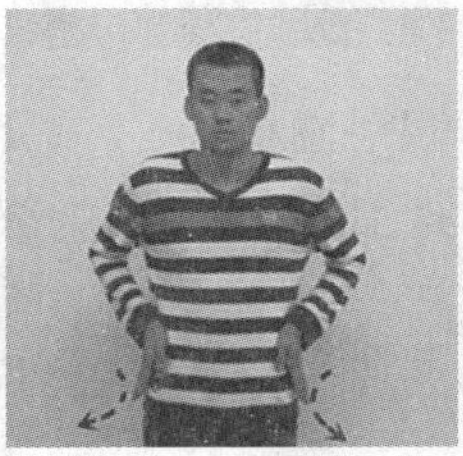

中国手语

双手指尖向下放开，在小腹部从中间一顿一顿向两边移动，如裙子形状。

自然手语

双手置于腰部两侧，向下外部展开。

裤子

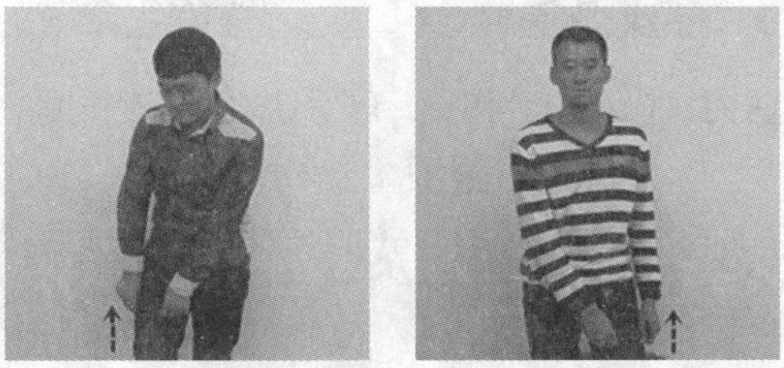

双手拇、食指相捏，在腿部向上提，如穿裤子状。夹裤、棉裤、毛裤等均用此手势。

帽子

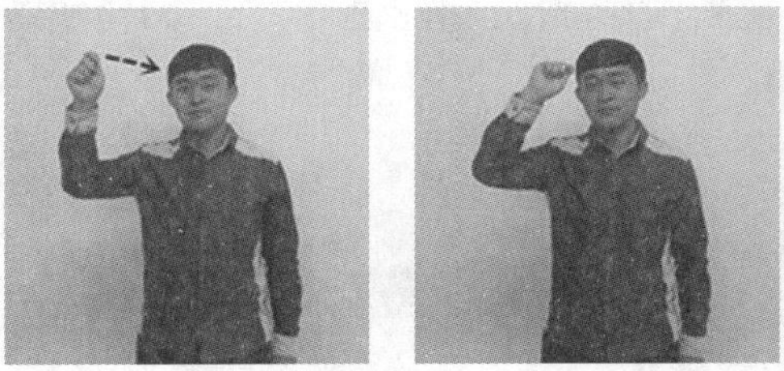

中国手语

一手做执帽向头上戴的动作。

自然手语

右手如帽檐状，从上向下做戴帽子的动作。

手套

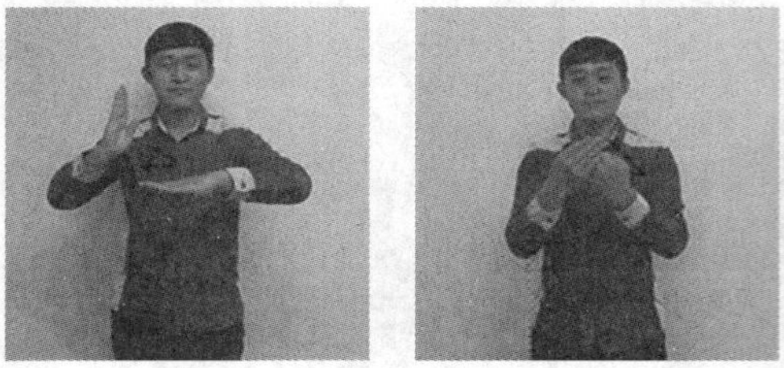

中国手语

打“手”的手势。一手拇指与四指呈“[”形，套入另一手掌，如戴手套动作。

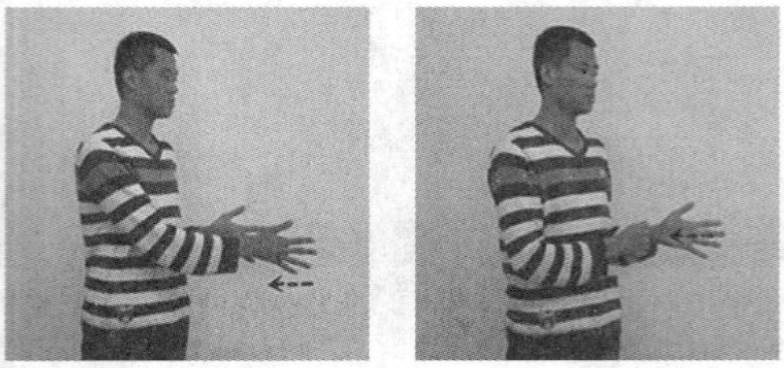

自然手语

双手张开，右手在前左手在后。右手在向后移动的同时握拳。

围巾

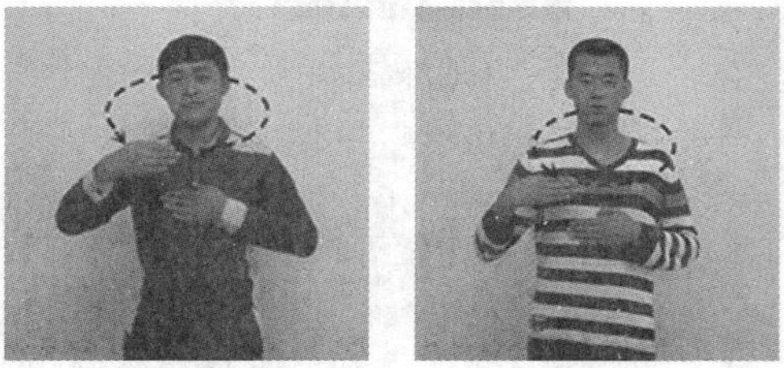

左手掌心按于胸部，右手绕颈部转一圈，如围围巾动作。

领带

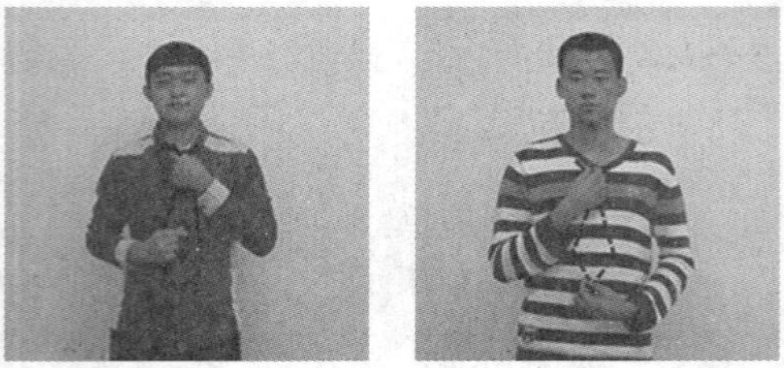

双手虚握，一上一下，上面的手置于领口部，下面的手贴胸部向下移动约 20 厘米。

红领巾

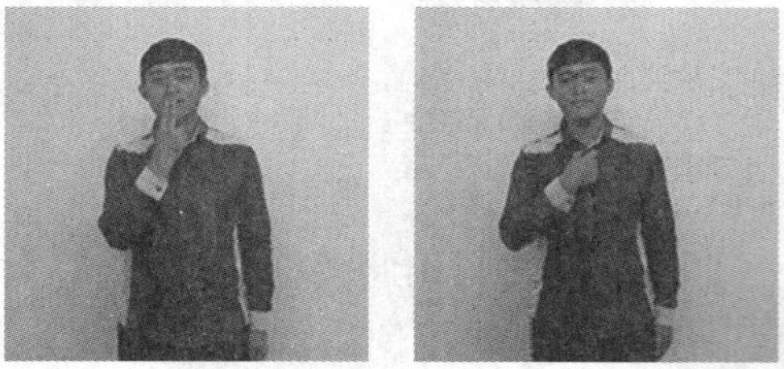

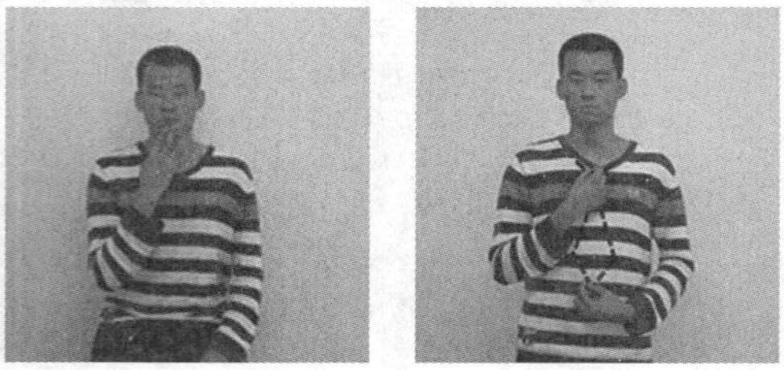

一手打手指字母“H”的指式，摸一下唇部。一手拇指、食指相对，中间留有一定距离，边从领口处向下移动约 20 厘米，边拇指、食指相捏。

腰带

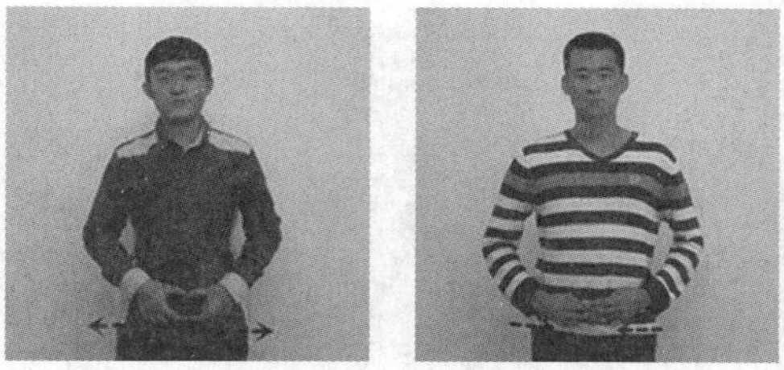

双手拇、食指相距约一寸，置于腹部从中间向两边拉开。

鞋子

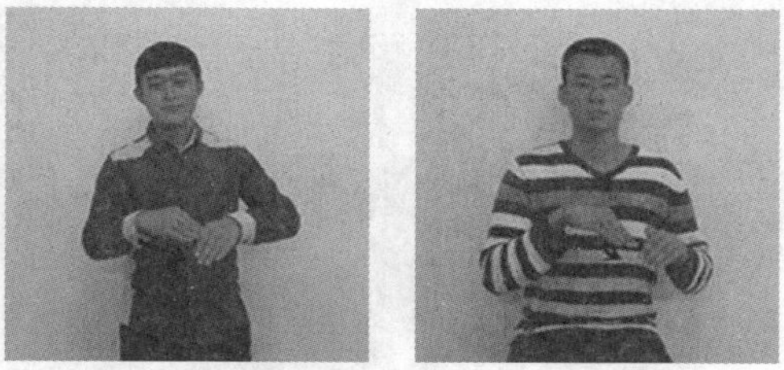

左手五指微曲，掌心向下。右手指尖向左掌心微曲处插入，如穿鞋状。布鞋、棉鞋、皮鞋等均用此做基本手势。

拖鞋

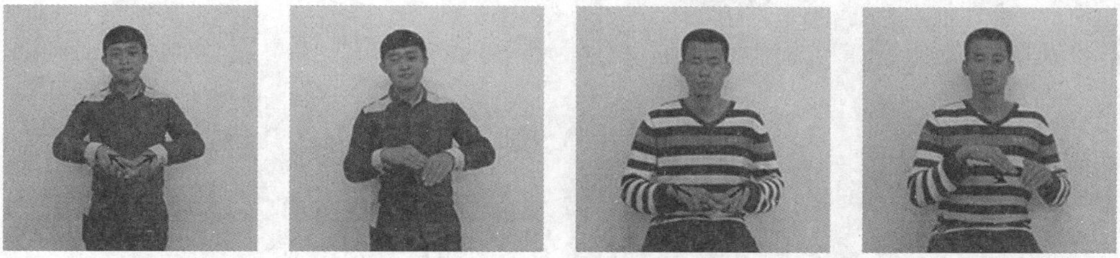

双手食、中指搭成“×”形，然后向两侧拉开。左手五指微曲，掌心向下；右手指尖插入左掌心，如穿鞋状。

袜子

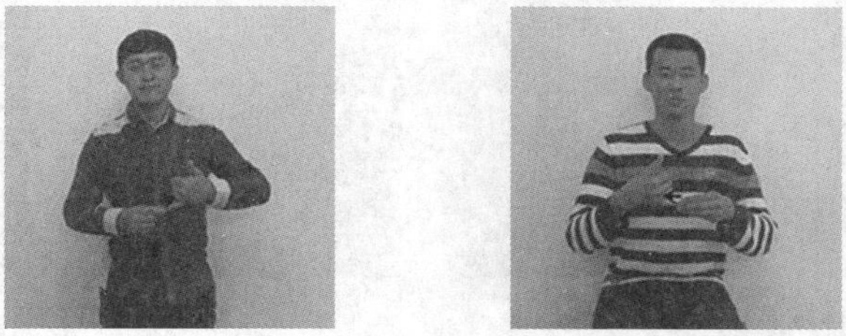

左手伸拇、小指直立不动，右手拇、食指捏住左手小指指尖，向上移动，如穿袜子状。

米饭（粮食）

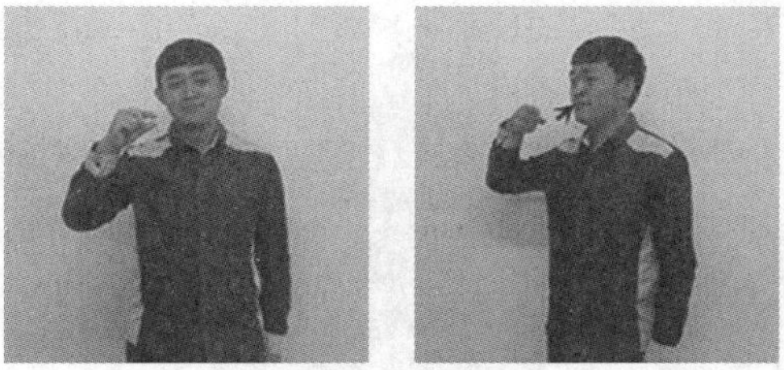

中国手语

一手拇、食指相对，中间留有米粒大小距离。一手伸食、中指象征筷子，做吃饭动作。

自然手语

一手拇、食指相对，中间留有米粒大小距离，放在嘴边。

粥

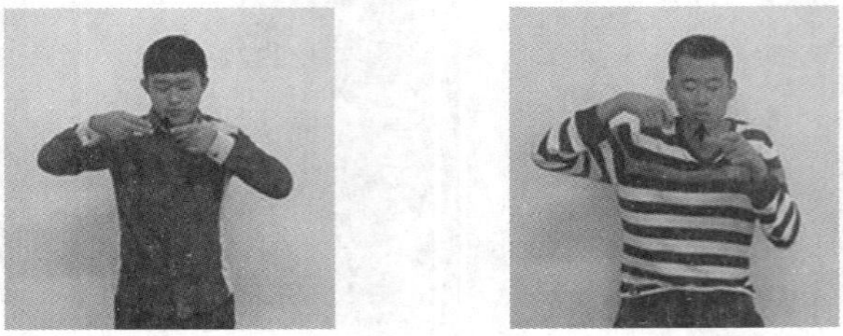

左手拇、食指呈半圆形，象征碗，“碗”置口边；
右手伸食、中指在“碗”边拨动，如喝粥状。

面包

一手打手指字母“M”的指式。双手拇指与四指分别搭成“[”和“]”形，
指尖相对捏动几下，象征松软的面包。

面条

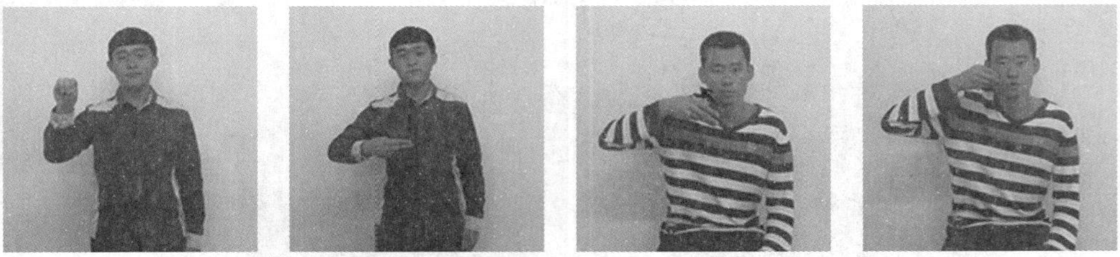

中国手语　　　　自然手语

一手打手指字母“M”的指式。一手伸食、中指，由胸部向嘴边提，如用筷子夹吃面条状。

五指微曲，从嘴部向耳根移动。

馒头

中国手语　　　　自然手语

一手打手指字母“M”的指式。双手五指微曲，指尖相对呈圆形，前后捏动，如揉馒头状。

双手平伸，掌心向上，交替前后移动。

花卷

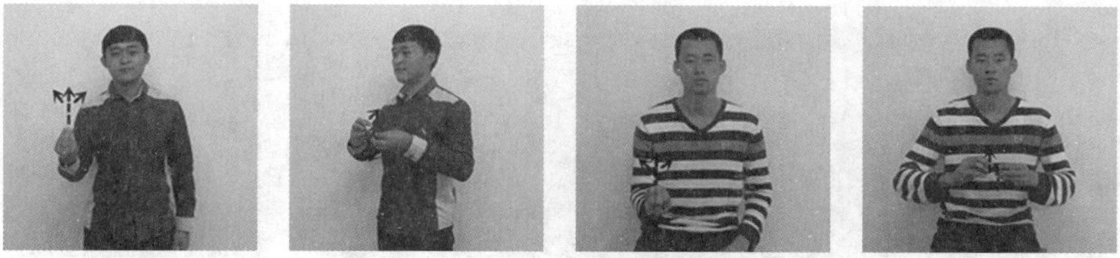

一手五指撮合，指尖向上，往上移动并放开五指（即“花”的手势）。
双手五指微曲，指尖相对，朝相反方向拧动，象征花卷外形。

包子

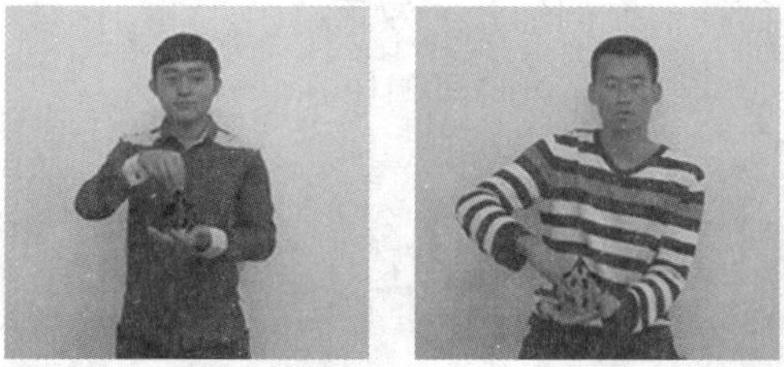

一手五指向下，在另一手手心上抓一下再提起，如做包包子动作。

饺子

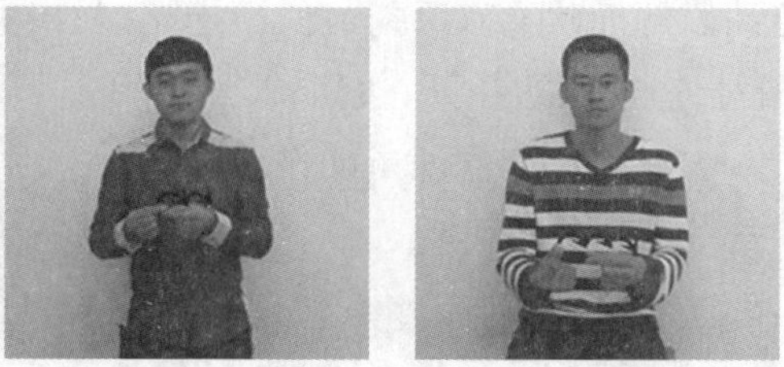

双手拇、食指相捏，一手在下不动，另一手在上边捏边移动，如捏合饺子状。

饼

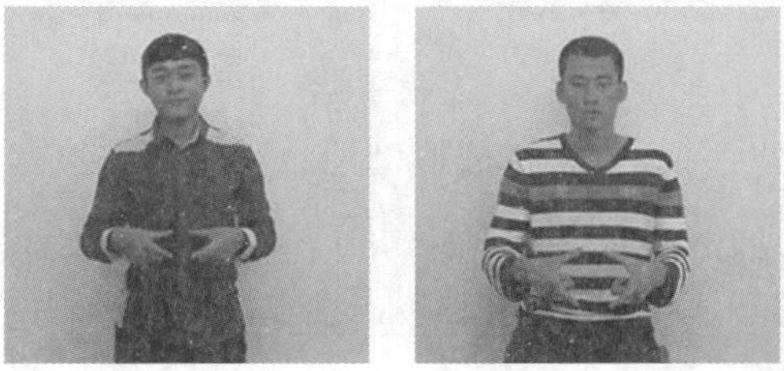

双手伸拇、食指，指尖相对，呈大圆形，如饼的外形，置于嘴前微动两下。

汤

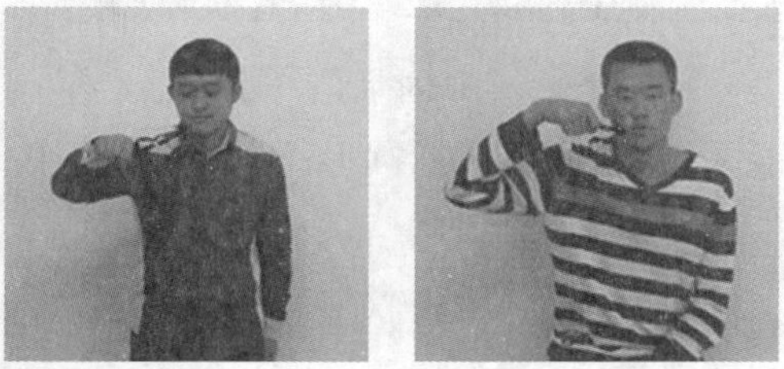

一手拇、食指相捏，如持汤匙送向口边，做喝汤状。

元宵（汤圆）

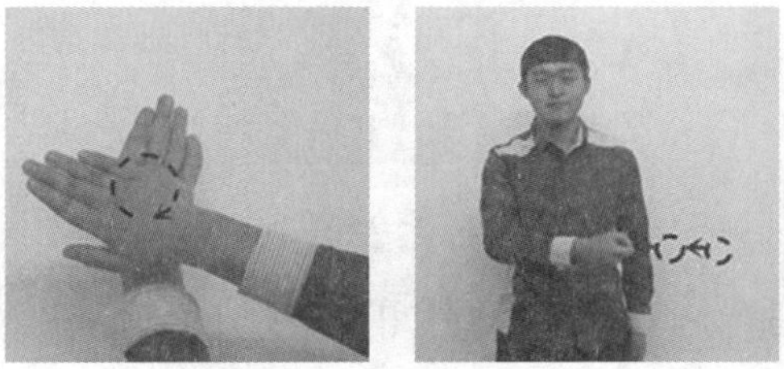

中国手语

双手掌心相贴，做揉元宵动作。一手拇、食指捏成小圆形，连续打两下，表示元宵。

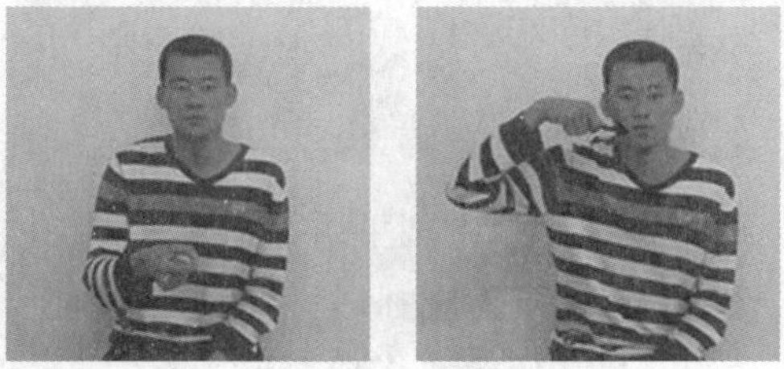

自然手语

右手拇指、食指捏成小圈，在嘴右侧向左侧移动。

油条

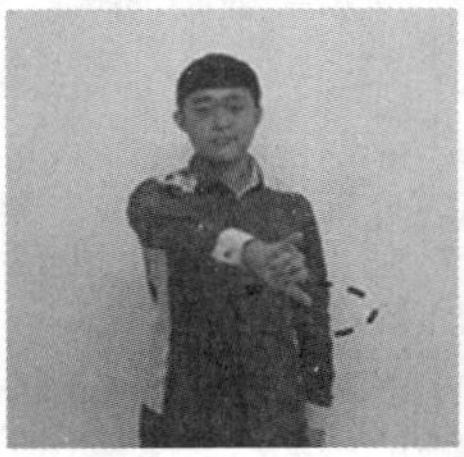
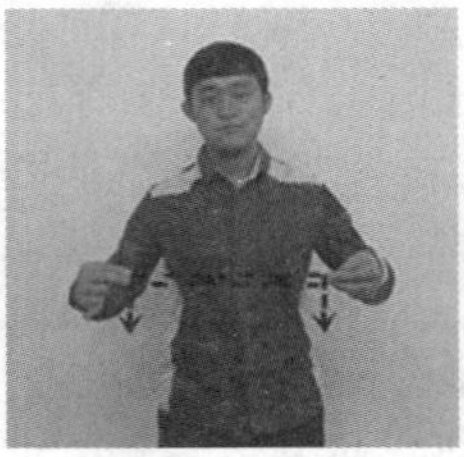

中国手语

一手伸拇、小指，拇指指尖向下绕一圈，如持油壶倒油状。双手拇、食、中指相捏，指尖相对，边向两边拉开，边扭转，然后甩一下，如炸油条动作。

自然手语

一手伸拇、小指，拇指指尖向下绕一圈，如持油壶倒油状。双手打“[”“]”手势，向两侧拉开。

蛋糕

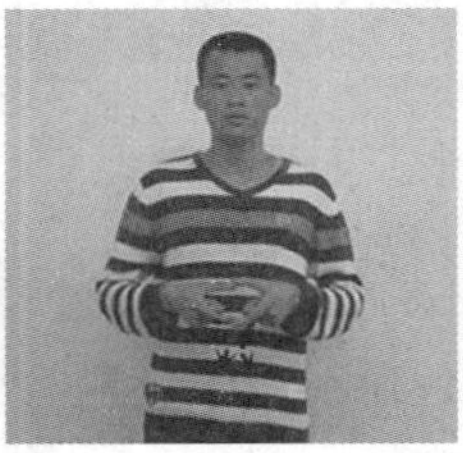
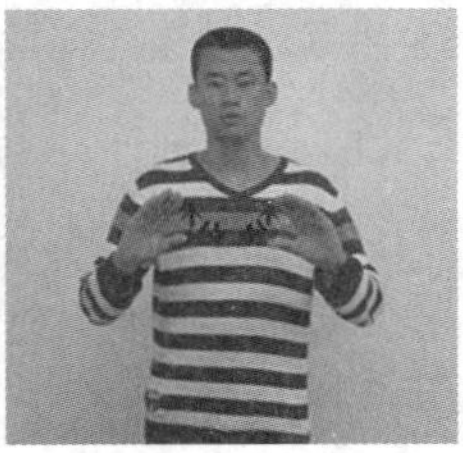

中国手语

双手拇、食指搭成椭圆形，再做打蛋动作。一手五指呈“[”形，轻捏几下，表示松软之意。

自然手语

双手拇、食指搭成椭圆形，再做打蛋动作。双手分别打“[”“]”手势，并捏动几下。

饼干

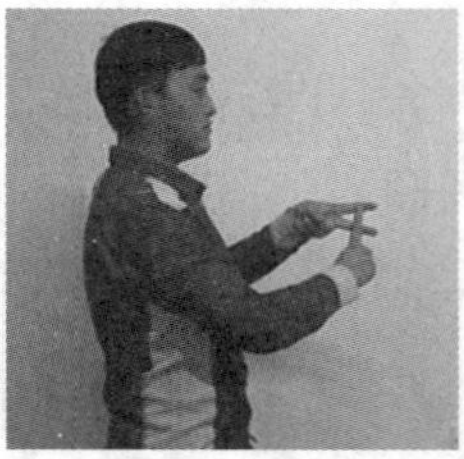
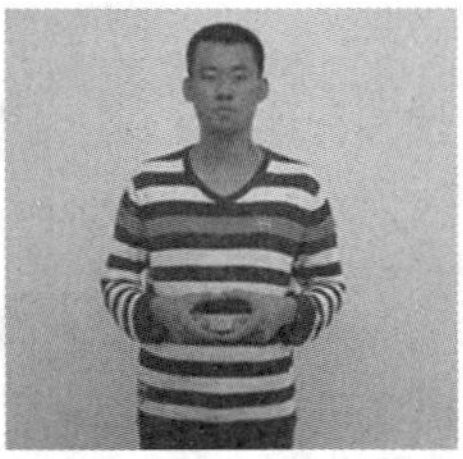

中国手语

双手拇、食指搭成圆形。一手食、中指与另一手食指搭成“干”字形。

自然手语

双手拇、食指搭成圆形。

汉堡包

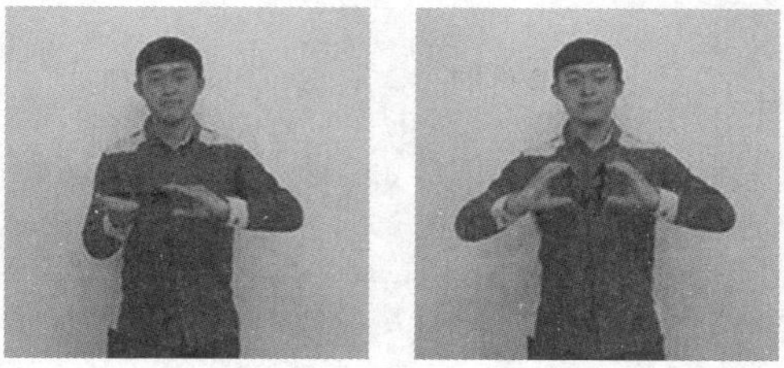

中国手语

左手呈“[”形，右手平伸，掌心向上插入“[”形中。打“面包”手势。

自然手语

打“H”手势。左手呈“[”形，右手平伸，掌心向上插入“[”形中。打“面包”手势。

肉

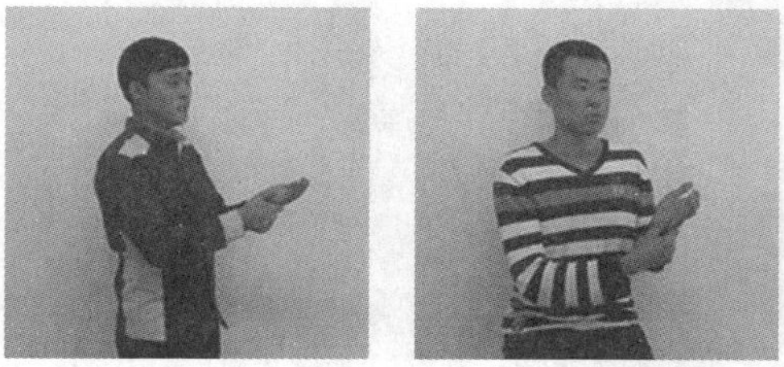

一手拇、食指捏另一手小鱼际的部位。

蛋

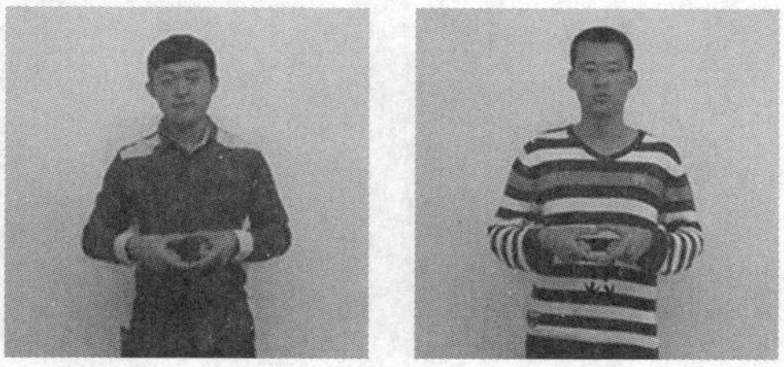

双手拇、食指搭成椭圆形，然后做打蛋动作。

饮料

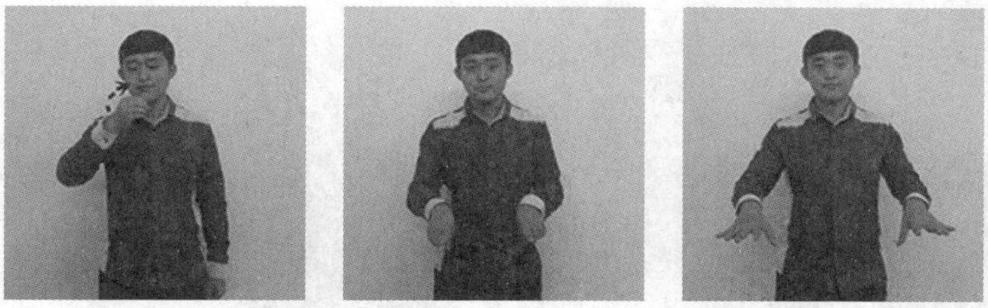

中国手语

一手握空拳。双手食指先互碰一下，然后分开并张开五指。

自然手语

右手握空拳，并伸出食指、小指，食指置于脸部。再张开五指。

豆浆

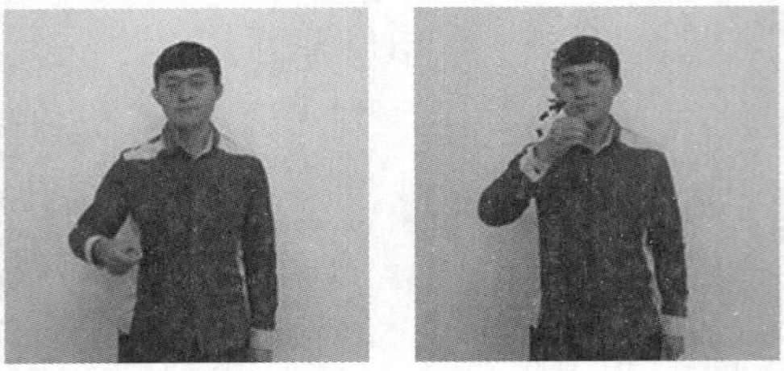

中国手语
一手拇、食指捏成小圆形。一手做举杯喝豆浆状。

自然手语
打“H”的手势，摸一下脸。一手拇、食指捏成小圆形。一手做举杯喝豆浆状。

啤酒

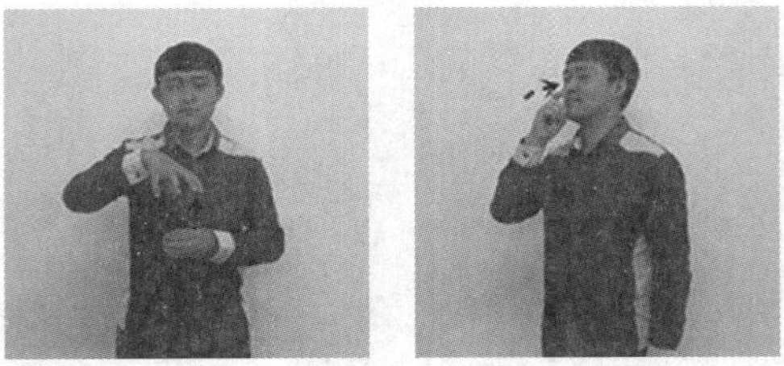

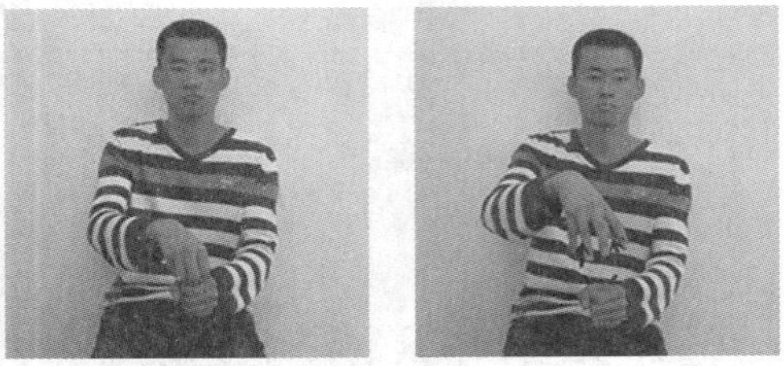

中国手语
左手呈半圆形，右手五指微曲，指尖朝下置于左手虎口处，五指边抖动边向上移动。一手打手指字母“J”的指式放在嘴边，做喝酒状。

自然手语
如开易拉罐状。左手呈半圆形，右手五指微曲，指尖朝下置于左手虎口处，五指边抖动边向上移动。

酒

中国手语
一手打手指字母“J”的指式放在嘴边，做喝酒状。

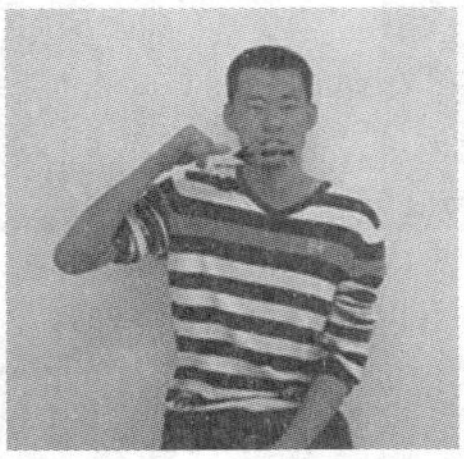

自然手语
右手呈“六”状，拇指从嘴的左侧向右侧移动。

汽水

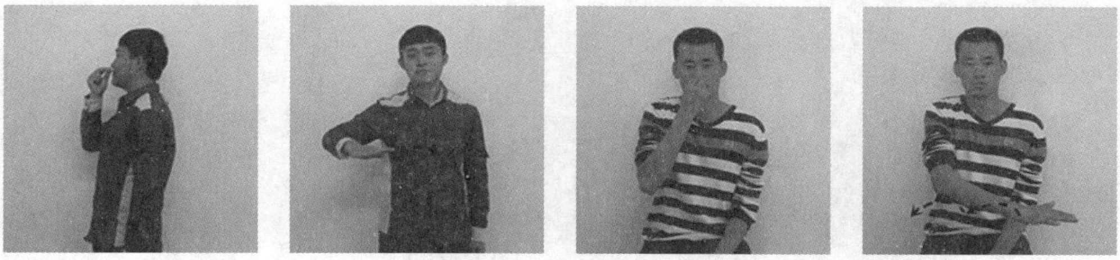

拇指、食指、中指相捏，置于鼻子处。一手平伸，手背向上，向一侧做波纹状微移。

茶

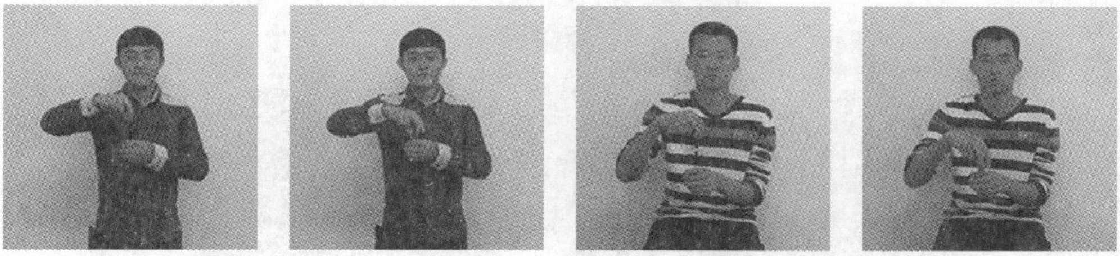

一手五指虚握成半圆形，虎口向上；另一手拇、食、中指撮合，
向半圆形中一甩，如向杯中放茶叶状。

油

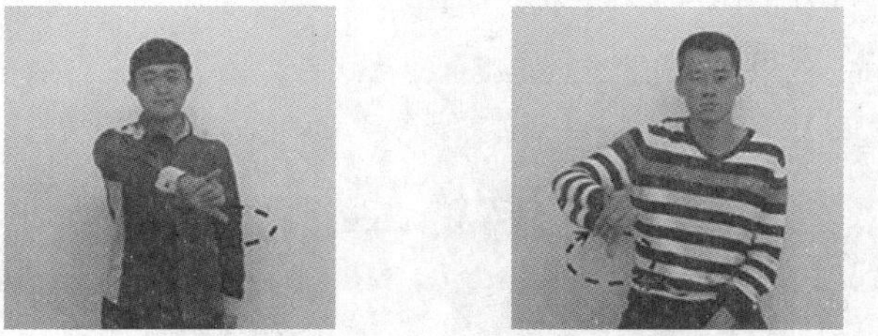

一手伸拇、小指，拇指向下斜伸，并转一圈，如持油壶向锅里倒油状。

盐

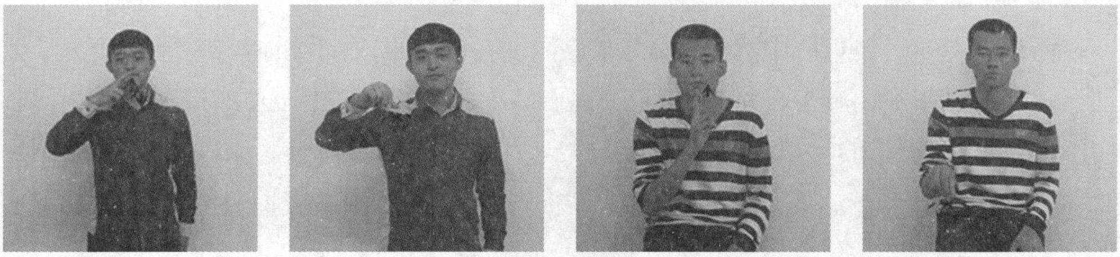

一手打手指字母“X”指式，放在嘴前上下微动。
一手拇指与食、中指互捻，如向下撒盐状。

酱油

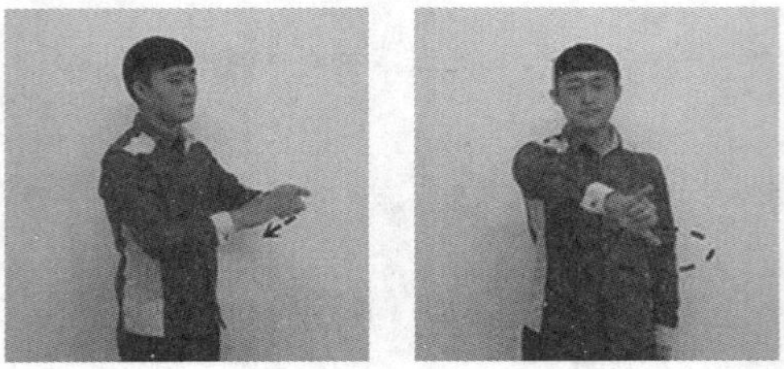

中国手语

左手平伸，掌心向上，右手四指放在左手上向下移动。打“油”手势。

自然手语

打“黑”手势。打“油”手势。

醋

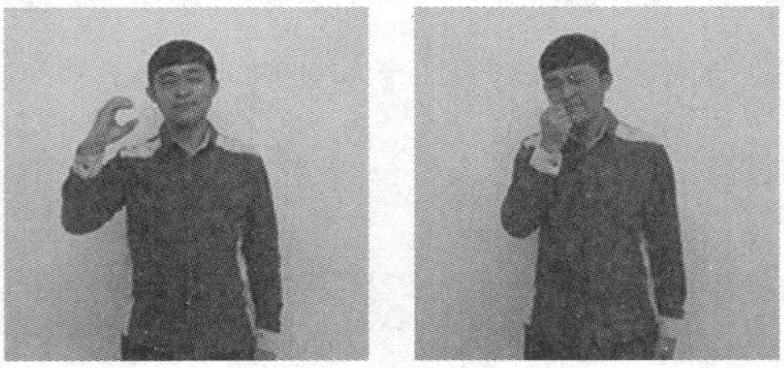

中国手语

一手打手指字母“C”的指式。一手拇、食指相捏，放在口边，腮向内缩，眉微蹙，如觉酸状。

自然手语

一手打手指字母“C”的指式，放在口边，腮向内缩，眉微蹙，如觉酸状。

床

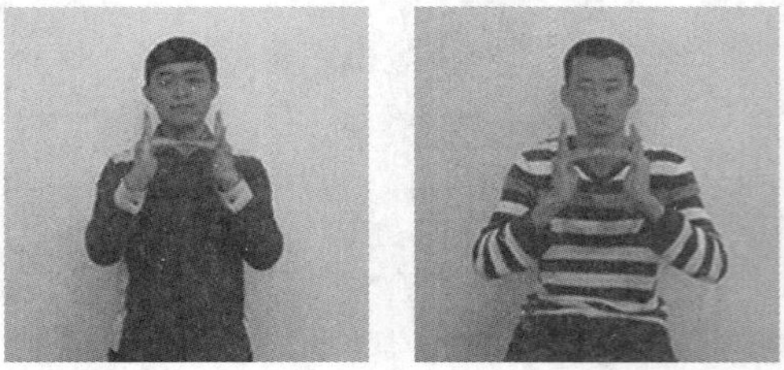

双手食、小指向上伸直，中、无名指与掌成直角，指尖相触，拇指自然微曲，搭成“床”的形状。

椅子

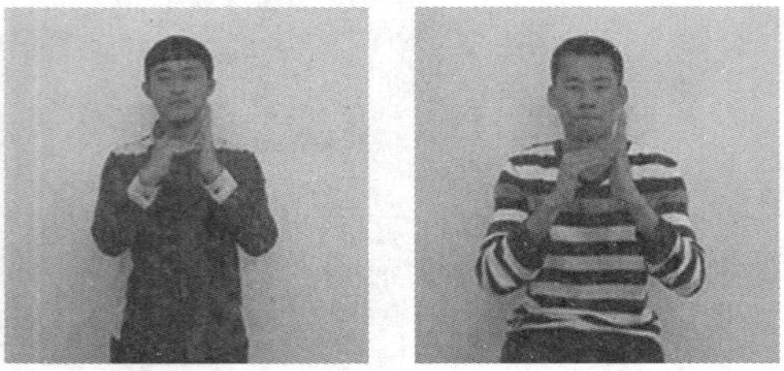

左手直伸，右手四指与左掌成直角，指尖抵住左掌心，如椅子形状。

抽屉

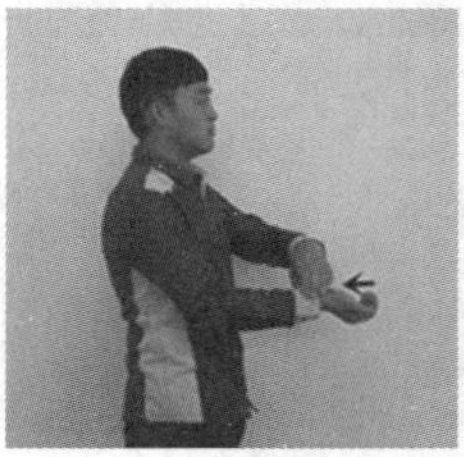

一手五指呈“冂”形，手背向上；另一手五指弯曲，掌心向上，从“冂”形中往外拉动两下。

床单

中国手语

双手食、小指向上伸直，中、无名指与掌成直角，指尖相触，拇指自然微曲，搭成“床”的形状。双手平伸，掌心向下，由中间向两旁移动。

自然手语

双手平伸，掌心向下，由中间向两旁移动。

被子

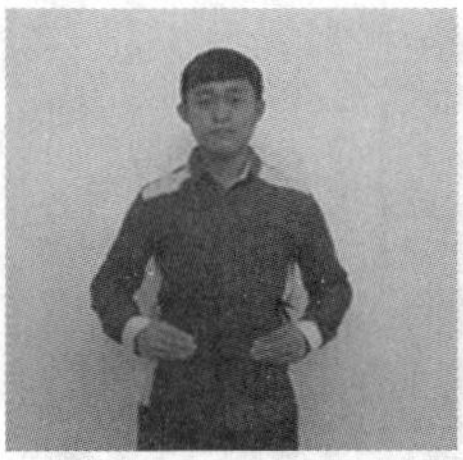

双手五指虚撮，如捏被子，从腹部上拉至胸部，模仿睡觉时盖被状。

枕头

中国手语

右手托着头部，头微倾，闭眼，如睡觉状。双手平伸，掌心向下，由中间向两旁移动，再折而向下。

自然手语

双手五指微曲，手背向上再往两旁移动。

枕套

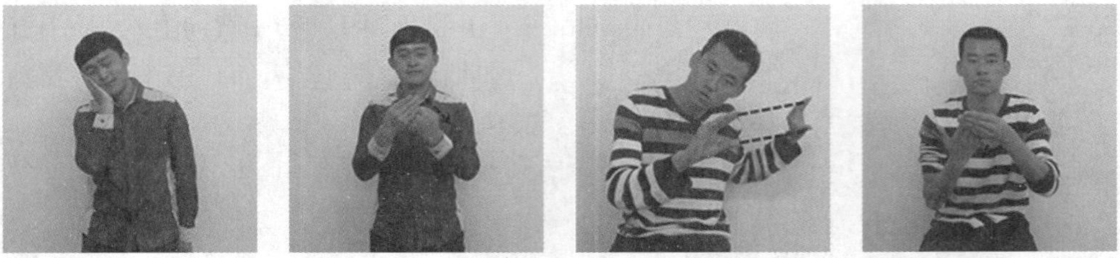

中国手语

右手托着头部,头微倾,闭眼,如睡觉状。

一手五指呈“[”形,套入另一手手掌,如套枕套动作。

自然手语

双手五指微曲,手背向上再往两旁移动。

一手五指呈“[”形,套入另一手手掌,如套枕套动作。

耳环

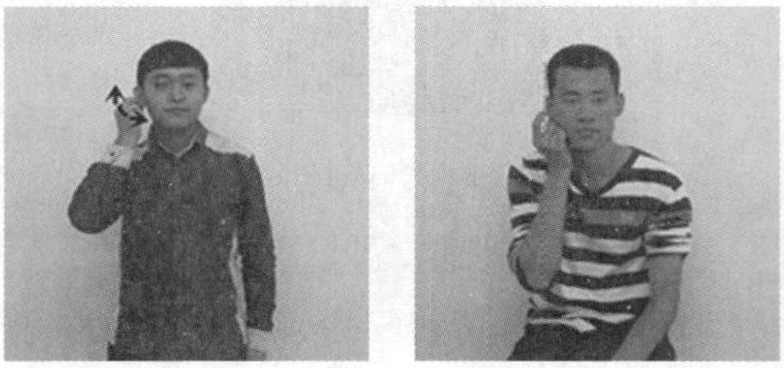

一手拇指、食指捏住耳垂,并晃动两下。

项链

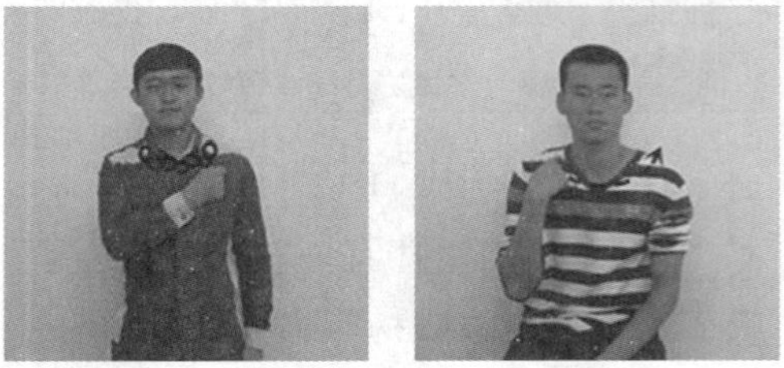

右手拇指、食指捏成圆形,虎口朝外,沿脖子从左向右做弧形移动。

手镯

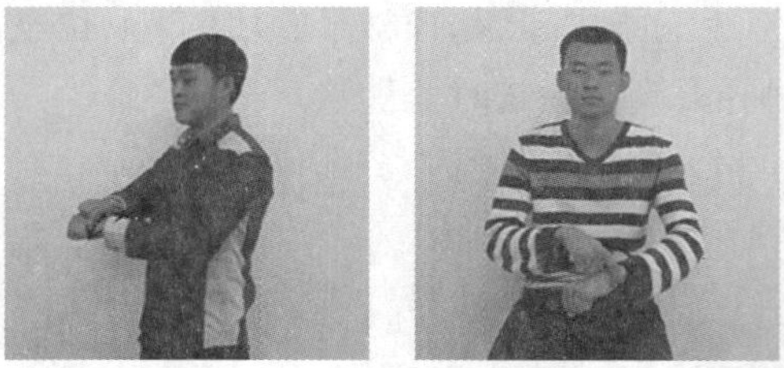

左手握拳屈肘;右手拇指、食指张开置于左手腕上,并微微转动几下。

戒指

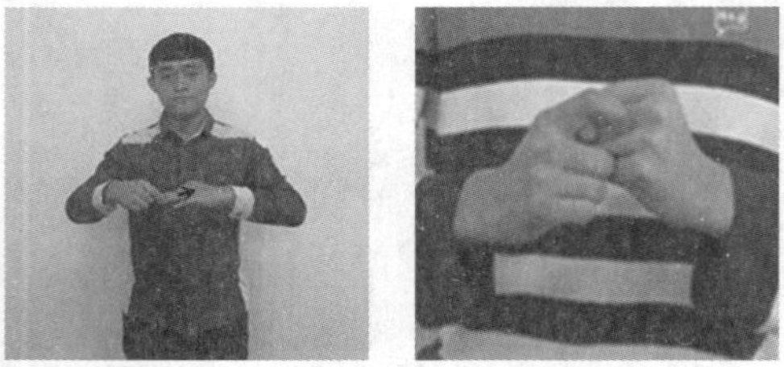

左手平伸,掌心向下;右手拇指、食指捏住左手无名指指尖,然后向指根移动。

浴液

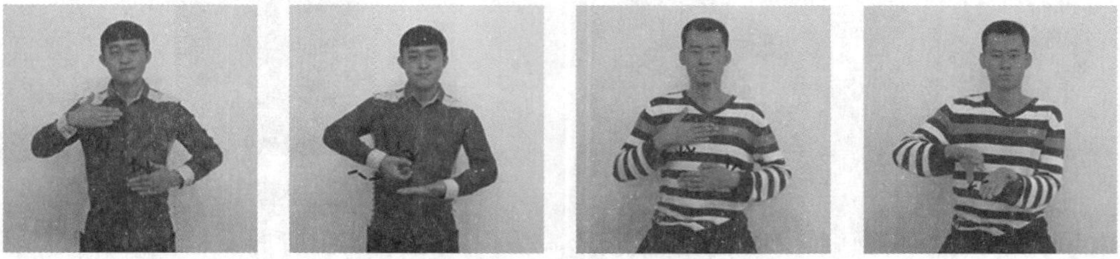

双手五指分开,掌心贴于胸部,上下交替擦动。

一手虎口朝斜下方,五指做从瓶子中挤液体的动作。

牙刷(刷牙)

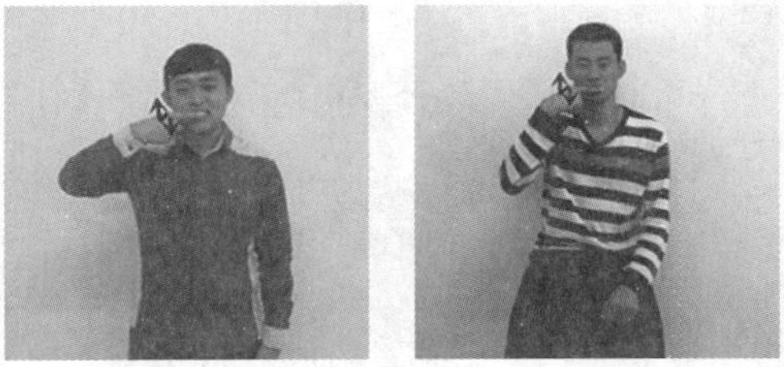

一手伸食指在口边来回移动，如刷牙动作。

牙膏

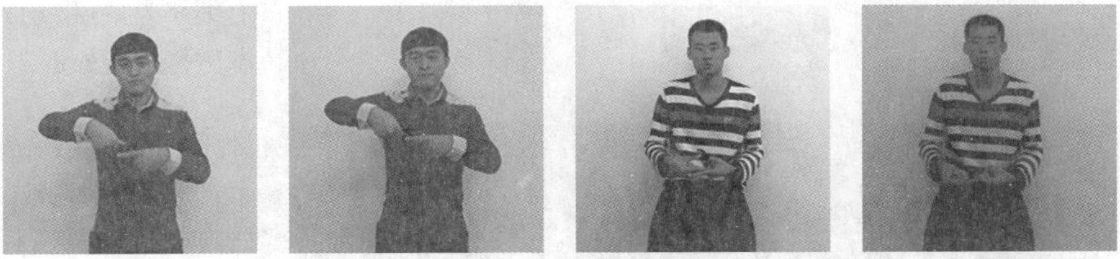

左手食指横放，右手如执牙膏向左手食指做挤牙膏动作。

手表

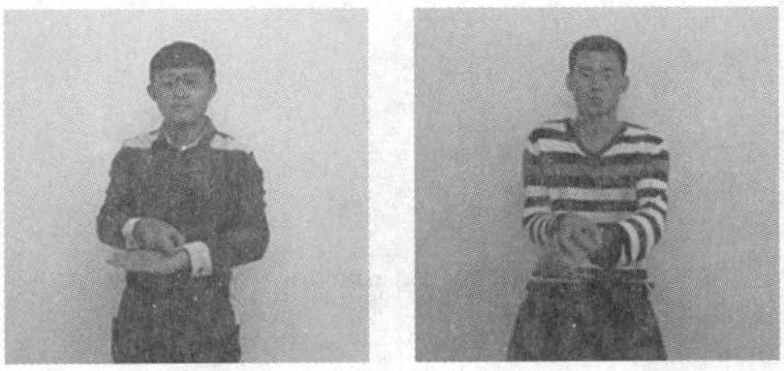

一手拇、食指捏成圆形，贴在另一手腕部，象征手表。

眼镜

一手拇、食指捏成圆形，贴在眼部。

镜子

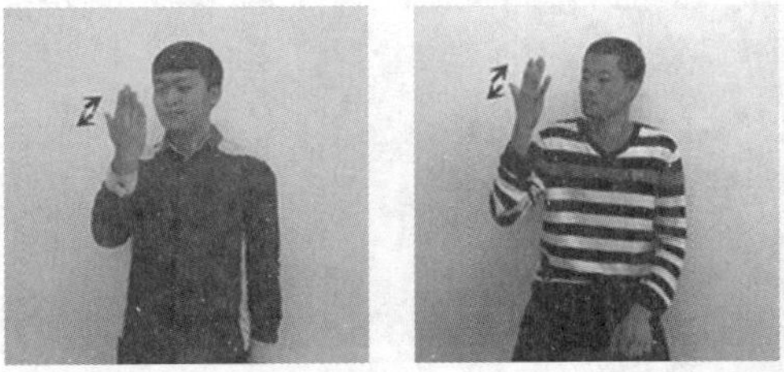

一手伸直，掌心和面部相对，晃动几下，如照镜子动作。

盆

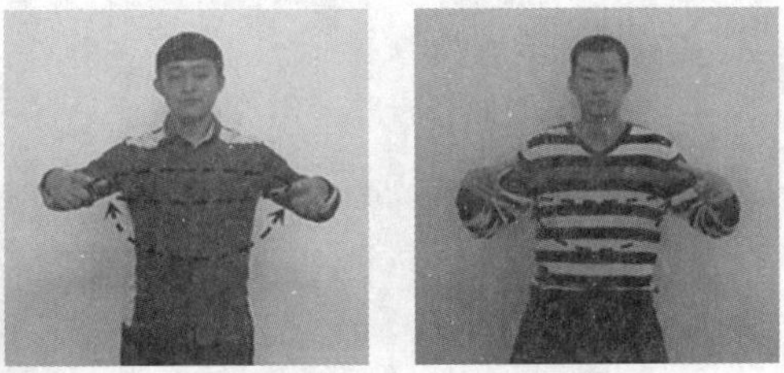

双手拇、食指搭成大圆形，从下向上稍微移动，如盆的形状。

暖水瓶

中国手语

双手微曲，掌心向上，由腹部慢慢移到胸部。一手平伸，掌心向下，向一侧做波纹状移动 。双手搭成圆形，做上细下粗的移动，模仿热水瓶外形。

自然手语

右手侧伸从太阳穴处向下移动。双手搭成圆形，做上细下粗的移动，模仿热水瓶外形。

茶壶

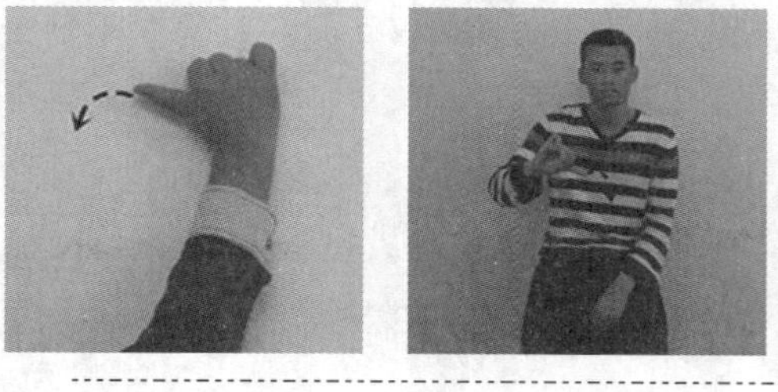

一手伸拇、小指，小指弯曲，模仿茶壶的外形。

杯子

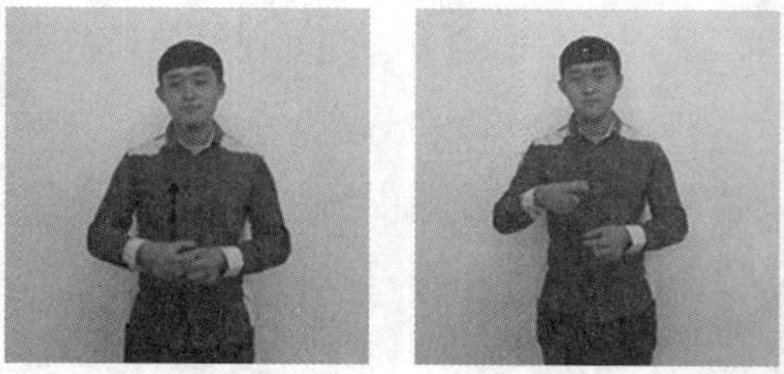

中国手语

双手拇、食指呈半圆形，先叠在一起。下手不动，上手向上稍移，如一只杯子。

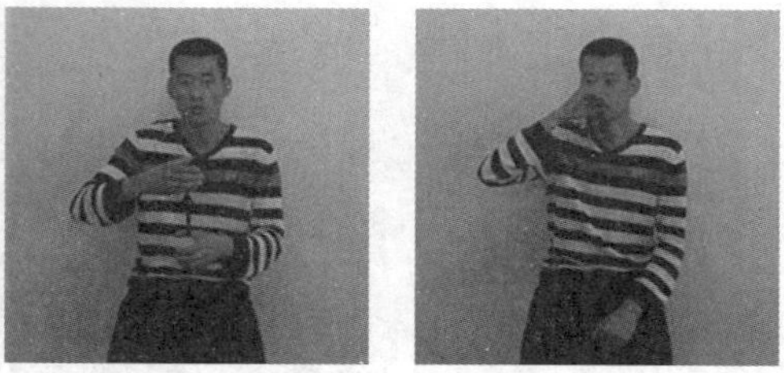

自然手语

双手拇指与其他四指呈半圆形，先叠在一起。下手不动，上手向上稍移，置于嘴部，如喝水状。

胶水

中国手语

一手拇、中指相捏，再慢慢张开。一手平伸，掌心向下，向一侧做波纹状微移。

自然手语

左手平伸，右手伸出食、中指放在左手掌心处。一手拇、食、中指相捏，再慢慢张开。

尺

中国手语

双手食指直立于胸前，相距约一尺。

自然手语

左手平伸，掌心向下，右手食指在左手外侧滑动。

线

双手拇、食指指尖相捏，从中间向两旁拉开，如一条细线。

针

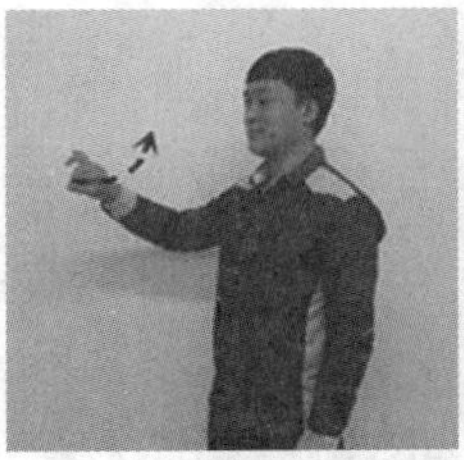
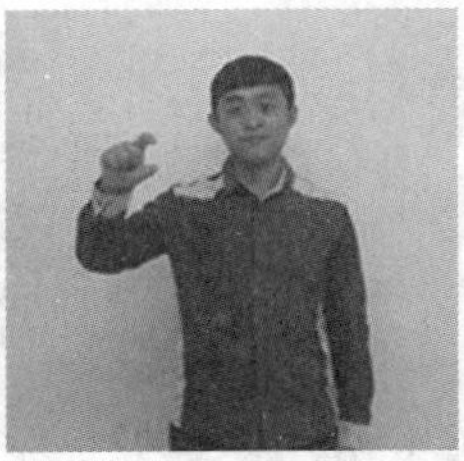

中国手语

一手先做执针缝衣动作，然后再伸出拇、食指，相距约一寸，如针的长度。

自然手语

左手平伸掌心向下，右手再做执针缝衣动作。

按钮(开关)

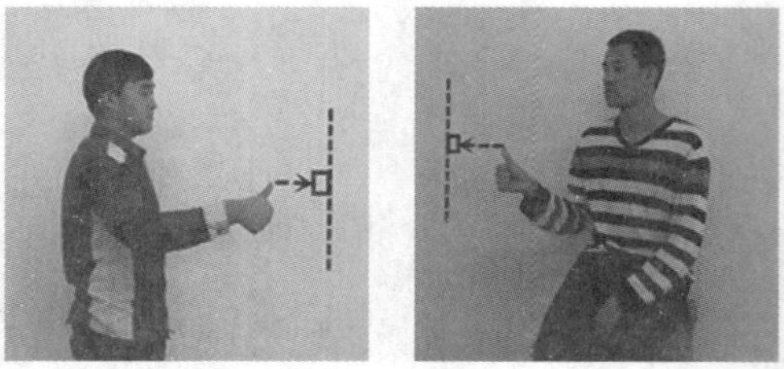

一手伸出大拇指,向前按动几下。

纽扣

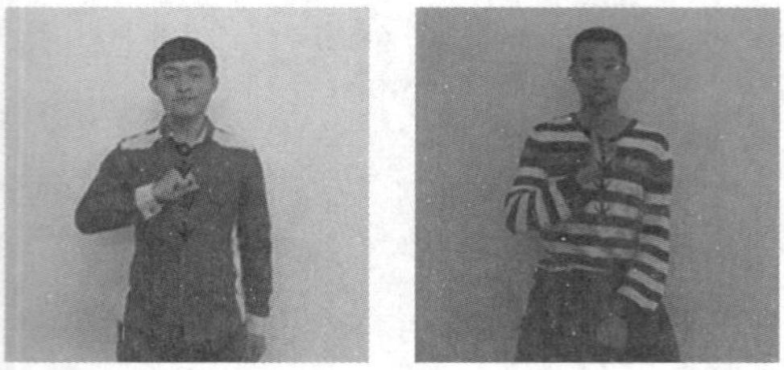

一手拇、食指捏成小圆圈,在胸前由上而下贴几下,表示衣服上的纽扣。

塑料袋

中国手语
右手五指包住左拳,捏动几下。双手先以食指互碰一下,然后分开并张开五指。双手重叠掌心向上,从胸前张开并折而向上。

自然手语
一手打“皮肤”的手势。右手呈“六”状,向下。

背包

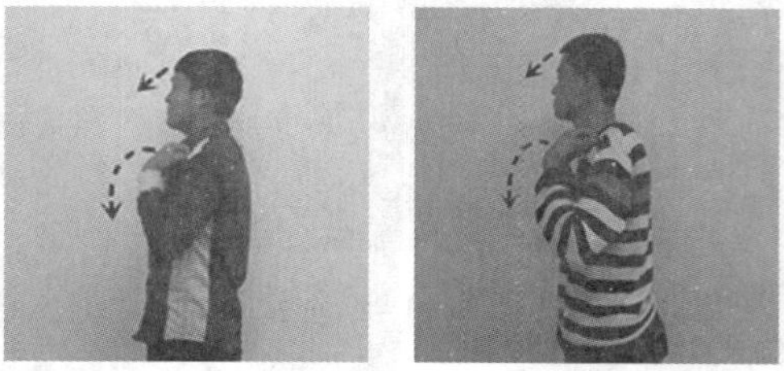

双手五指虚握,指尖贴肩部,向下做弧形划动,同时身体向前微倾,如背背包状。

绳子

双手食、中指指尖相对,各向相反方向拧动,并向外拉。

锁

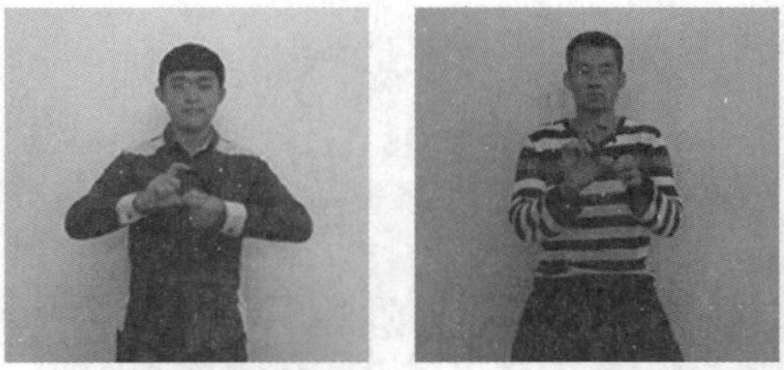

左手拇、食指捏成小圆圈，右手拇、食指先张开，然后插入左手小圆圈内扣合，如上锁状。

钥匙

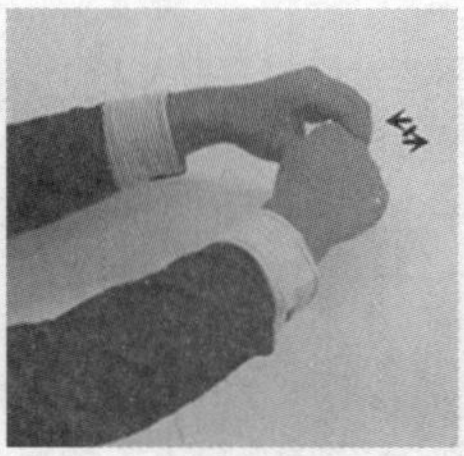

中国手语

左手拇、食指捏成小圆圈。右手拇、食指相捏，如执钥匙状，对准小圆转动，如开锁动作。

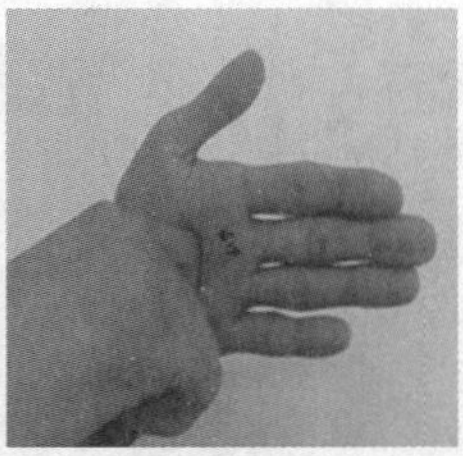

自然手语

左手侧伸，掌心向内，右手如拿钥匙状在左手掌心上转动两下。

伞

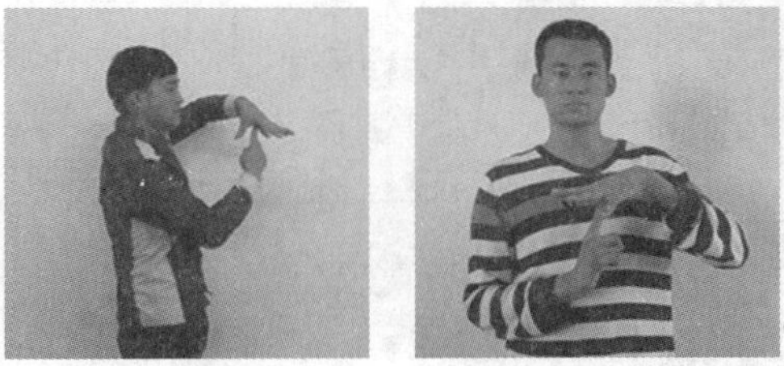

左手五指向下张开，右手食指抵住左手手心，如一把伞的样子。

手电筒

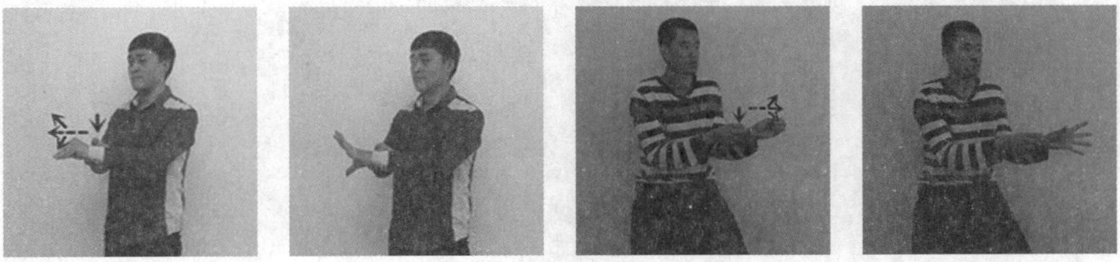

右手如握电筒状。左手五指撮合置于右手前，向前放开五指，象征电筒发光。

碗

中国手语

双手拇、食指搭成圆形，由下向上稍微放大，下小上大如碗的形状。

自然手语

双手拇、食指搭成圆形，由下向上稍微放大。左手不动，右手做吃饭动作。

盘子

双手拇、中指搭成大圆形，如盘子状。

筷子

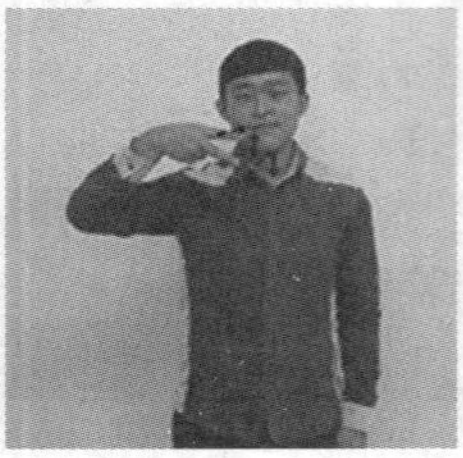

一手伸出食、中指，在口边划动几下，如用筷子吃饭状。

勺

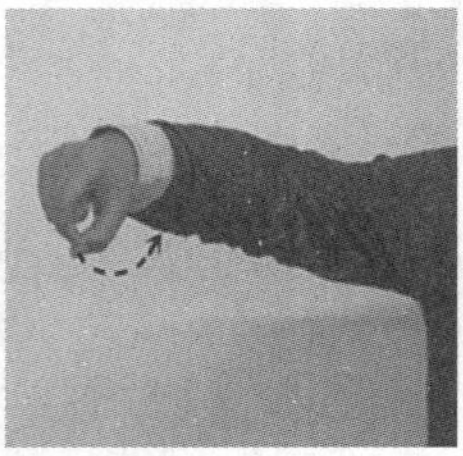

中国手语

一手拇、食指捏成圆形，如勺状，并做舀水动作。

自然手语

左手拇指、食指捏成小圈，右手伸食指，组成勺状。

锅

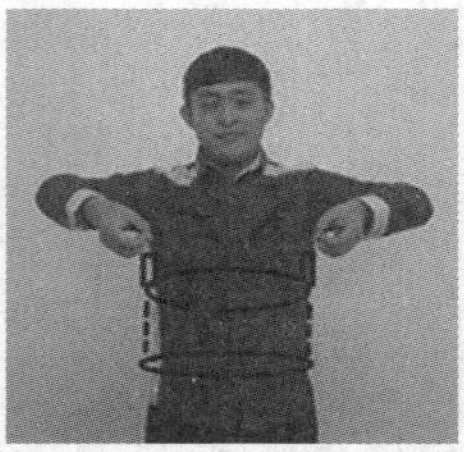

双手拇、食指搭成大圆形。双手拇、食指相捏，向上提动，如端起锅状。

火柴

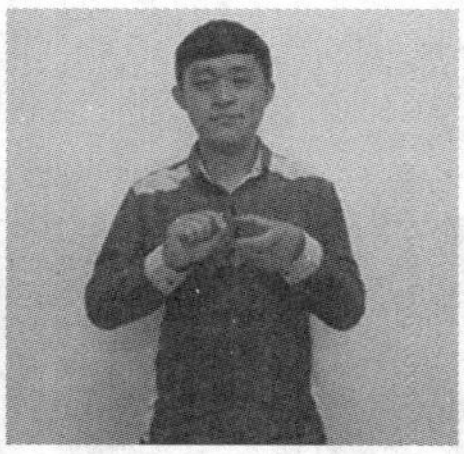

中国手语

左手呈“]”状，右手拇、食指相捏，在左手上滑动。

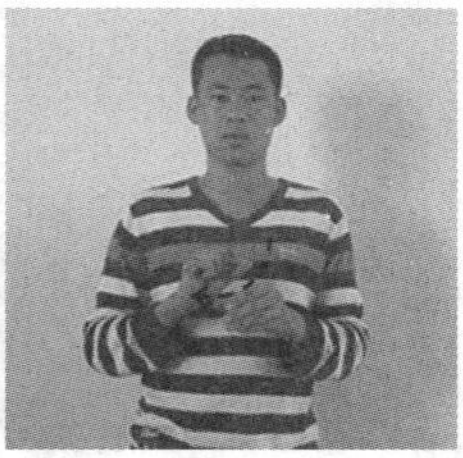

自然手语

一手打“火”的手势。左手呈“]”状，右手拇、食指相捏，在左手上滑动。

打火机

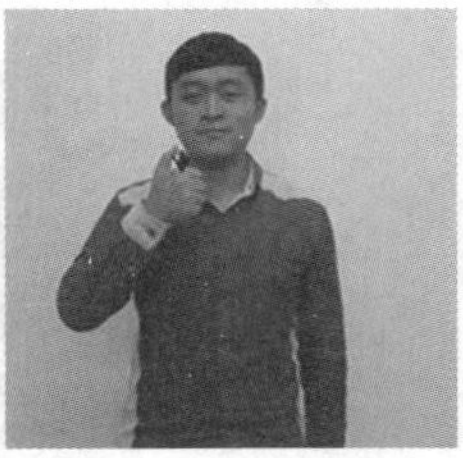

一手握拳伸拇指放于嘴前，拇指弯动几下，如用打火机点烟状。

电视机

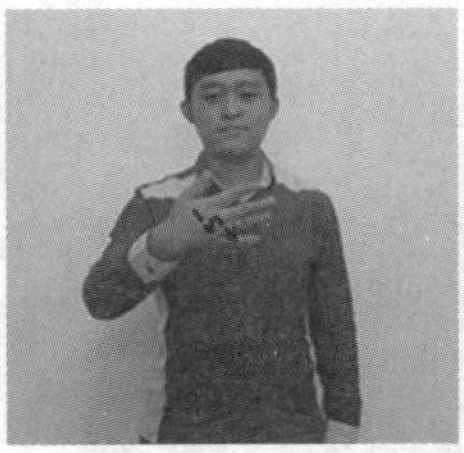
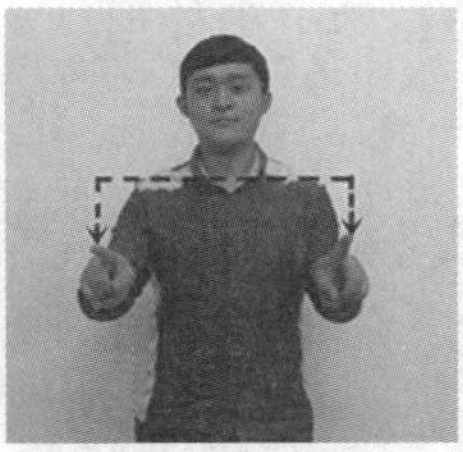

中国手语
右手食指画闪电状。一手五指张开，在面前摆动几下。双手食指书空“┌┐”形，如电视机外形。

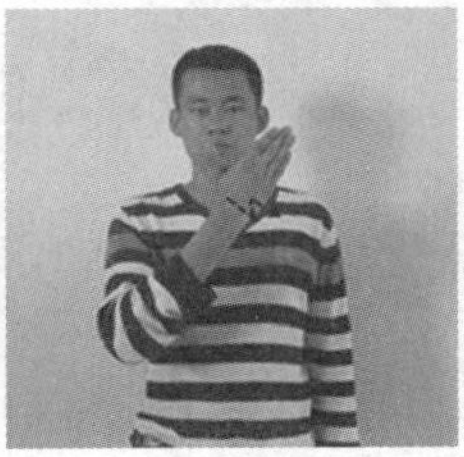

自然手语
右手食指画闪电状。一手五指张开，在面前摆动几下。

电冰箱

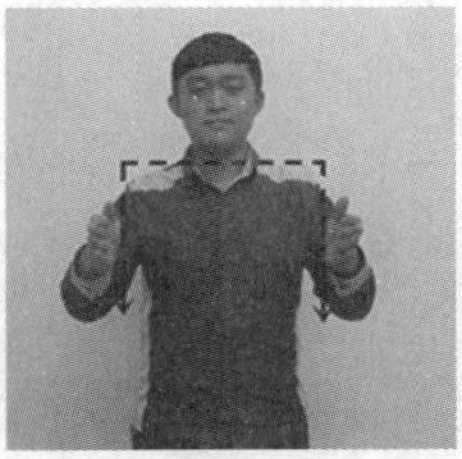

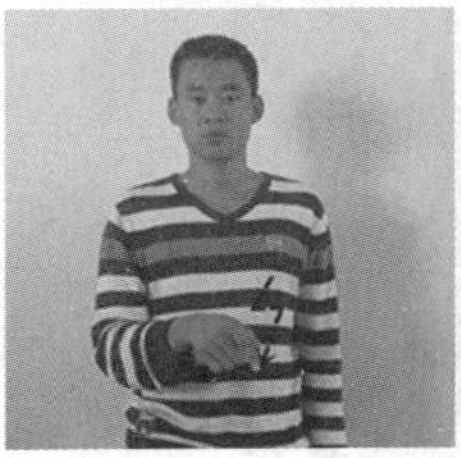

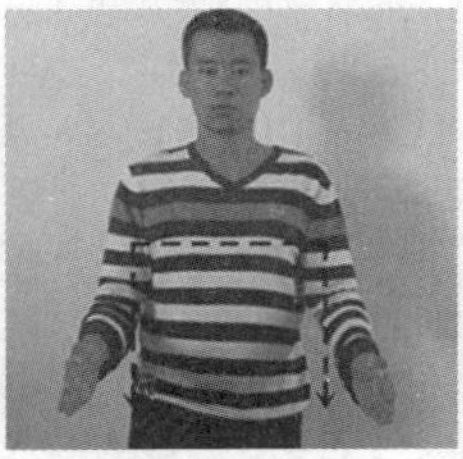

右手食指画闪电状。双手握拳，在胸前微微抖动，然后双手呈“[ ]”形。双手平伸，掌心向下，从中间向左右平移，再折而向下，呈“┌┐”状，如冰箱外形。

电风扇

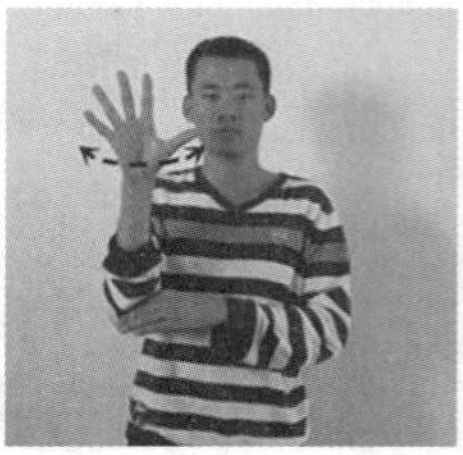

中国手语

一手食指画闪电状。一手五指张开、微曲，指尖向外，其肘抵于另一手掌心上，然后旋转几下手腕，模拟落地电扇外形。

自然手语

一手五指张开、微曲，指尖向外，其肘抵于另一手掌心上，然后旋转几下手腕。

洗衣机

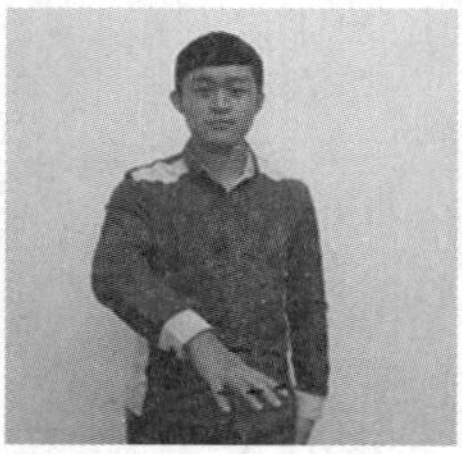

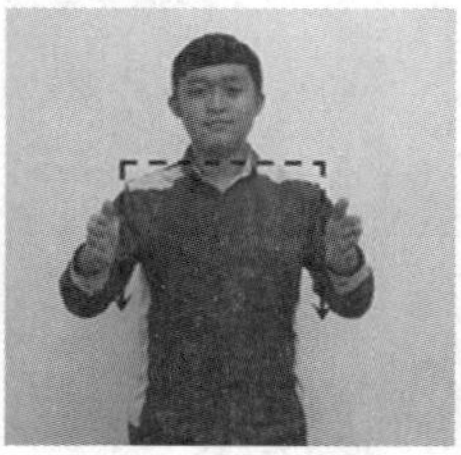
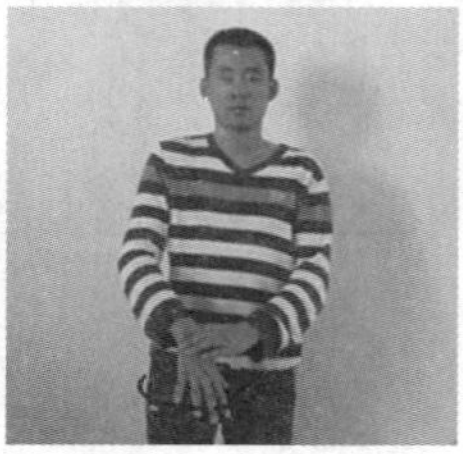

中国手语

一手五指张开，指尖向下旋转几圈。一手拇、食指揪一下胸前的衣服。双手平伸，掌心向下，从中间向左右平移，再折而向下，呈“┌┐”状，如洗衣机外形。

自然手语

一手五指张开，指尖向下旋转几圈；另一手握其腕部。

电灯

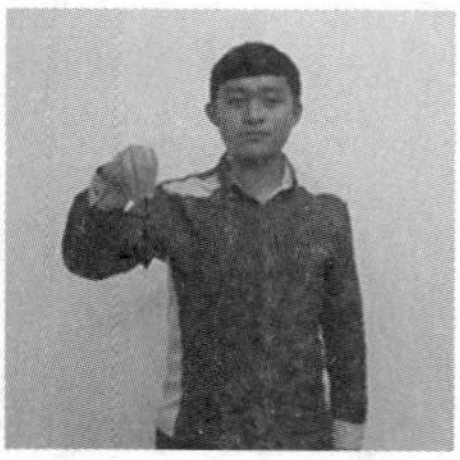

中国手语

一手食指画闪电状。一手五指撮合，指尖向下，然后五指放开，象征灯光。

自然手语

一手五指撮合，指尖向下，然后五指放开。

台灯

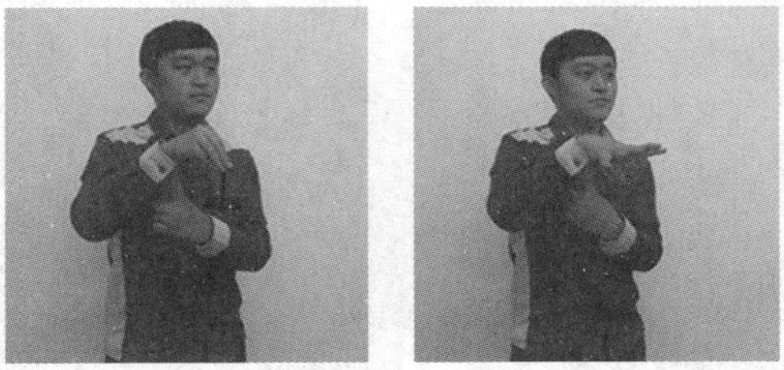

中国手语

左手伸出食指顶住右手腕部，右手五指由撮合到朝下张开。

自然手语

右手五指撮合，左手置于右肘下部。

日历

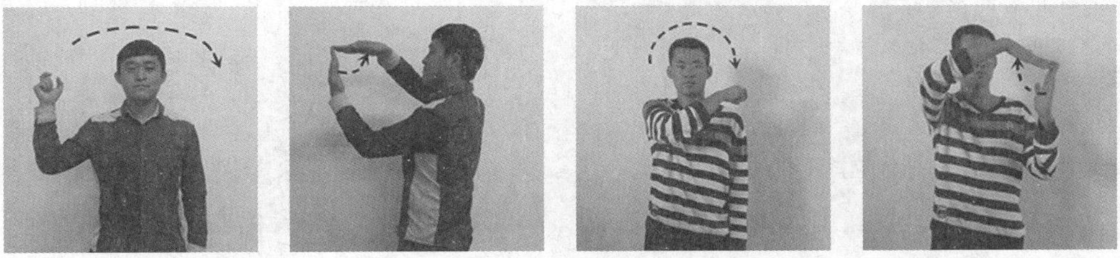

一手拇、食两指弯曲成半圆形，从一边向另一边做半弧形移动。双手直立，掌心相贴，左手不动，右手做翻动动作。

生活

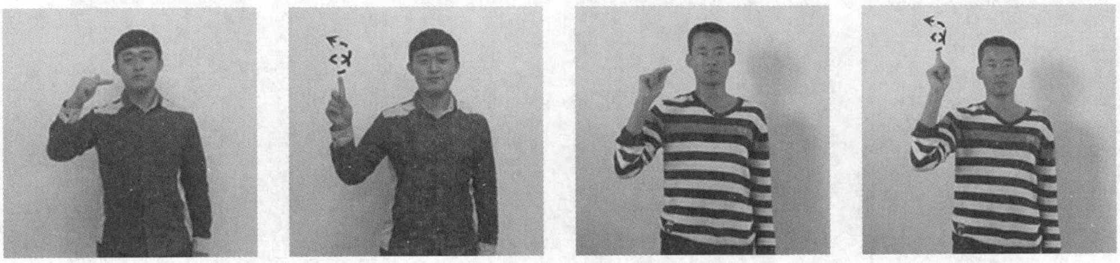

一手打手指字母“SH”的指式。一手食指向上，以腕部晃动几圈。

家

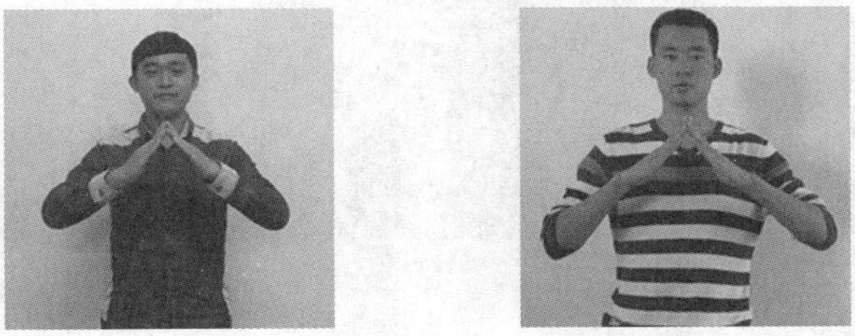

双手指尖搭成“∧”形，表示“家”“房屋”。

地址

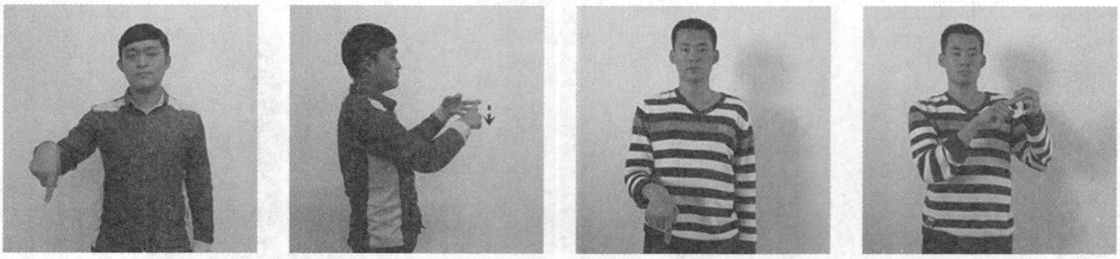

一手食指向下指，即“地”手势。一手食指沿另一手中、无名、小指指尖向下划动，组合为“地名”。

回家

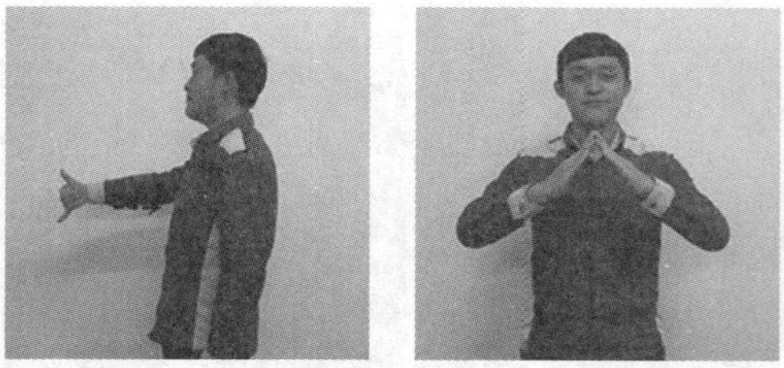

中国手语

一手伸拇、小指，由外向内移动，表示“返回”。双手指尖搭成“∧”形，表示“家”“房屋”。

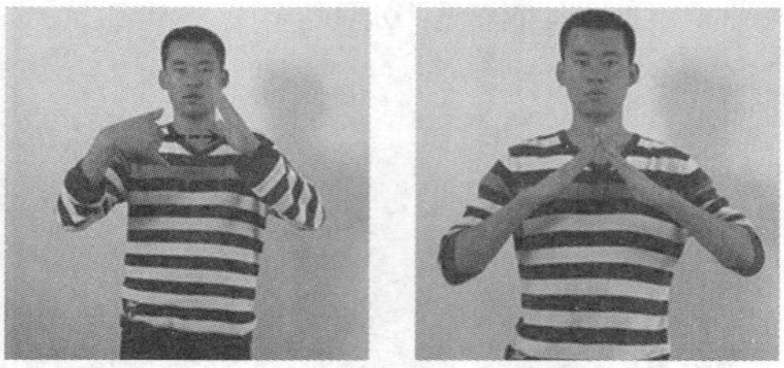

自然手语

一手伸拇、小指，由右向左移动，逐渐靠近左手。双手指尖搭成“∧”形，表示“家”“房屋”。

居住

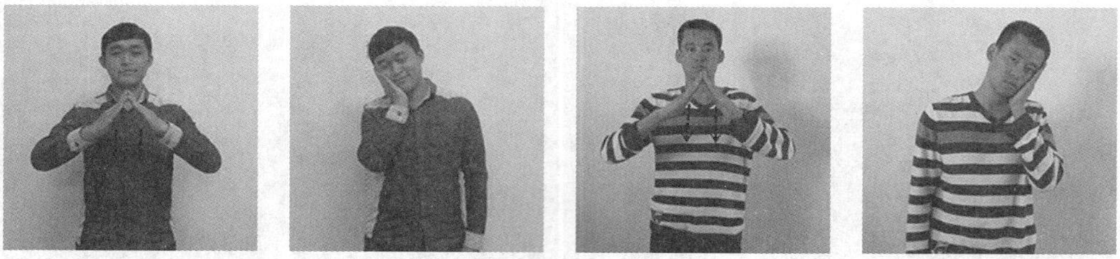

双手搭成“∧”形，向下移动一下。一手掌心贴于头侧，头微倾，闭眼如睡觉状。

对象

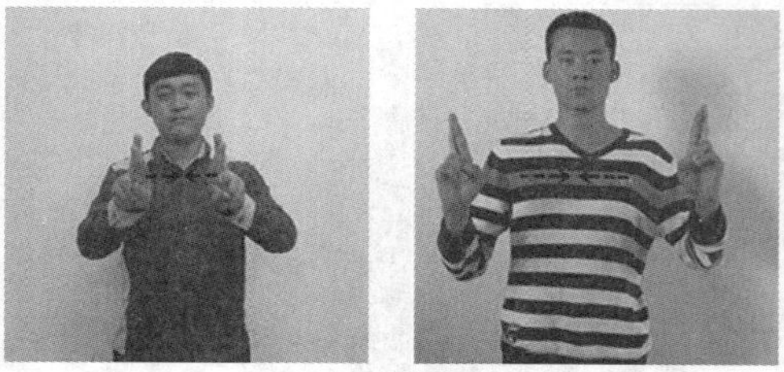

双手各打手指字母“X”的指式，由两边向中间靠拢。

爱

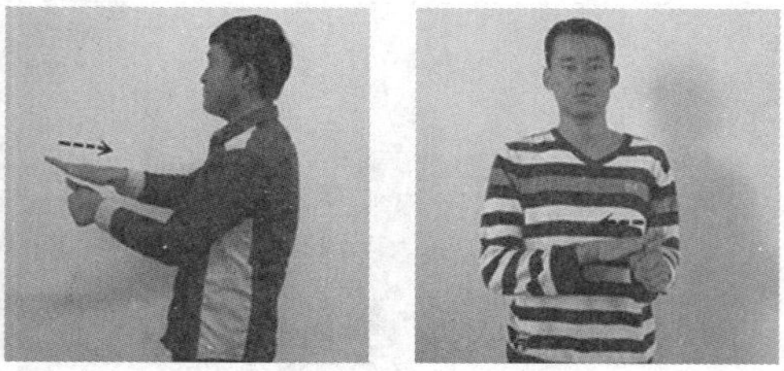

左手伸拇指，右手轻轻抚摸左手拇指指背。

爱情

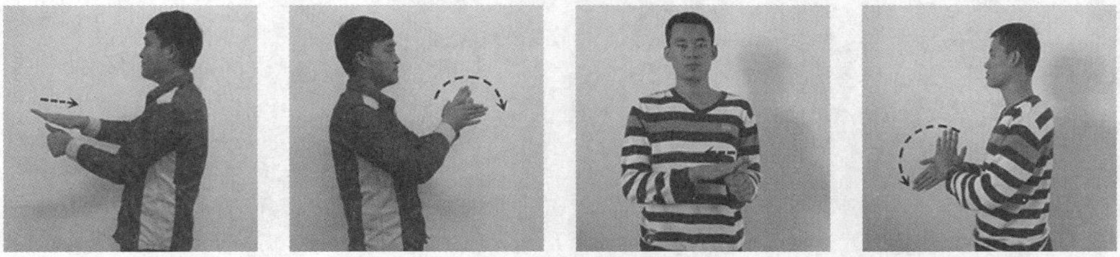

打“爱”手势。双手伸开相对，互相左右摇动，象征双方相爱、感情深厚的意思。

恋爱

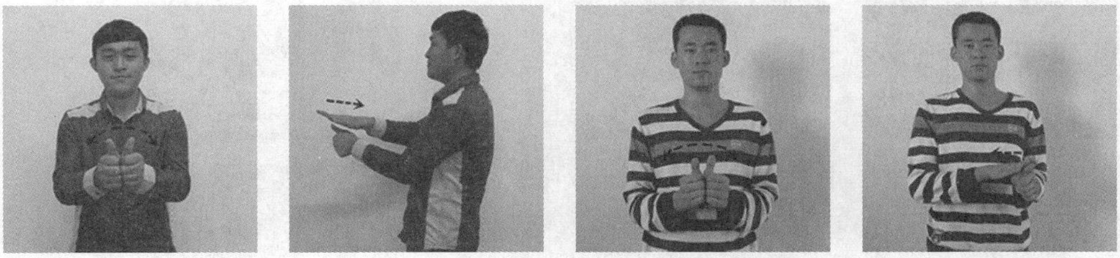

双手拇指靠在一起，转动一圈，象征“恋人”。一手伸开，轻抚另一手拇指指背。

享受

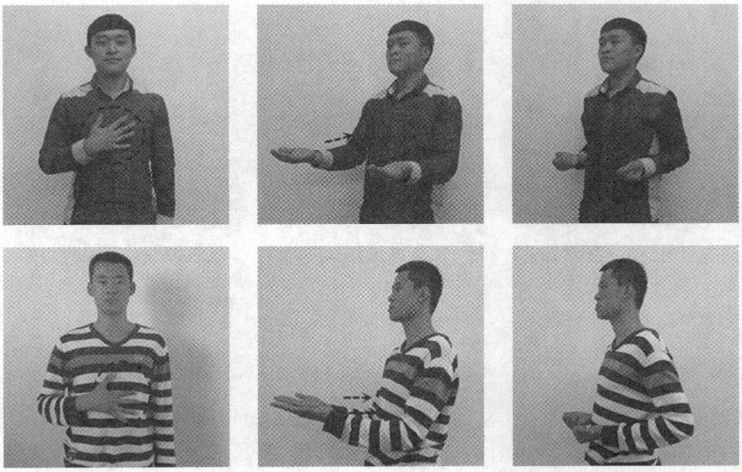

右手张开，掌心向内，并贴于胸部绕一圈。双手伸出，掌心向上，由前向后微拉，同时五指并拢。

温柔

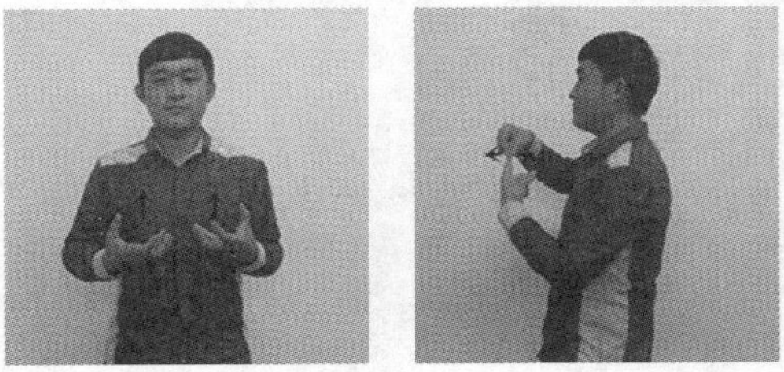

中国手语

双手五指微曲，掌心向上，在胸前缓慢上移。右手拇、食指捏住左手食指，轻轻晃动几下。

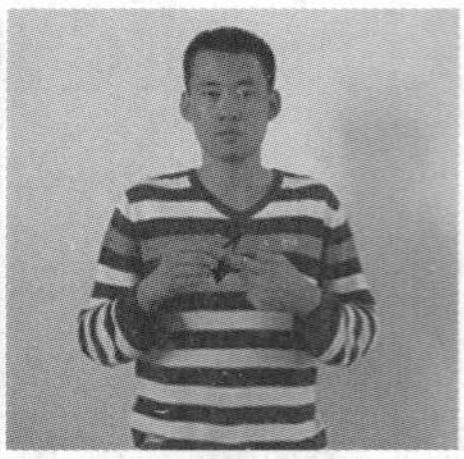

自然手语
双手拇、食指捏成小圈向上移动平伸开。打“软”手势。

聊天儿

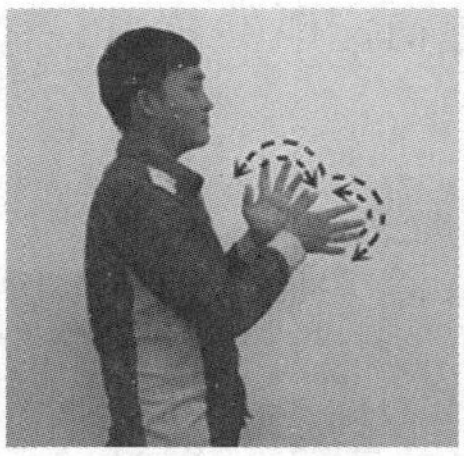

中国手语
双手伸直，掌心相对，在嘴边前后交替移动。右手伸食指，向左侧做弧形移动。

自然手语
双手伸食指并弯曲，在头部两侧晃动。

玩笑

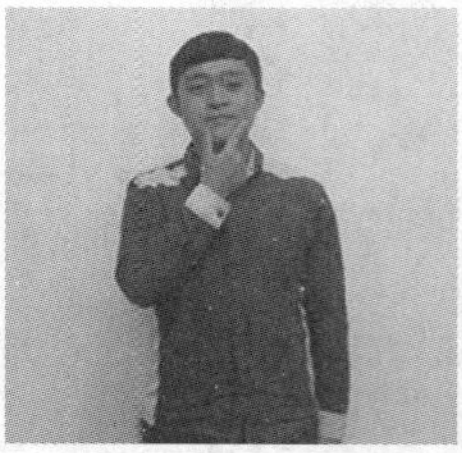
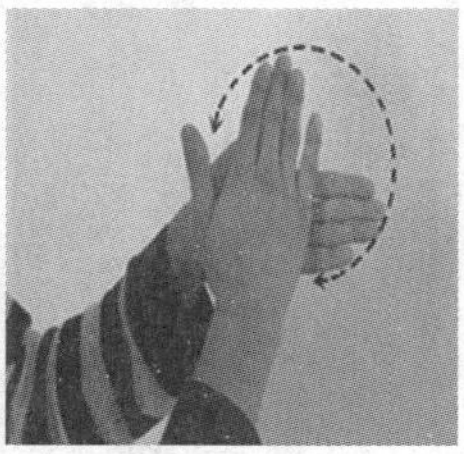
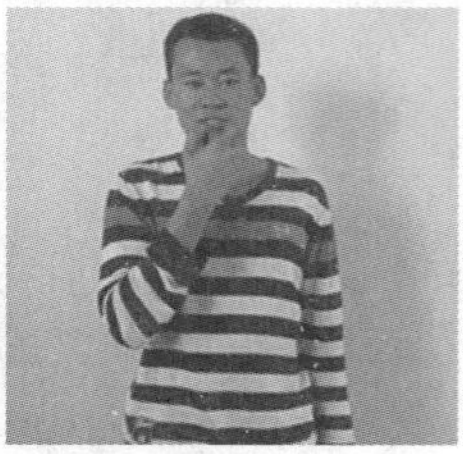

中国手语
双手伸出拇、小指，交替转动。一手拇、食指微弯，放于颏部，脸露笑容。

自然手语
打“情”手势。一手拇、食指微弯，放于颏部，脸露笑容。

睡觉

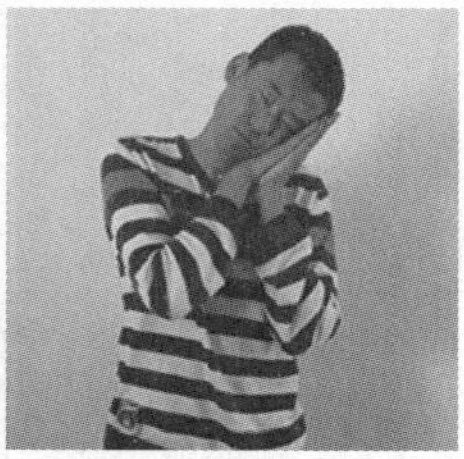

一手掌心捂于头侧，头微倾，闭眼，如睡觉状。

起床

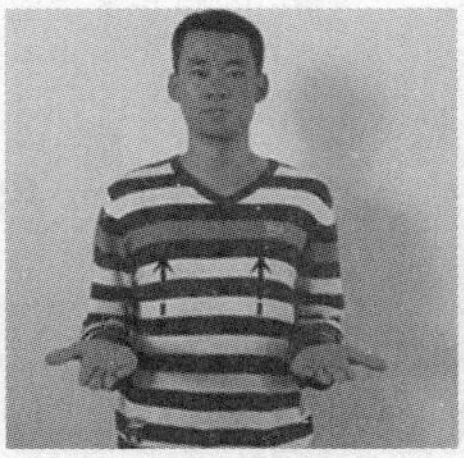

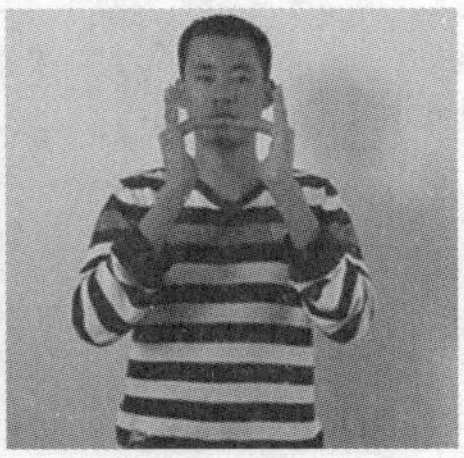

中国手语

一手伸拇、小指，先“躺”在另一手掌心中，再“立”起来，表示“起身”。

自然手语

双手平伸并向上移动。再打“床”手势。

洗脸

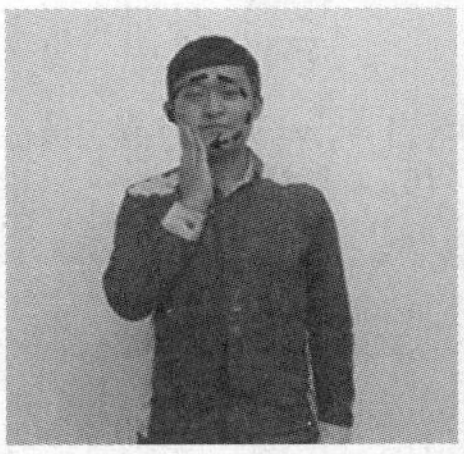

中国手语

一手掌心在脸前转一圈，如洗脸动作。

自然手语

双手置于脸的两侧，上下搓动。

洗澡

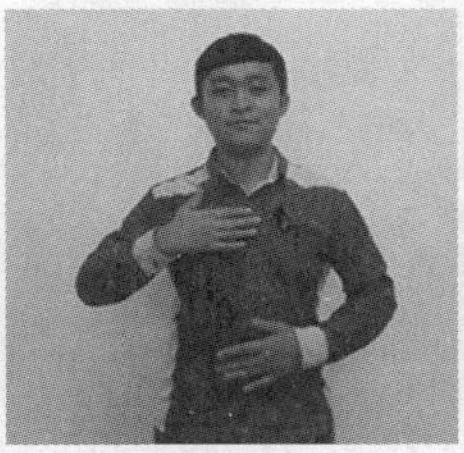

中国手语

双手五指分开，掌心贴于胸部，上下交替擦动。

自然手语

一手在肩部后侧，一手在腰部后侧，上下拉动。

梳头

一手握拳，如握梳子，在头上做梳发动作。

化妆（打扮）

双手五指撮合，在两颊部做擦粉动作。

理发

一手食、中指分开如剪刀，放在头侧，
做剪发动作。

烫发

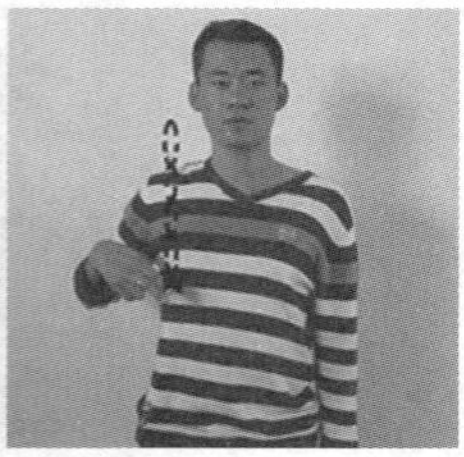

中国手语
双手伸出食、中指，
在头上做卷发动作。

自然手语
一手伸食、中指，
从头部向下旋转。

菜谱

中国手语
一手五指撮合，指尖向上，然后由上伸出并放开五指。左手横伸，掌心向上；右手中、无名、小指在左手掌心上从上向下点几下。

自然手语
一手五指撮合，指尖向上，然后由上伸出并放开五指。打“姓名”的“名”手势。

品尝

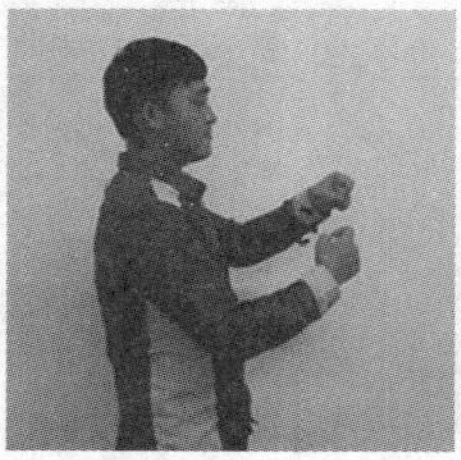

中国手语
双手拇、食指捏成小圆形，一手在上，另一手在下连打两下，合成“品”字形。一手拇、食、中指相捏，做拈取食物投向口中状，同时嘴微动几下。

自然手语
双手拇、食指捏成小圆形，一手在上，另一手在下连打两下，合成“品”字形。一手呈“六”状，在嘴边微动几下。

淘米

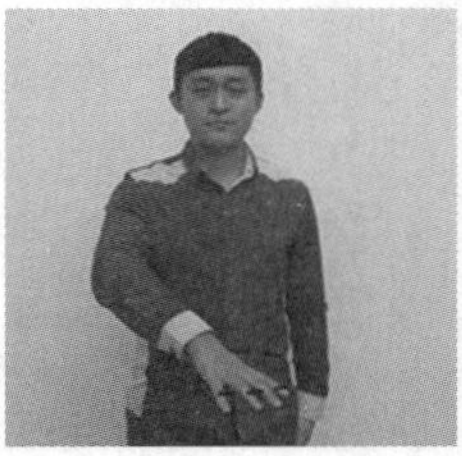

中国手语

一手五指分开，指尖向下，转两圈，如淘米动作。一手伸拇、食指，相距如一粒米大小。

自然手语

打“洗手”手势。一手伸拇、食指，相距如一粒米大小。

和面

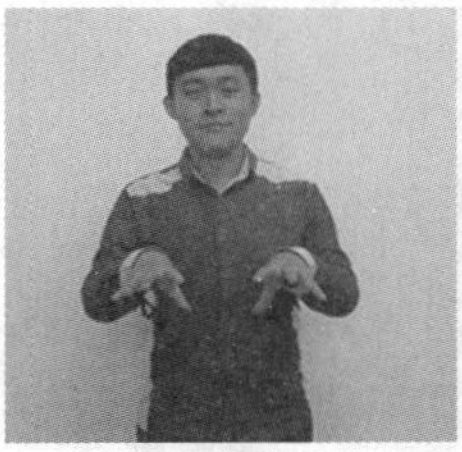

中国手语

双手五指分开，指尖向下，一张一捏，如和面动作。一手打手指字母“M”的指式。

自然手语

双手虚握，前后交替晃动。

切

左手平伸，手背向上不动，右手侧立，靠近左手指尖处做切菜动作。

炒

中国手语

一手五指微曲如铲，向下反复铲动，如炒菜状。

自然手语

左手如端锅状，右手如拿铲子，左右动几下。

煮

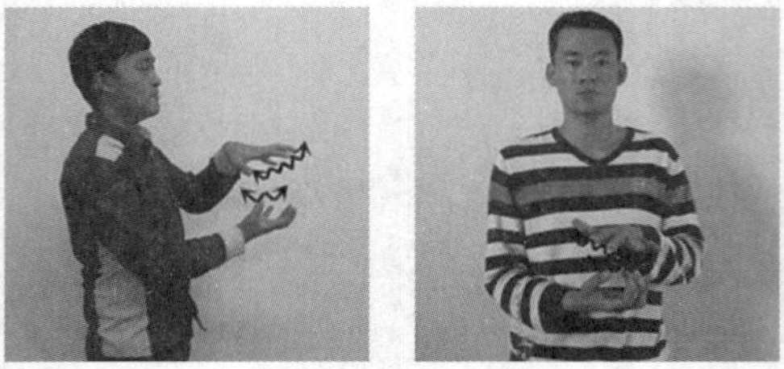

一手掌心向下，五指分开做波纹状活动，表示水；另一手在下，五指微曲，指尖向上，上下动几下，如用火煮物。

烤

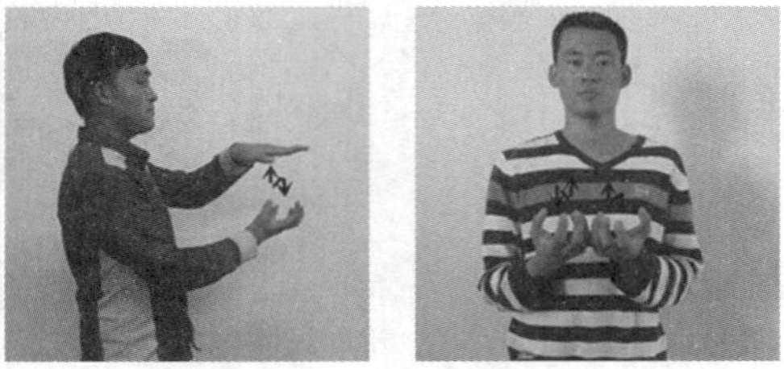

中国手语

右手五指微曲，指尖朝上，交替上下动几下，如火苗跳动状；左手伸平，掌心向下置于右手侧上方。

自然手语

双手虚握在胸前，掌心向上，上下微动几下。

炸

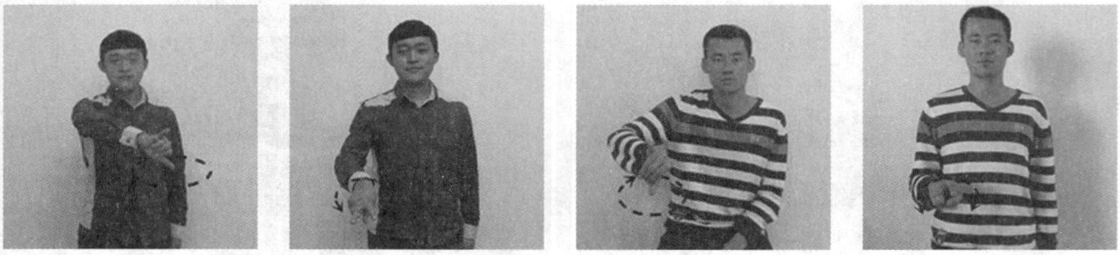

一手伸拇、小指，拇指指尖向下，转一圈，似持油壶倒油状。一手伸出食、中指，其余三指握拳；手腕不停地轻轻转动，如翻动油锅中被炸物品。

工作

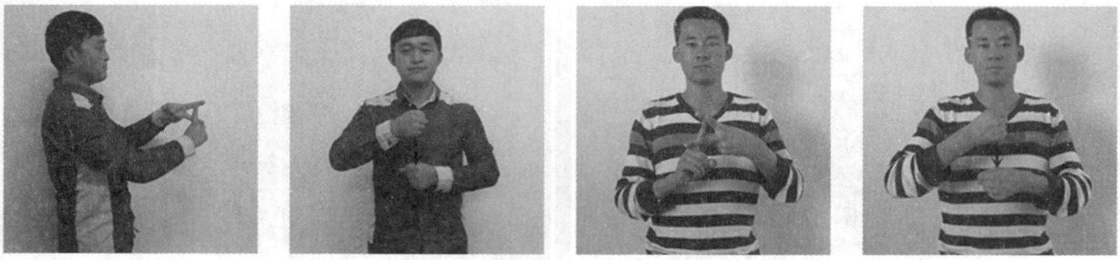

一手食、中指与另一手食指搭成“工”字形。双手握拳，上拳打下拳，即“做”手势，引申为“工作”。

经历

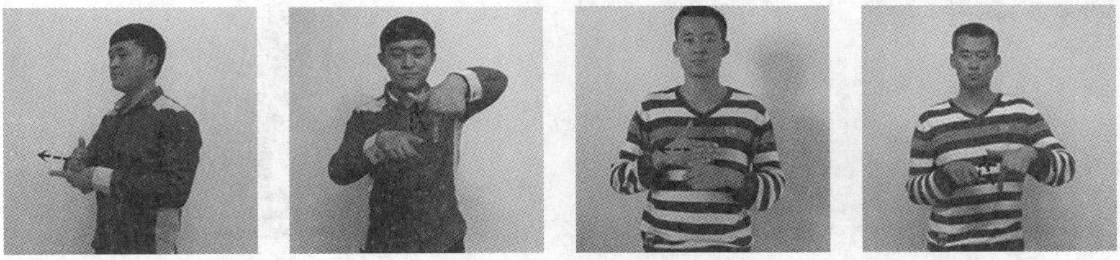

左手食指向前伸出;右手侧立于左手食指根部,向指尖方向移动。左手拇、食指呈“厂”形;右手伸食指在“厂”形内书空“力”字。

水平

一手平伸,掌心向下,做波纹状移动。双手平伸,掌心向下,先靠拢,然后由中间向两侧平行移动。

劳动

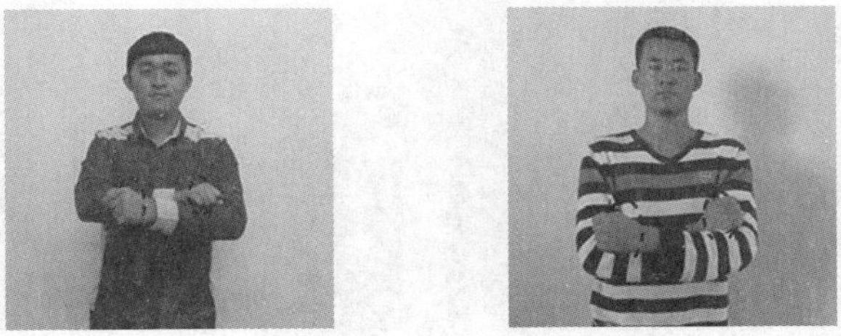

双手握拳,先以左拳打右臂,再以右拳打左臂,表示用手劳动之意。

就业

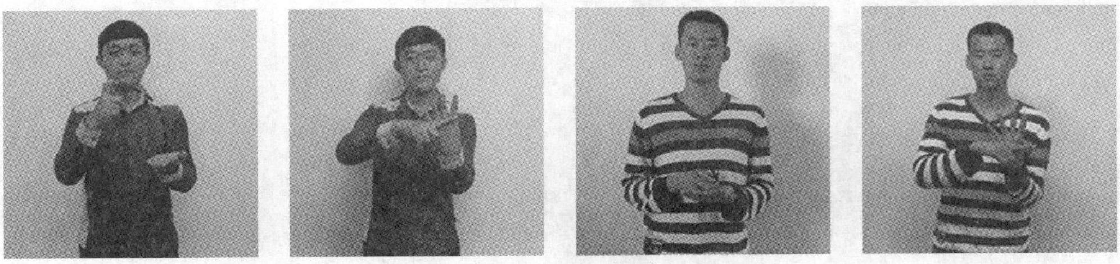

一手打手指字母“J”的指式,放于另一手掌心上。一手食指横放于另一手四指根部,如“业”字形。

服务

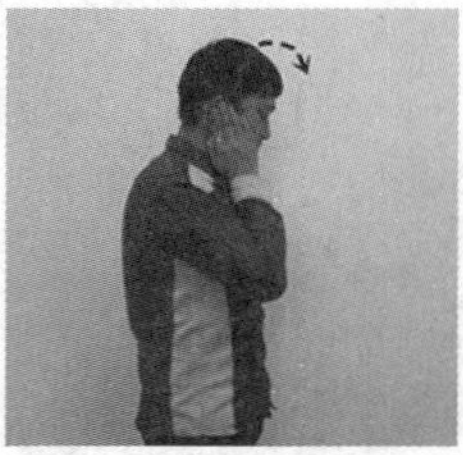
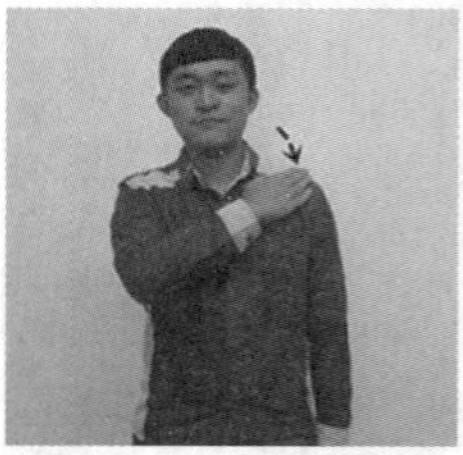

中国手语

右手手掌贴于耳部,头向前微倾。

右手按在另一侧的肩部。

自然手语

右手按在另一侧的肩部。

贡献

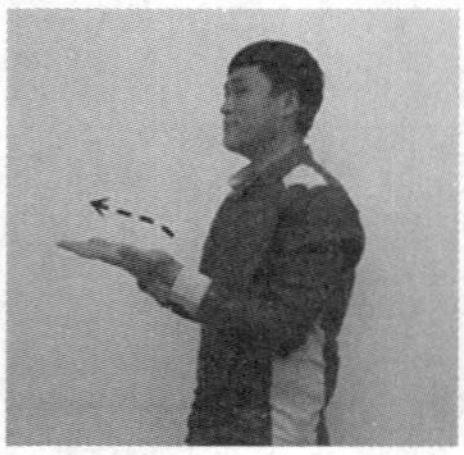

双手掌心向上,同时向前上方伸出,表示奉献。

负责

一手拍打另一侧肩部,拍打两下。

任务

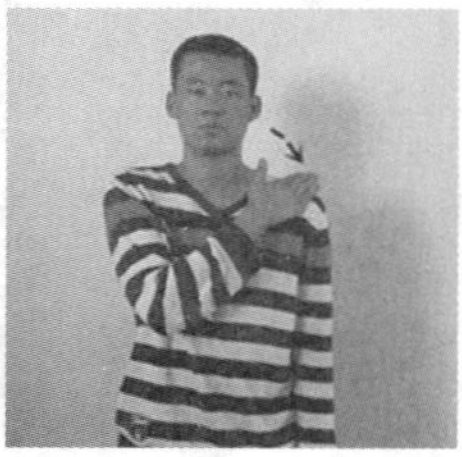

右手拇、食指弯曲成“[”形,放在左肩上,然后按动几下。一手拍打另一侧肩部。

责任

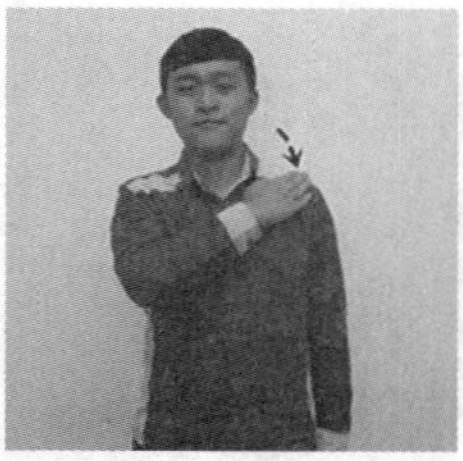

一手拍打另一侧肩部。右手拇、食指弯曲成“[”形,放在左肩上,然后按动几下。

力量(能力)

一手握拳屈肘,向内抖动几下。

科研

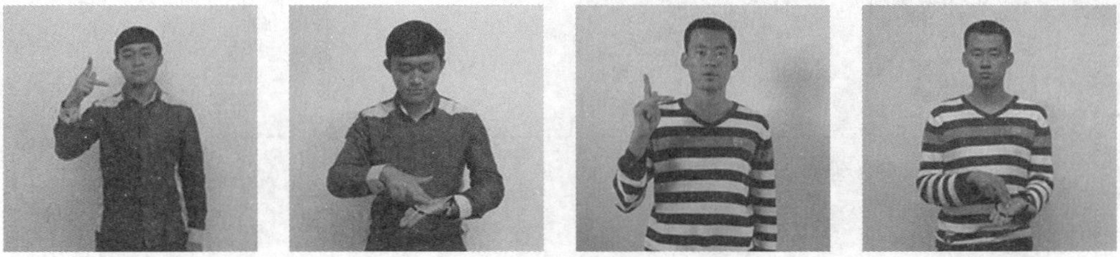

一手打手指字母“K”的指式。一手伸拇、食、中指,指尖在另一手手心上研动。

学术

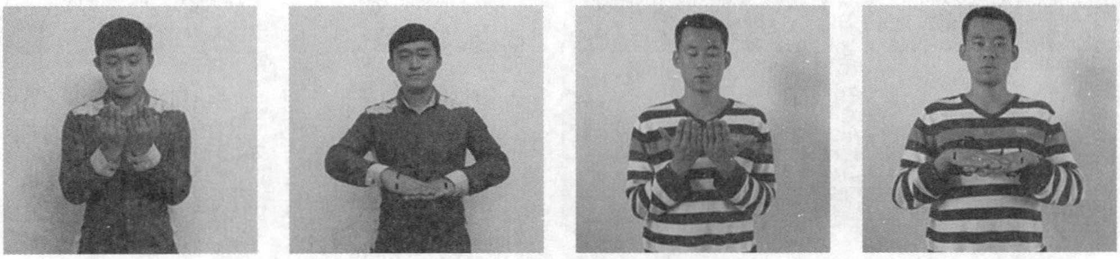

双手平伸,掌心向内,放于面前,如读书状。双手伸平,互拍手背,表示有本领。此处引申为技术。

课题

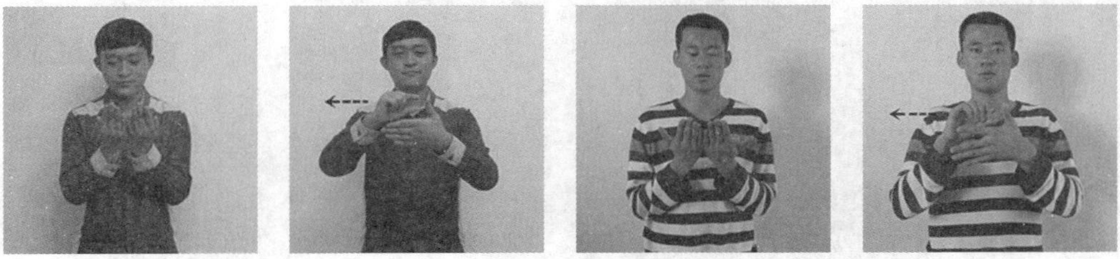

双手平伸,掌心向内,放于面前,如读书状。左掌侧立,五指分开,右手拇、食指相距约半寸,在左手拇指前画一条横线。

竞争

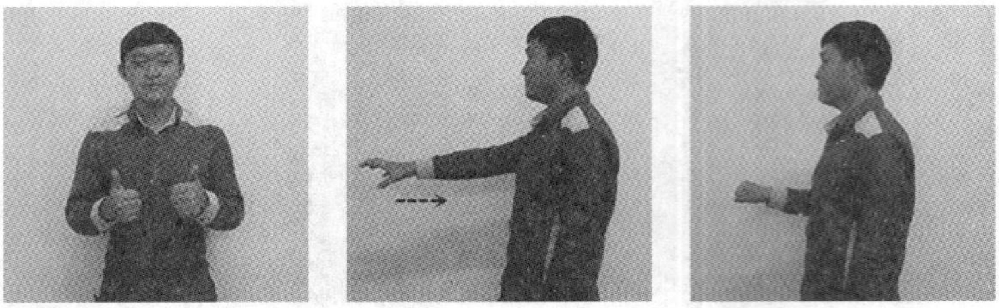

中国手语

双手伸出拇指，交替上下动几下。一手五指伸开，从外向内移动，同时握拳，表示争夺之意。

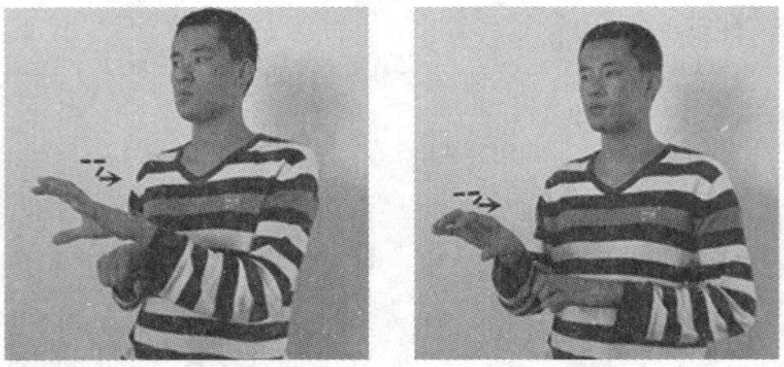

自然手语

双手五指伸开，从外向内移动，同时握拳，交替进行。

介绍

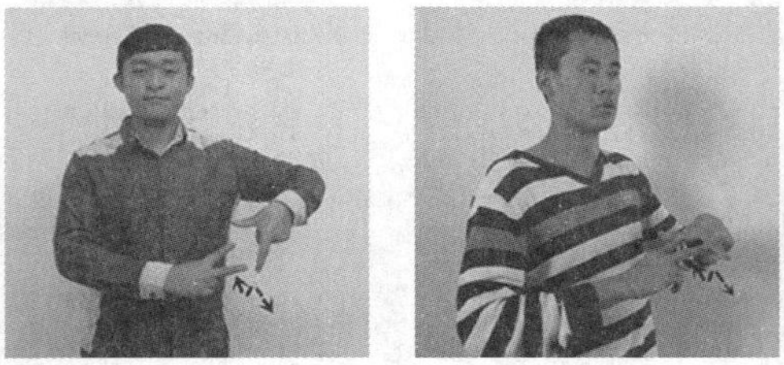

一手拇、食指与另一手食、中指搭成“介”字形，向外稍移，表示向人介绍。

解雇(解聘)

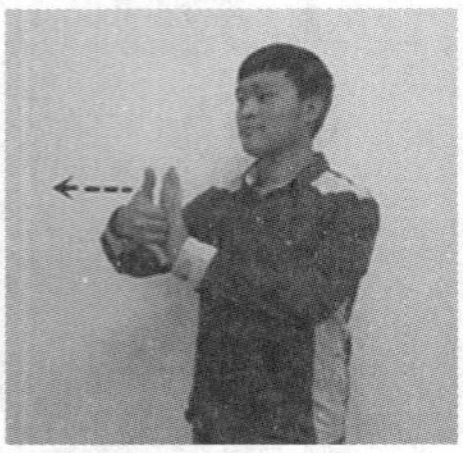

中国手语

右手伸出拇、小指；左手伸平，掌心贴在右手后，向前推出。

自然手语

双手重叠在胸前，右手逐渐抬向一侧。

辞职

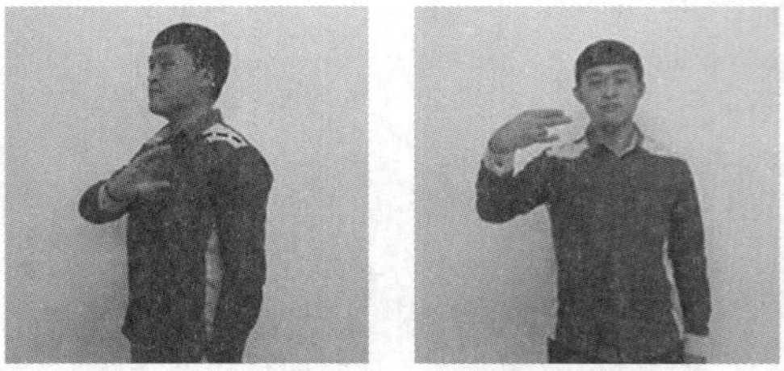

中国手语

右手五指呈“]”形，先置于左肩上，然后移出肩外，象征不再承担任务。一手打手指字母“ZH”的指式。

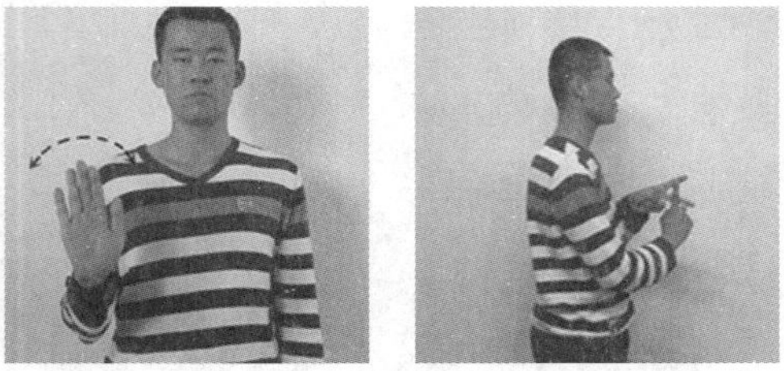

自然手语

打“不”手势。打“工”手势。

值班(值勤)

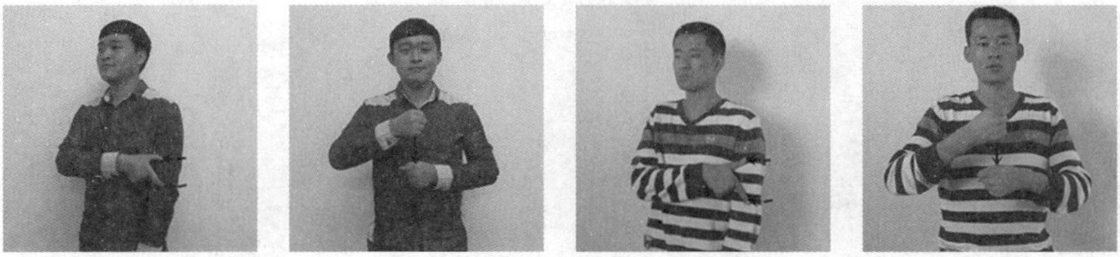

一手拇、食指相距约二寸,在另一手手臂上横划一下,表示值班的袖章。双手握拳,上拳打下拳,即“做”手势,引申为“工作”。

值日

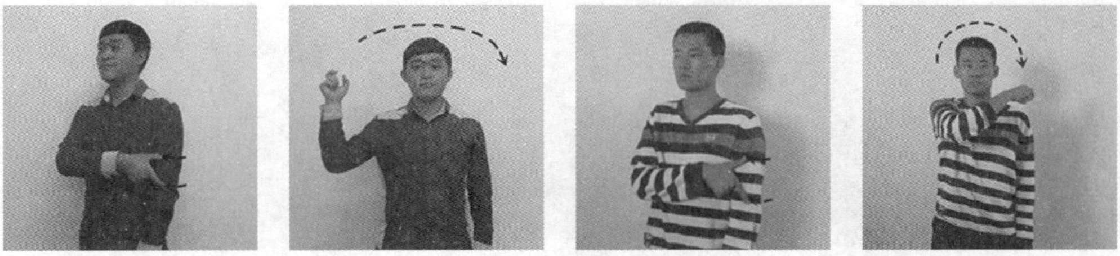

一手拇、食指相距约二寸,在另一手手臂上横划一下。一手拇、食两指弯曲成半圆形,从一边向另一边做半弧形移动。

上班

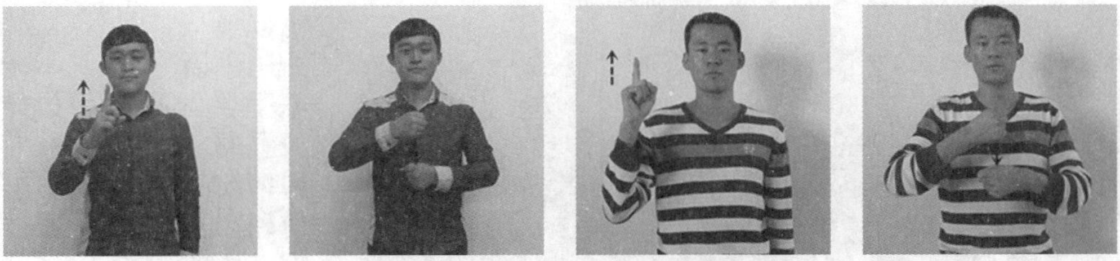

一手食指向上指。双手握拳,上拳打下拳,即“做”手势,引申为“工作”。

下班

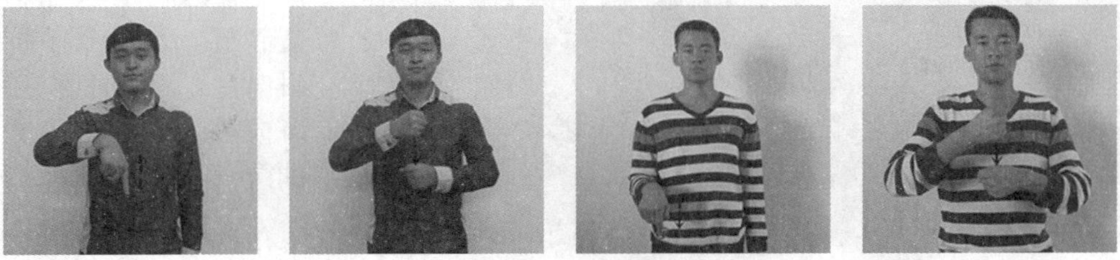

一手食指向下指。双手握拳,上拳打下拳,即“做”手势,引申为“工作”。

加班

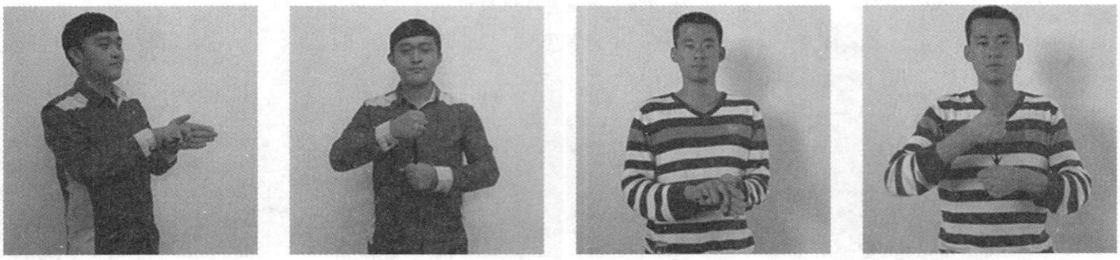

右手拇、食指捏成小圆圈，贴在左掌心上，表示“增加”。双手握拳，上拳打下拳，即“做”手势，引申为“工作”。

出差

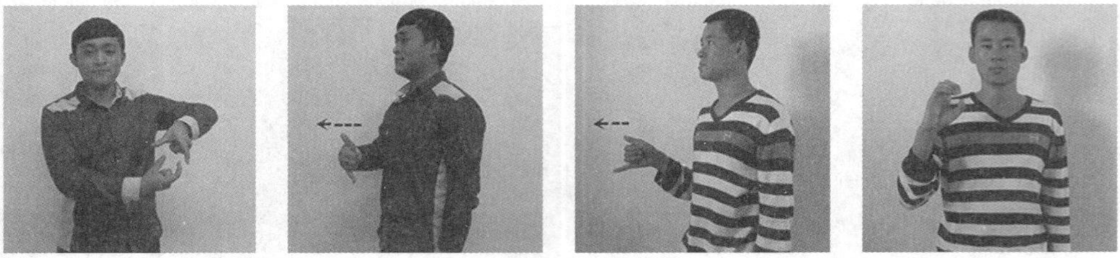

中国手语

打“公”手势。一手伸出拇、小指，向前移动，表示外出。

自然手语

一手伸出拇、小指，向前移动，表示外出。一手打“CH”的手势。

开会

中国手语

双手掌心向外，手指伸直并拢。然后双手同时向左右两侧外翻，手背向外。双手五指微曲，从两侧向中间并拢。

自然手语

双手掌心向外，手指伸直并拢。然后双手同时向左右两侧外翻，手背向外。双手交叉在胸前，五指抖动。

辛苦

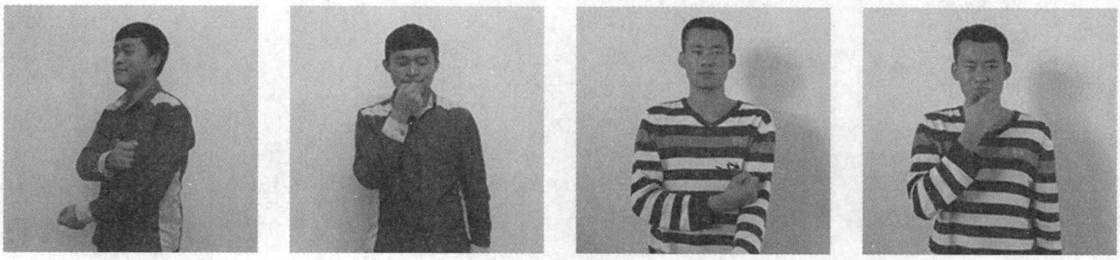

一手握拳敲打另一侧臂部，脸现倦容，表示劳累之意。一手拇、食指相捏，置于嘴边，脸上做苦涩表情。

忙

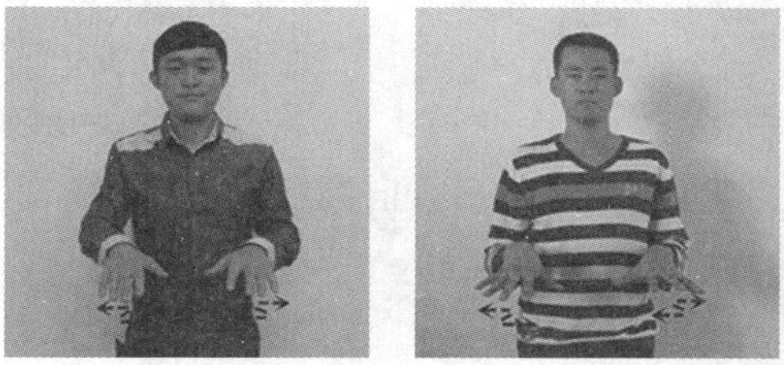

双手平伸，掌心向下，五指分开，在胸前左右摆动几下，表示双手忙个不停。

累（疲倦）

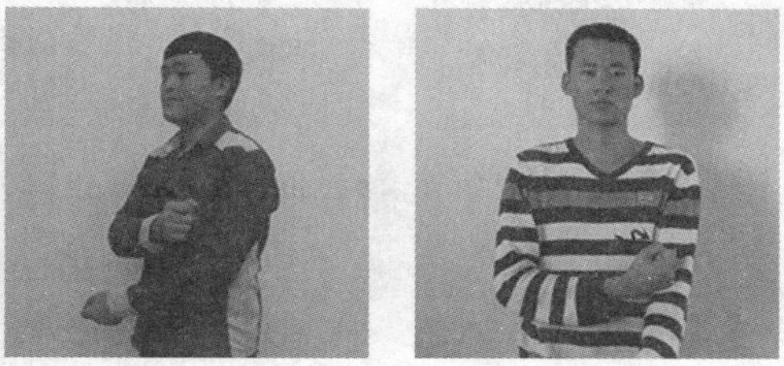

一手握拳敲打另一侧臂部，脸现倦容，表示劳累之意。

迟到

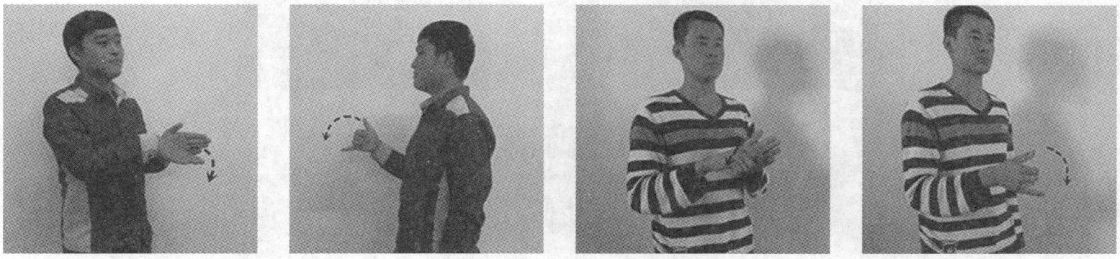

左手侧立，右手五指伸出，拇指指尖抵于左手掌心，其他四指向下移动，象征时间已迟。一手拇、小指直立，向前移动，表示“到来”。

早退

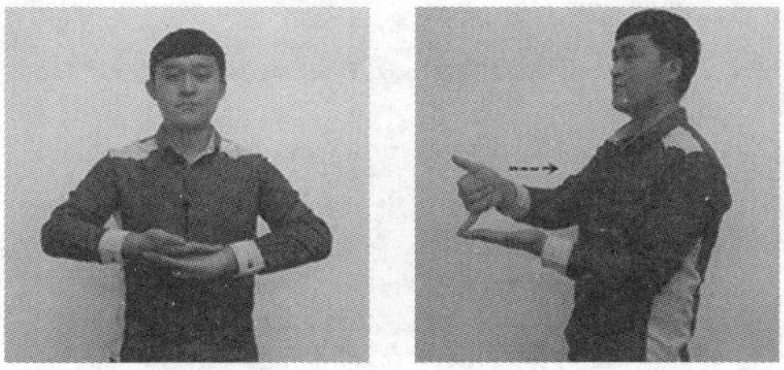

中国手语

双手横伸，手背相贴，然后右手向上一提，表示提前。一手拇、小指直立，在另一掌心上向后退。

自然手语

打“早”的手势。一手拇、小指直立，在另一掌心上向后退。

旷工

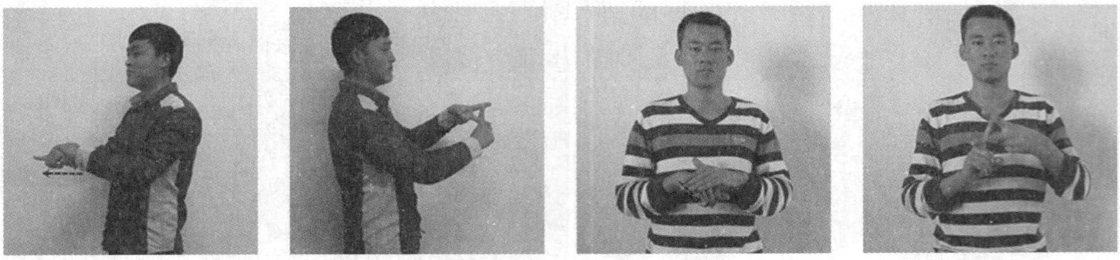

左手平伸略弯曲，右手平伸打“六”手势，在左手下方向前移动。

一手食、中指与另一手食指搭成“工”字形。

休息

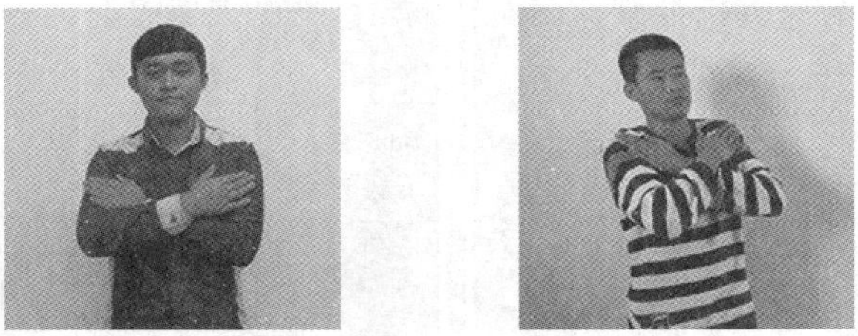

双手交叉贴于胸前，表示休息之意。

请假

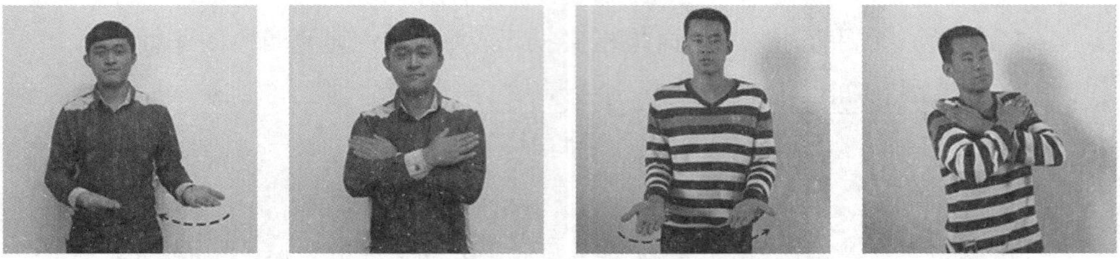

双手掌心向上，往旁移动一下，做邀请的动作。双手交叉贴于胸前。

放假

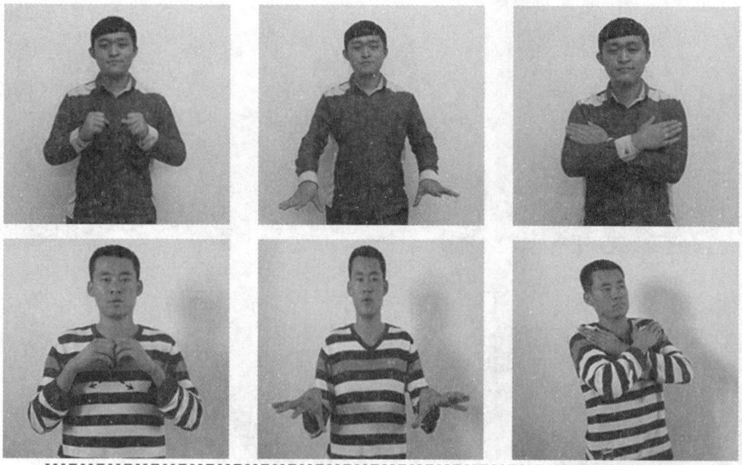

双手虚握。然后双手边向下移动边张开五指。双手交叉贴于胸前。

退休

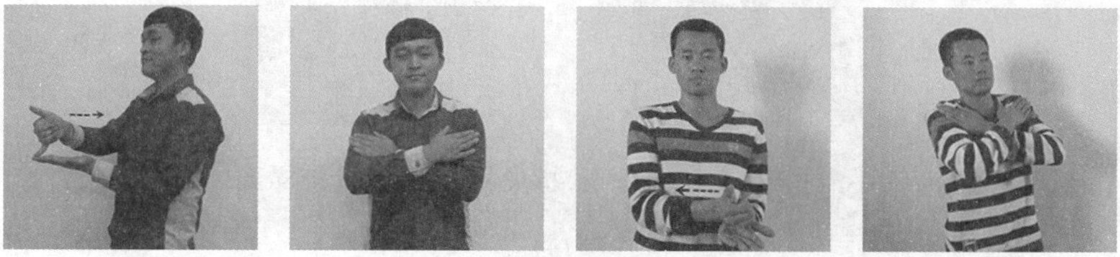

一手拇、小指直立,在另一手掌心上向后退。双手交叉贴于胸前,表示休息之意。

社会

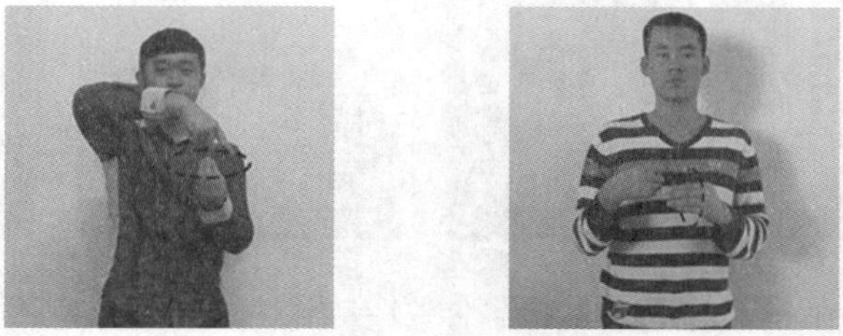

左手五指撮合,指尖向上,右手食指围绕左手转一圈,表示各种人聚合起来的社会。

环境

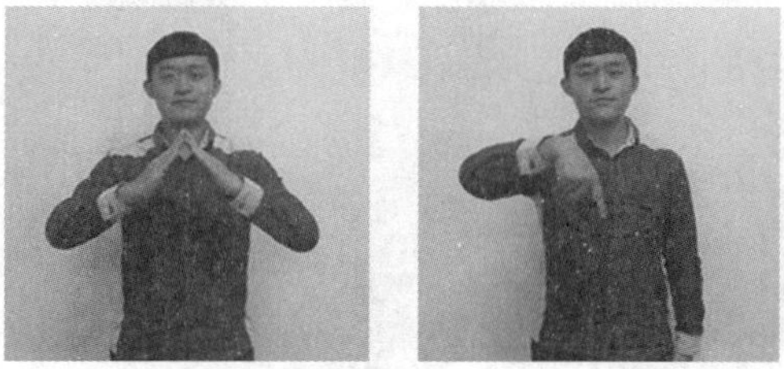

中国手语

双手搭成“∧”形。右手食指在胸前转一圈。

自然手语

双手搭成“∧”形。左手不动,右手食指绕左手转一圈。

习惯

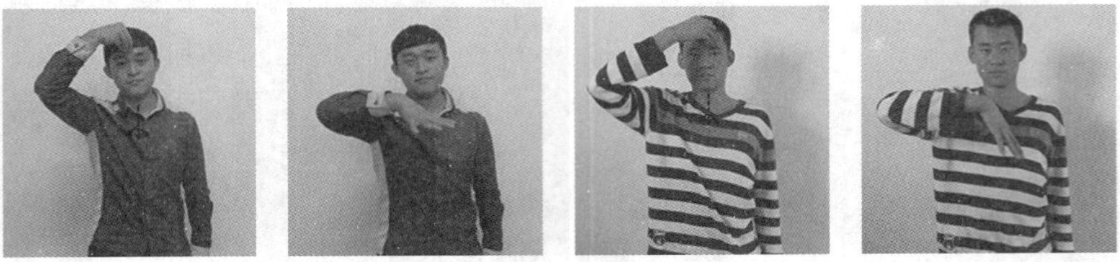

一手五指撮合，指尖在前额按一下。此手再向下移，并张开五指。

交流

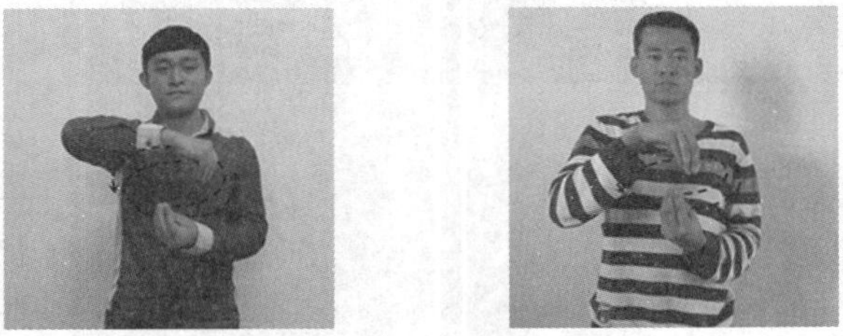

双手五指撮合，一上一下，指尖相对，然后交互转圈。

沟通

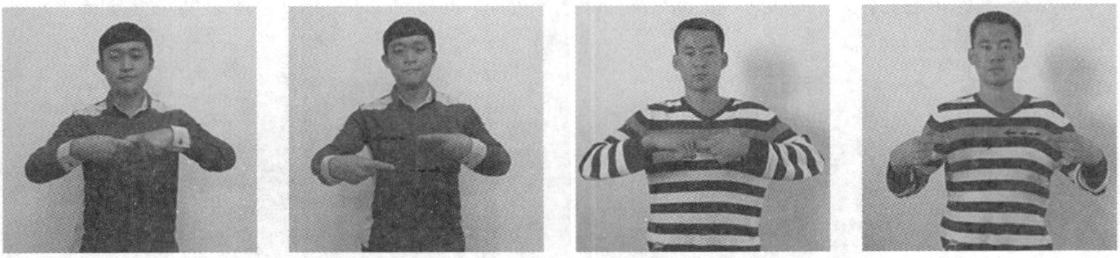

双手食指勾在一起。双手食指平伸，指尖相对，由两侧向中间交叉移动。

联系

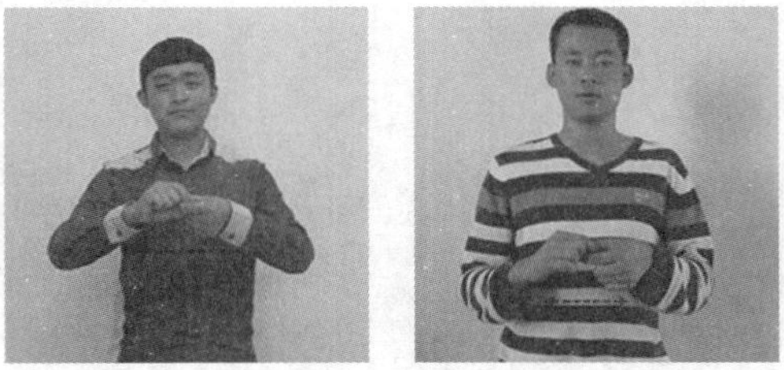

双手拇、食指捏成小圆圈，互相连接，
同时左右微动，象征彼此联系。

关系（关联）

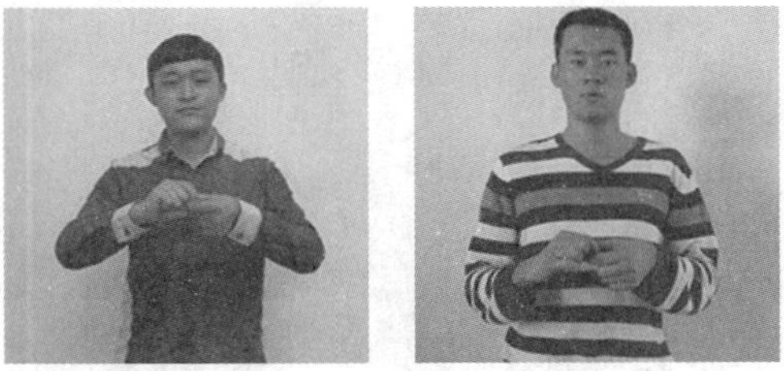

两手拇、食指搭成圆圈，互相套环。

礼貌

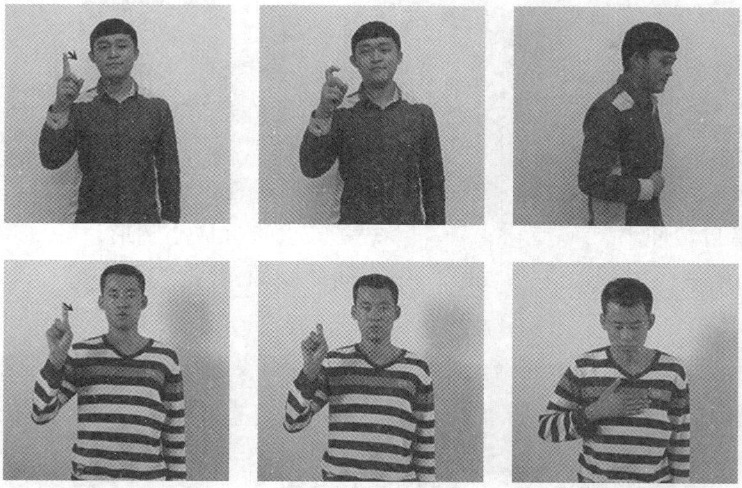

一手食指伸直。此食指向下弯动一下。一手手掌捂于胸部,上身稍俯,头微低。

礼物

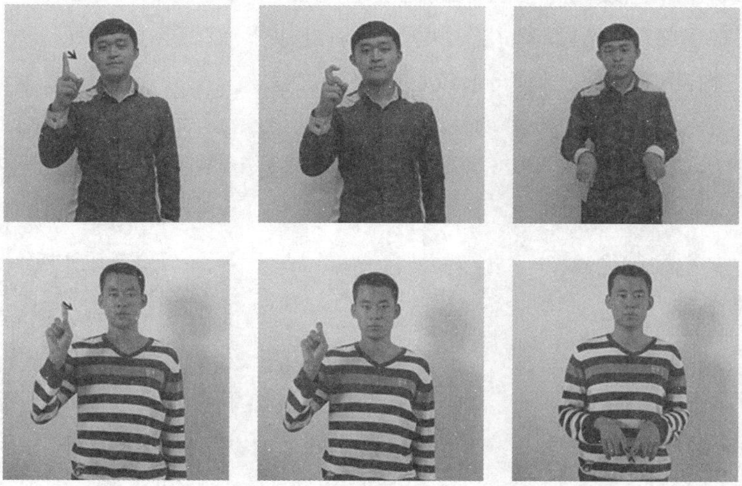

一手食指伸直。此食指向下弯动一下。双手食指互碰一下,同时分开五指。

握手

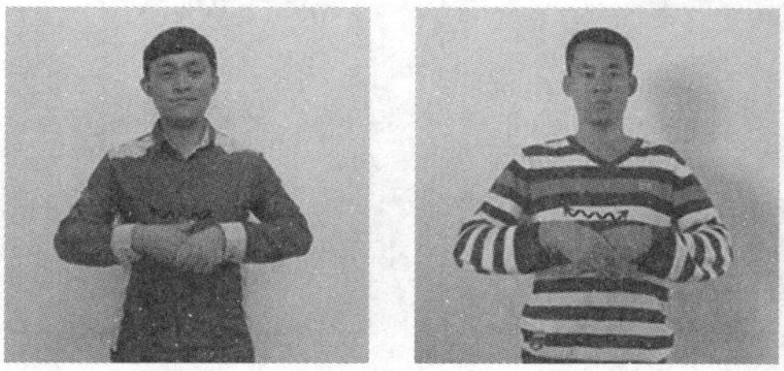

双手伸出,在胸前相握,并上下微动几下。

谢谢

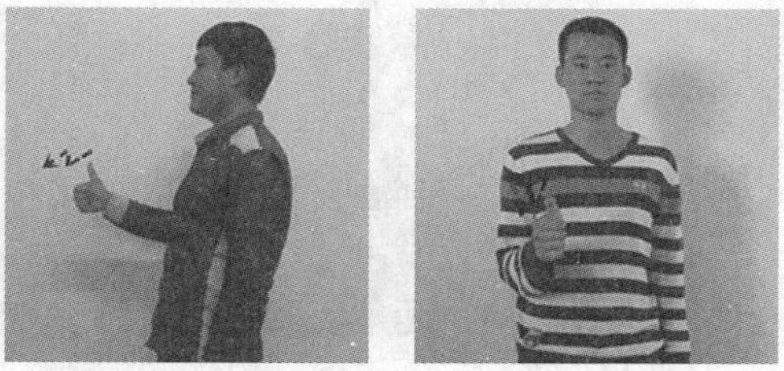

一手伸出拇指,弯曲两下,表示向人感谢。

再见

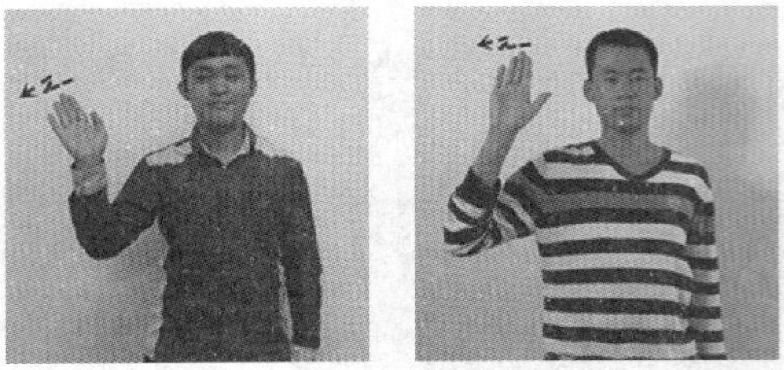

一手上举，五指自然伸出，
手腕挥动两下。

原谅

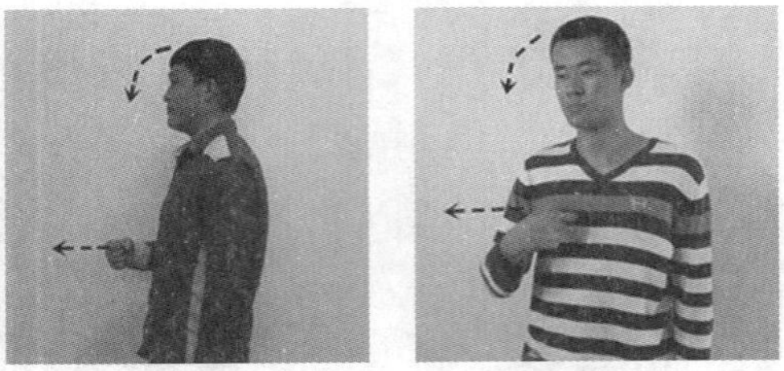

一手拇、食指握成小圆形，
向前微伸，并点头。

对不起

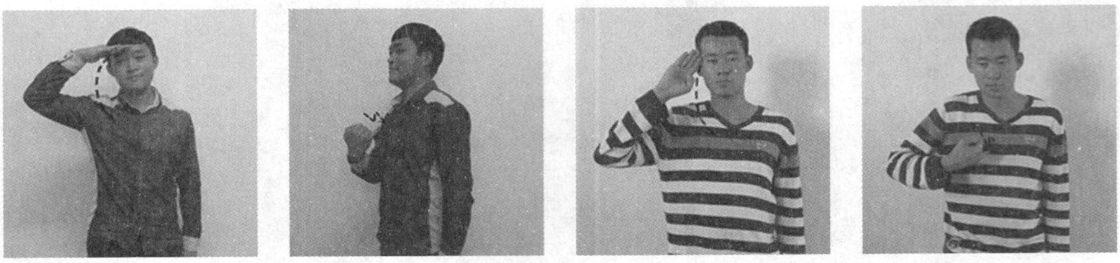

一手五指并拢，举于额际，先做“敬礼”手势。然后此手下放改伸小指，
在胸部点几下，表示向人致歉并自责之意。

活动

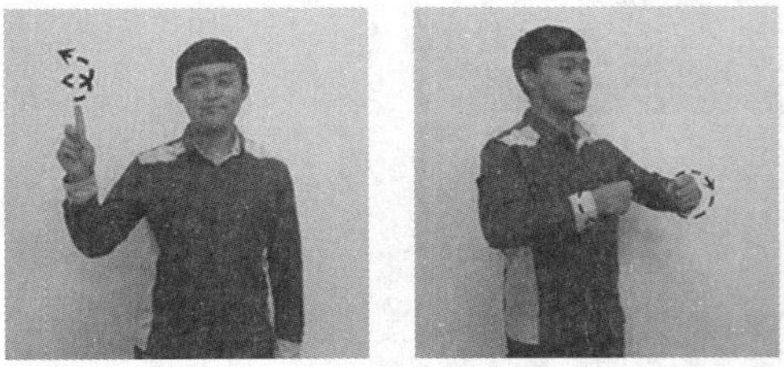

中国手语
一手食指向上，以腕部带动晃动几圈。
双手握拳，以肘部带动交替转动几下。

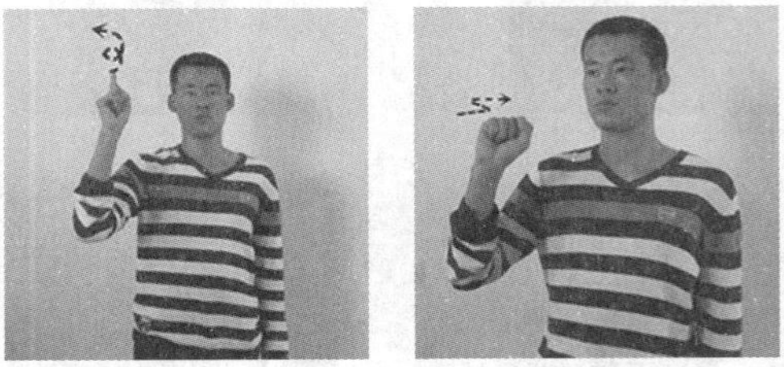

自然手语
一手食指向上，以腕部晃动几圈。
右手握拳在胸前晃动几下。

参观

中国手语
一手食、中指置于面前，
指尖向前绕两圈，表示观看。

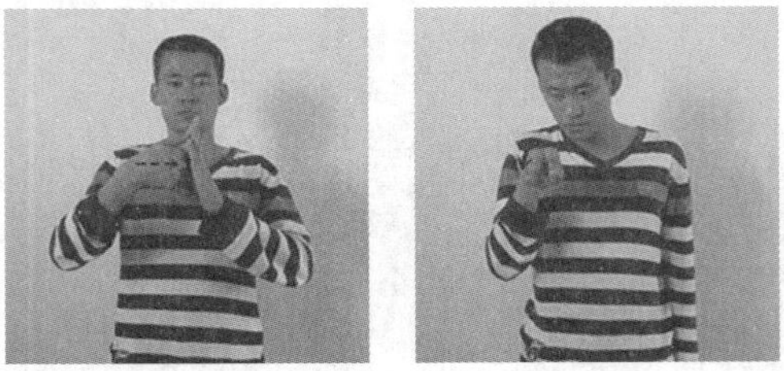

自然手语
打“参加”的手势。
打“看”的手势。

欢迎

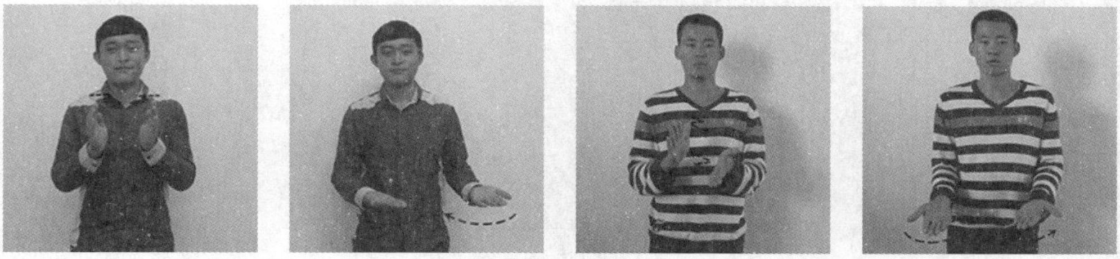

双手鼓掌。双手掌心向上,往旁移动一下,做邀请动作。

友谊

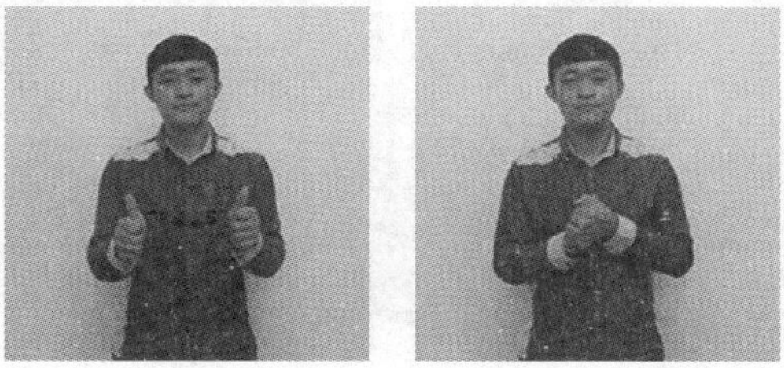

中国手语

双手伸拇指互碰几下。双手相握。

自然手语

双手伸拇指互碰几下。

见面

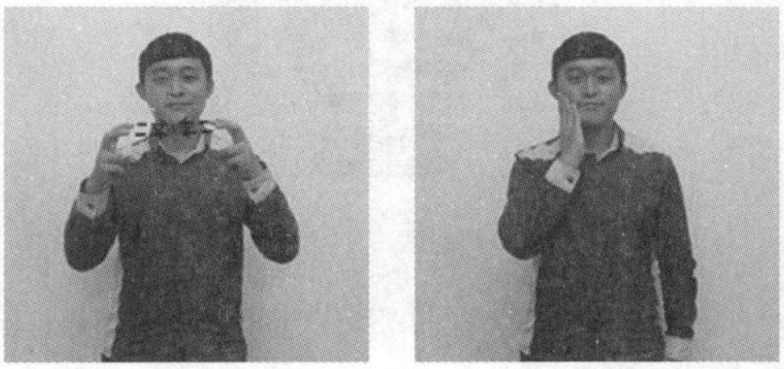

中国手语

双手食、中指微曲,指尖相对,从两旁向中间互触。一手摸一下脸部。

自然手语

双手食、中指微曲,指尖相对,从两旁向中间互触。掌心向内,右手摸一下左手手背。

约会

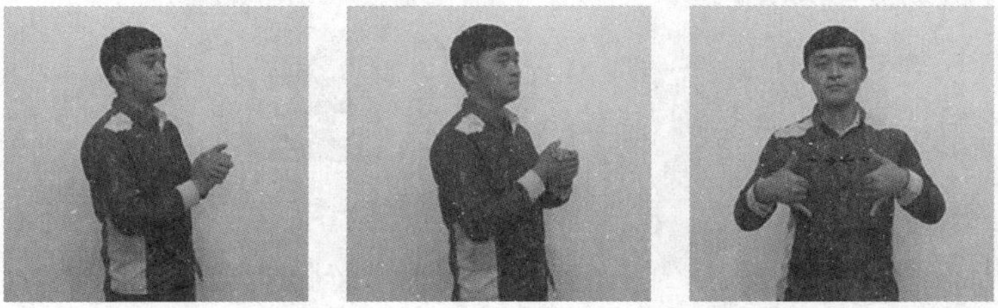

中国手语

双掌分别交换位置,各拍一下,意即双方约定。两手各伸出拇、小指,由两旁向中间靠近,象征两个人会见。

自然手语
双掌分别交换位置，各拍一下。打“会”的手势。

请客

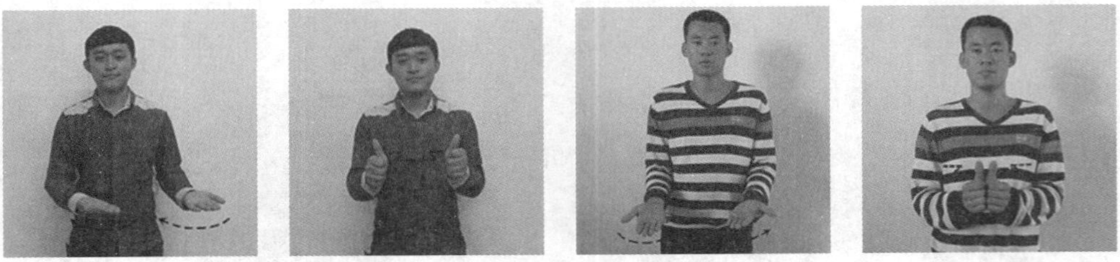

双手掌心向上，往旁移动一下，做邀请动作。打“朋友”的手势。

醉

中国手语
一手打手指字母“J”的指式，放于前额并转动几下。

自然手语
双手微张，在头部两侧转几圈。

祝愿

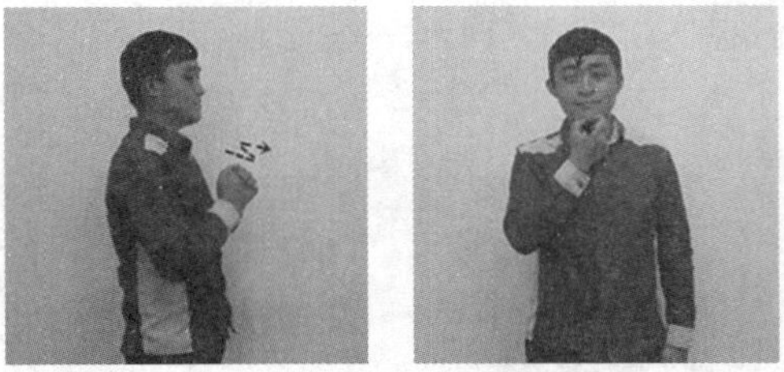

中国手语
双手抱拳，前后微动几下。一手拇、食指微曲，指尖低于下颌，头微微点动一下，面露微笑。

自然手语
双手抱拳，前后微动几下。

爆竹

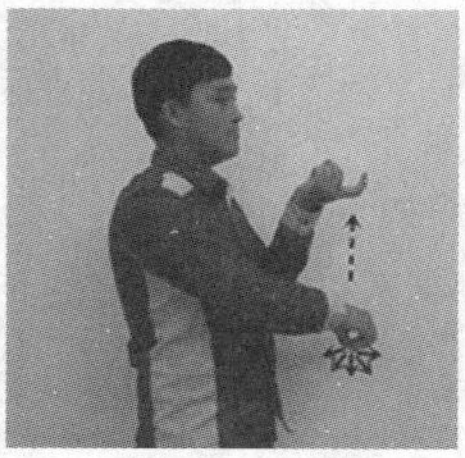

一手齐肩，食指呈钩状，指尖朝上；另一手五指撮合，指尖朝下，由腰部往上做一开一合动作，如燃放鞭炮状。

互相

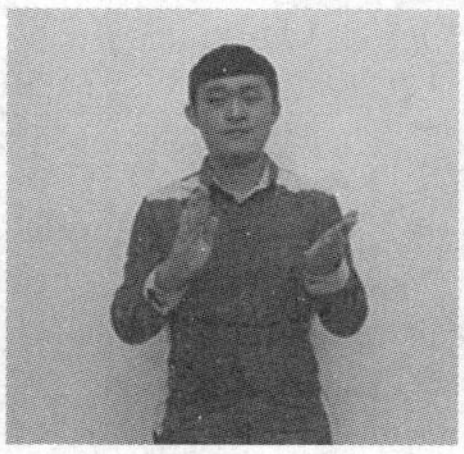

双手伸掌，掌心相对，同时左右摇动。

接近

中国手语
双手侧立，手背向外，一前一后；在前的不动，在后的向前掌靠拢。

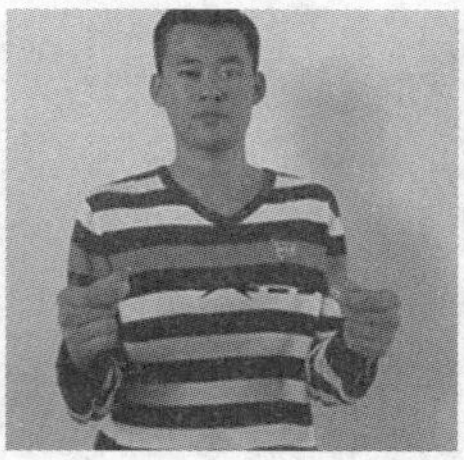

自然手语
双手拇指、食指捏成小圈，从两侧向中间移动。

接受（接收）

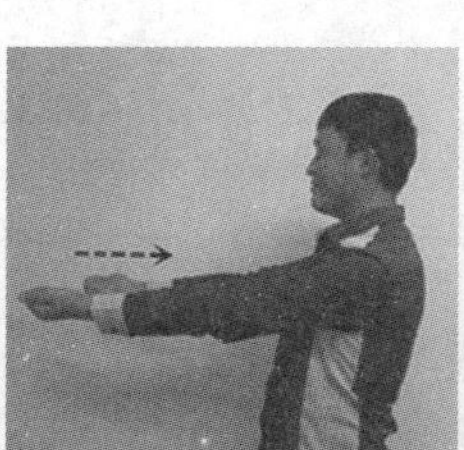

双手掌心向上，平放胸前。然后双手向内收回并握拳，如接受别人意见、礼物等。

照顾

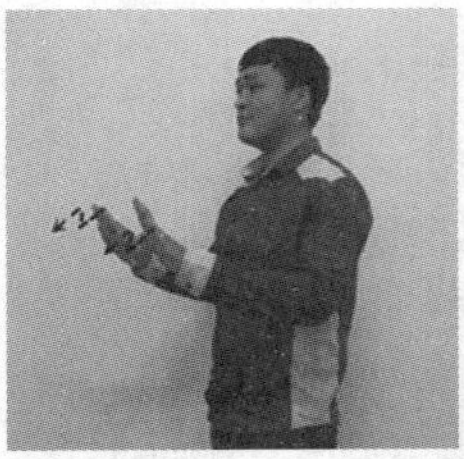
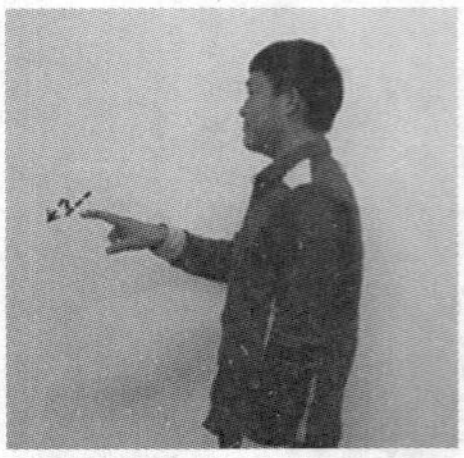
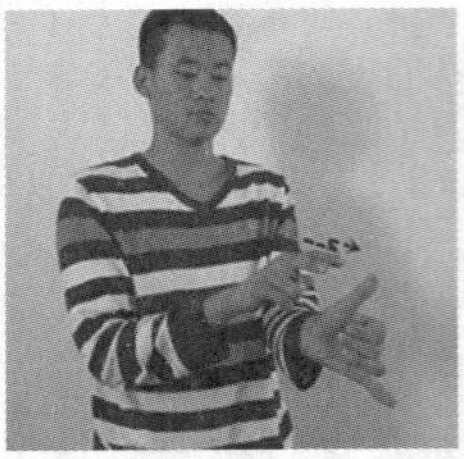

中国手语
一手打“帮助”手势。一手食指、中指指尖向下,左右移动几次。

自然手语
左手打“去”的手势。右手食指、中指指尖向下,左右移动几次。

需要

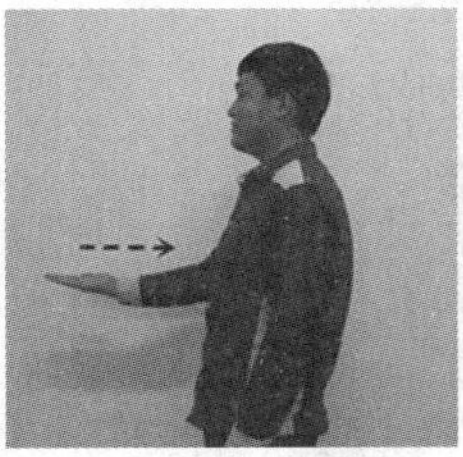

中国手语
打“要”的手势。

自然手语
一手伸出拇、食指,指向胸前微微点动。右手掌心向上,由外向内移动并握拳。

帮助

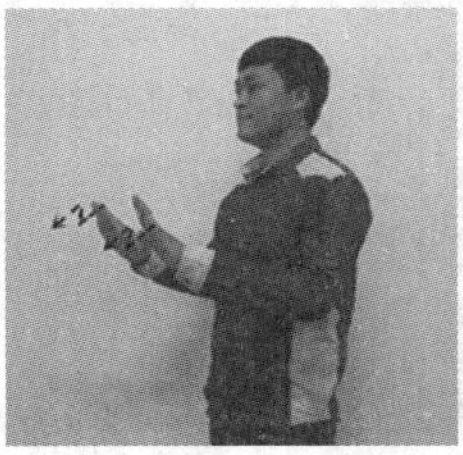

中国手语
双手掌心向外,拍动两下,表示给人援助、帮助。

自然手语
双手掌心向外,左右拍动两下。

便条

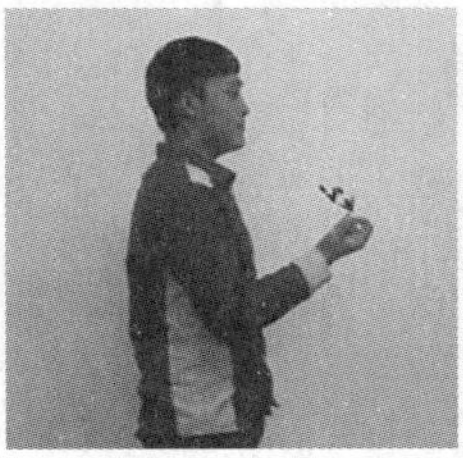
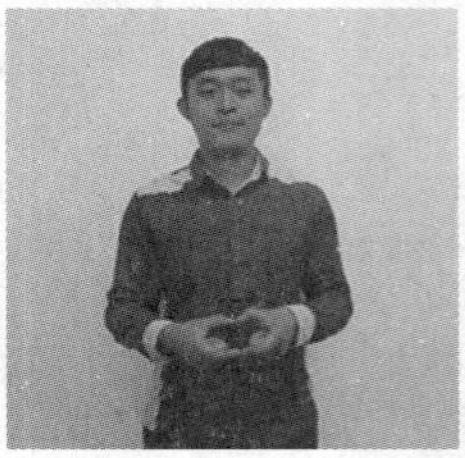
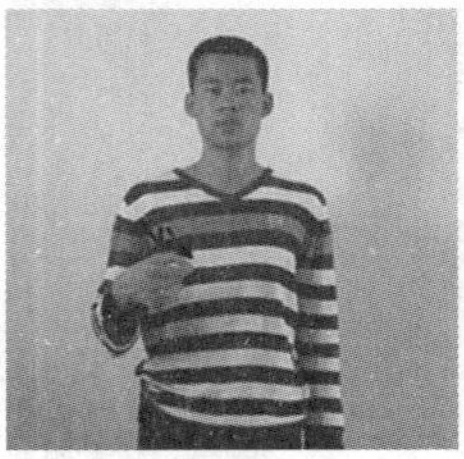

一手拇、食指相捏,上下动几下。双手拇、食指相对呈“□”形,然后由中间向两旁拉开少许距离。

吵架(纠纷)

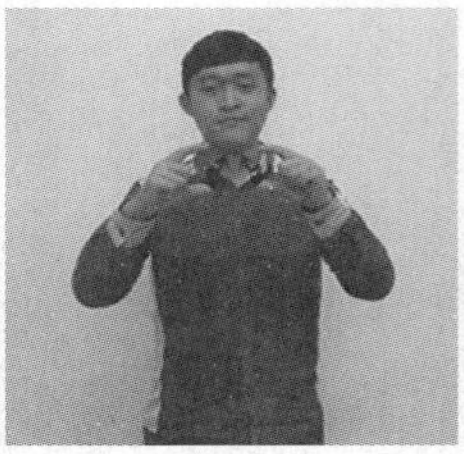

中国手语
双手拇指、食指相捏,指尖相对,反复张合。

自然手语
双手拇指、食指相捏,一个在自己嘴边,一个在他人嘴边,反复张合。

打架

双手握拳互击,象征两个人在打架。

农村

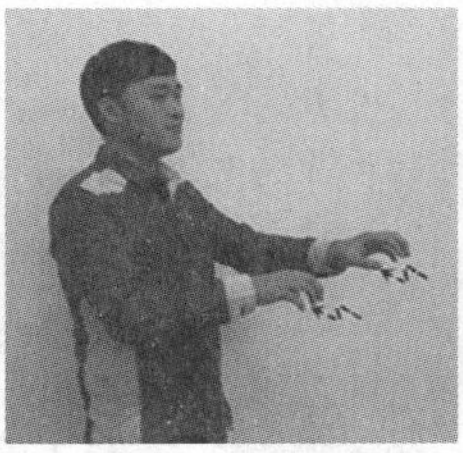

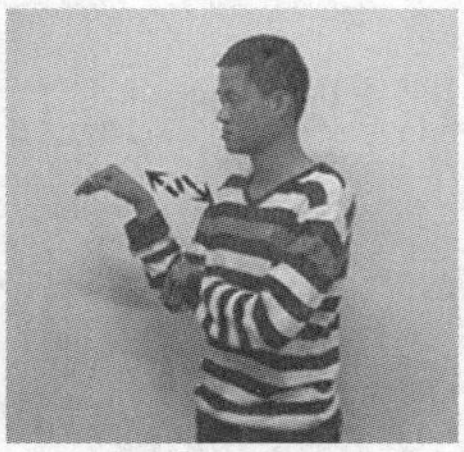

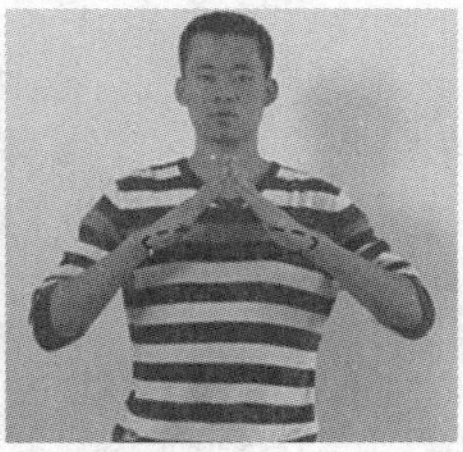

中国手语
双手五指弯曲,掌心向下,向后波动几下。
双手相搭呈"∧"形,并转一圈。

自然手语
右手五指弯曲,左手置于右肘下。
双手相搭呈"∧"形,并转一圈。

种子

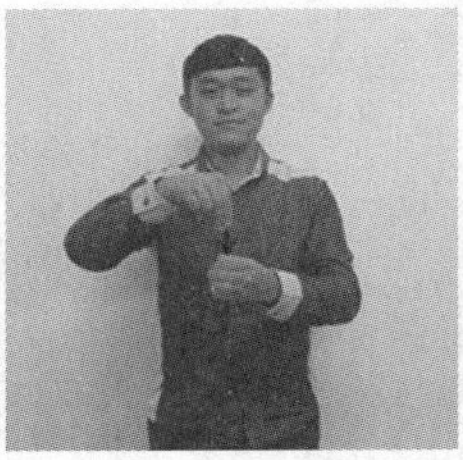

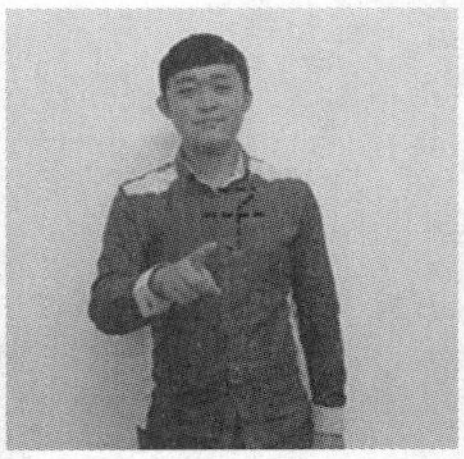

中国手语
左手拇、食指捏成小圆形,右手拇、食、中指相捏,往左手小圆形中插入。
一手食指书空"子"字。

自然手语
左手拇、食指捏成小圆形,右手拇、食、中指相捏,往左手小圆形中插入。
一手打手指字母"Z"的指式。

成熟

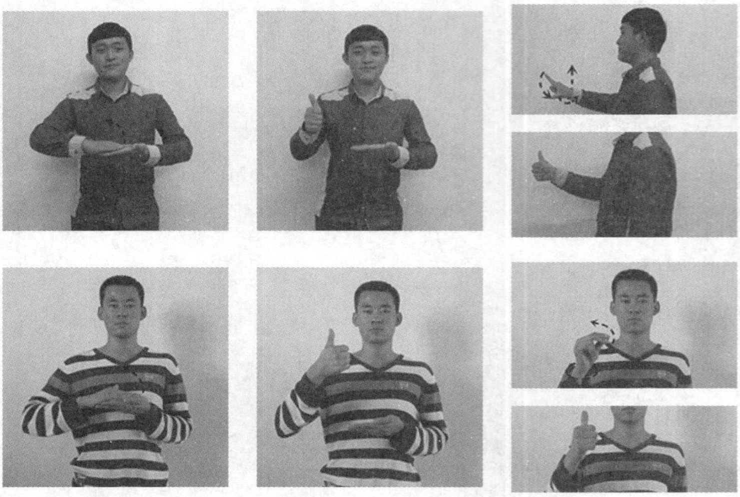

右手拍打左手掌心。右手再向上伸出拇指。右手伸拇、食指,掌心向外,向右转动并伸出拇指。

收获(收益)

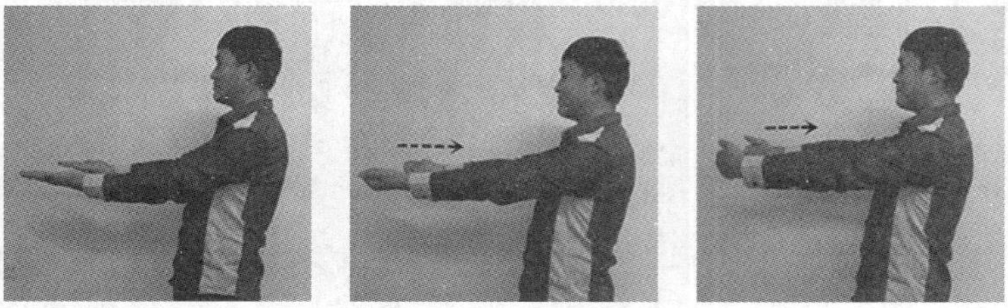

中国手语

双手平伸,掌心向上。双手边由外向内移动边握拳。双手侧立,五指弯曲,掌心相对,由外向内收进。

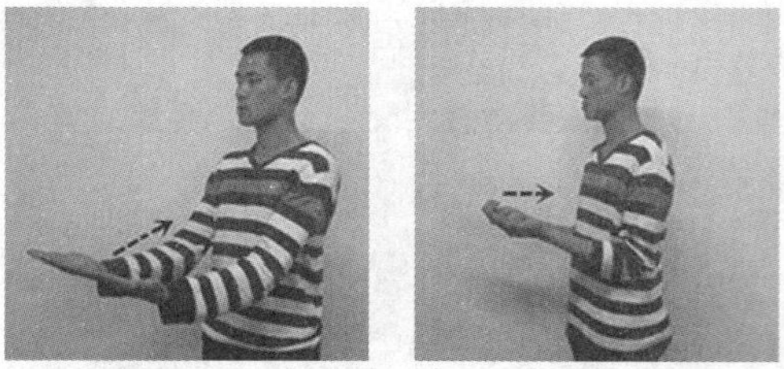

自然手语

双手平伸,掌心向上。双手边由外向内移动边握拳。

锄

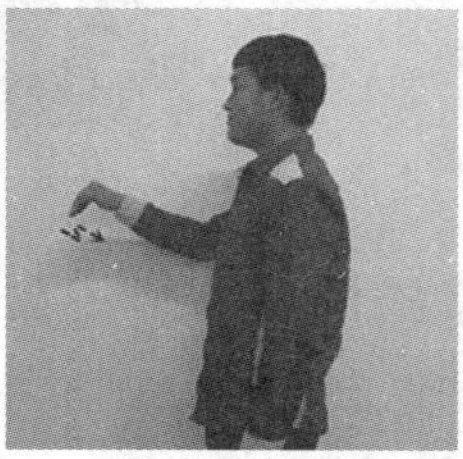

中国手语

一手五指并拢向内弯,与掌心成直角,然后锄动。

自然手语

右手如拿锄头状,左手锄动几下。

铁锹

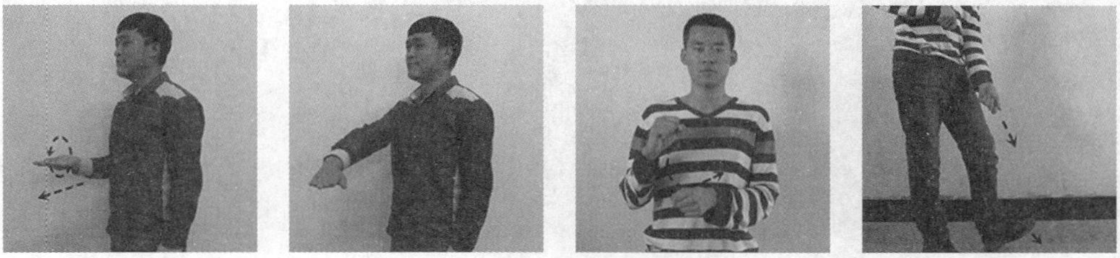

中国手语

一手平伸，掌心向上，斜着和向前铲一下。再翻转此手手掌，如用铁锹铲土状。

自然手语

打“铁”的手势。打“锄”的手势。

浇水

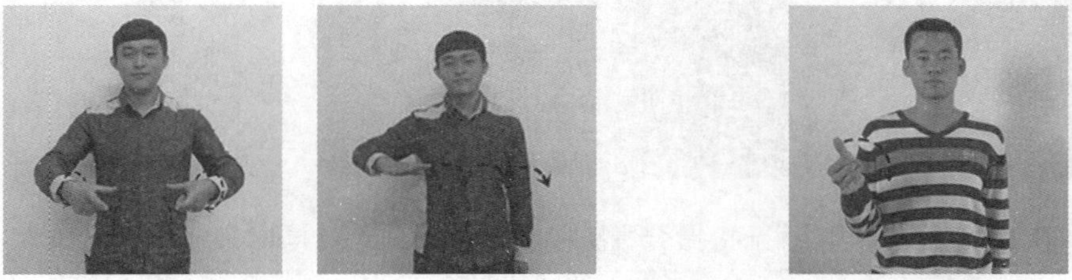

中国手语

双手五指搭成大圆形，向外一倾，如倒水状。一手平伸，掌心向下，做波纹状平移。

自然手语

一手伸出拇指和小指，拇指在上由侧立向内倾倒。

灾(灾害)

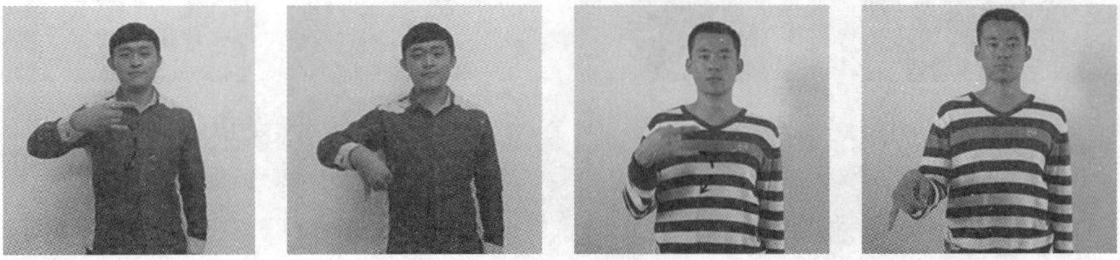

一手打手指字母“Z”的指式。一手伸小指，向下甩一下。

玉米

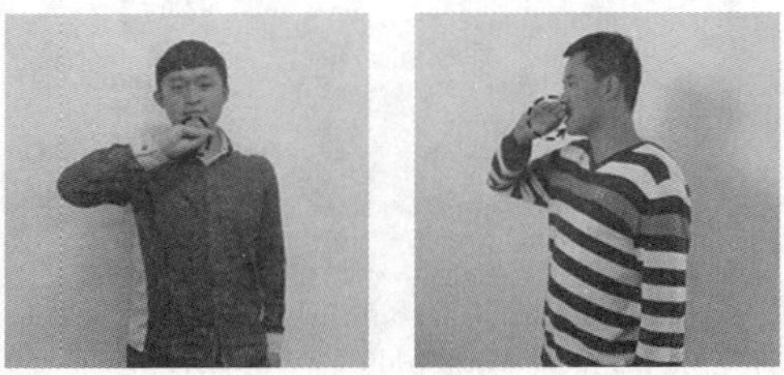

一手五指撮合，如玉米棒子，放在嘴前转动，如啃吃玉米状。

蔬菜

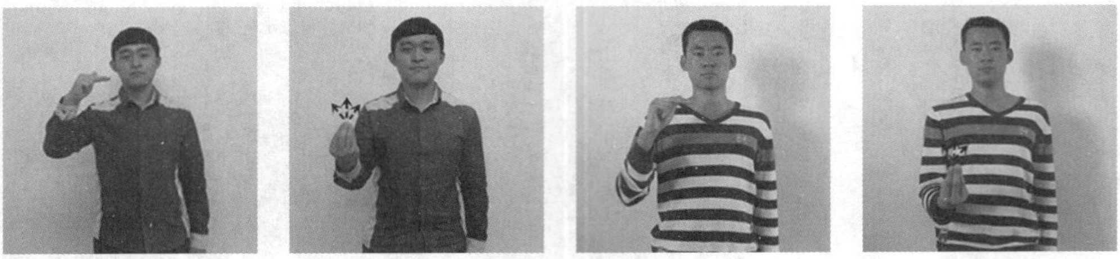

一手打“SH”的手势。双手五指撮合，指尖向上，向上伸出，同时放开五指。

韭菜

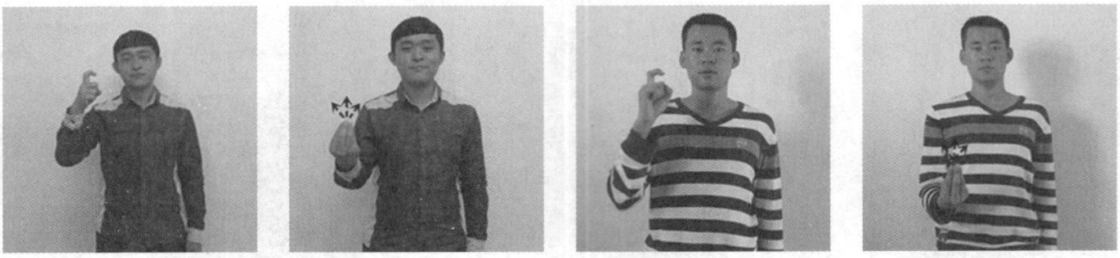

一手打“J”的手势。双手五指撮合，指尖向上，向上伸出，同时放开五指。

芹菜

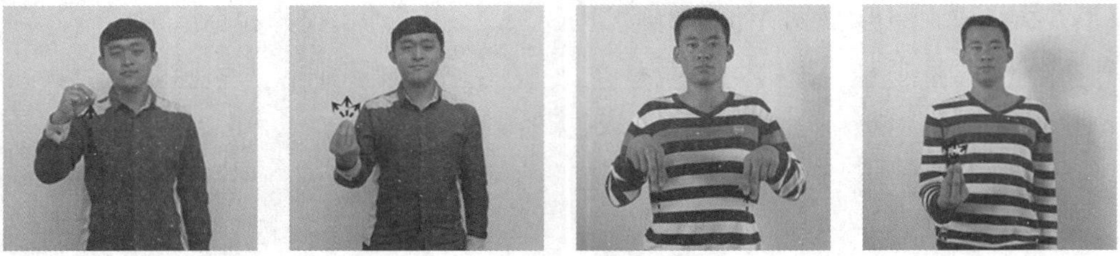

中国手语

一手打“Q”的手势，并向上移动。双手五指撮合，指尖向上，向上伸出，同时放开五指。

自然手语

双手拇、食指相捏，如提称称斤两状，此处借“斤”作“芹”。双手五指撮合，指尖向上，向上伸出，同时放开五指。

茄子

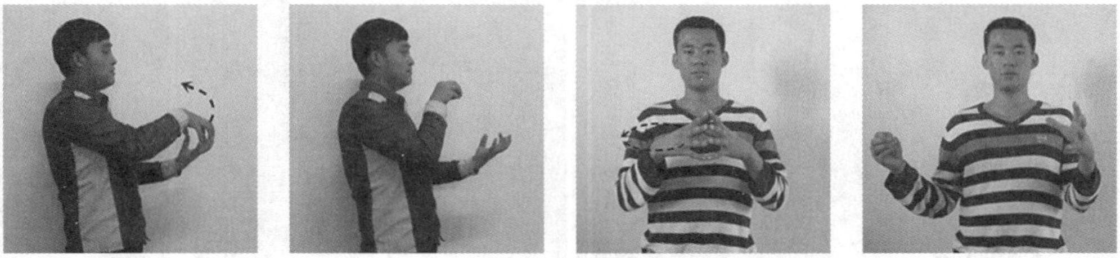

双手五指弯曲，指尖上下相触。下面一手不动，上面一手向上收拢，如茄子外形。

菜花

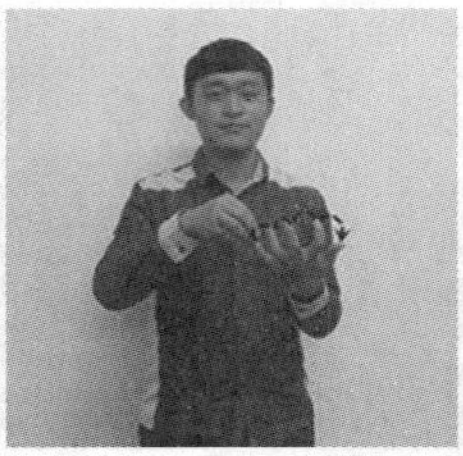

中国手语

左手弯曲姿势不变；右手五指虚撮，指尖朝下在左手指尖上点动几下，如菜花形状。

自然手语

一手五指撮合，指尖朝上，然后张开五指。

西红柿（番茄）

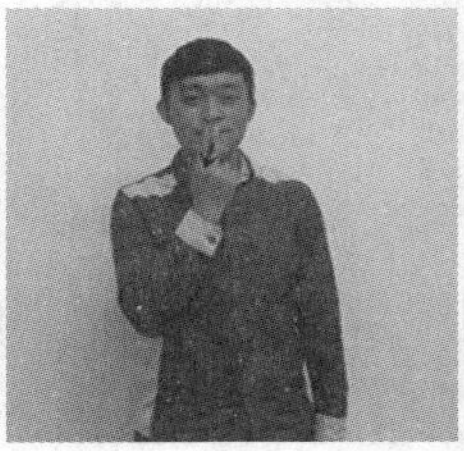

中国手语

打“西”的手势。一手打手指字母“H”的指式，并摸嘴唇，即“红”手势。双手拇、食指搭成圆形。

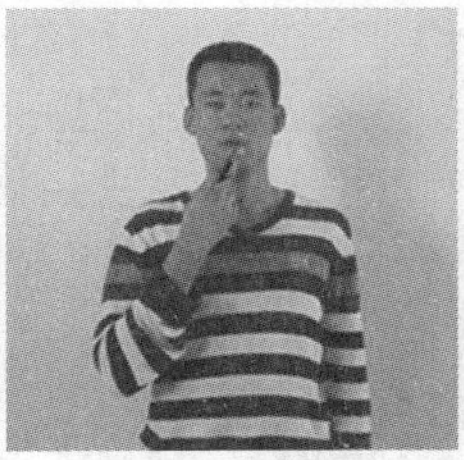

自然手语

一手打手指字母“X”“H”的指式，并摸嘴唇，即“红”手势。双手拇、食指搭成圆形。

马铃薯（土豆）

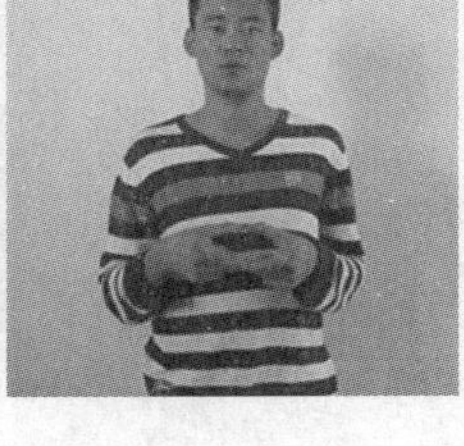

一手拇、食、中指互捻。双手拇、食指打成圆块形，如土豆外形。

黄瓜

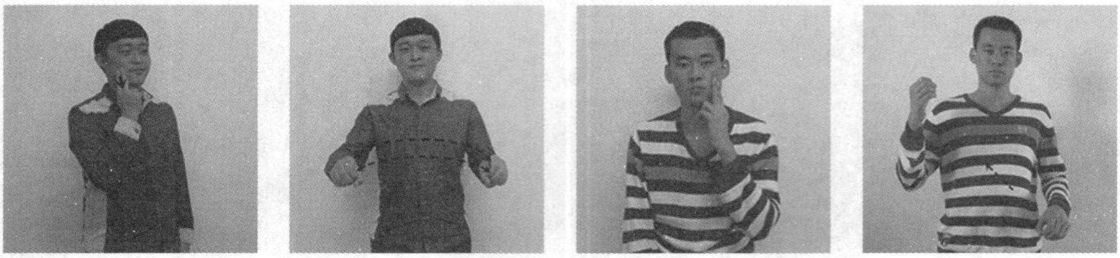

一手打手指字母“H”的指式，放于颊部。双手五指弯曲成半圆形，一左一右分向两边拉开，如黄瓜外形。

葱

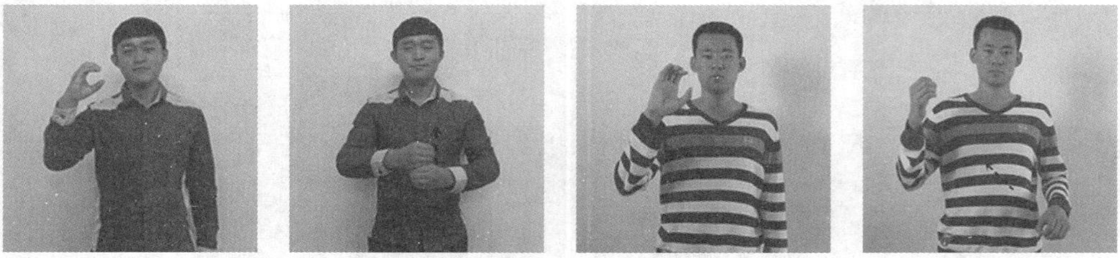

一手先打手指字母“C”的指式。双手再用拇指与其他四指搭成小圆形叠在一起，下面的手不动，上面的手向上移，如葱外形。

姜

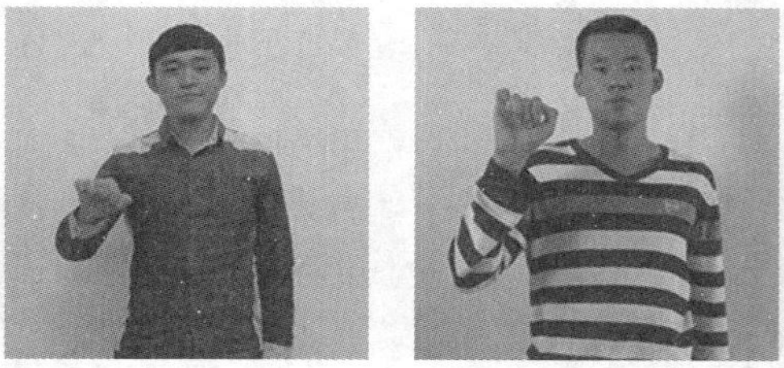

一手五指弯曲虚握，模拟姜的不规则外形。

蒜

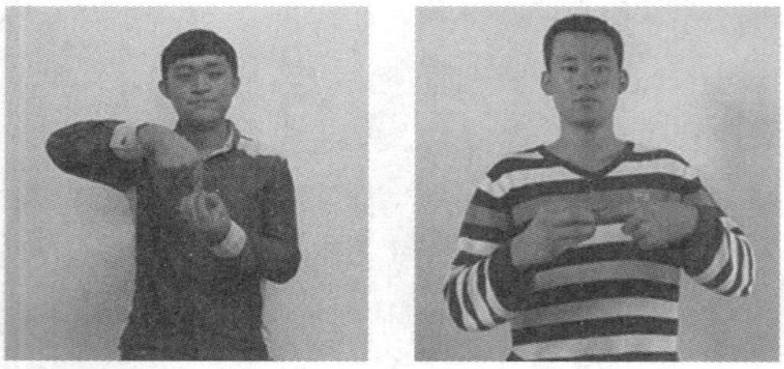

一手五指捏住另一手食指，如大蒜外形。

水果

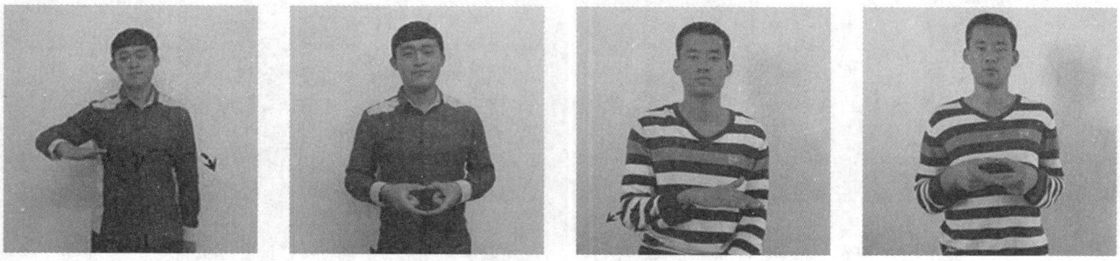

一手平伸，掌心向下，向旁做波纹状移动，即“水”手势。双手拇、食指搭成圆形。

菠萝

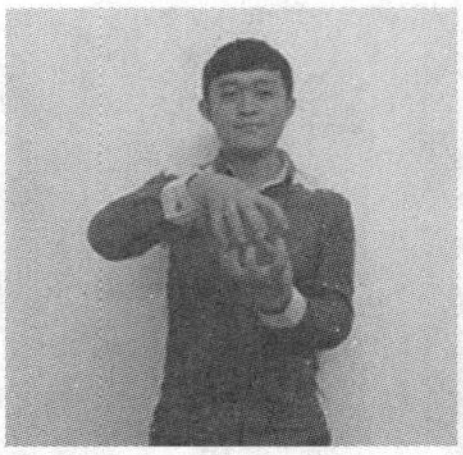

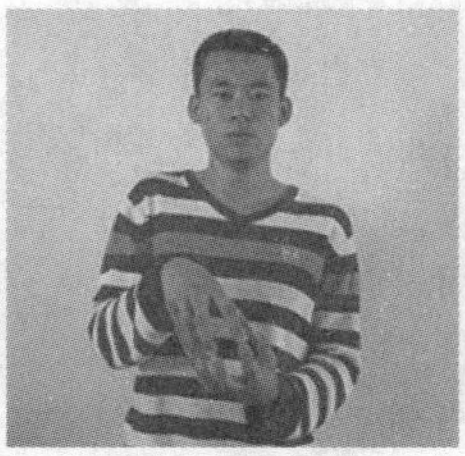

中国手语

双手五指弯曲，指尖相对。一手五指弯曲，指尖朝下，另一手五指撮合，在其手背上点动几下。

自然手语

双手五指弯曲，指尖相对。双手指尖弯曲，手背相贴。

草莓

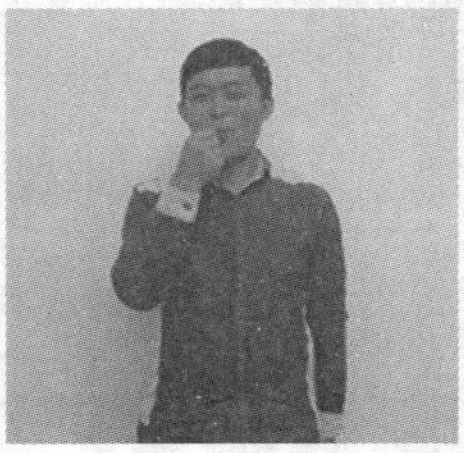

中国手语

双手伸出食指，指尖朝上，交替上下动几下。一手拇、食指捏成小圆圈，置于嘴边，脸露酸的表情。

自然手语

一手五指撮合抓鼻头，前后晃动。

橘子

左手五指朝上虚握，右手五指沿左拳向下扯，如剥橘皮状。

葡萄

左手拇、食、中指相捏如提物状。右手拇、食指捏成小圆形，在左手下虚点几下，象征一串葡萄。

梨

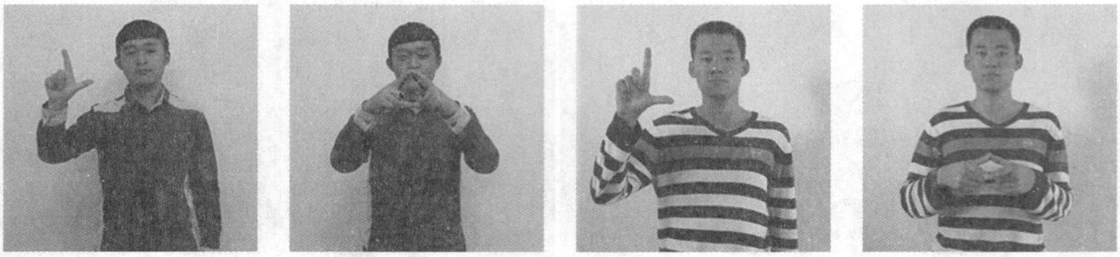

一手打手指字母“L”的指式。双手拇、食指搭成梨的形状。

苹果

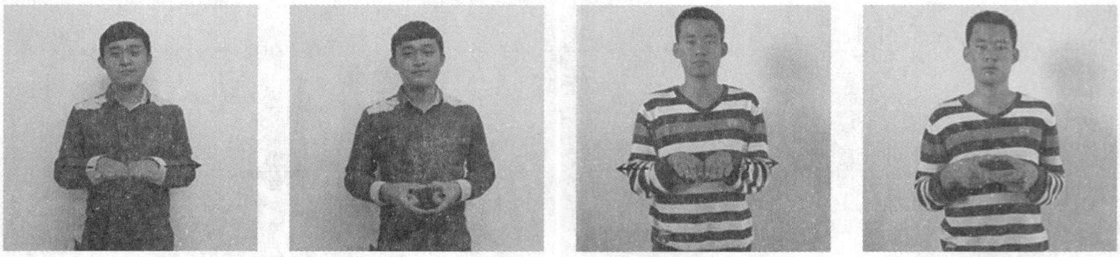

双手并排，掌心向下，向两边平行拉开。双手拇、食指搭成圆形，如苹果大小。

桃

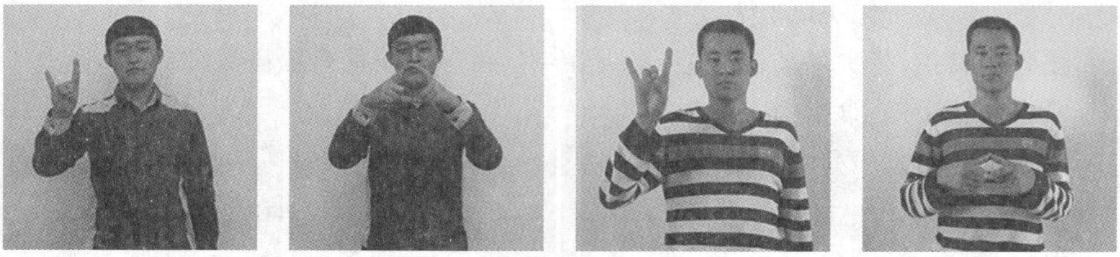

一手打手指字母“T”的指式。双手拇、食指指尖相搭成桃的形状。

香蕉

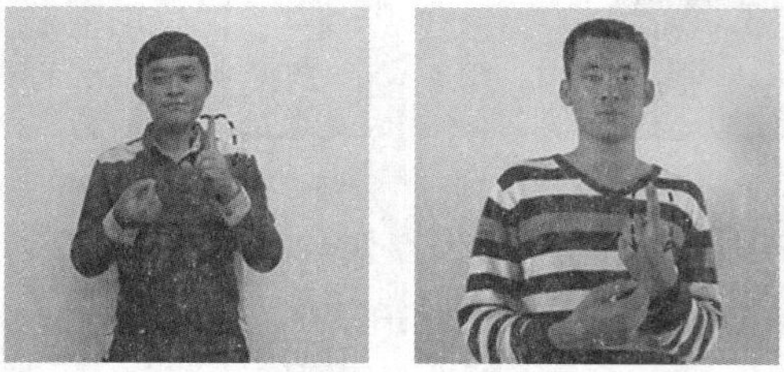

左手食指向上直伸，右手拇、食指沿左手食指指尖向下扯，反复几下，如剥香蕉皮动作。

西瓜

一手如托西瓜状，放于耳边近处。另一手虚拍几下，如在辨别西瓜的好坏。

鸡

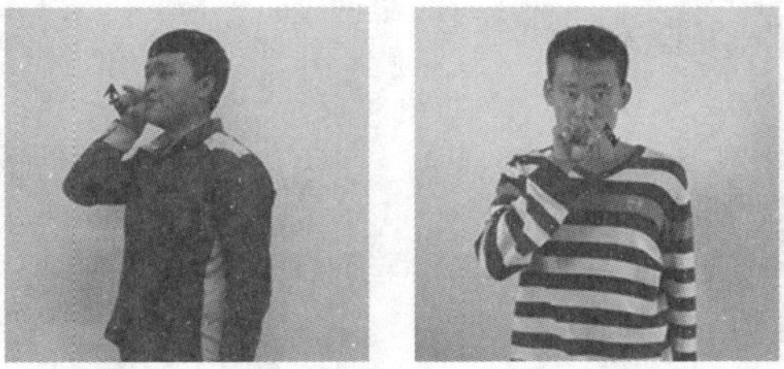

一手拇、食指捏成尖形，手背贴于嘴上，指尖开合几下，表示鸡的嘴。

鸭

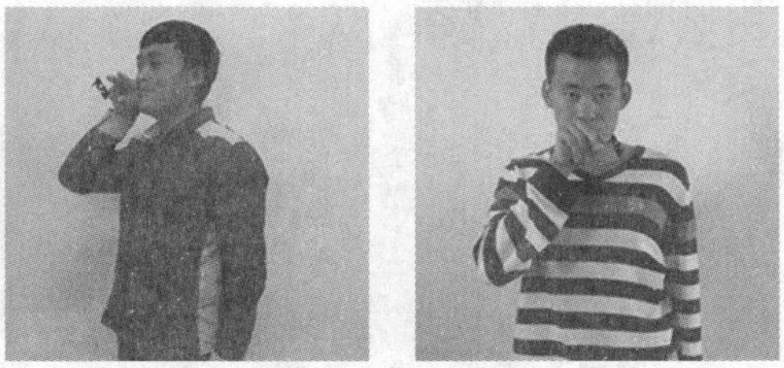

一手拇、食、中指捏成尖形，手背贴于嘴上，指尖开合几下，表示鸭的嘴。

鹅

中国手语

右手拇、食、中指捏成尖形，指尖开合两下；左手握拳放于右手手背上，象征鹅头上的凸起处。

自然手语

一手伸食指，中指在食指第一关节处，将手置于前额，指尖开合两下。

兔

一手食、小指向上直伸，如兔的两只长耳朵，并微动几下。

猪

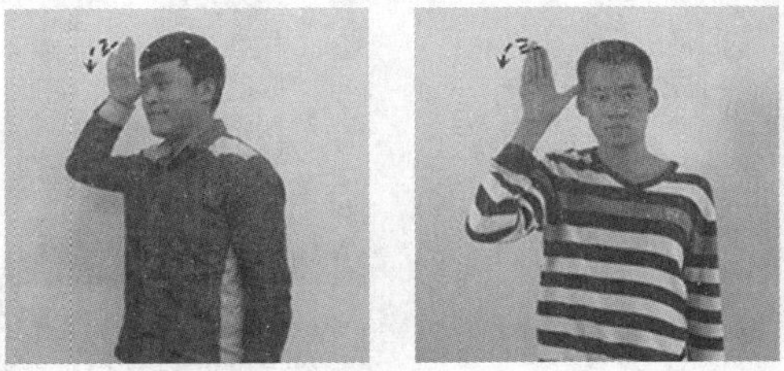

一手掌心向下，拇指指尖抵于太阳穴，四指扇动几下，如猪的大耳朵。

牛

一手伸出拇、小指，拇指抵于太阳穴附近，小指指尖向上，如牛角状。

羊(杨)

一手食指弯曲如钩,虎口贴近太阳穴,如绵羊头上弯曲的长角。

鱼

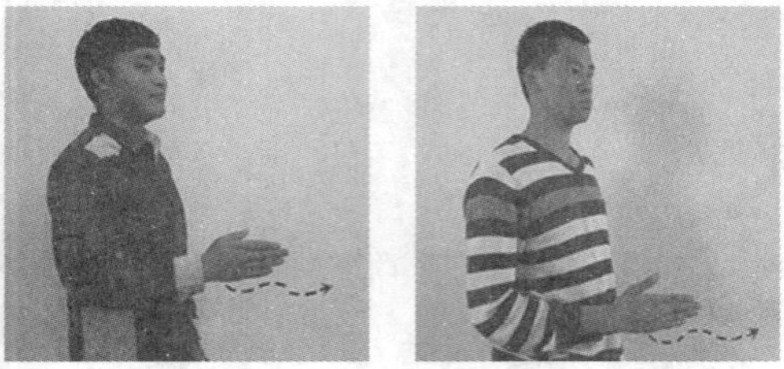

一手侧伸,手背向外,向一边做波纹状平移,如鱼游动状。

蟹

中国手语

双手五指弯曲,腕部交叉相叠,手指灵活抖动,并横向移动,如蟹爬行状。

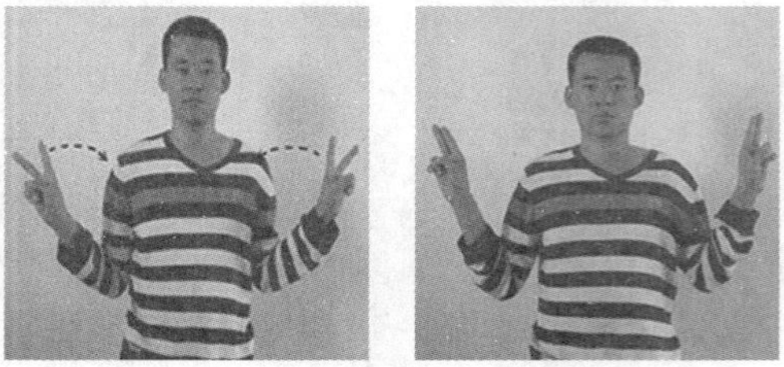

自然手语

双手伸出食指和中指在身体两侧,向内移动的同时,闭合双指。

二、句子训练

1. 我家附近有个茶馆,我们去喝茶吧!

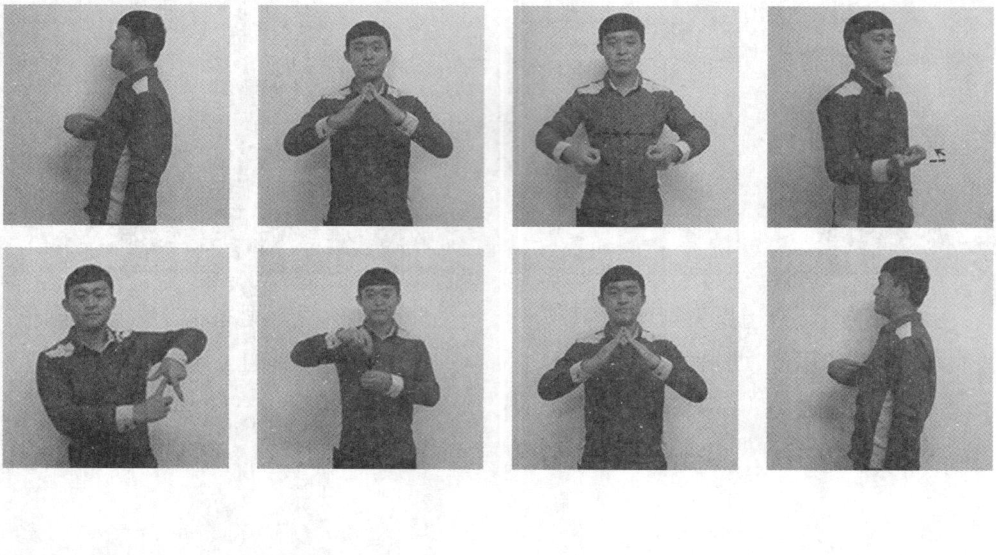

2. 明天的活动请穿西服、戴领带。

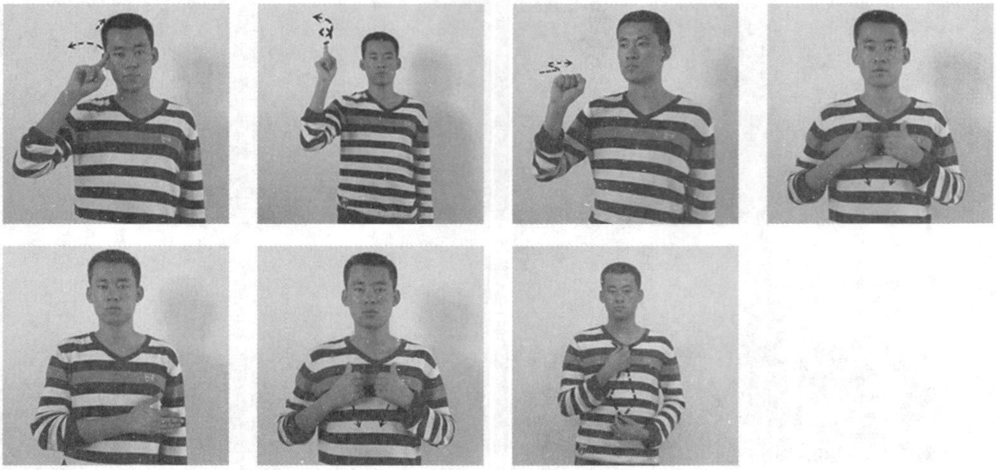

3. 明天去公园,记得自己带些食品:面包、饮料、牛奶等,还要带把伞。

4. 对待残疾人朋友，我们要给予更多的帮助。

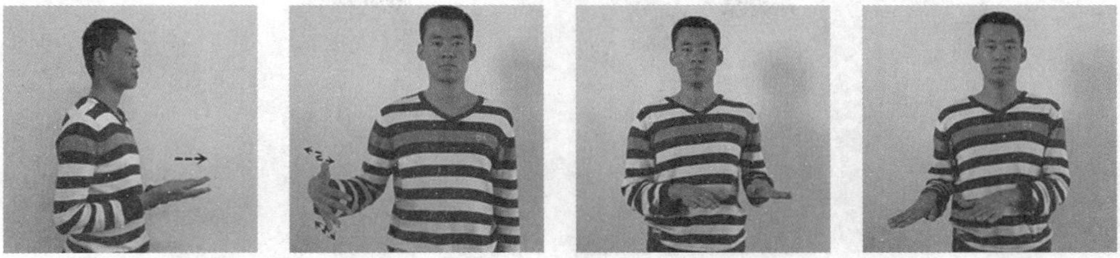

5. 他的工作很辛苦，经常加班、出差。

三、同步训练

1. 请说出“米饭”和“面条”手势的异同点。

2. 判断题:请找出下列词汇的正确打法,并在答案后面画“✓”。

(1)绳子

双手食指指尖相对,各向相反方向拧动(　　)

双手食指、中指相叠直接相对,各向相反方向拧动,并向外拉开(　　)

(2)肉

右手捏在左手小鱼际部位(　　)

右手拇指、食指捏在左手小鱼际部位(　　)

3. 请手译下面的词。

放假　交流　互相　友谊　服务　接受　退休　迟到

主题三:事物的状态、性质、特点

一、词汇

事业

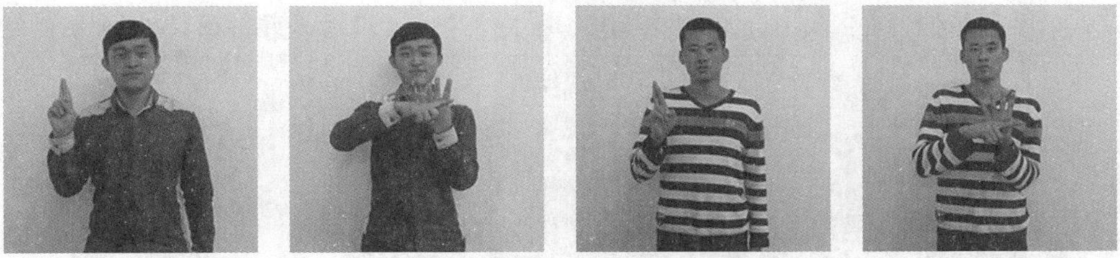

一手食、中指相搭,即"十"字。"十"与"事"读音相似,此处借用。
一手食指横靠在另一手食、中、无名、小指背部,搭成"业"字形。

事情

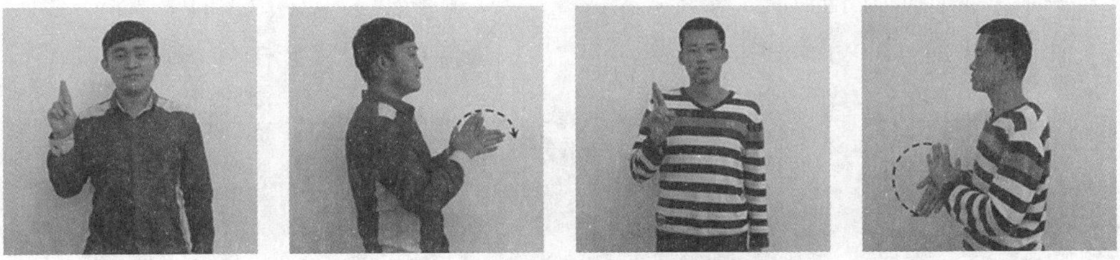

一手食、中指相搭,即"十"字。"十"与"事"读音相似,此处借用。
双手五指伸开,手掌相合,一手不动,一手向下搓动,表示一件件事情的经历。

事实

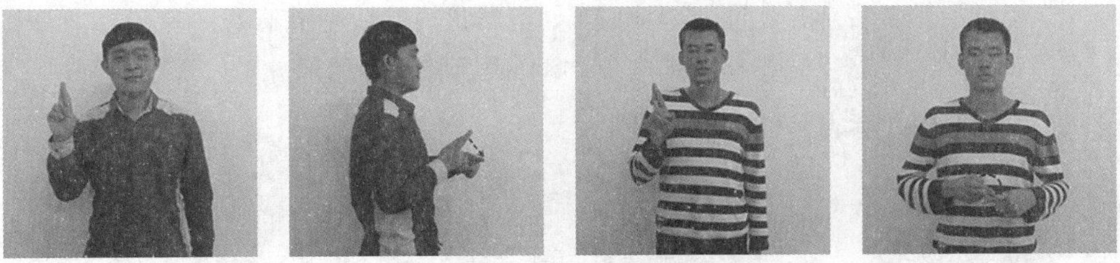

一手食、中指相搭,即"十"字。"十"与"事"读音相似,此处借用。
左手食指横伸,右手食、中指相搭,敲一下左手食指。

情况

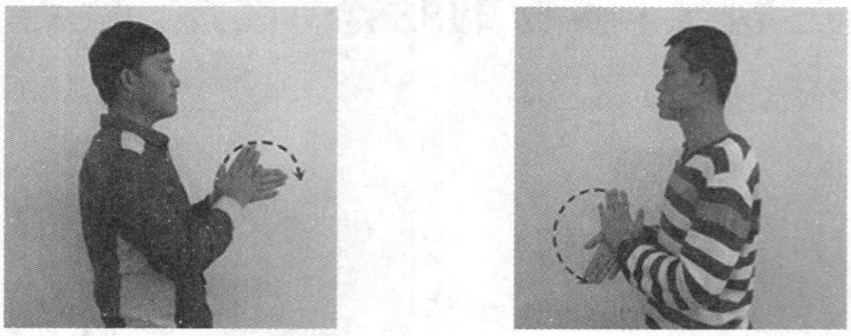

双手五指伸开，手掌相合，一手不动，一手向下搓动，表示一件件事情的经历。

现实

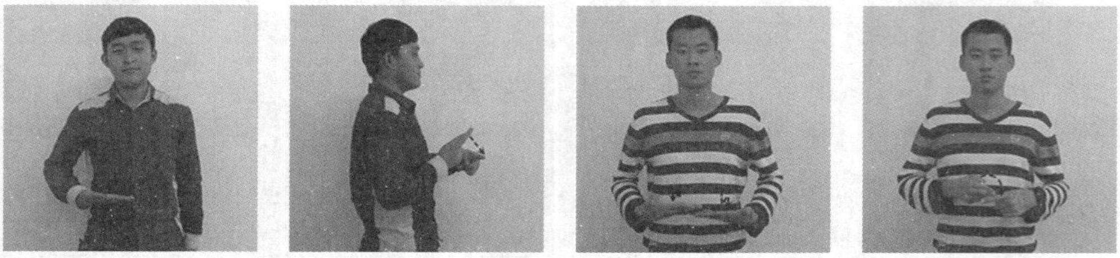

中国手语

一手平伸，掌心向上，横于腰部，上下颠动两下。一手食、中指相叠，弹打另一手食指。

自然手语

双手平伸，掌心向上，横于腰部，上下颠动两下。一手食、中指相叠，弹打另一手食指。

部分

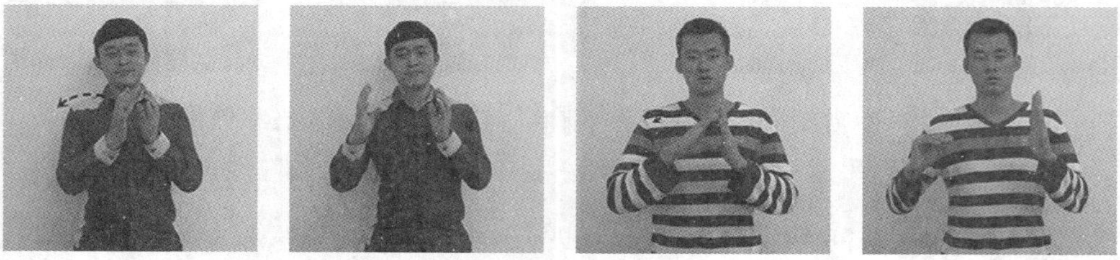

双手五指微曲，指尖朝上，如抱球状。然后左手不动，右手五指撮合向右侧移动，表示整体中的部分。

标志

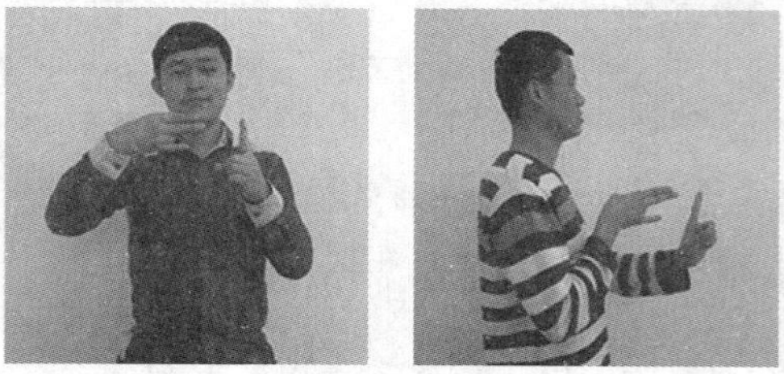

一手打手指字母“ZH”的指式，指尖对准另一手食指。

目标

两手各伸食指，左手食指指尖向上直立于眼前，右手食指从眼前指向左手食指。

目的

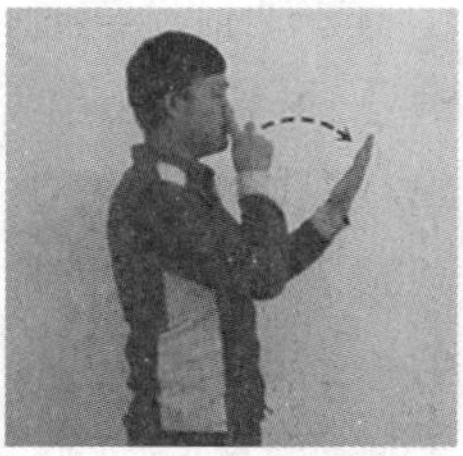

中国手语

左手斜伸，掌心向内，右手食指先指一下右眼，再向左手手掌心点去。

自然手语

左手食指斜伸，右手食指先指一下右眼，再向左手手掌心点去。

意义

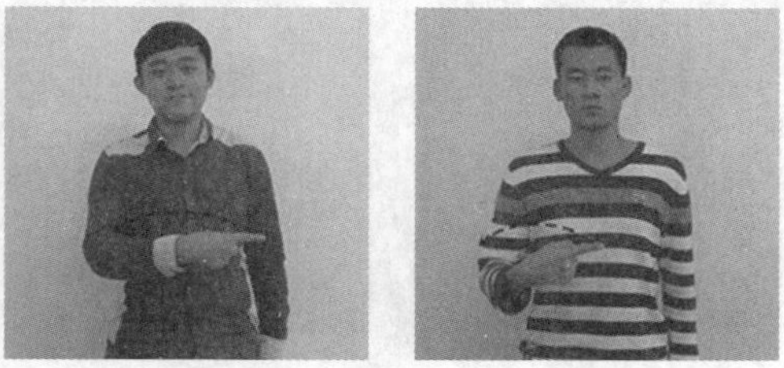

一手食指伸直，向一侧连续移动两下。“一”与“意”“义”读音相似，此处借用。

结果

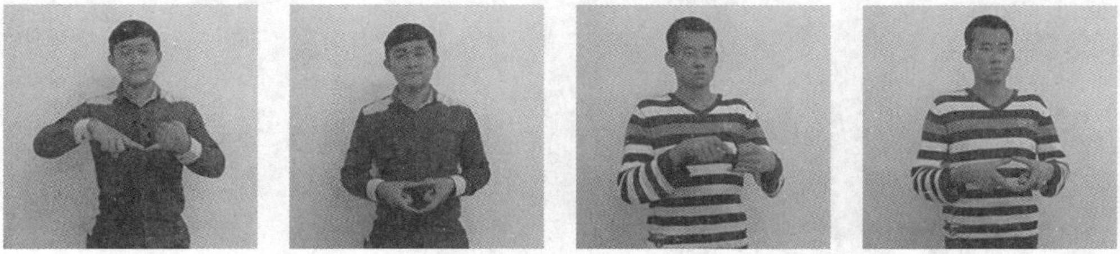

左手小指直立不动，右手食指从左手拇指划向小指。双手拇、食指搭成圆形。

作用

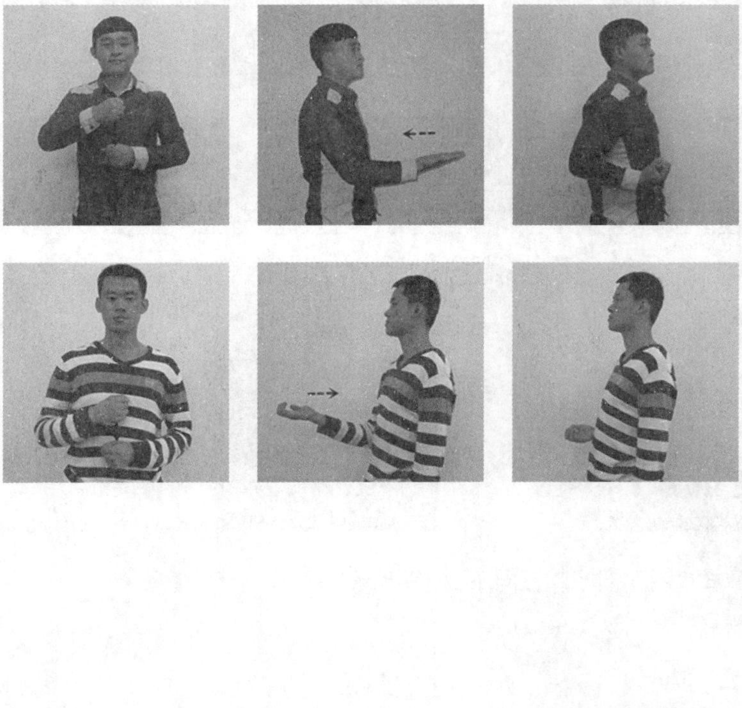

双手握拳，上拳打下拳。一手手臂向前伸出，掌心向上，五指微张。然后此手向后缩回握成拳。

用途

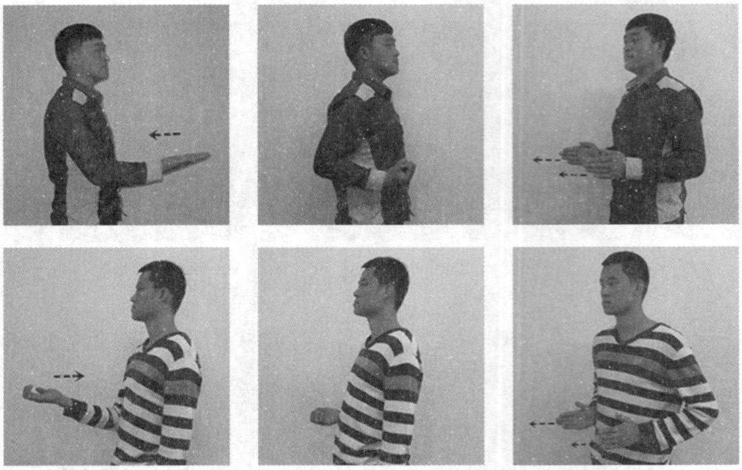

一手手臂向前伸出，掌心向上，五指微张。然后此手向后缩回握成拳。双手侧伸，掌心相对，相距约 15 厘米，向前伸出。

成效（成功）

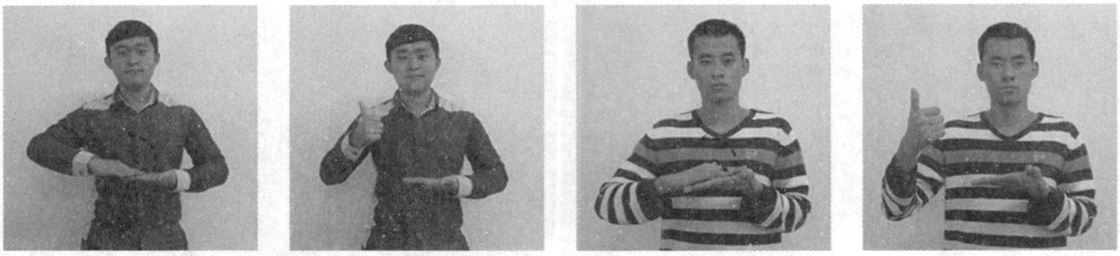

右手拍打左手掌心。右手再向上伸出拇指。

流行

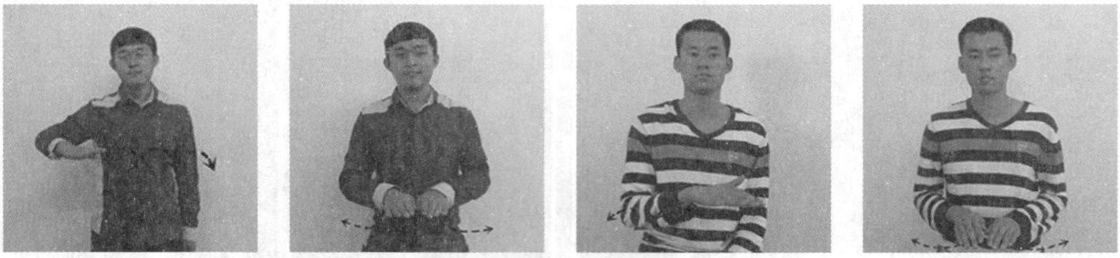

一手平伸，掌心向下，做波纹状移动。双手平伸，掌心向下，向两旁移动。

广泛（普遍）

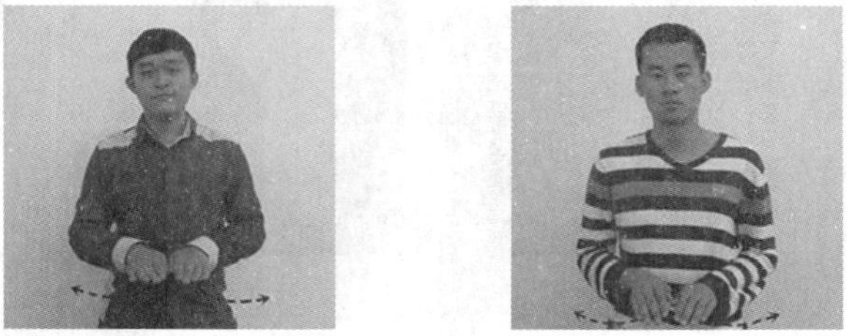

双手平伸，掌心向下，向两旁移动。

开展

中国手语
双手竖立靠拢，掌心向外，然后做“开门”状。双手伸平，掌心向上，先靠拢，后向两侧平行移动。

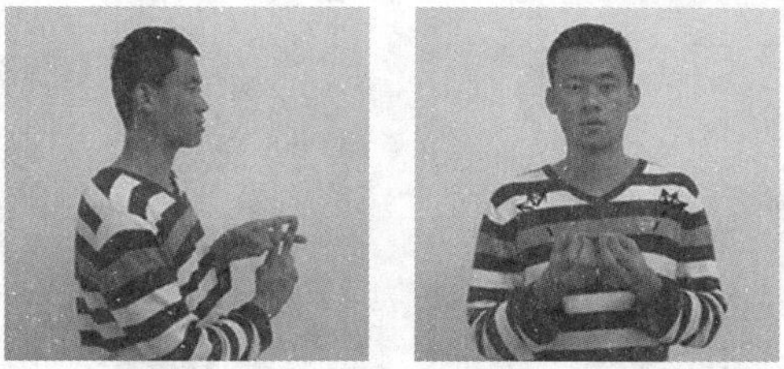

自然手语
双手摆成“开”字。双手虚握，向斜上方移动并展开。

发展

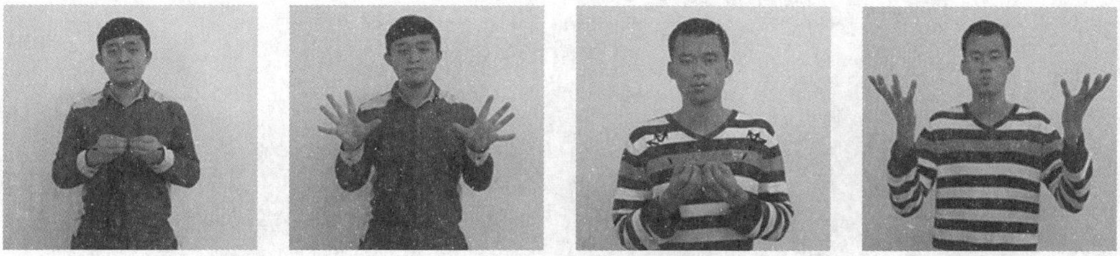

双手虚握，指尖相对。双手边向两旁移动边放开五指。

发生

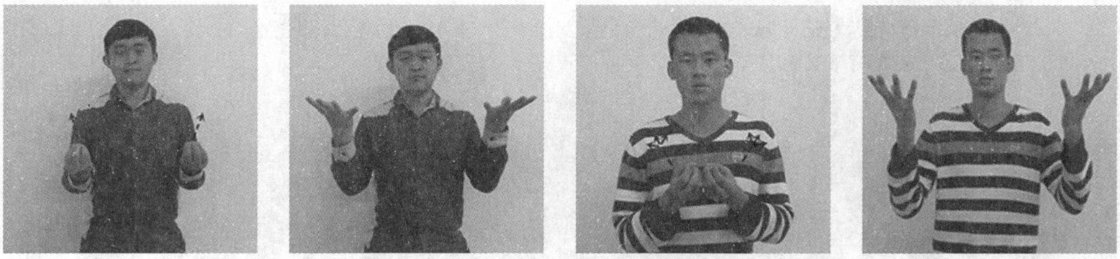

双手虚握，指尖向上。然后双手向上放开五指。

产生

中国手语
左手五指向内弯曲成半圆形，右手五指撮合。右手从半圆形中向上伸出，同时放开五指。打“SH”的指式。

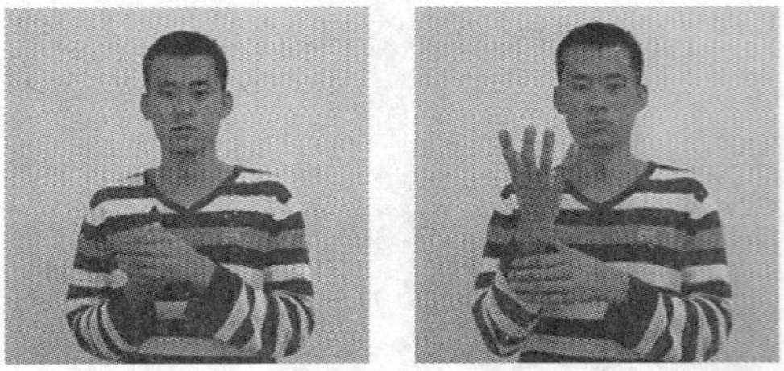

自然手语

左手五指向内弯曲成半圆形，右手五指撮合。右手从半圆形中向上伸出，同时放开五指。

出现

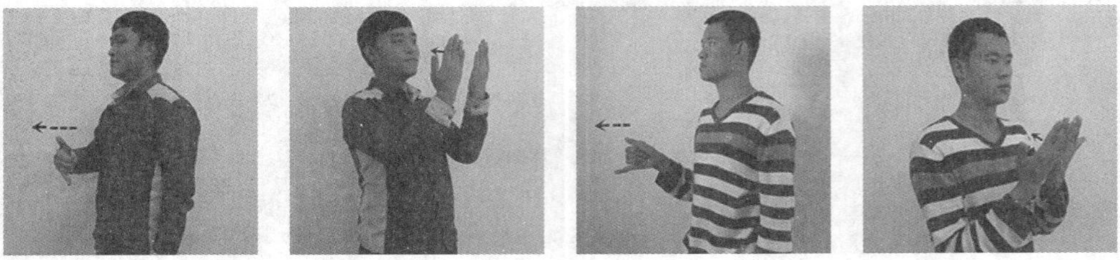

一手拇、小指伸直，由内向外移动。双手直立在面前，右手向内移动。

成立（建立）

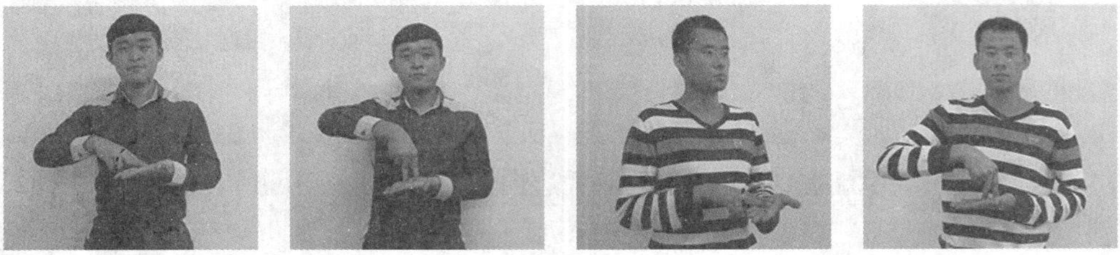

一手食、中指并拢，先平放在另一手掌心上，然后竖立起来。

形成

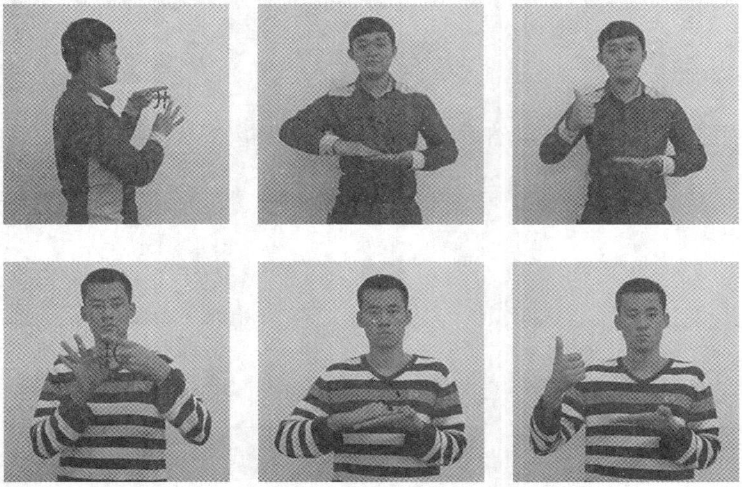

双手食、中指搭成"开"字形，然后右手伸出中、无名、小指在旁一撇，呈"形"字形。一手拍一下另一手手心，再伸出拇指。

举行

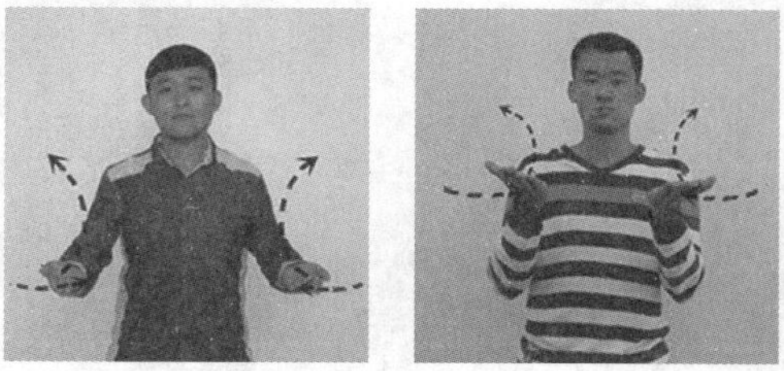

双手先从两侧做弧形向中间移动，
然后同时向上抬起。

转折（拐弯）

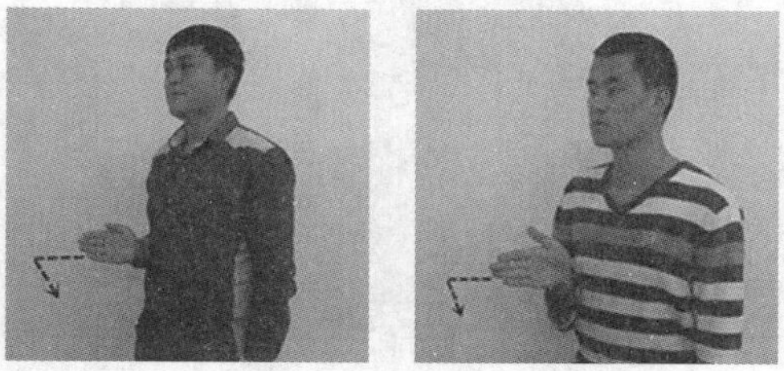

一手侧伸，向前一伸，再转角伸一下。

变化

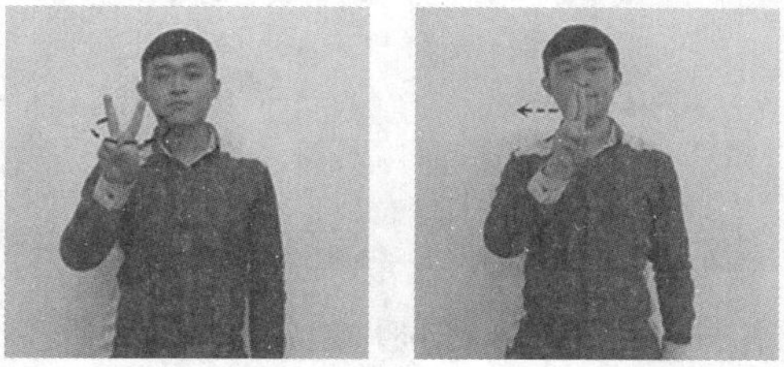

中国手语

一手食、中指叉开向上，反转一下。一手食、中指并拢向上，向一侧移动一下。

自然手语

一手食、中指叉开向上，反转一下。

克服

左手伸小指，指尖向上；右手对准小指压下去，表示克服困难的意思。

放弃（放）

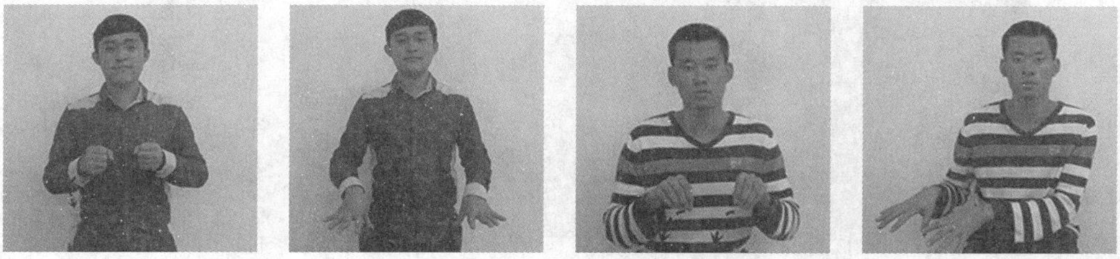

双手握拳向外伸出。同时双手放开五指，如扔物状，表示“放弃”之意。

文明

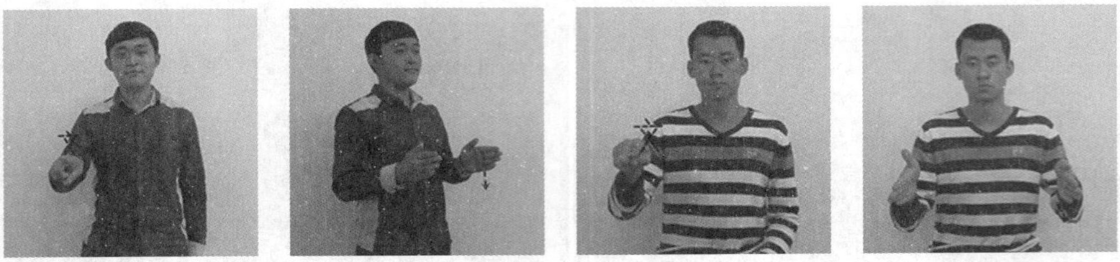

一手食指书空“文”字。双手侧伸，掌心相对，自胸前向下一顿。

民主

双手食指搭成“人”字形，平行转动一周。一手握拳，伸出拇指，贴于胸部。

自由

中国手语

一手食指在胸前摆动几下，表示不受管束、自由自在的意思。

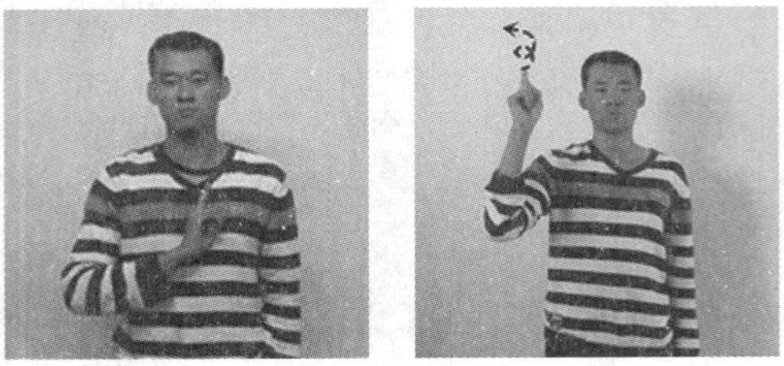

自然手语

打“自”的手势。打“活”的手势。

集中

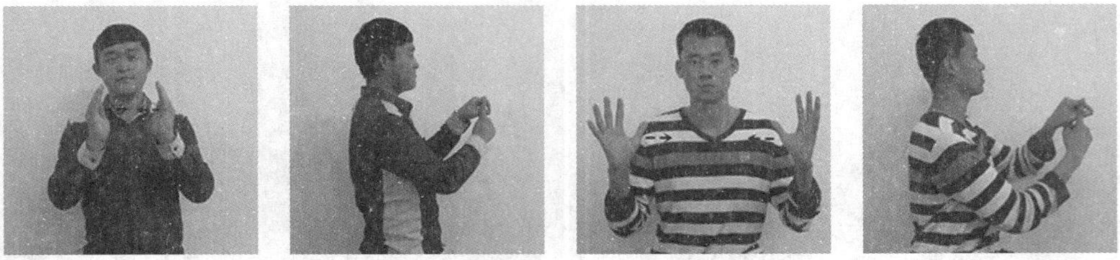

双手五指微曲，从两侧向中间移动，相距半尺停住。

一手食指搭在另一手拇、食指握成的圆圈中央。

团结(团)

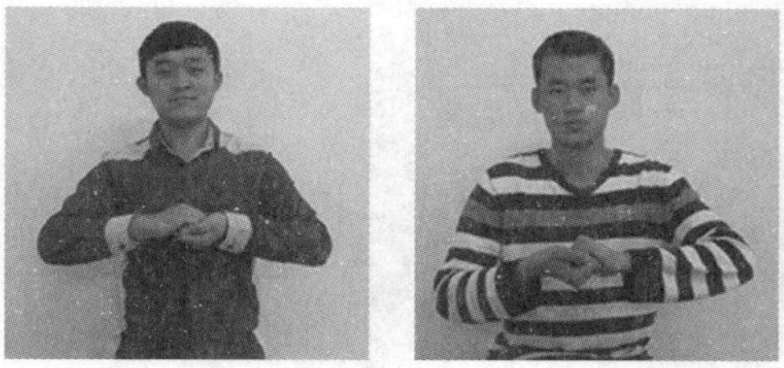

双手紧握。

幸福

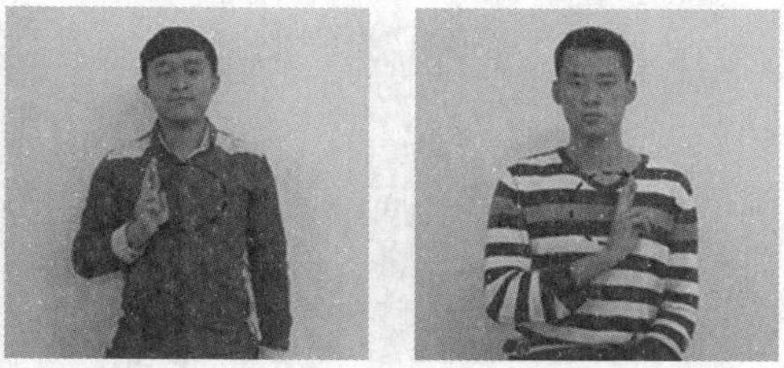

一手打手指字母“X”的指式,
并贴于胸部绕一圈。

健全

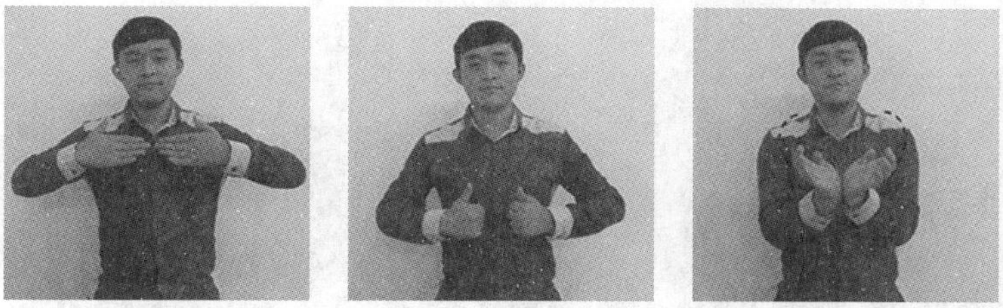

中国手语

双手掌心向内,贴于胸部,向下微移,同时伸出拇指。双手掌心相对,从上至下画圆状。

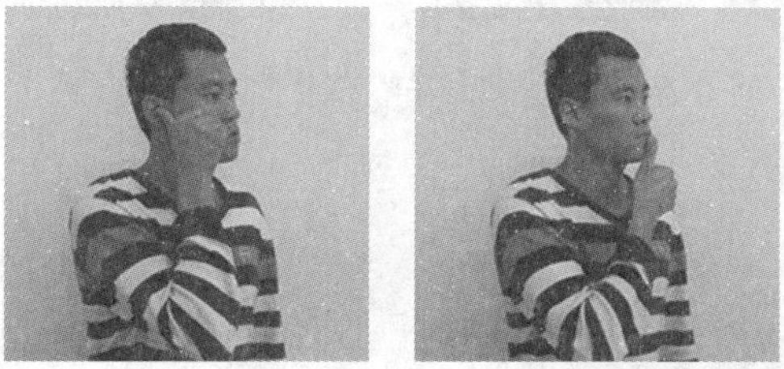

自然手语

一手以拇指指耳部,再指口部,表示健全。

热闹

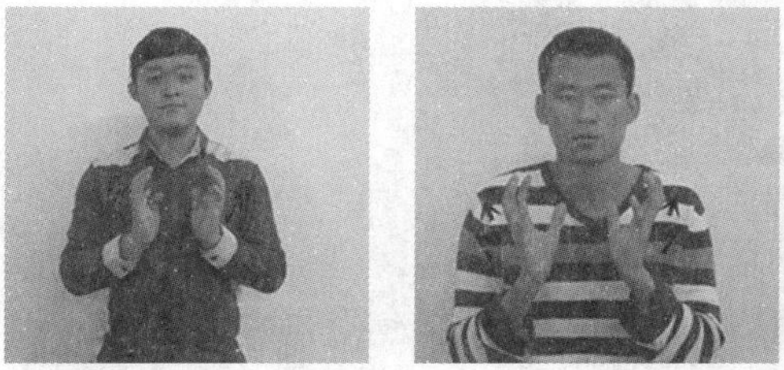

双手五指微张,掌心相对,在胸前
前后交替抖动几下。

富裕

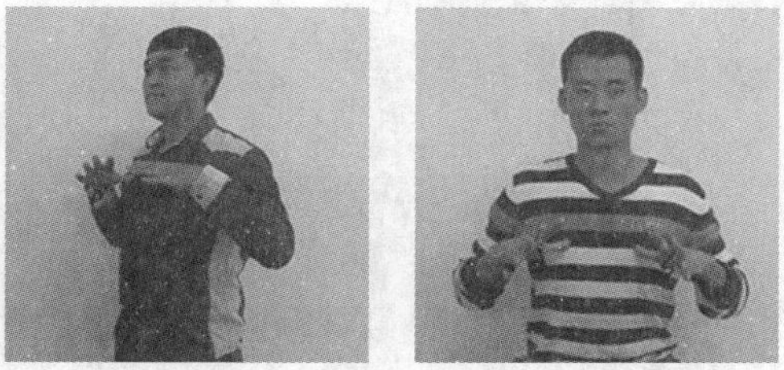

双手伸开,掌心向下,拇指贴于
胸前,手指微动几下。

安静

中国手语
双手平伸，掌心向下，
微微按几下。

自然手语
双手五指微张，掌心向上。双手从上至下
移动并撮合五指。

孤立

右手伸食指，置于胸前。左手平伸，掌心向上，指尖向右，右手食指、中指直立，指尖朝向左手掌心。

穷

中国手语
双手横伸，掌心向上，腕部交叉相搭，然后上下掂动几下。

自然手语
左手握拳置于胸前，右手挠左肘部。

痛苦

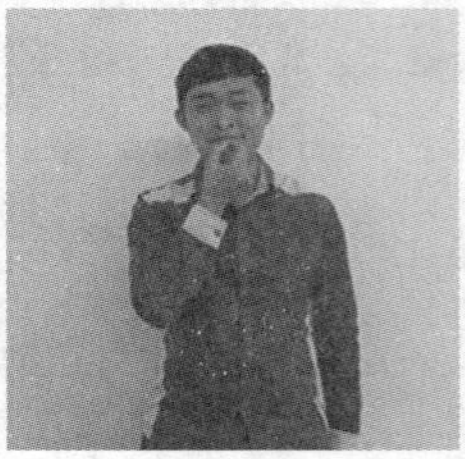

一手拇、食、中指呈半圆形，抵于前额，模仿头痛状。
一手拇、食指握成小圆圈，放于口边，脸露苦状。

熄灭

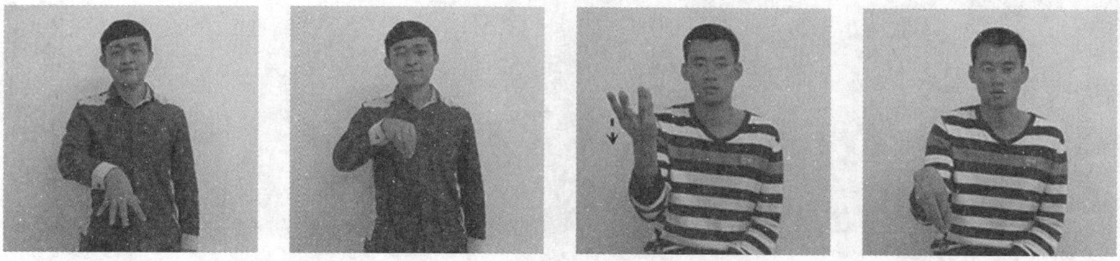

中国手语

五指张开，掌心向下。此手从下至上移动，并撮合五指。

自然手语

一手五指张开，掌心向上。此手从上至下移动并转向指尖朝下，撮合五指。

挥霍（浪费）

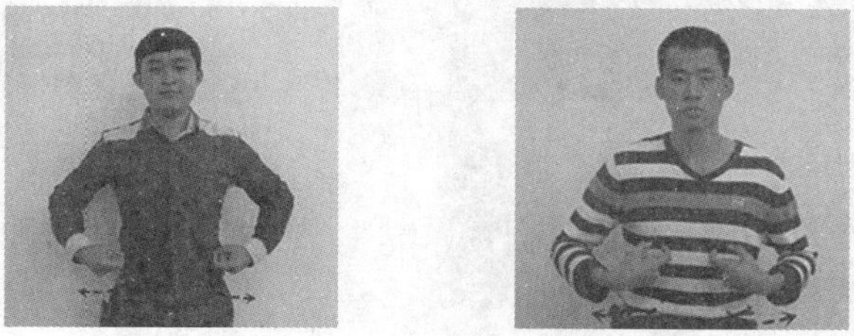

双手拇、食指捏成小圆圈，代表钱币；同时在腰部向外挥动，表示无节制地花钱。

主动

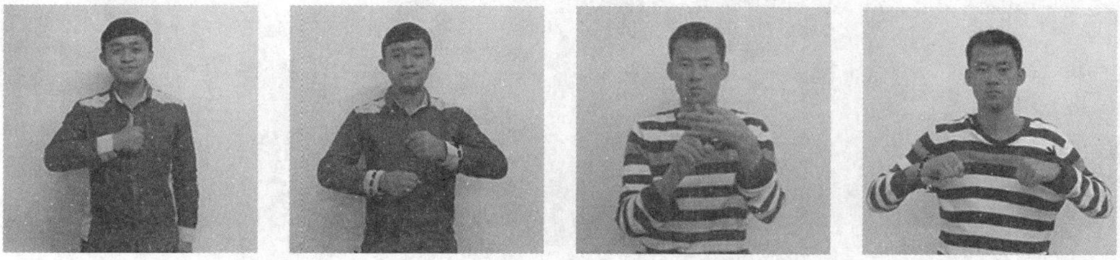

中国手语

一手伸拇指置于胸前。双手握拳，在胸前交替动几下。

自然手语

左手中、无名、小指与右手食指搭成“主”字形。双手握拳，在胸前交替动几下。

熟练

中国手语
一手伸出拇、食指，食指先是竖直向上，然后向下弯曲，拇指同时由下翻向上。双手掌心上下相贴，下面的手不动，上面的手翻转一下，手背贴于掌心。

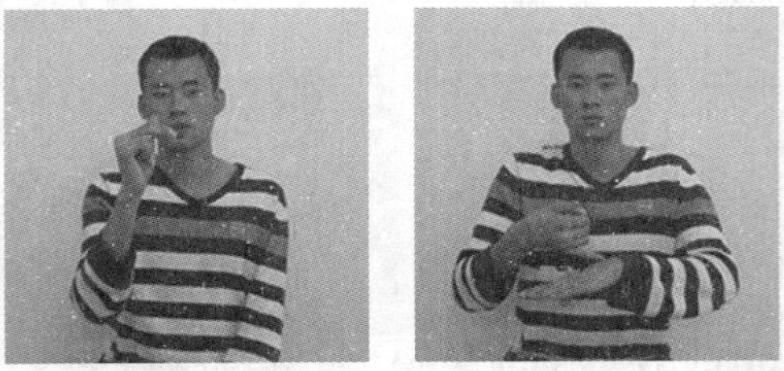

自然手语

打“SH”的手势。打“脏”的手势。

熟悉

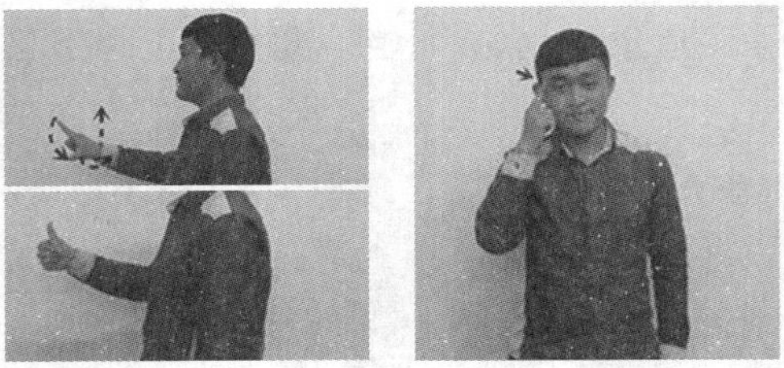

中国手语

一手伸出拇、食指，食指先是竖直向上，然后向下弯曲，拇指同时由下翻向上。一手食指指点太阳穴。

自然手语

打“见面”的手势。

陌生

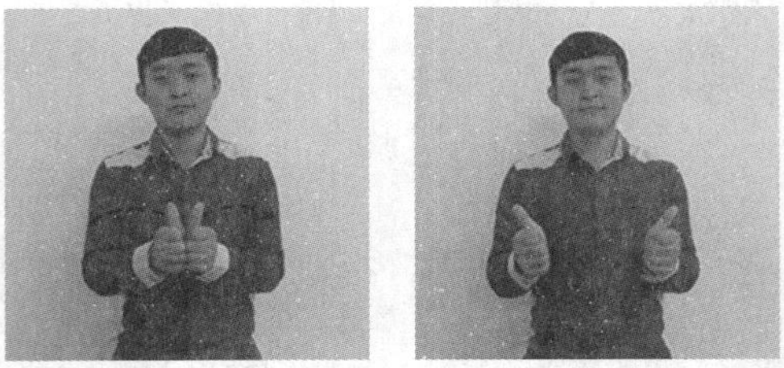

中国手语

双手伸出拇指，先靠在一起，然后向两旁分开，表示双方“不认识”“不熟悉”。

自然手语

双手伸出拇指、食指和中指，食指和中指颠倒重叠在一起，向两侧移动的同时并收回。

影响

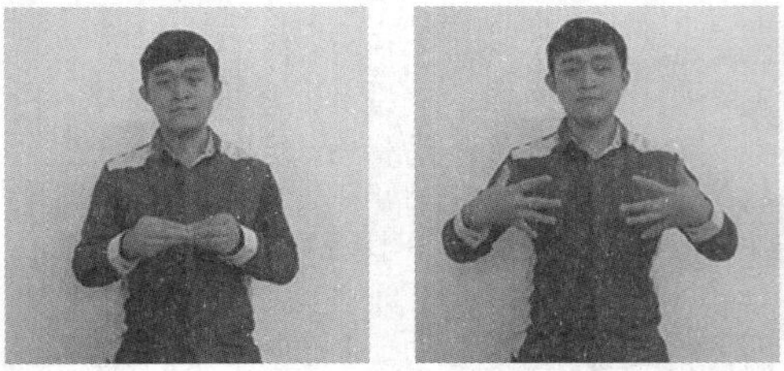

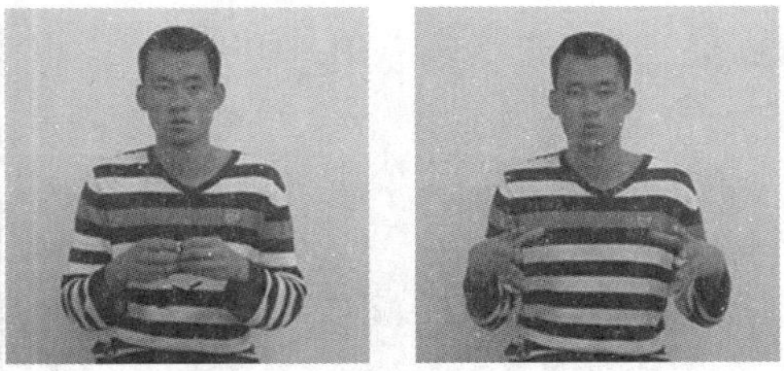

双手五指撮合，指尖相对。双手向两侧边快速移动，边放开五指。

障碍

中国手语

左手侧立，右手直立，右手向前移动几下。

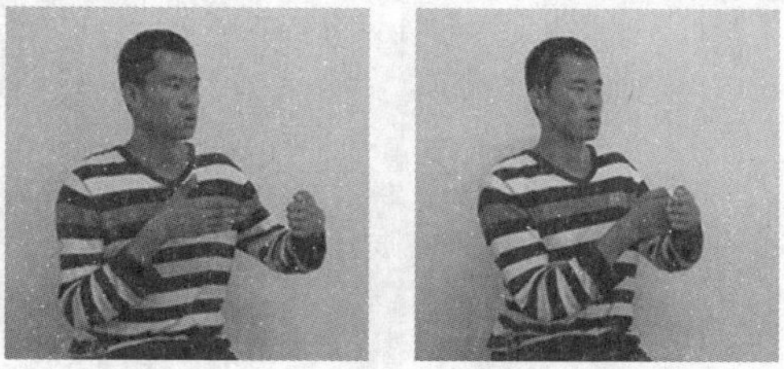

自然手语

左手侧立，右手直立，右手向前移动几下，并握拳。

开始（开端）

中国手语

双手竖立靠拢，掌心向外。然后双手做“开门”状。一手食指打一下另一手拇指。

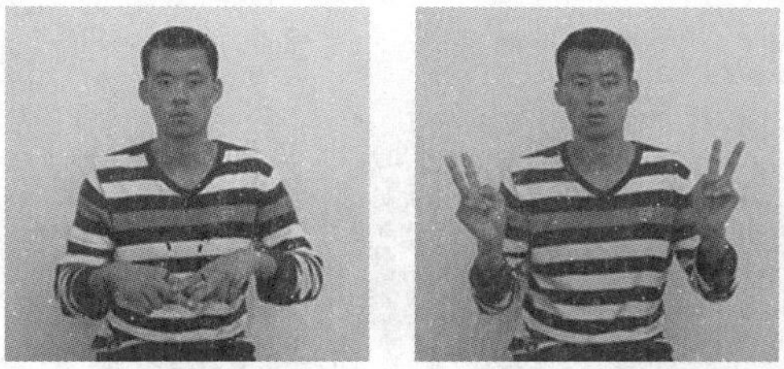

自然手语

双手伸出食指和中指，搭成“开”形。双手并向两侧张开。

完成（结束）

中国手语

一手拇指与四指相对，逐渐并拢，再向下一甩，表示“完了”“好了”。

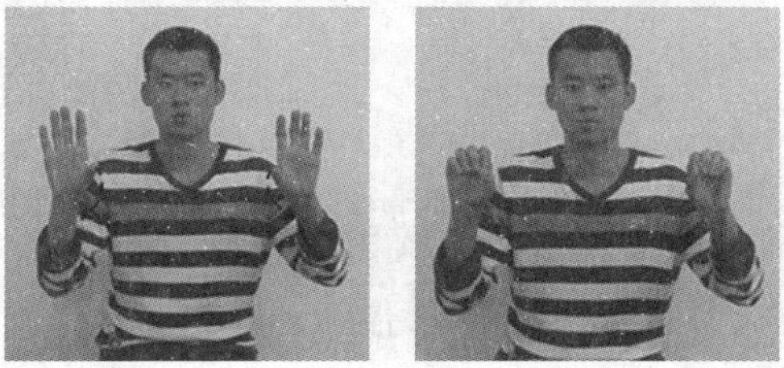

自然手语

双手张开，掌心向前。双手握空拳。

继续

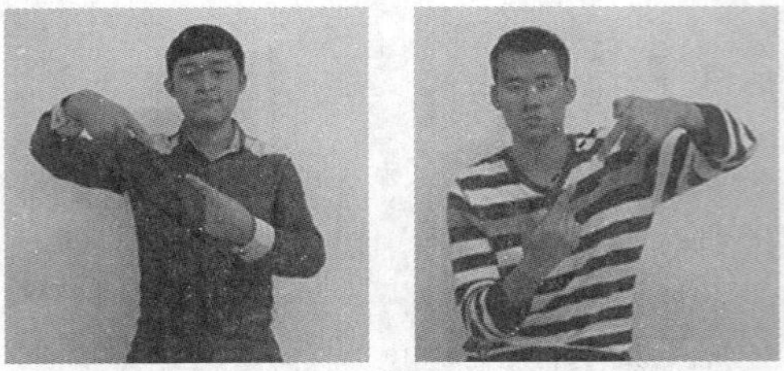

双手食指指尖相对，同时向下移动。

停止

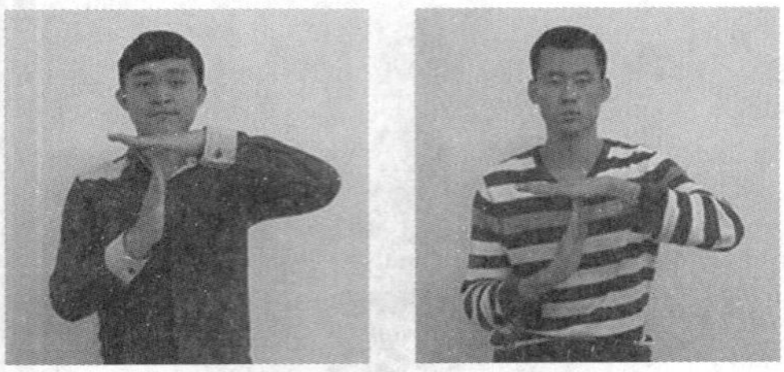

左手平伸，掌心向下，右手竖伸，指尖抵于左手掌心下，仿裁判叫停动作。

反复（重复）

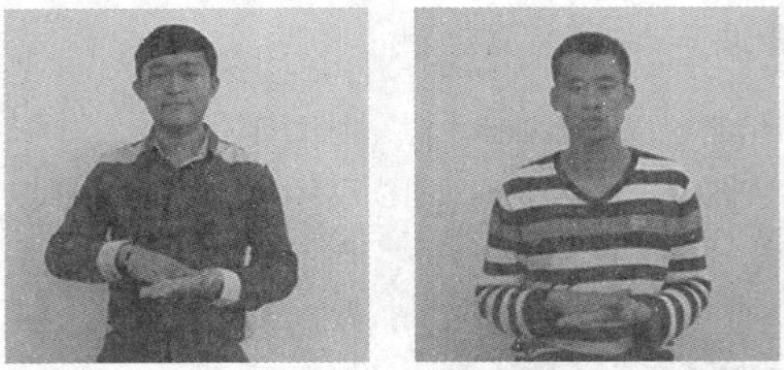

双手先掌心相贴，下面的手不动，上面的手翻转一下，手背贴于掌心。

差别

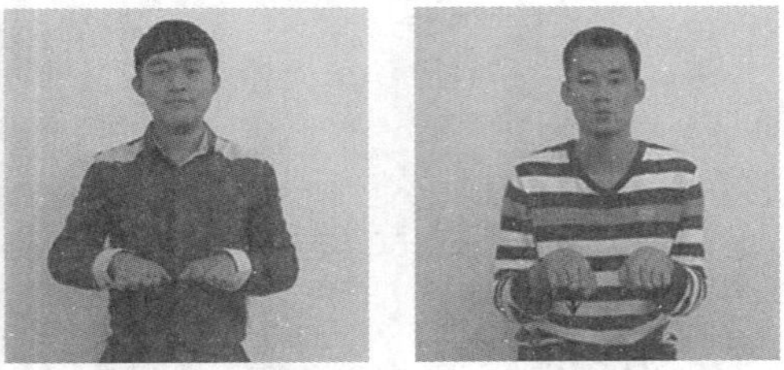

双手伸平，掌心向下，一手不动，另一手向下沉一下。

顺利

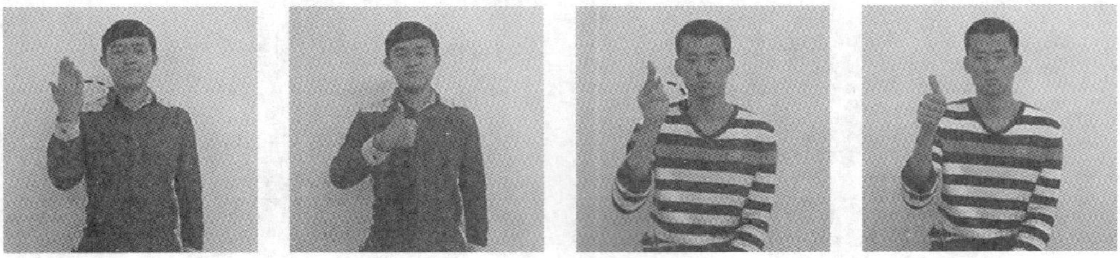

一手伸掌，指尖向上，向一侧推移，并只伸出拇指。

麻烦

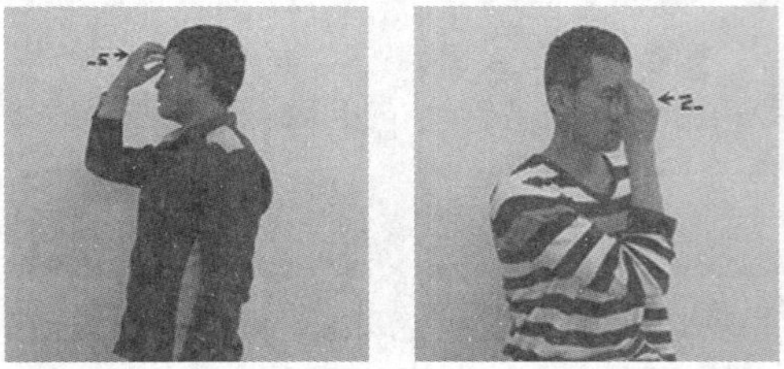

一手五指撮合，指尖抵于前额，缓缓转动几下，脸露“烦恼”表情。

紧张

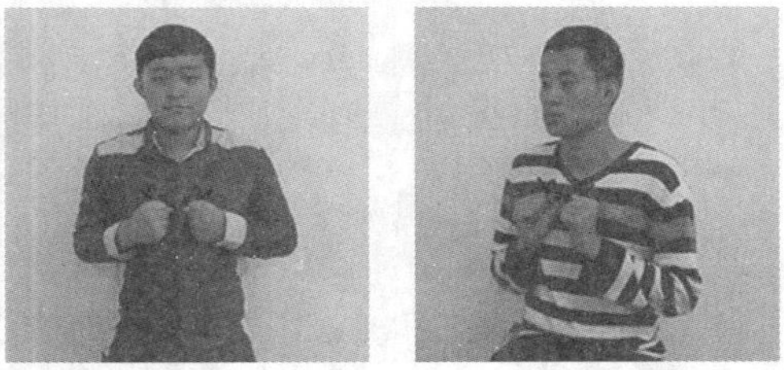

双手紧紧握拳，在胸前上下微动，脸露“紧张”表情。

容易

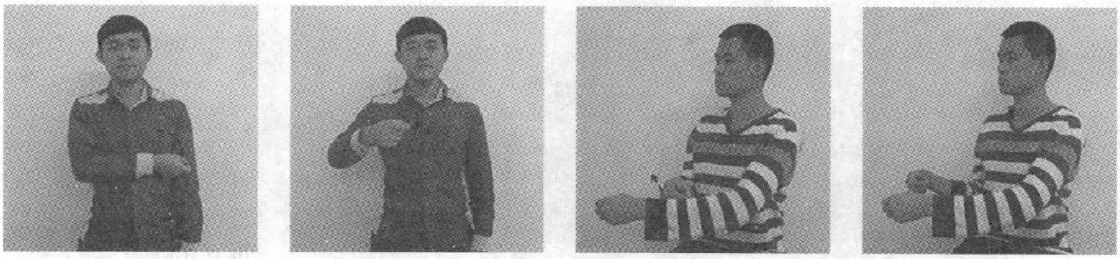

右手拇指捏食指指尖，在左臂上打一下。右手再抽出来抖动几下，表示“不费力”“简单”“方便”。

厉害

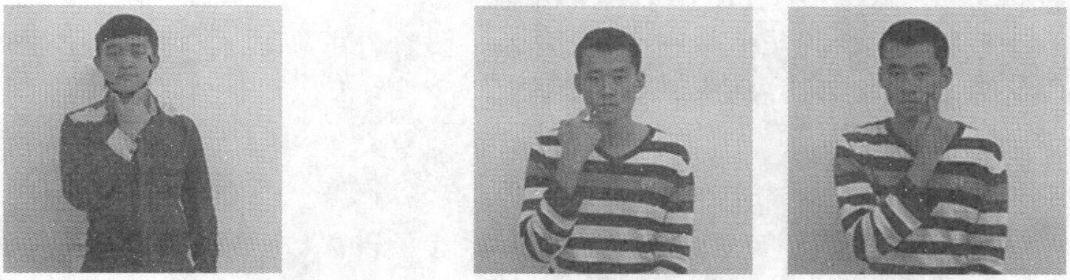

一手打手指字母“L”的指式，并绕脸部转一圈。同时面部做出严厉的表情。

急忙

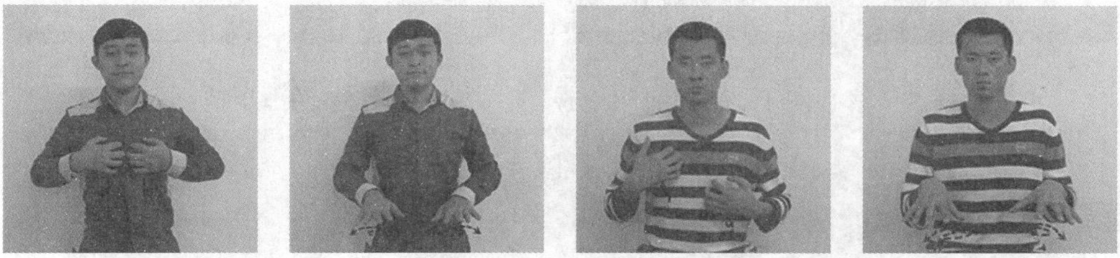

双手五指弯曲，指尖抵于胸前，上下速动几下，表示紧急。双手平伸，掌心向下，五指分开，在胸前左右摆动几下，表示双手忙个不停。

基础（根据）

左手握拳，右手握住左手腕部。

拥挤

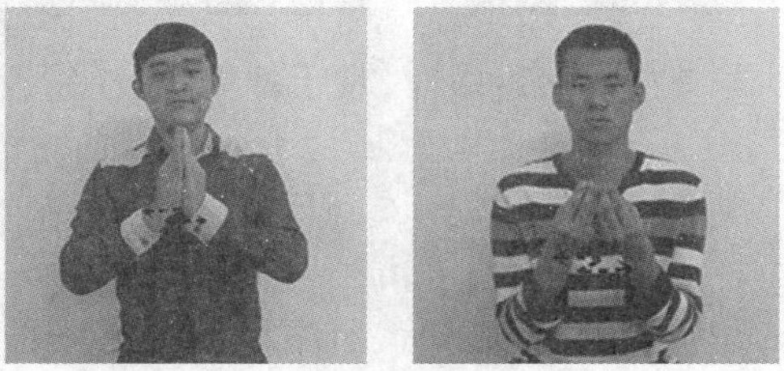

双手五指合拢，微微摇动，象征“人多拥挤”的样子。

透明

中国手语
左手侧伸，掌心向里；右手食指从左手指缝间插入，同时眼睛要看右手动的方向。一手五指撮合向上做弧形移动，同时张开五指。

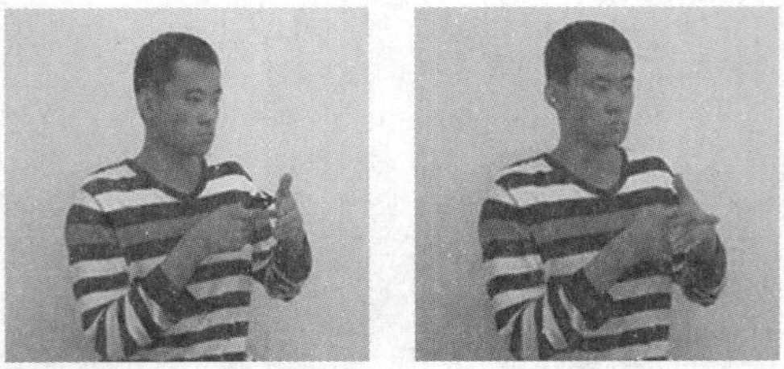

自然手语
左手侧伸，掌心向里；右手食指从左手指缝间插入。

安全

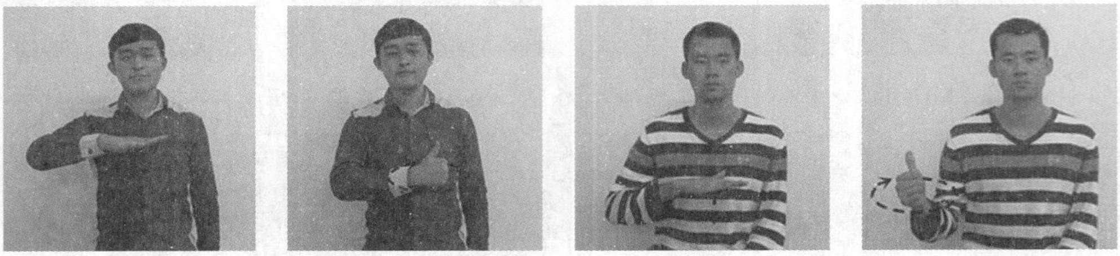

一手平伸，掌心向下，在胸前向下按。一手伸出拇指，在胸前转一圈。

危险

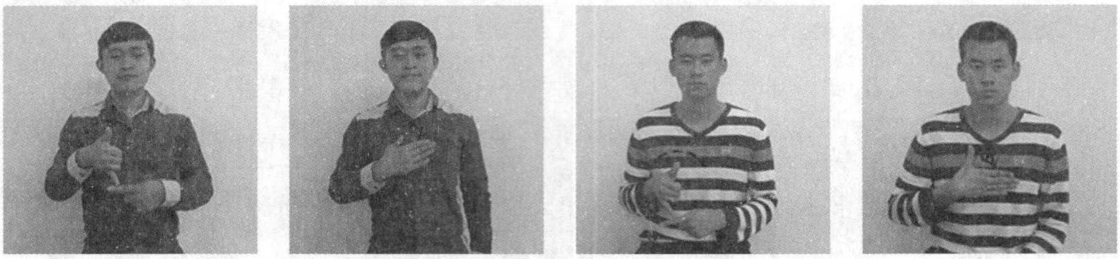

左手食指横伸，右手伸拇指、小指，小指立于左手食指上，左右摆动几下。
一手五指分开拍两下胸部，面露惊恐表情。

升

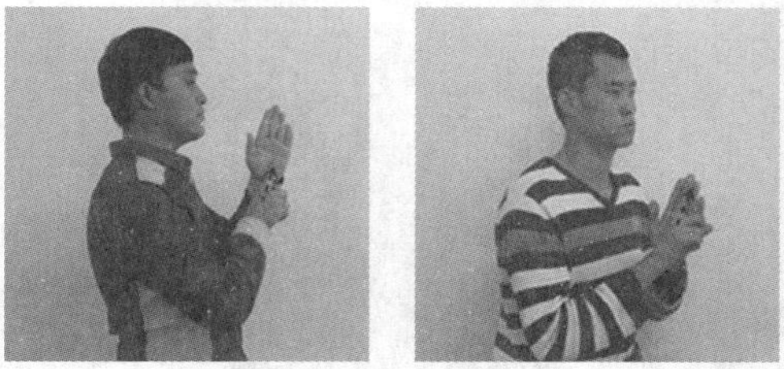

左手竖立，掌心向外；右手食指尖向上，贴于左手掌心由下向上移动。

降

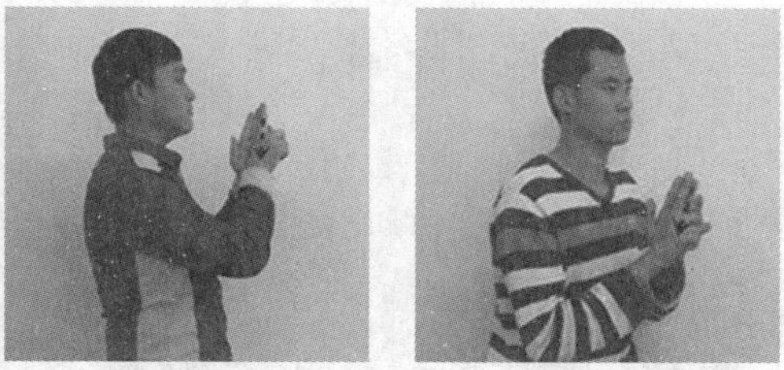

左手竖立，掌心向外；右手食指尖向上，贴于左手掌心由上向下移动。

涨

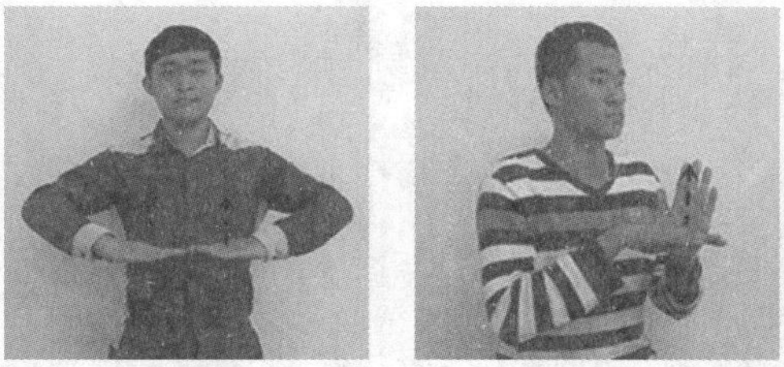

中国手语

双手五指平伸，指尖相对，然后向上升起。

自然手语

左手直立，右手平伸，掌心向下，从左手根部向上移动。

落

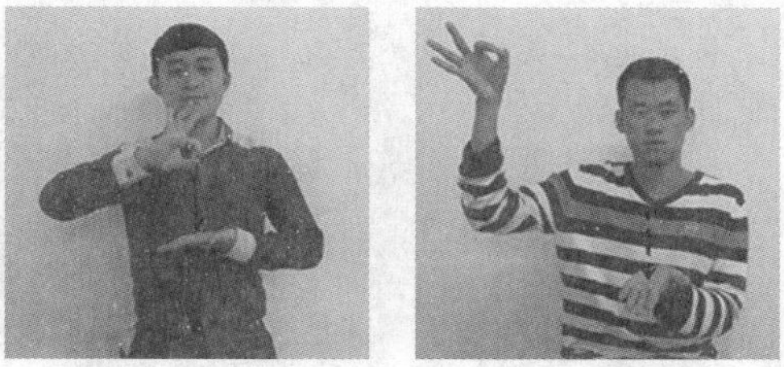

左手平伸，掌心向上不动，右手拇、食指捏成小圈形由上向下移至左手掌心上。

来

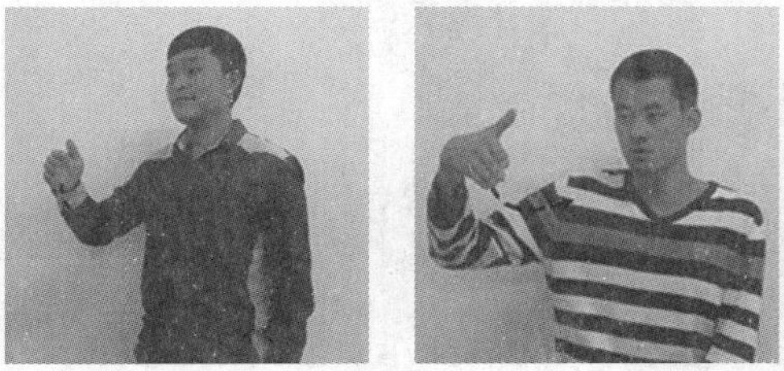

一手掌心向下，由外向内挥动。

去（出）

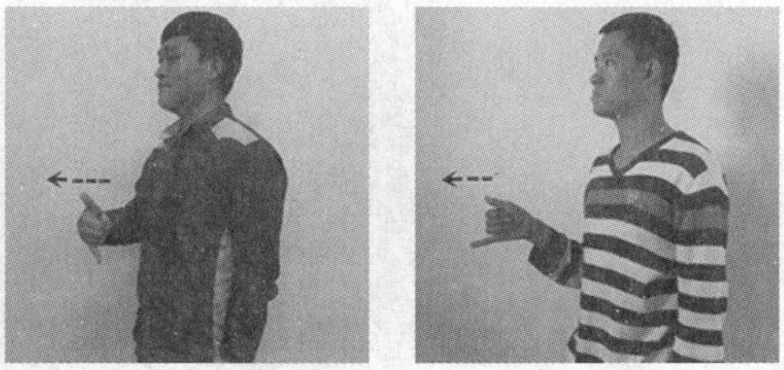

一手拇、小指伸直，由内向外移动。

到

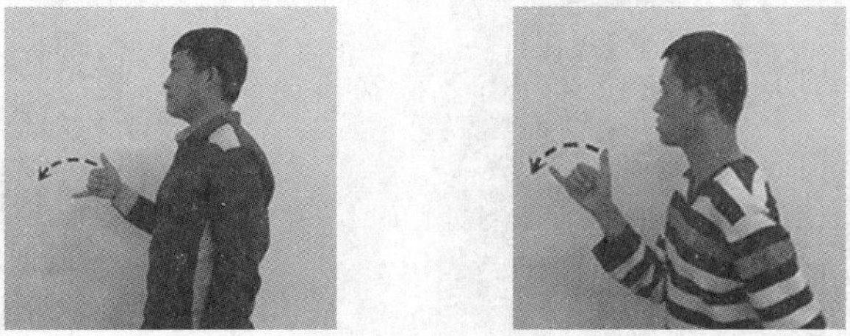

一手拇、小指伸直，向前移动，然后一顿，表示“到达”之意。

晒

左手掌心向上不动，右手五指撮合，由上向下移，同时五指开放，象征日光照射。

醒

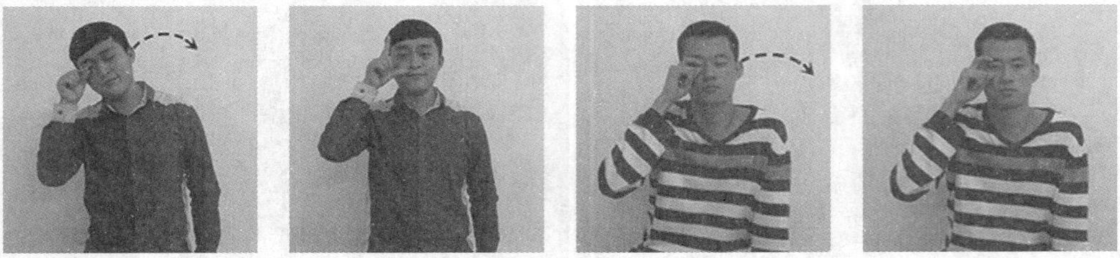

头侧向一边，眼先闭上，右手拇、食指相捏置于眼角处，然后两指和眼睛同时张开，头抬正。

有

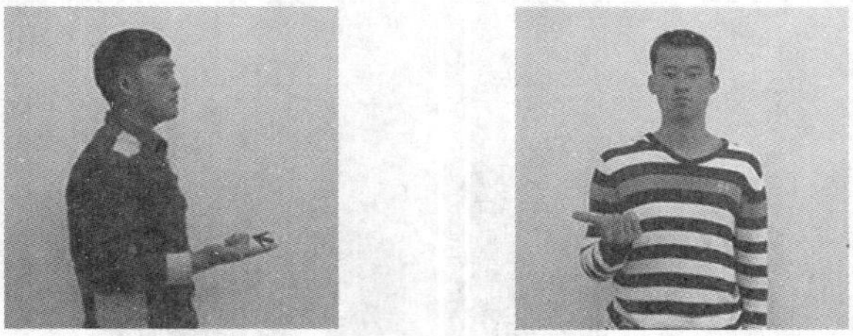

一手拇、食指伸直，拇指不动，食指弯动几下。

没有（无）

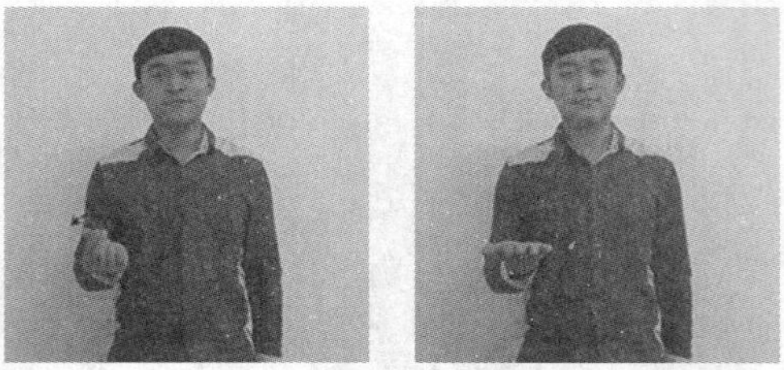

中国手语
一手拇、食、中指捻动几次。
然后此手掌心向上。

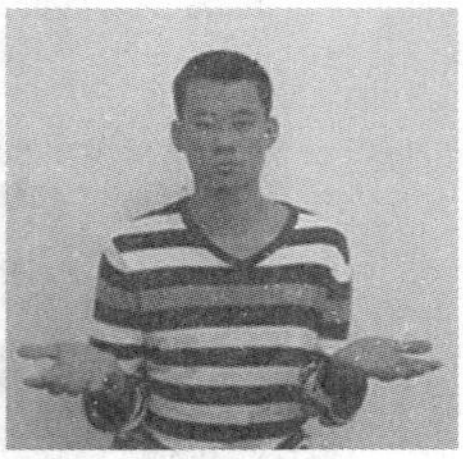

自然手语
双手微张，掌心向上，置于身体两侧。

是

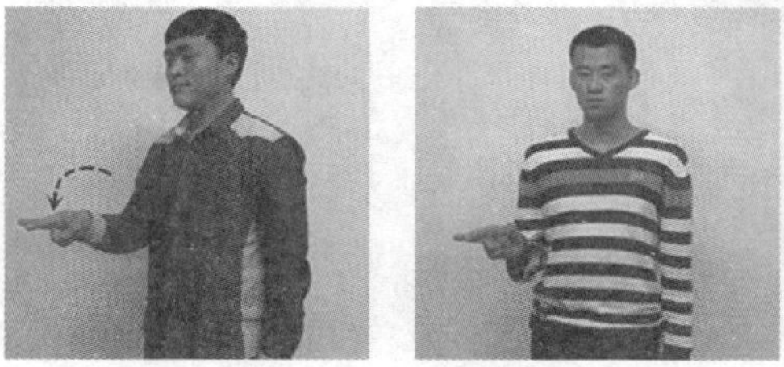

一手食、中指相搭,并点动一下。

性质

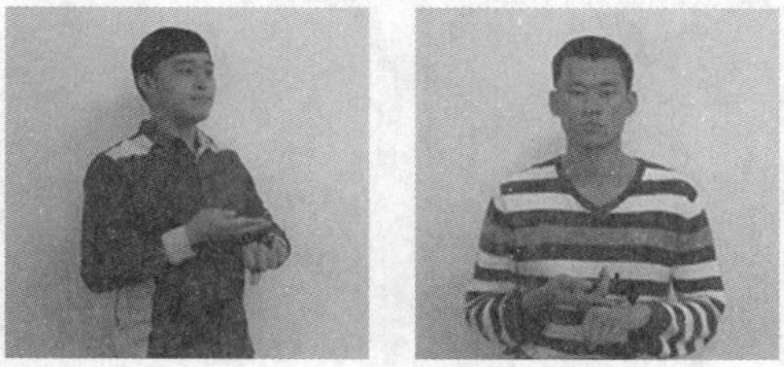

一手食、中指弹打另一手拳背。

特点

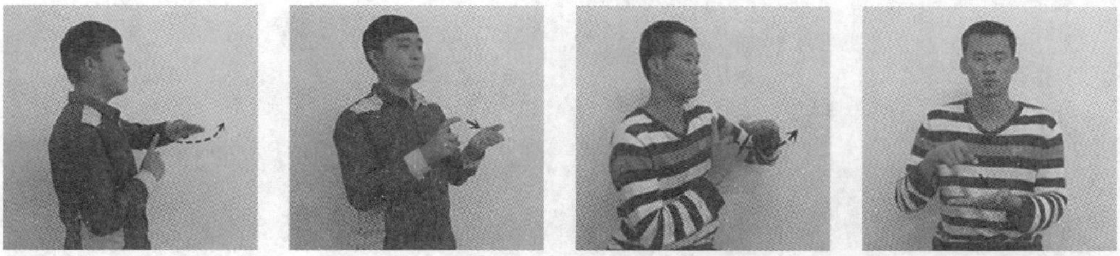

打“特”手势。一手食指在另一手掌心上点一下。

大(扩大)

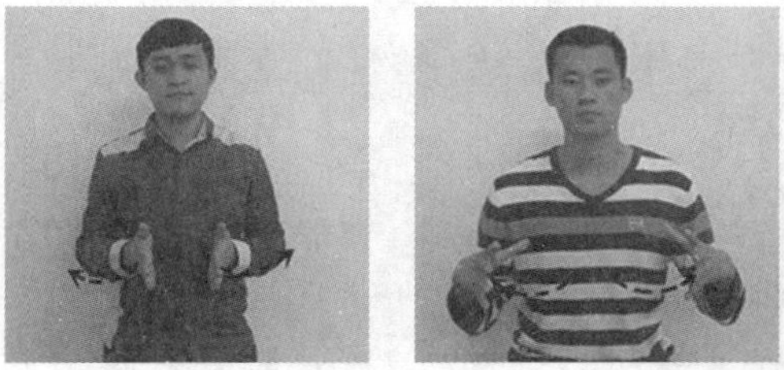

双手握成圆形,然后向两旁移开,
同时伸开五指。

小

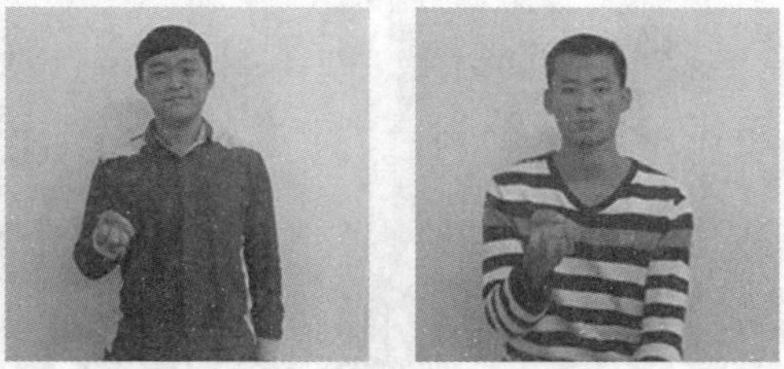

右手拇指和小指指尖相捏。

多

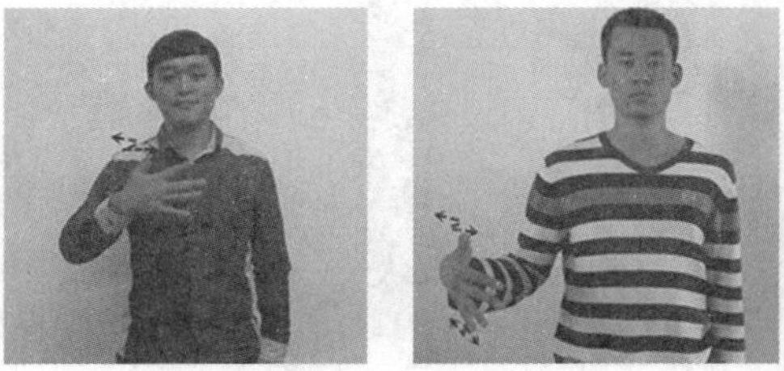

一手五指伸开、微曲,微微抖动几下。

少

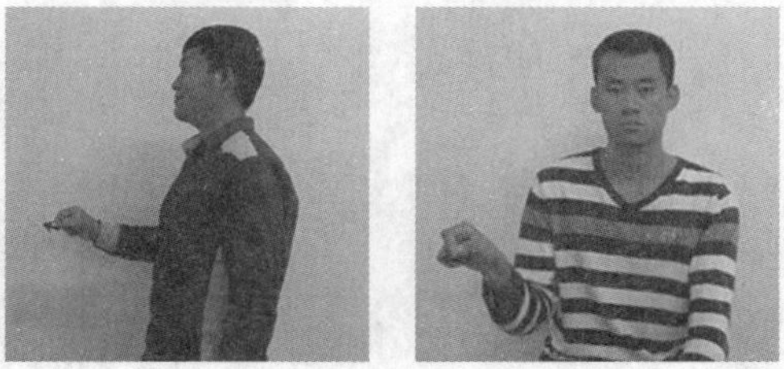

一手拇、食指相捏,拇指弹动食指尖。

长

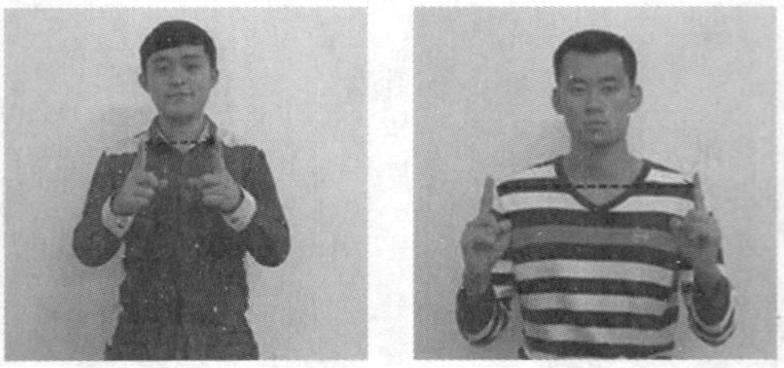

双手食指相对，从中间向两侧拉开。

短

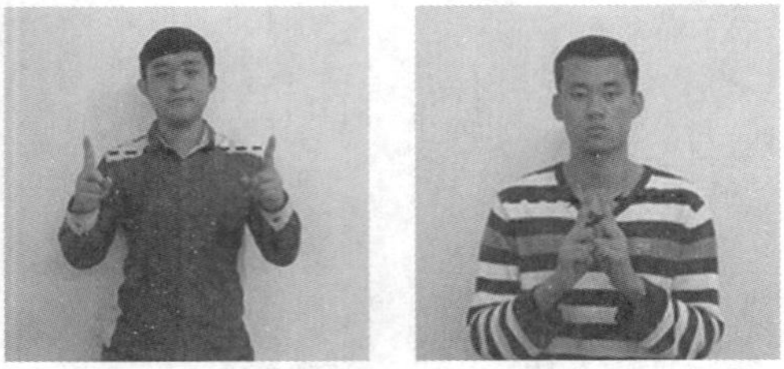

双手伸出食指，指面相对，由两侧向中间靠拢至相距寸许。

高

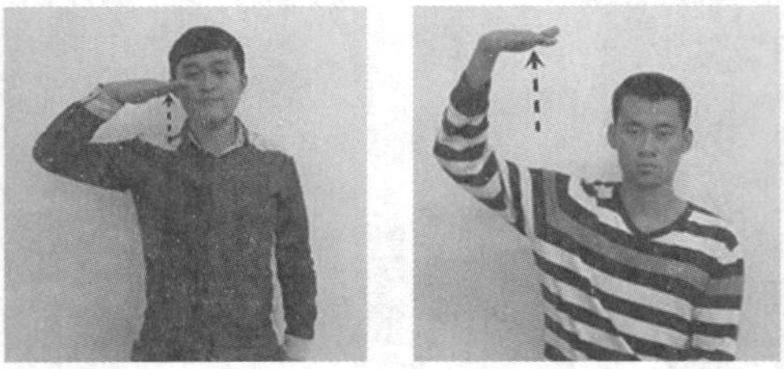

一手平伸，掌心向下，向上举过头。

矮（低）

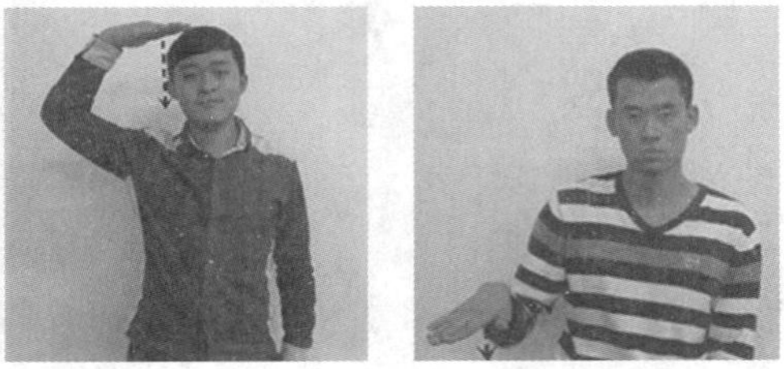

一手平伸，掌心向下，往下微按。

远

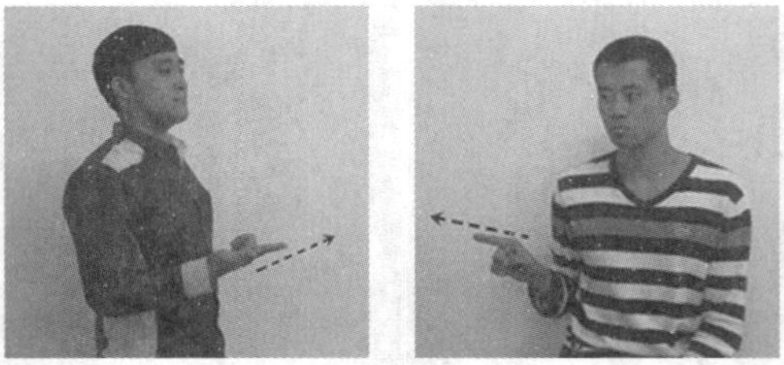

一手拇指贴于食指根部，向前方移动，表示“远”的意思。

近（附近）

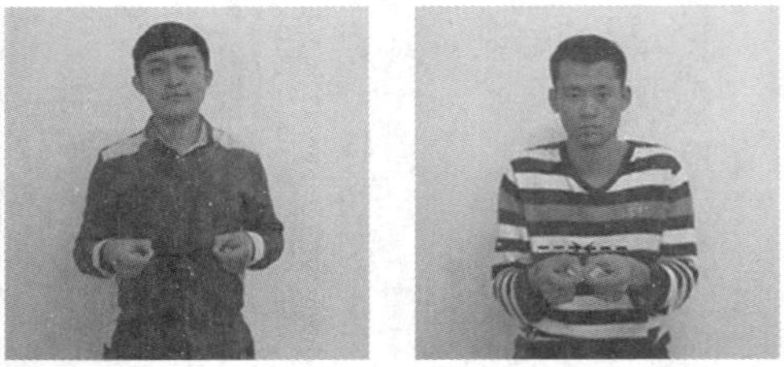

双手拇、食指相捏，相互靠近，表示距离接近，引申为“近”的意思。

宽（宽广）

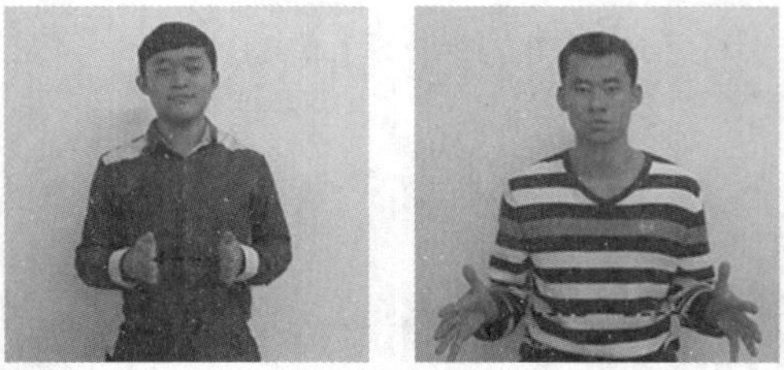

双手伸掌侧立，掌心相对，由中间向两侧移动。

窄（狭）

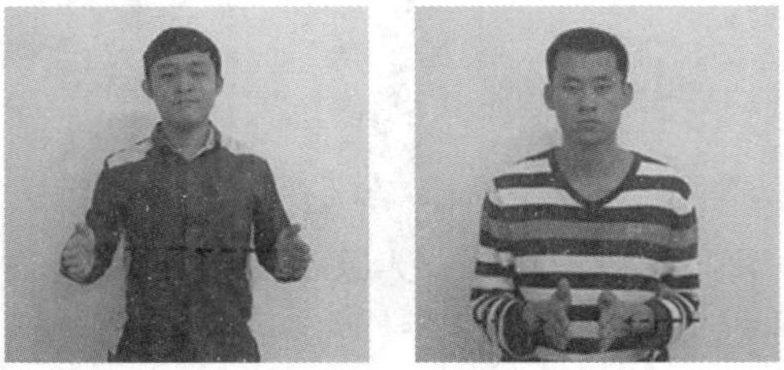

双手伸掌侧立，掌心相对，由两侧向中间微移，相距较近。

粗

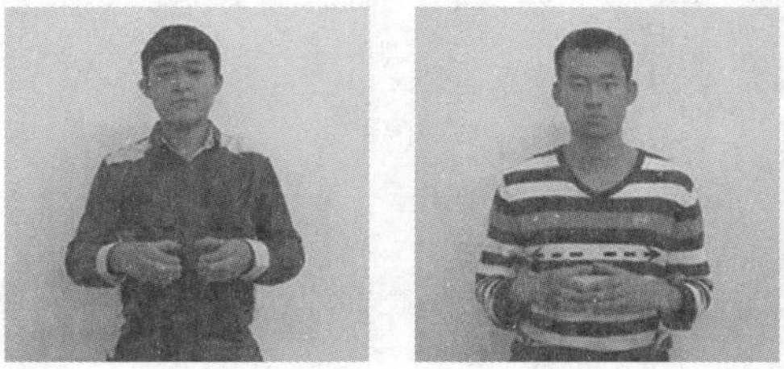

双手五指弯曲，掌心与五指相对，
由中间向两边微移。

细（细致）

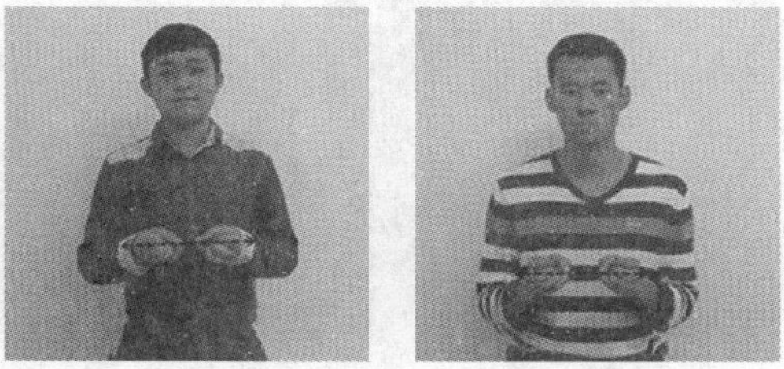

双手拇、小指相捏，从中间
向两旁微微拉开。

厚

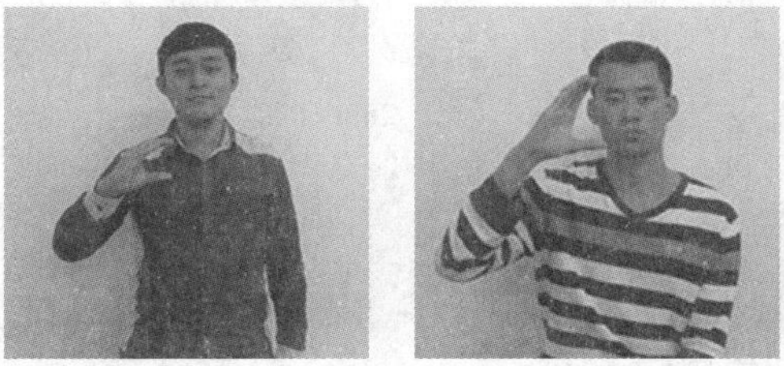

一手四指在上，拇指在下，相距两寸许。
手指间的空间象征一定的“厚度”。

薄

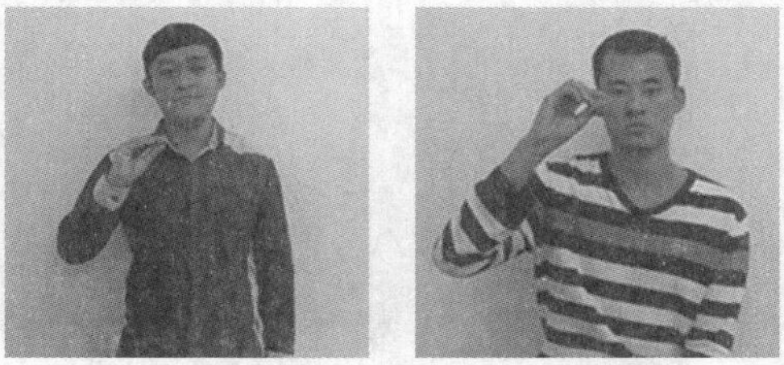

一手拇、食指相对靠近。以两指间很小
的空隙来象征“薄”的意思。

轻

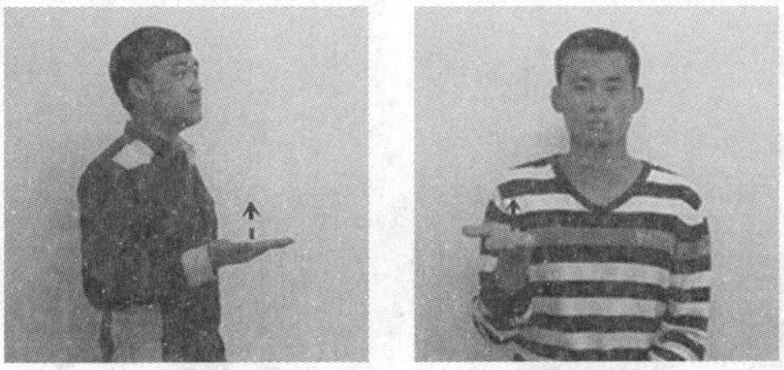

右手掌心向上，指尖朝前，轻轻
向上移动一下。

重

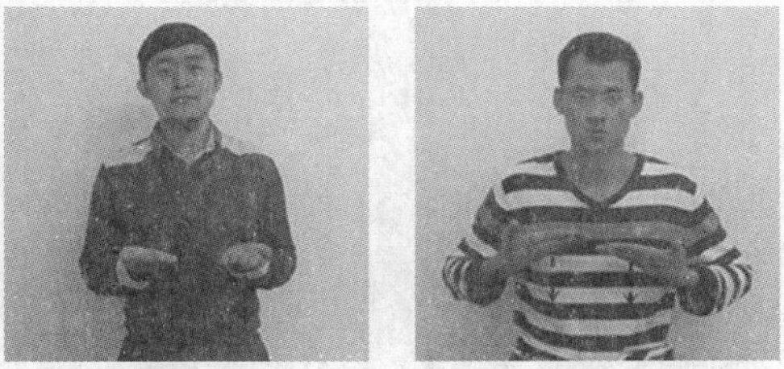

双手微曲，掌心向上，同时朝下一顿。

硬

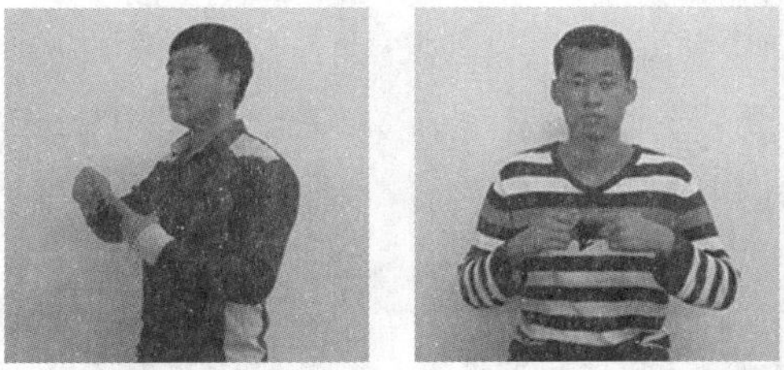

右手拇、食指捏住左手食指尖，扳动几
下，但左手食指仍挺直不动，表示坚硬。

软

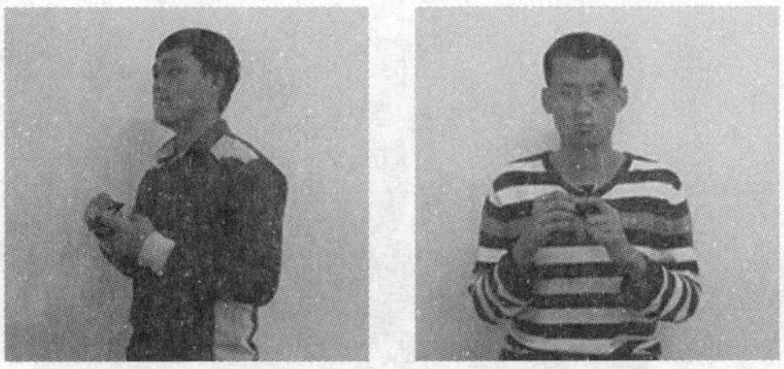

右手拇、食指捏住左手食指，轻轻扳动几
下，左手食指随之弯曲，显示出柔软。

深

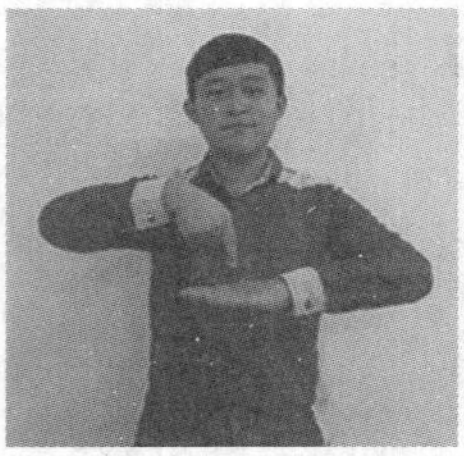

左手平伸不动，右手伸食指，从左手拇指边朝下伸。

浅

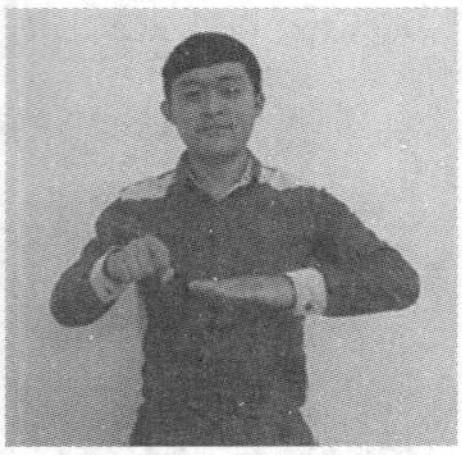

左手平伸不动，右手拇、食指相握，指尖向下，朝下点动。

快

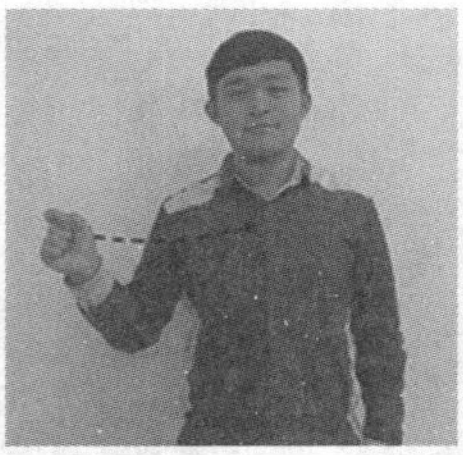

中国手语

一手拇、食指相捏，很快地从一侧向另一侧做快速挥动。

自然手语

打“L”的手势，同时此手很快地从一侧向另一侧做快速挥动。

慢

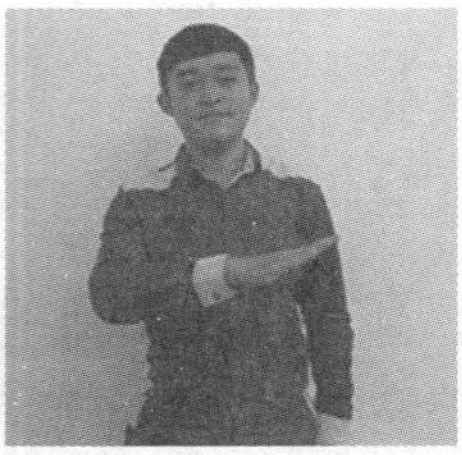

中国手语

一手掌心向下，慢慢地上下微动几下，象征物体运动速度缓慢。

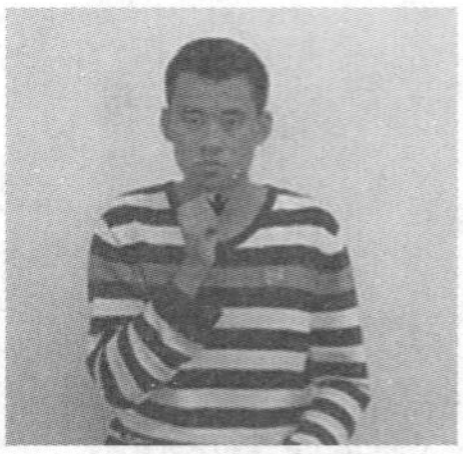

自然手语

一手伸拇指，摸几下下颌。

冷（凉）

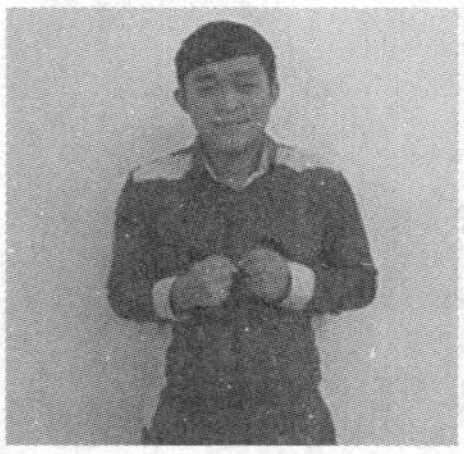

双手握拳曲肘，臂部贴在身上微动，如冷得发抖状。

热（汗）

一手五指微张，擦一下前额后向外侧挥动一下，模拟擦汗状。

暖（温暖、暖和）

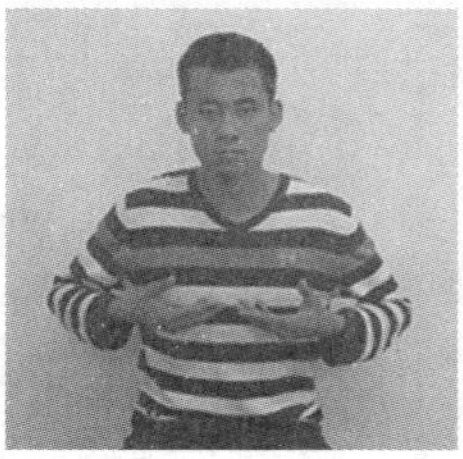

双手微曲，掌心向上，由腹部慢慢地移到胸部。

胖(肥)

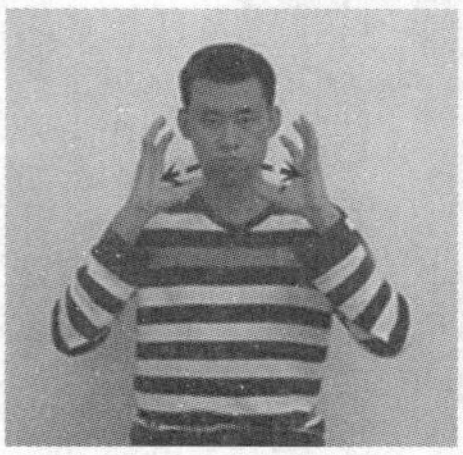

中国手语
双手微曲,打“L”的手势,从脸的两侧向外移。

自然手语
双手微曲,掌心相对,从脸的两侧向外移。

瘦

一手夹住两颊,向下收拢五指,象征“脸瘦”。

饱

中国手语
一手掌心向内贴于胃部,然后向外微移。

自然手语
一手置于胸前,四指在上,拇指在下,从腹部向上移动。

饿

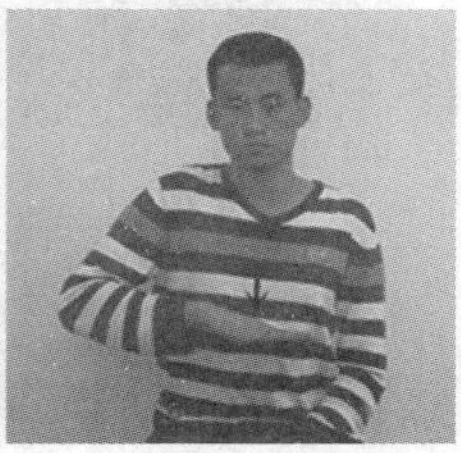

中国手语
一手捂于胃部,上身微前倾,脸部显出饥饿的神态。

自然手语
一手置于胸前,掌心向下,然后向下微移。

满

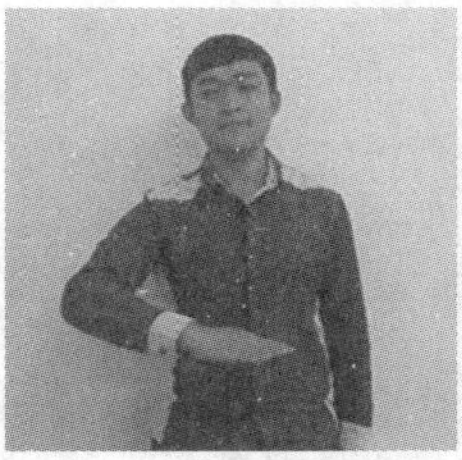

一手平伸,掌心向下,从腹部向颏部移动。

新

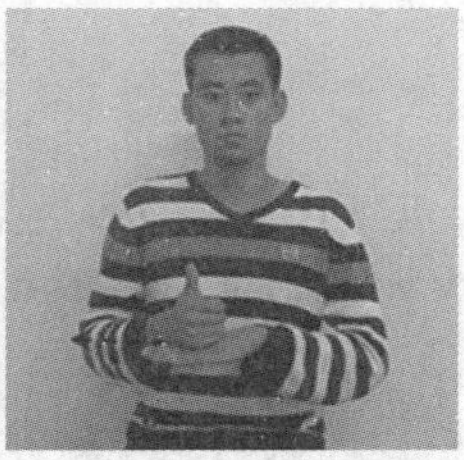

一手伸出拇指,从另一手背上向外划过,表示“全好”之意,以此引申为“新”。

旧

一手伸出小指，从另一手背上向外划过，表示“不好”之意，以此引申为“旧”。

好

一手握拳，向上伸出拇指。

坏

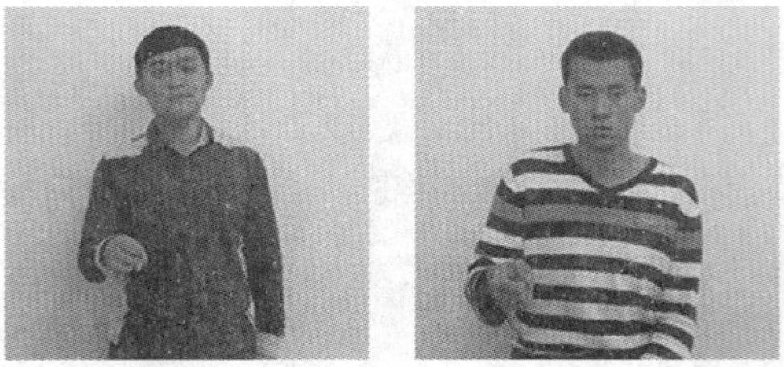

一手握拳，向下伸出小指。

差（劣）

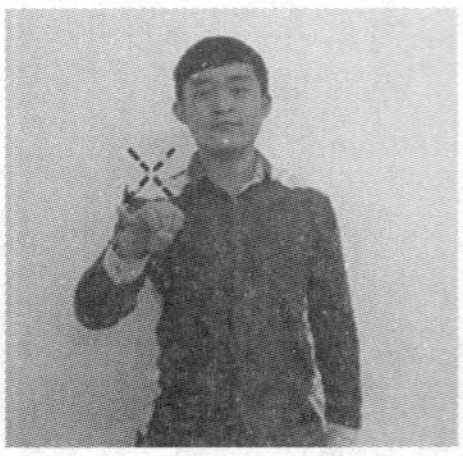

中国手语
一手伸出小指画一个“×”形。

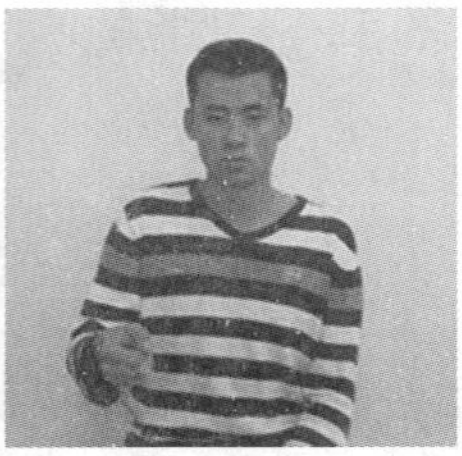

自然手语
打“坏”的手势。

真

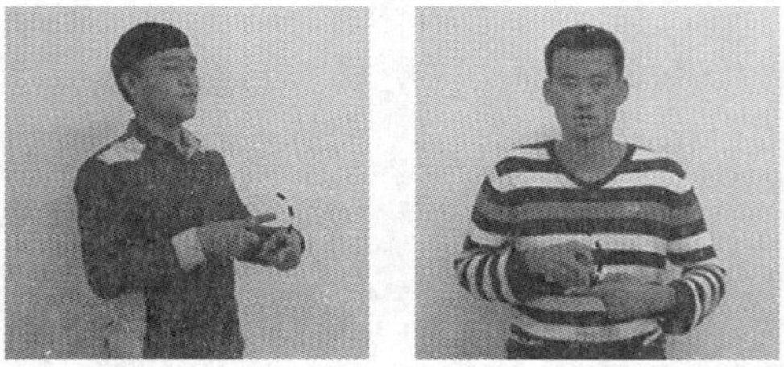

一手食指弹打一下另一手食指。

假

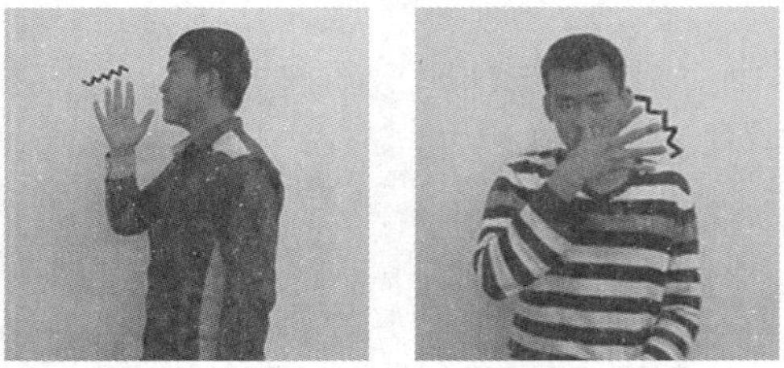

一手伸掌，在嘴前微微扇动几下，脸露不相信神态。

美

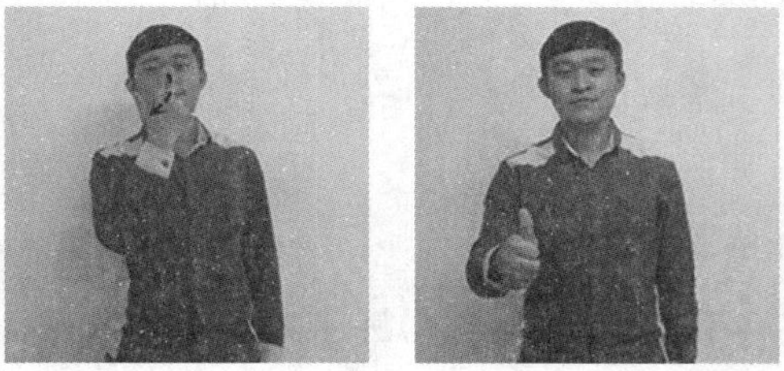

中国手语
一手食、中指先置于鼻部，然后下移并收缩，伸出拇指，表示美、美丽、漂亮、好看的意思。

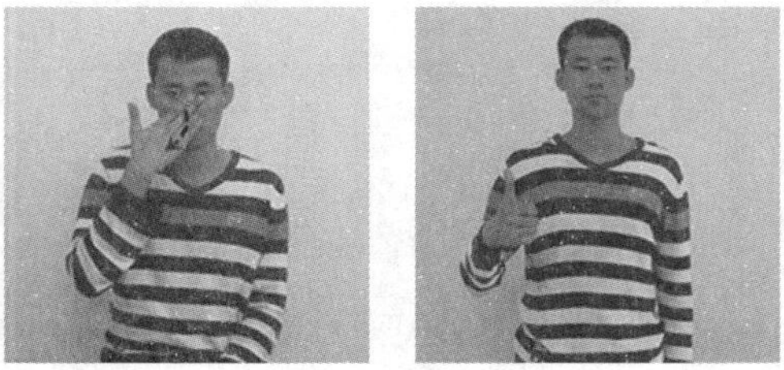

自然手语
一手四指先置于鼻部，然后下移并收缩，伸出拇指，表示美、美丽、漂亮、好看的意思。

丑

一手伸小指，绕鼻子转一圈，
表示“难看、丑陋”的意思。

正

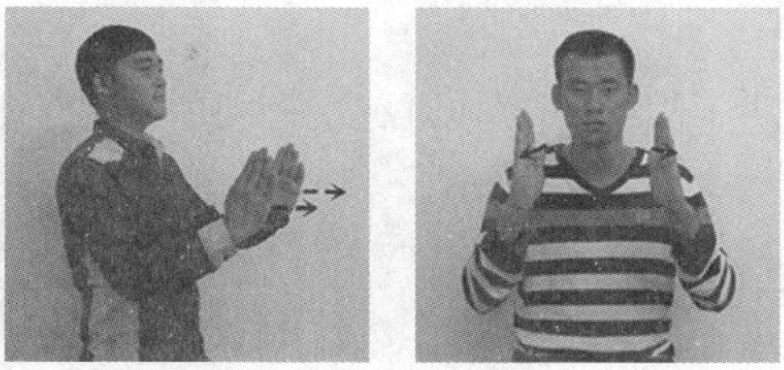

双手伸掌，指尖向上，
掌心相对，向前微移。

歪（倾向）

双手掌心相对，指尖向上，同时向一侧斜一下。

直

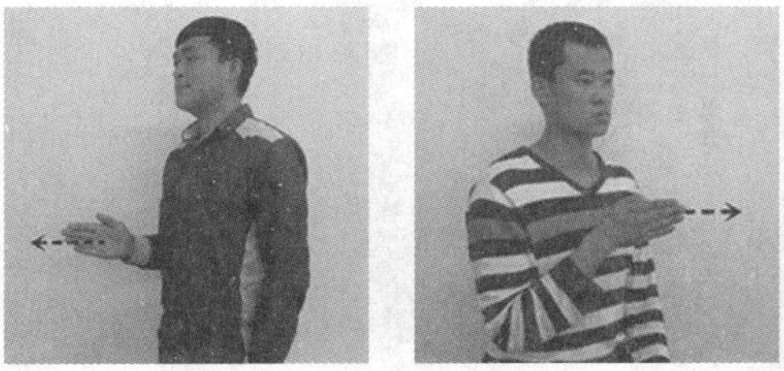

一手五指并拢向前伸直。

曲（曲折）

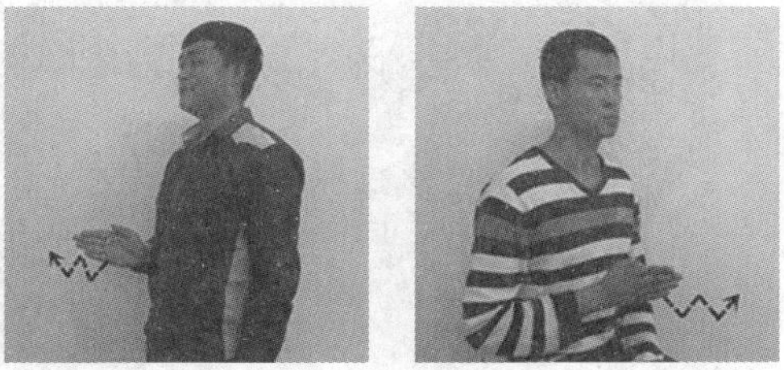

一手伸直，向前做曲线形移动。

平（平等）

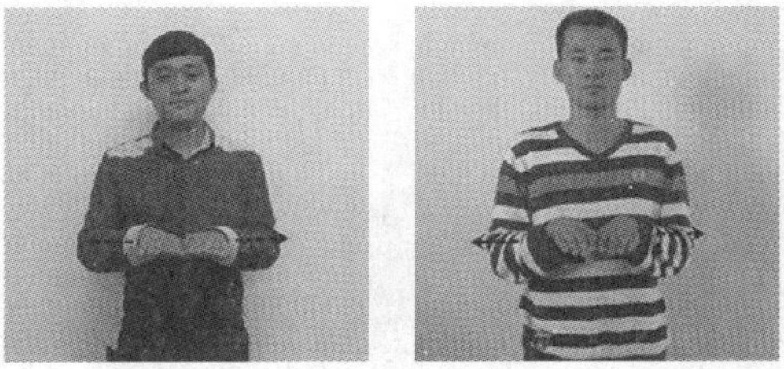

双手平伸，掌心向下，先靠拢，
然后由中间向两侧平行移动。

皱

一手中、无名、小指横在额
前划一下，象征额上的皱纹。

干

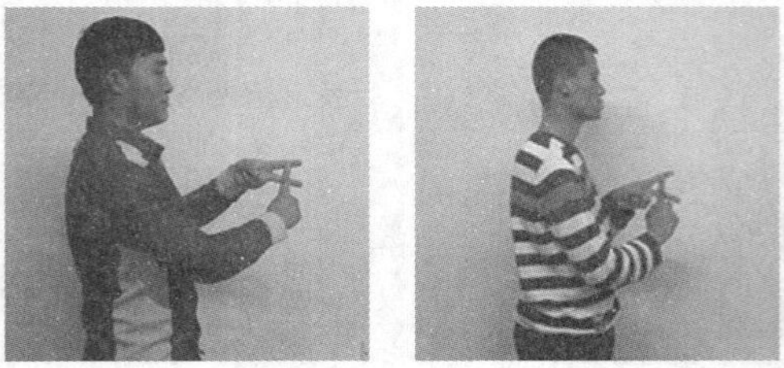

一手食指与另一手食、中指搭成“干”字形，并向下稍拉。

湿

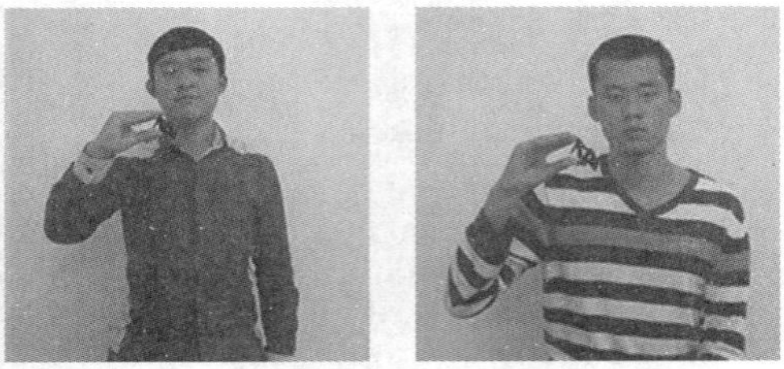

一手拇指与四指相对，并捏动几下，象征指间有水分的样子，以此表示“湿”的意思。

单

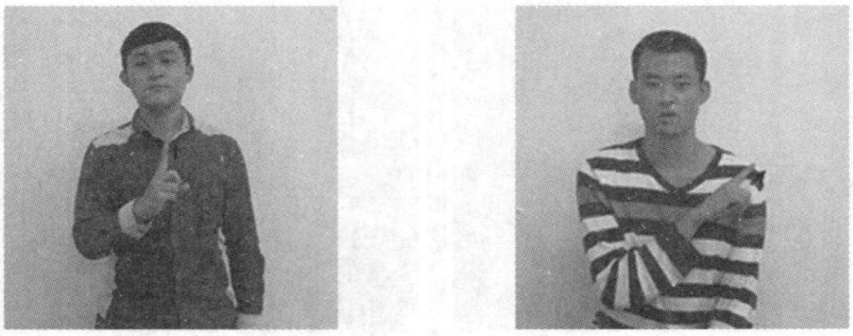

一手食指伸直，贴于胸前向上一动，表示“单个”。

双

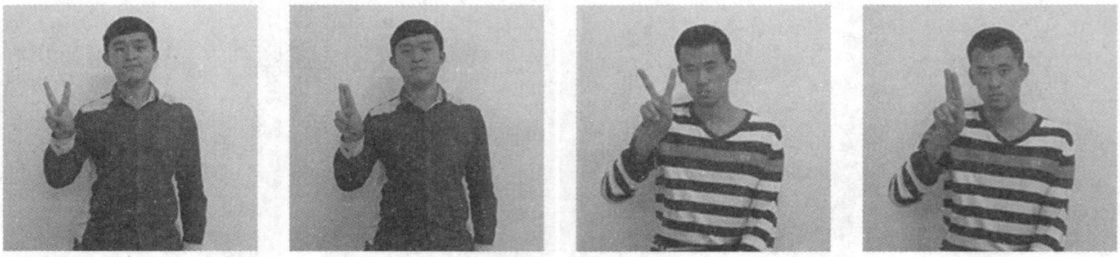

一手食、中指伸直，并互相夹动一下，表示“双数”。

疏

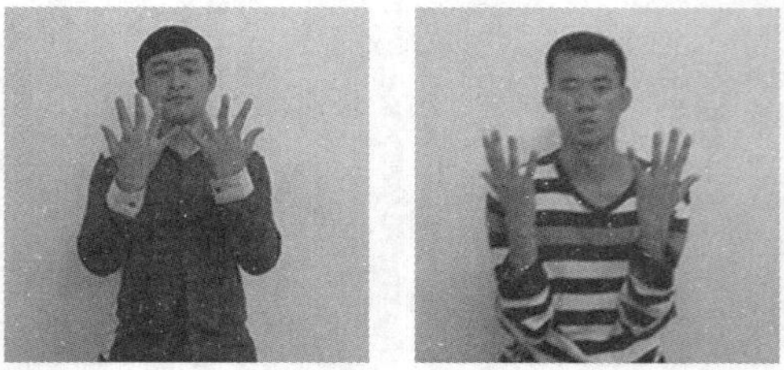

双手五指分开，掌心向内，指尖向上。

密

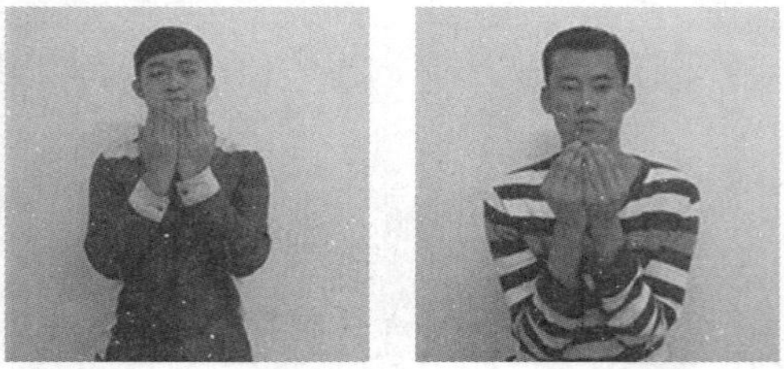

双手五指并齐，手背向外，指尖向上。

空

中国手语
一手在另一手掌心上刮过，表示空洞无物的意思。

自然手语
左手呈上半圆状，右手食指在左手内画半圈。

实

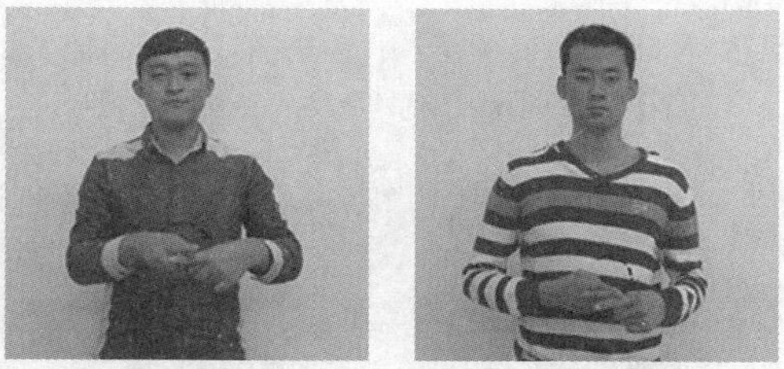

一手食、中指相叠，弹打另一手食指。

紧

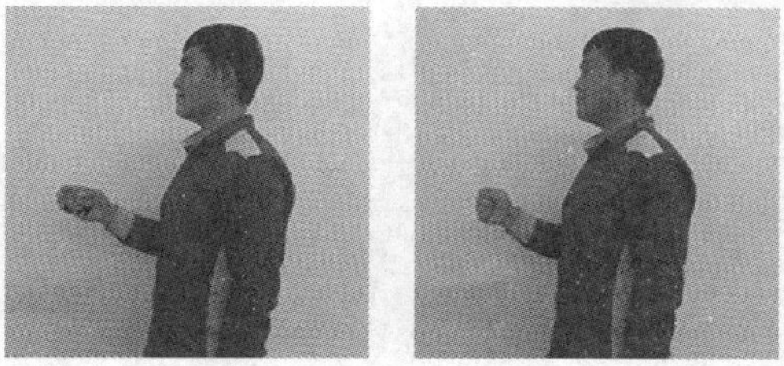

中国手语
一手五指紧握，微微抖动。

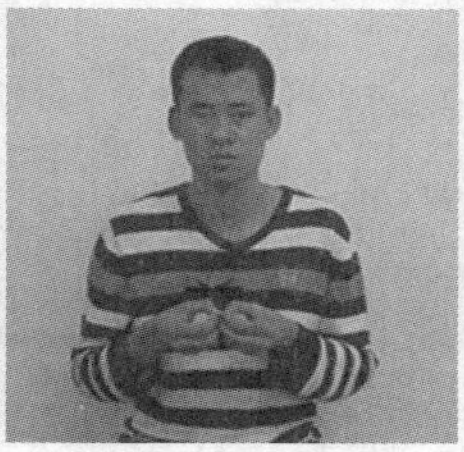

自然手语
双手虚握在胸前抖动。

松

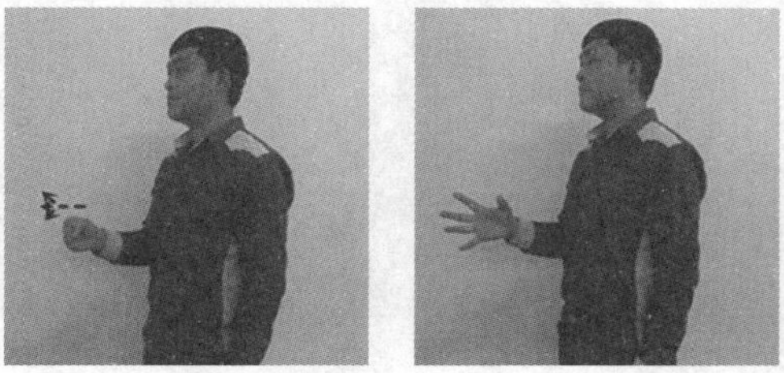

中国手语
一手握拳，再稍微张开五指。

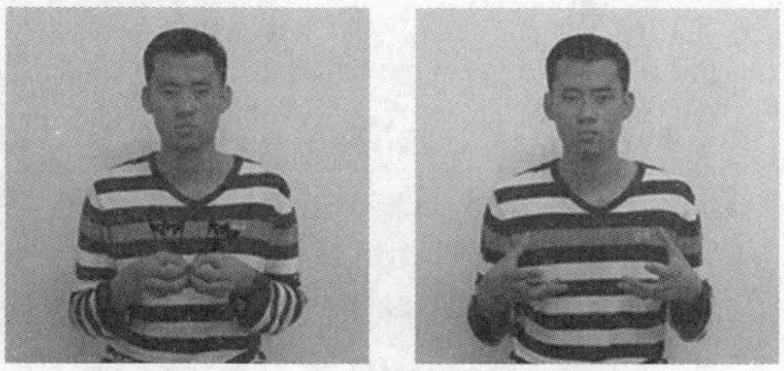

自然手语
双手虚握在胸前抖动，然后向两侧移动的同时张开双手。

胀

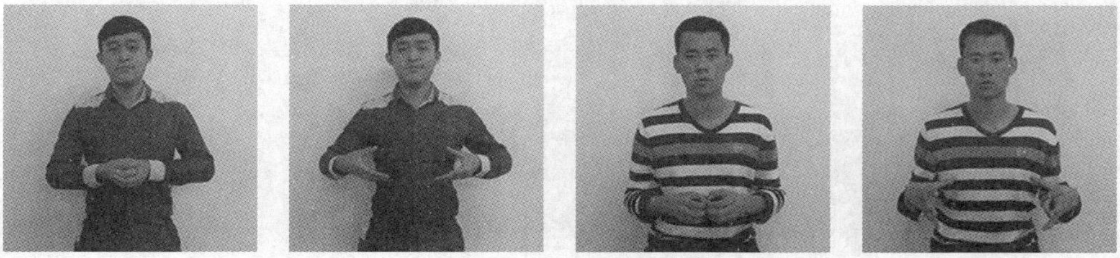

双手五指微曲，指尖相对，由中间向两侧移动，同时松开五指。

缩

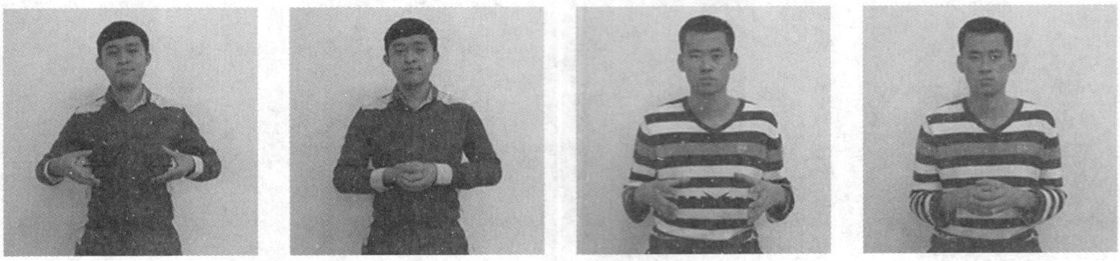

双手五指微曲，指尖相对，由两侧向中间靠拢，如抱拳状，表示“收缩”。

强

双手握拳放于胸部，同时向下一顿。

弱

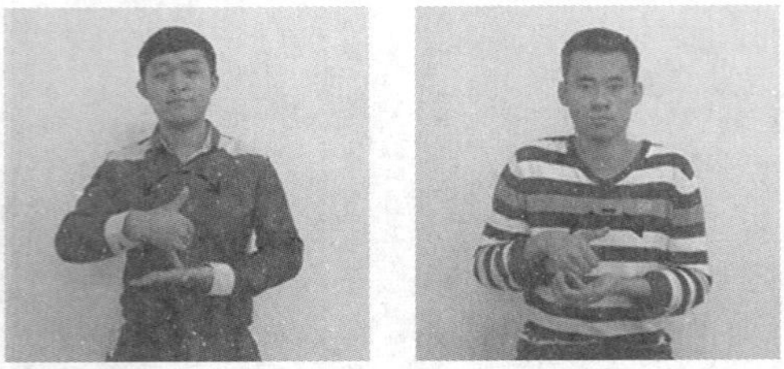

一手拇、小指直立于另一手掌心上，左右微微摇动，表示软弱。

浓

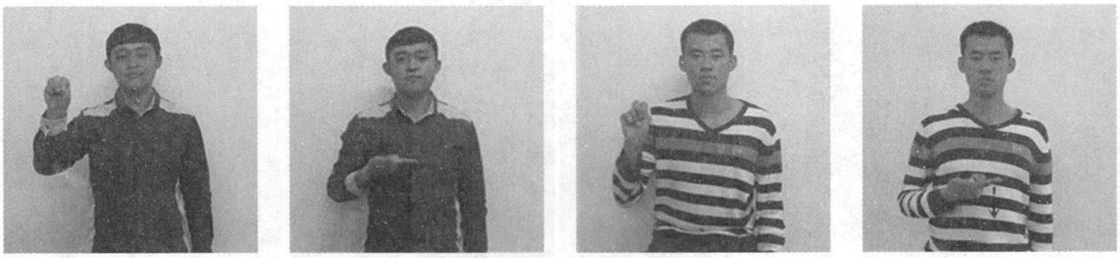

打“N”的手势。再伸拇指按住食指根部，表示味道浓之意。

淡

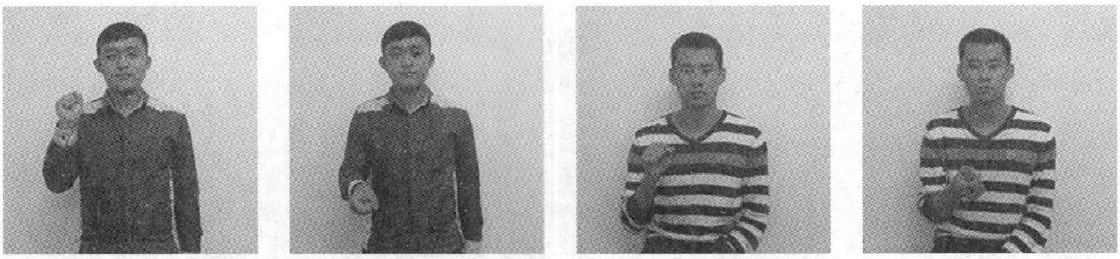

打“D”的手势。再伸拇指按住食指指尖，表示味道淡之意。

稠

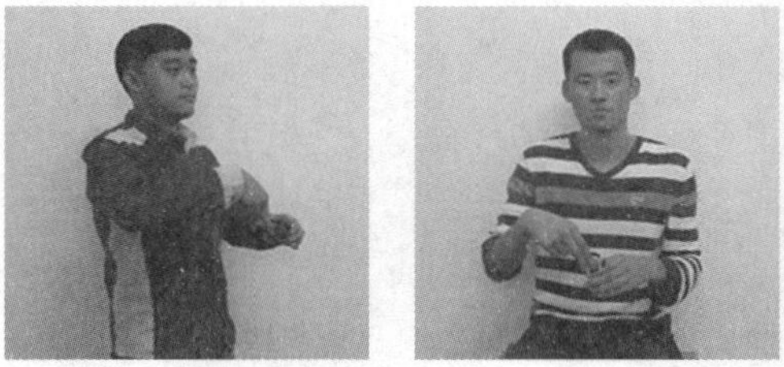

一手食、中指斜插入另一手握成的半圆形中，慢慢地搅动几下，表示容器中的液体很稠。

稀

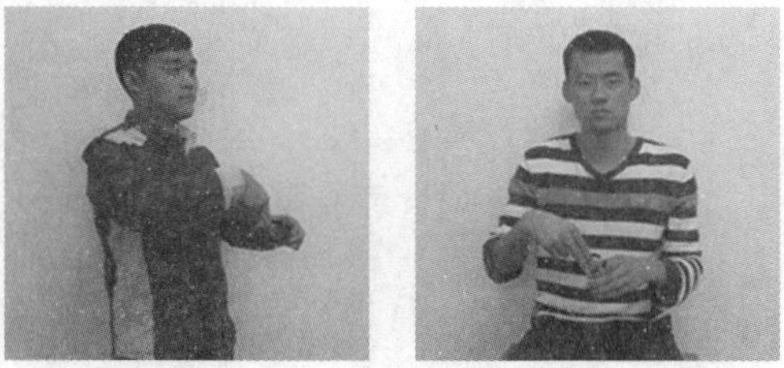

一手食、中指斜插入另一手握成的半圆形中，较快地搅动几下，表示容器中的液体很稀。

生

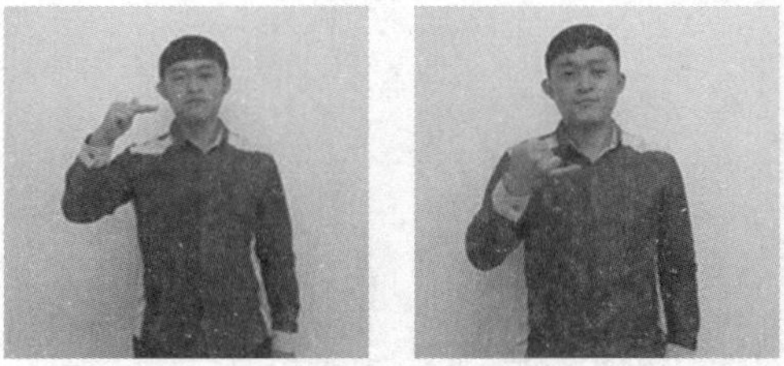

中国手语

一手连续打出手指字母“SH”“NG”的指式。

自然手语

一手打“SH”的手势。

熟

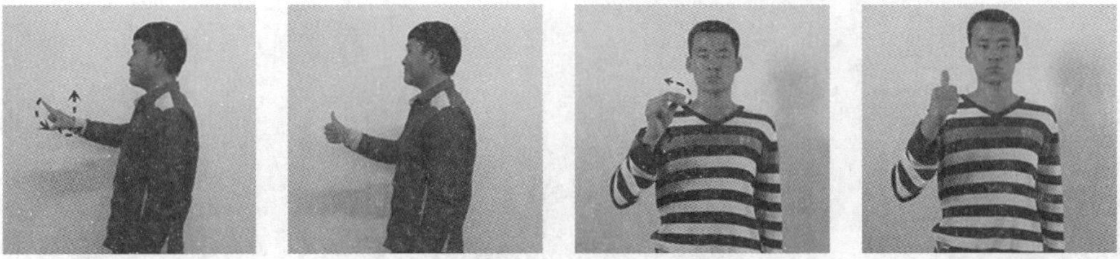

一手伸出拇、食指，食指先是竖直向上，然后向下弯曲，拇指同时由下翻向上。

尖（锋利、尖锐）

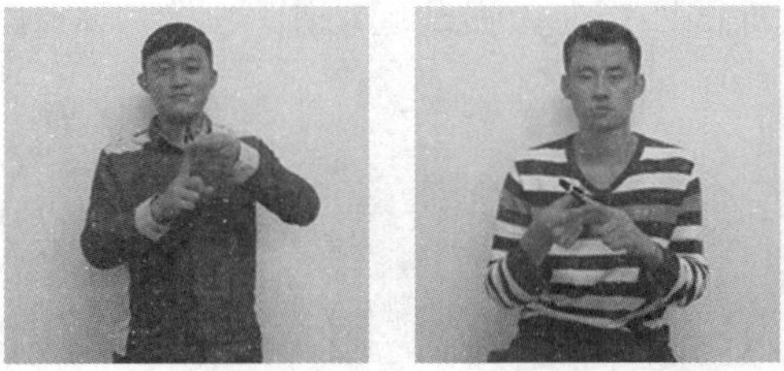

一手拇、食指捏住另一手食指指尖，向上移动，然后两指相捏。

钝（秃）

中国手语

一手平伸，掌心向下，盖在另一手食指指尖上转动几下。

自然手语

一手虚握，掌心向下，另一手在其手背上摩擦几下。

嫩

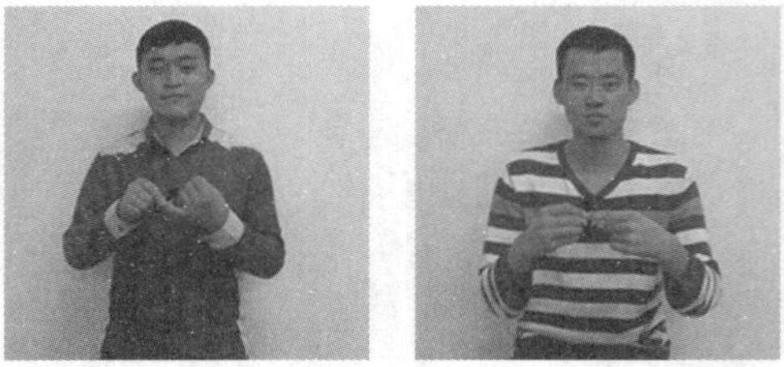

一手拇、食指捏住另一手小指，轻轻摇动几下。

老

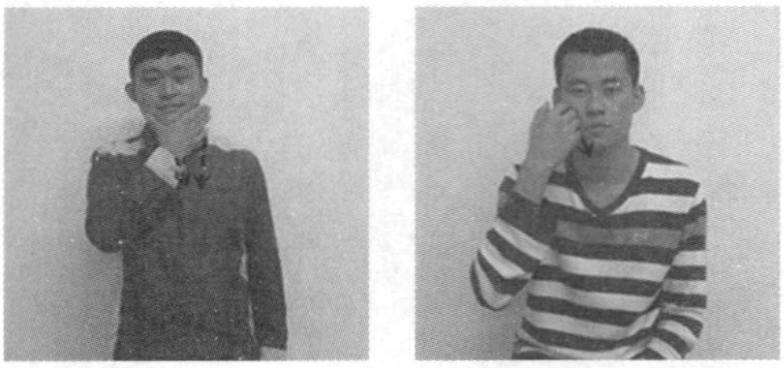

中国手语
一手伸出拇、食指，在下颏做捋胡须的动作。

自然手语
一手虚握在脸部从上至下移动。

凹

双手拇指与四指搭成“□”形，然后上面的四指向内做凹进动作。

凸

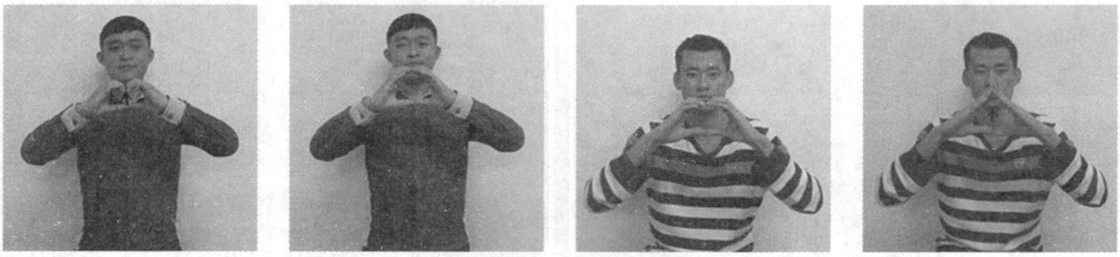

双手十指搭成“□”形，然后，上面的四指向上做凸起动作。

够

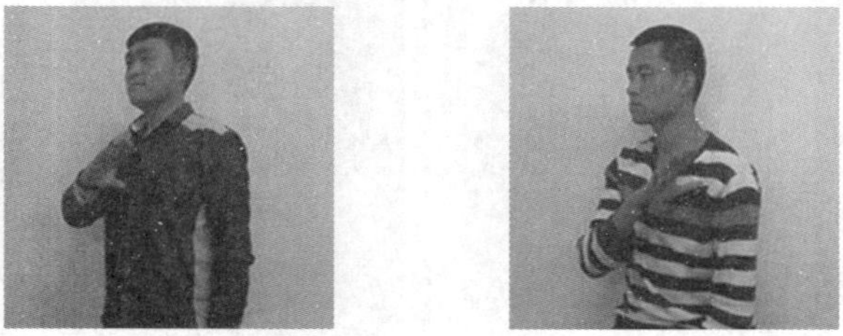

右手拇指弯曲，其他四指伸直并拢，虎口对着左上胸部轻敲一下。

不够

中国手语

右手拇指、食指相捏，其他手指伸直并张开，虎口向内，边贴向胸口边张开拇指、食指。

自然手语

打“不”的手势。右手五指张开，拇指置于胸部。

笔直

中国手语

左手伸食指侧立，右手手掌侧立，在左手食指根部向前移动。

自然手语

一手五指并拢向前伸直。

弯

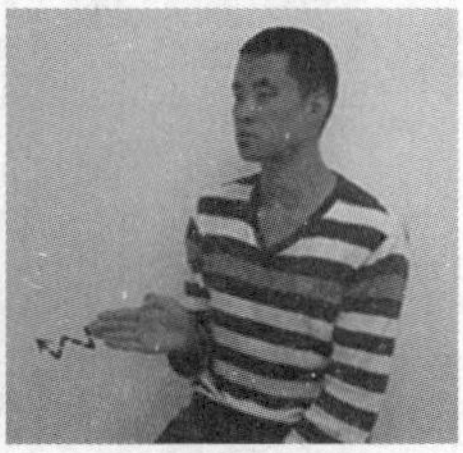

中国手语

两手握拳置于胸前，由中间向两旁做弧形动作。

自然手语

右手前伸，做曲折前行的动作。

粘

中国手语

一手拇、食、中三指相捏，再慢慢地张开，好似手指间有很黏的物体。

自然手语

一手四指在上，拇指在下，捏动几下。

混（浑浊）

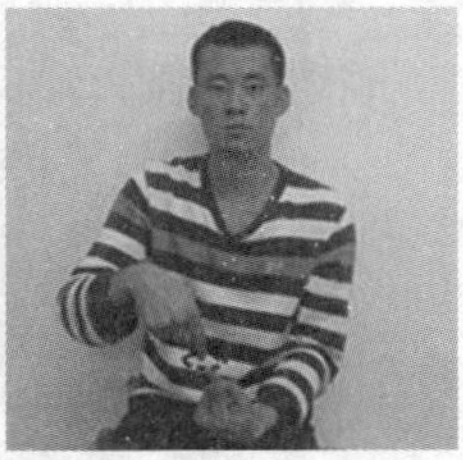

中国手语

左手平伸，掌心向下，五指做波纹状点动；右手伸小指，在左手手背上转几圈。

自然手语

双手伸食指，一上一下交替旋转。

干净(清洁)

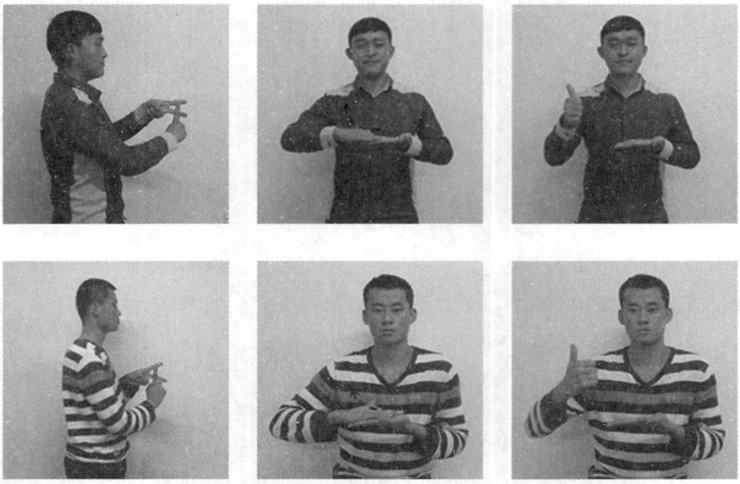

一手食指与另一手食、中指搭成“干”字形。右手拍打左手掌心,再向上伸出拇指。

脏

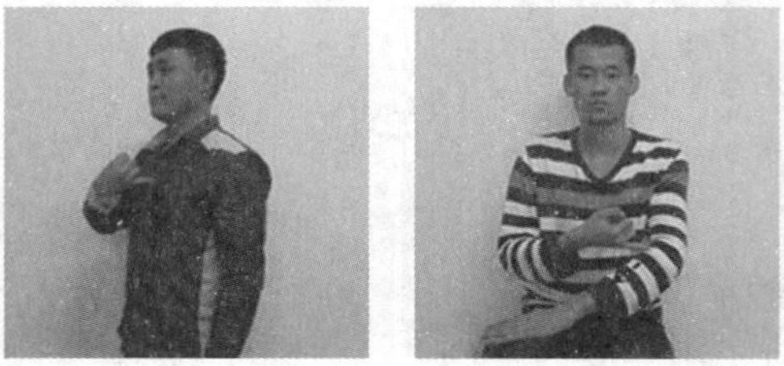

中国手语
一手伸出小指,在胸前由上向下划动一下,表示衣服很脏之意。

自然手语
一手伸出小指,在左胳膊上,由上向下划动一下。

乱

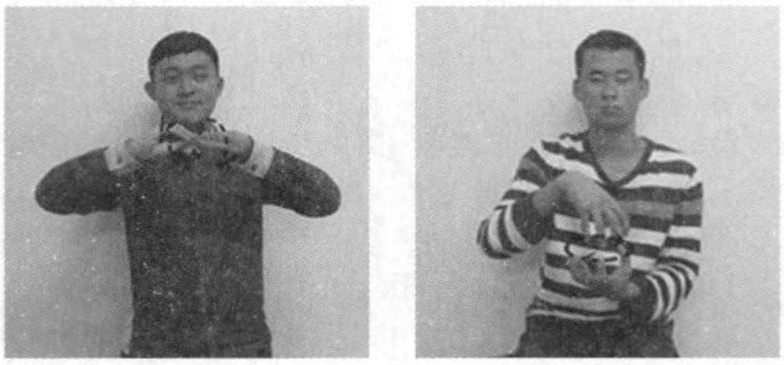

双手五指撮合,指尖相对,交替转动几下,表示“杂乱”之意。

整齐

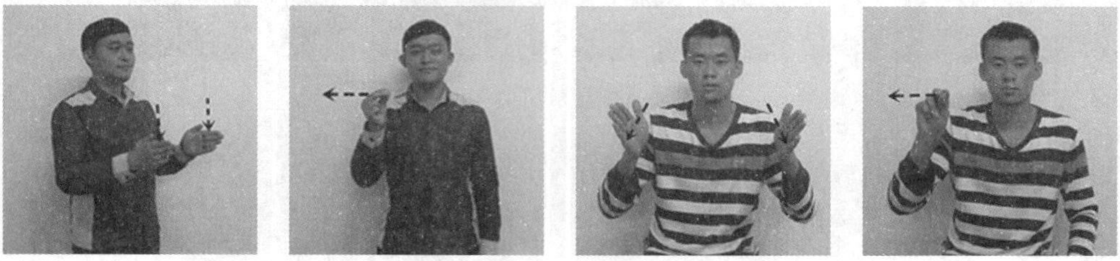

双手侧立,掌心相对,指尖朝前,向下一顿。右手拇指、中指、食指相捏,从左向右移动。

破

双手拇、食指相捏,指尖相对,然后向外向上方扳动。

缺

中国手语

左手打手指字母"Q"的指式,右手五指捏一下左手指尖,然后向外一甩。

自然手语

左手平伸,掌心向上,右手伸小指,在左手上滑动一下。

偏

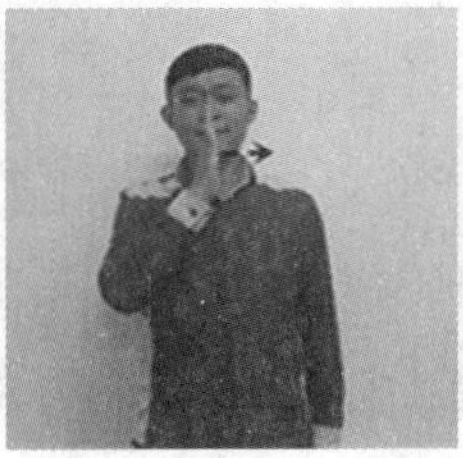 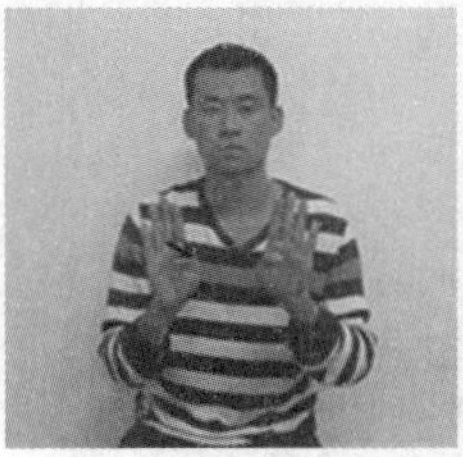 

中国手语

一手侧立,拇指弯曲,其余四指伸直,放于嘴的中部,然后向一侧偏移。

自然手语

双手侧立,掌心向外,移动右手至左手前。

苦

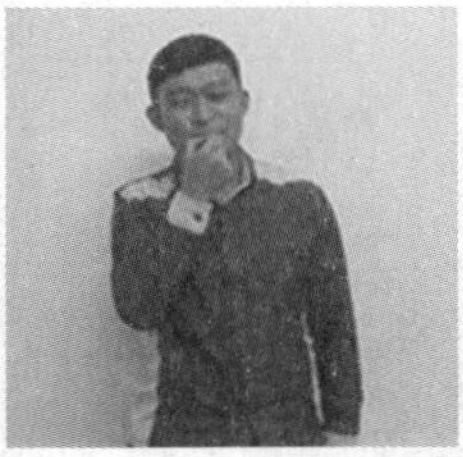 

一手拇、食指握成小圆圈,放于口边,脸露苦状。

辣

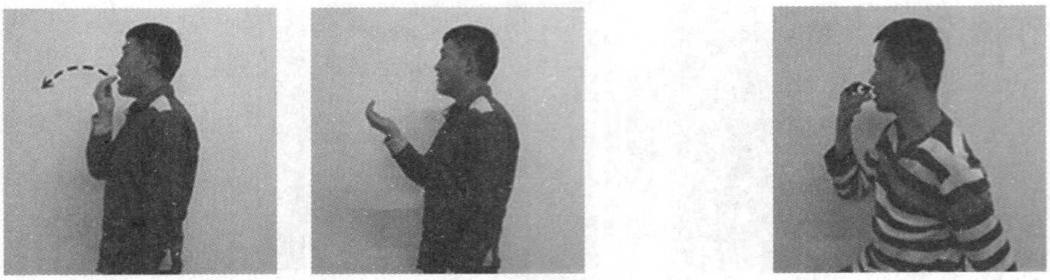

一手五指并拢,指尖对着嘴部,然后手指向前张开,嘴微动,脸露辛辣状。

酸

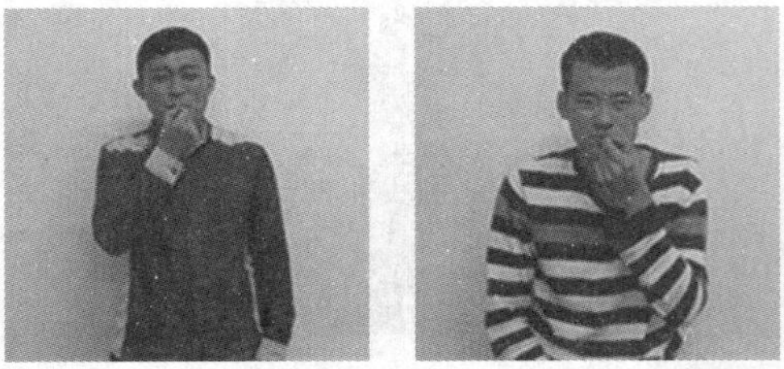

一手拇、食指相捏,放于口边,两腮向内缩,模拟尝到酸状。

甜(糖)

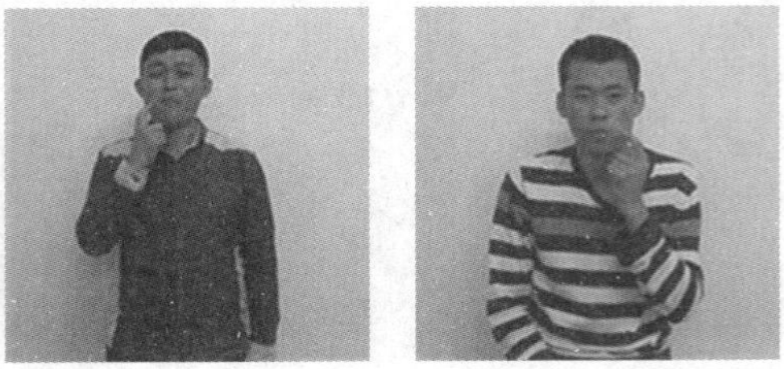

一手食指点两下鼓起的腮部。

咸

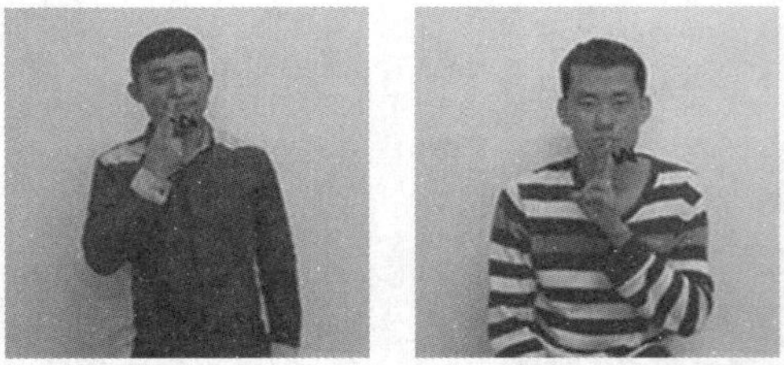

一手打手指字母"X"的指式,并在嘴前上下微动,脸上流露出尝到咸味的表情。

渴

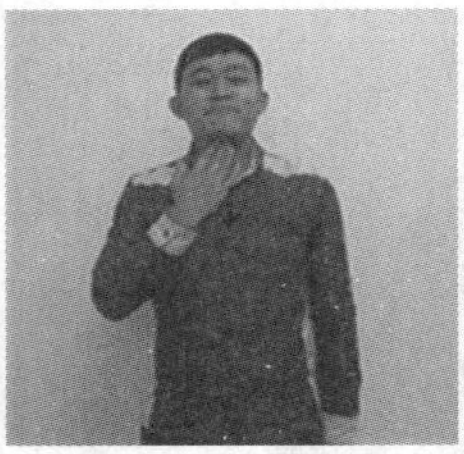

中国手语

一手伸出五指,指尖向上,掌心向内,用四指自上而下摸喉部。

自然手语

伸出食指,指尖向上,掌心向内,用食指自上而下摸喉部。

馋

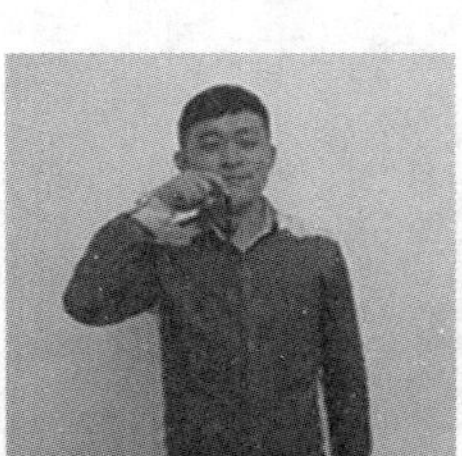

中国手语

右手食指指尖朝下,自嘴角往下划动。

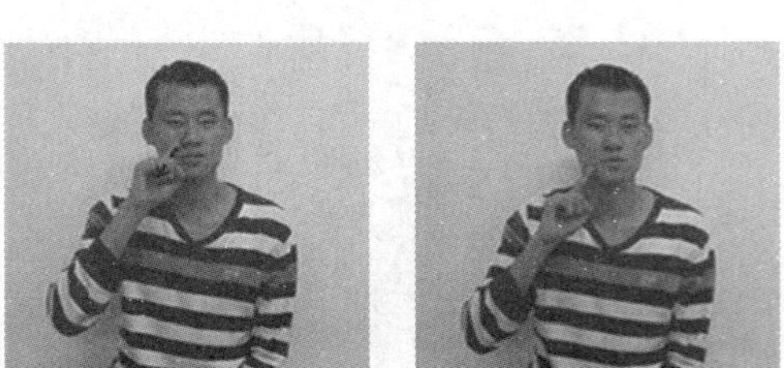

自然手语

右手食指从鼻子上部滑到嘴角处。

烫

中国手语

一手五指分开，指尖向下，先向下一插，然后急速上握，手指抖动，如手被烫状。

自然手语

右手虚握在脸部，逐渐移开的同时张开手。

香

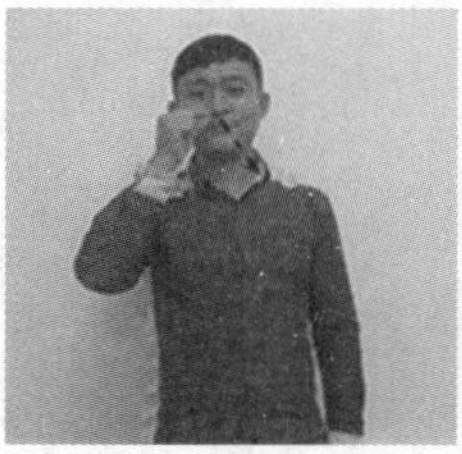
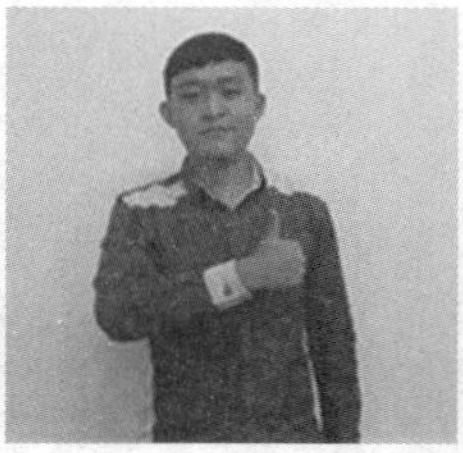

一手拇、食指在鼻孔前捻动，然后伸出拇指，表示气味好闻。

臭

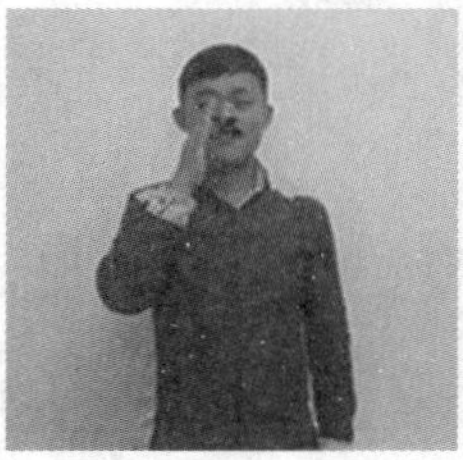

一手在鼻孔前扇动几下，表示气味不好闻。

懒

中国手语

双臂交叉相搭，目光朝下，面无表情，表示不想干活。

自然手语

双手握拳，交叉搭臂，表示“不干活”“不愿劳动”。

烂

中国手语
一手拇指与四指相对，手背向下，缓慢捻动两下，表示食物烂糊。

自然手语
双手伸出小指在胸前晃动几下。

颜色（彩色）

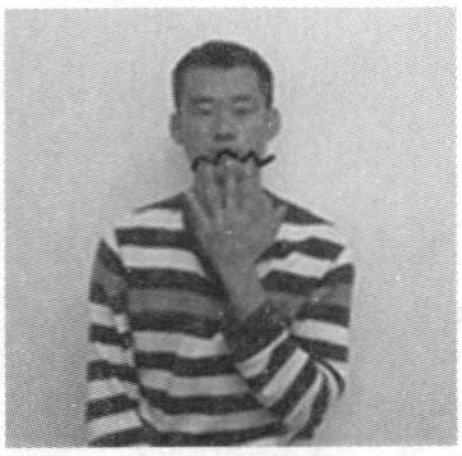

一手四指紧贴嘴唇，指尖轻动几下。

红

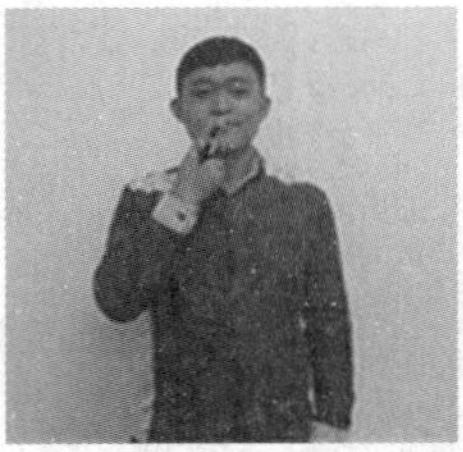

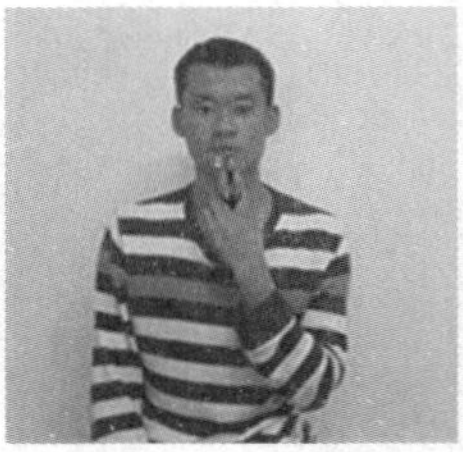

一手打手指字母“H”的指式，并摸摸嘴唇。嘴唇是红色的，以此表示“红”。

黄

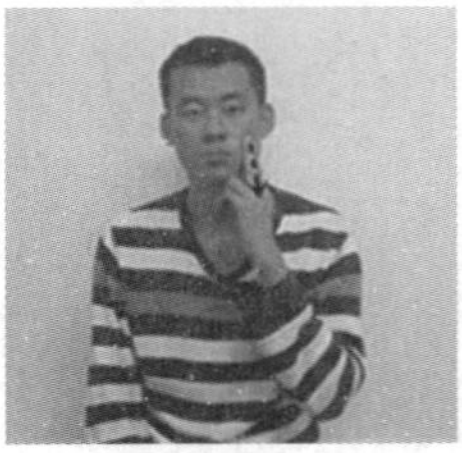

一手打手指字母“H”的指式，并摸摸脸颊。皮肤是黄色的，以此表示“黄”。

橙色

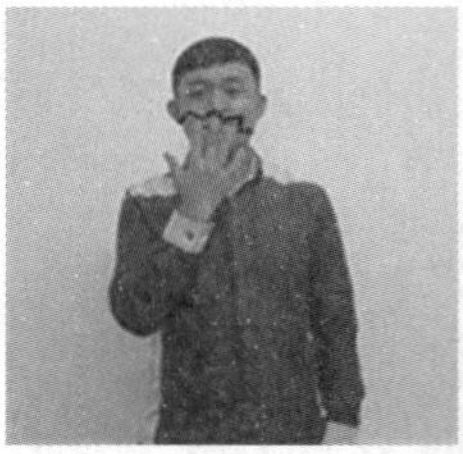

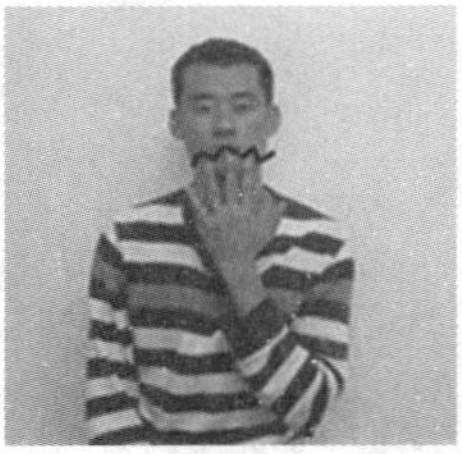

左手虚握，指尖朝上；右手沿左手指背向下扯，如剥橘子皮状。

一手五指分开，在嘴唇处交替动几下。

绿

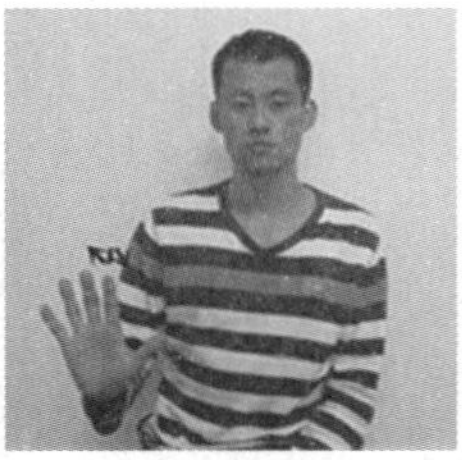

一手打手指字母“L”的指式，再打手指字母“U”的指式，手指前后振动两下。

青

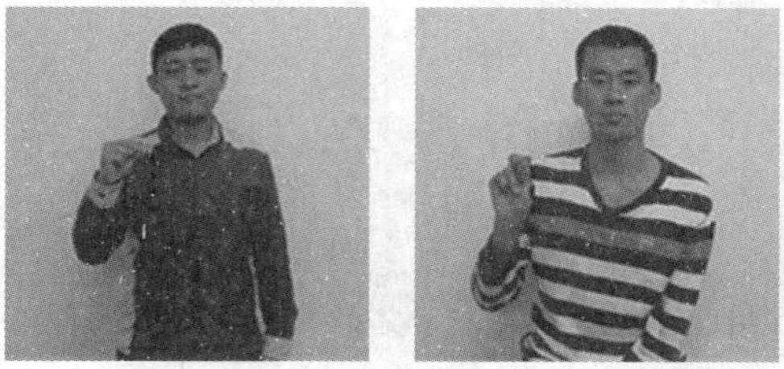

一手打手指字母“Q”的指式，并沿胸侧划下，象征青色料子，以此表示“青”。

蓝

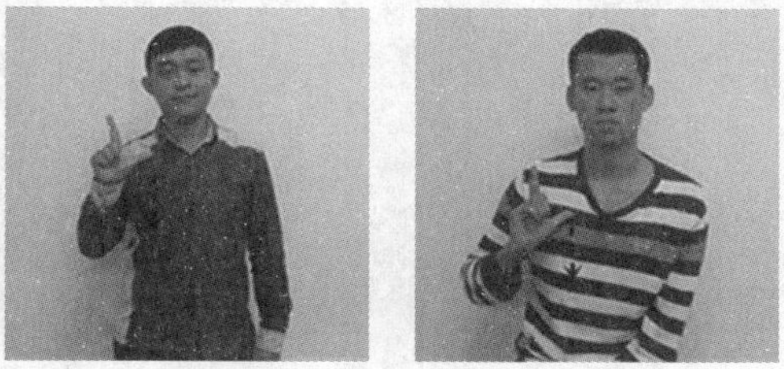

一手打手指字母“L”的指式，并沿胸侧划下，象征蓝色料子，以此表示“蓝”。

紫

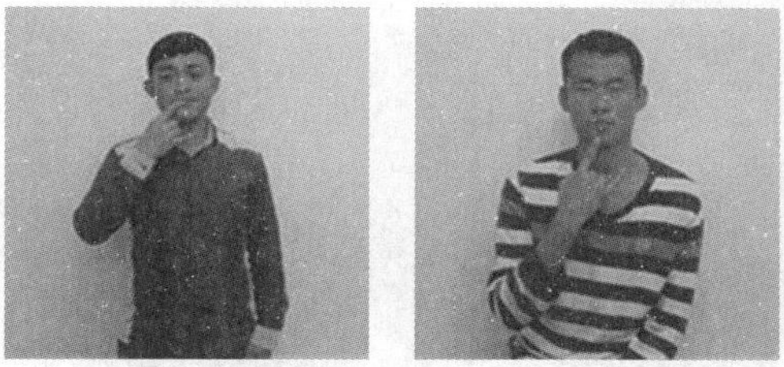

一手打手指字母“Z”的指式，并摸嘴唇。

棕

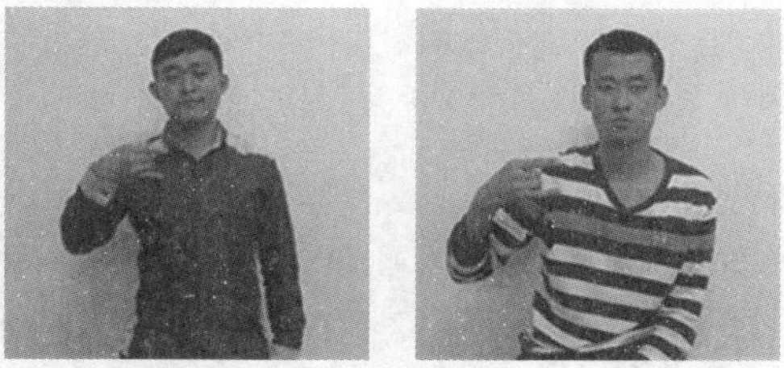

一手打手指字母“Z”的指式，沿胸的一侧划下。

黑

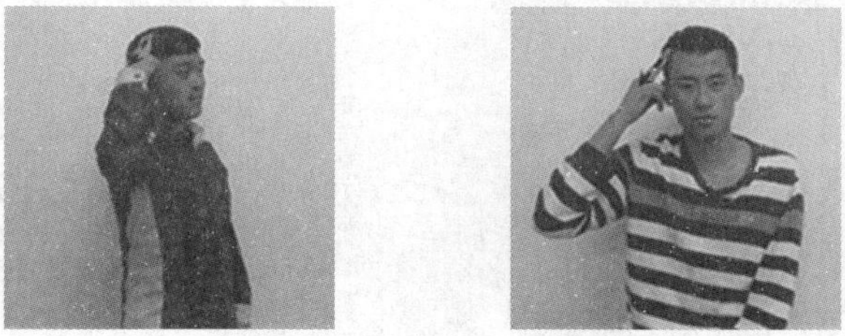

一手打手指字母“H”的指式，并在头发上摸一下。

白

中国手语

一手从另一手背上划过，并打出手指字母“B”的指式。

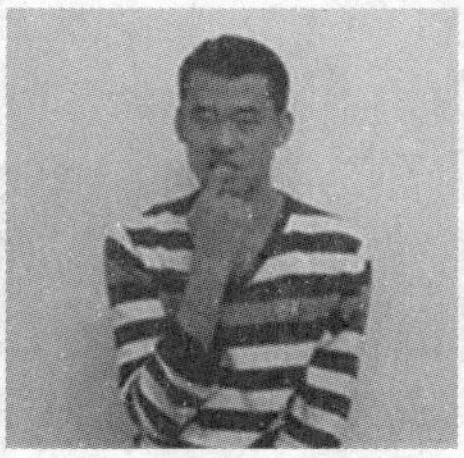

自然手语

一手食指指牙。

光荣

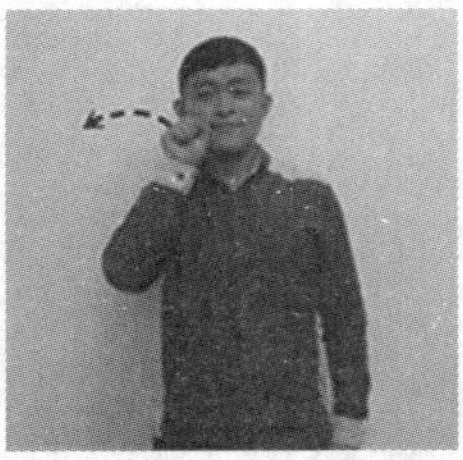
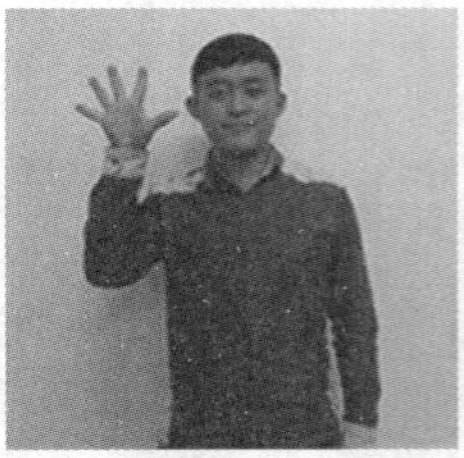

中国手语
一手虚握，虎口先贴于脸颊，然后向外移动，并放开五指。

自然手语
一手虚握，虎口先贴于胸部，然后向外移动，并放开五指。

真实

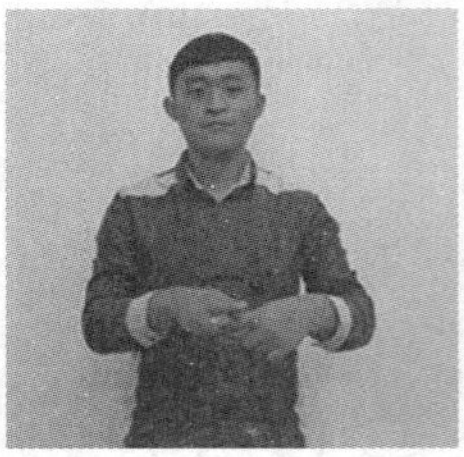

一手食指弹打另一手食指。一手食、中指相叠，弹打另一手食指。

正确（对）

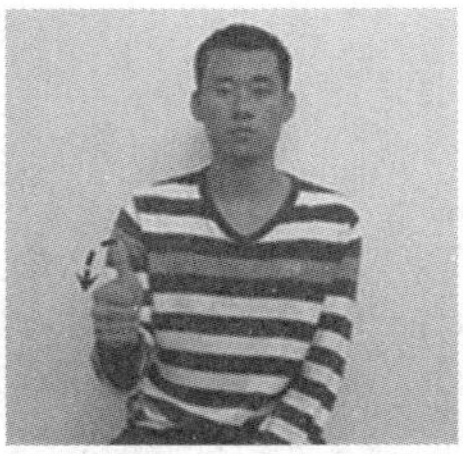

右手伸拇指，用力向前一顿。

黑暗

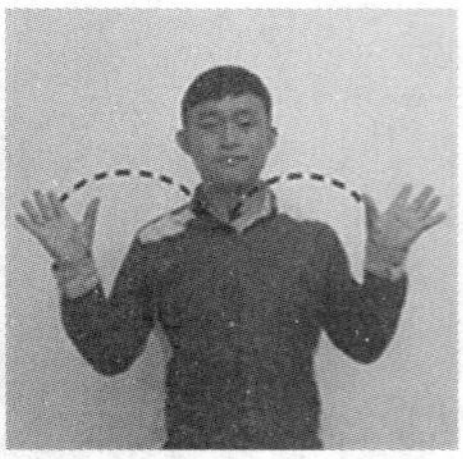

中国手语
一手打手指字母“H”的指式，并在头发边摸一下。一手五指张开，向对侧做弧形移动，五指同时收拢。

自然手语
一手打手指字母“H”的指式，并在头发边摸一下。

光明(亮)

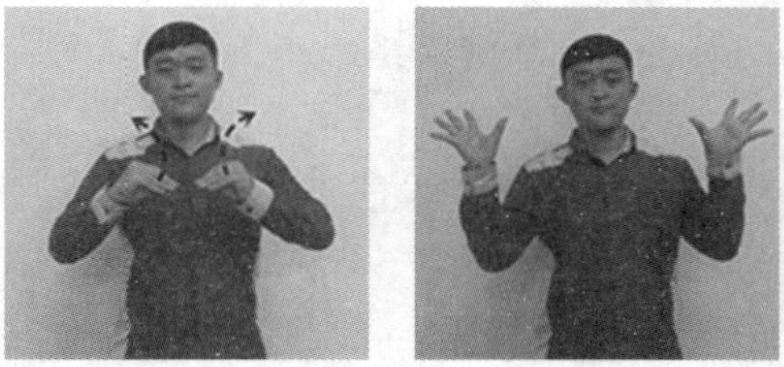

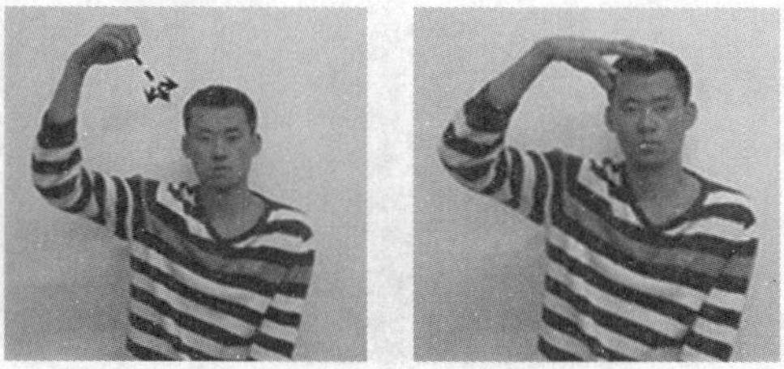

中国手语

双手虚握，指尖相对，放于胸前，然后向上伸开五指，掌心向外，表示“发光”“明亮”。

自然手语

一手五指撮合，指尖向下，然后五指放开，象征灯光。

完全(都)

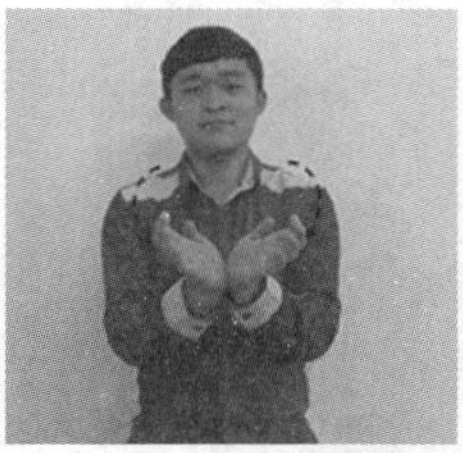

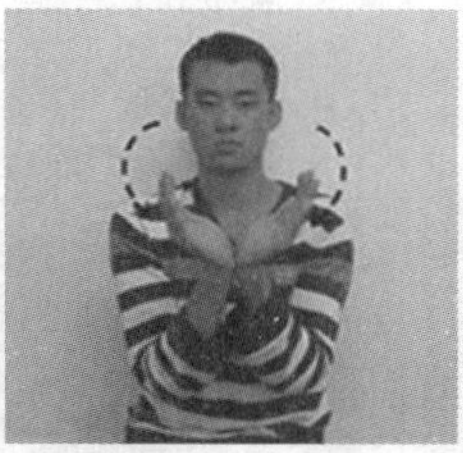

双手五指微曲，自上向下做弧形移动。

勤劳

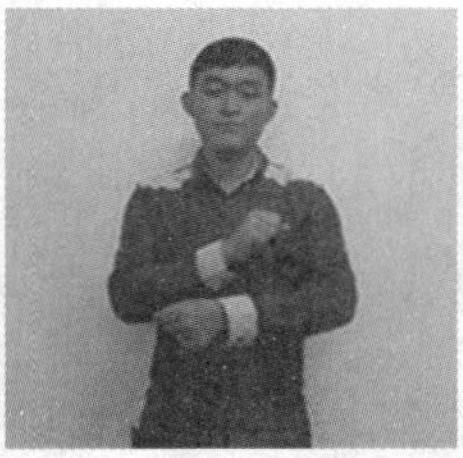

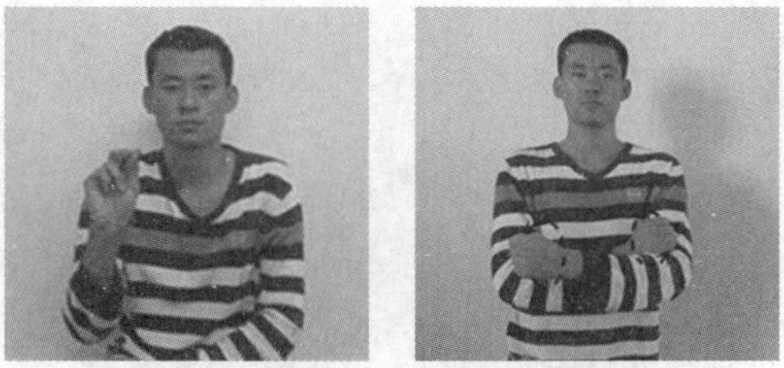

中国手语

双手握拳，手臂边交替转动边互敲手臂，表示“劳动”。

自然手语

打手指字母“Q”的指式。双手握拳，手臂边交替转动边互敲手臂，表示“劳动”。

严肃

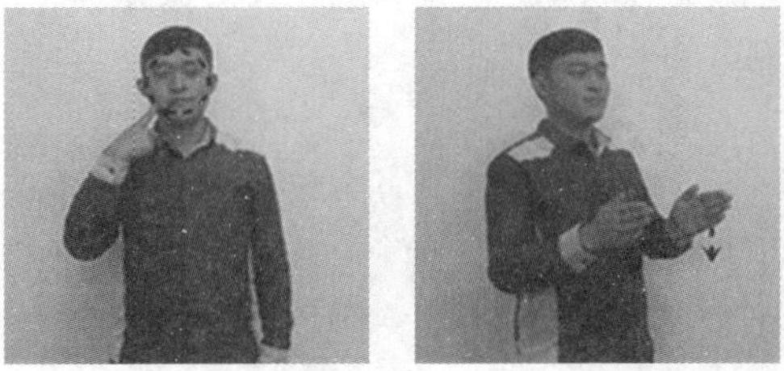

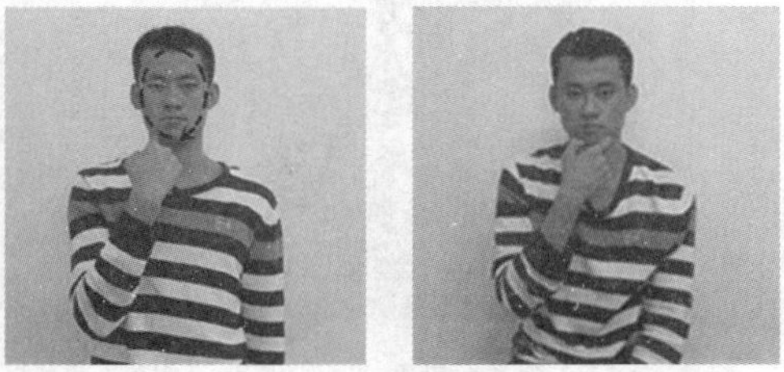

中国手语

一手食指绕脸画一圈。双手侧伸，掌心相对，从上向下一顿。

自然手语

一手食指绕脸画一圈。一手拇指、食指虚握置于下颌处，面部严肃。

活泼

中国手语

一手食指边转动边向上升。

自然手语

一手食指边转动边向上升。

打“P”的手势。

认真

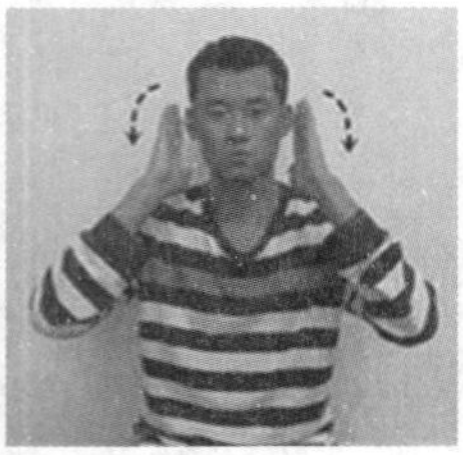

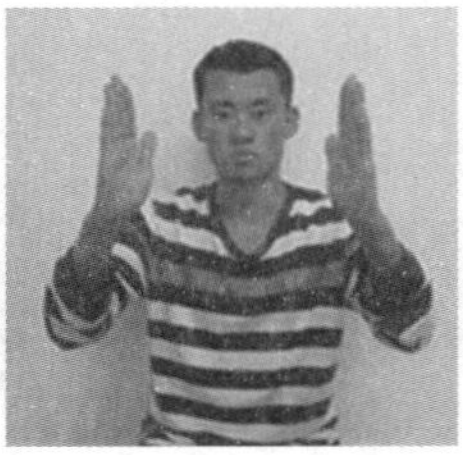

双手侧伸，从头部两侧向前移动，表示“全神贯注”“集中思想”。

进步

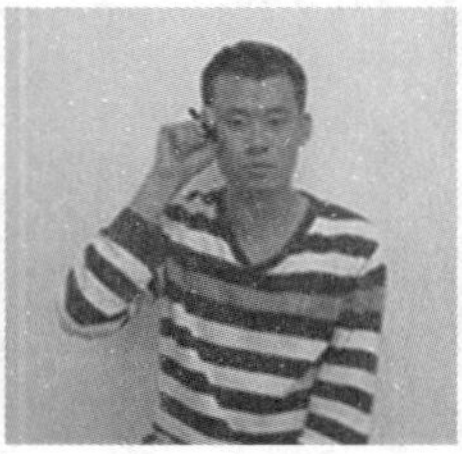

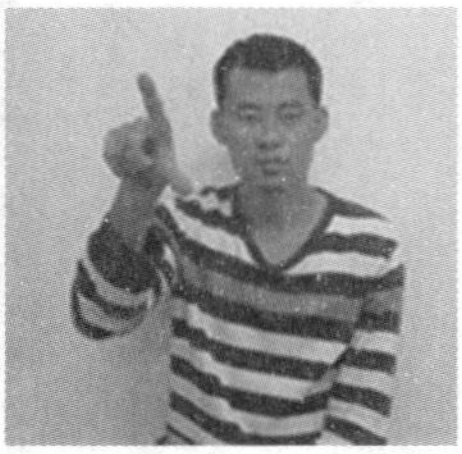

一手拇、食指相捏，再向前伸出两指。

落后

中国手语

双手伸出拇、小指，一前一后，

前者不动，后者向后拉下。

自然手语

一手拇、食指张开，边移动

边向后收回两指。

积极

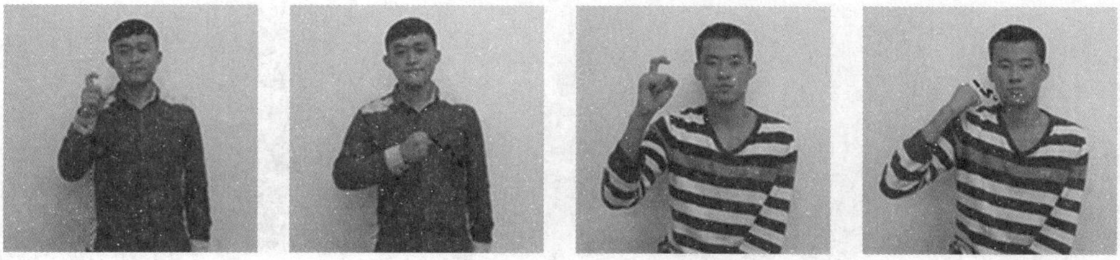

打手指字母“J”的指式。一手握拳曲肘，在胸前微动几下。

坚强

右手食指指尖顶于脸颊部，面露坚定表情。双手握拳放于胸前，同时向下一顿。

符合（合适）

中国手语

双手横立，从两侧向中间移动至双手重叠。

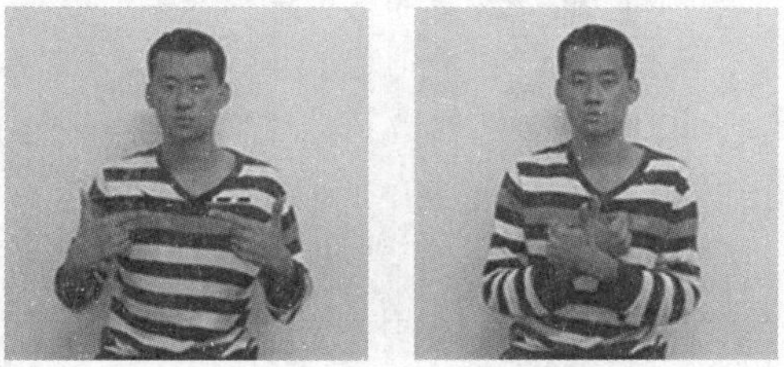

自然手语

双手伸出拇指、食指，从两侧向中间移动至双手重叠，并收回食指。

相同（一样）

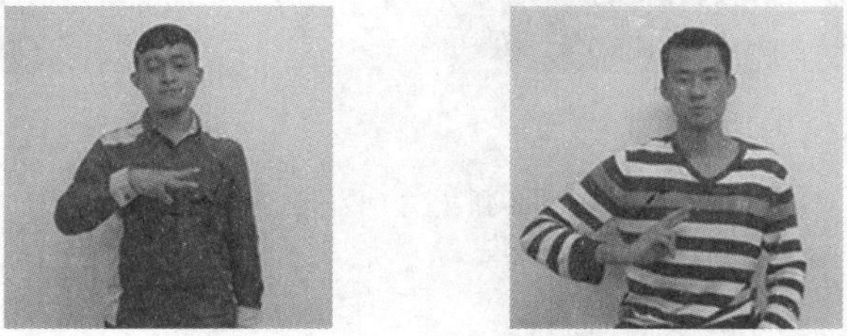

一手伸出食、中指，左右平行来回移动一下。

不同(不一样)

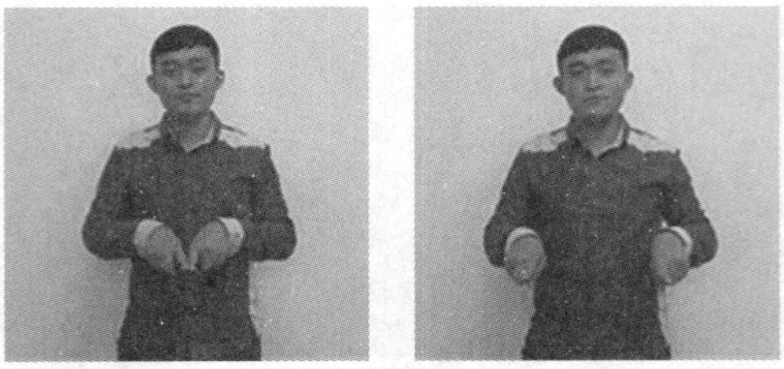

中国手语

双手伸出食指,先碰一下再分开。

自然手语

一手伸出食指、中指,两指上下交替抖动。

重要

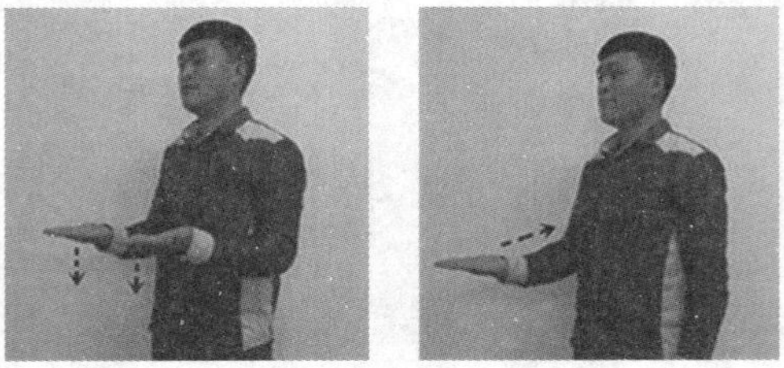

中国手语

双手五指微曲,掌心向上,在胸前向下一顿。一手前伸,再向后微移。

自然手语

双手五指微曲,掌心向上,在胸前向下一顿。双手前伸,再向后微移。

优秀

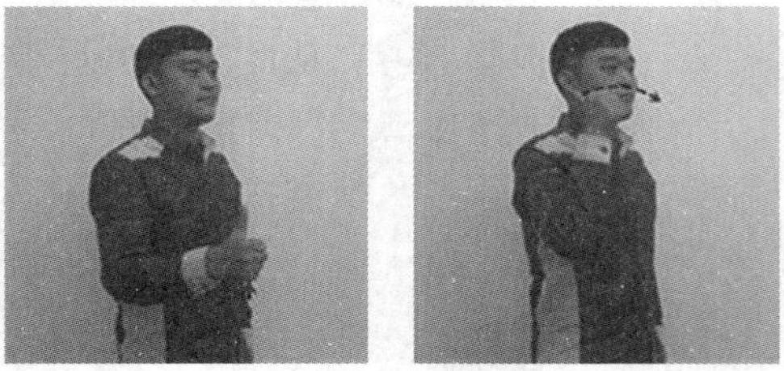

中国手语

一手伸大拇指,向上移一下。一手伸拇指置于脸颊,然后向前划出。

自然手语

左手伸出拇指,右手置于左手上面,双手向上移动。

普通

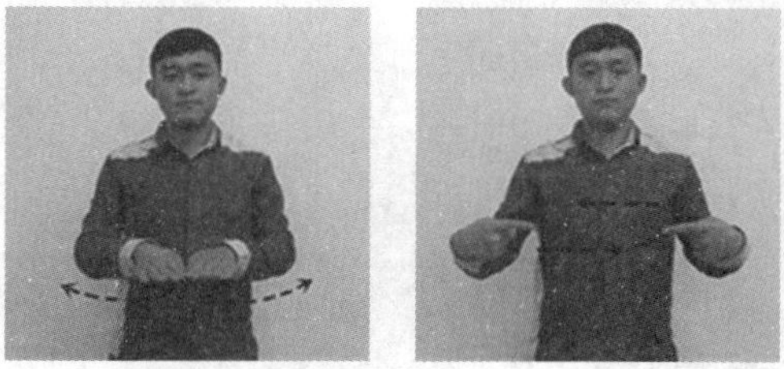

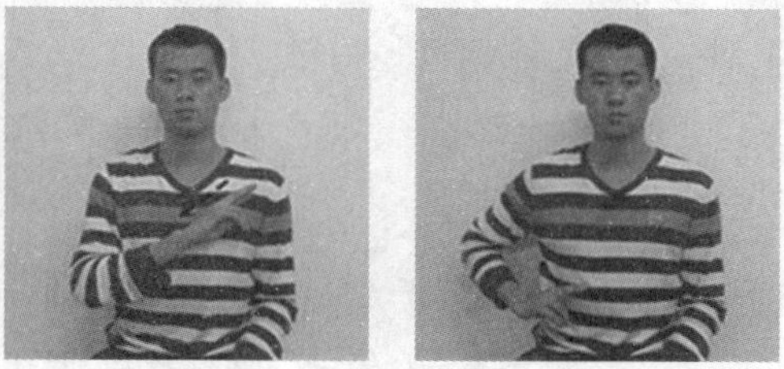

中国手语

双手平伸在胸前，从中间向两侧张开双手。双手食指横伸，由两侧向中间交错移动

自然手语

一手打“X”在胸前下滑。打“相同”的手势。

光滑

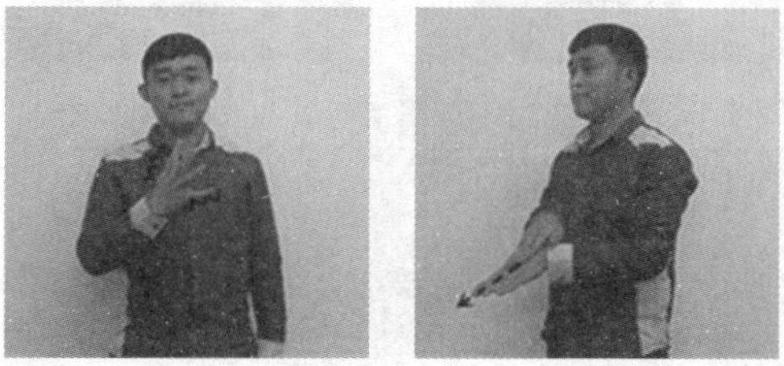

中国手语

一手五指并拢，掌心向内，用手腕抖动一下。左手斜伸，掌心向下不动；右手手掌贴在左手手背上向下滑动。

自然手语

左手斜伸，掌心向下不动；右手手掌贴在左手手背上向下滑动。

粗糙

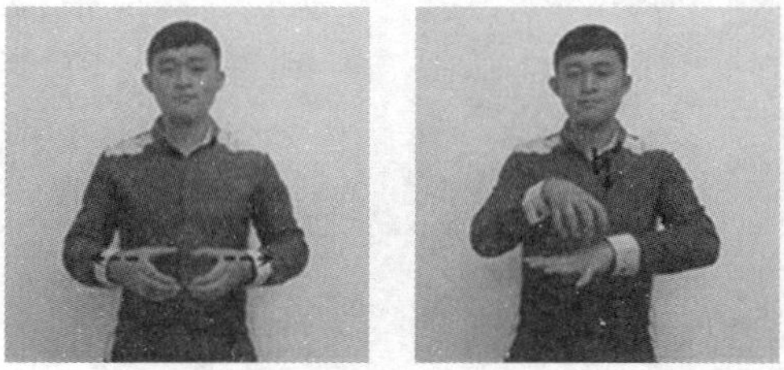

中国手语

打“粗”的手势。右手五指微曲，指尖抵于左手手背上，并点两下。

自然手语

右手五指微曲，指尖抵于左手手背上，并点两下。

严重

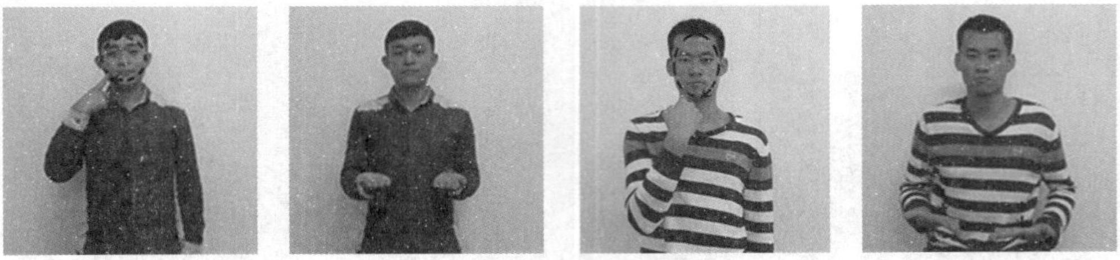

一手食指绕脸画一圈。双手五指微曲，掌心向上，在胸前向下一顿。

正式

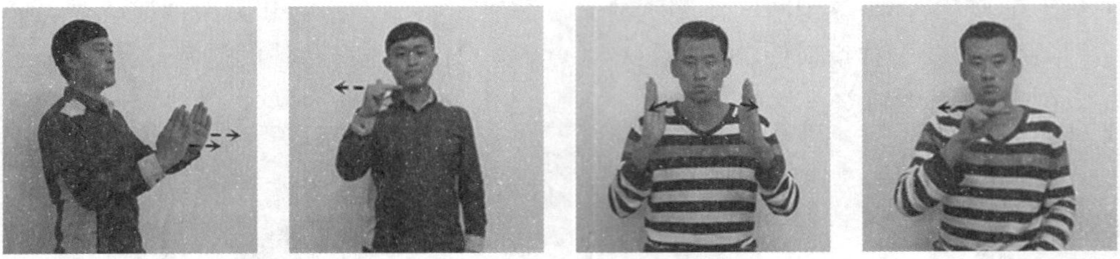

双手掌心相对，指尖朝上，向前移动。右手打手指字母“SH”指式，同时向右移动。

正常

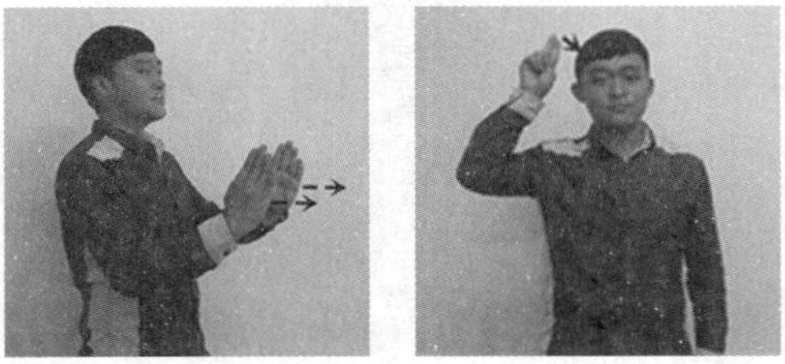

中国手语

双手直立，掌心相对，向前移动。一手食、中指伸直，在头侧挥动几下。

自然手语

打“ZH”指式。右手拇、无名指指尖相捏置于太阳穴处。然后此手张开五指。

公平

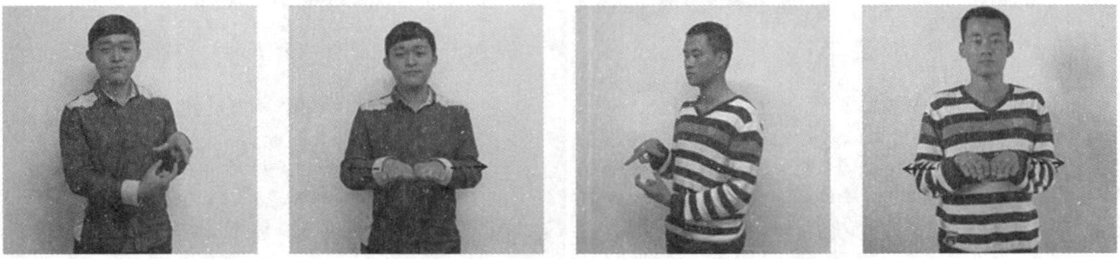

双手拇、食指搭成“公”字形。双手平伸，掌心向下，从中间分向两边平行移动。

秘密

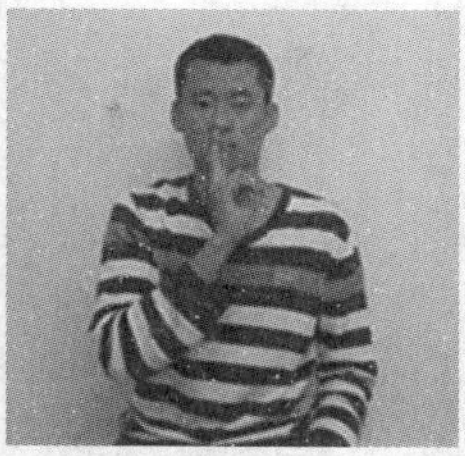

一手食指贴于紧闭的嘴部。

优点

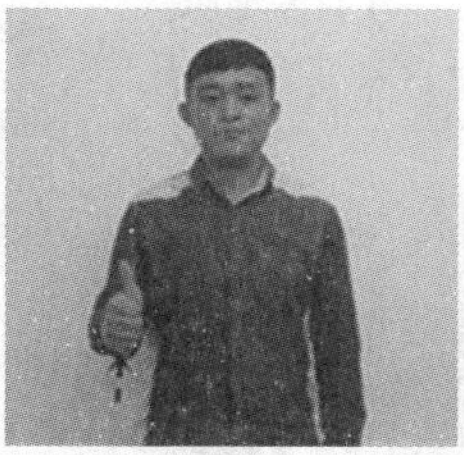
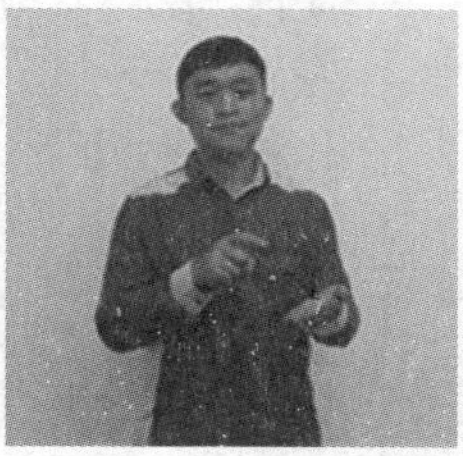

中国手语
一手伸出拇指，向上提一下。
一手食指点在另一手掌心上。

自然手语
打“优秀”的手势。

缺点

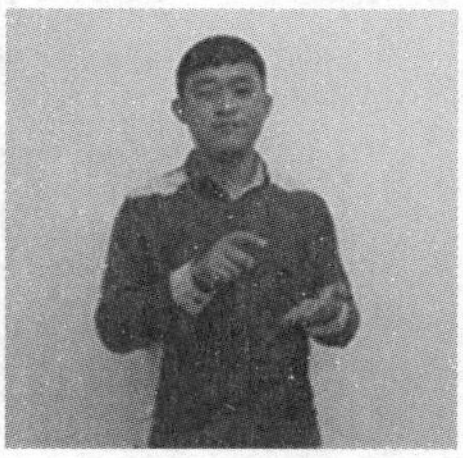
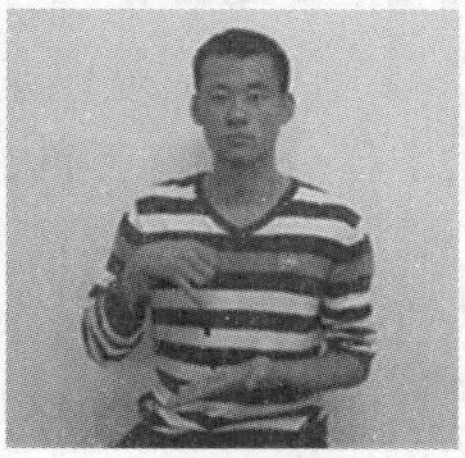

中国手语
一手伸出小指，向下一甩。
一手食指点在另一手掌心上。

自然手语
左手平伸，掌心向上，右手伸出小指，
在左手手掌上点动。

复杂

双手五指微曲，指尖相对，交替转动几下。

简单

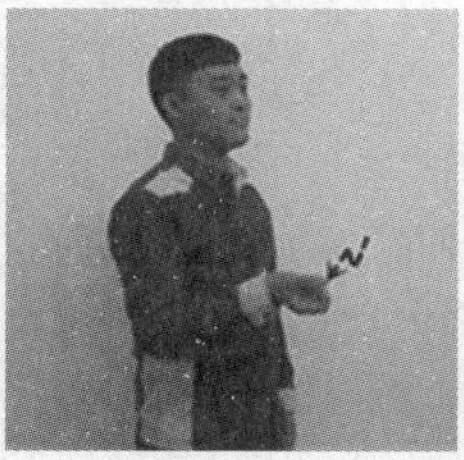

中国手语
一手拇、食指相捏，上下动几下。

自然手语
右手拇、食指指尖相捏，在左臂上打一下，再抽出来抖动几下。

方便

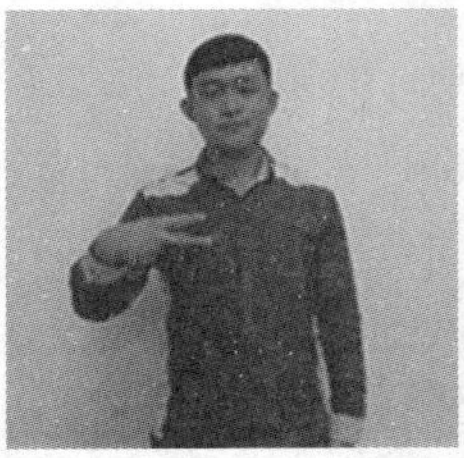
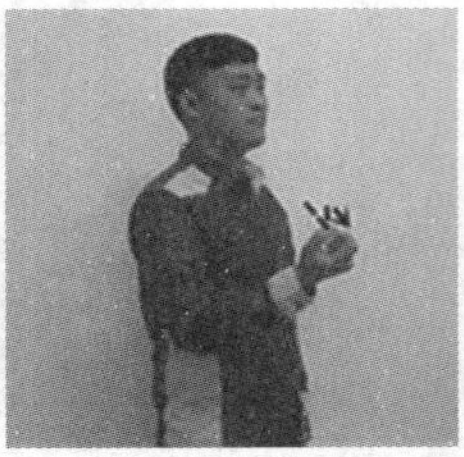

中国手语

一手打手指字母“F”的指式。一手拇、食指相捏，上下动几下。

自然手语

右手拇、食指指尖相捏，在左臂上打一下，再抽出来抖动几下。

随便

一手食、中指伸直，两指交替在胸前活动几下。

错误(过失)

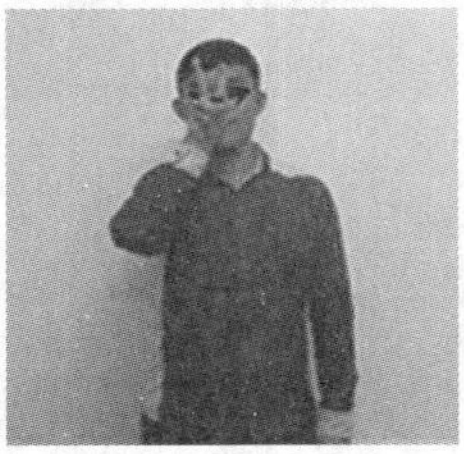

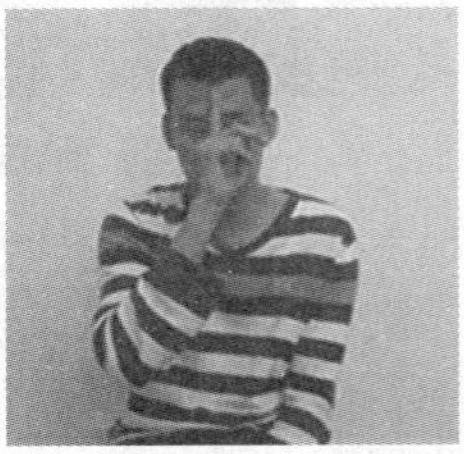

中国手语

一手伸食、中指分开，在额前翻转一下。

自然手语

一手打“X”的手势置于前额，向前运动的同时收回中指。

二、句子训练

1. 遵守职业道德是劳动者的义务。

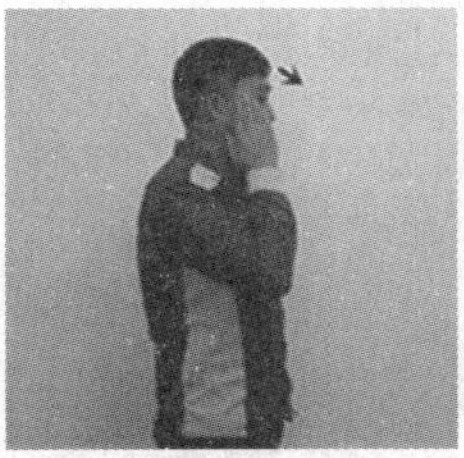

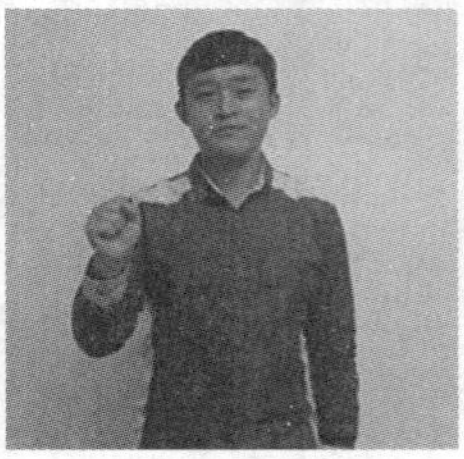
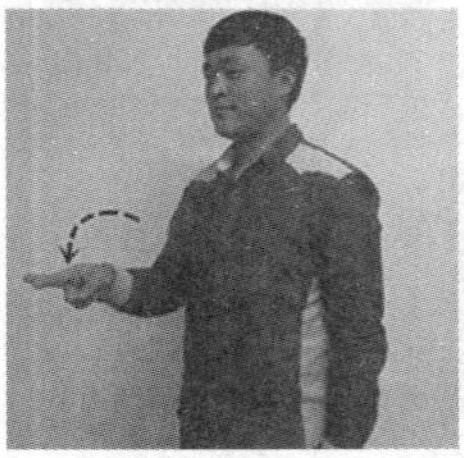

2. 中国共产党是伟大、光荣、正确的党。

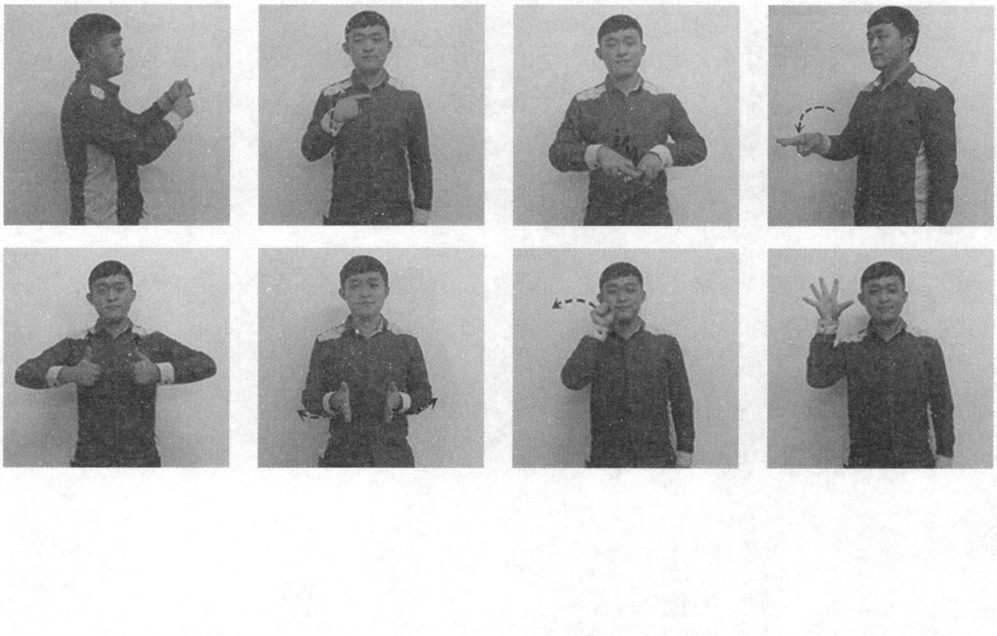

3. 在工作中我们一定要严肃认真。

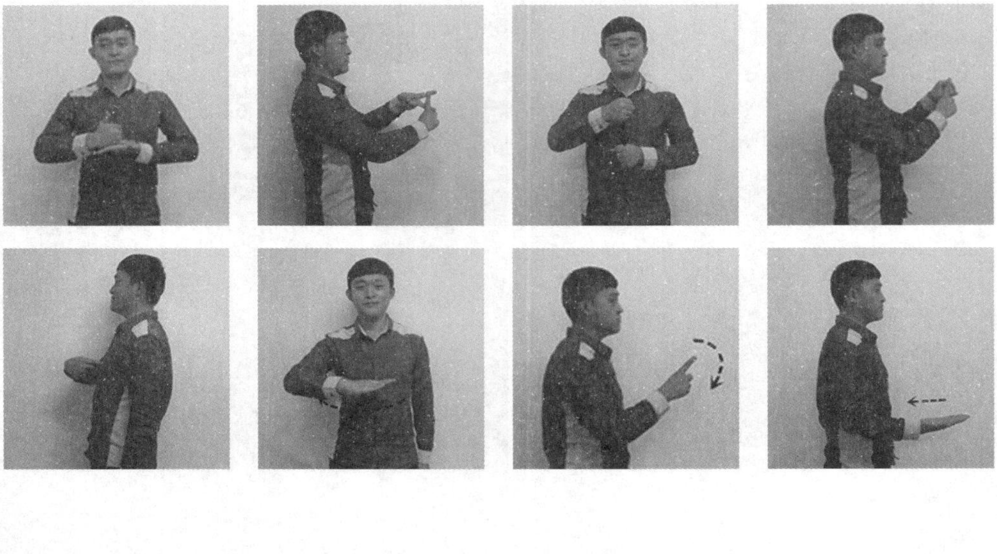

4. 事情没有我们想象的那样简单,我们一定不能出现同样的错误。

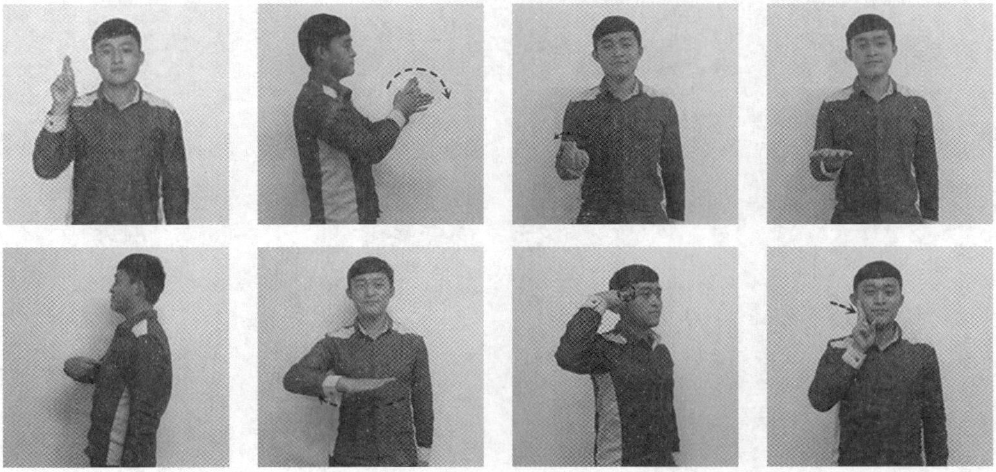

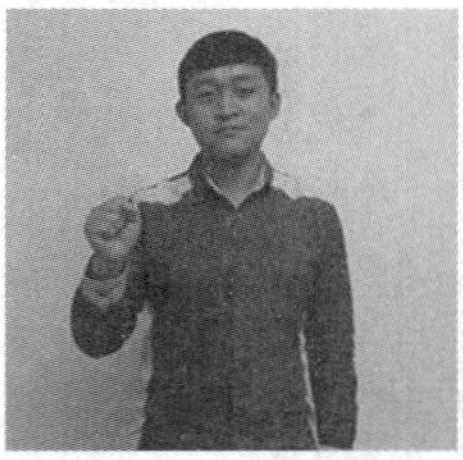

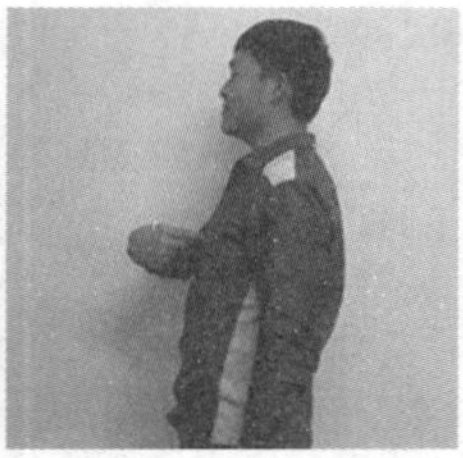

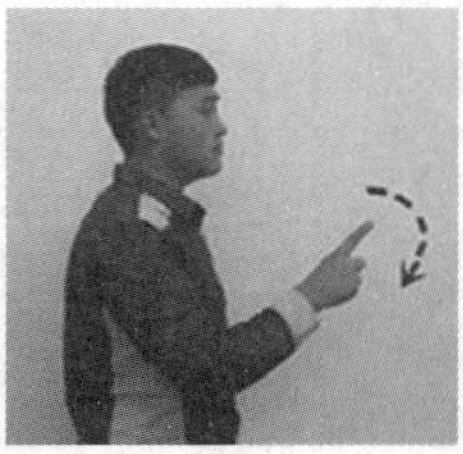
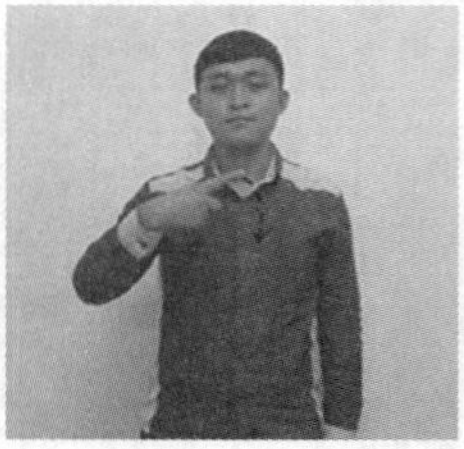
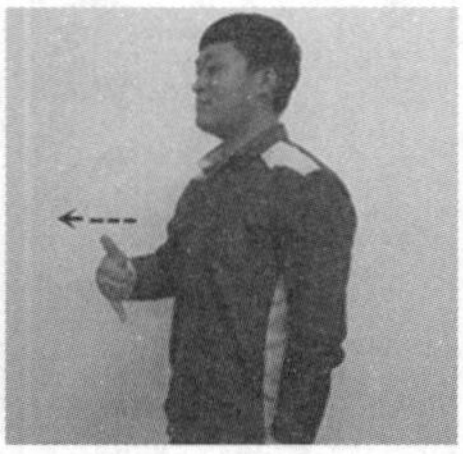

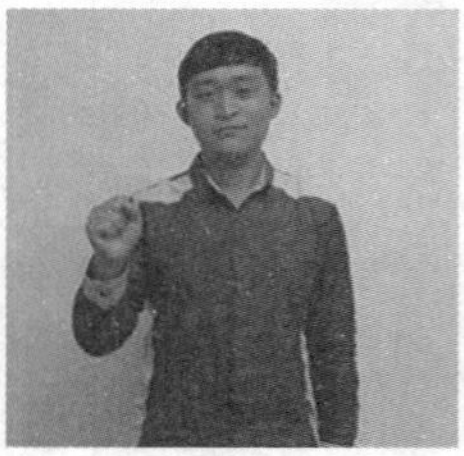
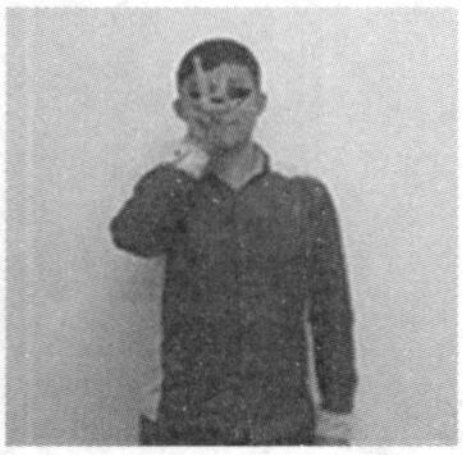

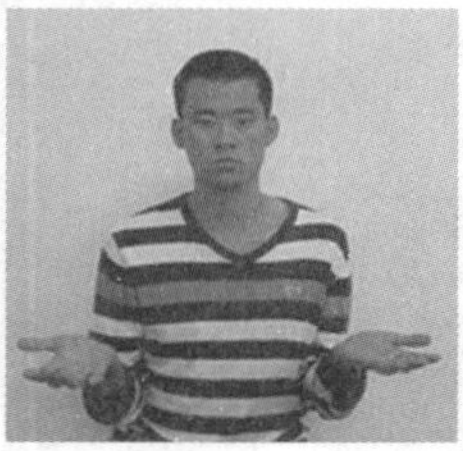

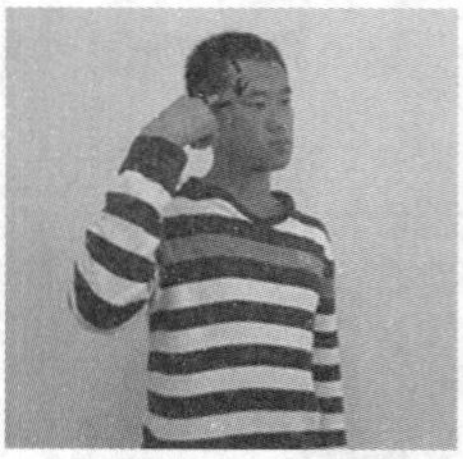

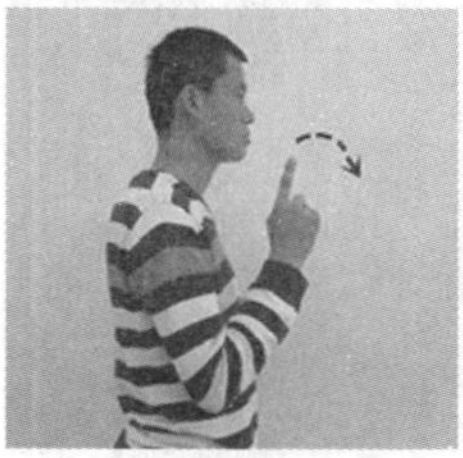

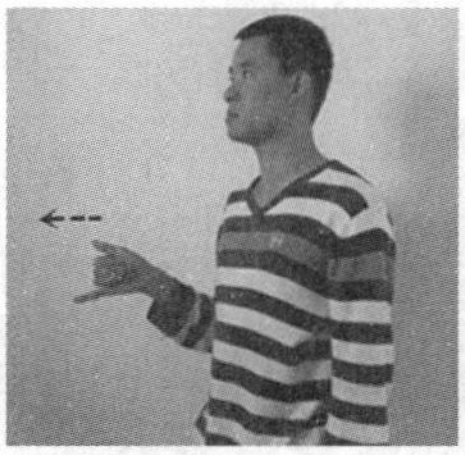

三、同步测试

1. 请比较下面几组词的手势语，找出它们的相同点。

(1)困难　想　知道

(2)单　孤独　自己

(3)随便　应该　差不多

(4)秘密　咸

(5)深　内　外

(6)反复　练习

2. 请找出含有下列基本动作的词语。

情况：

成功：

3. 请用学过的词汇编成句子或短文，再用手语表示出来。

主题四:心理、行为

一、词汇

心理

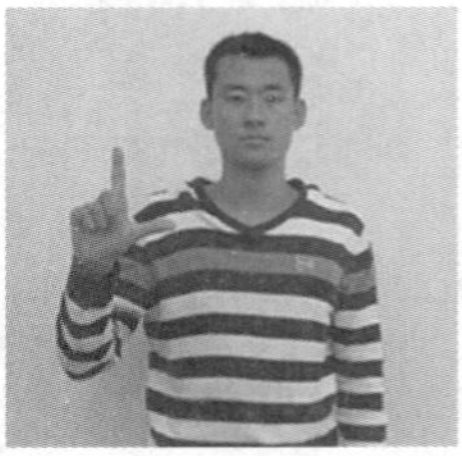

双手拇、食指搭成“♡”形置于胸部。打手指字母“L”的指式。

刺激

中国手语

一手食指从太阳穴向前额刺过去。

自然手语

一手伸食指刺喉部。

笨(傻)

中国手语

一手拇指贴于掌心，其他四指并拢伸直，从额头一侧向下一扇。

自然手语

右手呈“六”形，置于太阳穴处，并晃动几下。

智慧(聪明)

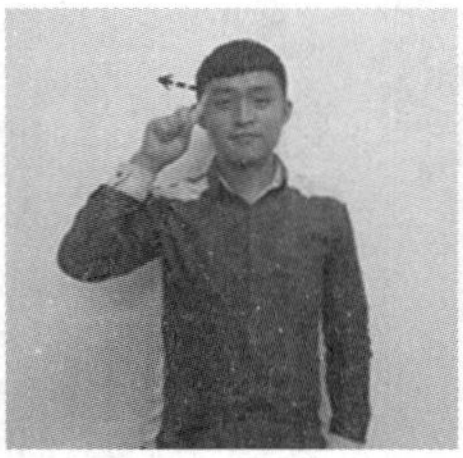
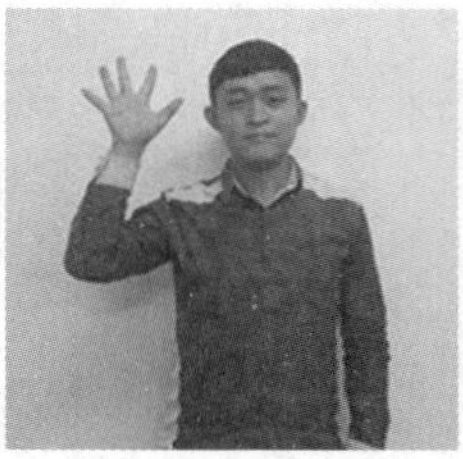

中国手语

一手伸出食指置于太阳穴处，向外移动的同时张开五指。

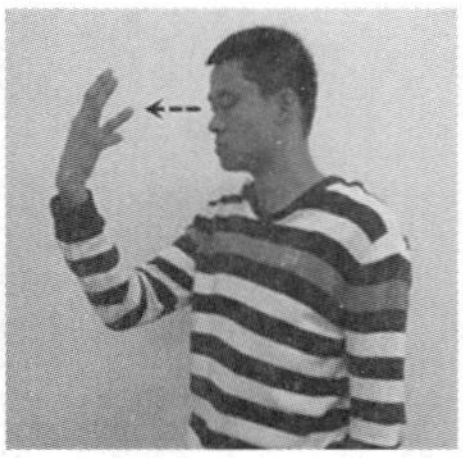

自然手语

一手五指撮合，指尖先抵于前额，然后向外，边移动边放开五指。

感觉

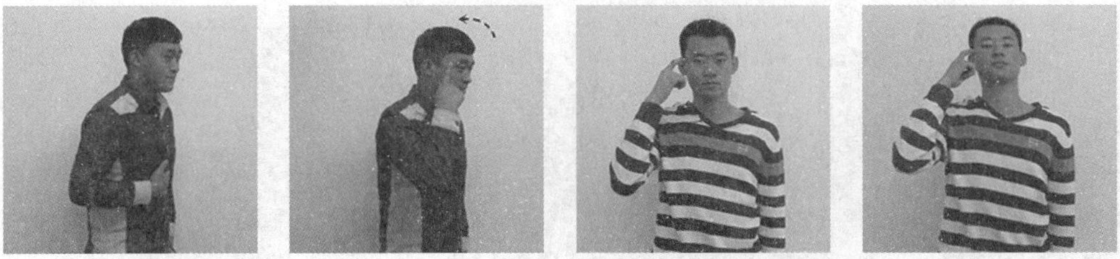

一手捂于胸部。一手食指指在太阳穴处，同时头微抬起，
脸上表露出一种觉悟的表情。

观察（侦察）

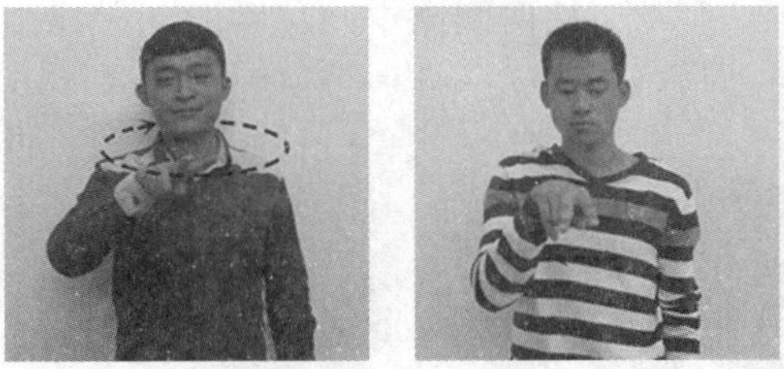

一手伸出食、中指，指尖向前，在眼前做半圆形的水平移动，表示“观察”“查看”之意。

注意

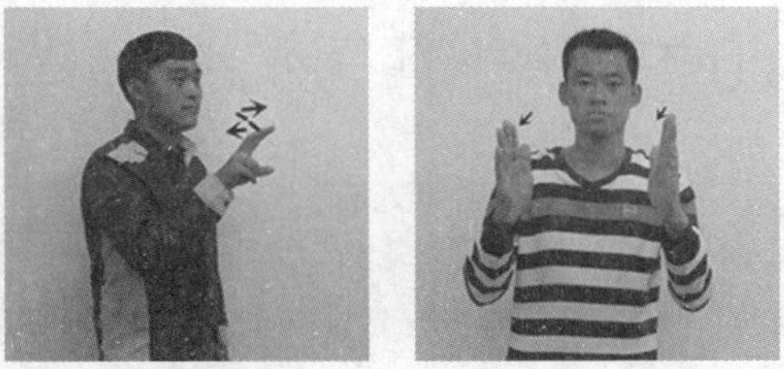

中国手语
一手食、中指分开，放于眼前，指尖向前点动两下，表示注意。

自然手语
双手掌心相对，向前一顿。

知觉

一手食指直立，指尖朝太阳穴处敲两下。一手食指指在太阳穴处，
同时头微抬起，脸上表露出一种觉悟的表情。

记忆

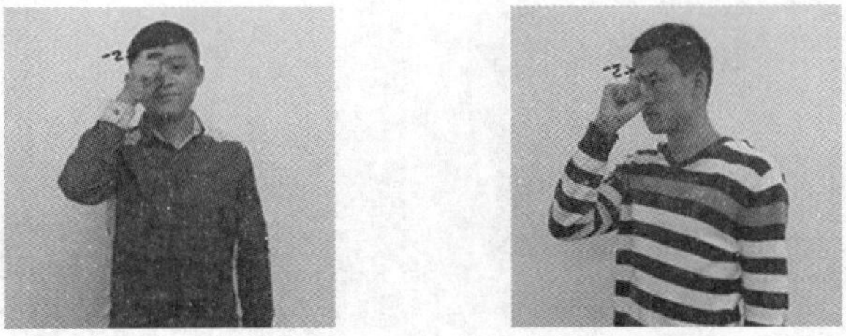

一手打手指字母“J”的指式，碰两下前额，表示“记住”。

认识

中国手语

一手食、中指从眼部向前伸出，表示“看”“看见”的意思。一手食指在太阳穴处点两下，表示“知道”。

自然手语

双手伸出食指、中指，从两侧向中间移动。

回忆

中国手语

一手食指在太阳穴处转动。右手直立，从身体前向肩膀后扇一下。

自然手语

一手打“J”的手势并置于前额。右手直立，从身体前向肩膀后扇一下。

概念

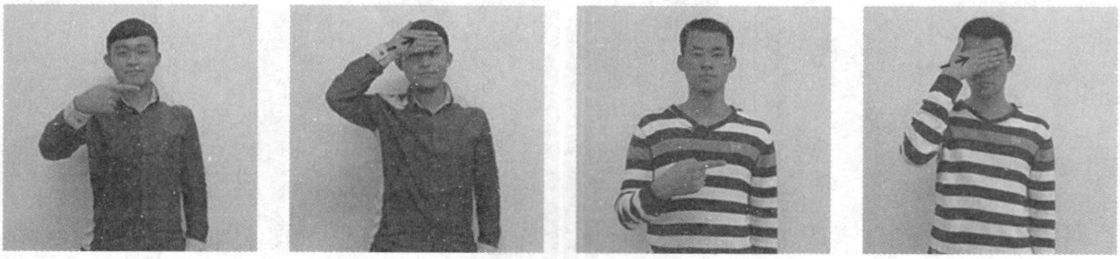

一手打手指字母“G”的指式。一手手掌拍一下前额。

判断

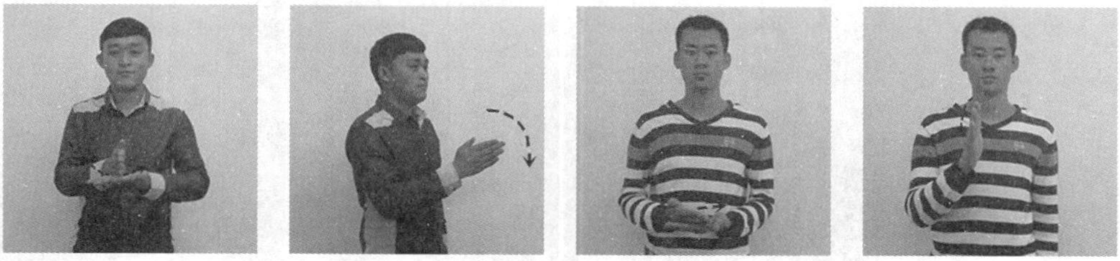

打“分析”手势。一手伸掌向下一切，表示“断定”的意思。

想象

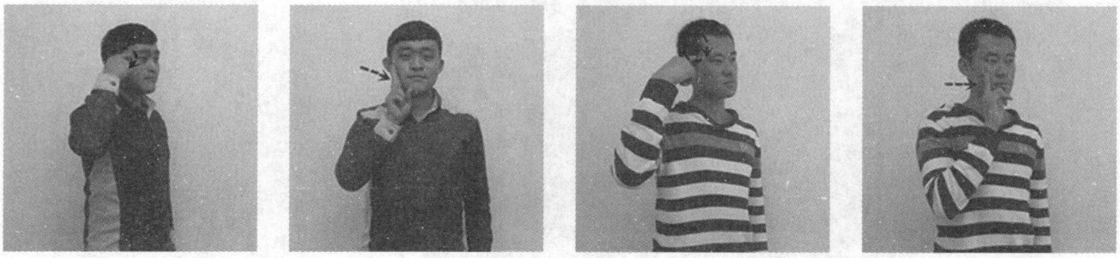

一手食指在太阳穴处转动。一手食、中指并拢，掌心向外，指尖向上，贴于脸颊，并微动一下，表示两者相像。

幻想（梦）

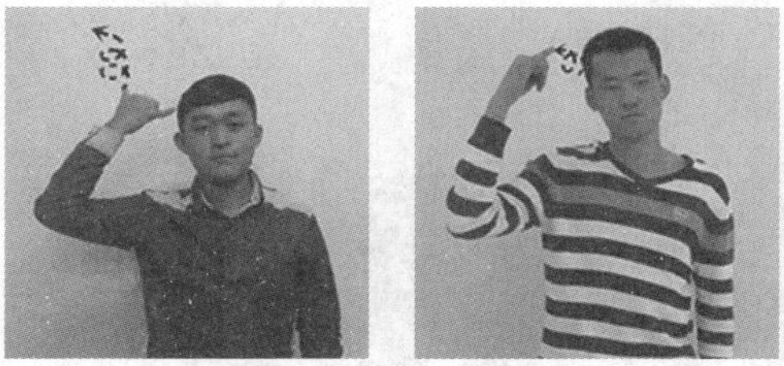

一手伸出拇、小指，从太阳穴处斜着向上旋转上升，表示“做梦”“梦想”之意。

分析

左手掌心向上不动，右手侧立在左掌心上，左右微动几下。

比较（比赛）

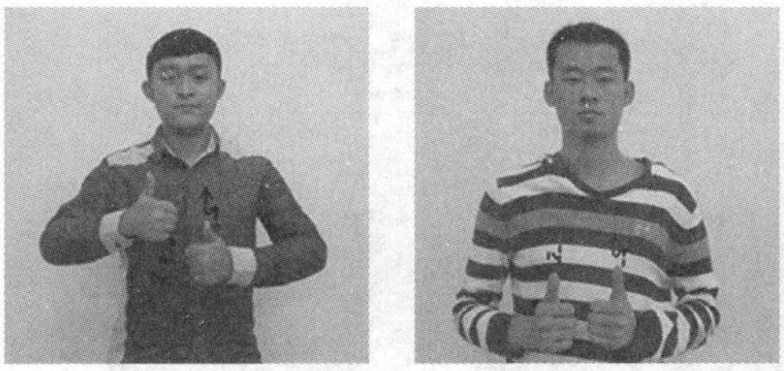

双手伸出拇指，在胸前上下交替动几下，表示两者之间做高低比较。

研究

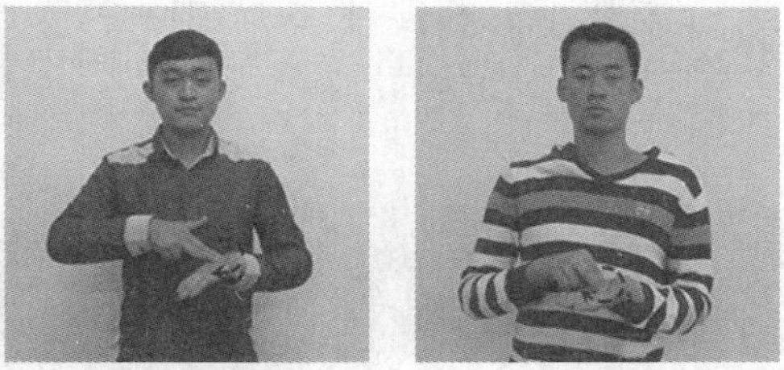

左手横伸，右手伸拇、食、中指，食、中指并拢，指尖朝下，在左手掌心上转两下。

了解

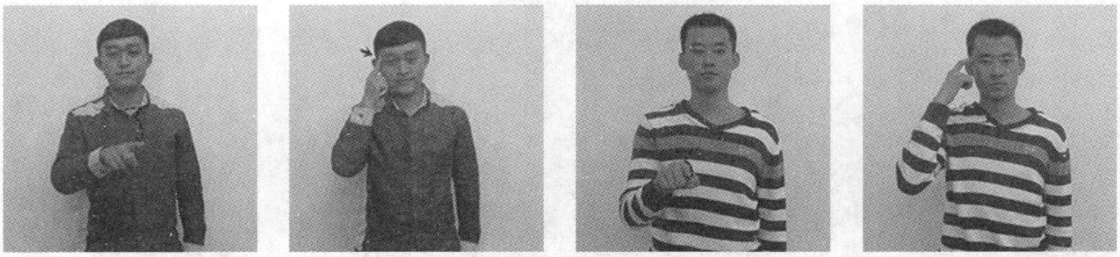

一手食指书空“了”字。一手食指在太阳穴处点动两下，表示“明白”“明了”。

知道(懂)

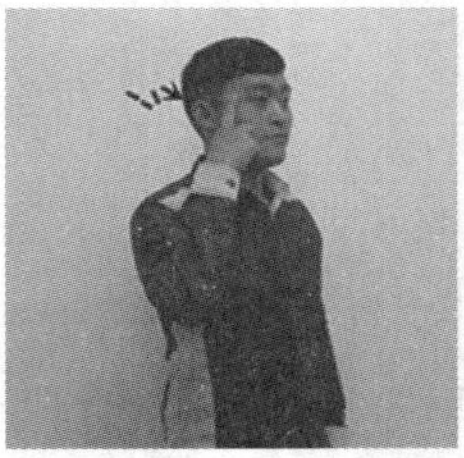

一手食指直立,指尖朝太阳穴处敲两下。

不知道

中国手语

一手手掌横置额前,然后从一侧向另一侧划过,同时脸露疑惑状。

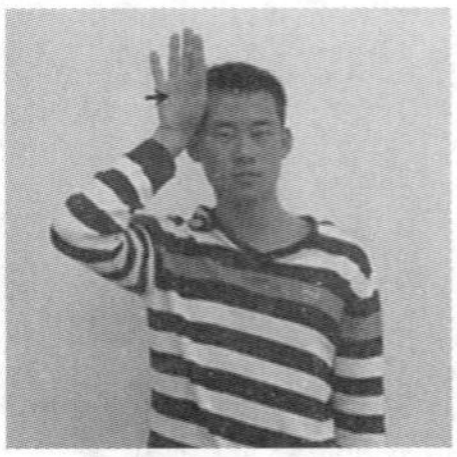

自然手语

右手直立,掌心向外,从外平移至太阳穴处。

兴趣(趣味)

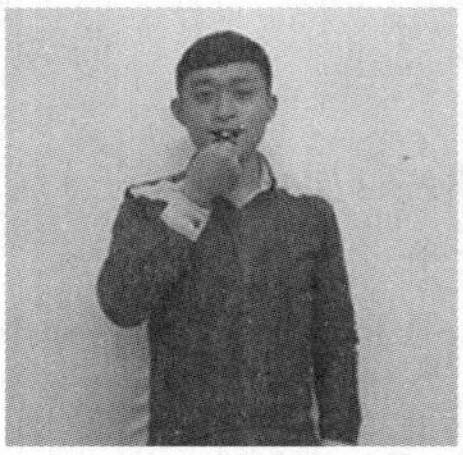

中国手语

一手拇、食指相捏,放在嘴边捻动,如品尝状而脸露笑容。

自然手语

一手拇、食指相捏,在鼻子处捻动。

要求

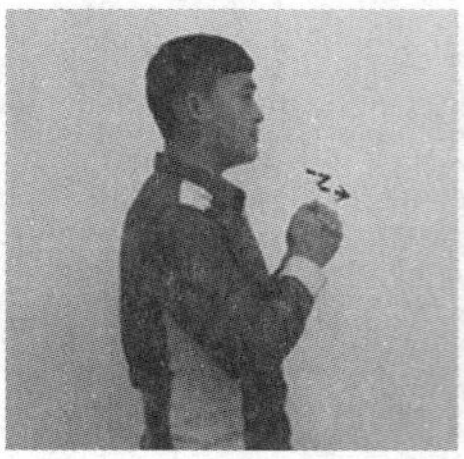

一手平伸,掌心向上,从前向后微拉。双手抱拳,微动两下。

性格

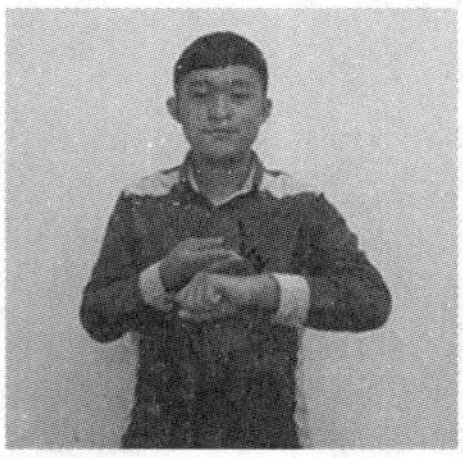

一手食、中指弹打另一手拳背。双手五指张开、相叠,呈格子形。

脾气

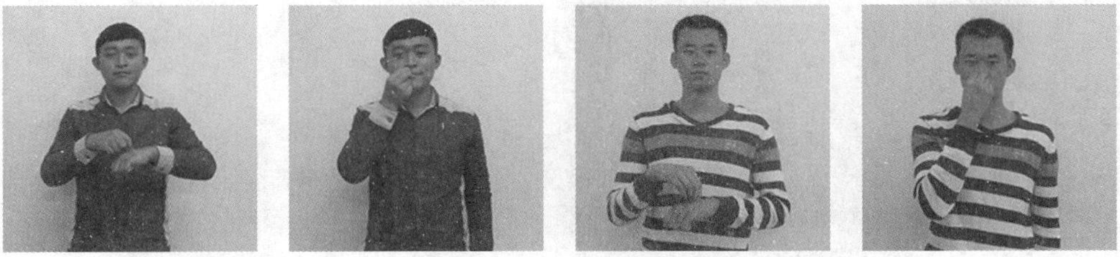

一手拇、食指捏另一手手背上的皮肤。
一手打手指字母“Q”的指式，并伸向鼻孔，如吸气状。

善良

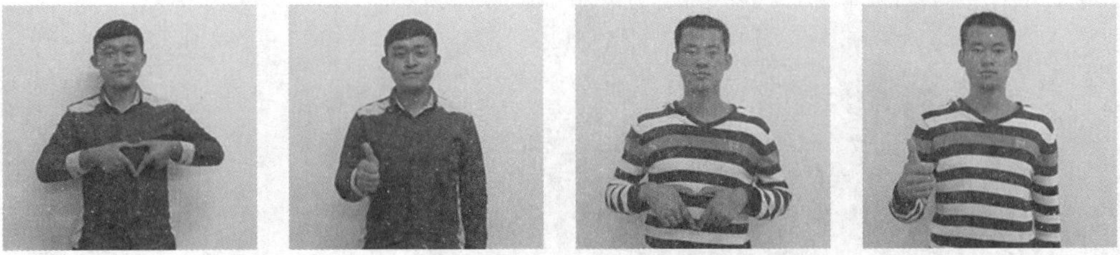

双手拇、食指在胸前搭成“♡”形，然后一手握拳伸出拇指。

勇敢

双手拇、食指在胸前搭成圆形，然后向两侧拉开，表示“大胆”。

诚实（诚恳）

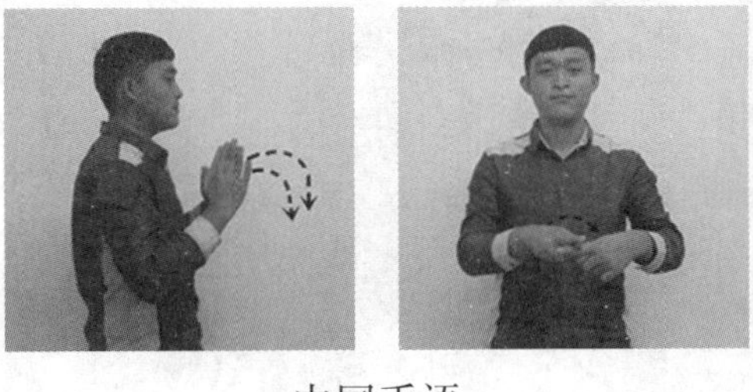

中国手语
双手侧伸，掌心相对，向下一顿。
左手食指横伸，右手食、中指
相叠敲一下左手食指。

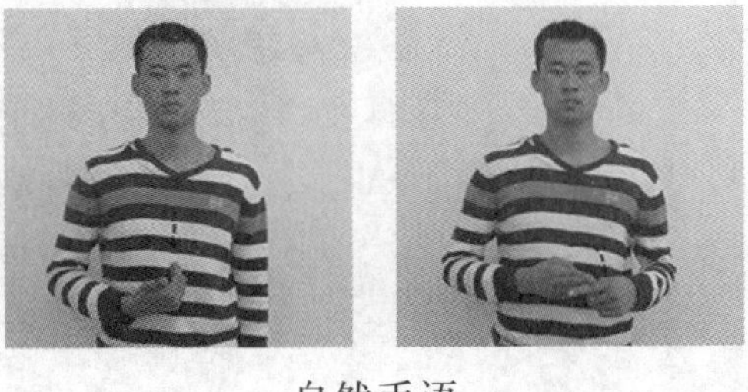

自然手语
一手四指贴于身体腹部，从上至下滑动。
左手食指横伸，右手食、中指相叠
敲一下左手食指。

自私

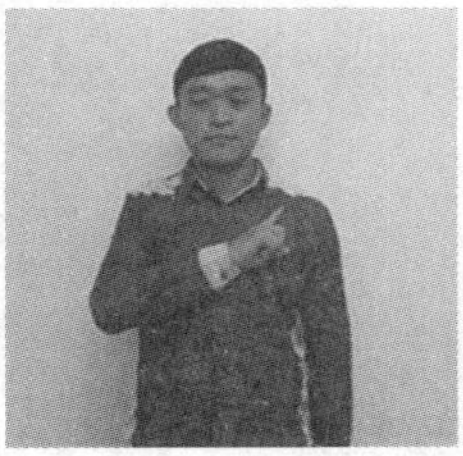

中国手语

一手食指伸直，贴于胸部，表示“自己”。

一手以拇、食指贴在胸前，五指同时弹动几下，表示“私”“私心”。

自然手语

右手握拳置于前额，左手拍右拳。

自卑

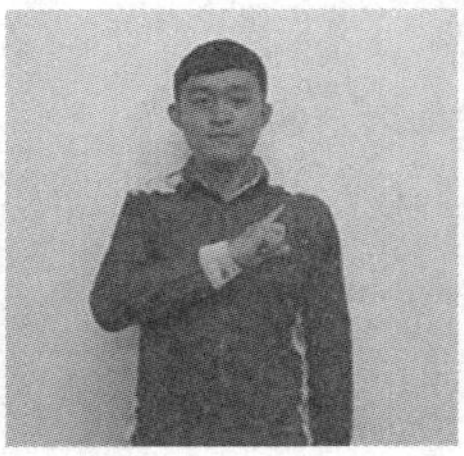
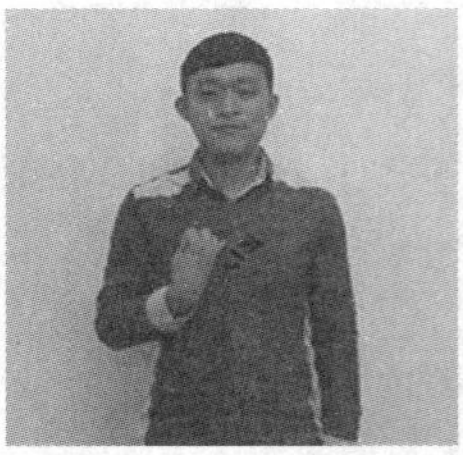

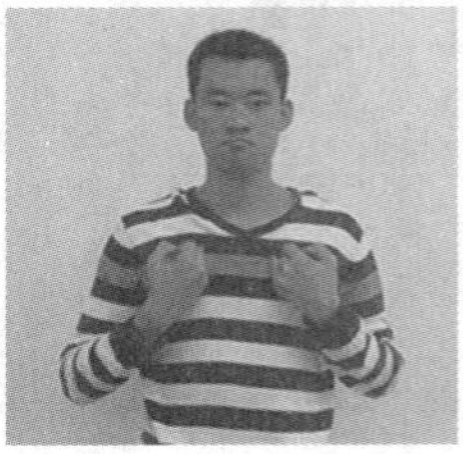

中国手语

一手食指伸直，贴于胸部，表示“自己”。

一手小指伸直，向胸部点动几下。

自然手语

一手食指伸直，贴于胸部，表示“自己”。

双手小指伸直，向胸部点动几下。

孤独

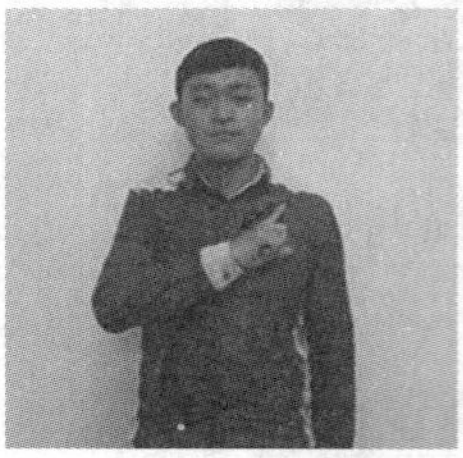

一手伸食指，指尖朝上贴于胸前，再向下微微划动一下。

心情（情绪）

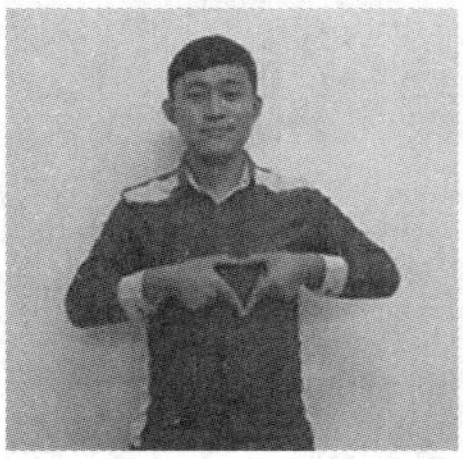

打“心理”手势。双手五指张开，手掌相合，左右搓动，表示错综复杂的事情。

表情

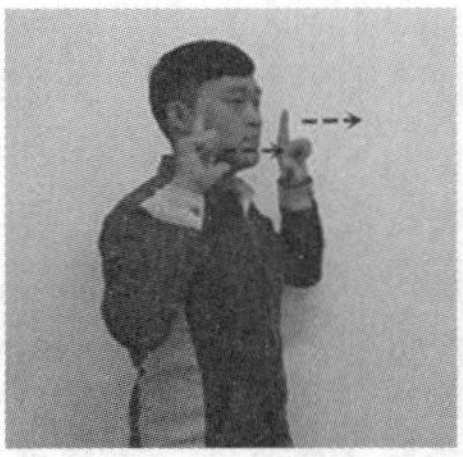
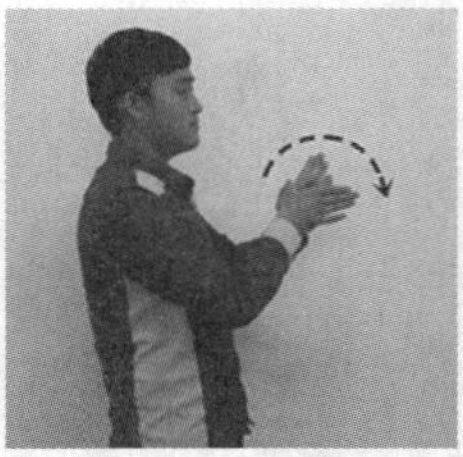

双手拇、食指呈“└ ┘”形置于脸颊两侧，然后向前移出。双手直立，掌心相贴，五指分开，左手不动，右手向右转一下。

尊敬(恭敬)

中国手语

一手握拳伸拇指，坐于另一手手掌上，并向上举起。右手上举置于额角，模拟“敬礼”状。

自然手语

一手握拳伸拇指，坐于另一手手掌上，并向上举起。

羡慕

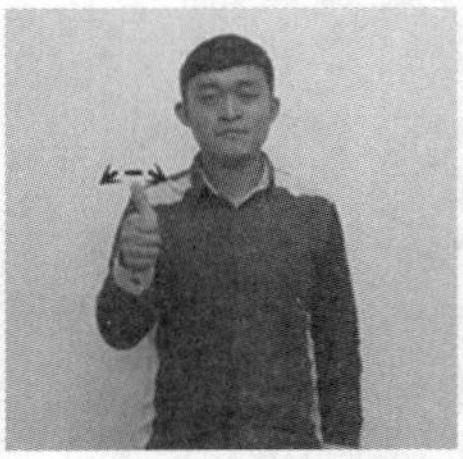

右手食指指尖朝下自嘴角往下划动。右手伸出拇指并左右晃动几下。

舍不得

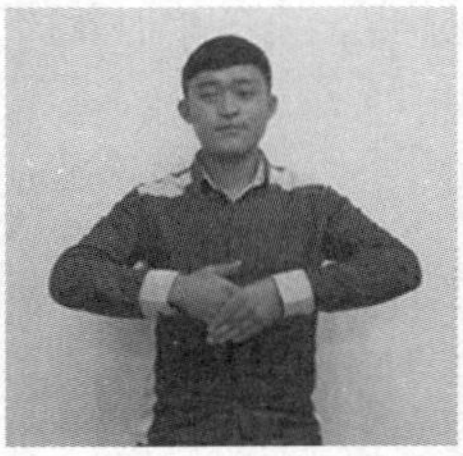

右手握住左手，左右晃动几下。

忘记

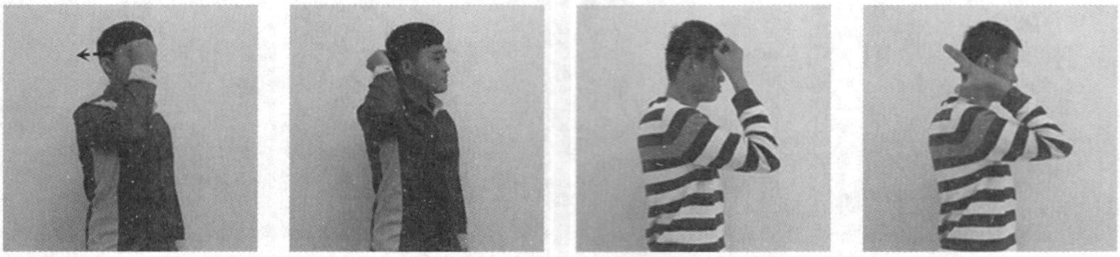

一手五指并拢，先在前额虚按一下，再转向脑后虚按一下，
表示把原来记住的事情丢在脑后。

希望

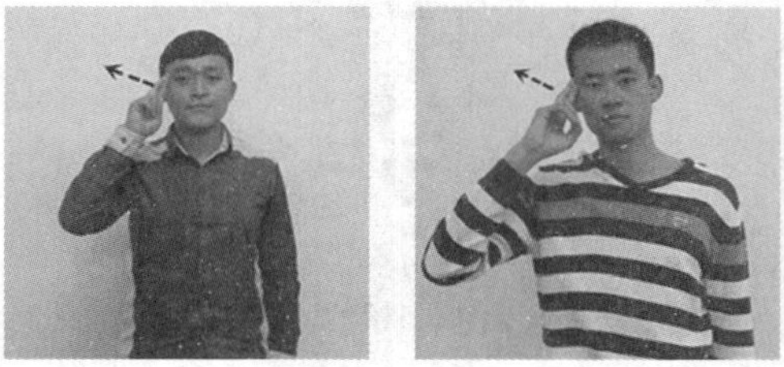

一手打手指字母“X”的指式，
先置于太阳穴处，然后向外挥动。

相信

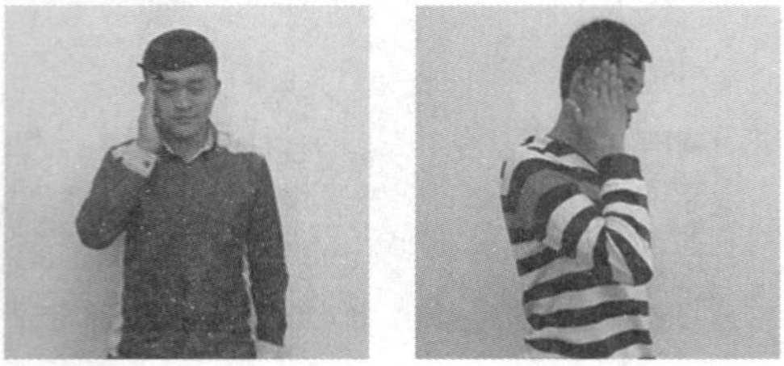

一手捂于耳部，同时头部微微点一下，
表示“听信”“信任”之意。

耐心

一手手心向下，在胸前向下按几下，表示将急躁的心情压抑下去之意。
双手拇、食指搭成“♡”形，置于胸前。

关心

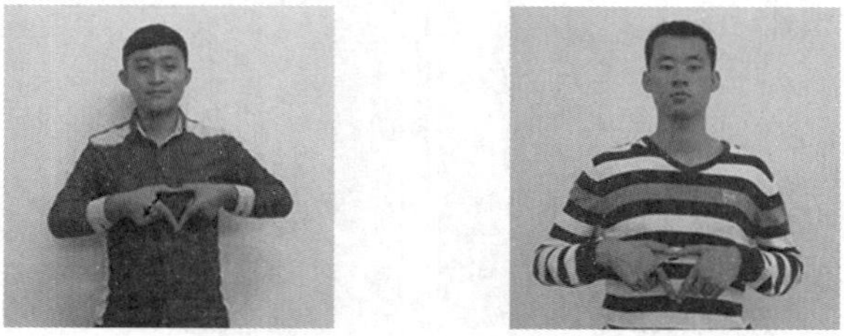

双手拇、食指搭成“♡”形，先贴于胸前，再向前移动，表示“关心对方”之意。

放心

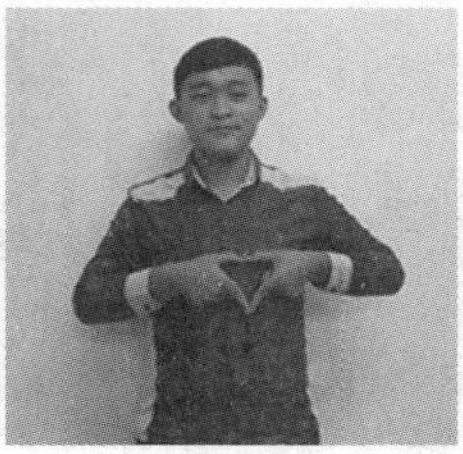

中国手语

双手拇、食指搭成“♡”形，放于胸前，向下移动，表示将提起的心放下了之意。

自然手语

双手重叠在一起，掌心向下，双手同时向下移动。打“心”的手势。

决心

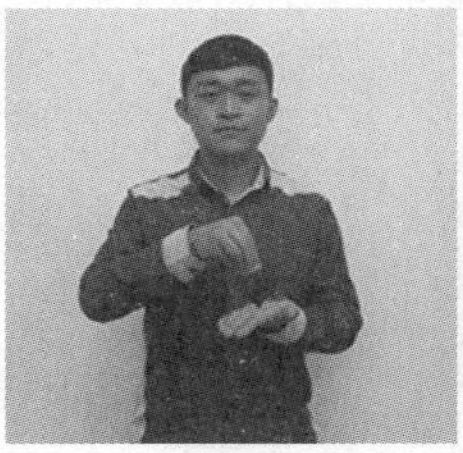
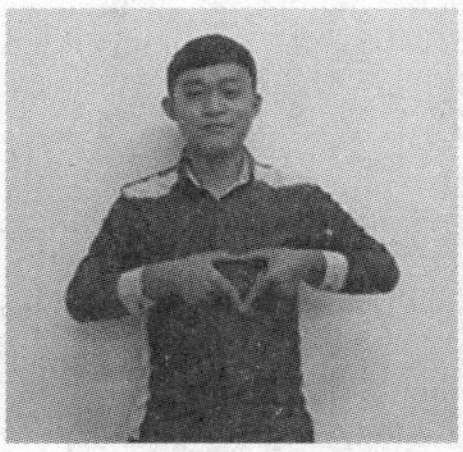

一手五指撮合，指尖向下，按于另一手掌心。打“心”手势。

专心

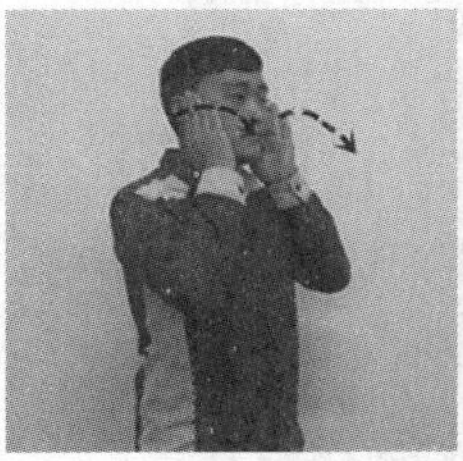
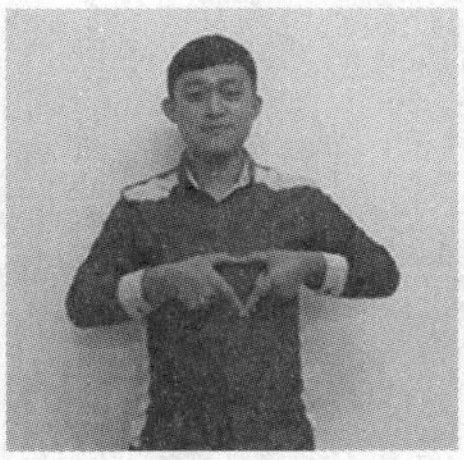

中国手语

双手平伸置于头两侧，同时向前下方移动。打“心”的手势。

自然手语

一手五指微曲，搭在另一手直伸的食指根部向外移动，打时收拢五指。打“心”的手势。

喜欢(愿意)

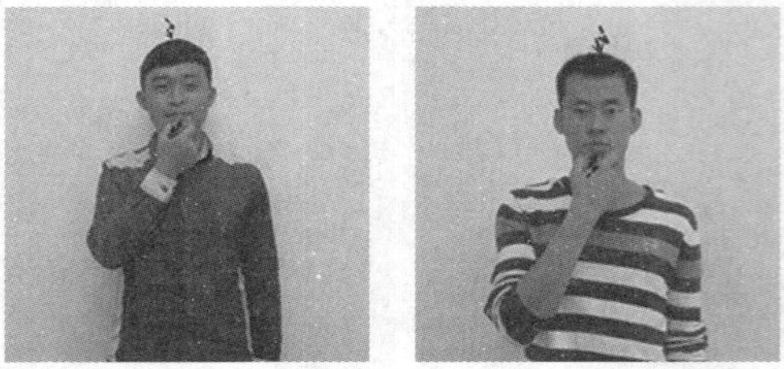

一手拇、食指微曲,指尖抵于颔下,头微微点动一下。

快乐(高兴)

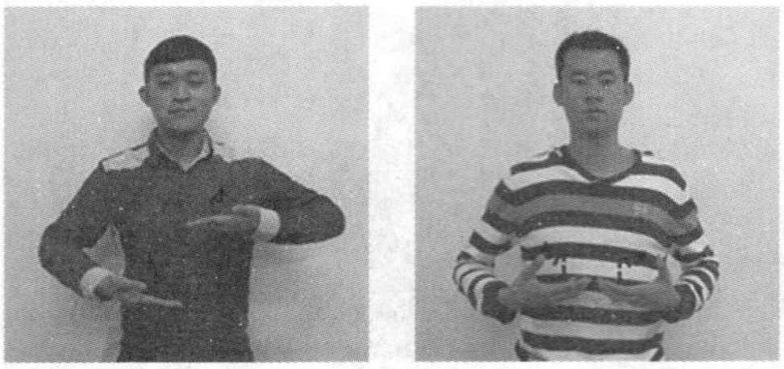

双手掌心向上,在胸前上下扇动,脸露笑容。

舒服

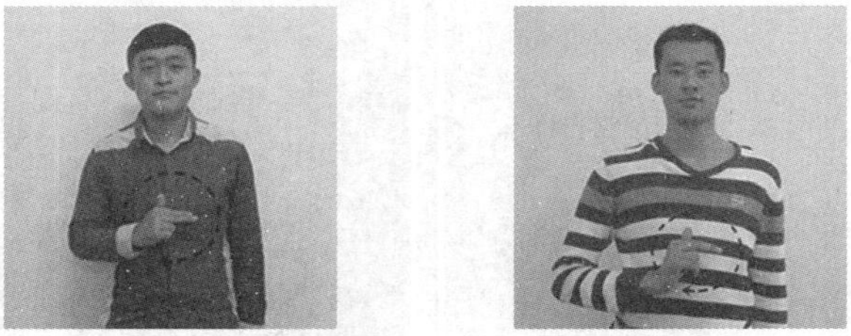

打手指字母“SH”的指式,在胸前画一圈。

乐观

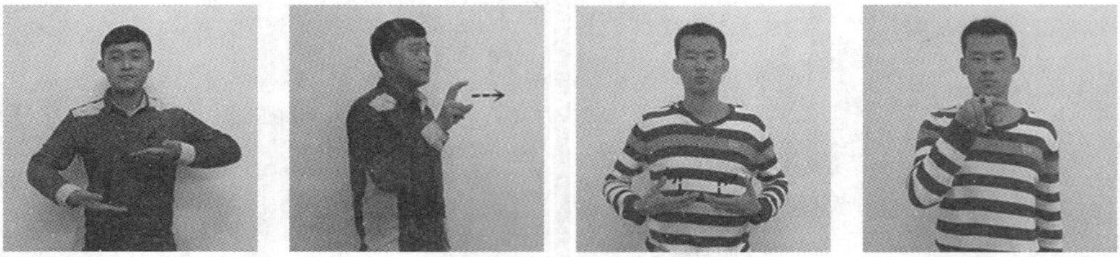

双手掌心向上,在胸前上下扇动,脸露笑容。一手食、中指从眼部向前移动。

悲观

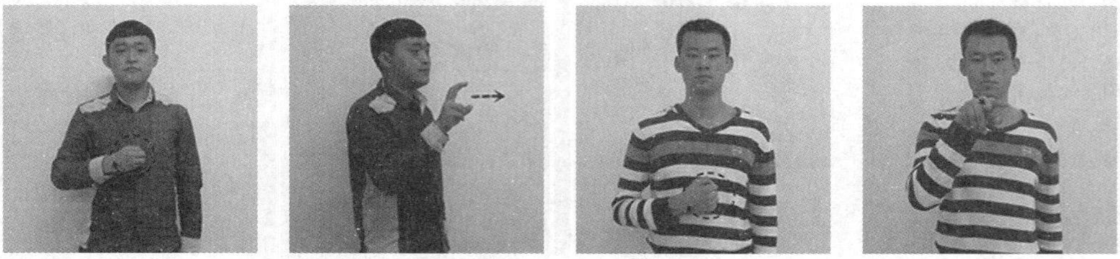

一手虚握贴于胸前转动,脸露愁容。一手伸食、中二指,从眼部向前移动。

马虎

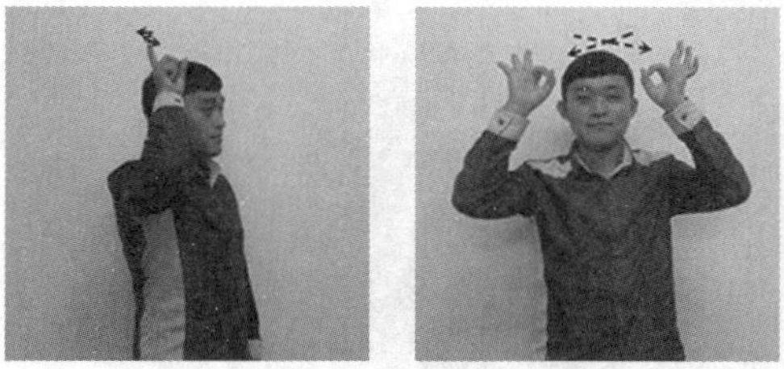

中国手语

一手食指直伸，虎口贴近太阳穴，前后微动几下。双手拇指、食指捏成小圈，其他三指伸直，然后在眼前交叉。

自然手语

双手拇指、食指捏成小圈，其他三指伸直，然后在眼前交叉。

责备

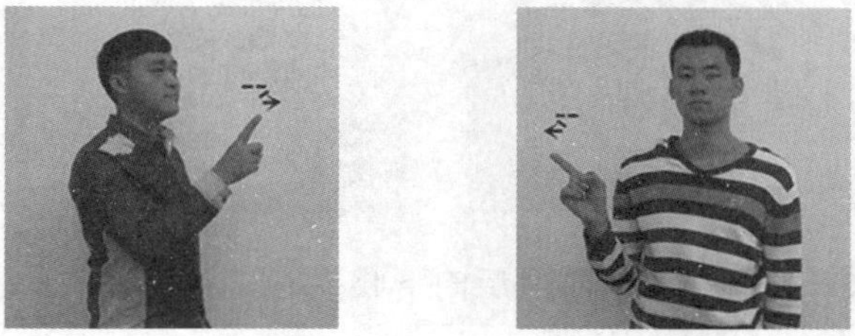

一手伸出食指，向前点几下，脸露责备状。

生气（气愤）

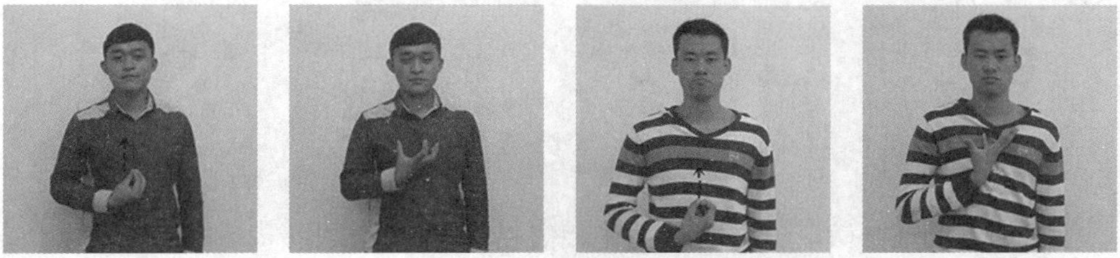

一手五指并拢，指尖向上，贴于胸部。然后此手向上抬起，同时放开五指，表示“内心愤怒”之意。

难过

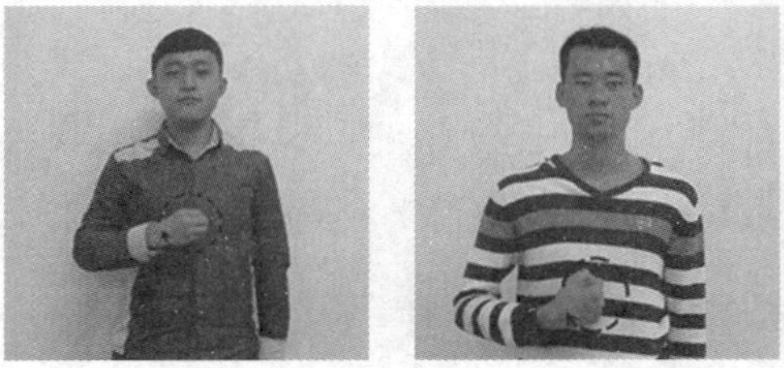

慌

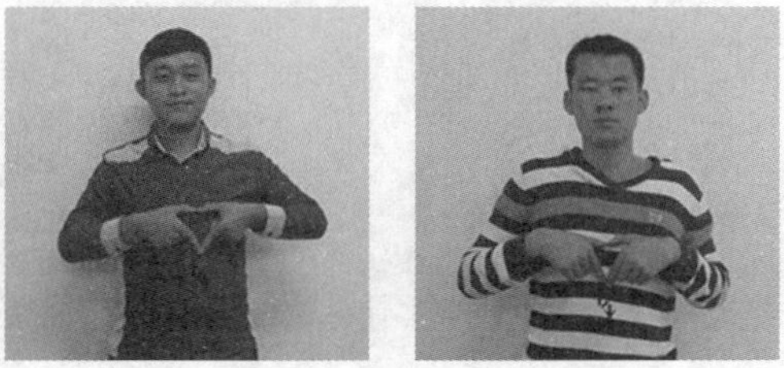

一手虚握贴于胸部，并转动几下，脸露愁容。打“心”的手势，并在胸前上下晃动几下。

害怕

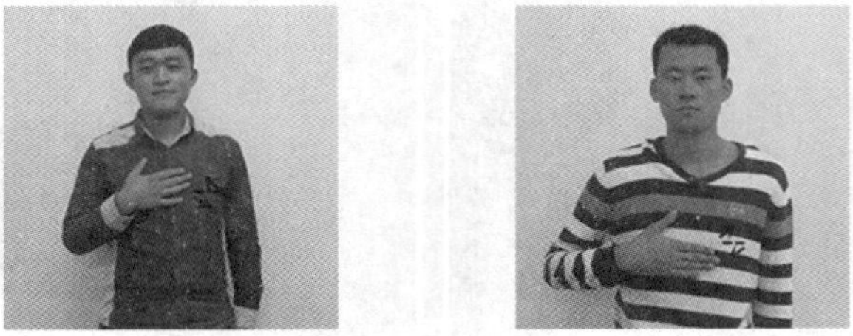

一手拍几下胸部，脸露害怕神态。

失望（消极）

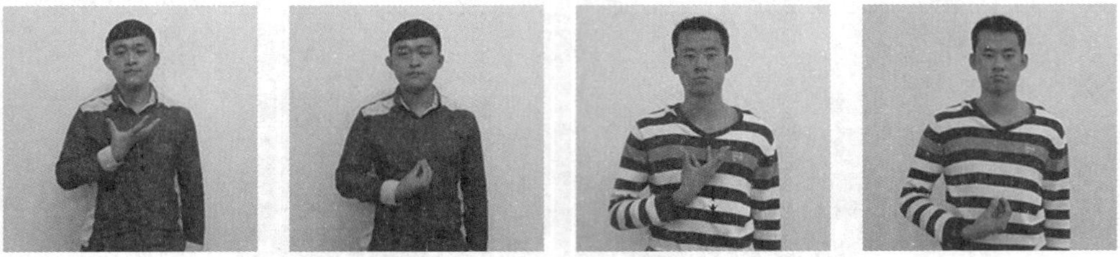

一手五指张开，先贴于胸前，然后向下收拢五指，脸露“灰心丧气”表情。

谎话

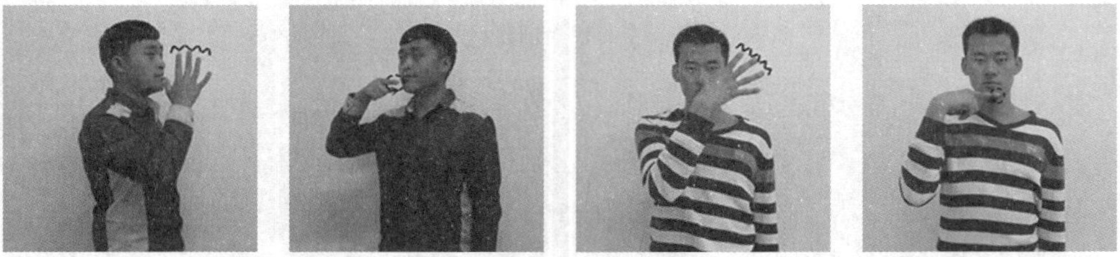

一手伸直在嘴前微微扇动几下，面露不相信神色。一手伸食指横于嘴前转动几下。

讨厌

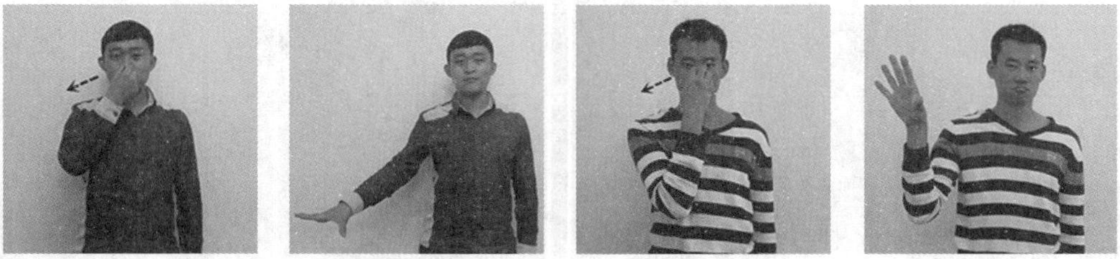

一手拇、食指在鼻翼处相捏，然后向外用力一甩，脸露厌恶的表情。

不信

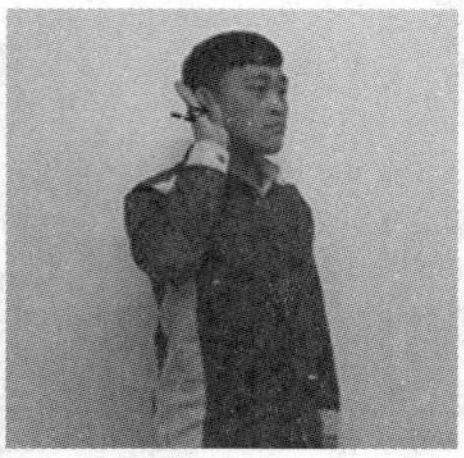
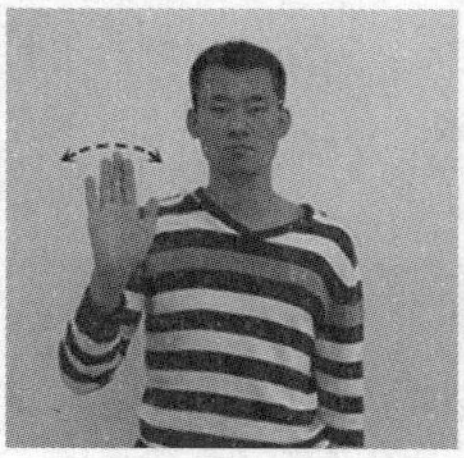
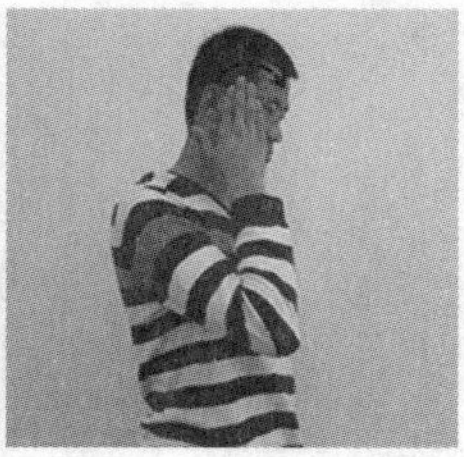

中国手语
一手直立，掌心向外，
自耳后向前扇动几下。

自然手语
打“不”的手势，右手置于太阳穴处，
同时头微低。

行为(行动)

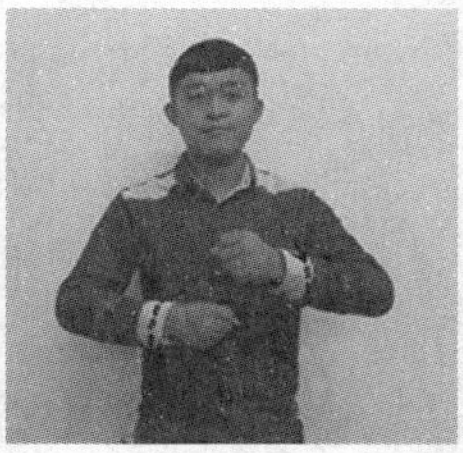

双手握拳，在胸前以两小臂带动交替转动几下。

动作

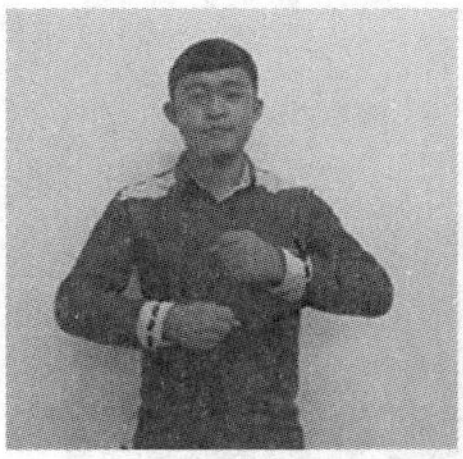

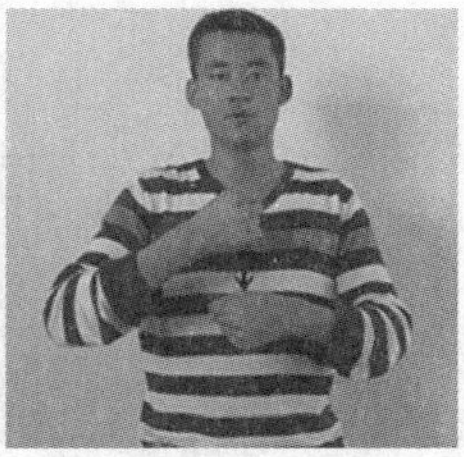

双手握拳曲肘，交替转动几下。双手握拳，一拳敲打另一拳。

搬

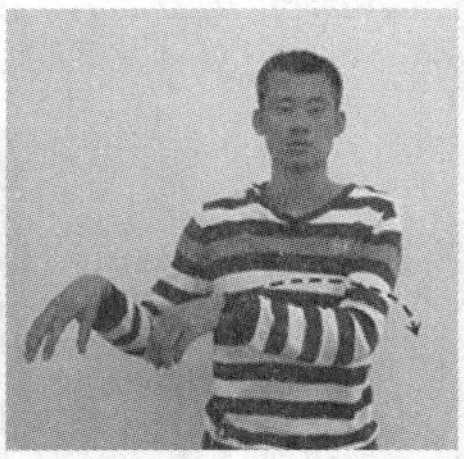

中国手语
双手呈“[”“]”状，
并向上移动。

自然手语
双手并排，五指并
拢，指尖向下，从一
侧向另一侧移动。

搬家

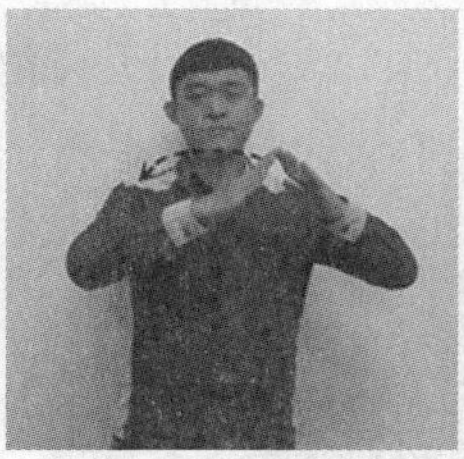

双手搭成房子形，由一侧
向另一侧移动。

包(包装)

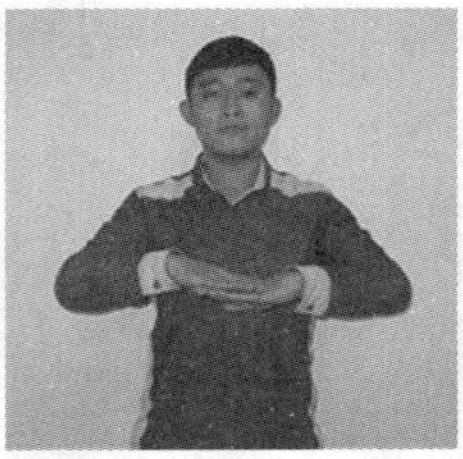

中国手语

双手平伸,掌心向下,然后交替翻动,手背相叠,如包物品状。

自然手语

左手握拳,右手在左手上部划过,至下部时右手握拳。

抱(搂)

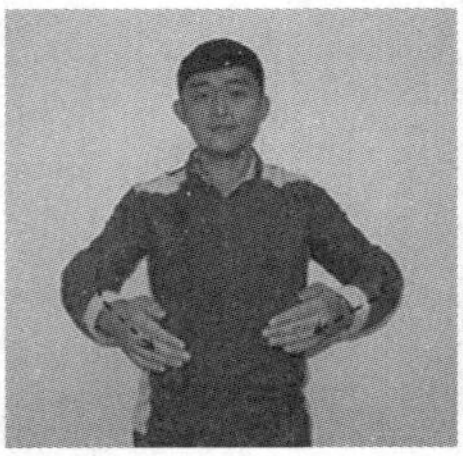

双手五指伸开,指尖相对,同时向前上方抱一下,模拟搂人状。

背

双手握拳,一上一下,放于肩部,上身向前微倾。

擦

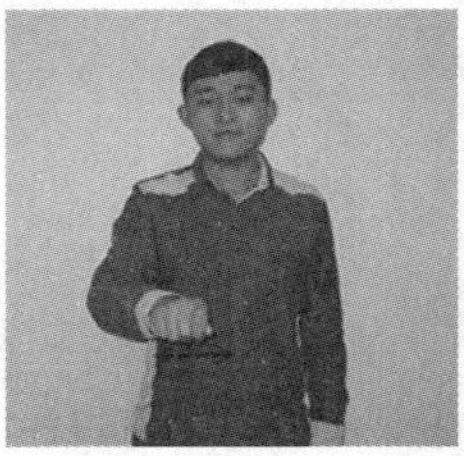

一手握拳,平行来回移动。

猜

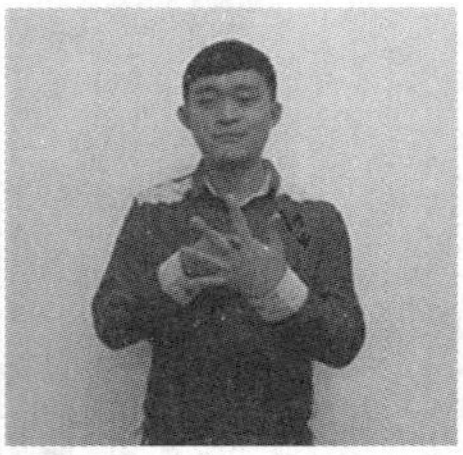

左手直立,手指张开,手背向外;右手食指在左手食、中指指缝中点动两下,脸露思考状。

踩(趟)

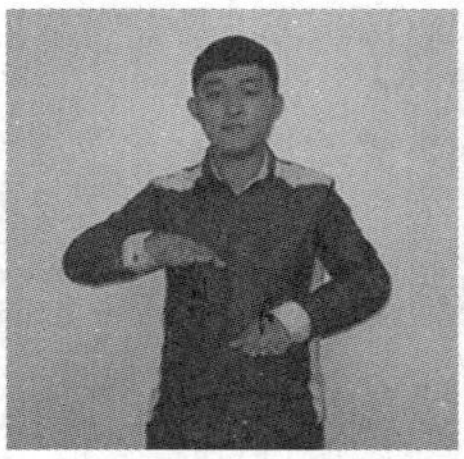

中国手语

双手伸开,掌心向下,一手在上,另一手在下,上下交替动几下。

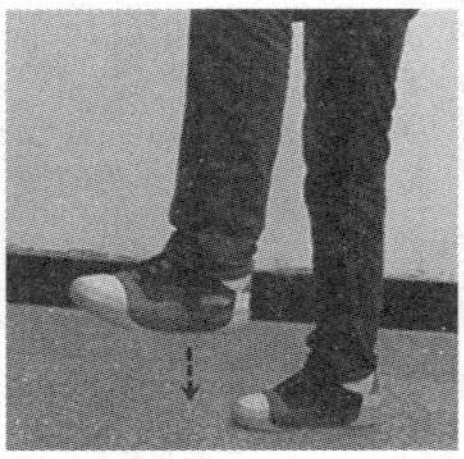

自然手语

抬起一只脚向下踩去。

吃

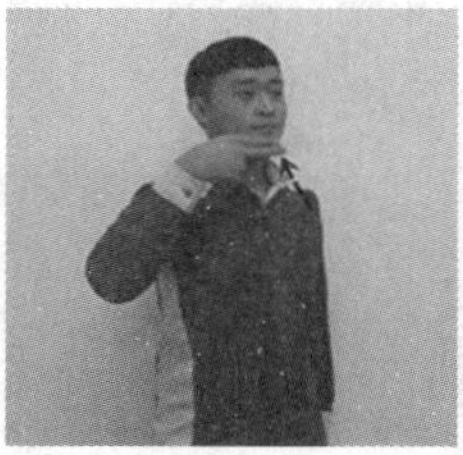

一手伸食、中指，由外向嘴边拨动，模拟用筷子吃饭状。

尝

中国手语
一手拇、食、中指相捏，做捏取食物投向口中状。

自然手语
除小指外四指相捏，在嘴边微动。

抽（挑选、选拔）

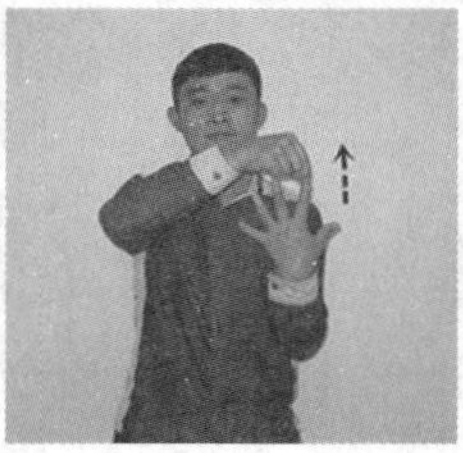

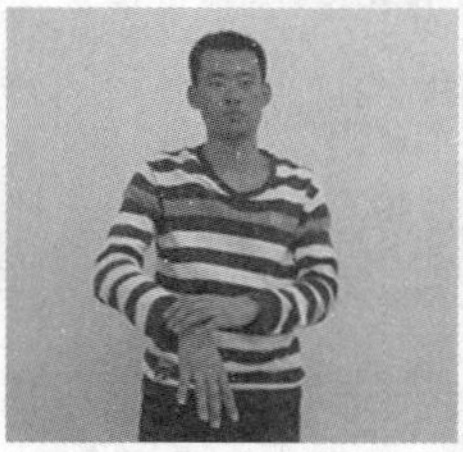

中国手语
左手五指张开，指尖朝上；右手拇、食指捏一下左手食指，然后向上一提。

自然手语
左手呈“]”状，右手放在左手手腕处，向上拉的同时撮合五指。

穿

模仿穿衣的具体动作（穿鞋、穿袜、穿针引线等均模仿具体动作）。

打

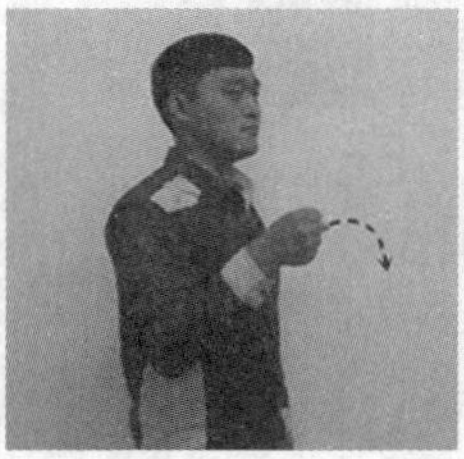

中国手语
一手握拳向下击打。

自然手语
左手伸出拇指、小指，右手握拳打左手拇指。

带

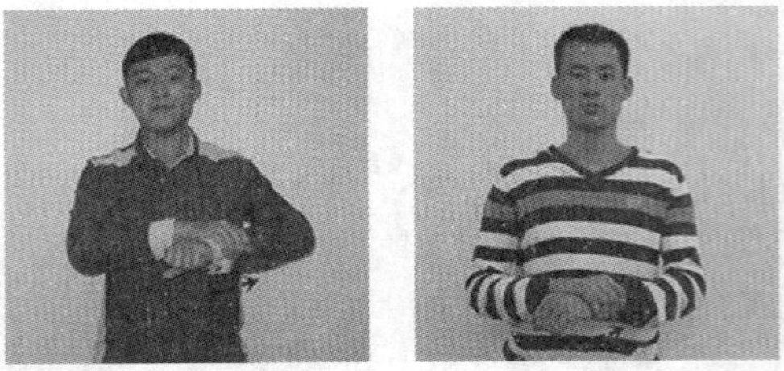

一手握住另一手腕，由一侧向另一侧移动。

叠

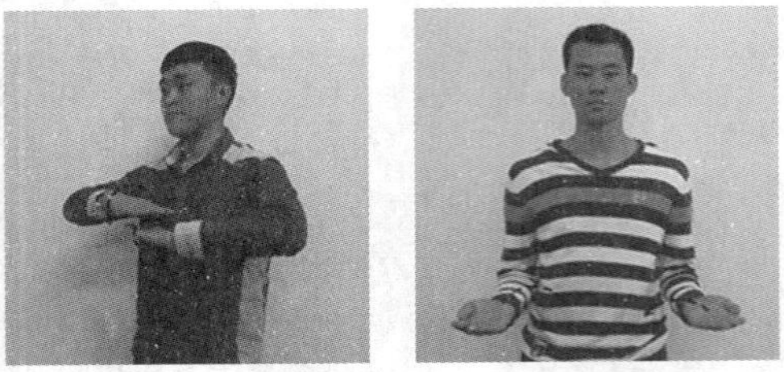

中国手语
双手伸掌，掌心向下，两掌上下交替叠放两次。

自然手语
双手伸掌，掌心向上，两手向内翻至掌心向下。

丢

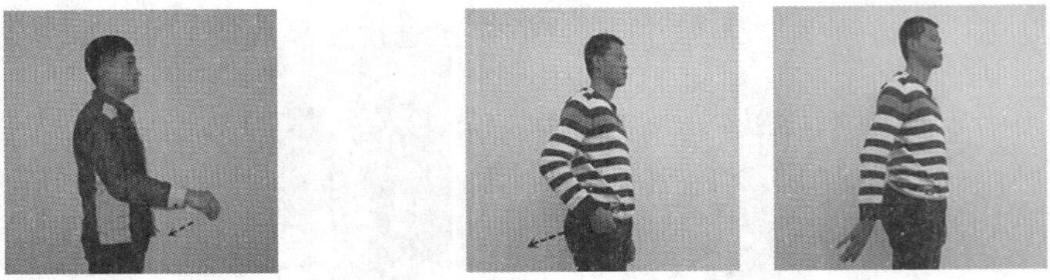

一手虚握，由前向后一甩，并放开五指。

蹲

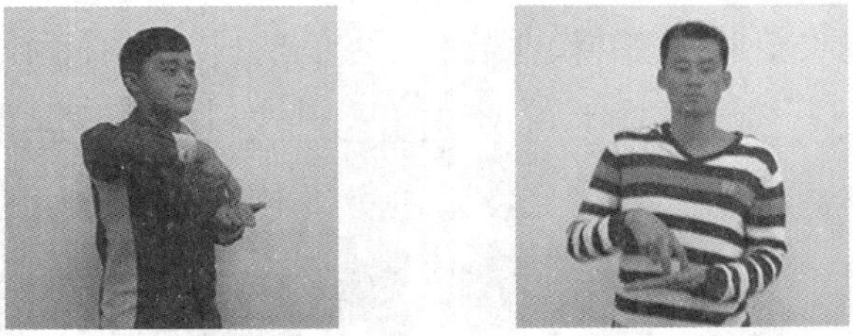

一手食、中指弯曲，指尖抵于另一手掌心上。

发（发行）

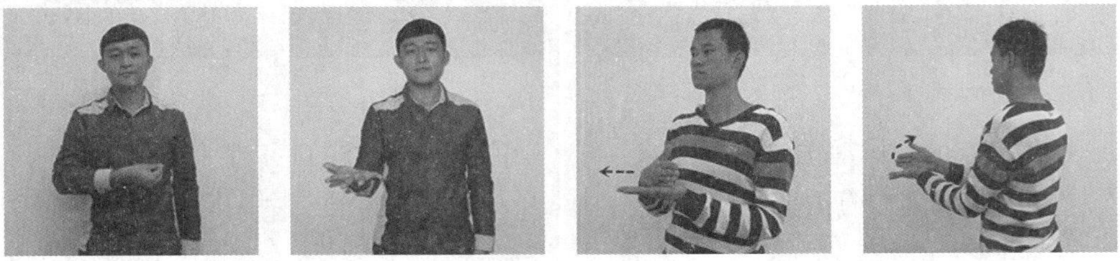

中国手语
一手五指撮合，手背向下，从内向外移动，同时张开五指。

自然手语
左手平伸置于胸前，右手直立在左手手掌上，向前刮两下，象征分给别人一部分。

翻

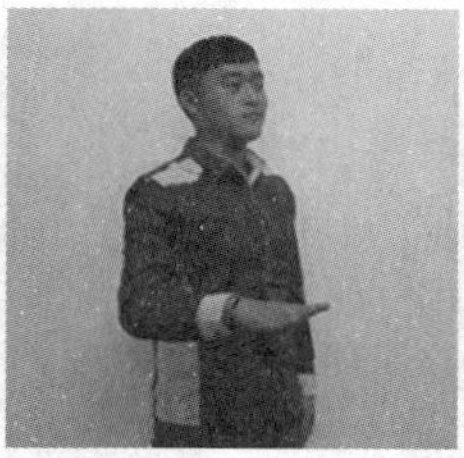

中国手语

一手平伸，掌心向下，
然后变为掌心向上。

自然手语

右手平伸，掌心向上，左手拇指、食指相捏，
在右手掌心处点一下并向左移动。

飞

双手小臂抬起，掌心向下，
扇动两下。

扶（救）

右手伸出拇、小指，平放；
左手将右手扶起。

盖（扣）

一手握成半圆形，虎口向上，另一手
伸掌覆盖在这只手虎口上。

跟

双手拇、小指伸直，一前一后往前移，象征
一个人跟着前面一个人走的样子。

挂

中国手语

一手食指弯曲呈“挂钩”状，
然后向上做挂东西动作。

自然手语

双手伸出食指并弯曲，一手在上另一手在下，
掌心相对，在上的一只手挂在下边的手上。

关

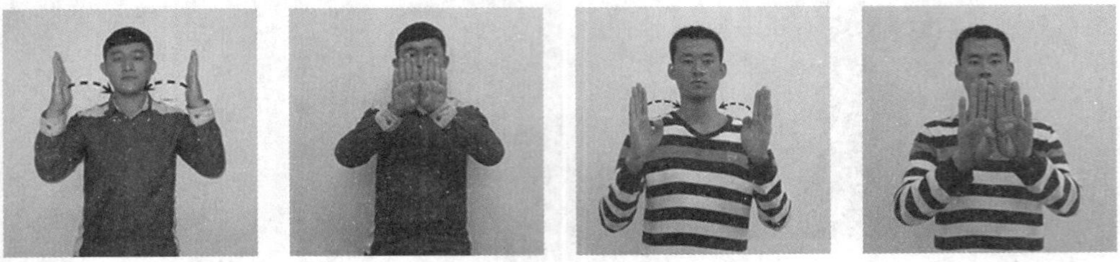

双手直立，掌心相对。然后双手向外翻掌，双手并拢，掌心向外。

跪

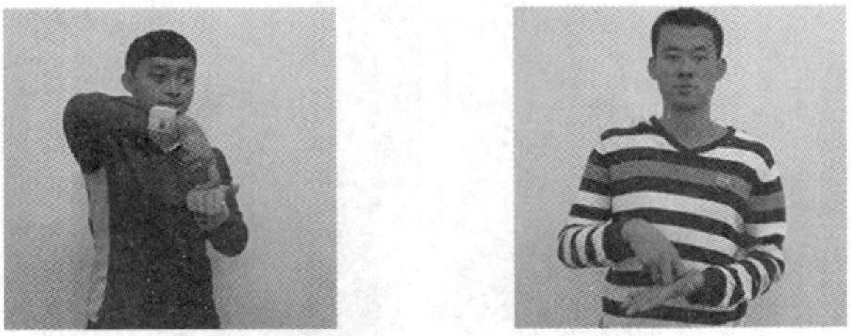

一手食、中指弯曲，指背贴于另一手掌心上。

滚

中国手语

双手伸食指，指尖相对，
一前一后做滚动状。

自然手语

右手伸出拇指、小指放在胸前，左手平伸，
掌心向下，向上打一下右手。

喊（叫）

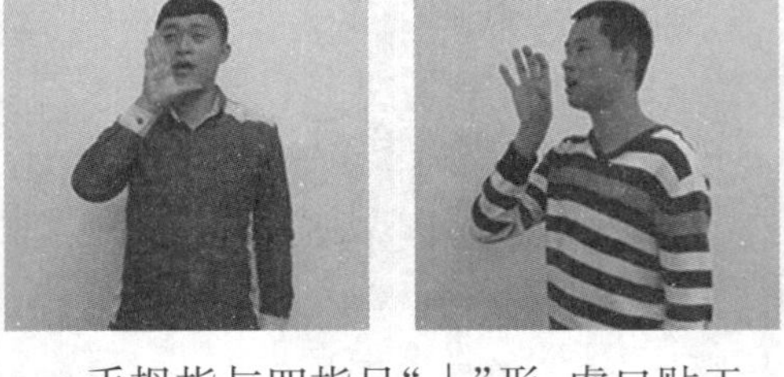

一手拇指与四指呈“└”形，虎口贴于嘴边，张开嘴，做喊叫状。

喝

一手五指虚握，如拿杯子状，然后放在嘴边做喝水状。

给(送、还)

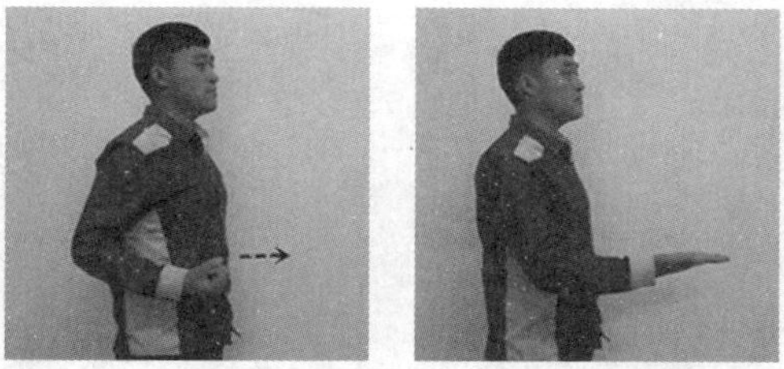

中国手语

一手五指虚握，掌心向上，向外伸出，张开手掌，如把物品归还给别人。

自然手语

双手张开置于胸前，掌心向上，向前平伸。

换(代替)

双手食指指尖向上，一左一右互相交换位置。

进

中国手语

一手拇、小指伸直，在另一手掌心上向前移动。

自然手语

一手拇、小指伸直向前移动。

借

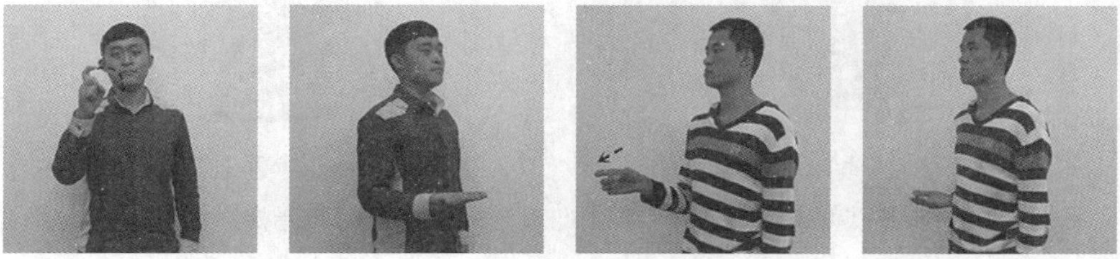

一手先打手指字母“J”的指式。一手再打“要”手势。

开

双手并排，掌心向外。然后双手向内翻掌并拉开，掌心相对。

看

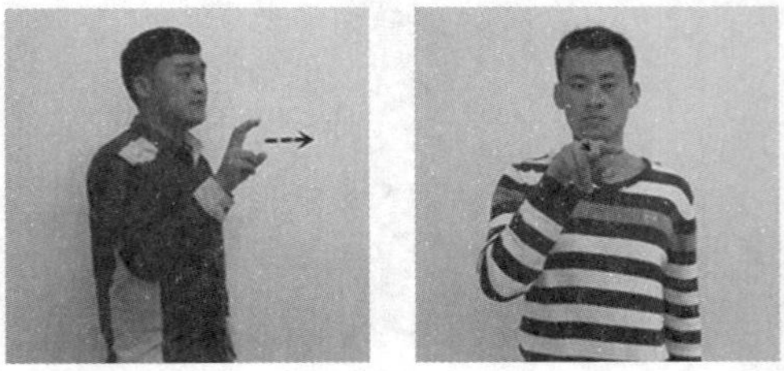

一手伸食、中指，
从眼部向前微伸一下。

哭

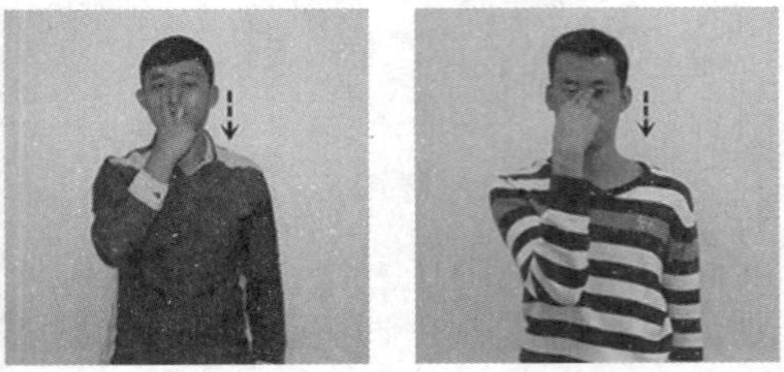

一手食、中指置于两眼眼窝处，然后向下划，反复几次，模拟泪水流下状。

立（站）

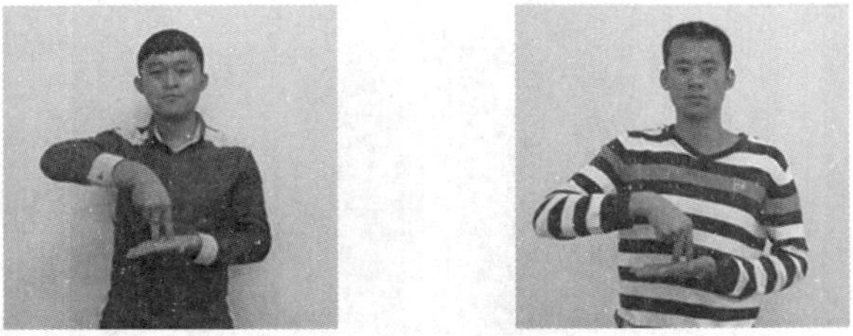

一手伸食、中指，指尖向下伸直，抵于另一手掌心上。

骂

中国手语
一手拇、食、中指指尖朝前置于嘴前，然后向前移动，同时显示口型，并注意表情。

自然手语
一手伸拇指、食指，
在嘴前张合几次。

拿

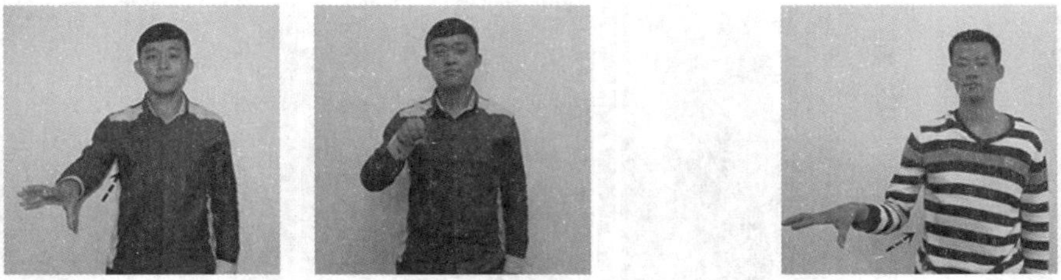

一手向下微抓，如拿物状。然后此手向上提起。

能（可以、可能）

中国手语
一手五指伸直，指尖向上，然后拇指不动，其余四指弯动几下。

自然手语
一手握拳，拳心向前，并点动几下。

不能（不行、不许）

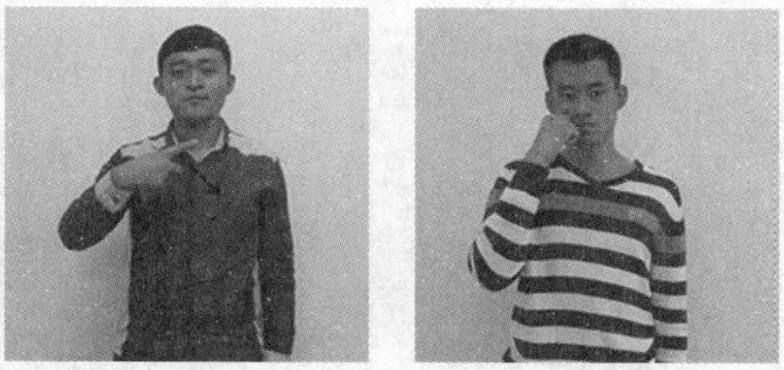

中国手语
右手食指横伸，用力向下一甩。

自然手语
一手掐脸。

跑

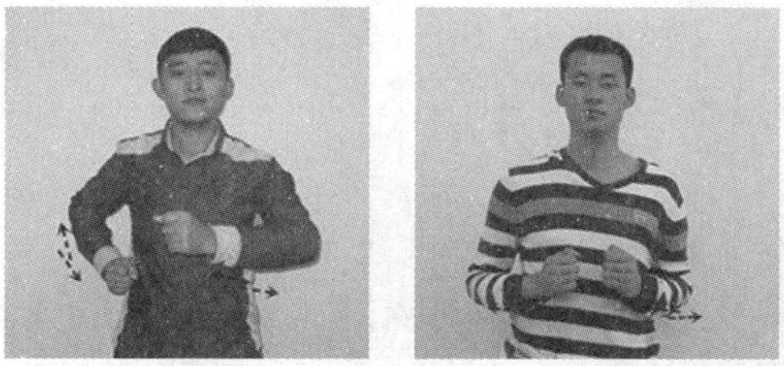

两手握拳放于腰两侧，并前后摆动。

陪

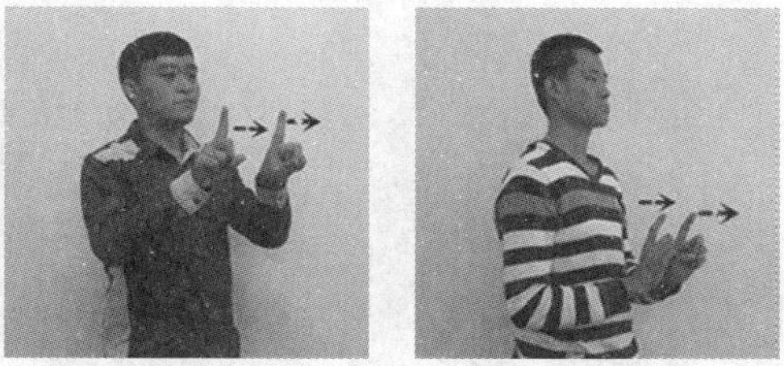

双手食指向上伸直，一左一右，同时向前移动，如一个人陪着另一个人。

请

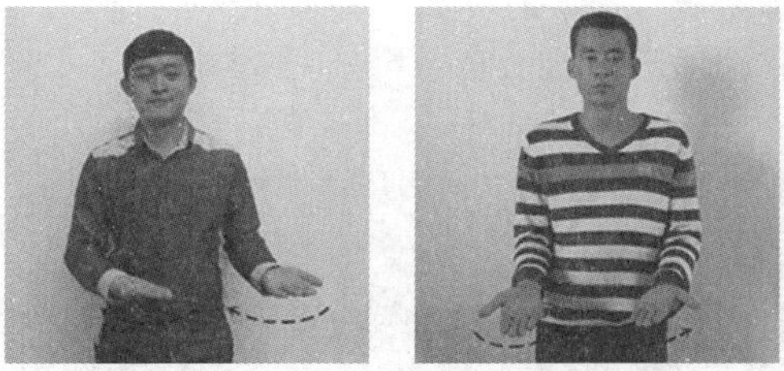

双手掌心向上，在腰部向旁移，表示邀请之意。

杀

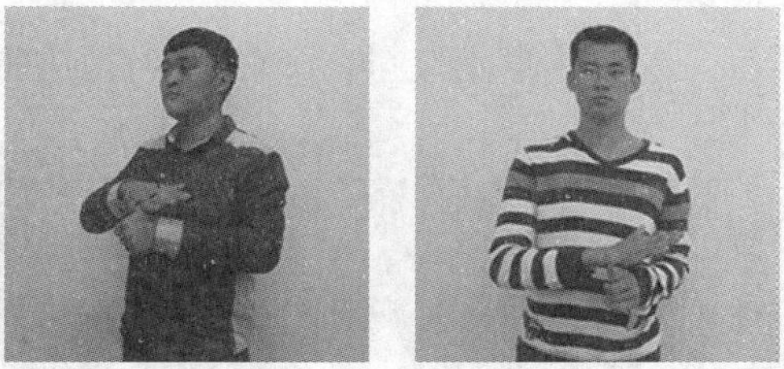

左手伸出拇指。右手五指并拢，掌心向下，在左手拇指处砍一下。

数

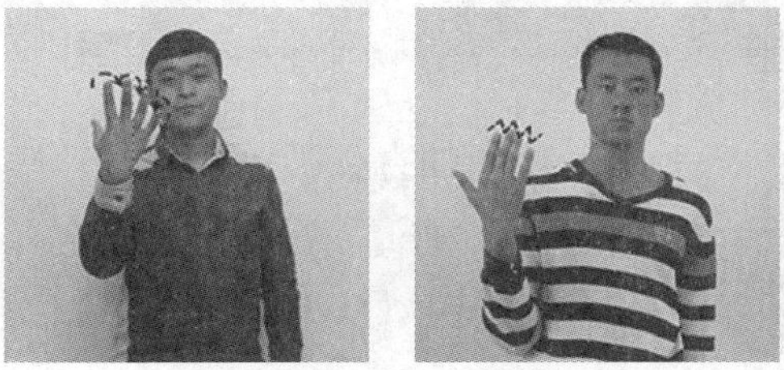

一手五指分开，指尖向上，手指微微抖动几下。

说（语言、发言）

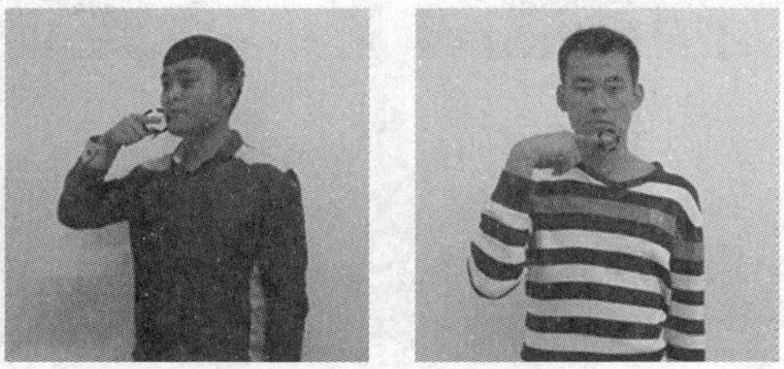

一手食指横于嘴前转动几下，表示说话。

躺

一手伸出拇、小指，平放在另一手掌心上，手背向下，同时头部朝拇指方向倾斜，如睡觉状。

踢

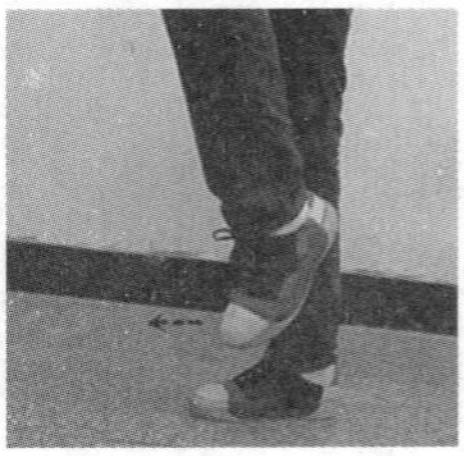

中国手语
右手伸食、中指，指尖朝下，手背向前，中指不动，食指向前做“踢”状。

自然手语
抬起一只脚，向前踢去。

跳

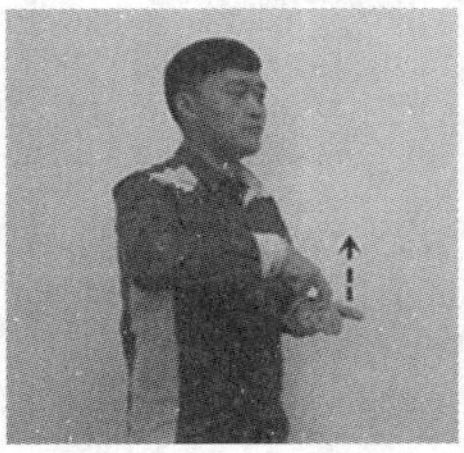

左手平伸，掌心向上；右手伸食、中指，指尖分开微曲，先立于左手掌心上，然后迅速向上提起。

听

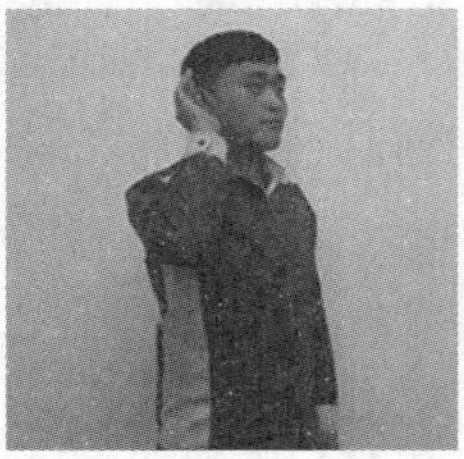

中国手语
一手贴于耳部，表示在听。

自然手语
一手张开五指，拇指置于耳朵附近。

退

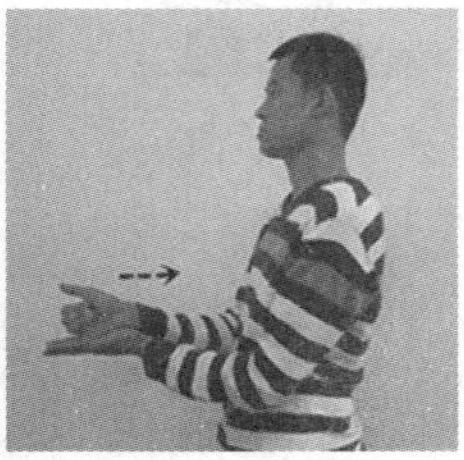

一手拇、小指伸直，在另一手掌心上由前往后移动。

吸(吸收)

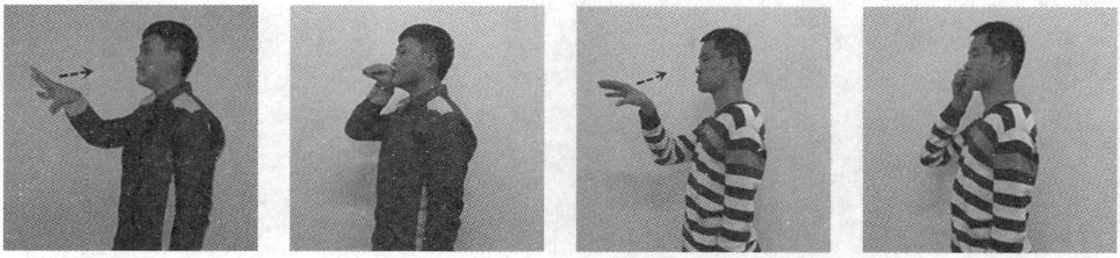

一手五指张开,掌心向外。此手边向鼻部移动,边撮合五指,如吸气状。

洗

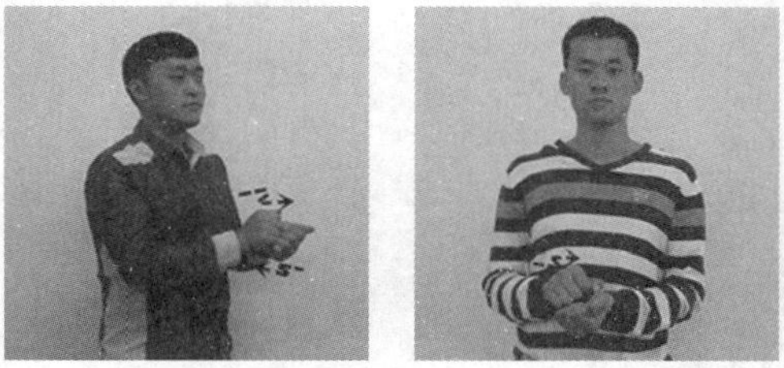

模拟洗的具体动作。

笑

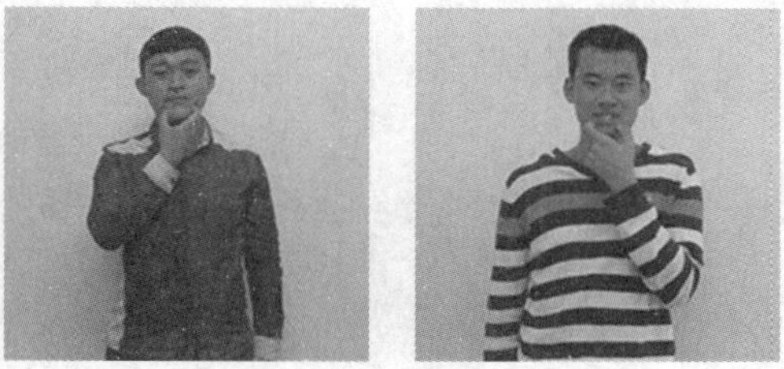

一手拇、食指微弯,放于下颌,脸露笑容。

咬

中国手语

一手五指微曲,指尖向外,放于口边。然后此手向前微伸,五指同时相碰,如咬物状。

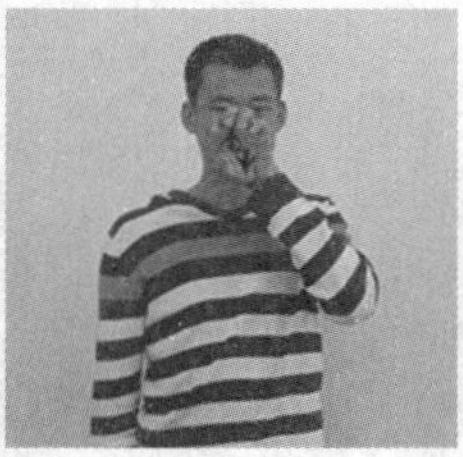

自然手语

一手五指微曲,指尖向外,放于口边,五指同时相碰。

用

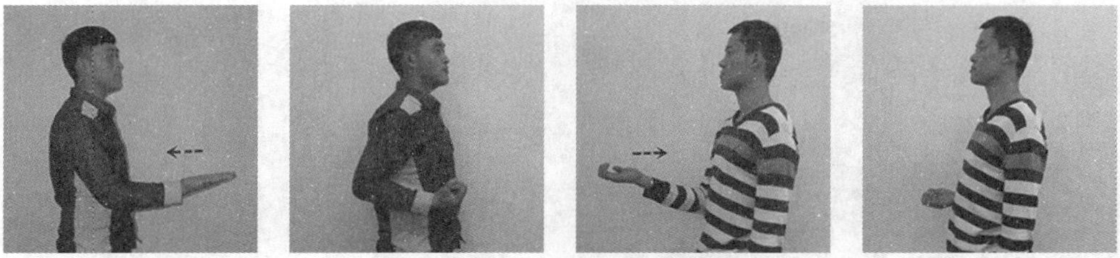

一手向前伸出小臂,五指先张开。然后此手从前向后微移,并收拢五指,表示从外界得到所需物品。以此引申为"用""使用"之意。

抓(抢、争取)

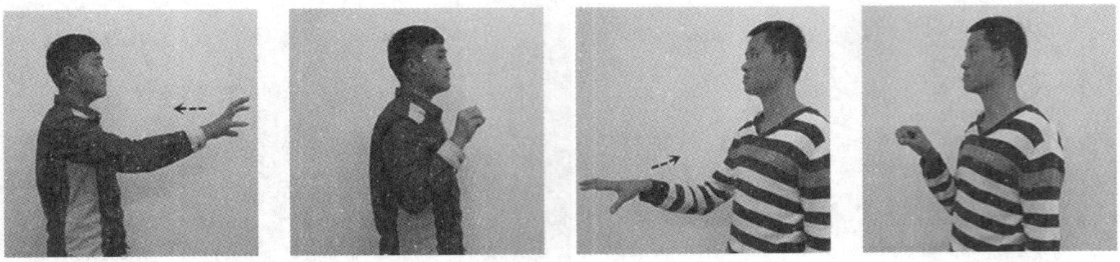

一手五指放开,然后由前向后收拢五指,如抓物状。

走

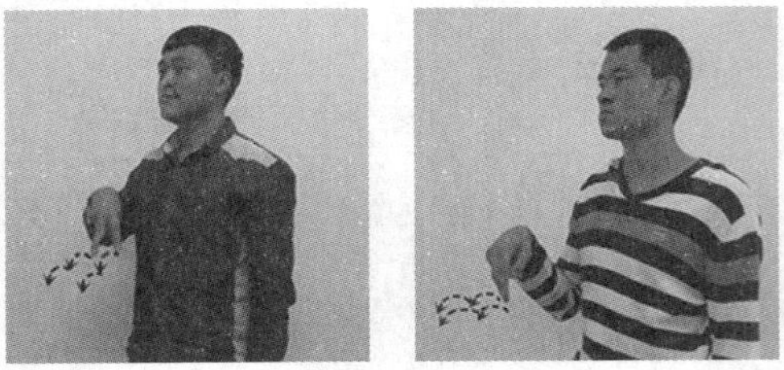

一手伸开食、中指,指尖向下,
一前一后交替向前移动。

坐

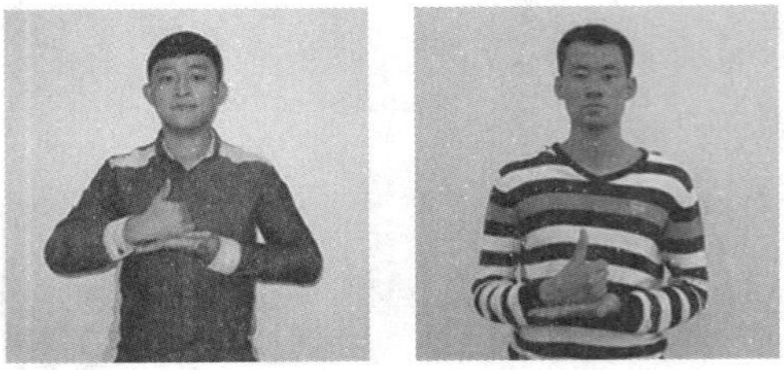

一手伸出拇、小指,坐于另一手掌心上。

答应

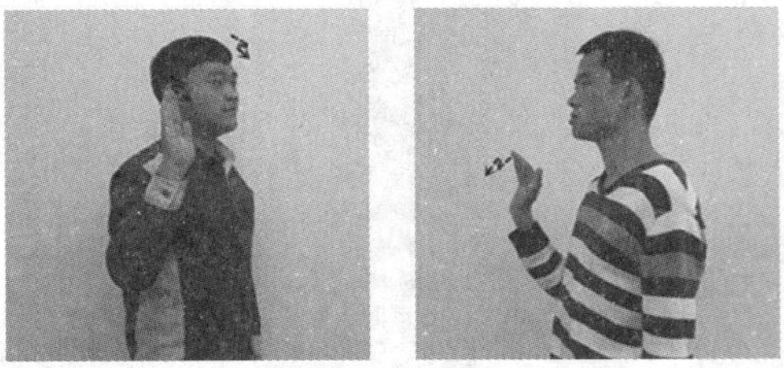

一手掌心向外,五指微曲,拇指不动,
四指弯动两下(即“允许”手势),
同时头微点,表示答应、答允。

等候

一手手背贴于下颏,表示张望、等候之意。

发现

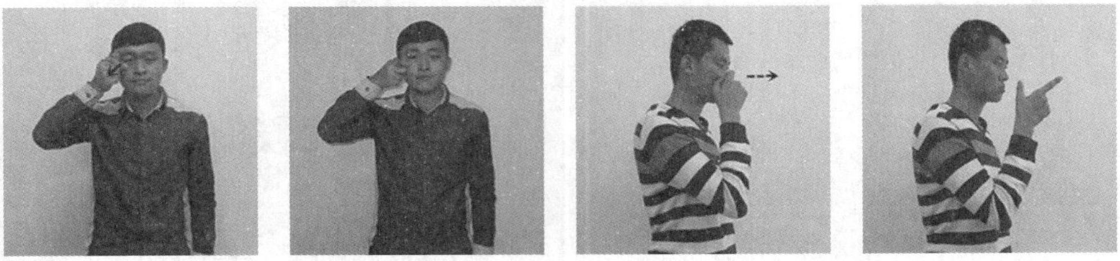

一手拇、食指相捏置于一只眼前,然后食指向前打开。

发明(创造)

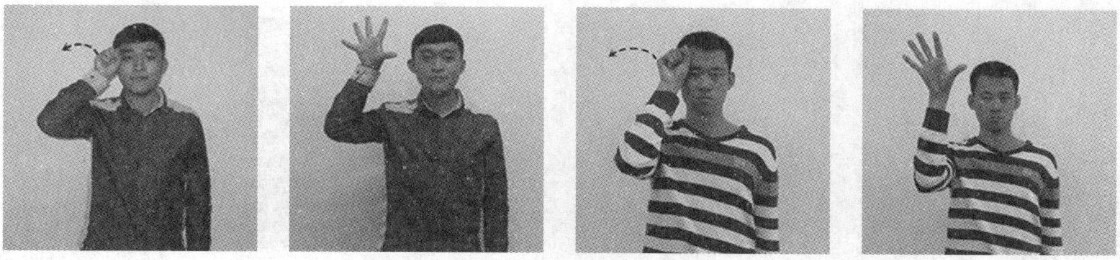

一手握拳贴于太阳穴旁,然后向外移动,并张开五指。

改正(订正)

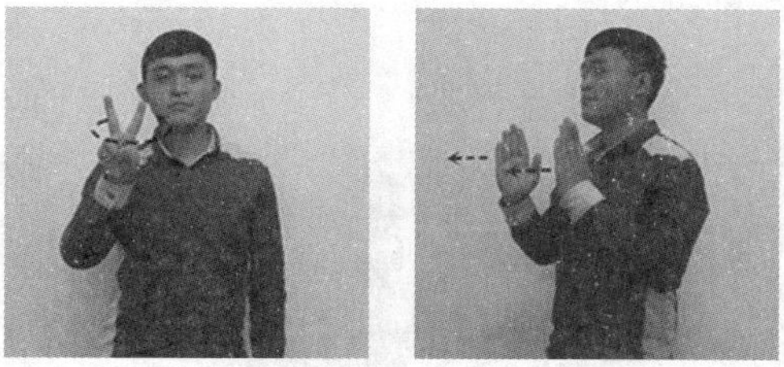

中国手语

一手食、中指叉开向上,反转一下。双手直立,指尖朝上,掌心相对,并向前移动。

自然手语

一手食、中指叉开向上,反转一下。

获得

中国手语

双手五指弯曲,掌心相对,由外向内收进。双手平伸,手掌向上收起,边向里收边握拳。

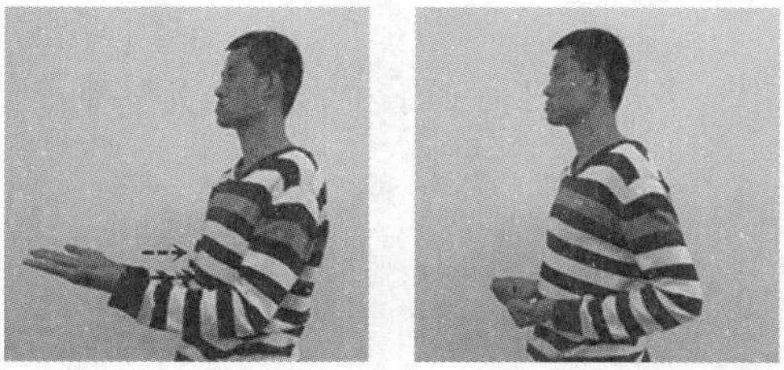

自然手语

双手平伸,手掌向上收起,边向里收边握拳。

举办

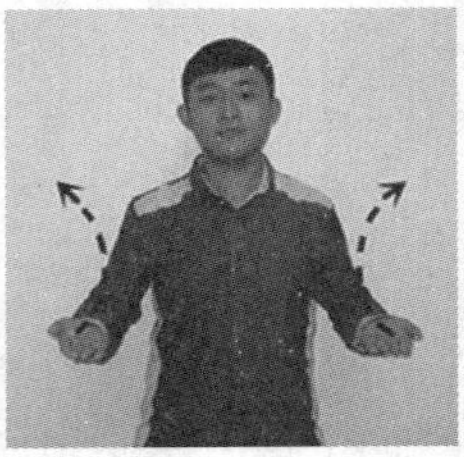

中国手语

双手平伸，掌心向上，从两侧向中间做弧形移动，然后同时向上抬起。双手互拍手背。

自然手语

双手平伸，掌心向上，从两侧向中间做弧形移动，然后同时向上抬起。

同意

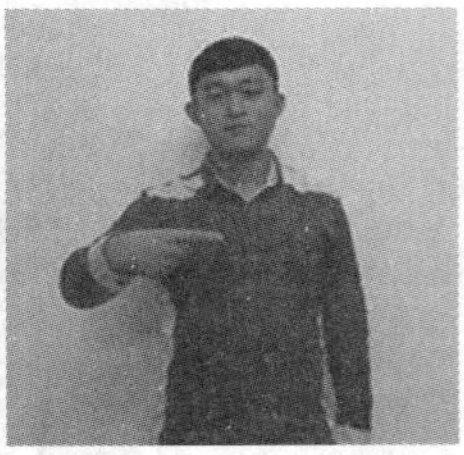

中国手语

双手食指平伸，指尖相对，由两侧向中间交叉移动。一手食指从口边向前上方提起。

自然手语

打“相同”的手势。

寻找

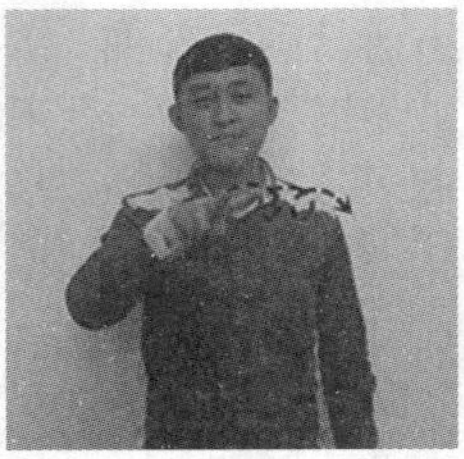

一手食、中指伸出，在面前转动，由一侧移向另一侧，目光随之移动。

准备（筹备）

一手边拍打另一手手背边向旁移动。

商量

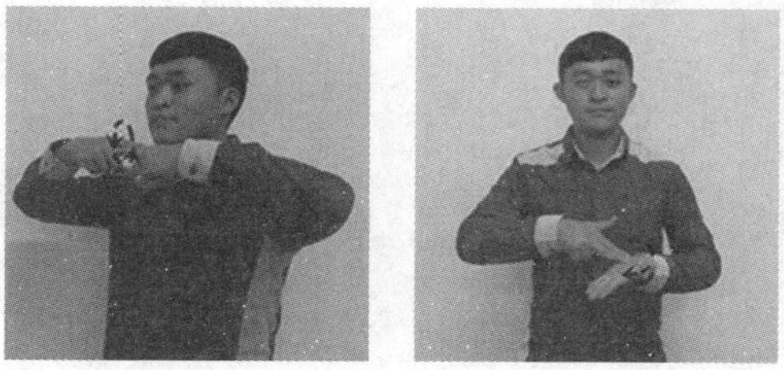

中国手语

双手伸食指，指尖相对，在嘴前转动几下。

一手食、中指并拢，在另一手掌心转动。

自然手语

一手食、中指并拢，

在另一手掌心转动。

努力

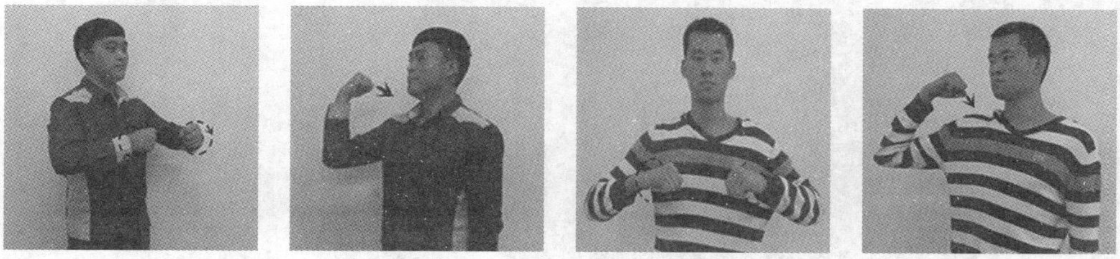

双手握拳屈肘，在胸前交替向前转动两下。一手握拳曲肘，

手臂用力向肩部挥动几下。

二、句子训练

1. 做事情一定不能马虎，要专心、有耐心。

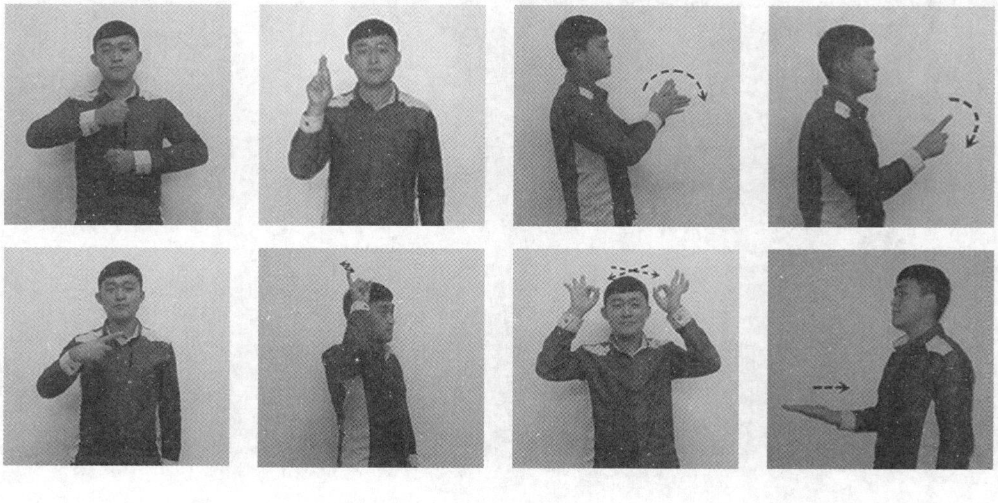

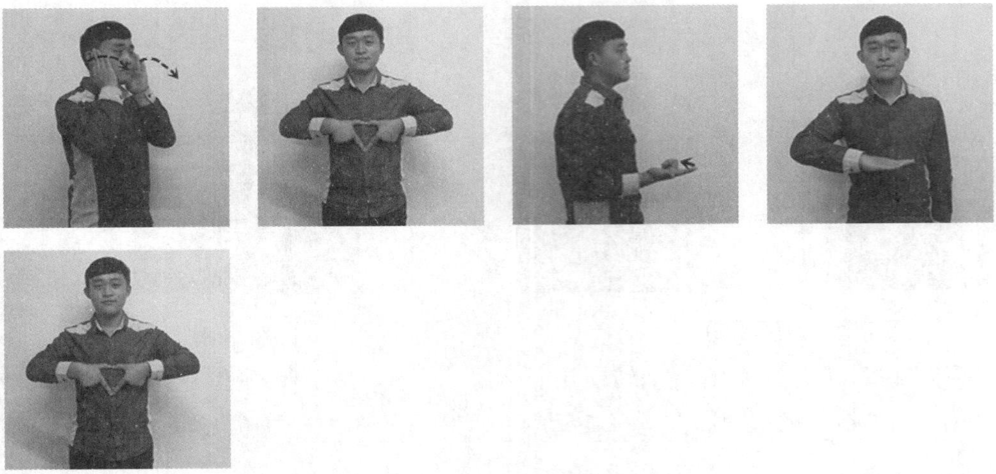

2. 他很善良、勇敢、诚实，脾气特别好。

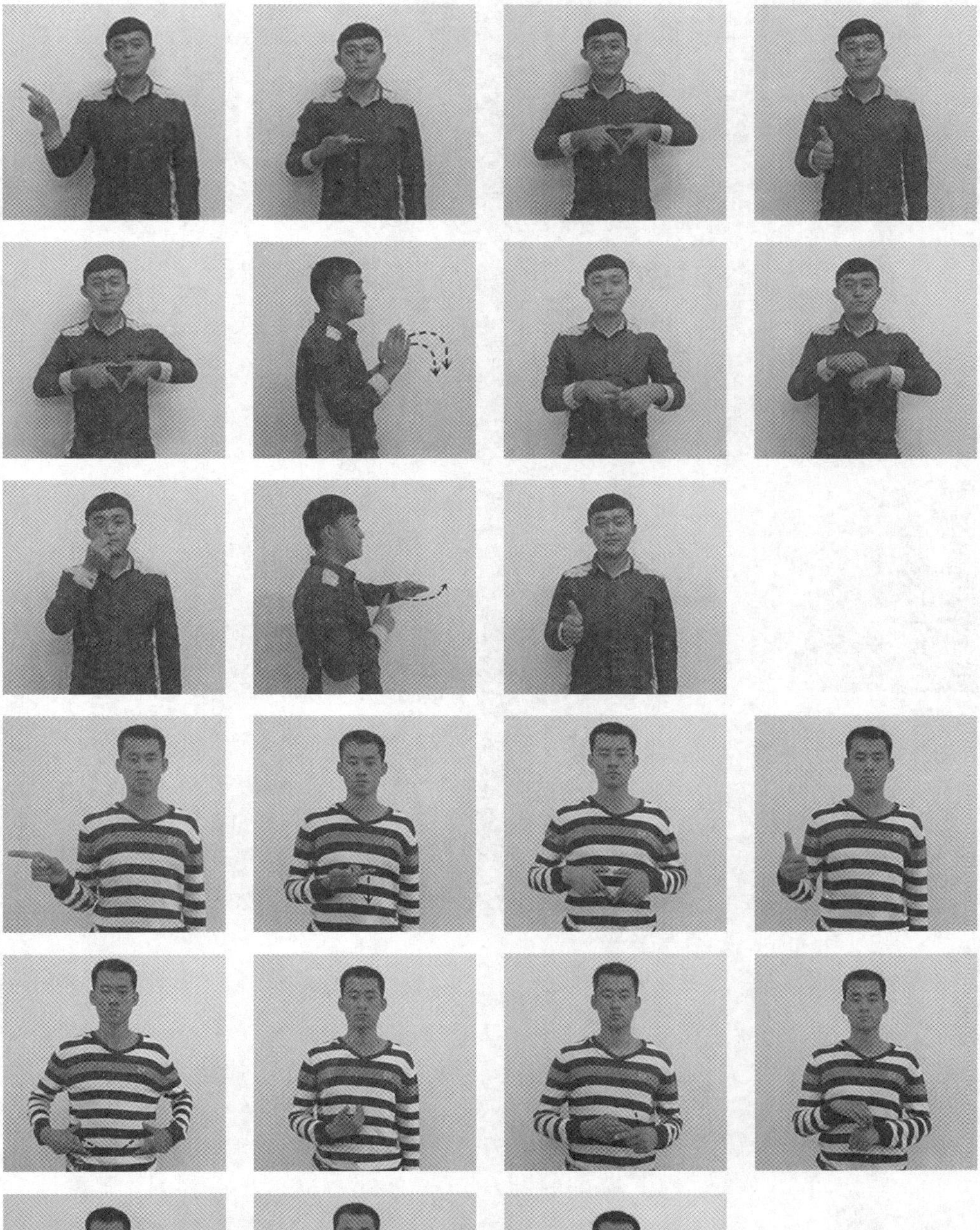

3. 就快考试了，只要你们准备好了，就不用害怕了。

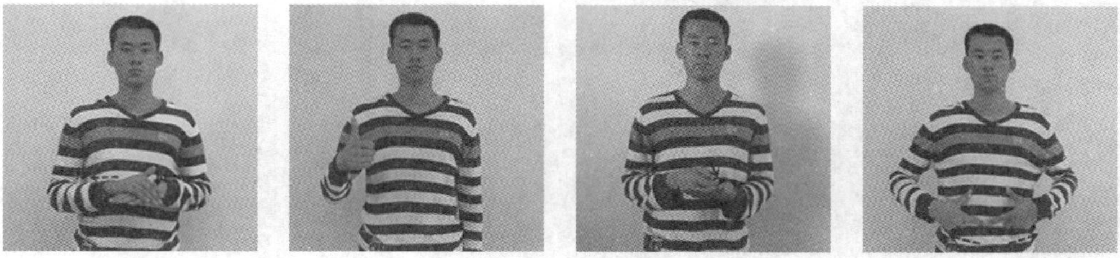

4. 昨晚做了一个梦，醒来后就忘记了。

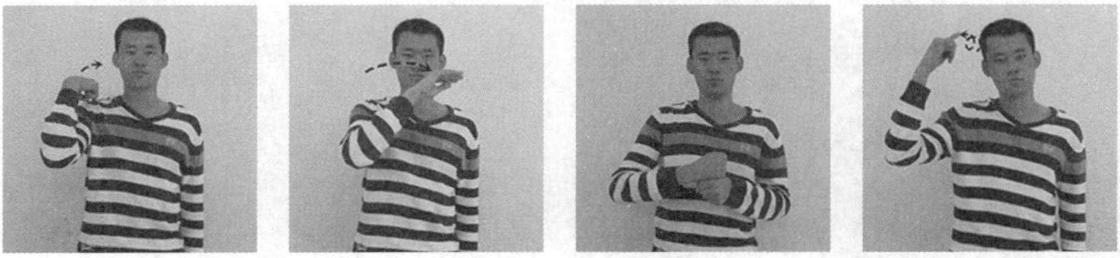

三、同步测试

1. 请打出下列词的手势语。

   答应　商量　寻找　责备　谎话　回忆　丢

2. 请准确区分下列几组手势语动作易混淆的词目。

   发现、发明，　害怕、危险，　生气、失望，　耐心、放心

3. 请写出含有基础词“知道”的词：(　　)、(　　)、(　　)。

主题五:经济、交通

一、词汇

经济

双手拇、食指捏成小圆圈,交互转动,表示“经济”。

储存

中国手语
左手掌心向下,五指微曲呈半圆形;右手四指在上,向左手掌心中插入。

自然手语
左手掌心向下,五指微曲呈半圆形;右手拇、食指捏成小圆圈,向左手掌心中插入。

银行

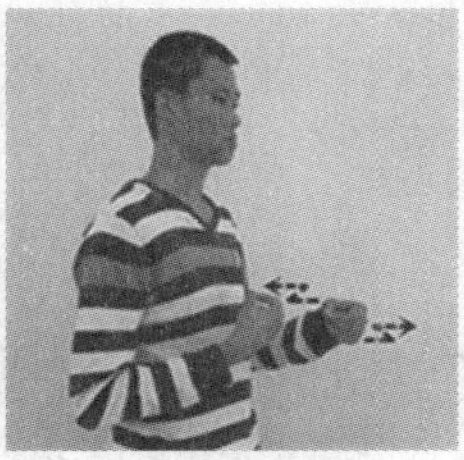

中国手语
双手拇、食指捏成圆形,一前一后交替移动,表示银钱进出。双手指尖搭成“∧”形。

自然手语
打“银”的手势。打“经济”的手势。

储蓄

中国手语
左手掌心向下,五指微曲呈半圆形。右手拇、食指捏成小圆圈,向左手掌心中插入。

自然手语
左手掌心向下,五指微曲呈半圆形;右手拇、食指捏成小圆圈,向左手掌心中插入。

存折

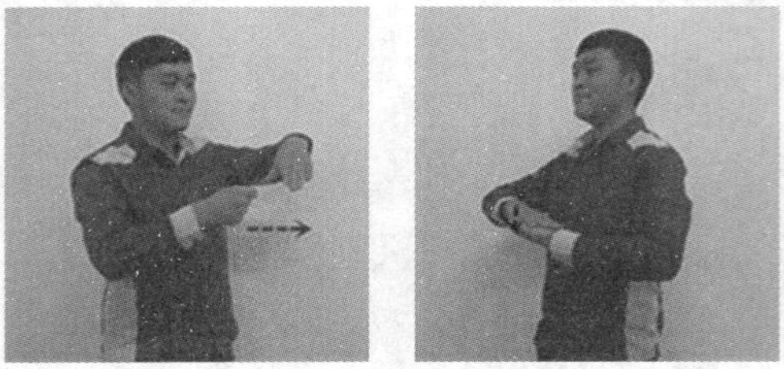

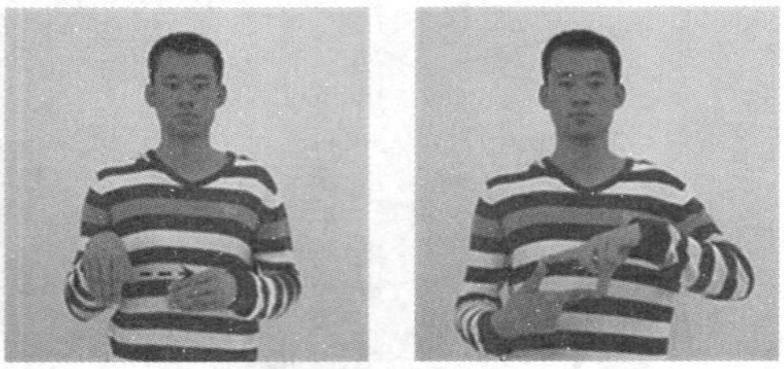

中国手语

左手掌心向下,五指微曲呈半圆形;右手拇、食指捏成小圆圈,向左手掌心中插入。双手横伸,掌心相贴,一上一下,然后上面的手做打开状。

自然手语

左手呈"["状,右手直立,掌心向内,向左移动插入左手内。双手伸拇指、食指,组成长方形。

钱(货币)

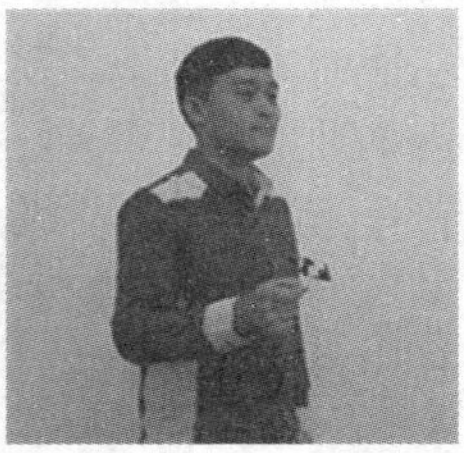

中国手语

一手拇、食指捏成小圆形,向外微动几下。

自然手语

一手伸出拇指、食指、中指,相互捻动。

人民币

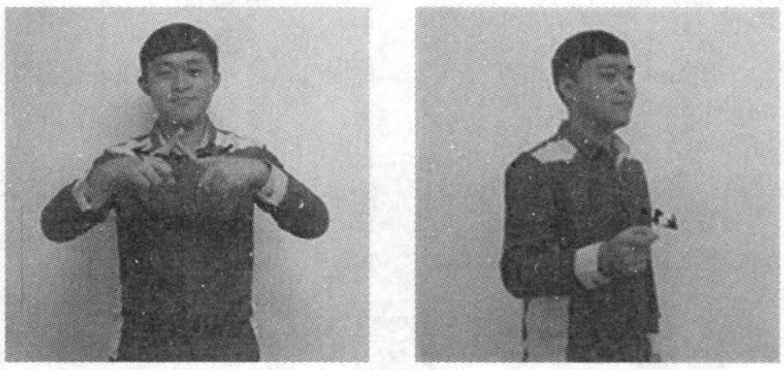

中国手语

双手食指搭成"人"字形并转一圈。一手拇、食指捏成小圆圈,微动几下,表示"钱币"。

自然手语

打"钱"的手势。

元

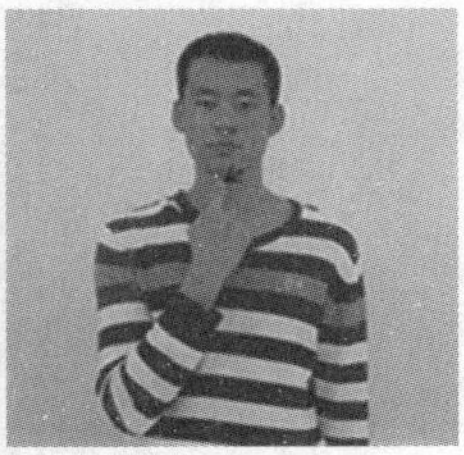

中国手语

一手拇、食指捏成一个较大的圆形。

自然手语

一手伸食指，在下颏由里向外滑动，特指一元。

角

中国手语

一手拇、食指捏成一个小圆形。

自然手语

右手伸食指在脸上向前滑动，特指一角。

发票（收据）

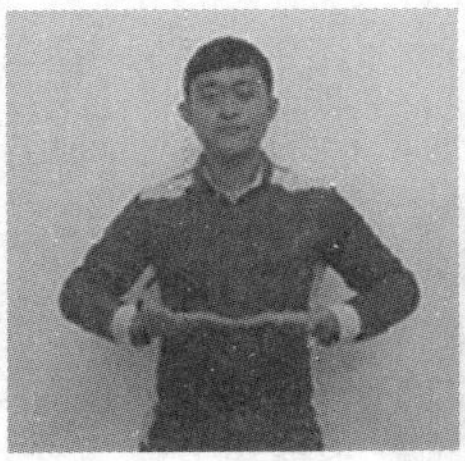

中国手语

双手掌心向上，指尖相对。一手不动，一手向下翻转，如撕发票状。

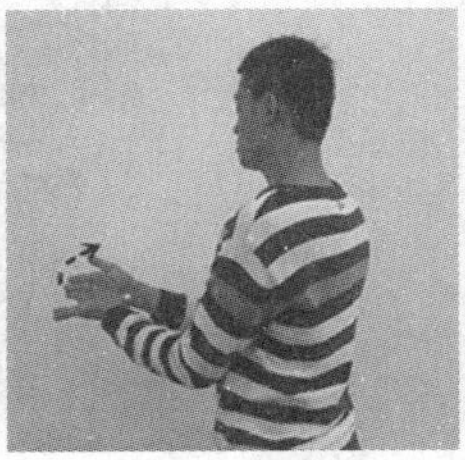

自然手语

打“发”的手势。

打“卡”的手势。

财务

中国手语

一手拇、食指捏成小圆圈，微动几下，表示“钱币”。一手拍一下另一侧的肩头。

自然手语

一手五指撮合，并捻动。一手拍一下另一侧的肩头。

业务

 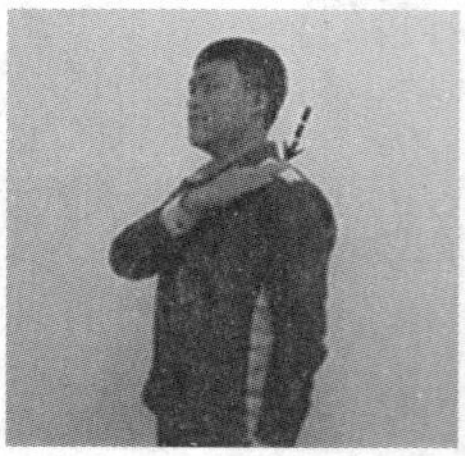  

一手四指向上直伸，另一手食指横于四指根部，搭成“业”字形。
一手拍一下另一侧的肩头。

合同

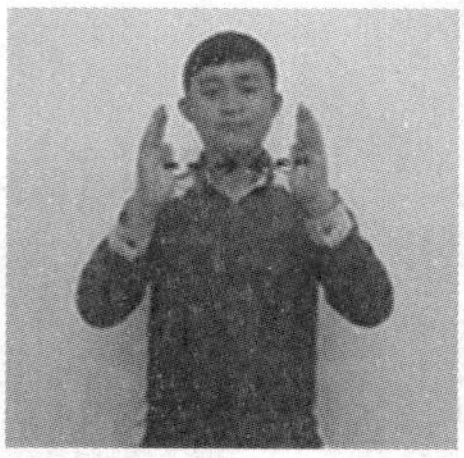  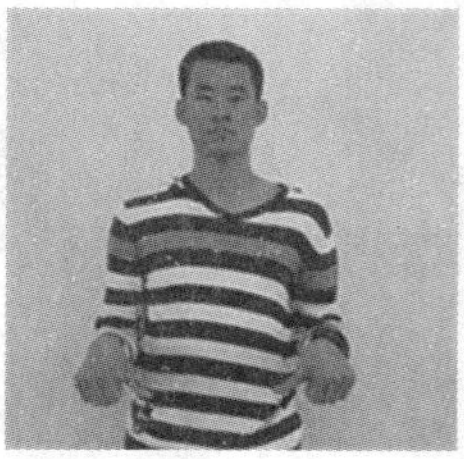

中国手语

双手掌心相对，从两侧向中间移动。
双手掌心向上，从两旁向中间靠拢。

自然手语

双手伸出拇指，指尖相对，
双手向下按一下。

支出(消费)

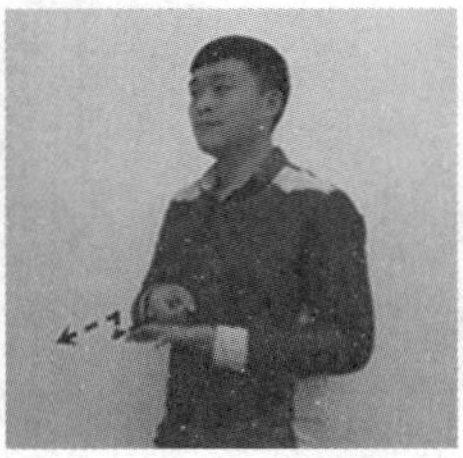

中国手语

一手拇、食指捏成小圆圈，置于另一手掌心上，向外甩动两次，象征付出。

自然手语

一手五指撮合，在腰部从后向前移动，并张开五指，掌心向上。

收入

中国手语

双手五指微曲，掌心向上，由外向里收拢。一手伸拇指、小指在胸前向内移动。

自然手语

双手五指微曲，掌心相对，由外向里收拢。

工资

中国手语

一手食指与另一手食、中指搭成“工”字形。一手拇、食指捏成小圆圈，微动几下，表示“钱币”。

自然手语

一手食指与另一手食、中指搭成“工”字形。一手伸出拇指、食指、中指，相互捻动。

奖金

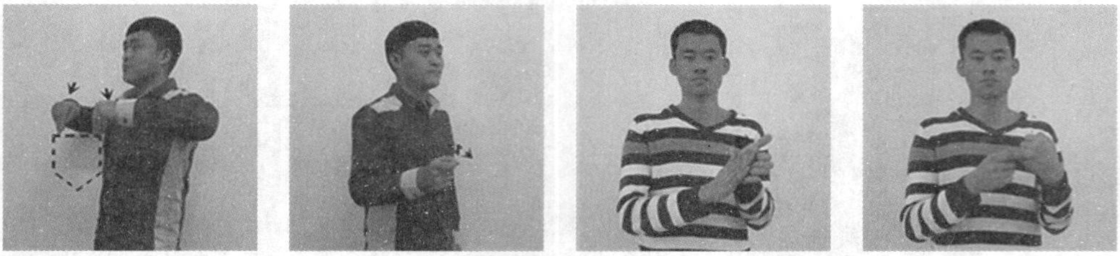

中国手语

一手五指撮合，手背贴于颊部，向外移并放开五指，表示“光荣”之意。一手拇、食指捏成小圆圈，微动几下，表示“钱币”。

自然手语

双手鼓掌，打“金”的手势。

公司

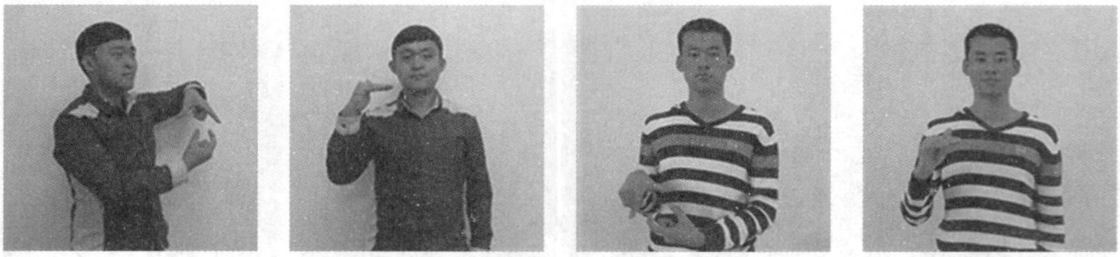

双手拇、食指相搭成“公”字。打手指字母“S”的指式。

商店

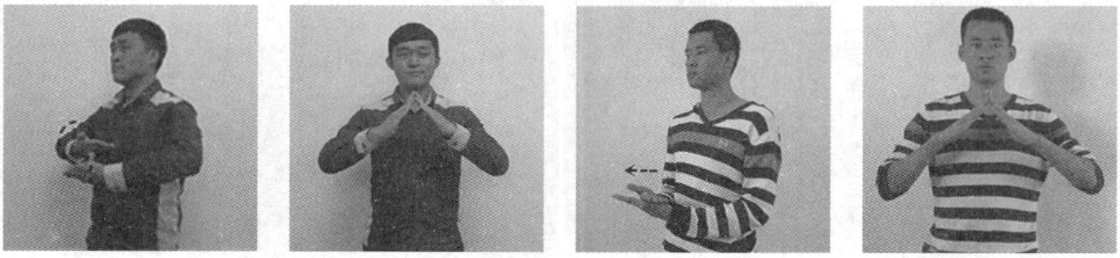

中国手语

双手掌心向上，在胸前交互转圈子，表示“买卖”之意。双手指尖搭成“∧”形。

自然手语

打“卖”的手势。双手指尖搭成“∧”形。

市场

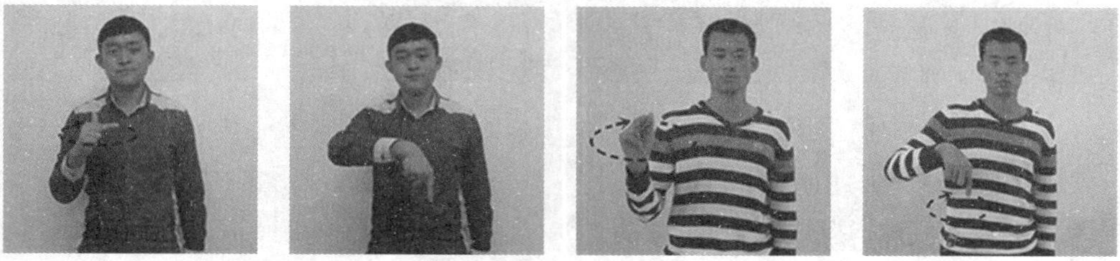

右手打手指字母“SH”指式，在胸前转一圈，表示“买卖”之意。

一手食指向下画一个大圆圈，表示市场的范围。

商品

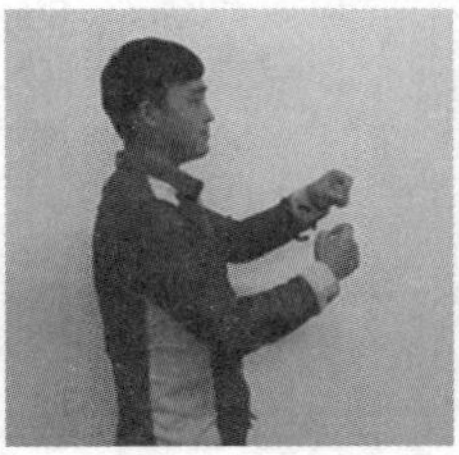

中国手语

双手掌心向上，在胸前交互转圈子，表示“买卖”之意。双手拇、食指捏成小圆圈，一手不动，一手左右移动一下，成“品”字。

自然手语

打“卖”的手势。双手拇、食指捏成小圆圈，一手不动，一手左右移动一下，成“品”字。

名牌

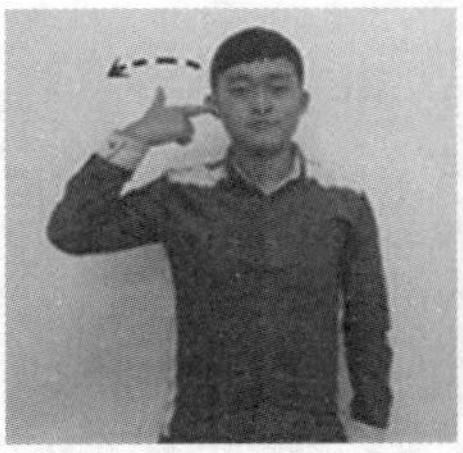
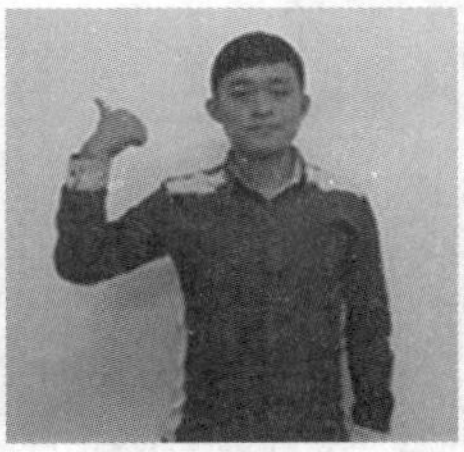

中国手语

一手伸拇、食指，食指指尖抵于耳部，然后边向外移动边收回食指。双手拇、食指相对，呈“[ ]”状，向两旁微拉。

自然手语

一手伸中指、无名指、小指，在太阳穴处扇动。双手拇、食指相对，呈“[ ]”状，向两旁微拉。

货物（东西、材料）

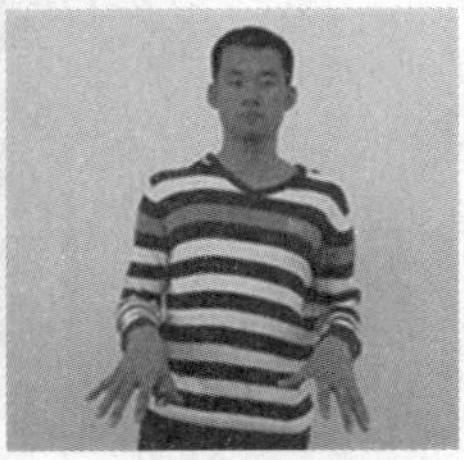

双手先以食指互碰一下。然后双手分开并张开五指。

物价

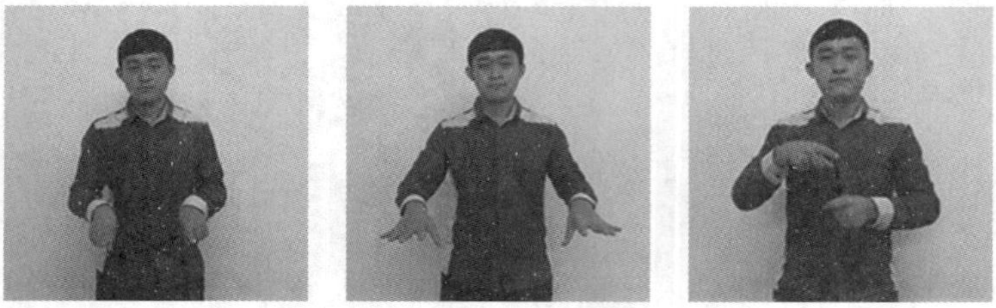

中国手语
双手先以食指互碰一下。然后双手分开并张开五指。左手伸出拇指、食指捏成小圈；右手伸食指点一下左手。

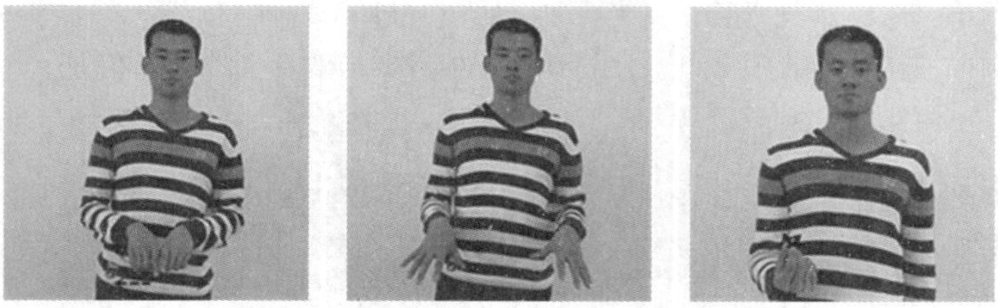

自然手语
双手先以食指互碰一下。然后双手分开并张开五指。一手五指撮合，互相捻动。

价格（金额、多少钱）

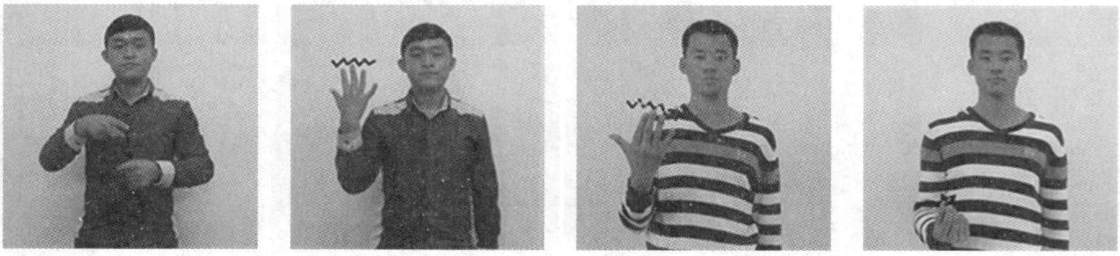

中国手语
左手伸出拇指、食指捏成小圈；右手微曲，点一下左手。一手五指向上伸开，微微抖动几下。

自然手语
一手五指向上伸开，微微抖动几下。一手五指撮合，互相捻动。

昂贵

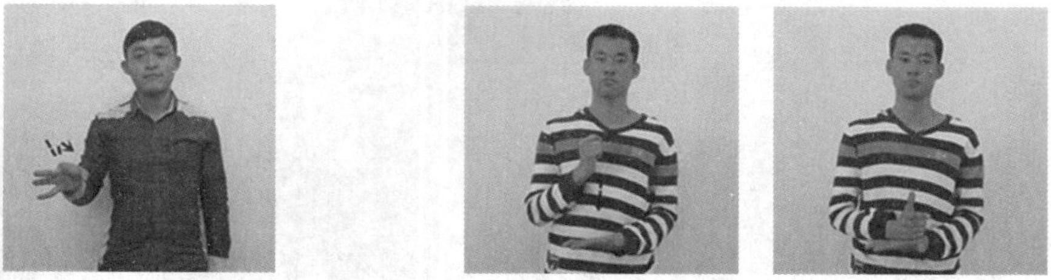

中国手语
一手拇、食指捏成小圆圈，微动几下，表示“钱币”。

自然手语
左手平伸，掌心向上；右手握拳，向左手砸去的同时伸出拇指、食指。

便宜

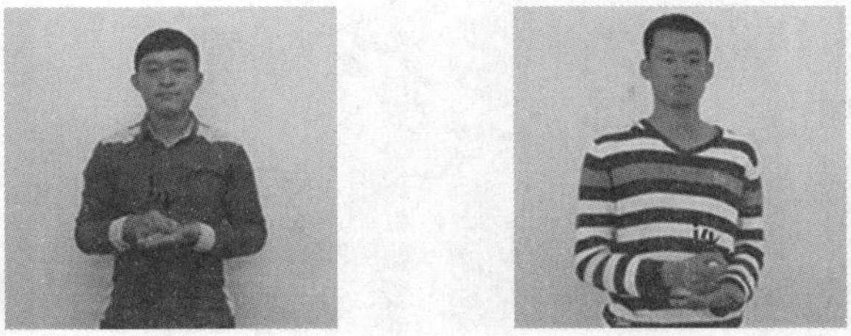

一手拇、食指指尖相捏，在另一手掌心上轻拍两下，表示钱很少，即便宜之意。

降价（折价）

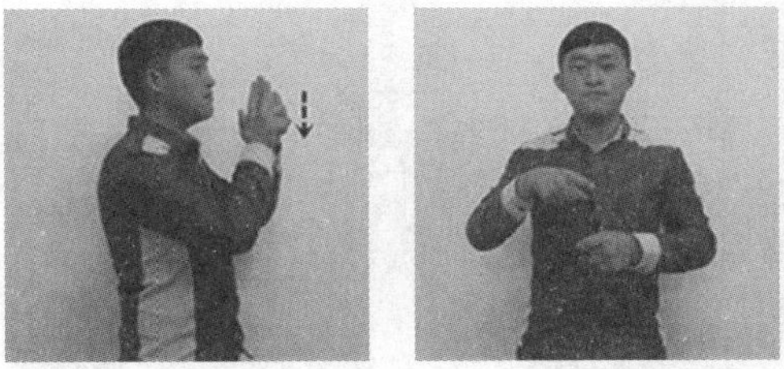

中国手语

左手直立，掌心向外，右手食指直立贴于左手掌心，然后由上向下移动。左手拇、食指捏成小圆圈；右手伸食指敲一下左手拇指。

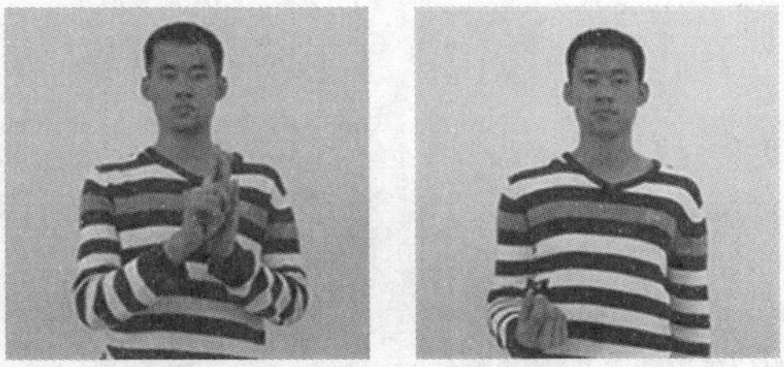

自然手语

左手直立，掌心向外。右手食指直立贴于左手掌心，然后由上向下移动。一手五指撮合，互相捻动。

损失

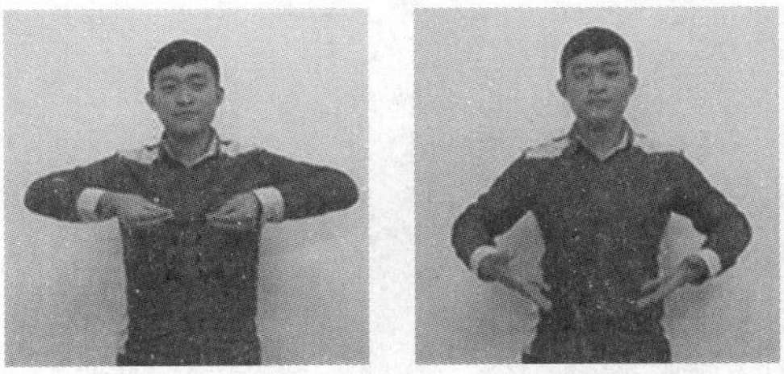

中国手语

双手五指撮合，向下一顿，如摔物状，表示损失。

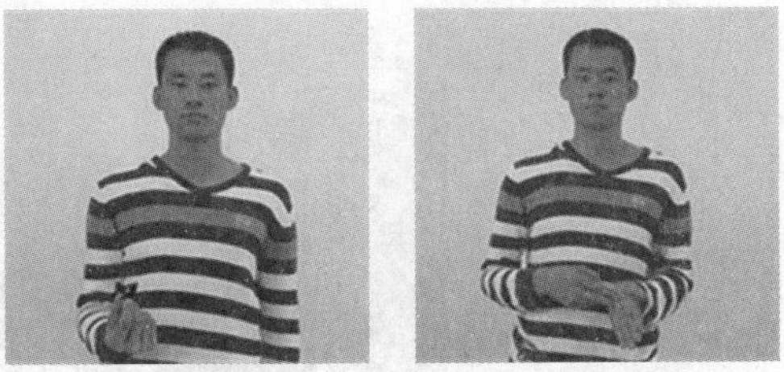

自然手语

一手五指撮合，并互相捻动。左手侧立，右手伸食指、中指在左手掌心处滑动。

交换

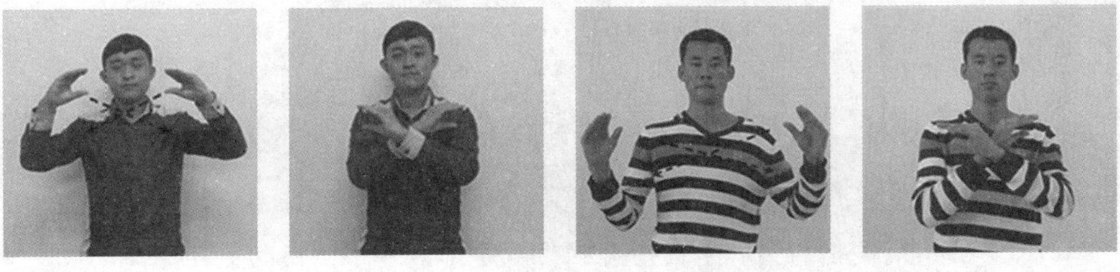

双手拇指与四指呈“［”“］”形，然后，一左一右，互换位置。

批发

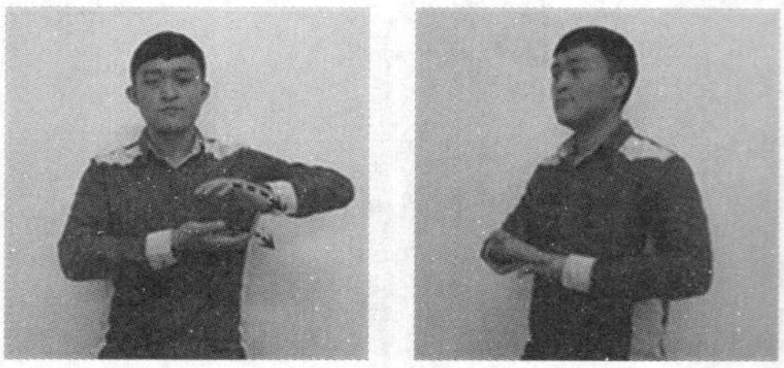

中国手语

双手五指微曲，一上一下掌心相对，象征出卖大批货物。打“卖”的手势。

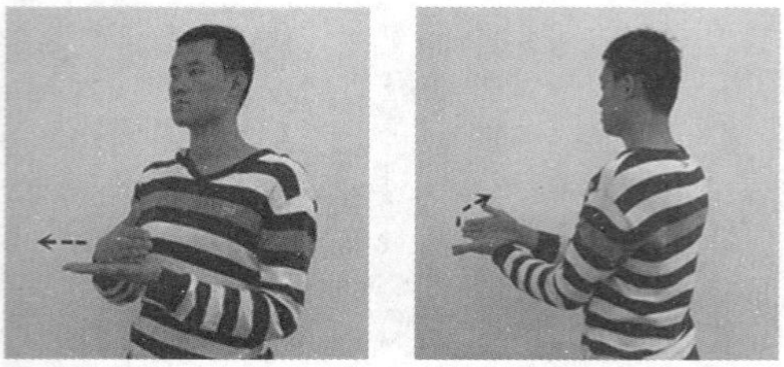

自然手语

打“发”的手势。

零售

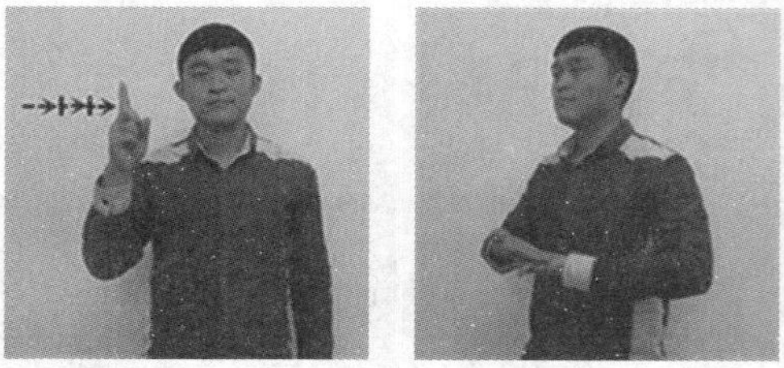

中国手语

一手食指直立，向一侧一顿一顿移动几下。双手横伸，掌心向上，右手手背在左手掌心上拍一下，然后向外移，表示卖出。

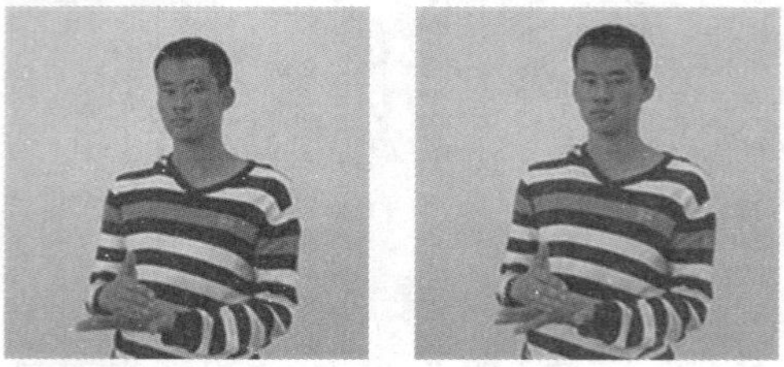

自然手语

左手平伸，掌心向上，右手侧立在左手上。

卖

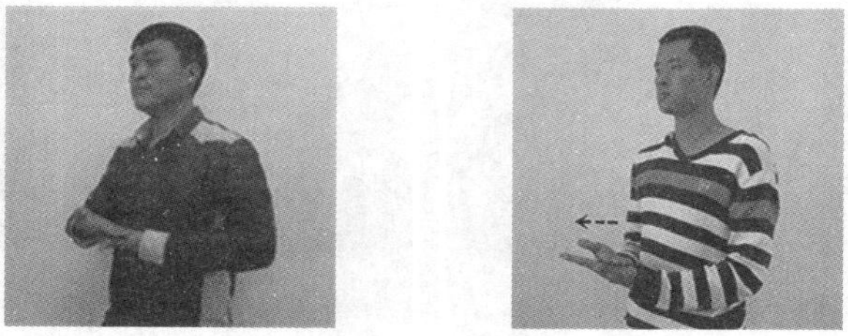

双手平伸，手心向上，一手在另一手掌心上拍打一下，然后向外移，表示卖出东西。

工业

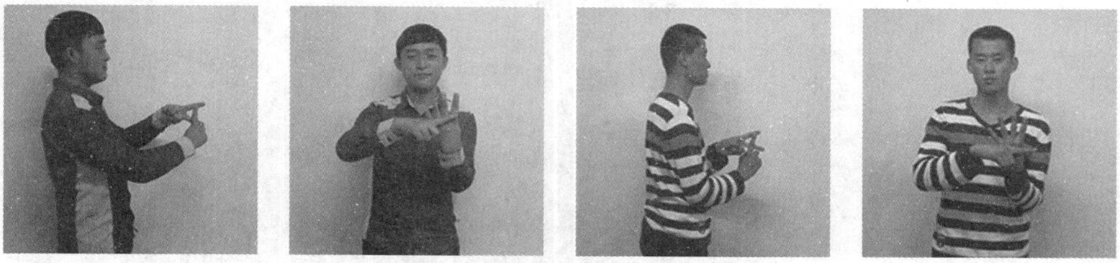

一手食、中指与另一手食指搭成“工”字形。一手四指向上伸直，另一手食指横于四指根部搭成“业”字形。

工厂

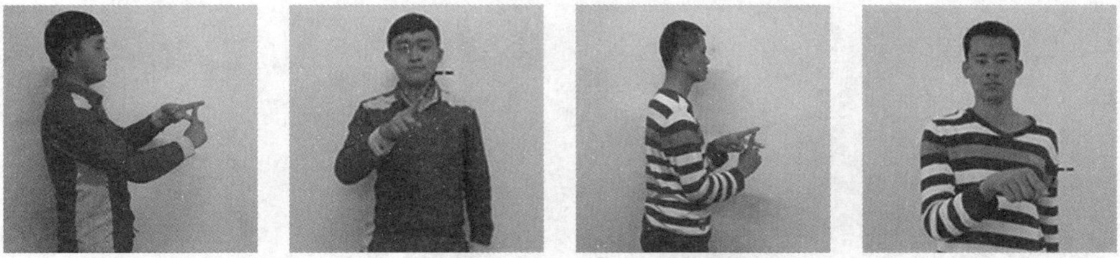

一手食、中指与另一手食指搭成“工”字形。右手食指书空“厂”字形。

车间

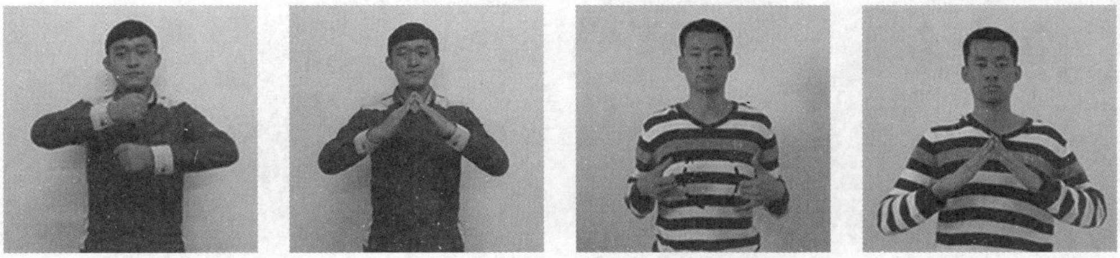

中国手语

双手握拳,上拳打下拳。双手指尖相抵搭成“∧”形。

自然手语

双手伸拇指、小指,围成圆,上下晃动一下。双手指尖相抵,搭成“∧”形。

仓库

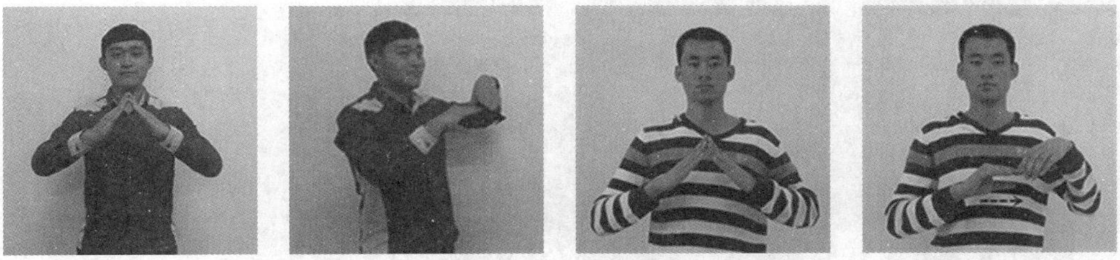

双手指尖相抵,搭成“∧”形。左手五指向下弯曲成半圆形,右手握成“[”形,向半圆形中插入,如藏物状。

生产

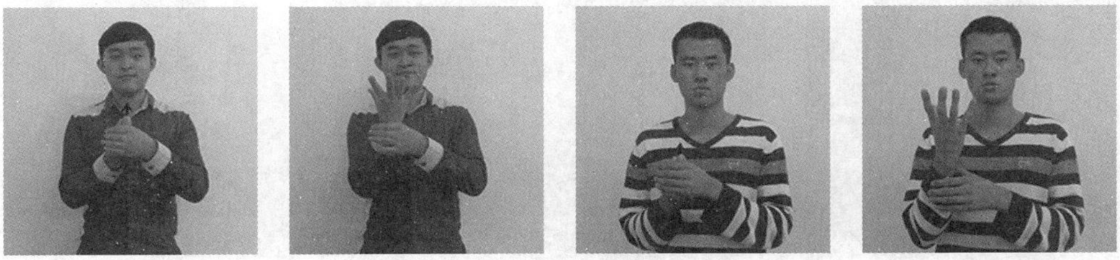

左手五指向内弯曲成半圆形,右手五指撮合,从半圆形中向上伸出,同时放开五指。

产品

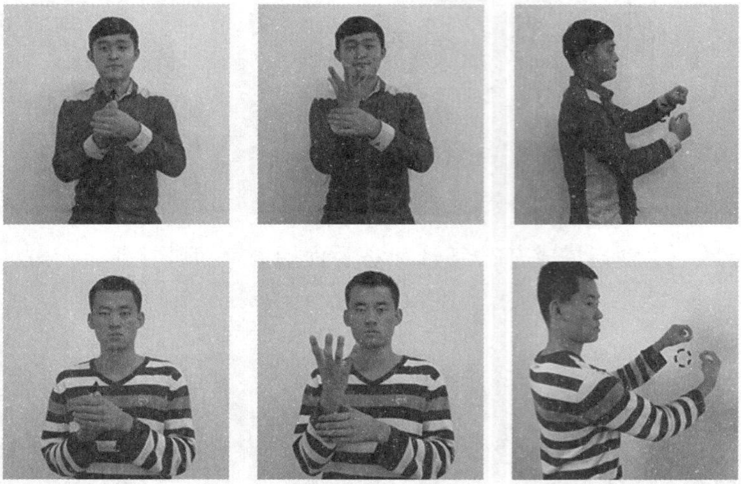

左手五指向内弯曲成半圆形，右手五指撮合，从半圆形中向上伸出，同时放开五指。双手拇、食指捏成小圆圈，一手不动，一手左右移动一下，成“品”字。

成品

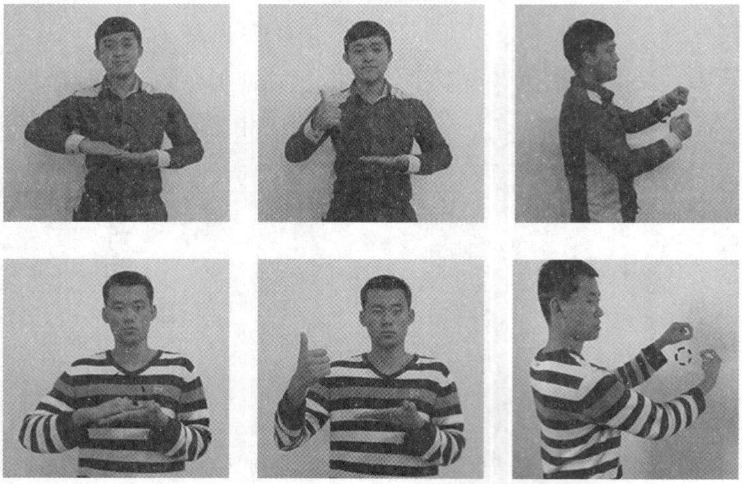

一手拍一下另一手掌心，随即伸出拇指，表示“成功”之意。双手拇、食指捏成小圆圈，一手不动，一手左右移动一下，成“品”字。

废品

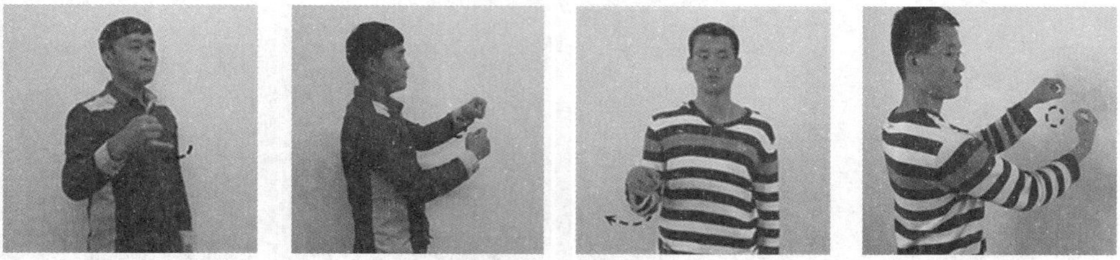

一手伸出小指向下一甩，表示“废弃”。双手拇、食指捏成小圆圈，一手不动，一手左右移动一下，成“品”字。

样品

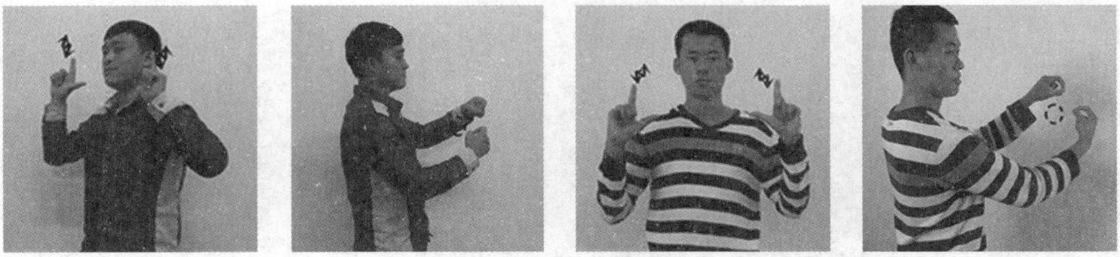

双手伸拇指、食指在脸的两侧上下晃动几下。双手拇、食指捏成小圆形，一手在上，另一手在下连打两下，合成“品”字。

标准

左手食指伸直，右手五指并拢指向左手食指。

品种

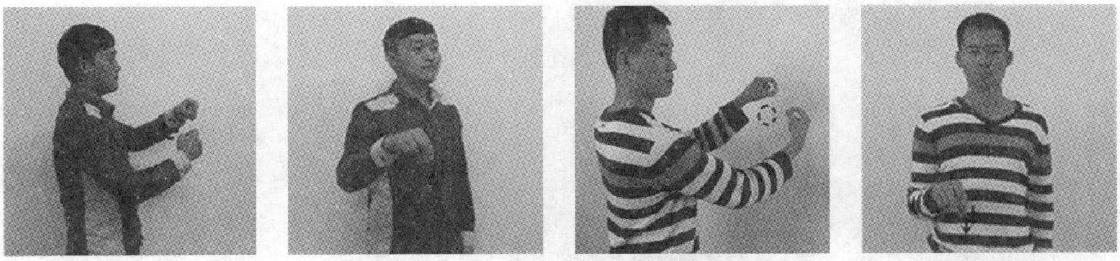

双手拇、食指捏成小圆形，排列成“品”字形。一手拇、食、中指相捏，向下点动几下。

质量

中国手语

一手伸食、中指弹打另一手拳背。

打手指字母“L”的指式。

自然手语

一手伸食、中指弹打另一手拳背。

数量(多少)

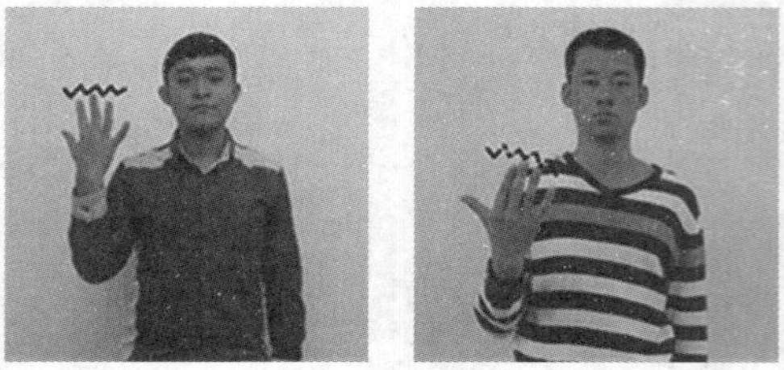

一手五指分开,指尖向上,手指微微抖动几下,表示"数量""多少"之意。

试验

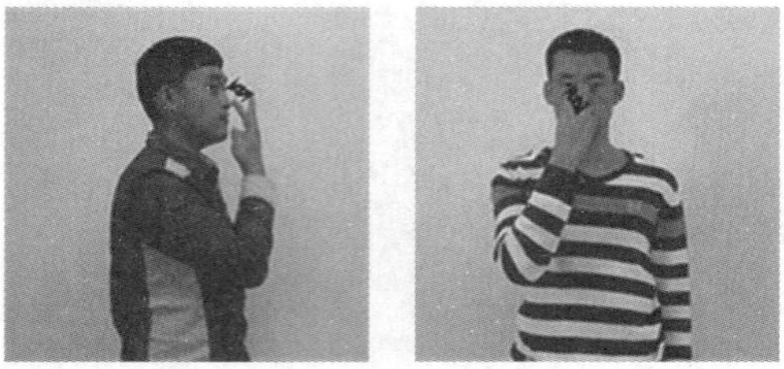

一手食、中指指眼部并微动两下。

操作

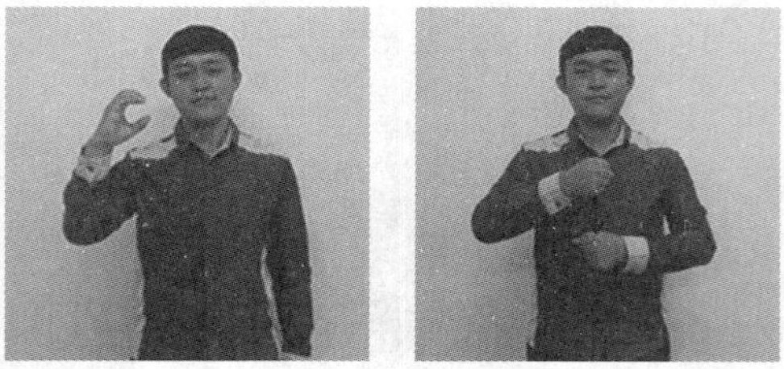

中国手语

一手打手指字母"C"的指式。

双手握拳,上拳打下拳。

自然手语

双手握拳,上拳打下拳。

实验

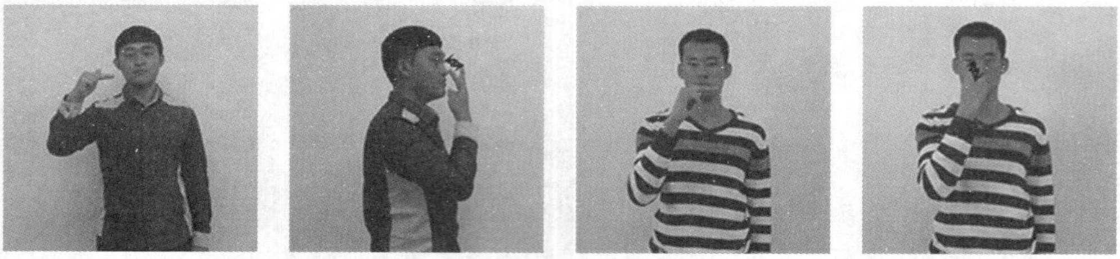

一手打手指字母"SH"的指式。一手食、中指指眼部并微动两下。

修理

中国手语

一手伸食、中指,翻转一下,表示"修改"之意。

自然手语

左手伸拇指置于胸前,右手伸食指、中指在左手拇指上晃动。

器材(设备)

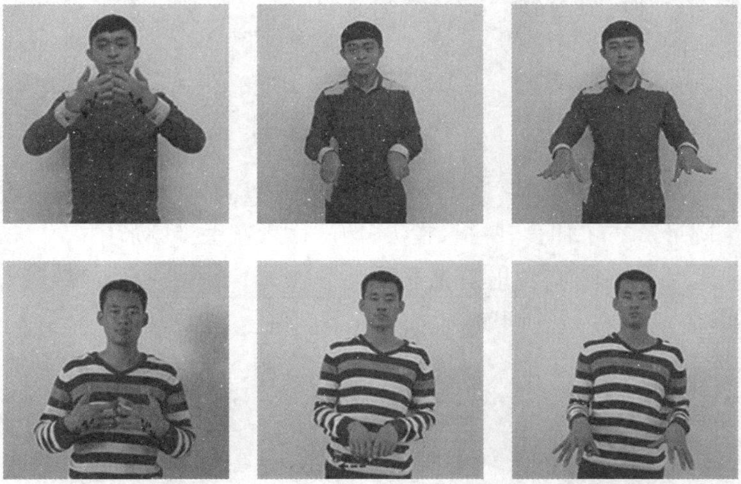

双手五指弯曲,食、中、无名、小指关节交替相触并转动几下。双手先以食指互碰一下。然后双手分开并张开五指。

工具

一手食、中指与另一手食指搭成“工”字形。双手先以食指互碰一下。然后双手分开并张开五指。

插头

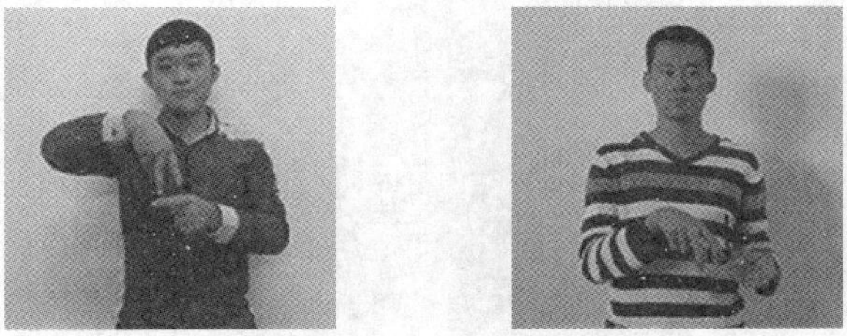

左手拇、食指呈半圆形。右手伸食、中指,指尖分开,插入左手半圆形中。

插座

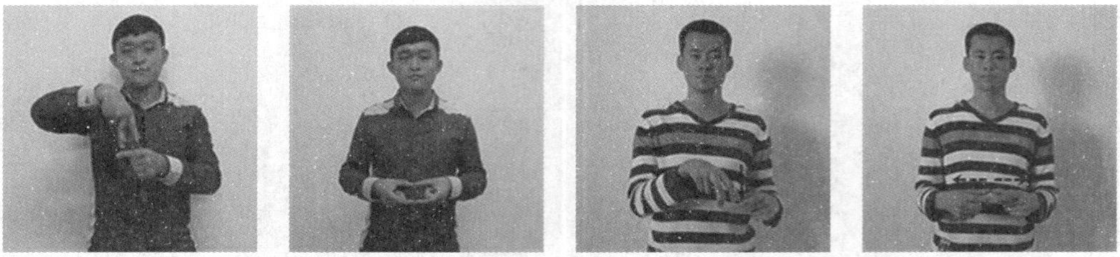

左手拇、食指呈半圆形。右手伸食、中指，指尖分开，插入左手半圆形中。

双手拇、食指搭成方形。

弹簧

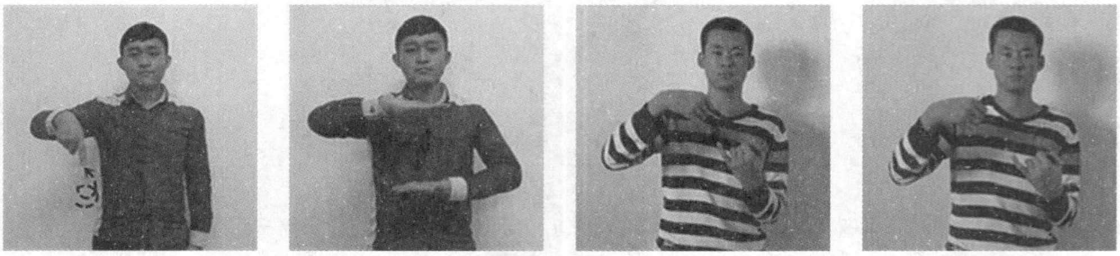

中国手语

一手食指指尖向下绕螺旋形圈子，如弹簧外形。双手掌心相对，下手不动，上手按压几下，表示弹簧的弹性。

自然手语

双手伸出小指，置于胸前。双手一上一下，旋转转动。

皮带

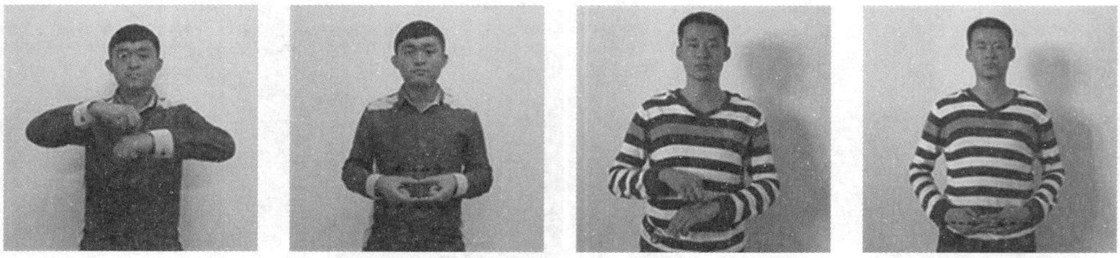

一手拇、食指揪另一手背皮肤。双手拇、食指相距一寸，从中间向两边拉开，即“带子”。

钳子

一手食、中指弯曲，夹住另一手食指，如用钳子夹物状。

锤子

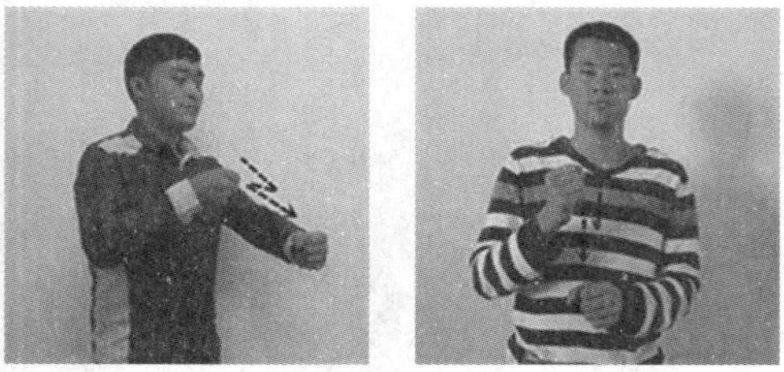

左手握拳在下不动。右手虚握如捏锤子，向左拳击打两下，如用锤子击物状。

钉子

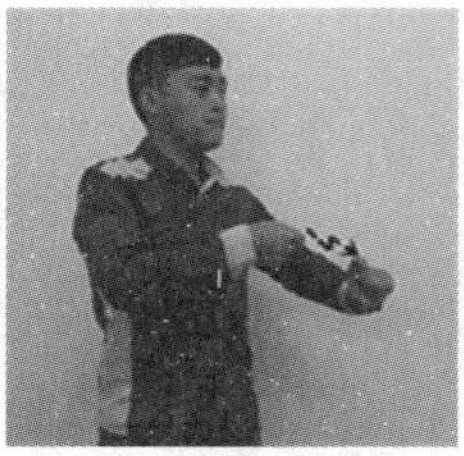

中国手语

左手拇、食指伸出，相距约一寸。右手握拳在上面敲几下，如钉钉子状。

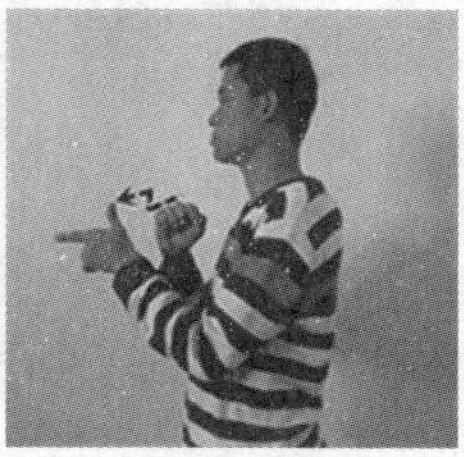

自然手语

左手伸拇指、食指，右手握拳在上边敲几下。

原料

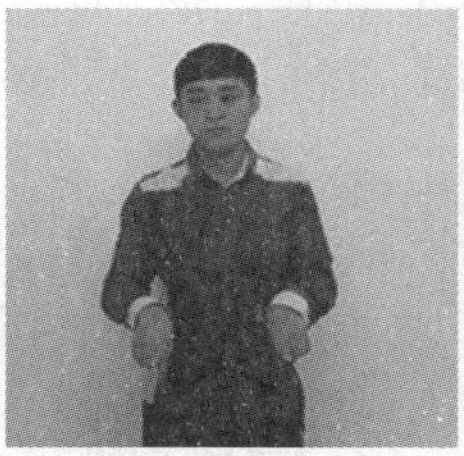
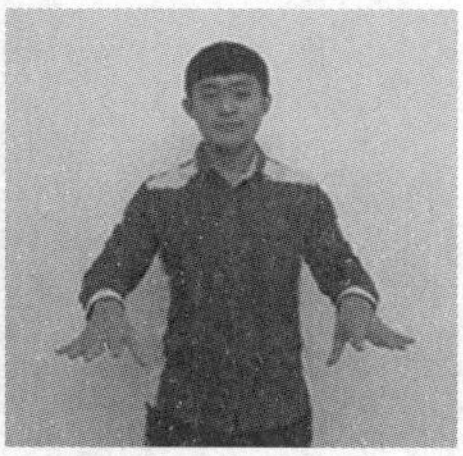

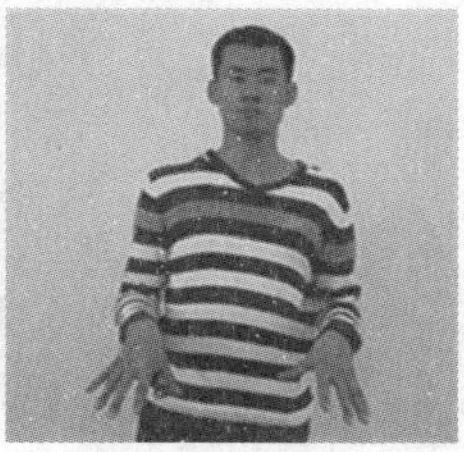

一手拇、食指捏成小圆形。双手先以食指互碰一下。然后双手分开并张开五指。

颜料

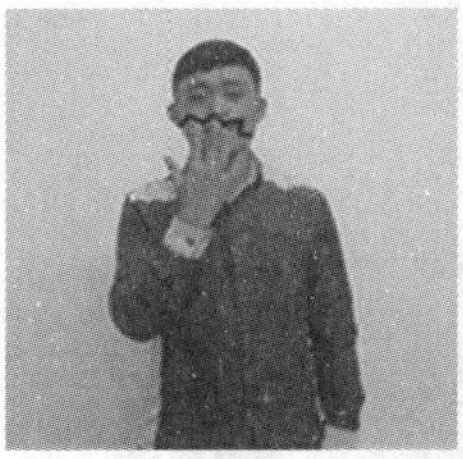

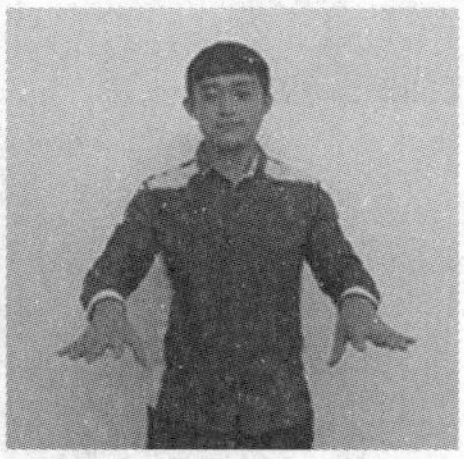
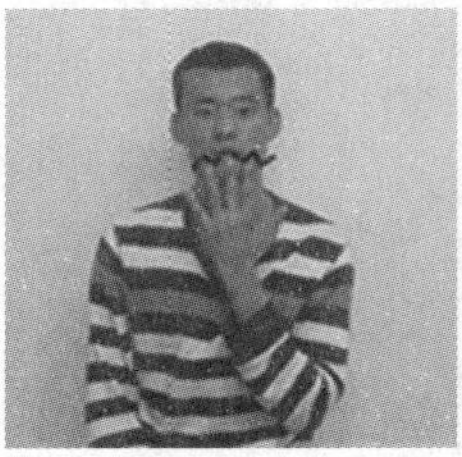

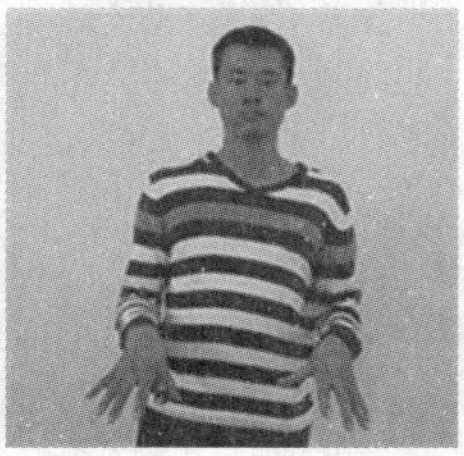

一手五指分开，指尖在嘴唇处灵活动几下。双手先以食指互碰一下。然后双手分开并张开五指。

汽油

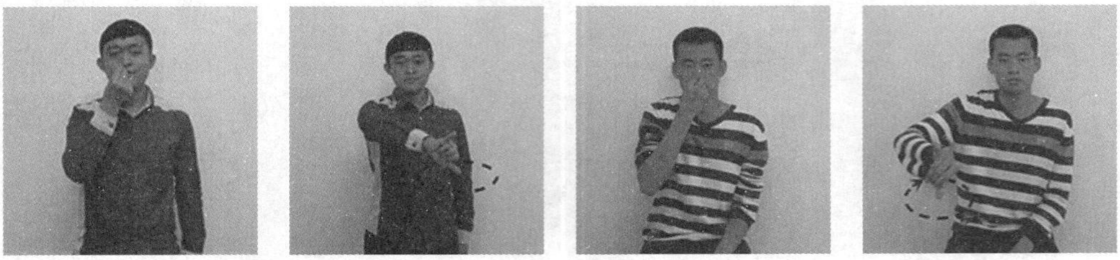

一手打“Q”的手势，放在鼻子上。一手伸拇、小指，拇指向下斜伸，并转一圈，如持油壶向锅里倒油状。

钢

中国手语

双手握拳，上拳击下拳后再向外移动。

自然手语

右手伸食指，左手握拳，右手打左手后再向外移动。

房子

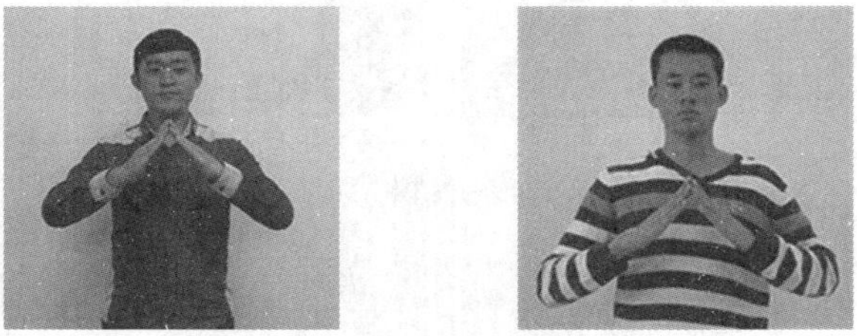

双手搭成“∧”形，如屋顶状。

楼房

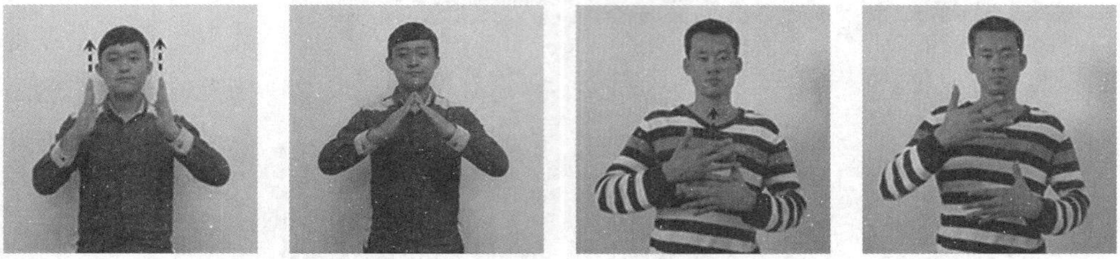

中国手语

双手伸直，掌心相对，向上移动，象征高楼。双手搭成“∧”形，如屋顶状。

自然手语

双手张开五指，上下堆叠。然后双手向上下拉开。

楼梯

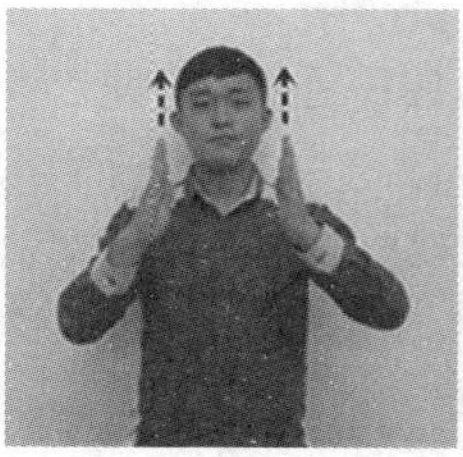

中国手语

双手伸直，掌心相对，向上移动，象征高楼。左手横伸，五指张开，右手食、中指在左手五指上交替移动上升，如登楼梯状。

自然手语

左手横伸，五指张开，右手食、中指在左手五指上交替移动上升，如登楼梯状。

电梯

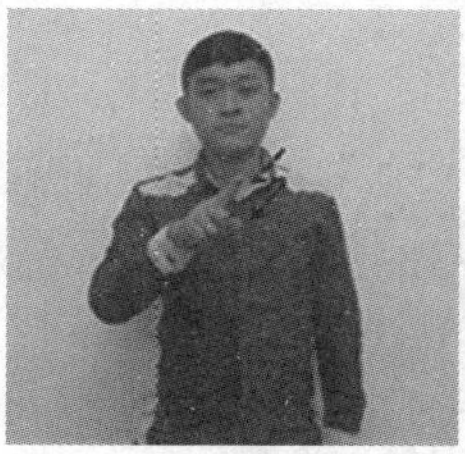
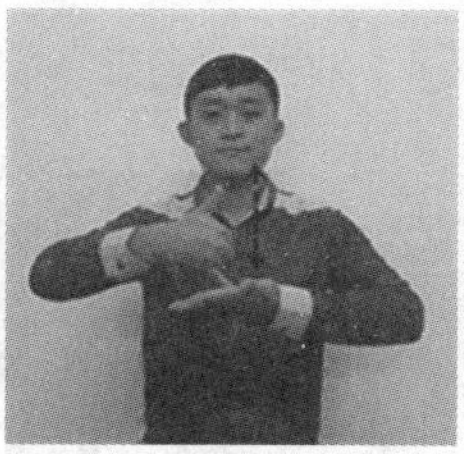

中国手语

一手食指书空“闪电”形。右手伸拇、小指直立在左手掌心上，上下移动几次，如乘电梯状。

自然手语

左手平伸，掌心向上，右手伸食指、中指立在左手掌心处，双手上下移动。

台阶

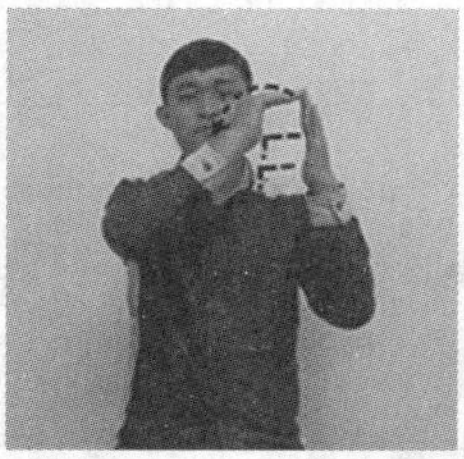

中国手语

左手直立，掌心向右，右手手掌呈直角形，然后右手指尖从左手指尖处依次向右下方移动几下。

自然手语

双手平伸，掌心向下。右手向下移动。

墙壁

中国手语
一手手掌侧伸，掌心向内，由上而下移动，象征一堵墙。

自然手语
右手手掌侧伸，掌心向左，由上而下移动，象征一堵墙。

门

双手五指并拢，掌心向外，并排直立，模拟两扇关着的门的形状。

窗

双手直立，掌心向外，左手不动，右手左右移动两下。

铃（铃声）

中国手语
一手食指朝下，在耳边晃动，如听到铃声。

自然手语
左手呈半圆形，右手伸食指在半圆内晃动。

把手

左手拇、食指呈“[”形，指尖朝前，如门把手；右手五指握在左手虎口处。

地板

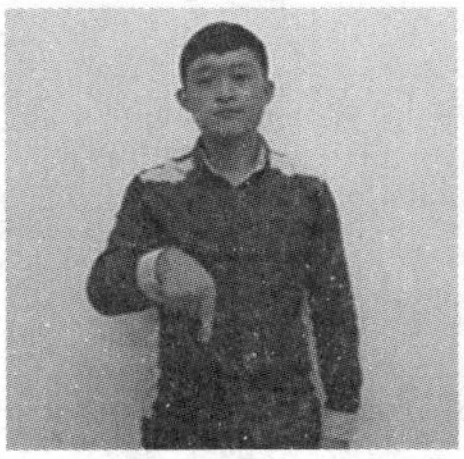

中国手语
一手食指向下指，表示“地”。双手拇、食指相距约二寸，指尖向下，从中间向两侧拉开，表示木板。

自然手语
一手食指向下指，表示“地”。双手呈长方形，表示“板”。

阳台

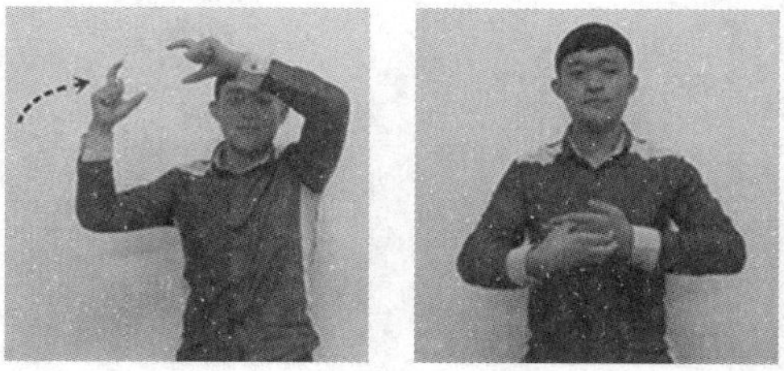

中国手语

双手拇、食指搭成大圆形，从身体右侧向头顶做弧形移动，如太阳升起。左手横立，掌心向内。右手呈半圆形，指尖抵于左手背。

自然手语

一手拇指、中指捏成小圈，并弹开，双手平伸向两侧移动，并折而向下。

宿舍

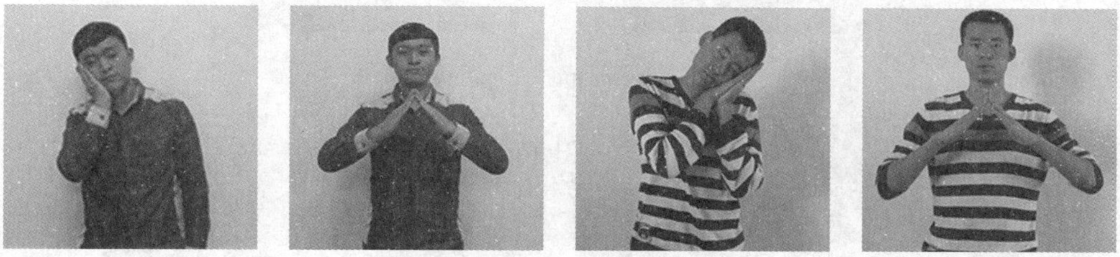

中国手语

一手贴于耳部，头微侧，如睡觉状。双手搭成“∧”形，如屋顶状。

自然手语

双手贴于耳部，头微侧，如睡觉状。双手搭成“∧”形，如屋顶状。

厨房

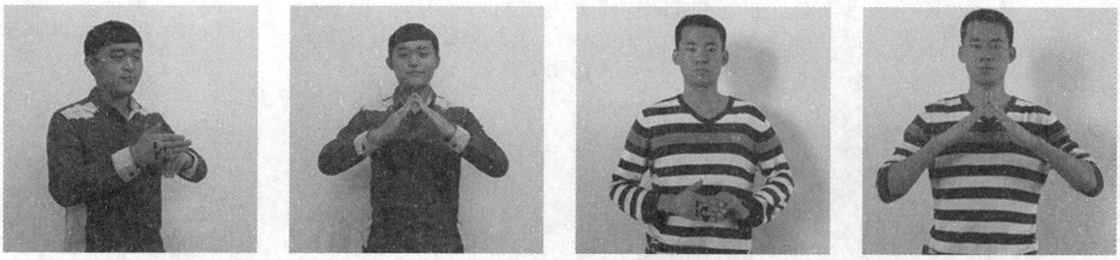

左手五指并拢微曲，向下虚按；右手侧立，沿左手指背上下微动，做切菜状。双手搭成“∧”形，如屋顶状。

食堂

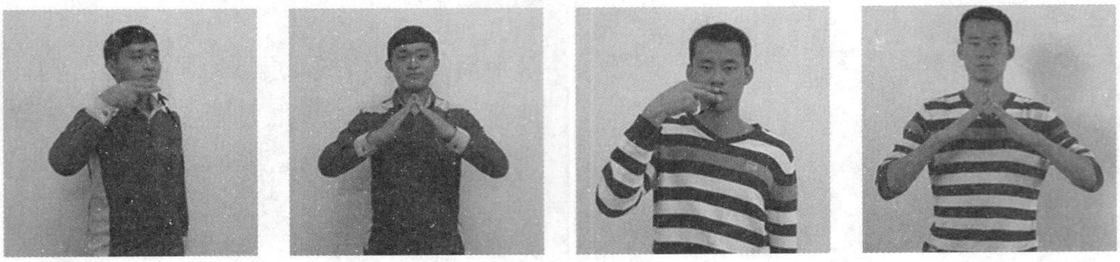

一手伸食、中指在口边划动，如用筷子吃饭状。双手搭成“∧”形，如屋顶状。

厕所

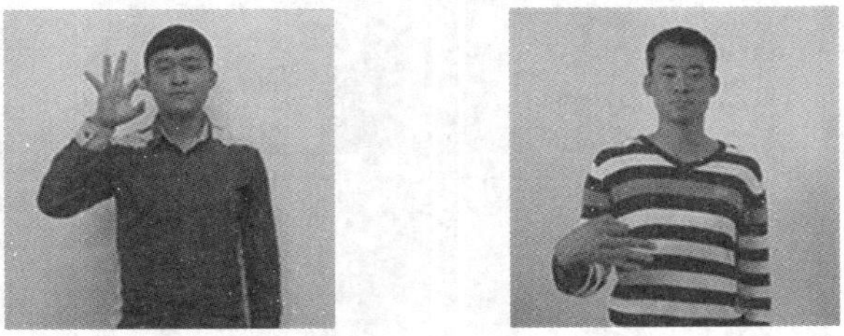

一手拇、食指弯曲，其余三指伸直。

花园

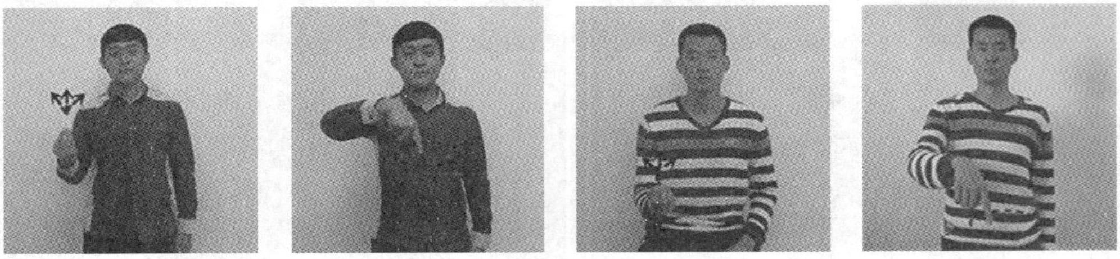

一手五指向上撮合，边向上移边放开五指。一手食指向下画一个大圆圈。

广场

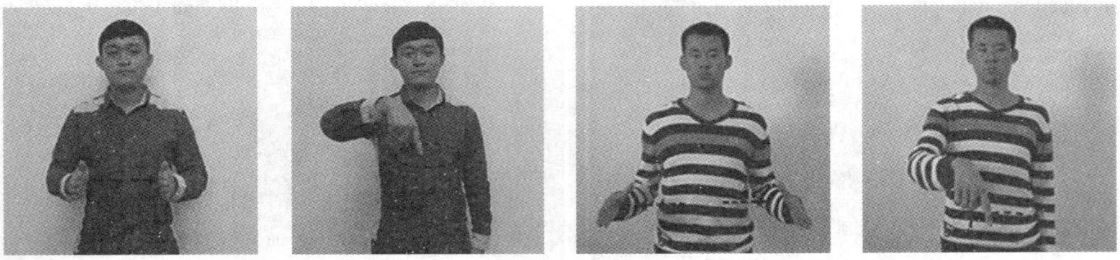

双手伸掌侧立，掌心相对，由中间向两侧移动一下。一手食指指尖朝下画一大圆圈。

电表

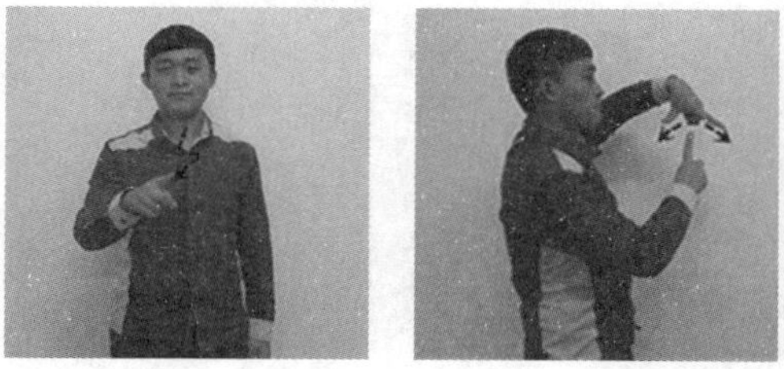

中国手语

一手食指书空“闪电”形,象征电。左手伸拇、食指如“八”字,右手伸食指在“八”字下晃动几下,如电表指针晃动状。

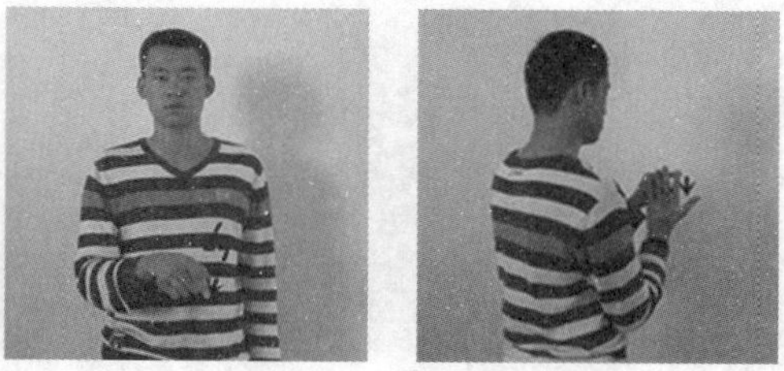

自然手语

一手食指书空“闪电”形,象征电。左手呈“[”形,右手伸四指,在“[”形处自上而下晃动。

煤气

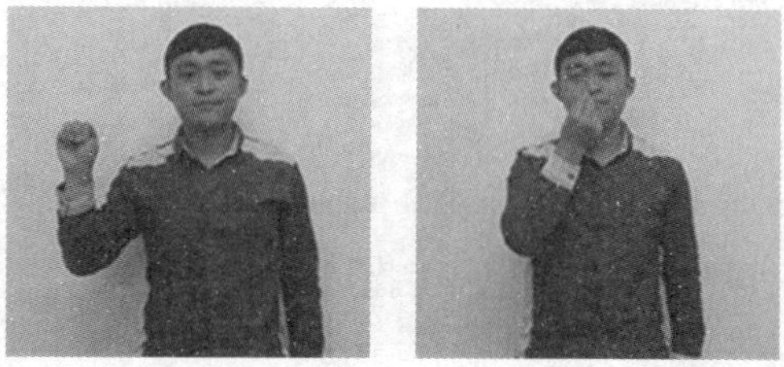

中国手语

打“M”的手势。一手打手指字母“Q”的指式,置于鼻孔前。

自然手语

打“黑”的手势。一手拇指、食指捏成空圈。一手打手指字母“Q”指式,置于鼻孔前。

暖气

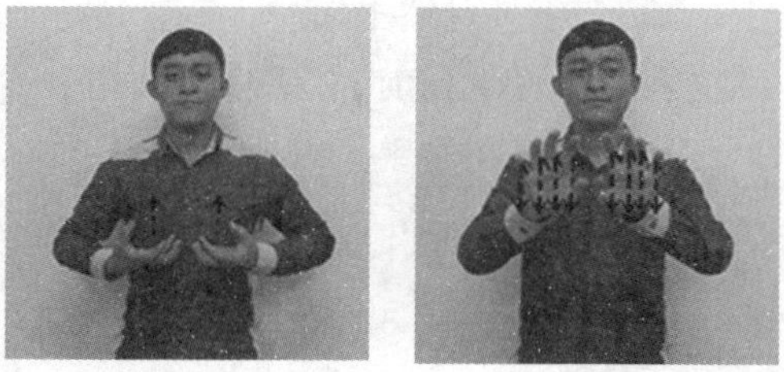

中国手语

双手微曲,掌心向上,由腹部慢慢移到胸部。双手五指伸开,掌心向外,从上往下滑动,模仿暖气片外形。

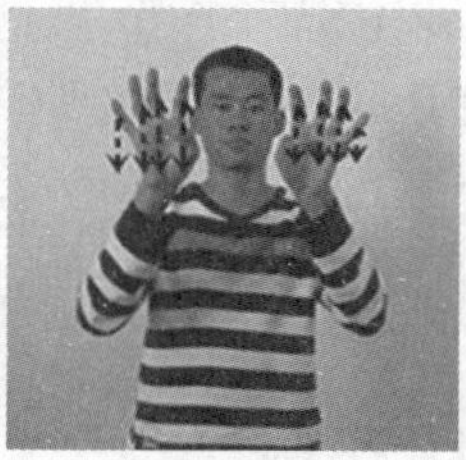

自然手语

双手五指伸开,掌心向外,从上往下滑动,模仿暖气片外形。

自来水

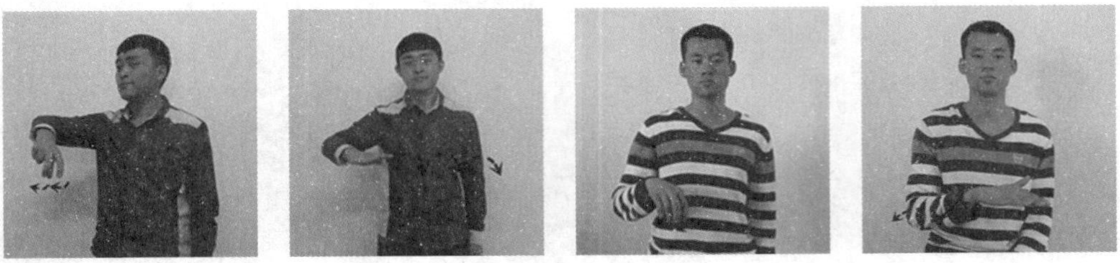

一手拇指与食、中指虚捏并转动，如拧动自来水龙头。一手掌心向下，做波纹形移动，即“水”手势。

水龙头

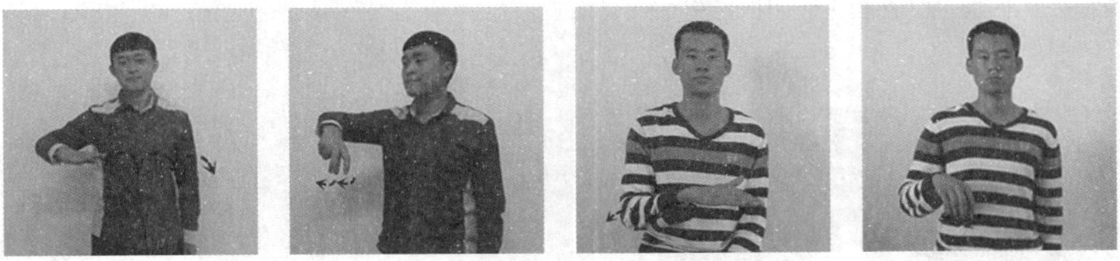

一手平伸，掌心向下，向一侧做波纹状移动。一手拇、食、中指弯曲并转动，做拧水龙头动作。

石头子

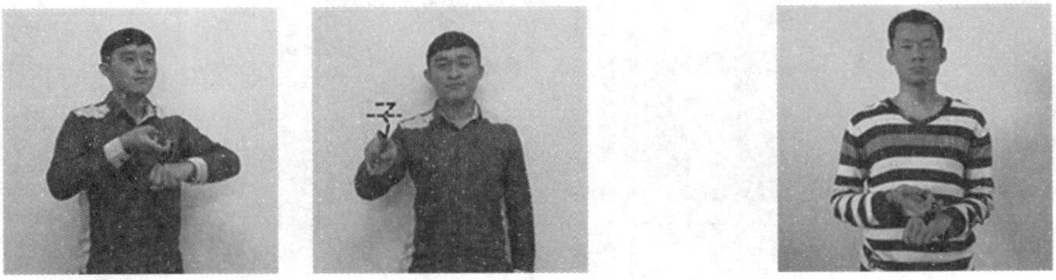

中国手语

左手握拳置于胸前，右手弯曲食指、中指，在左手上敲几下。一手书空“子”字。

自然手语

左手握拳置于胸前，右手弯曲食指、中指，在左手上敲几下。

玻璃

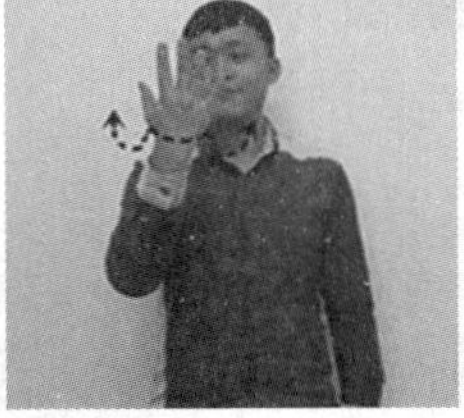

中国手语

一手五指伸开，掌心向内，以腕部微微晃动几下，象征玻璃的闪光。

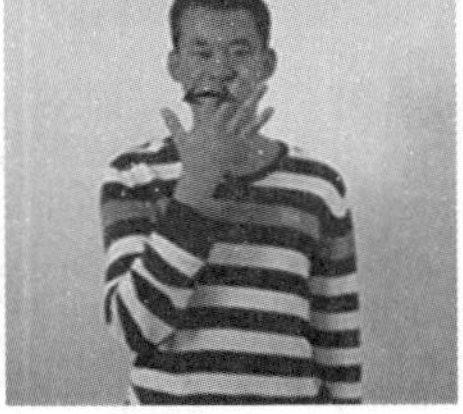

自然手语

五指张开，食指敲牙齿。

沙子(土、灰尘)

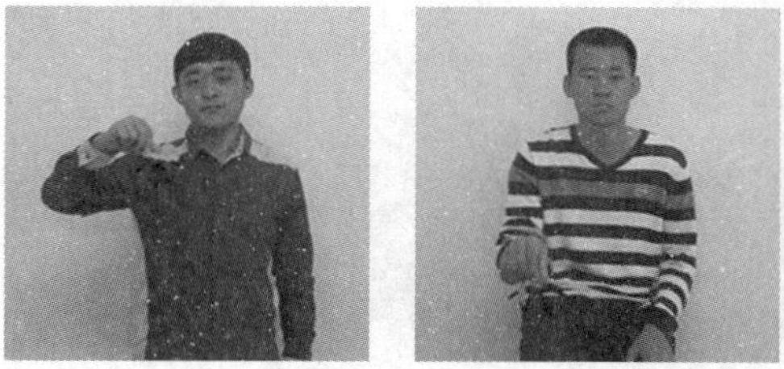

一手拇、食、中指互捻。

道路

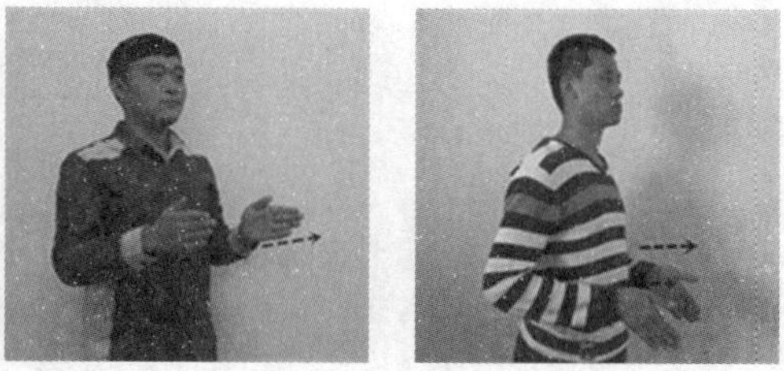

双手侧伸,掌心相对,相距尺余,向前方伸出,表示笔直的大路。

交通

中国手语
双手五指并拢,掌心向内,相对而立,象征车辆,再交叉移动几下。

自然手语
双手呈“[”“]”形相对而立,象征车辆,再交叉移动几下。

桥

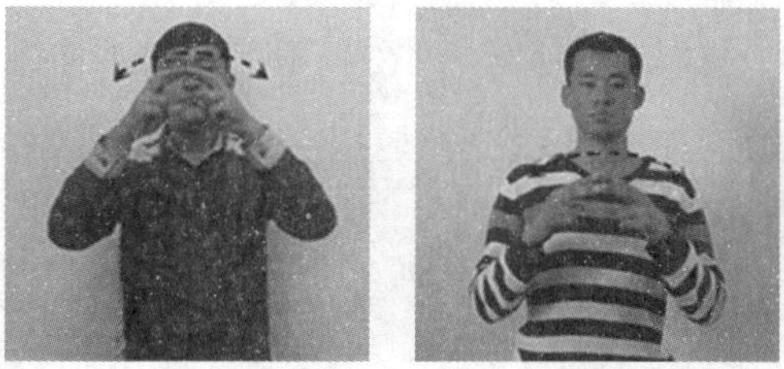

双手食、中指微曲,指尖相对,从中间向两边做弧形拉开,如桥的外形。

立交桥

双手掌心向下微曲,一上一下做大弧形交叉移动,象征立交桥上下层车辆行驶情况。

站台

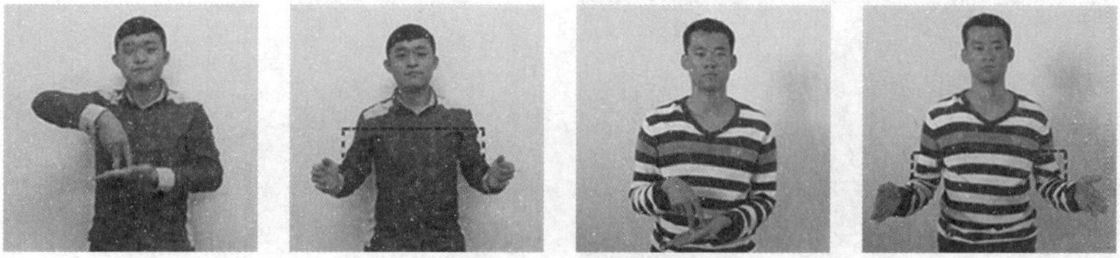

一手伸食、中指,指尖向下伸直,抵于另一手掌心上。双手平伸,掌心向下,从中间向两侧平移,再折向下移,呈“冂”形,如柜台状。

火车

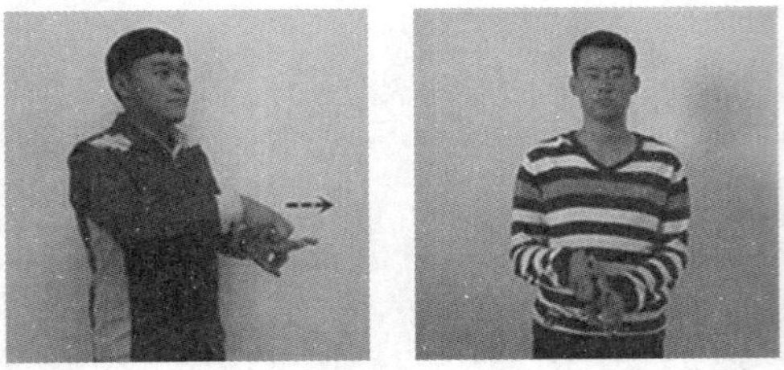

左手食、中指伸直平放，象征铁轨。右手食、中指弯曲如钩，指尖抵在左手食、中指上，并向前移动，象征火车在轨道上行驶。

地铁

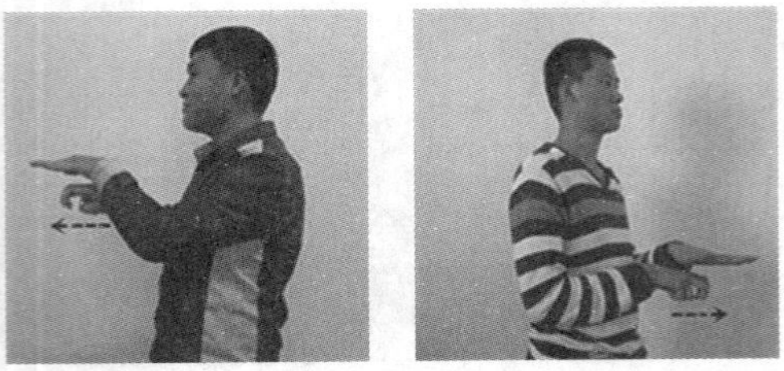

左手平伸，掌心向下；右手食、中指弯曲如钩，手背向上，并向前移动。

汽车

中国手语

双手虚握如握方向盘，左右转动，模仿操纵方向盘动作。

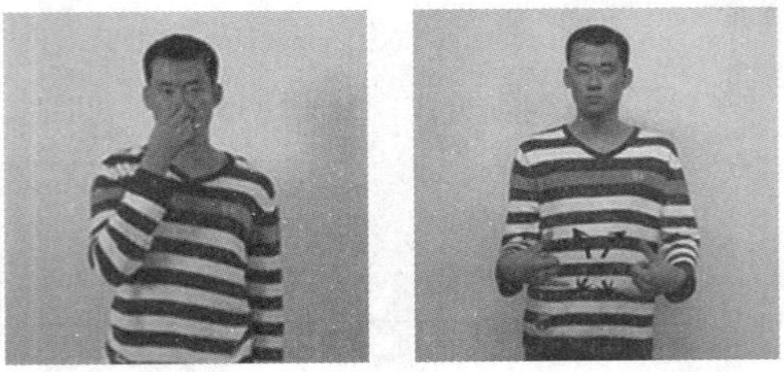

自然手语

打“Q”的手势，放在鼻子上。双手伸拇指、小指，上下晃动几下。

公共汽车

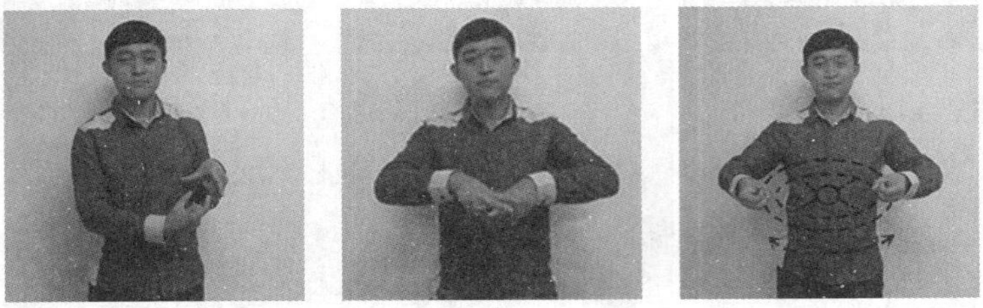

中国手语

双手拇、食指搭成“公”字形。双手伸食指、中指搭成“共”字形。双手虚握如握方向盘，左右转动，模仿操纵方向盘动作。

自然手语

双手拇、食指搭成“公”字形。双手伸食指、中指搭成“共”字形。双手伸拇指、小指，上下晃动几下。

出租车

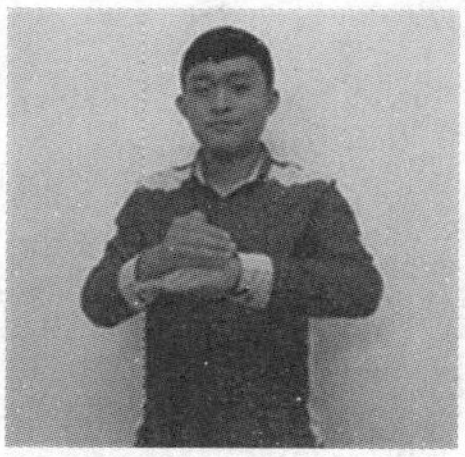

中国手语
左手平伸，掌心向下，右手呈“[”状，放在左手上，双手向前移动。

自然手语
一手伸食指，中指置于食指第一关节处，并向前移动。

吉普车

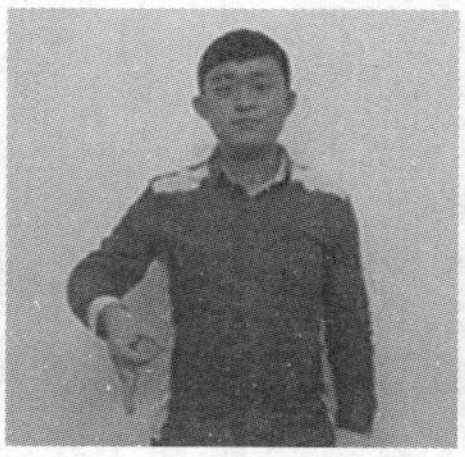

中国手语
打“J”“P”的手势。双手虚握如握方向盘，左右转动，模仿操纵方向盘动作。

自然手语
左手呈“[”状，右手虚握置于左手手背处，双手向前移动。

救护车

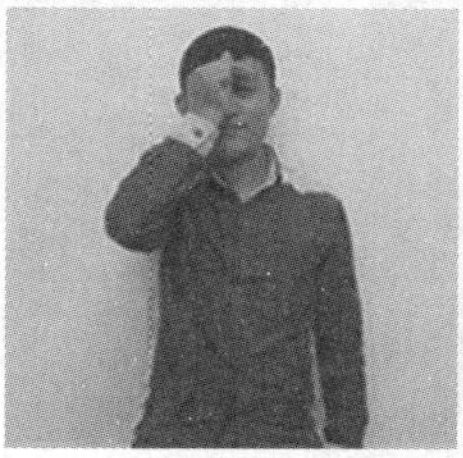

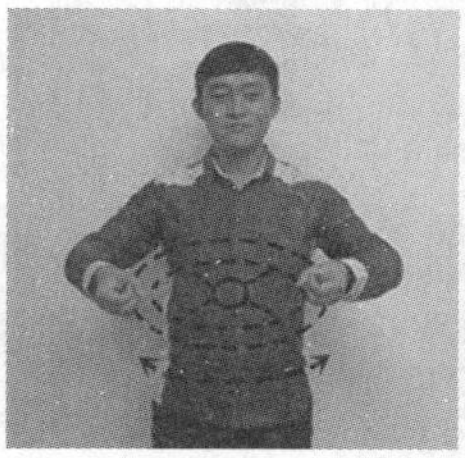

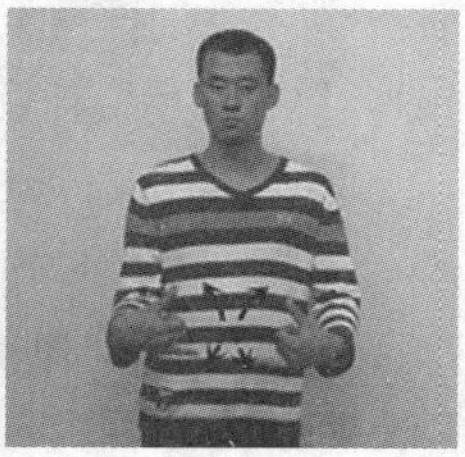

中国手语
一手拇、食指搭成“十”字形置于前额。双手虚握如握方向盘，左右转动，模仿操纵方向盘动作。

自然手语
打“扶”的手势。打“车”的手势。

长途

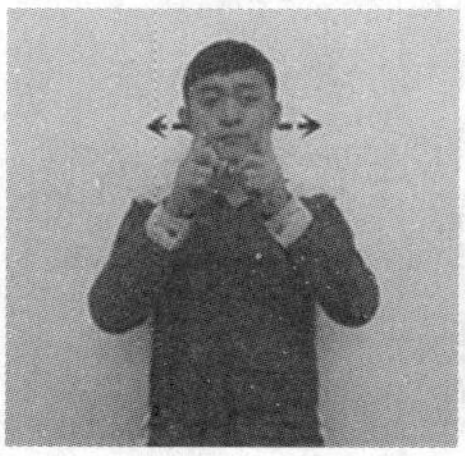

双手食指相对，从中间向两侧拉开。双手掌心相对侧立，指尖向前，同时向前移动。

摩托车

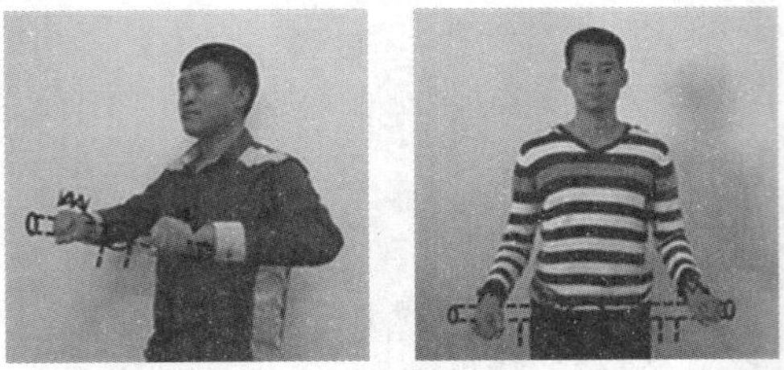

双手握拳，在胸前上下颠动，如驾驶摩托车的动作。

自行车

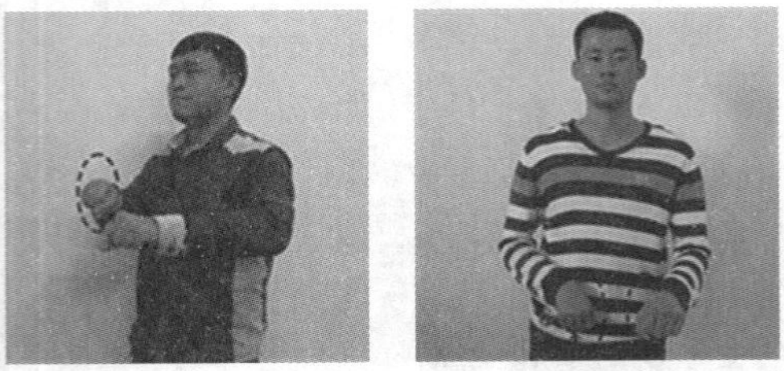

双手握拳，在胸前交替转圈子，如踏自行车动作。

轮椅

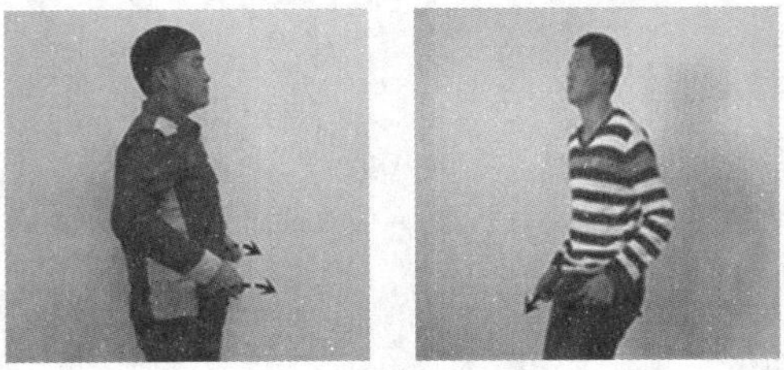

双手握拳，在腰部两侧，做转动轮子状。

车票

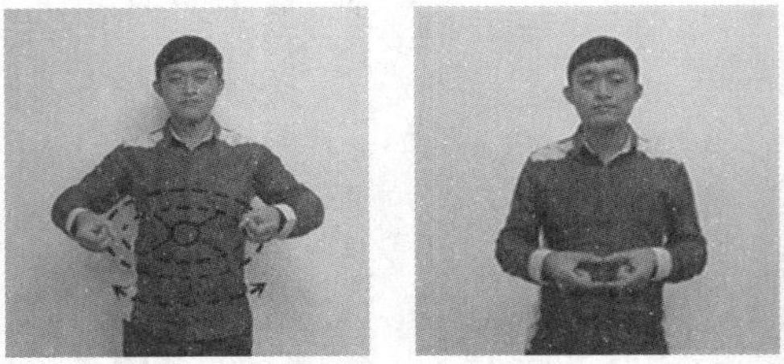

中国手语

双手虚握如握方向盘，左右转动，模仿操纵方向盘动作。双手拇、食指指尖相对，向两边微拉，如车票大小。

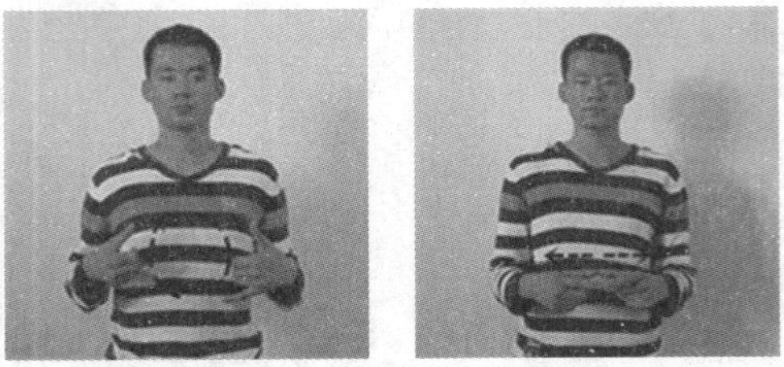

自然手语

打“车”的手势。双手拇、食指指尖相对，向两边微拉，如车票大小。

月票

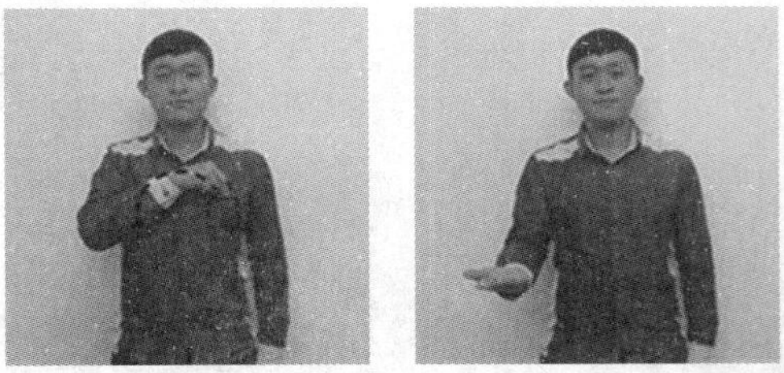

中国手语

一手做从上衣兜掏东西的动作，然后手前伸，掌心向上，表示出示月票。

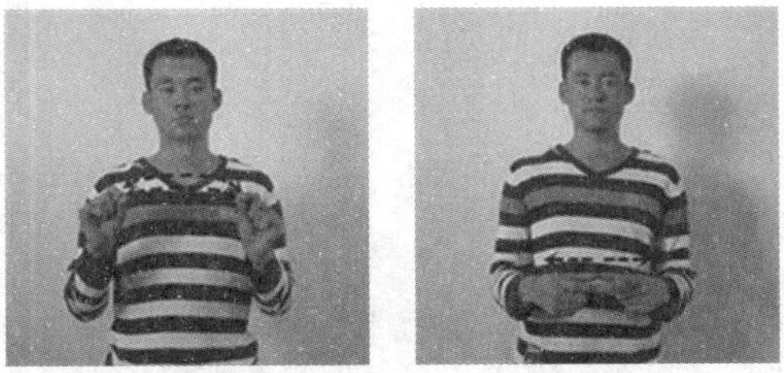

自然手语

双手伸拇指、食指在胸前向两侧拉开，形成月亮状。双手拇、食指指尖相对，向两边微拉，如车票大小。

行李

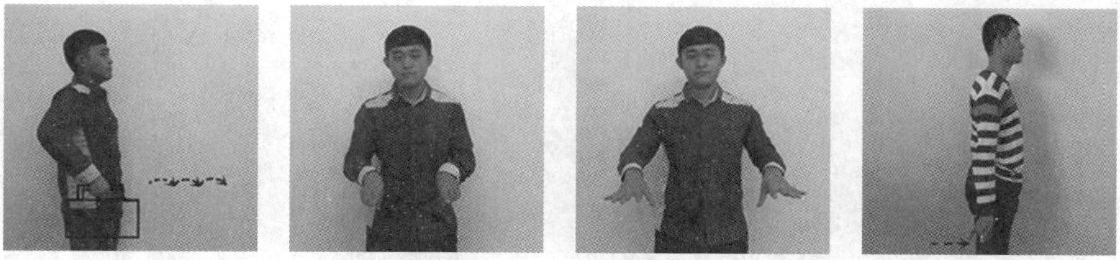

中国手语

一手握拳下垂做提重物状。双手伸出食指互碰一下，同时张开五指，表示“物件”“东西”。

自然手语

一手伸拇指、小指，自然下垂，从后往前拉拽。

卧铺

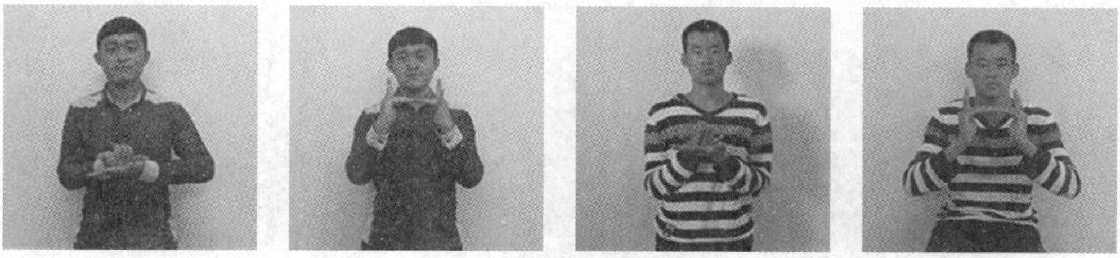

打“躺”的手势。打“床”的手势。

飞机(航空)

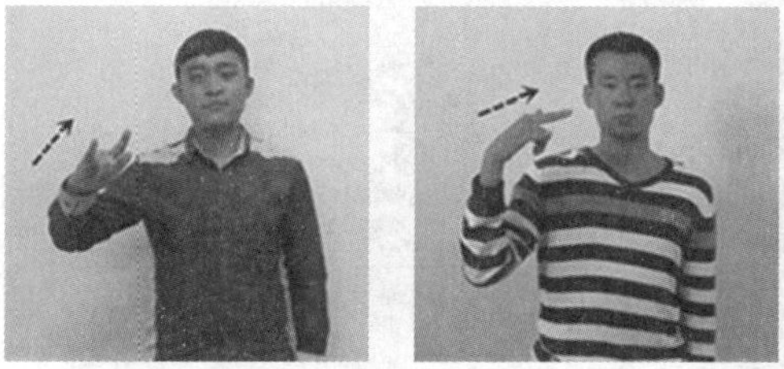

一手伸拇、小指，掌心向下，向前上方做弧形移动，象征飞机外形及起飞情况。

船(轮船)

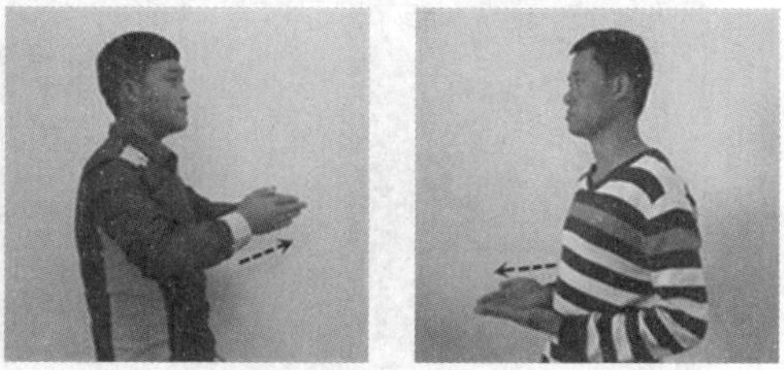

双手侧伸，指尖相抵向前移动，如船向前行驶。

机场

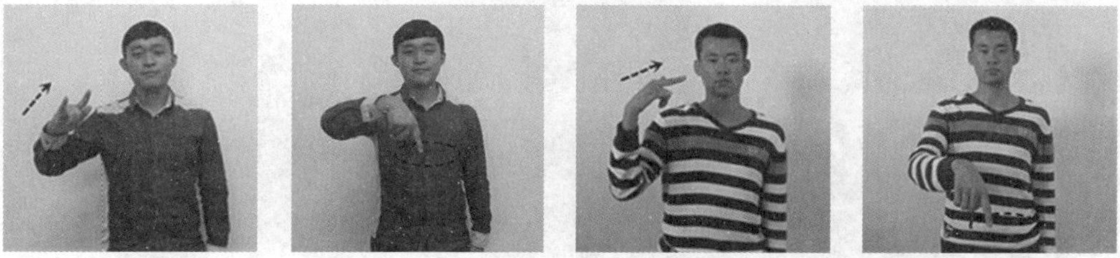

一手伸拇、小指，掌心向下，向前上方做弧形移动，象征飞机外形及起飞情况。一手食指向下画一个大圆圈，表示机场的范围。

信息

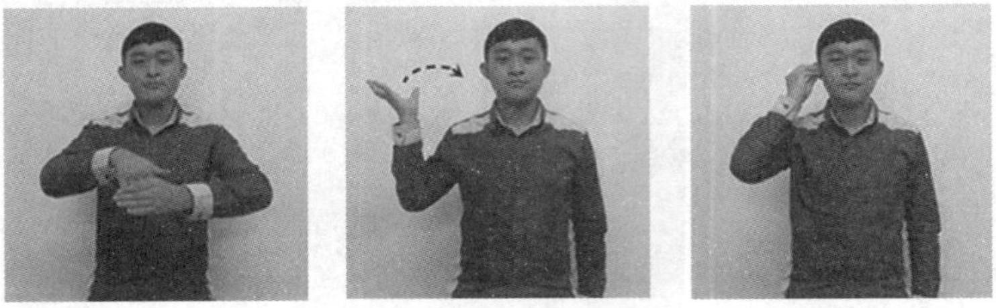

中国手语

左手拇指与四指形成"［"形，右手四指指尖插入左手"［"形中，象征信件。一手五指微曲，掌心向外，然后五指撮合，指尖贴近耳部，如听到外界消息。

自然手语

左手拇指与四指形成"［"形，右手四指指尖插入左手"［"形中，并向前移动。

邮局

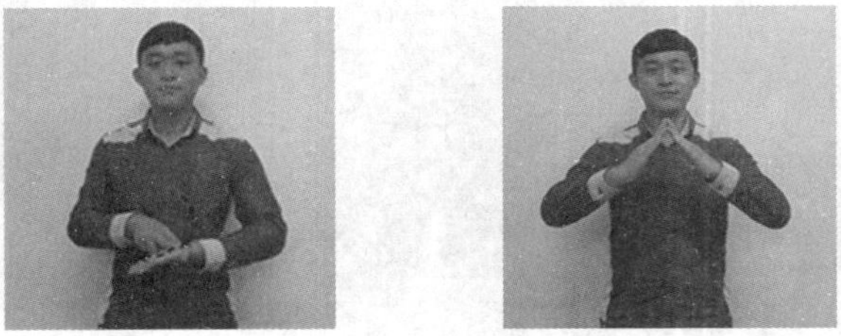

一手食、中指并拢，在另一手掌心上轻拍一下，象征贴邮票。双手搭成"∧"形。

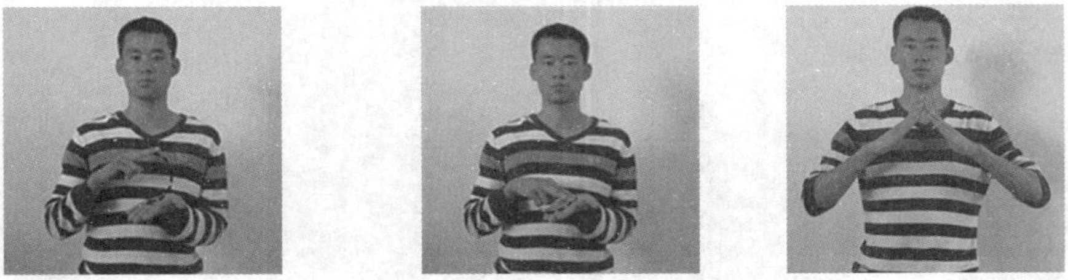

邮票

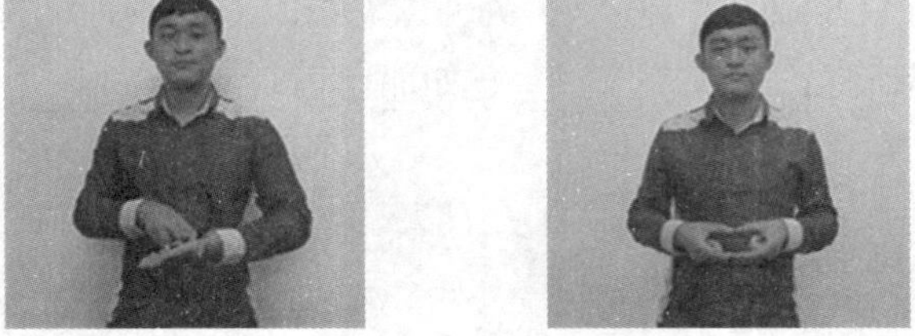

一手食、中指并拢，在另一手掌心上轻拍一下，象征贴邮票。双手拇、食指搭成长方形，稍向外拉开。

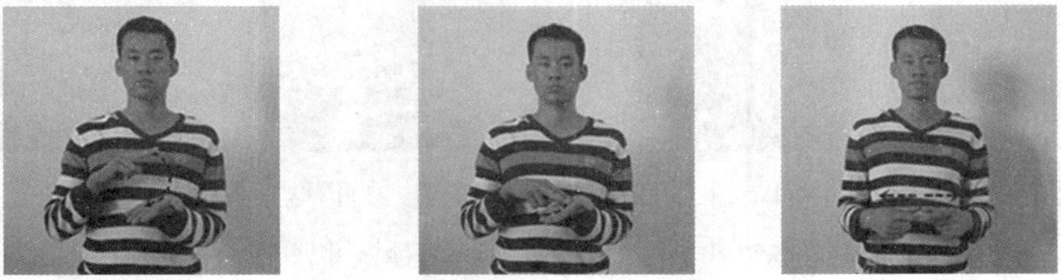

寄信

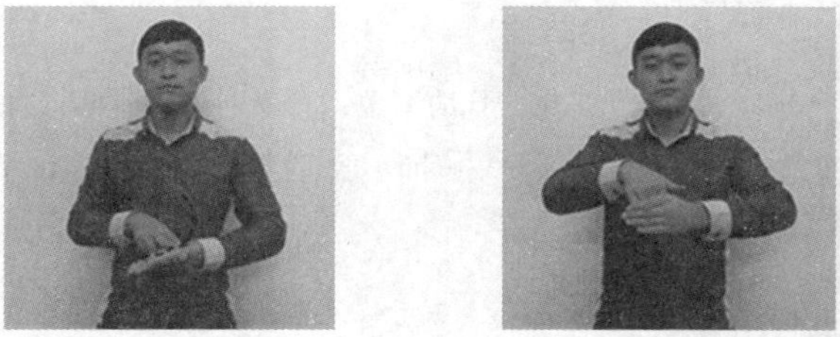

一手食、中指并拢，在另一手掌心上轻拍一下。左手拇指与四指呈“[”形，右手四指并拢指尖插入左手“[”形中，象征信件投入邮筒。

信封

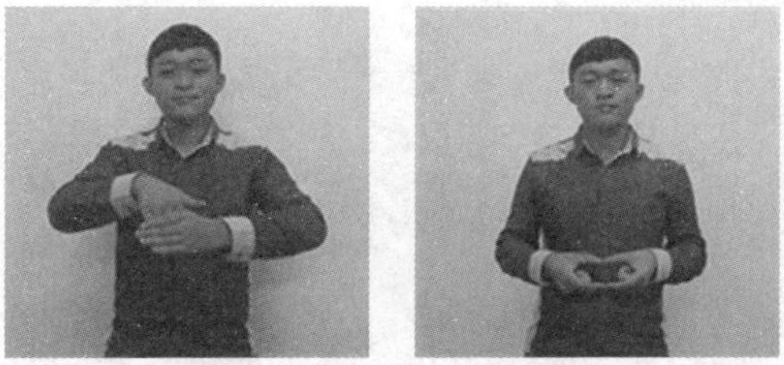

中国手语

左手拇指与四指呈“[”形，右手四指并拢指尖插入左手“[”形中，象征信件投入邮筒。双手拇、食指搭成长方形，稍向外拉开，如信封形状。

自然手语

左手拇指与四指呈“[”形，右手四指并拢指尖插入左手“[”形中。

信纸

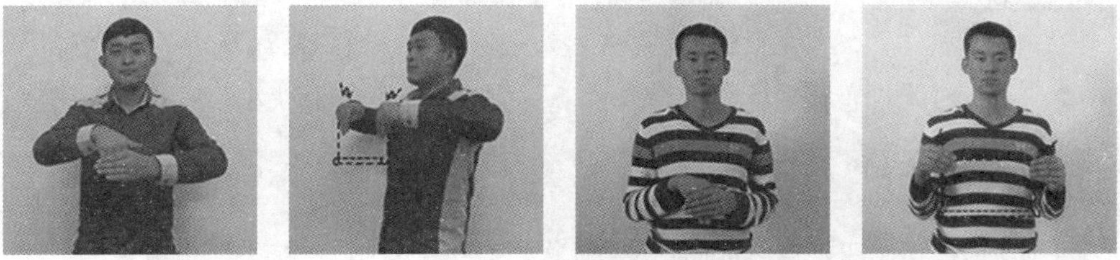

左手拇指与四指呈“[”形，右手四指并拢指尖插入左手“[”形中，象征信件投入邮筒。双手五指撮合，在胸前微动几下，即“纸张”。

汇款

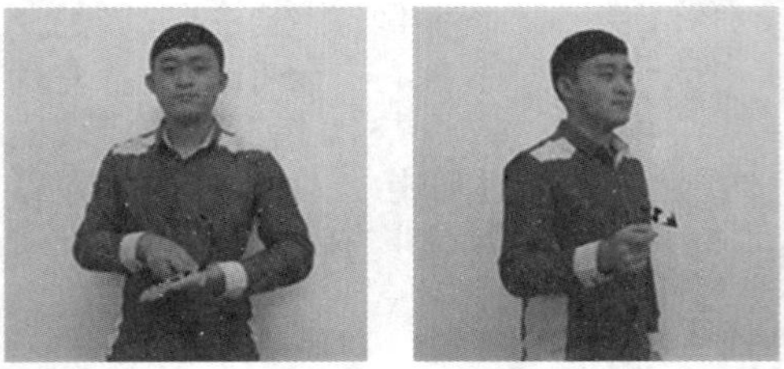

中国手语
一手食、中指并拢，在另一手掌心上轻拍一下。一手拇、食指捏成小圆，上下动几下。

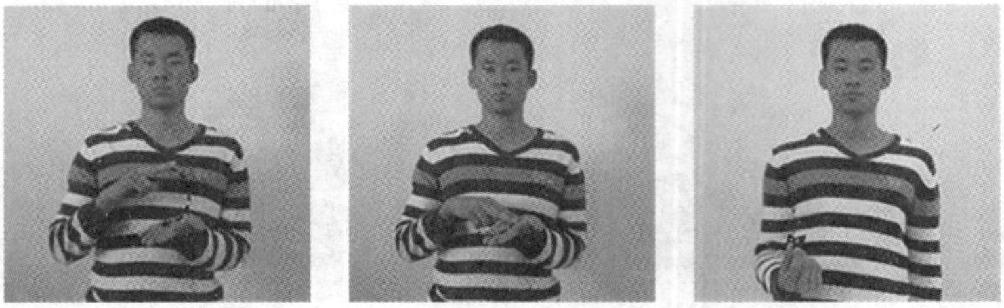

自然手语
一手食、中指并拢，在另一手掌心上轻拍一下。一手五指撮合，并互相捻动。

电话

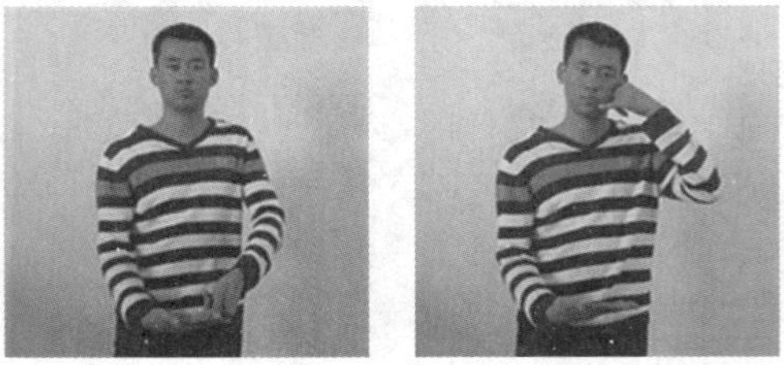

中国手语
一手伸拇、小指，拇指置于耳边，小指置于口边如打电话状。

自然手语
右手平伸，掌心向上；左手伸拇指、小指，扣在右手上，拿起后放在耳边。

移动电话（手机）

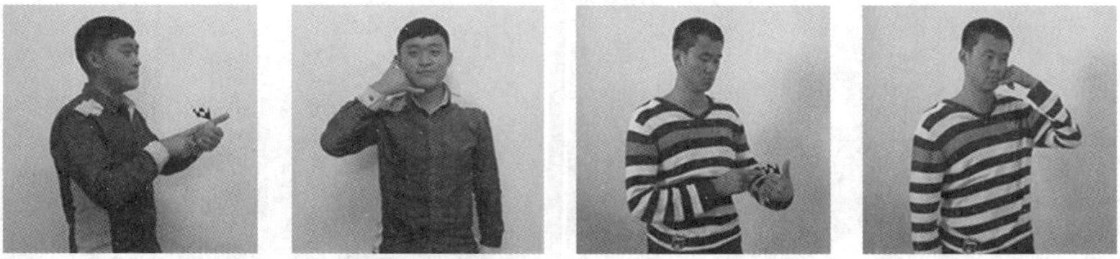

左手伸拇指，其他四指自然弯曲（仿手机状）；右手伸食指，在左手四指指背上点动几下（仿按电话号码状）。一手伸拇、小指，拇指置于耳边，小指置于口边如打电话状。

二、句子训练

1. 我很喜欢吃水果，香蕉、西瓜、橘子、葡萄都是我爱吃的。

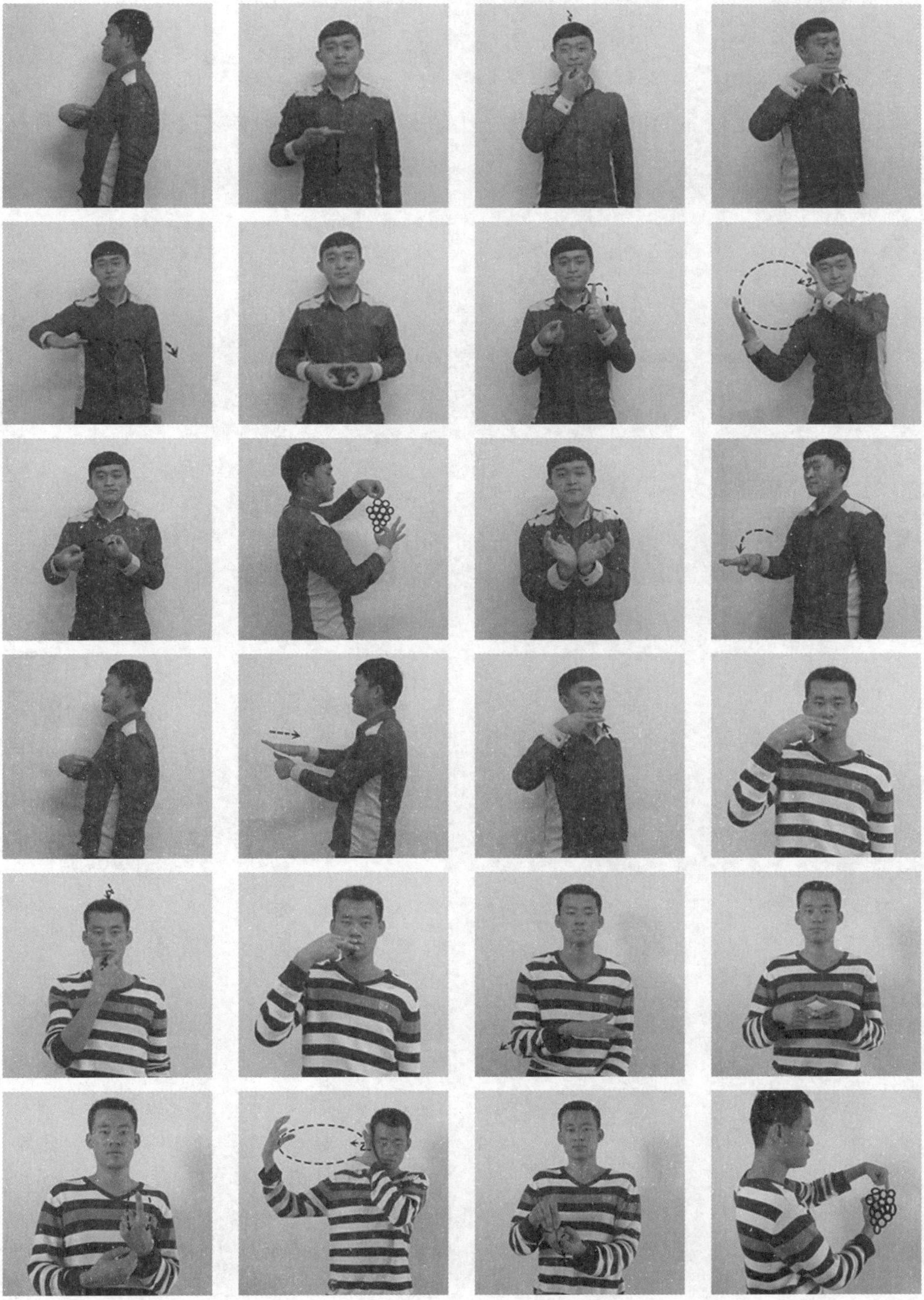

2. 那个商店里商品的价格特别昂贵，只有在特殊节日的时候才会降价。

3. 那家工厂生产的产品质量都很好，并且品种多。

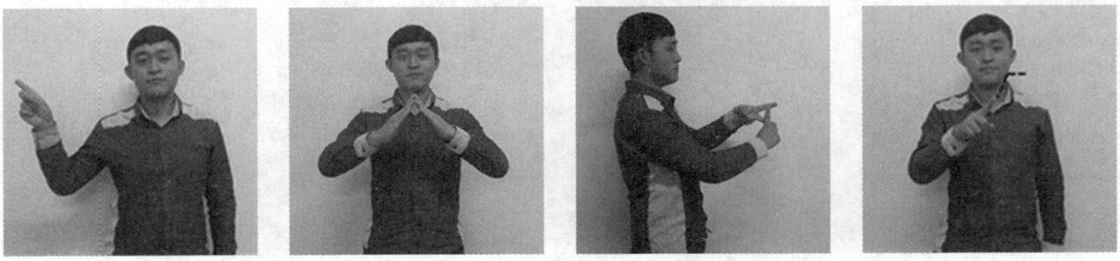

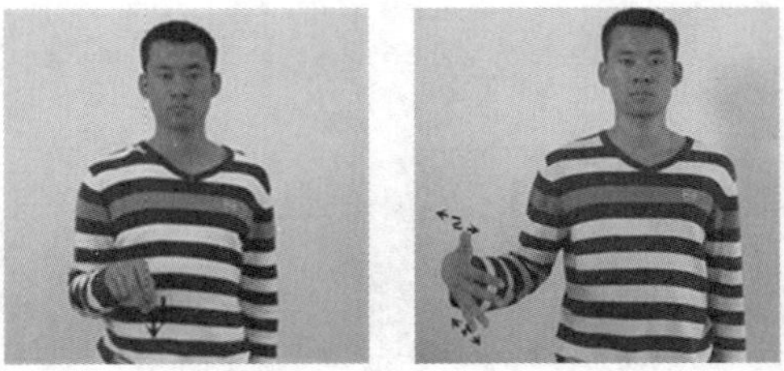

4.寒假我们出差,我正考虑买飞机票还是卧铺,硬座可能买不到了。

三、同步测试

1. 请对比下列几组词，并打出手势语。

元、角， 钱、工资， 昂贵、便宜， 货物、工具

2. 请在正确的答案后面打“✓”。

数量

一手侧立，掌心向内，五指分开，手指微微抖动几下。(　　)

一手直立，掌心向内，五指分开，手指微微抖动几下。(　　)

标准

左手食指直立，右手侧立，指尖对准左手食指。(　　)

左手食指直立，右手掌心向下，指尖对准左手食指。(　　)

3. 请找出基础词是“家”的词：(　　)、(　　)、(　　)。

主题六:政治、哲学

一、词汇

国家

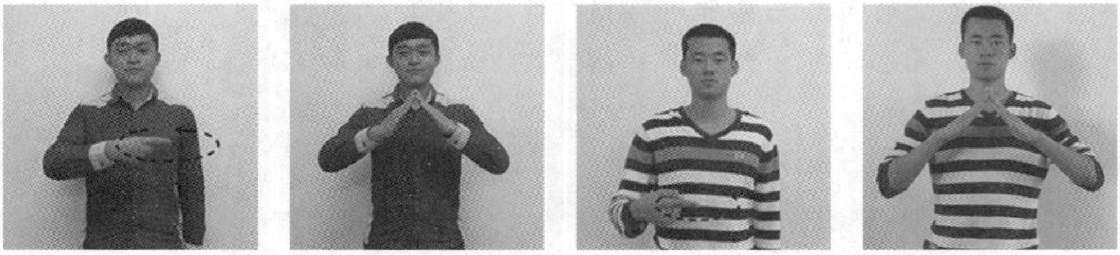

一手打手指字母“G”的指式,在胸前转一圈。双手搭成“∧”形。

国旗

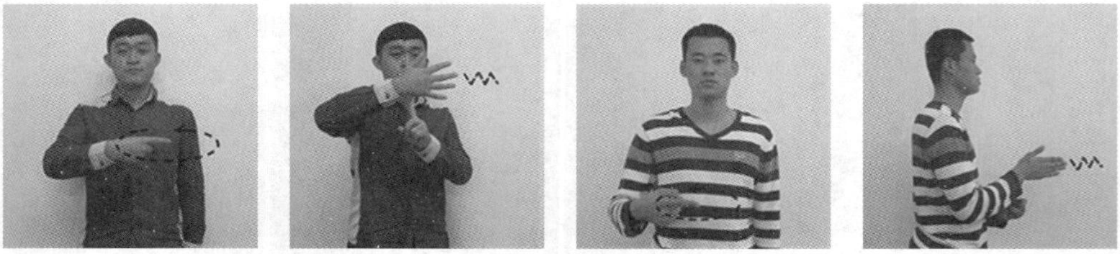

一手打“国”手势。一手侧伸,腕部动几下,如旗帜飘扬状。

国徽

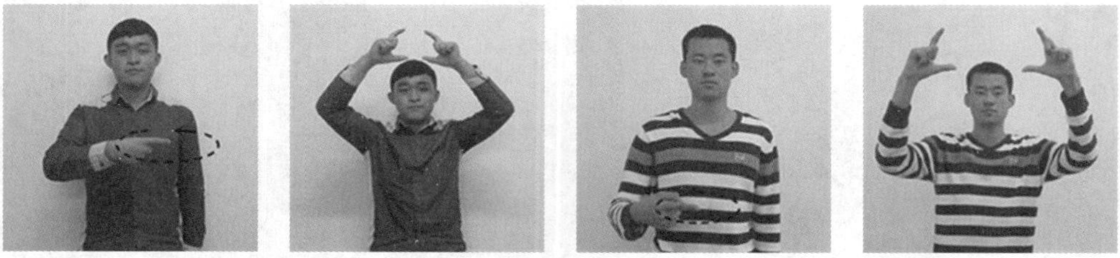

一手打“国”手势。双手拇、食指搭成大圆圈,放于额头上方,象征国徽高挂状。

国歌

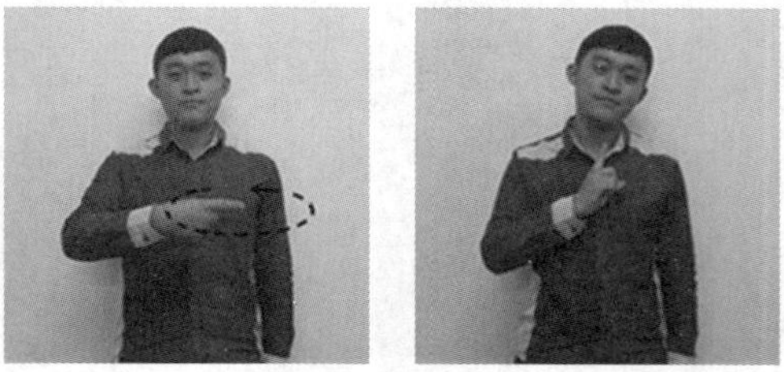

中国手语

一手打“国”手势。右手食指在胸前上方挥舞(嘴微张),模拟指挥唱歌动作。

自然手语

双手伸食指,在胸前左右摆动。

首都

中国手语

打手指字母“SH”的指式并转一圈。左掌平伸，掌心向上。右手握拳伸出拇指坐于左掌心上。

自然手语

打手指字母“SH”的指式并转一圈。双手伸拇、指食指组成圆形，向上移动。

政府

中国手语

打手指字母“ZH”的指式。双手搭成“∧”形。

自然手语

一手伸拇指、食指、中指，拇指置于前额。双手搭成“∧”形。

单位

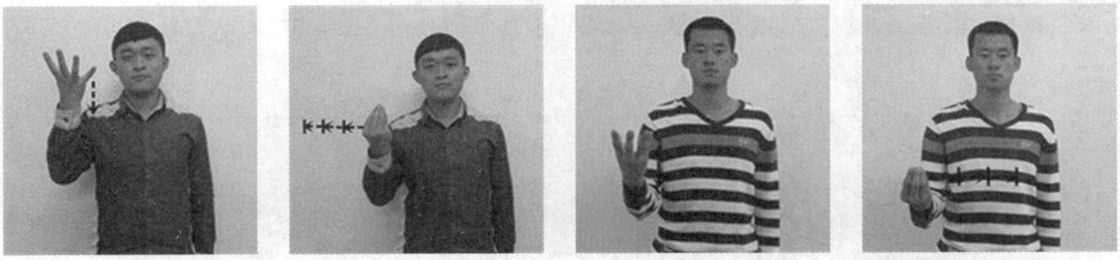

一手五指先张开后并拢，指尖向上，同时向旁边一顿一顿移动，表示一个个组合起来的团体，以此引申为“单位”。

办公室

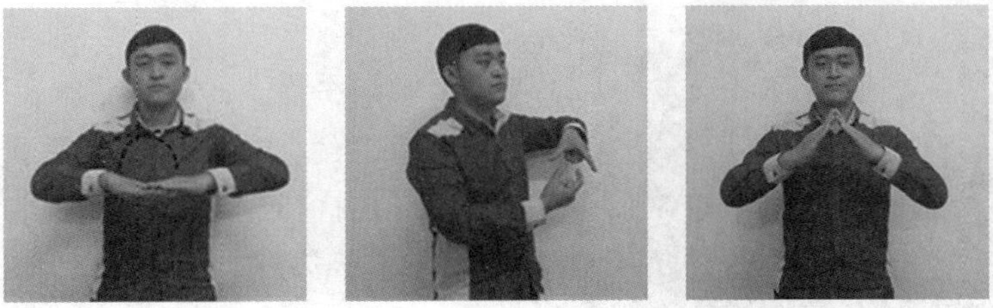

双手互拍手背。双手拇、食指搭成“公”字形。双手搭成“∧”形。

社会主义

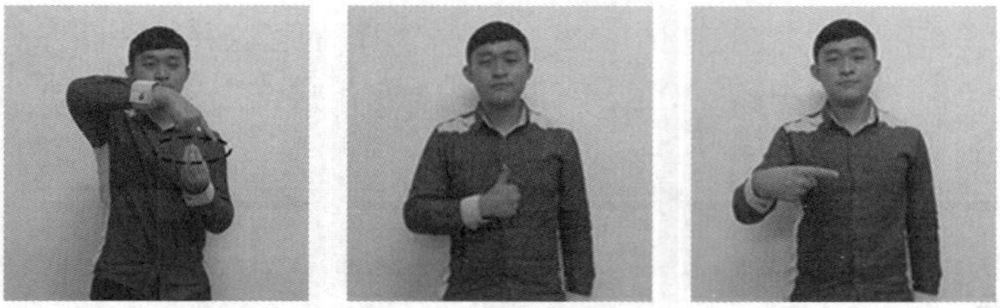

中国手语

左手五指撮合，指尖向上，右手食指向下，绕左手转一圈。一手伸出拇指，贴于胸前。一手伸出食指，横在胸前。

自然手语

左手五指撮合，指尖向上，右手食指向下，绕左手转一圈。打“主”的手势。一手书空“义”字。

共产主义

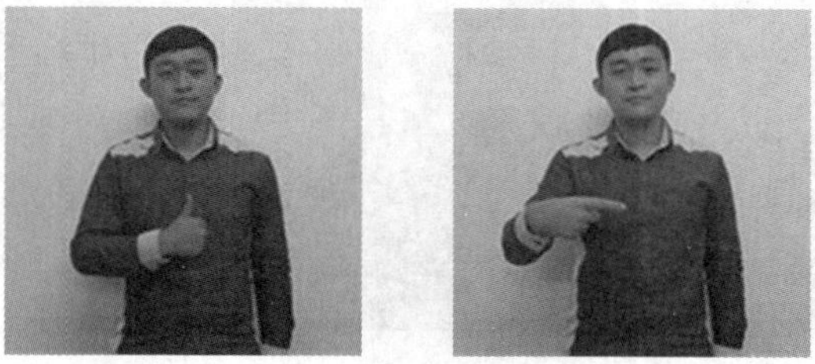

中国手语

双手食、中指搭成“共”字形。打“产”手势。打“主义”手势。

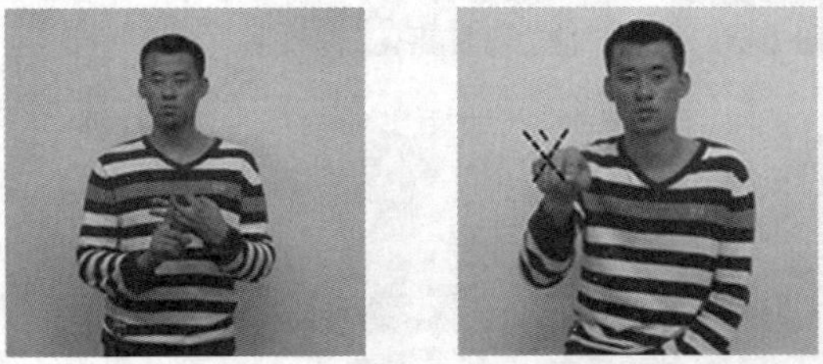

自然手语

双手食、中指搭成“共”字形。打“产”手势。打“主义”手势。

党

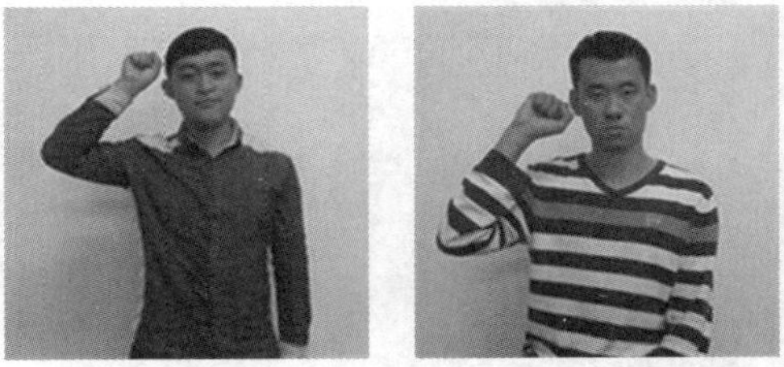

打手指字母“D”的指式。

共产党

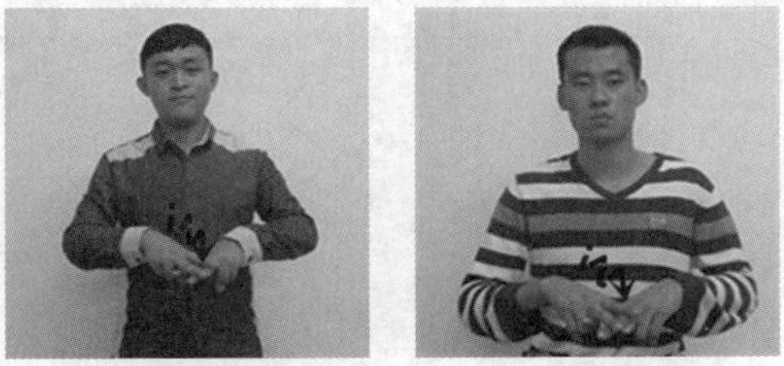

双手食、中指相搭成“共”字形，这是“共产党”的专用手势。

集体

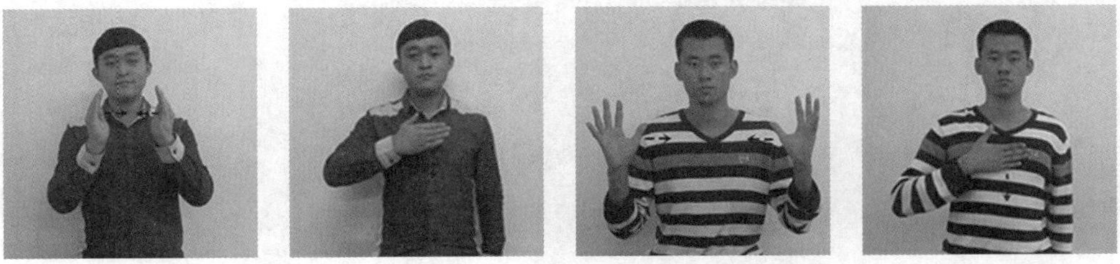

双手五指微曲，从两侧向中间移动，相距半尺停住。一手捂住胸部，并向下移动。

政治

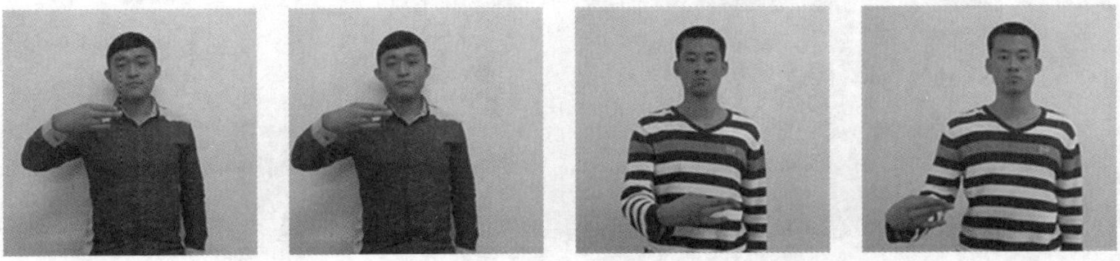

打手指字母“ZH”的指式。再打一个手指字母“ZH”的指式。

权力

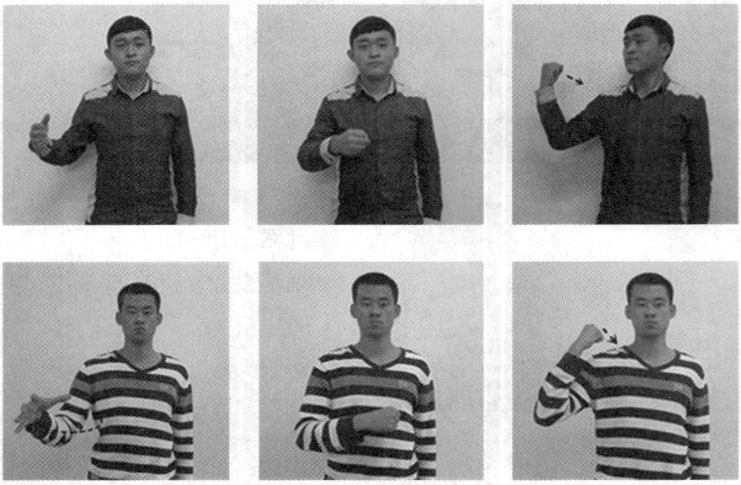

一手五指先张开。然后此手边绕圈边用力握拳。一手握拳曲肘，手臂向内用力弯动一下，表示“力量”“能力”。

权利

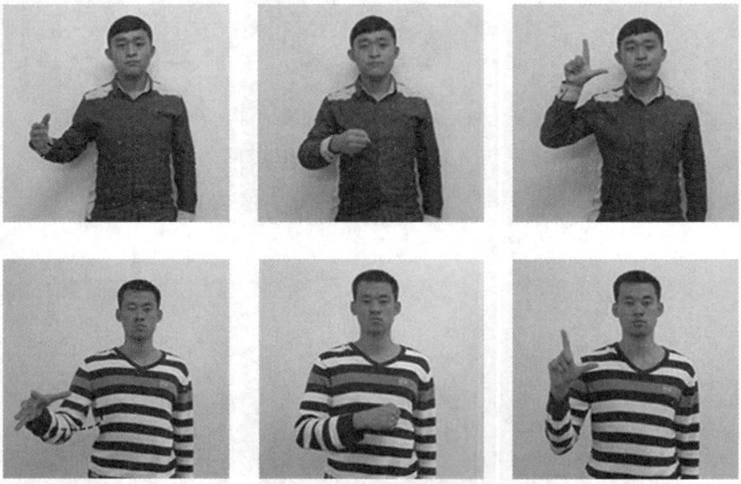

一手五指先张开。然后此手边绕圈边用力握拳，象征“权力”在握。打手指字母“L”的指式。

义务

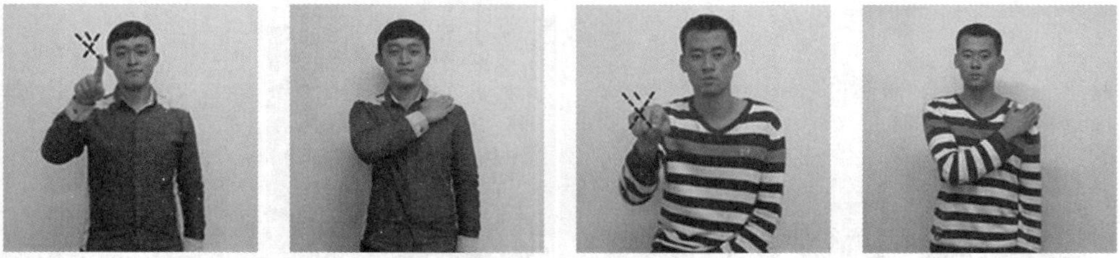

一手食指书空“义”字。一手按一下另一肩肩部，表示“责任”“任务”的意思。

计划(设计)

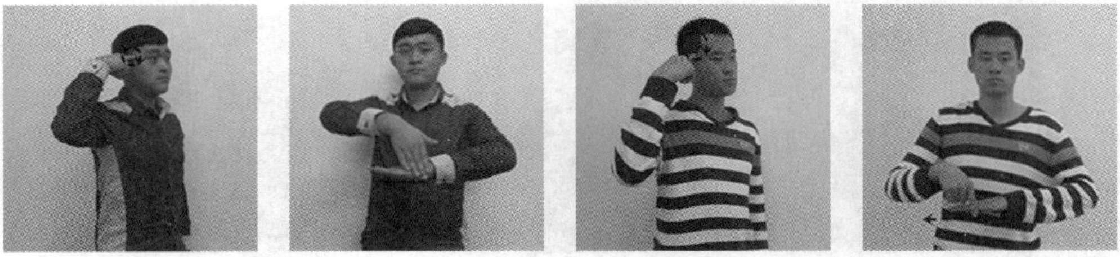

一手食指在太阳穴转一小圈。左手平伸,掌心向下。右手指尖沿左手小指边缘画一条线,表示计划。

原则

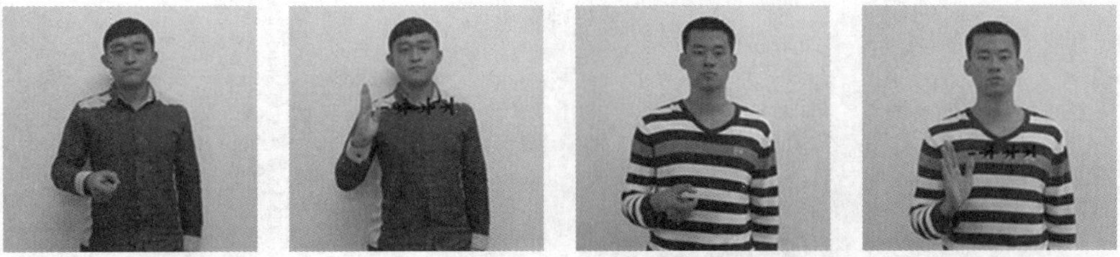

一手拇、食指捏成小圆圈。一手侧立、指尖向上,向一侧一顿一顿移动。

独立

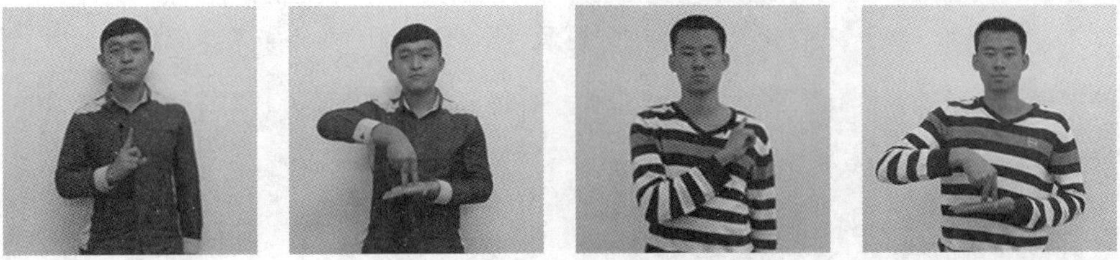

一手食指直立,贴于胸部,然后向上微移一下。左手横伸,右手食、中指分开,指尖朝下,立于左手掌心上。

自立

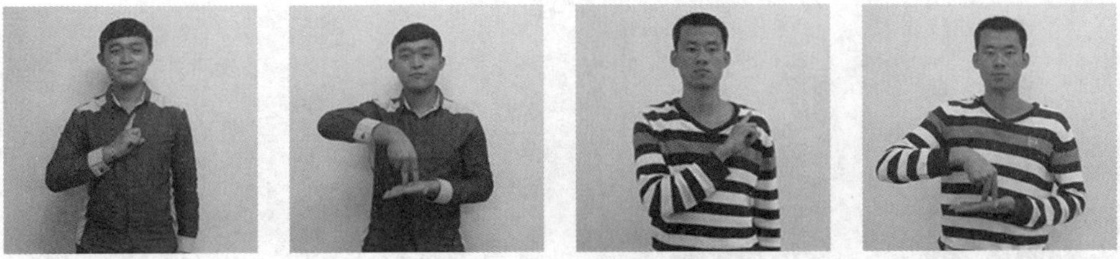

一手食指直立,贴于胸部,然后向上微移一下。左手横伸,右手食、中指分开,指尖朝下,立于左手掌心上。

保护(保障)

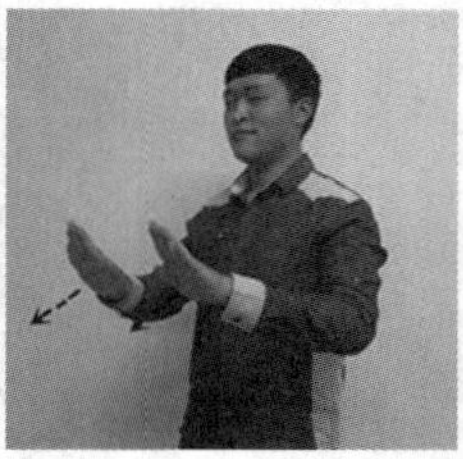

中国手语

双手伸直,向前微按。左手伸出拇指,右手微曲,绕左手拇指半圈,表示“保护”。

自然手语

左手伸出拇指,右手微曲,绕左手拇指半圈,表示“保护”。

保持

双手伸直,向前微按。打“持”手势。

行政

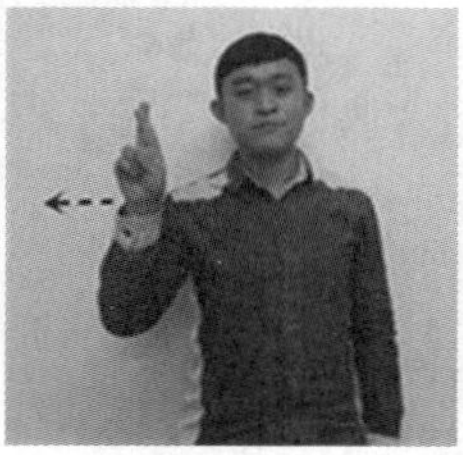

打手指字母“X”的指式。打手指字母“ZH”的指式。

管理

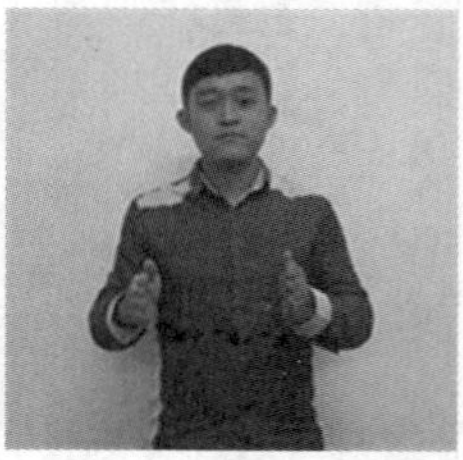

一手拍打一下另一肩。双手掌心相对约距一尺,指尖向前,同时向一侧移动。

通知

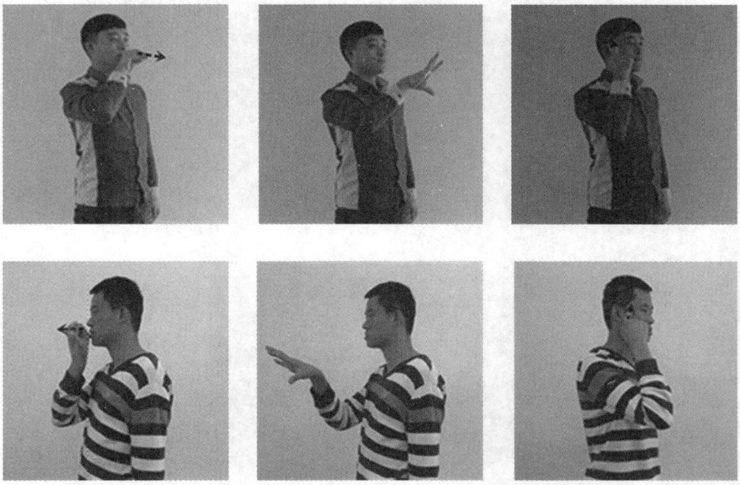

一手五指并拢，指尖向前，从嘴部向前伸出，同时放开五指。一手食指指尖指点一下太阳穴处。

规定

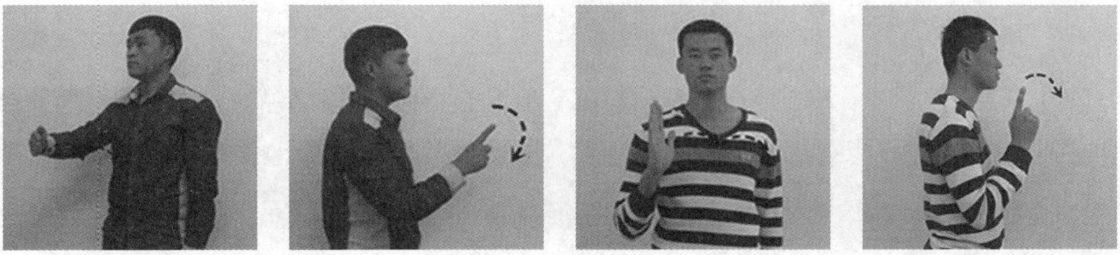

一手五指并拢，指尖向左（上），一顿一顿地向一侧移动。一手食指自上而下挥动一下。

决定

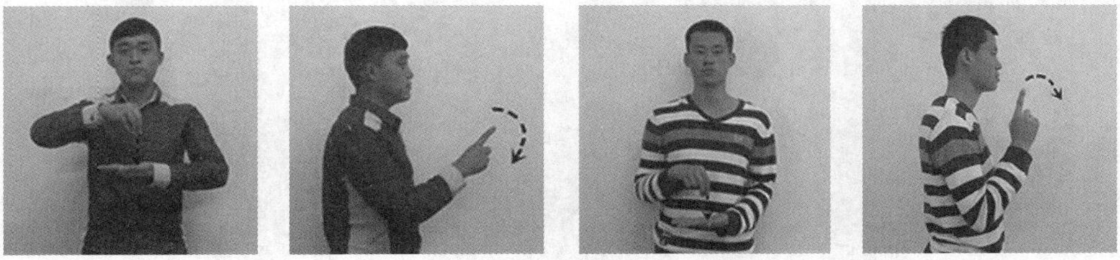

打“决”手势。打“定”手势。

报告（告诉）

一手五指撮合，放于嘴边。然后此手向前边伸出边放开五指。

总结

中国手语
双手五指放开微曲，掌心相对，然后边向中间移动边收拢五指，表示“汇总”。双手五指交叉，并在一起，表示“结合”。

自然手语
双手指尖相对，在胸前画圆形。右手食指点一下左手小指。

步骤

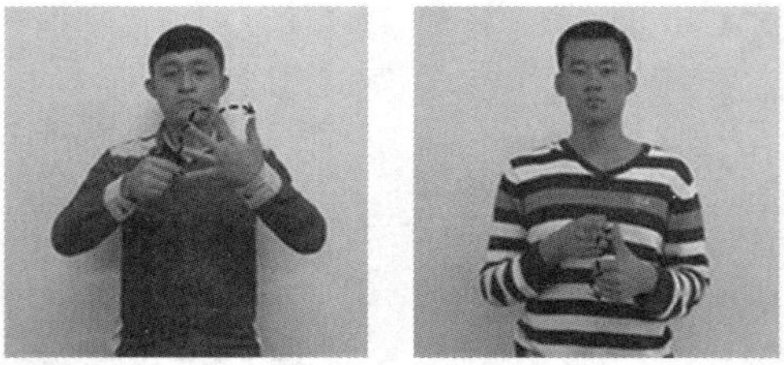

左手五指张开，右手拇、食、中指相捏，从左手小指起逐一捏动各手指。

会议

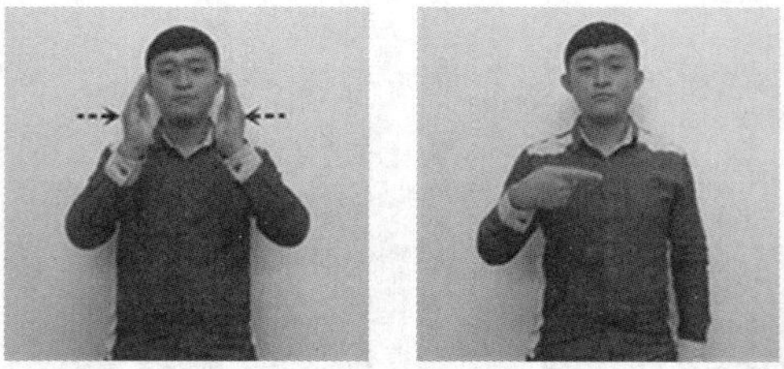

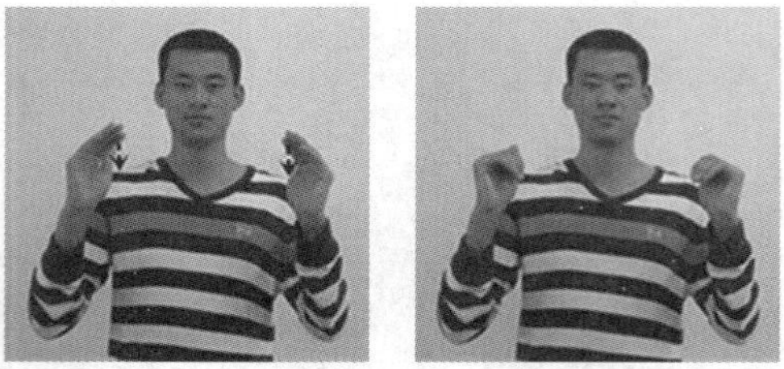

中国手语
双手五指微曲，从两侧向中间并拢。
一手平伸食指，横于胸前。

自然手语
双手伸直，四指弯曲。

参加

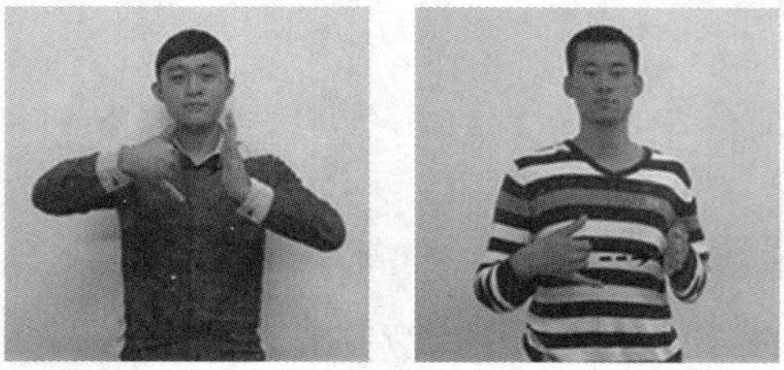

一手伸直，指尖向上，另一手伸出拇、小指，向伸直的掌心靠拢，表示“加入一个行列”的意思。

讨论

中国手语

双手食指指尖相对，在嘴边转动几下。

自然手语

双手食指指尖相对，在嘴边转动几下。

右手食指、中指在左手掌心画圈。

表扬

双手做鼓掌状。一手竖起拇指，表示赞扬。

批评（批判）

一手食指对着另一手向上伸直的食指点两下。

法制（法律）

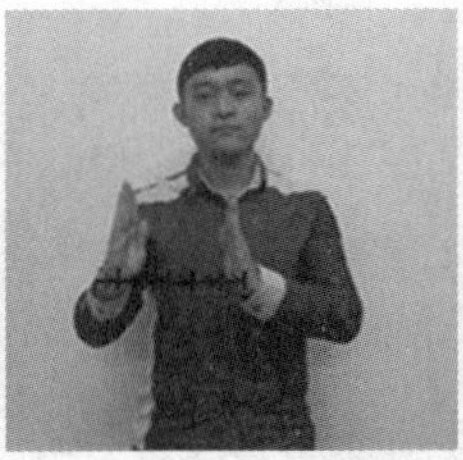

中国手语

打“法”手势。双手直立，在胸前向一旁一顿一顿移动。

自然手语

打“法”手势。一手直立，在胸前向一旁一顿一顿移动。

纪律(程序)

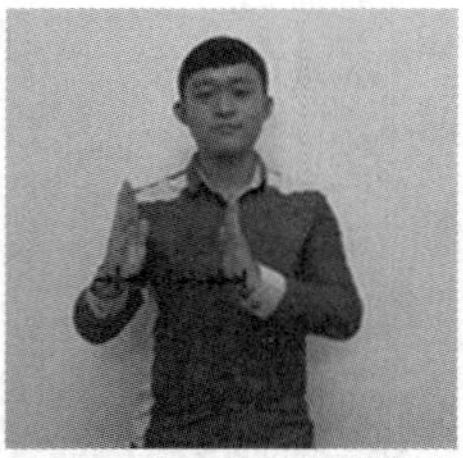

中国手语
双手直立,在胸前向一旁一顿一顿移动。

自然手语
一手直立,在胸前向一旁一顿一顿移动。

派出所

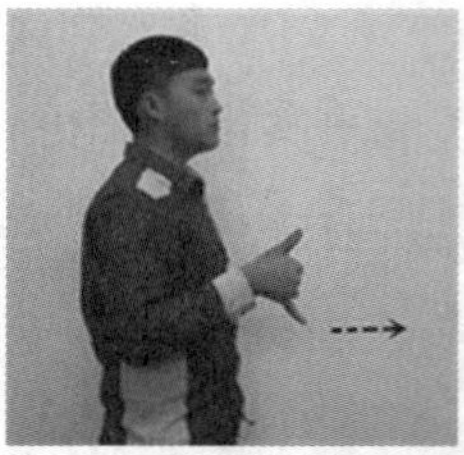

中国手语
一手伸食指、中指向前一滑。打"去"手势。双手搭成"∧"形。

自然手语
一手拇指、中指捏成圈,在前额处弹开。双手搭成"∧"形。

身份证

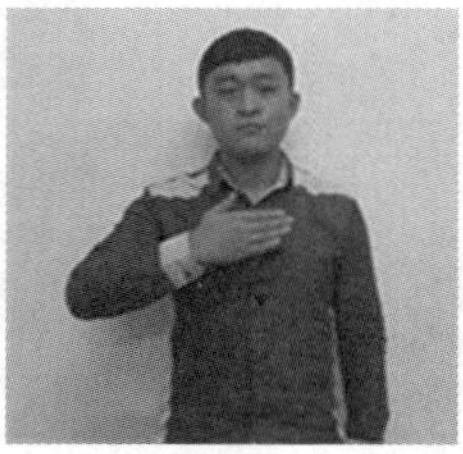
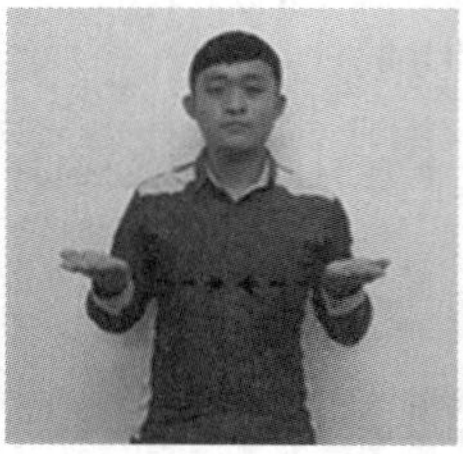

中国手语
一手捂住胸部,并向下微移。双手平伸,掌心向上,由两侧向中间移动。

自然手语
左手伸拇指、小指,右手伸拇指、食指,在左手上滑动。

户口

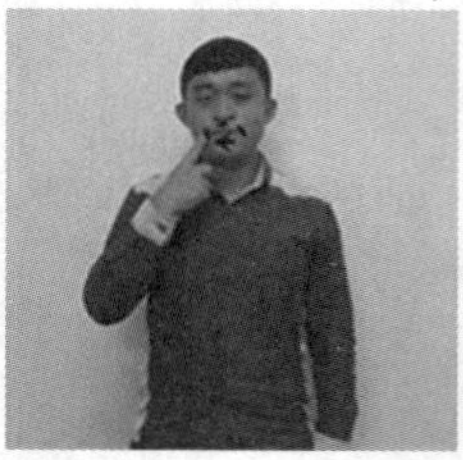

中国手语
双手相搭成"∧"形。
一手食指在口部转一圈。

自然手语
双手掌心相对,扣在一起,一侧张开。
一手食指在口部转一圈。

盗窃

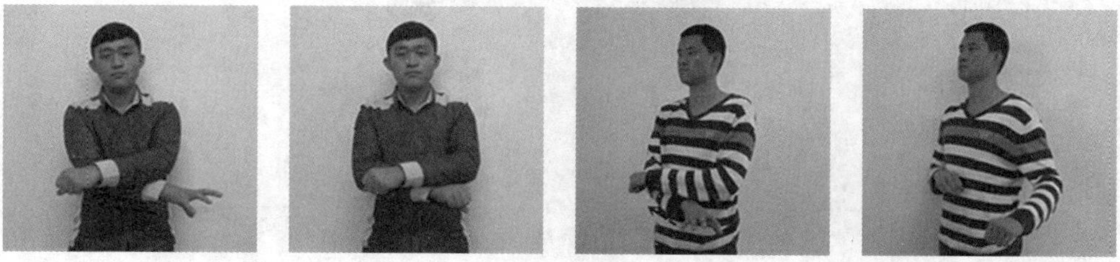

左手握拳横伸;右手五指张开,从左手手臂下向右移动并收拢五指。

监狱

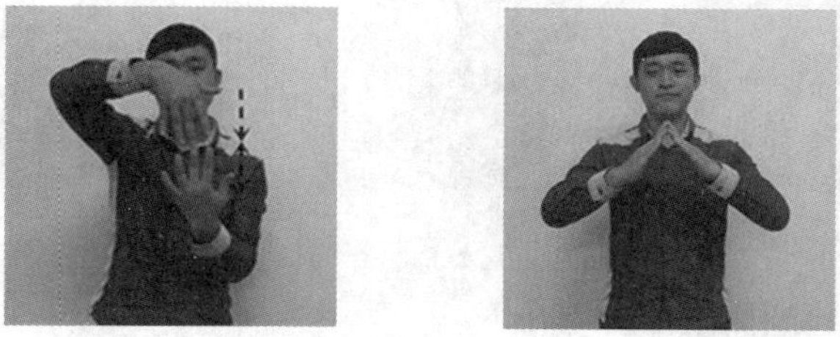

双手五指伸直叉开,指尖上下相对,如监狱铁门状。双手搭成“∧”形。

科学

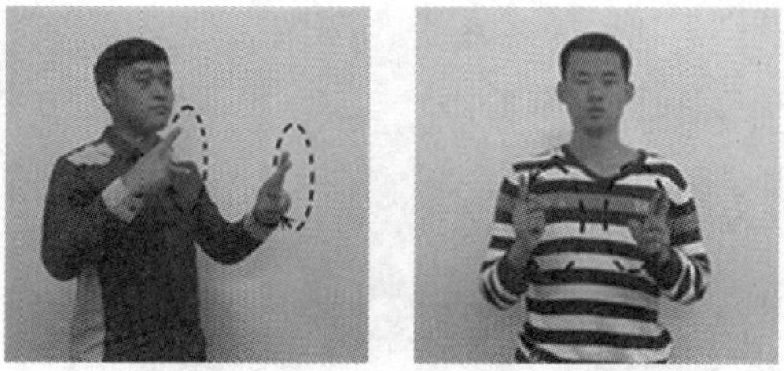

双手分别打手指字母“K”“X”的指式,并交替前后转动。

物质

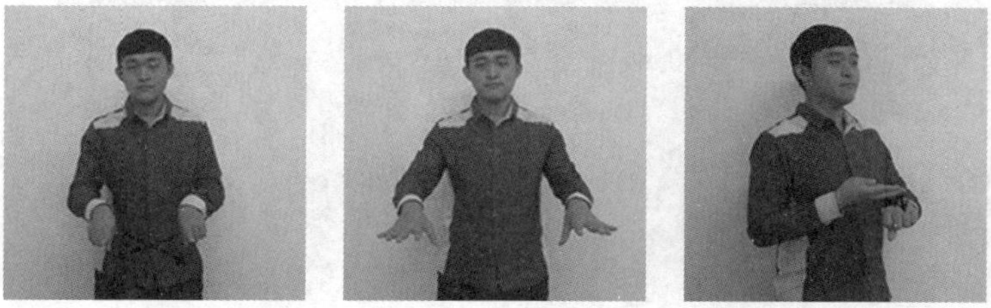

双手食指互碰一下。然后双手分开,并张开五指,即“物件”“东西”的意思。右手食、中指弹打左拳背,表示“性质”。

现象

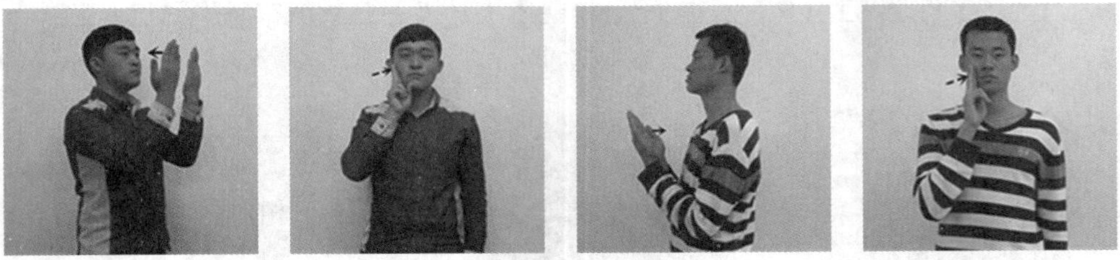

双手伸直，掌心向内，一手不动，另一手向里动一下。一手食、中指伸直，在脸颊侧微微挥动几下。

存在

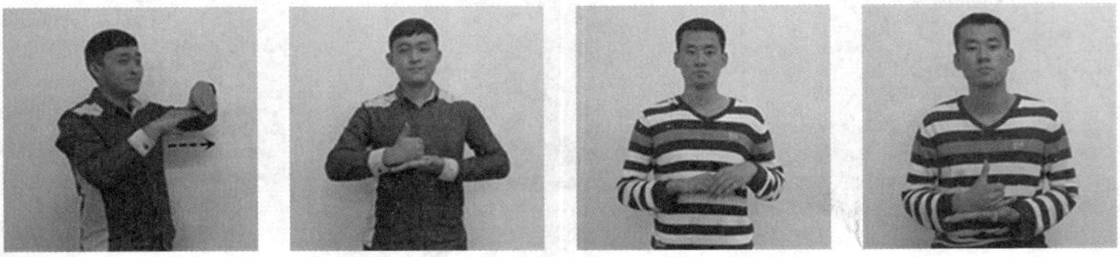

左手呈半圆形，掌心向下，右手呈“］”形，插入左手半圆中。左手横伸，右手伸拇、小指至左手掌心上。

客观

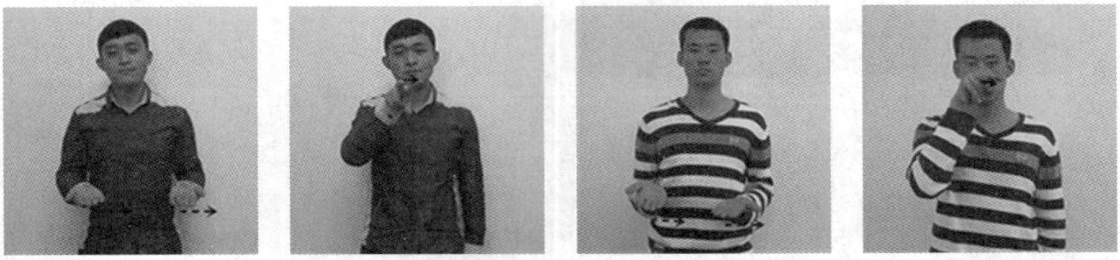

双手掌心向上，并向一侧移动。一手食、中指从眼部向前指一下。

主观

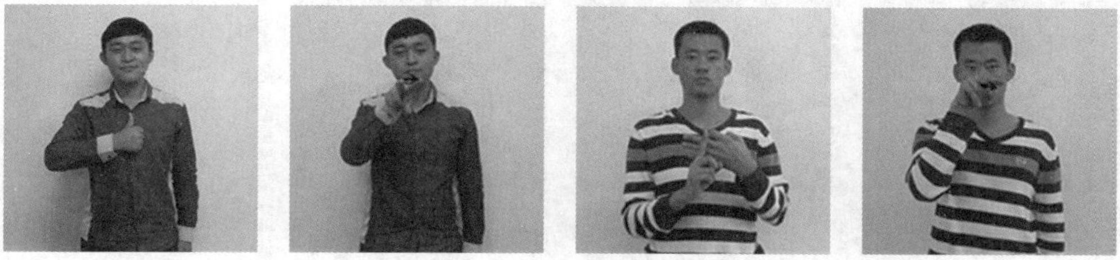

打“主”的手势。一手食、中指从眼部向前指一下。

世界观

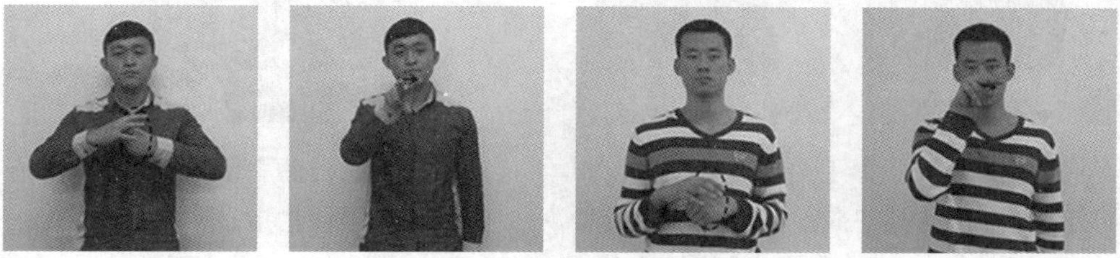

左手握拳不动，右手五指张开，微曲，绕左拳转动。一手伸食、中指，从眼部向前微伸一下。

思想（考虑、想）

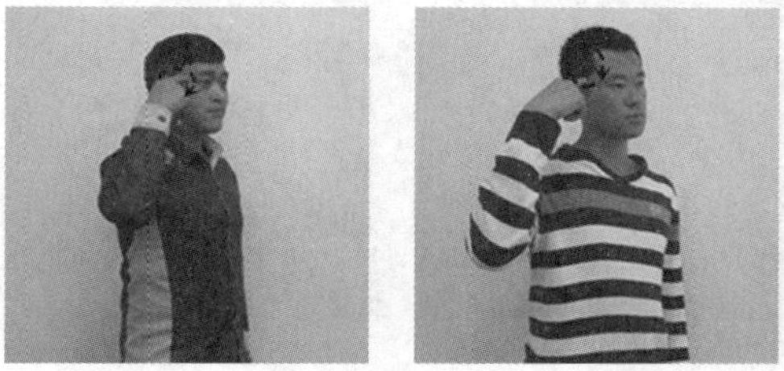

一手食指置太阳穴处转动，显示动脑思索的神情。

理想

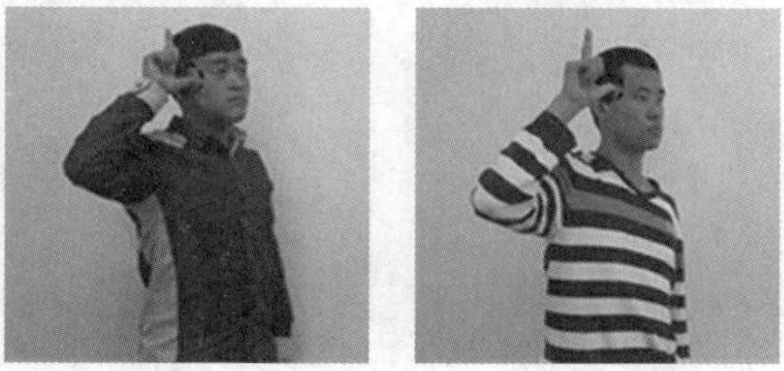

一手打手指字母“L”的指式，拇指抵在太阳穴并转动一下。

认为

一手伸食、中指，从眼部向前微伸一下。一手伸拇、食指，以腕部转动几下。

认识

中国手语

一手食、中指从眼部向前伸出，表示“看”“看见”的意思。一手食指在太阳穴处点两下，表示“知道”。

自然手语

双手伸食指、中指，指尖相对，碰两下。

观点

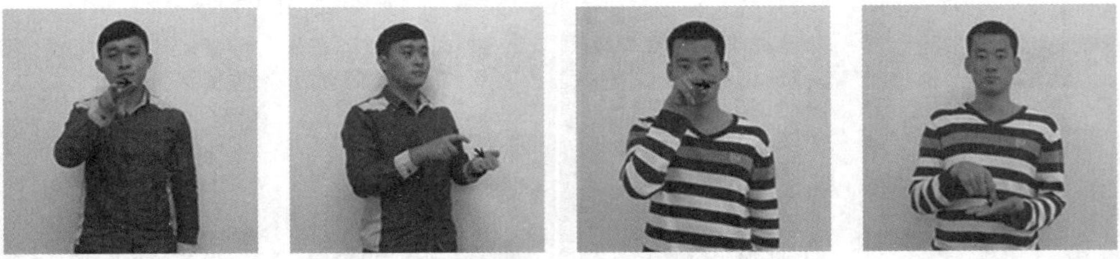

一手食、中指从眼部向前指一下。一手伸出食指在另一手掌心上点一下。

精神

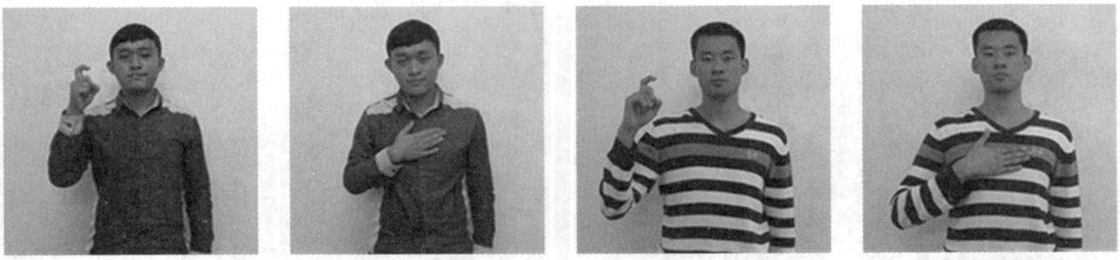

一手打手指字母“J”的指式。一手捂住胸部，同时挺胸抬头，表示有“精神”。

道理

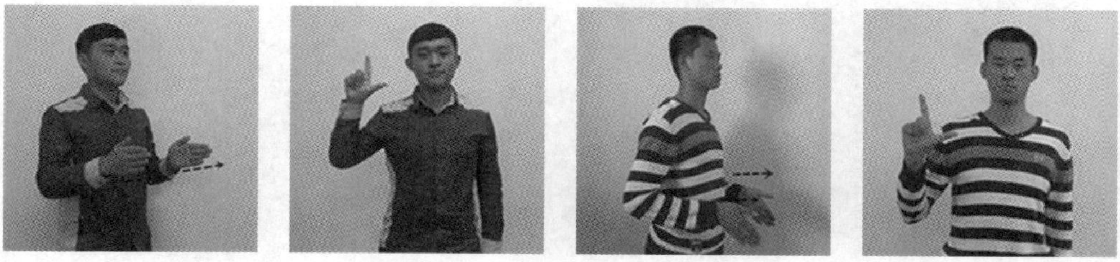

双手侧伸，掌心相对，相距尺余，向前方伸出。

一手打手指字母“L”的指式。

原因

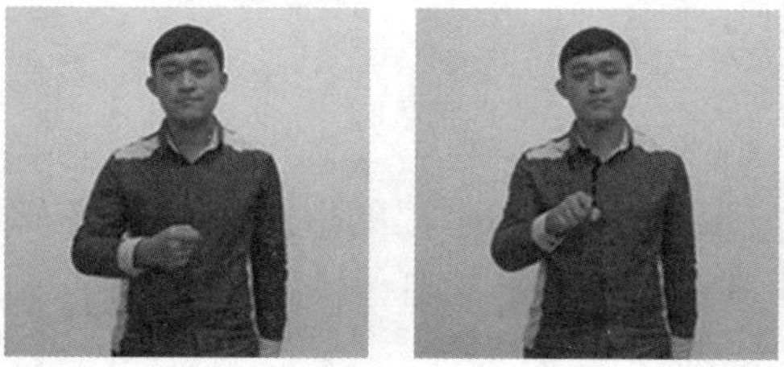

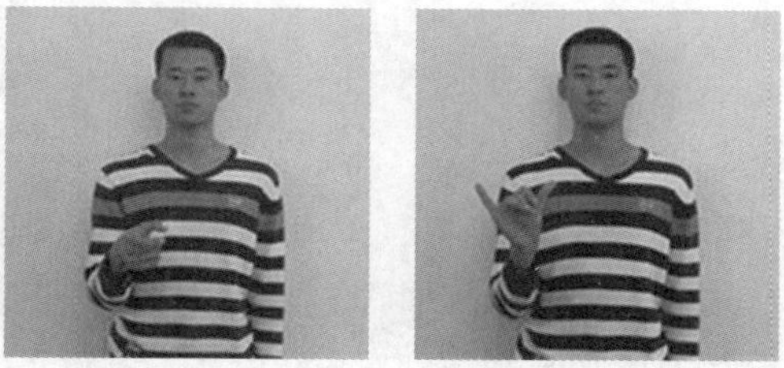

中国手语

一手拇、食指捏成小圆形。“圆”与“原”同音，此处借音示意。一手食指书空“？”。

自然手语

一手拇、食指捏成小圆形。打“Y”的手势。

意思

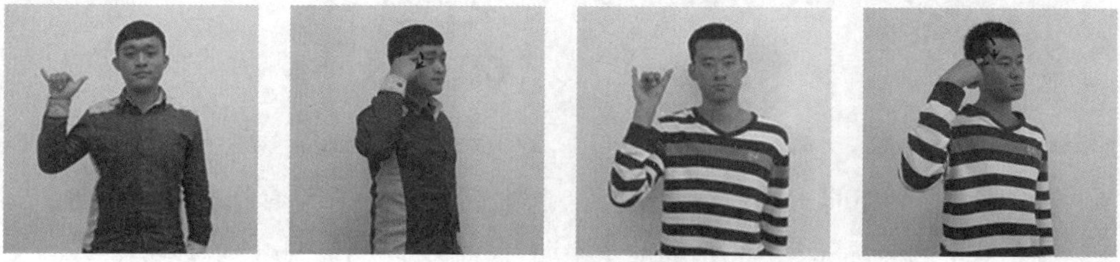

一手打手指字母“Y”的指式。一手食指在太阳穴处转一圈。

承认

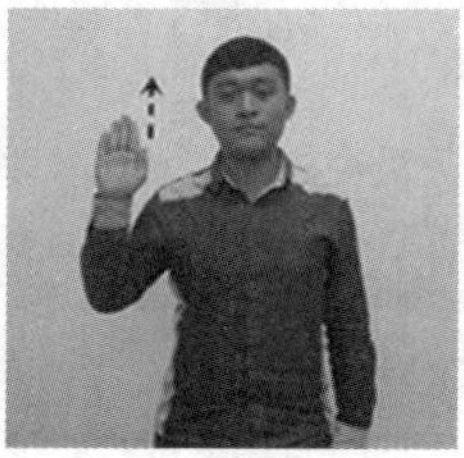

中国手语

一手上举伸过头顶。

自然手语

四指弯曲置于胸前，从上向下滑动。

否认

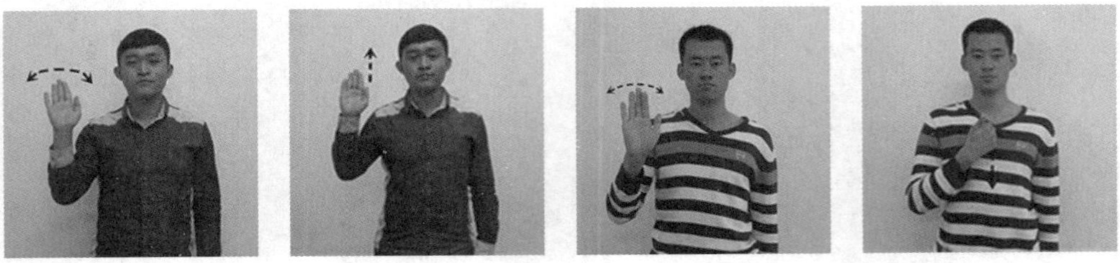

中国手语

一手伸掌，指尖向上，摇摆一下，表示“不”。一手上举伸过头顶。

自然手语

一手伸掌，指尖向上，摇摆一下，表示“不”。四指弯曲置于胸前，从上向下滑动。

范围

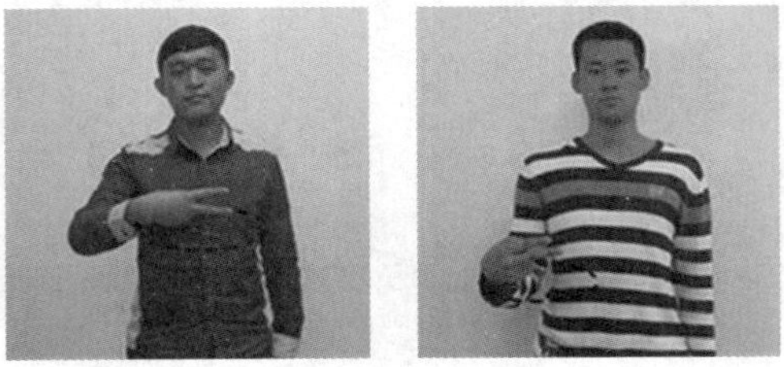

一手打手指字母“F”的指式，并在胸前转一圈，表示一个范围。

过程

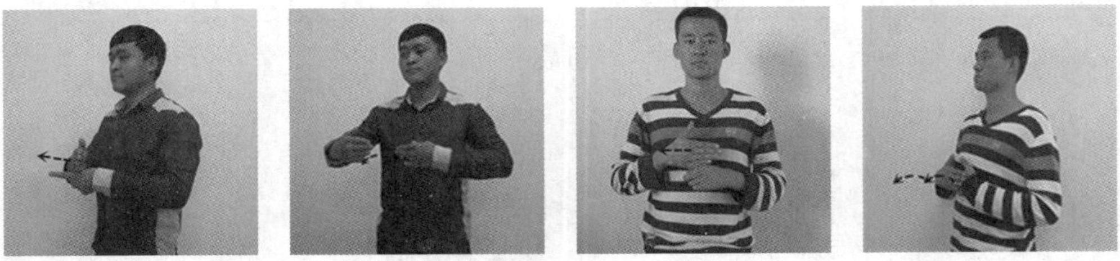

左手食指指尖朝前，右手侧立于左手食指根部，然后向左手食指指尖处移动。

双手侧伸，一前一后，后面的手不动，前面的手一顿一顿向前移动。

规律

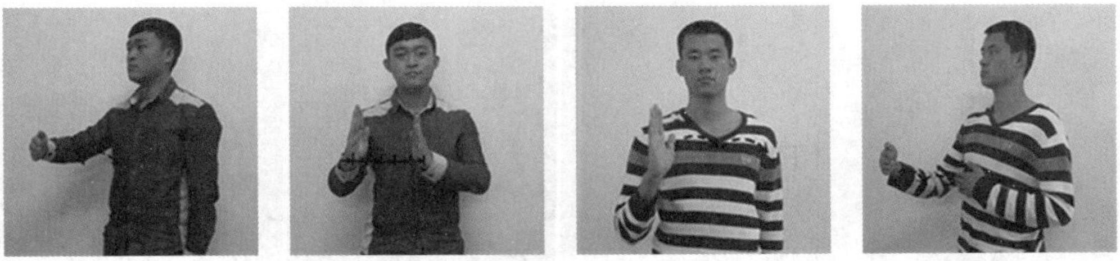

一手五指并拢，指尖向左（上），一顿一顿地向一侧移动。

双手直立，在胸前向一旁一顿一顿移动。

静止

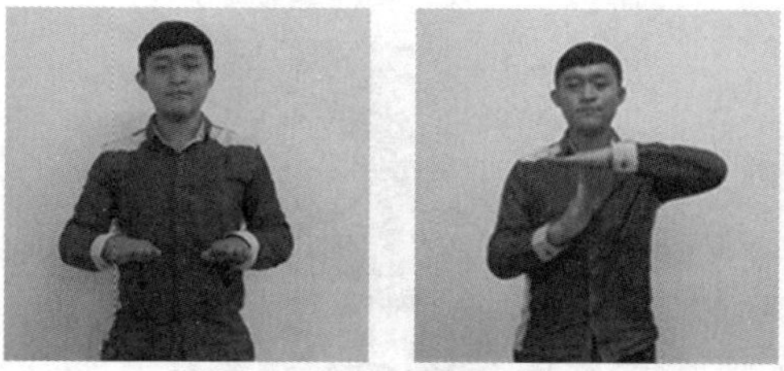

中国手语

双手屈肘平伸，掌心向下，在胸部两侧不动。一手向上伸掌顶住另一手平伸的手掌心。

自然手语

双手五指微张，掌心向上，从上至下移动并撮合五指。一手伸掌向下切另一只手。

肯定

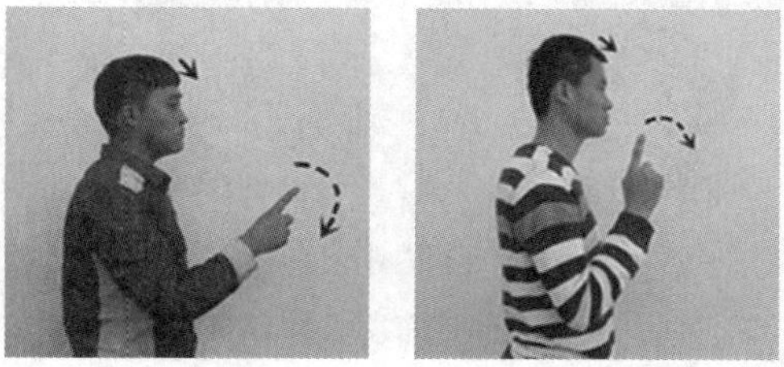

一手伸出食指向下一点，同时点一下头。

否定

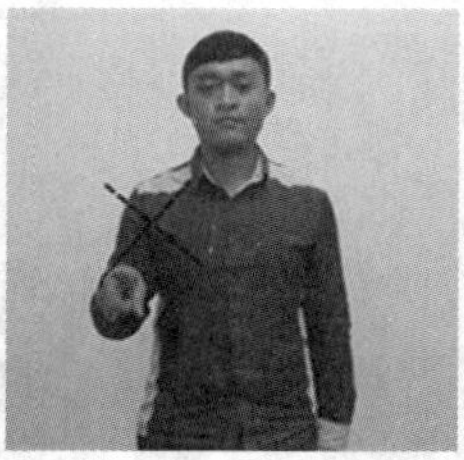

中国手语

一手伸食指在胸前打一个“×”。

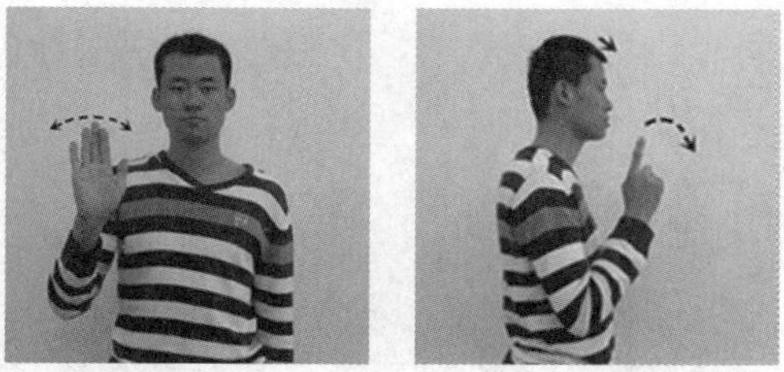

自然手语

打“不”的手势。一手伸食指向前一顿。

特殊

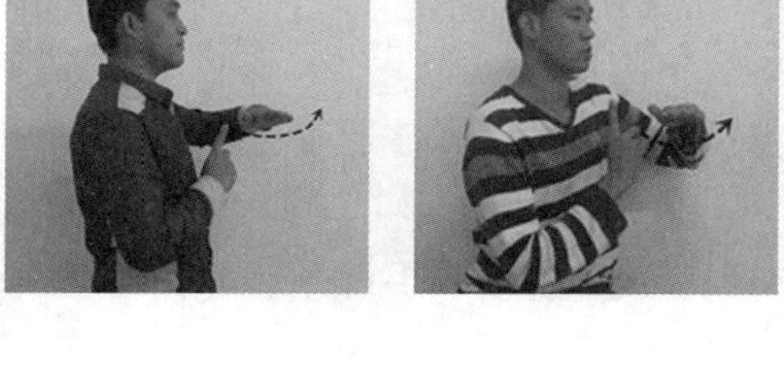

左手平伸，手背向上，右手食指从左手处向外伸出。

一般

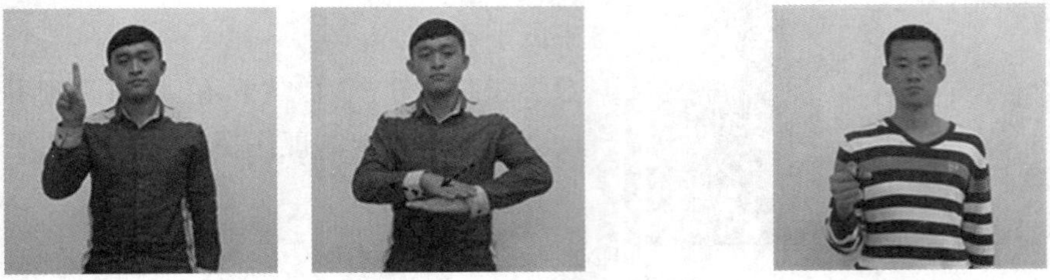

中国手语

一手伸食指。双手重叠，掌心向下，右手在左手上拍过。

自然手语

一手伸食指，拇指在食指第二关节处弹动。

抽象

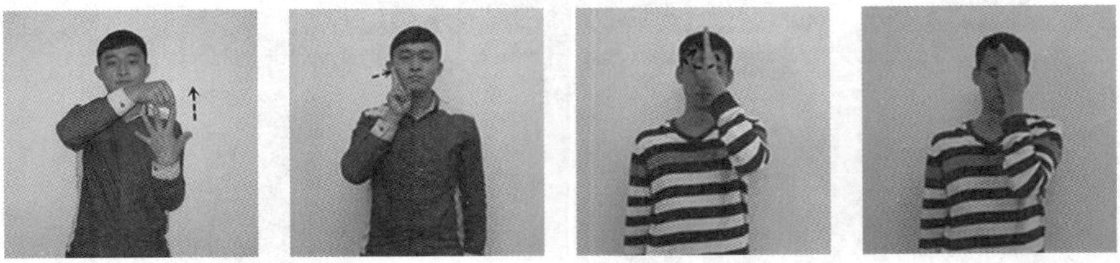

中国手语

左手五张张开，右手向上拉食指。打“象”手势。

自然手语

一手直立置于前额，翻转180度。

具体

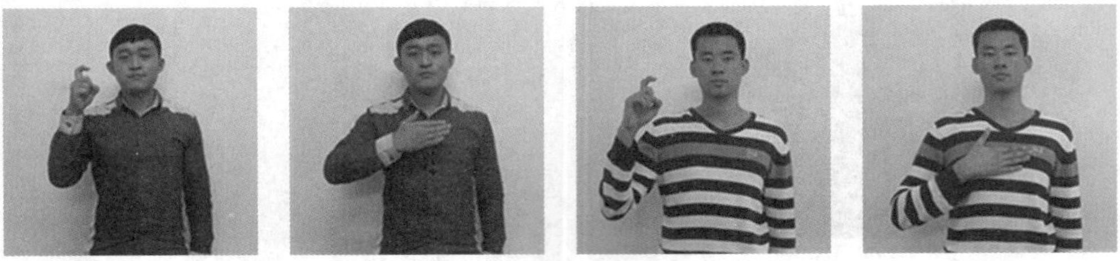

一手打手指字母“J”的指式。一手伸掌捂住胸部，向下微移。

包括

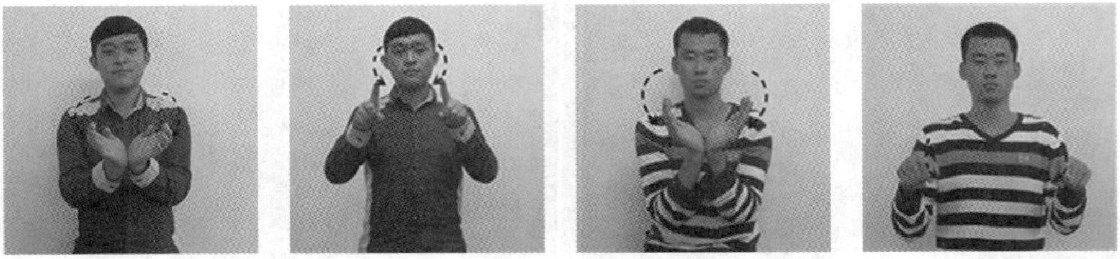

双手五指微曲，手背向外，然后做弧形移动，手腕靠拢。双手食指呈“( )”形。

方法

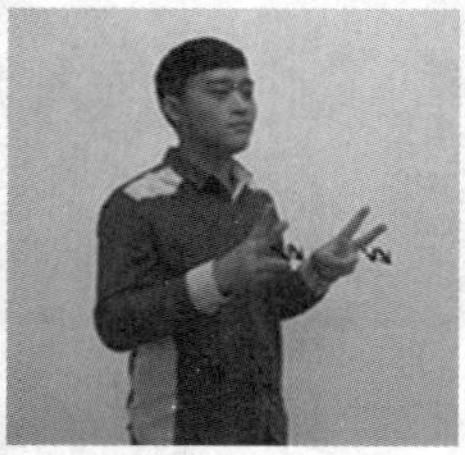

中国手语
双手打手指字母“F”的指式，靠近胸部两侧上下动几下。

自然手语
双手搭成长方形。双手打手指字母“F”的指式，上下动几下。

条件

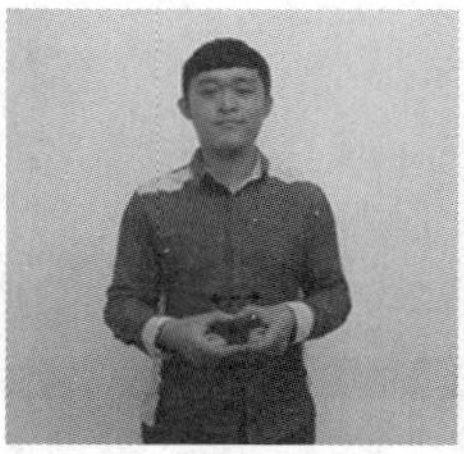

中国手语
双手拇、食指伸开，相距约一寸，指尖相对，向两旁拉开。左手搭成“亻”形，右手书空“牛”字。

自然手语
双手拇、食指伸开，相距约一寸，指尖相对，向两旁拉开。左手伸出五指，右手食指将左手五指逐个弯回，象征一项项的条件。

二、句子训练

1. 今天下午有个会议要参加，需要讨论一下我们的方案。

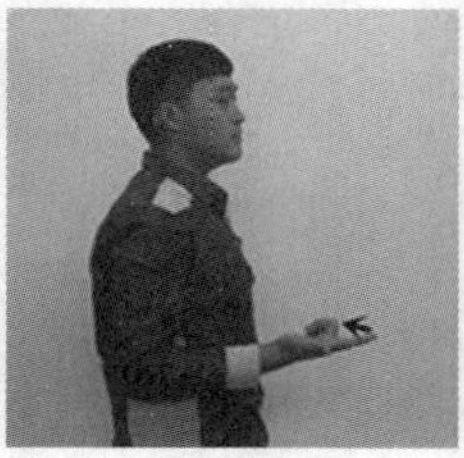

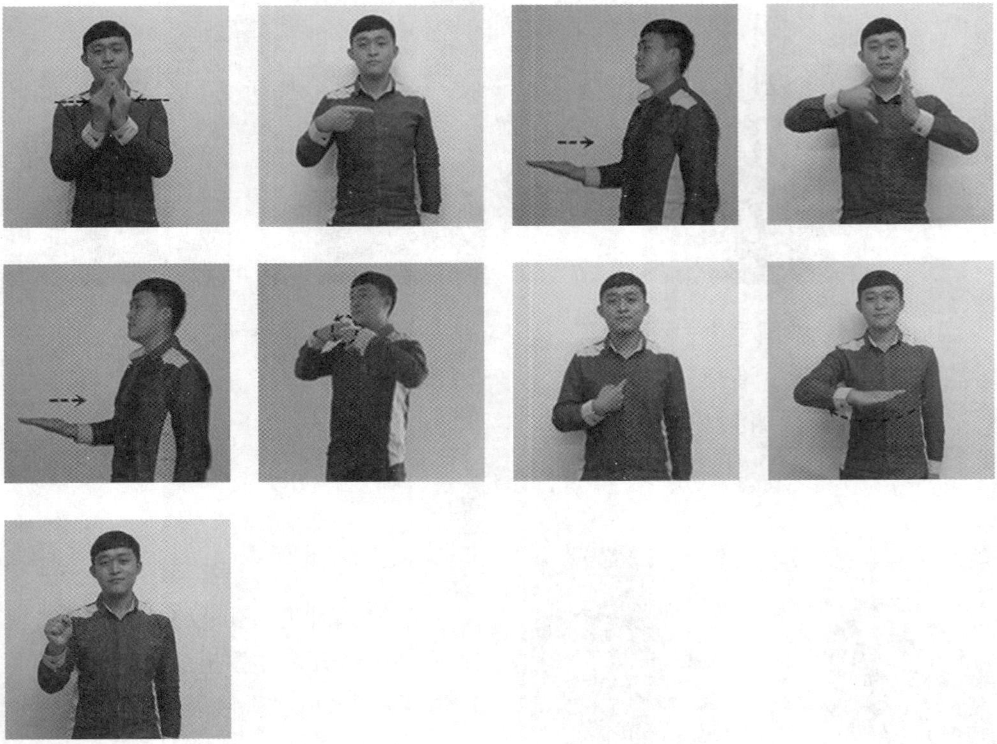

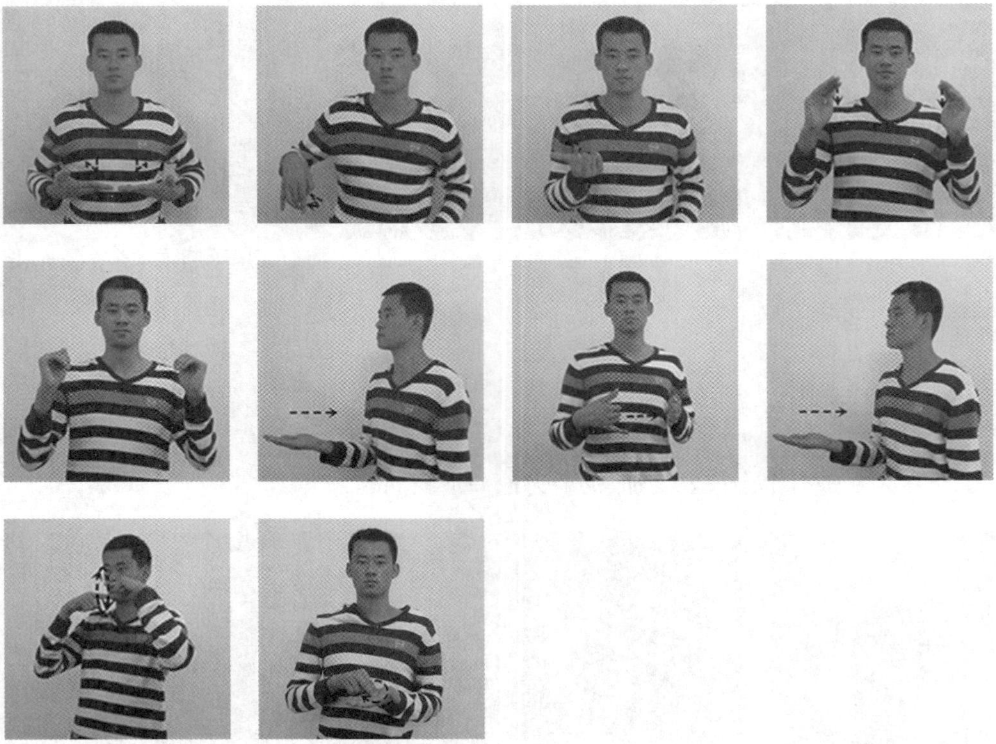

2. 今天在学校老师批评了他，希望他能总结一下最近的学习态度。

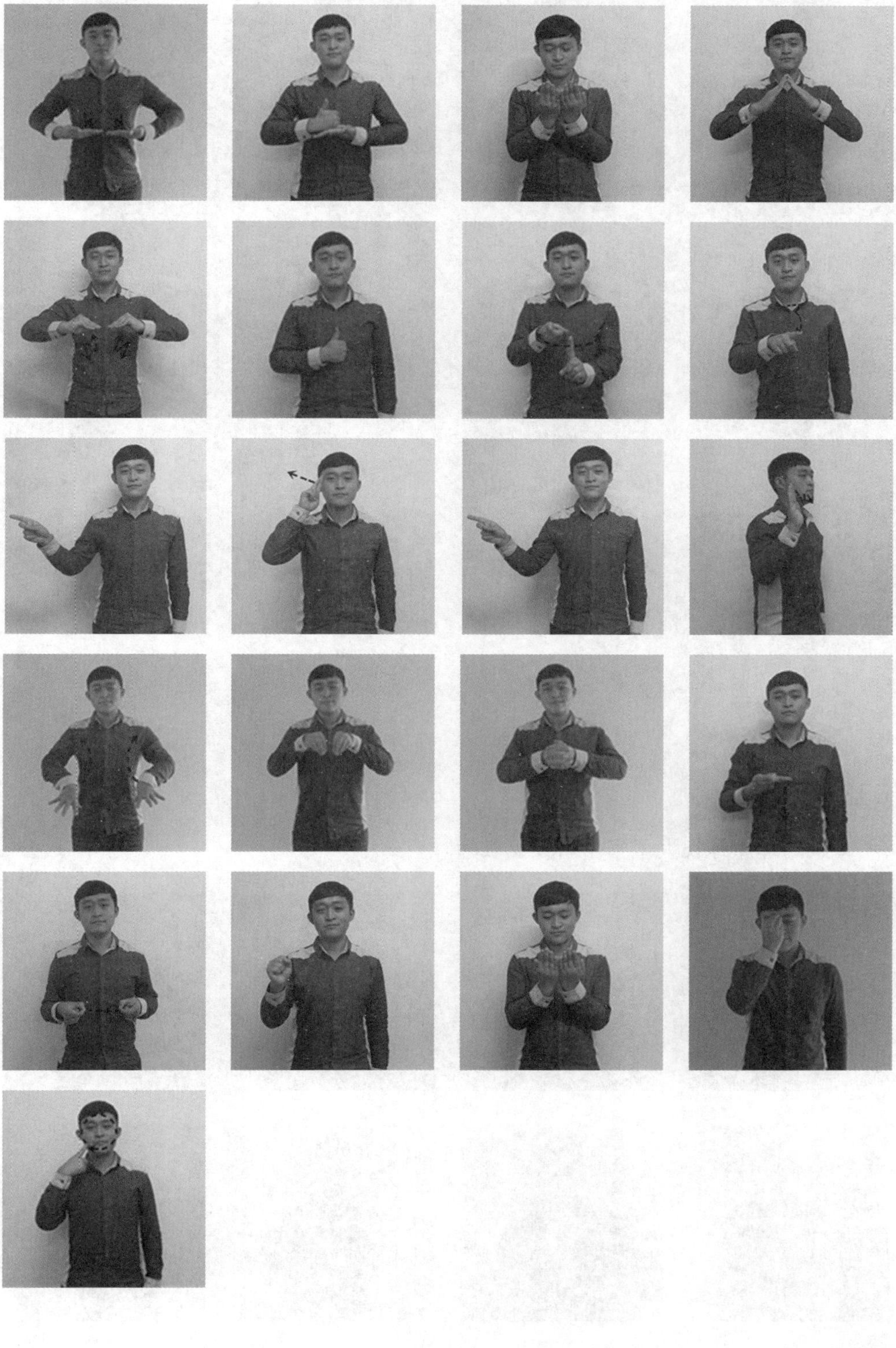

3. 她的理想是长大了当一名人民教师。

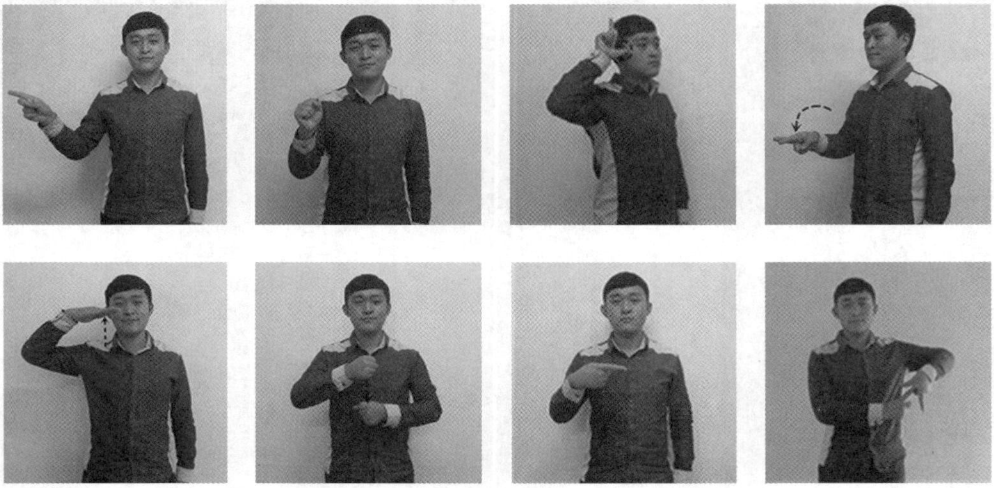

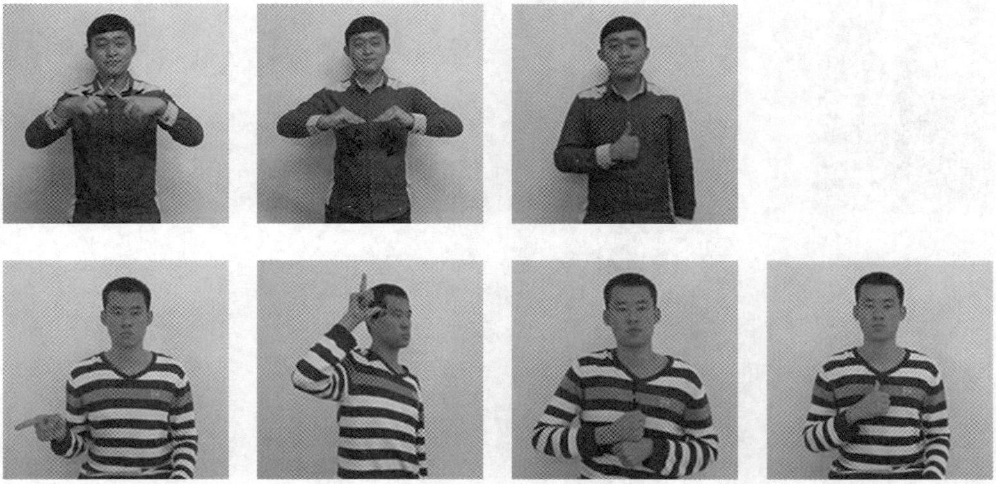

4. 派出所通知,今天下午检查户口。

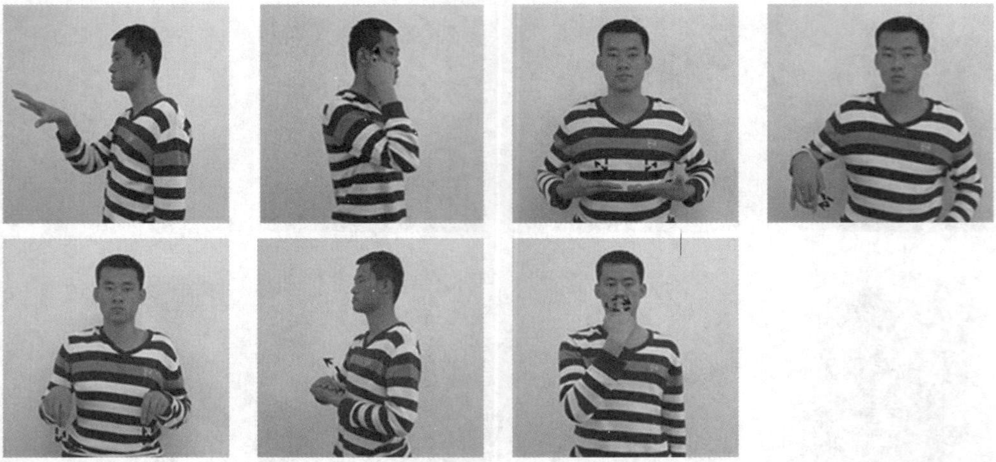

三、同步测试

1. 请找出基础词是“知道”的词汇。

2. 请用学过的词汇编两句话,再用手语表示出来。

3. 请用文字阐述下列词的手势动作。

现象:

方法:

坚持:

共产党:

4. 请结合这个主题学过的词汇,找出用到手指语的词汇。

主题七：文化、教育

一、词汇

文化

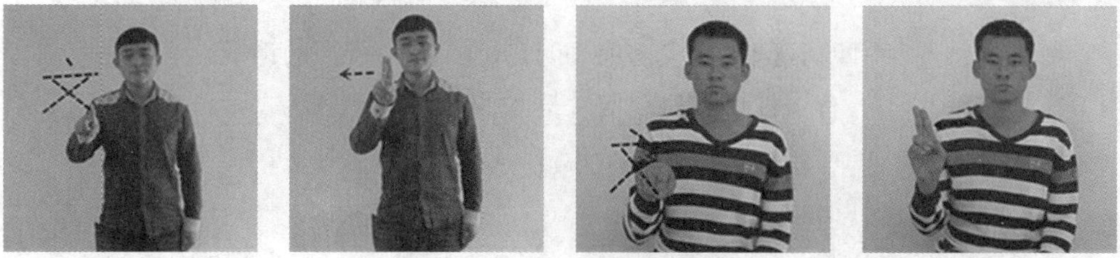

一手书空“文”字。打手指字母“H”的指式。

内容

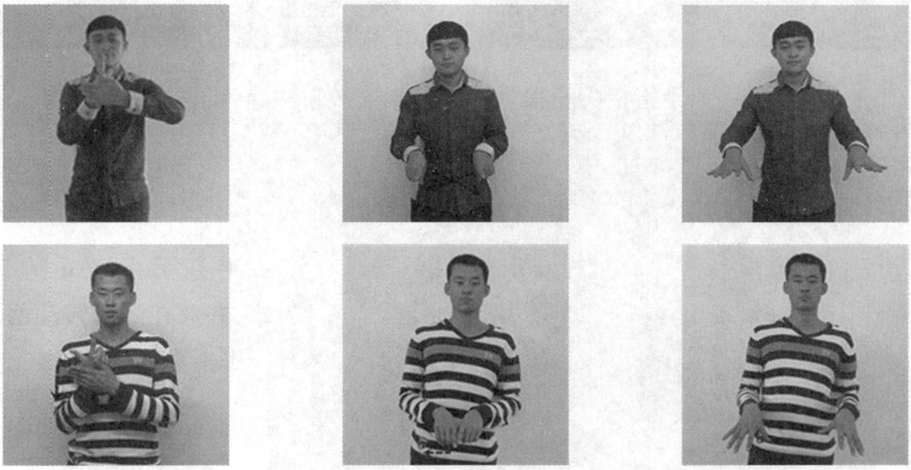

左手侧伸，掌心向内，右手食指在左手掌心内从上向下移。

双手先以食指互碰一下，然后分开并张开五指。

故事

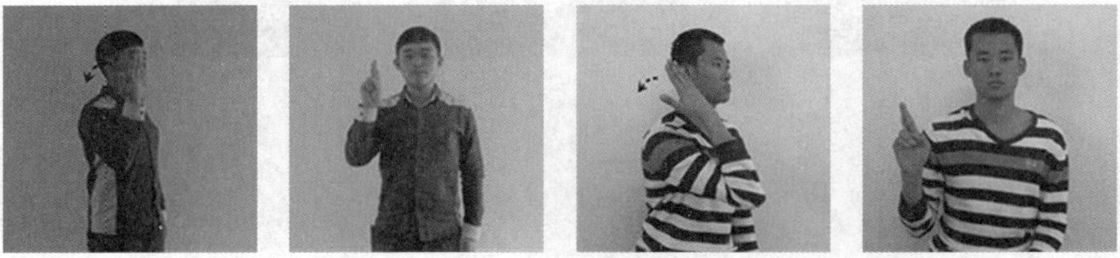

一手五指微曲，向肩后点几下。打“X”的手势。

诗歌

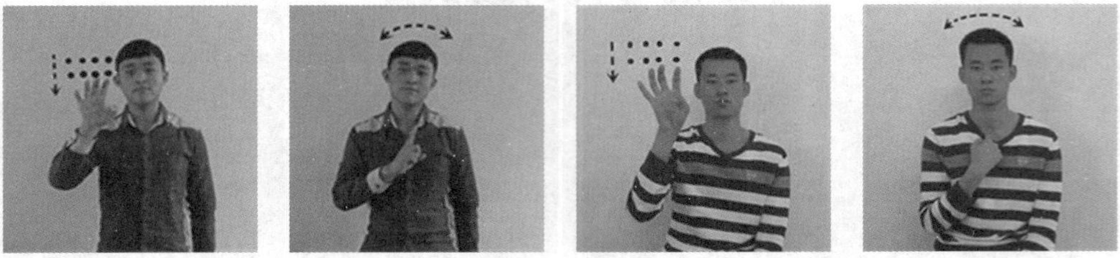

一手四指弯曲，指尖向前，叩打几下，如一行行的诗歌。

右手食指从口边向外挥动两下，象征唱歌。

小说

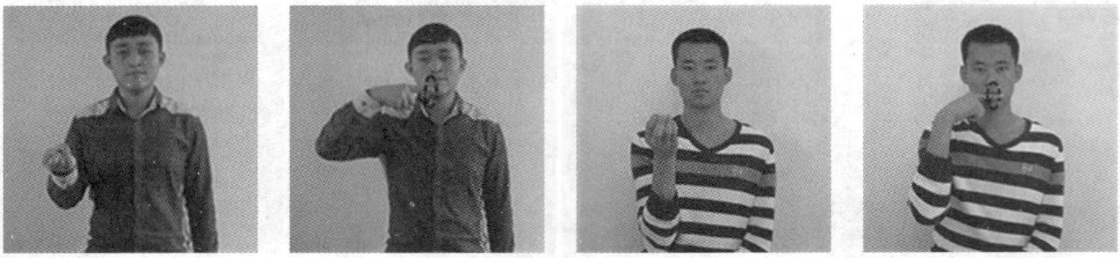

一手拇、小指指尖相捏。一手食指横放口边，转动两下。

论文

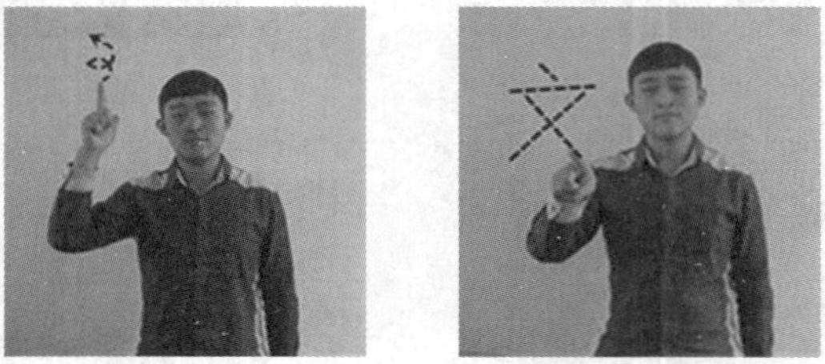

一手打手指字母“L”指式，并放在嘴前转动两下。一手书空“文”字。

作品

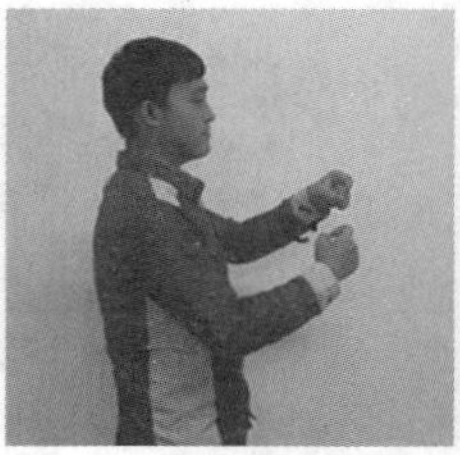
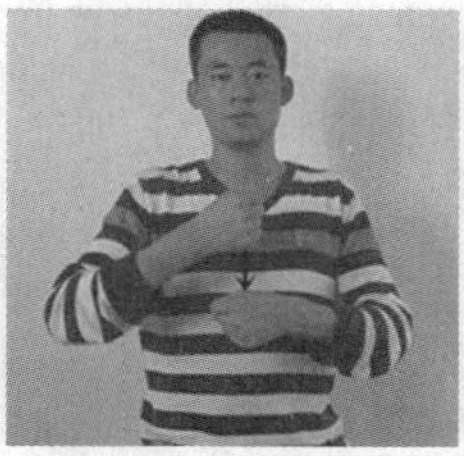

双手握拳，上拳打下拳。双手拇、食指捏成小圆形，
一手在上，另一手在下连打二下，合成“品”字。

题目(标题)

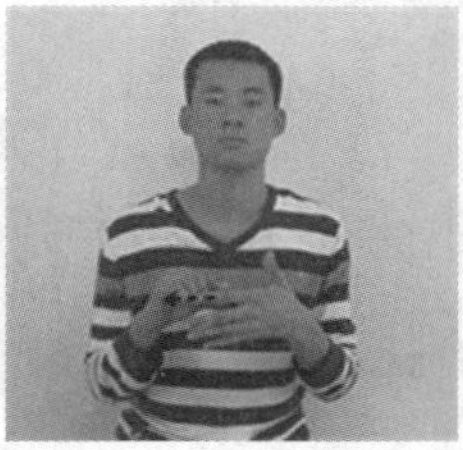

左手手掌侧立，五指分开，右手拇、食指相距约半寸，在左手拇指前画一条横线。

复印

中国手语
左手平伸，掌心向下。右手掌心向上插入左手掌下，双手相合。左手平伸，保持不动。右手五指微曲，抵住左掌心，向下移动，五指同时撮合。

自然手语
左手平伸掌心向上，右手伸拇指、小指放在左手上，左手后拉。

报纸

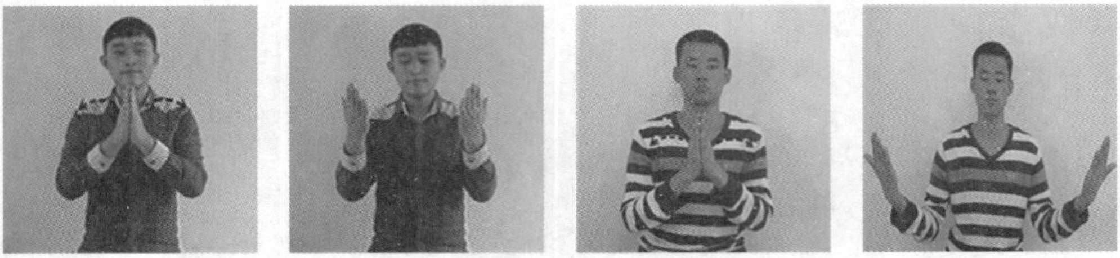

双手掌心向内，放于胸前。双手再向左右分开，如打开报纸状。

广告

中国手语
双手伸平，掌心向下，从胸前向两侧展开。一手五指撮合，放于嘴边，然后向前，边伸出边放开五指。

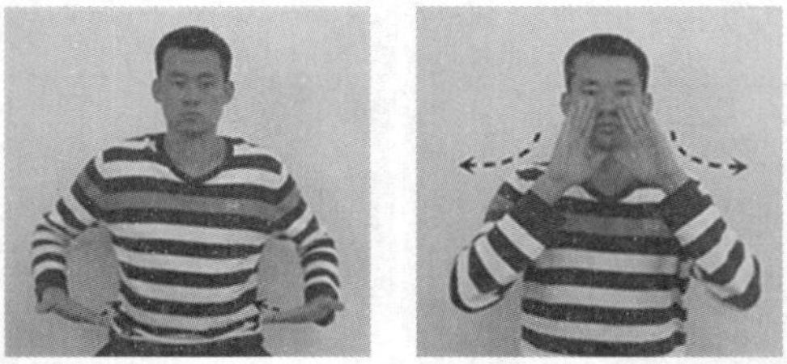

自然手语
打“广”的手势。双手放在嘴边，向外移动。

新闻(消息)

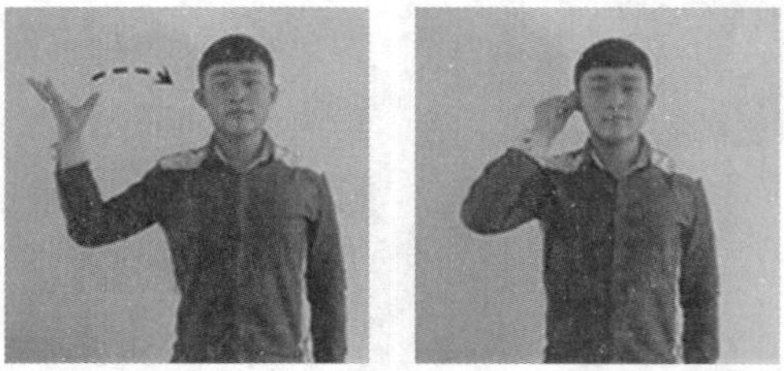

中国手语
一手伸出向外抓一下。然后此手五指撮合，指尖抵住耳孔。

自然手语
左手平伸，掌心向下，右手伸拇指，在左手上划过。一手伸出向外抓一下。然后此手五指撮合，指尖抵住耳孔。

资料

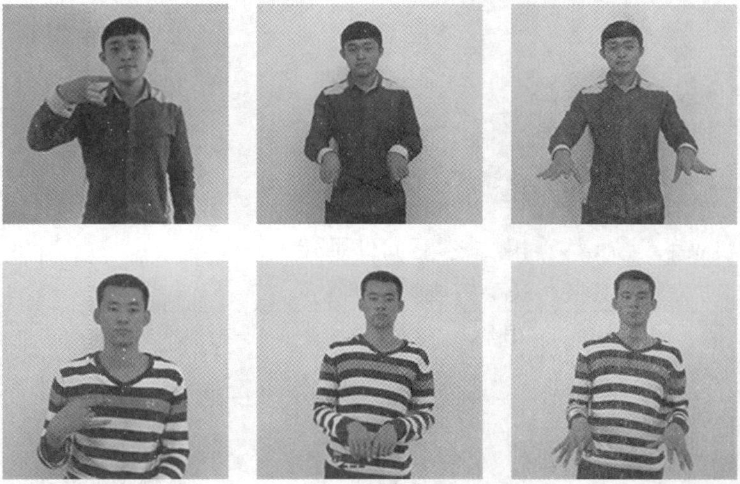

打手指字母“Z”的指式。双手先以食指互碰一下。然后双手分开并张开五指。

旅游(游览)

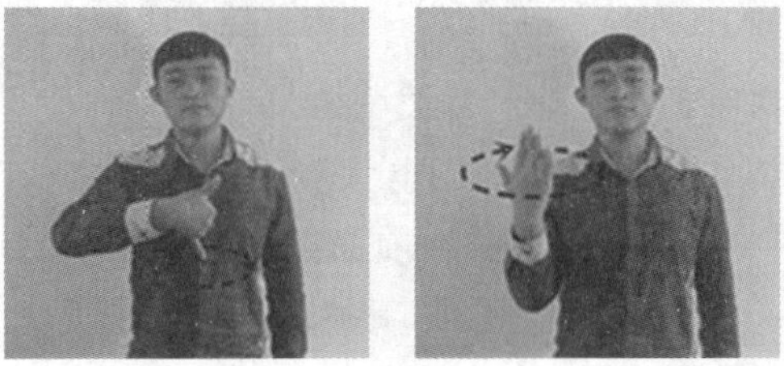

中国手语

一手伸出拇、小指转动两圈。
一手掌心向内,在眼前转一圈。

自然手语

左手握拳,右手伸拇、
小指在左手上旋转。

公园

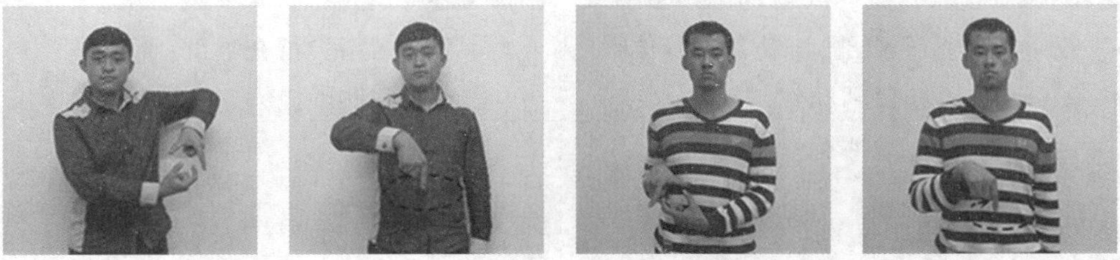

双手拇、食指搭成“公”字形。一手食指向下画一个大圆圈。

图书馆(书店)

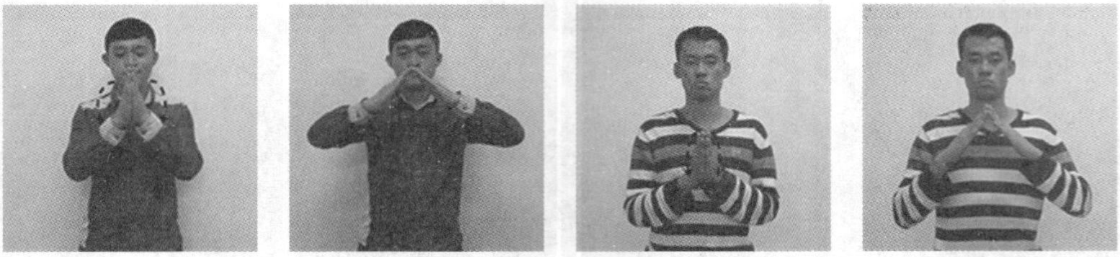

双手侧立,掌心相贴,然后向外翻转,
如翻书状。双手搭成“∧”形。

电影

中国手语
一手五指张开,掌心向内,
在前面摆动几下。

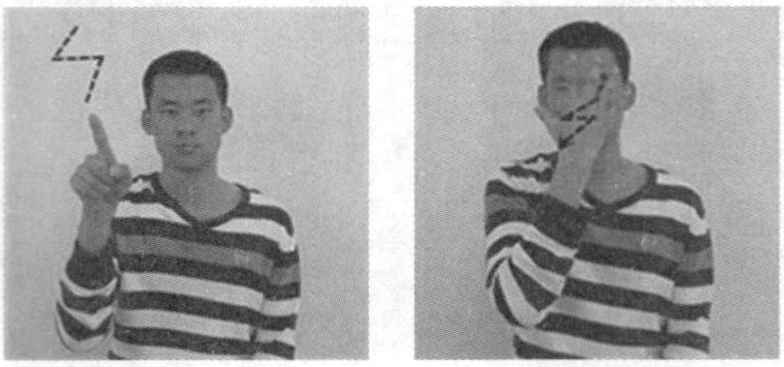

自然手语
一手食指画闪电状。五指张开,
掌心向内,在前面摆动几下。

舞蹈

双手手背抵住腰部,扭动几下身体,
如舞蹈动作。

唱歌(歌唱)

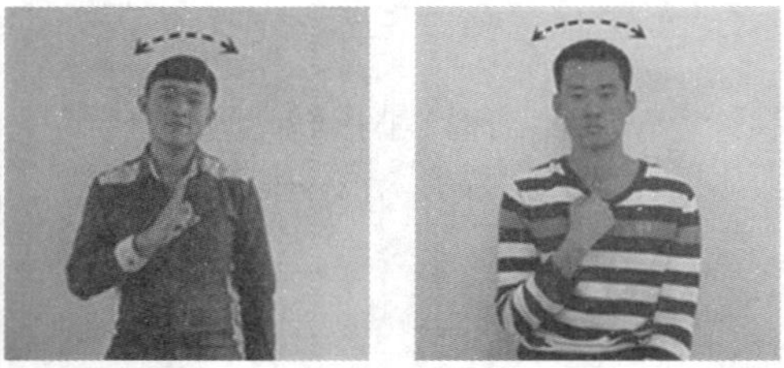

一手食指指尖抵在喉部,嘴微张,
头向两侧微摆,模仿唱歌状。

钢琴

双手十指在胸前灵活按动,如弹钢琴状。

表演(演出)

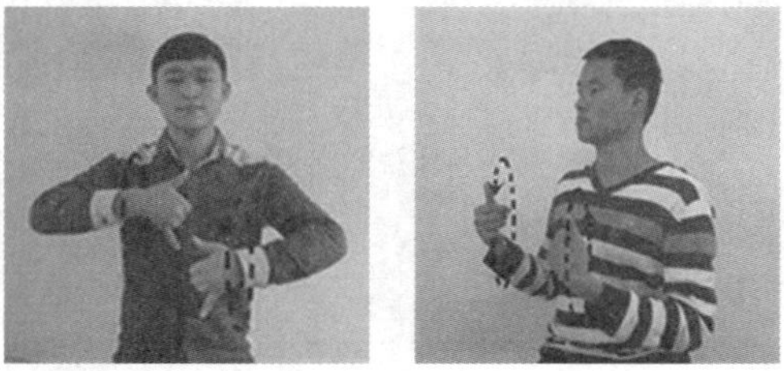

双手伸出拇、小指交替转动。

游戏(玩)

中国手语
双手伸出拇、小指，交替转动。

自然手语
双手重叠，揉搓。

玩具

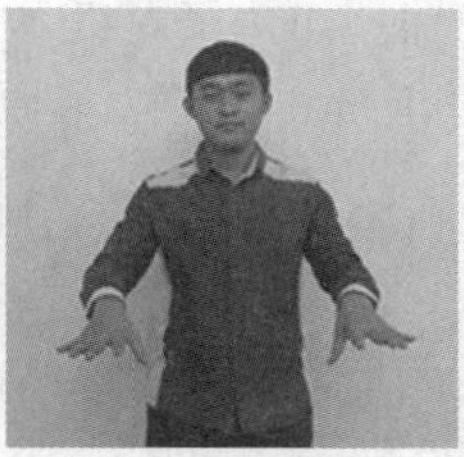

中国手语
双手伸出拇、小指交替转动。双手以食指互碰一下。然后双手分开并张开五指。

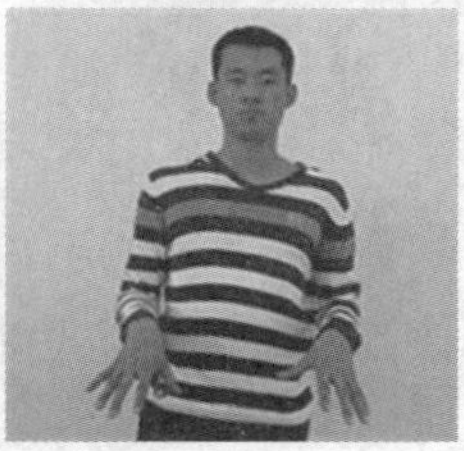

自然手语
双手重叠，揉搓。双手以食指互碰一下。然后双手分开并张开五指。

气球

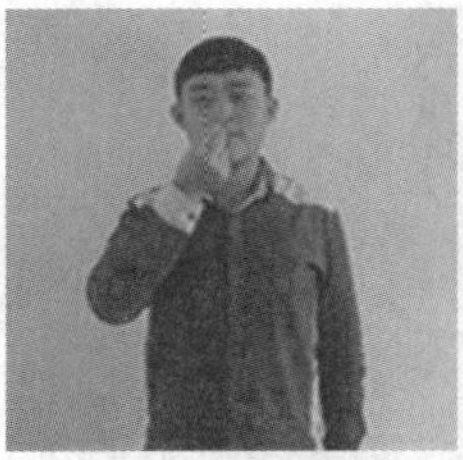
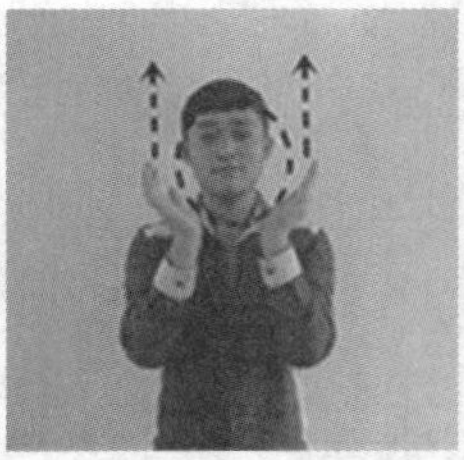

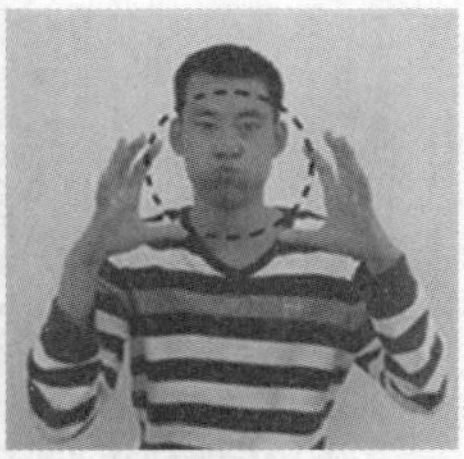

打手指字母“Q”的指式。双手五指微曲，合成大圆形，向上慢慢举起，象征气球上升的样子。

照相(摄影)

双手食指弯曲，如持摄影机，放于眼前；一手食指向下按一下，如按摄影机快门动作。

美术(绘画)

双手平伸，掌心向上，一手在另一手掌心上抹几下，如绘画动作。

照片

双手食指弯曲，如持摄影机，放于眼前；一手食指向下按一下，如按摄影机快门动作。双手拇、食指搭成长方形，向两旁微移。

国画

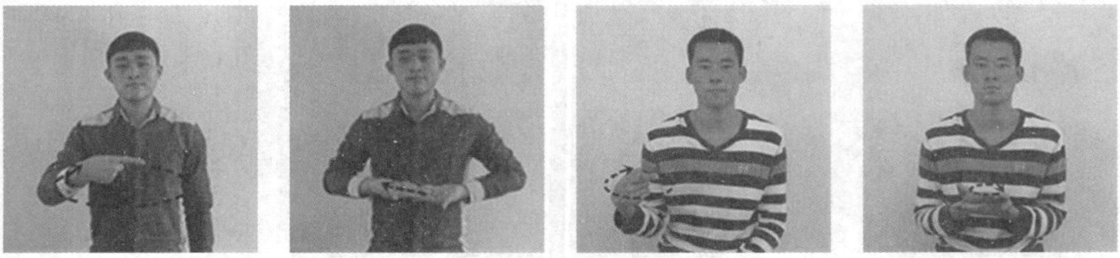

一手打手指字母“G”的指式并转一圈。双手平伸，掌心向上，一手在另一手掌心上抹几下。

油画

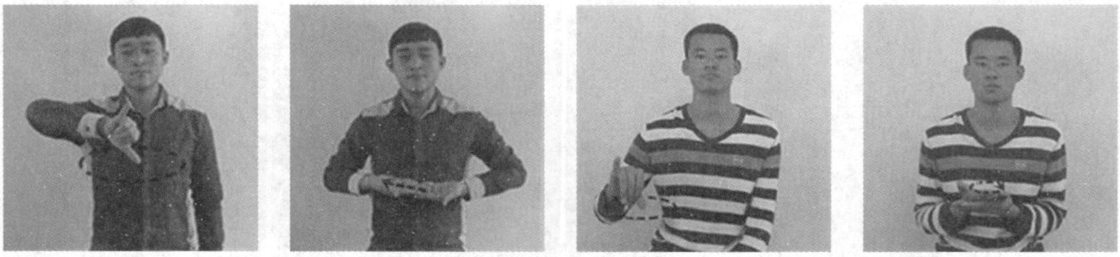

右手伸拇、小指，拇指向下，并转一圈。双手平伸，掌心向上，一手在另一手掌心上抹几下。

水彩画

一手平伸，掌心向下，做波纹状平移。一手伸五指，手背向外，在嘴唇处点动几下。双手横伸，掌心向上，右手在左手上划动几下。

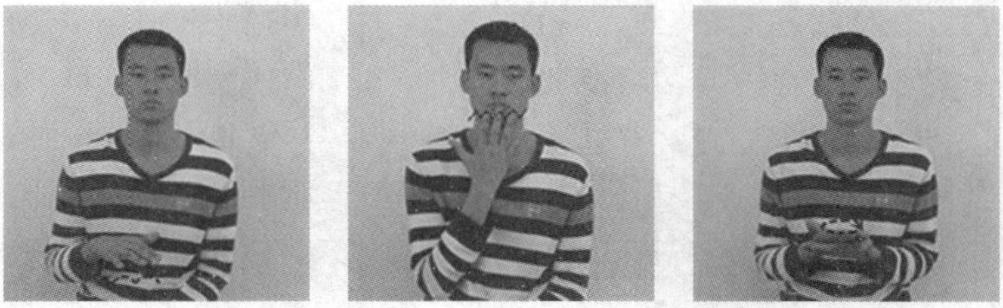

漫画

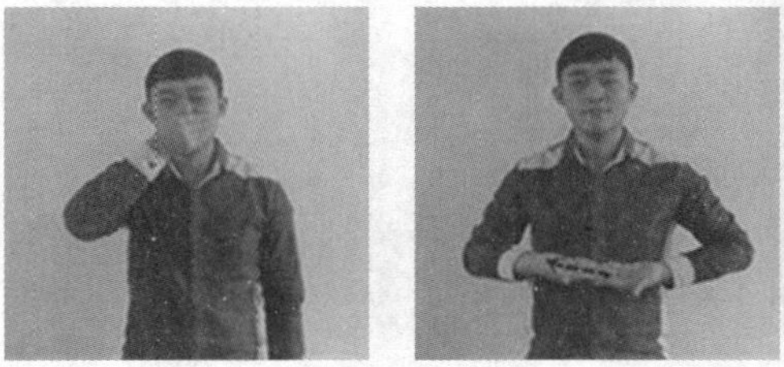

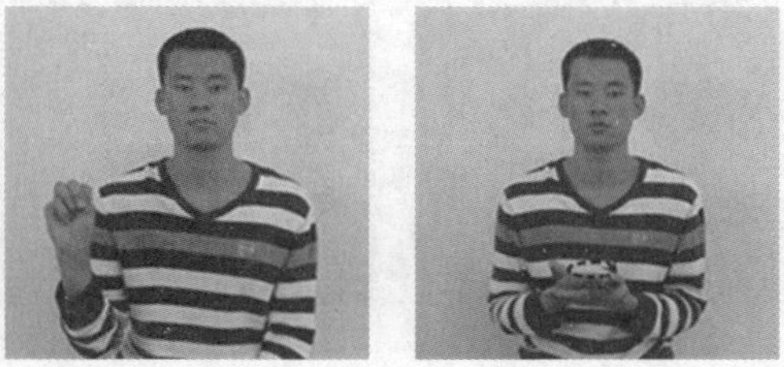

中国手语

右手遮住嘴巴，面露嬉笑表情。双手横伸，掌心向上，右手背在左手掌心上抹一下。

自然手语

打“M”的手势。一手在另一手掌心上做绘画状。

素描（写生）

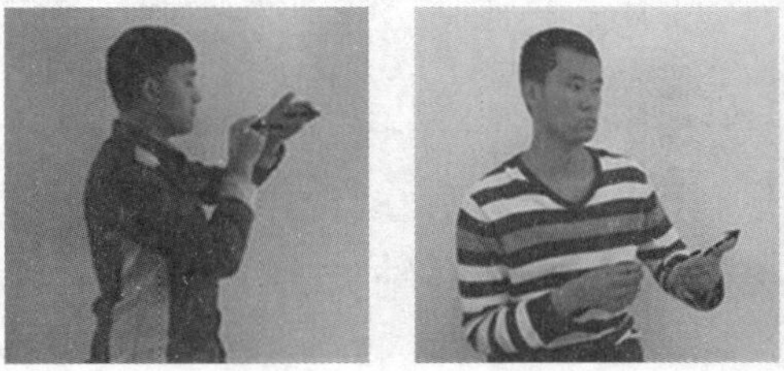

一手如执铅笔，在另一手掌心上划动几下，如在画板上写生状。

教育

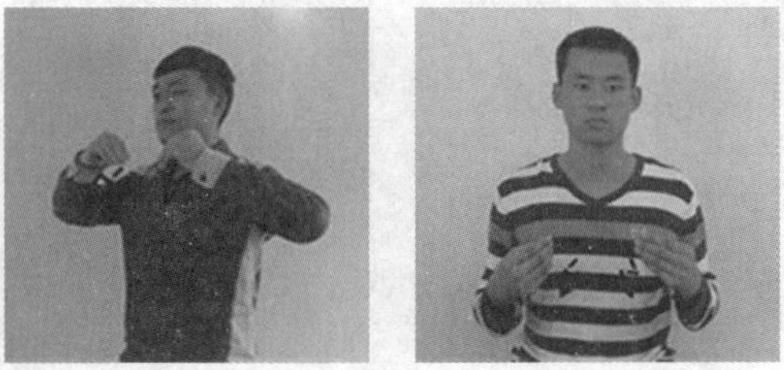

双手拇指与四指相捏，指尖相对，微动几下。

临摹

中国手语

双手拇、食指搭成方形，向一侧移动一下。一手如执铅笔，在另一手掌心上划动几下。

自然手语

双手重叠，翻转180度。双手拇、食指搭成方形，向一侧移动一下。

图片

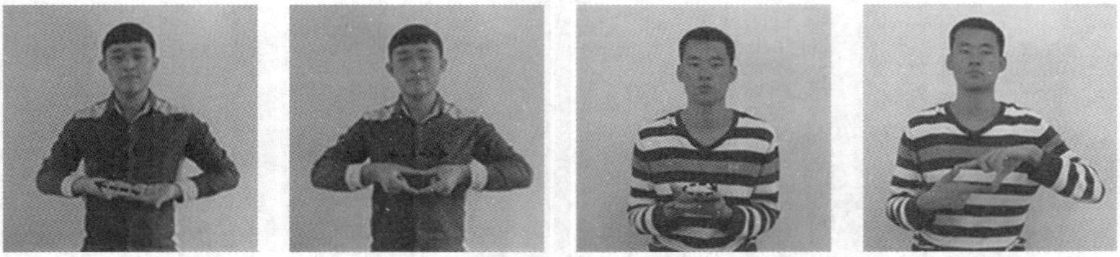

双手平伸，掌心向上，一手在另一手掌心上抹几下。

双手拇、食指搭成长方形，向两旁微移。

学习

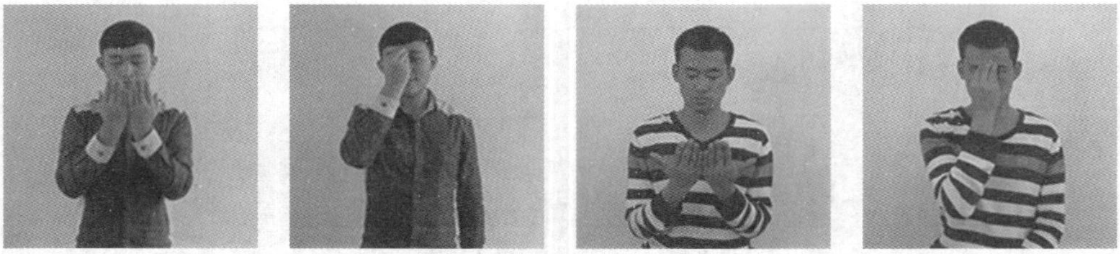

双手放于面前，如读书状。一手五指撮合，按于前额。

学校

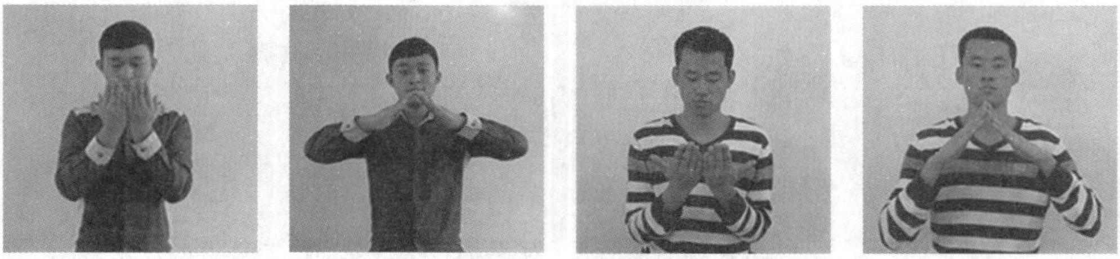

双手放于面前，如读书状。双手搭成“∧”形。

小学

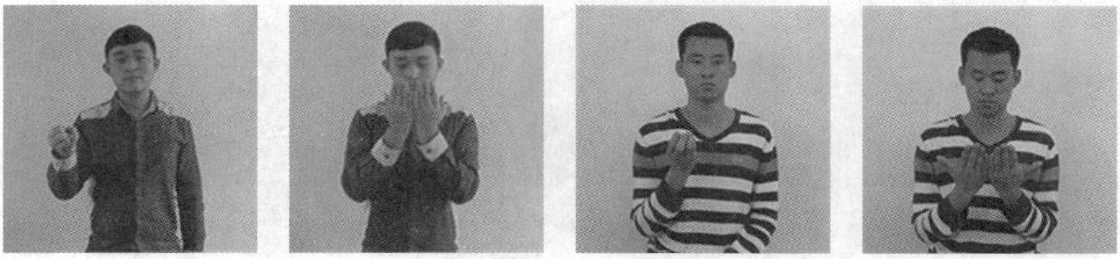

一手拇指、小指捏一下。双手放于面前，如读书状。

中学

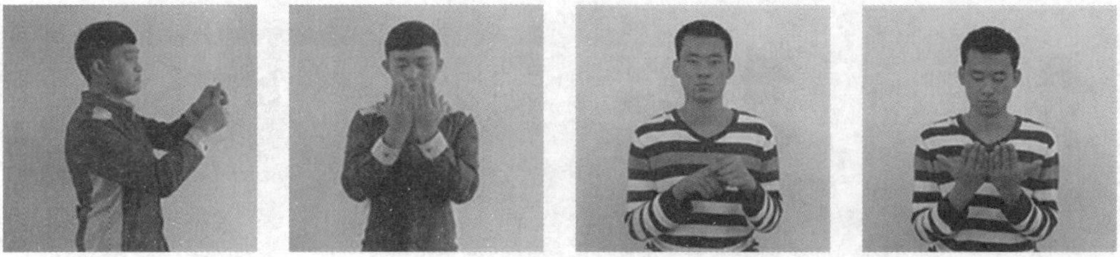

左手拇、食指与右手食指搭成“中”字形。双手放于面前，如读书状。

初中

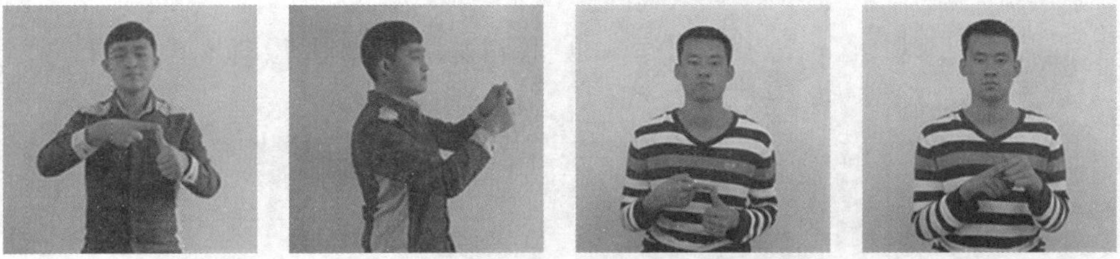

右手食指在左手拇指上点一下。左手拇、食指捏成小圆圈与右手食指搭成“中”字形。

高中

一手平伸，掌心向下，向上举过头。左手拇、食指捏成小圆圈与右手食指搭成“中”字形。

大学

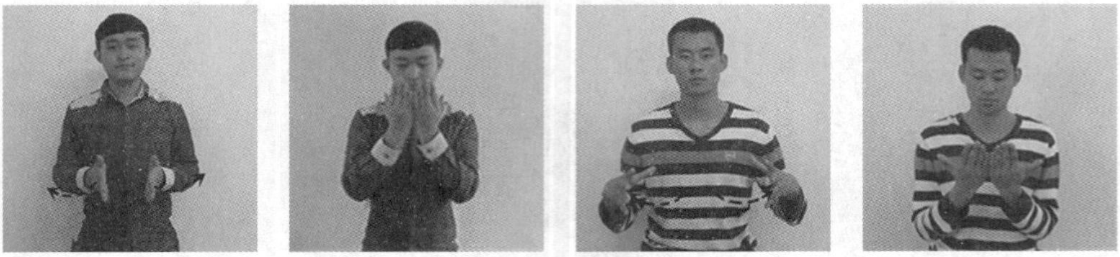

双手张开,掌心相对,缓缓向两侧移动。双手放于面前,如读书状。

师范

中国手语

一手伸拇指,贴于胸前。左手伸拇指,右手五指弯曲置于左手后侧,向后移动的同时撮合五指。

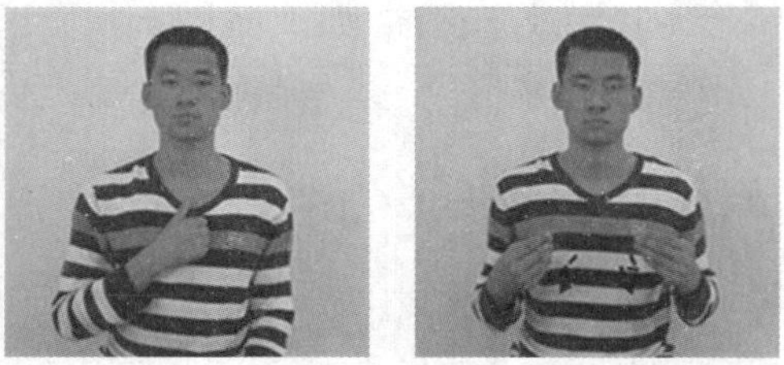

自然手语

一手伸拇指,贴于胸前。双手拇指与四指相捏,指尖相对,微动几下。

专业

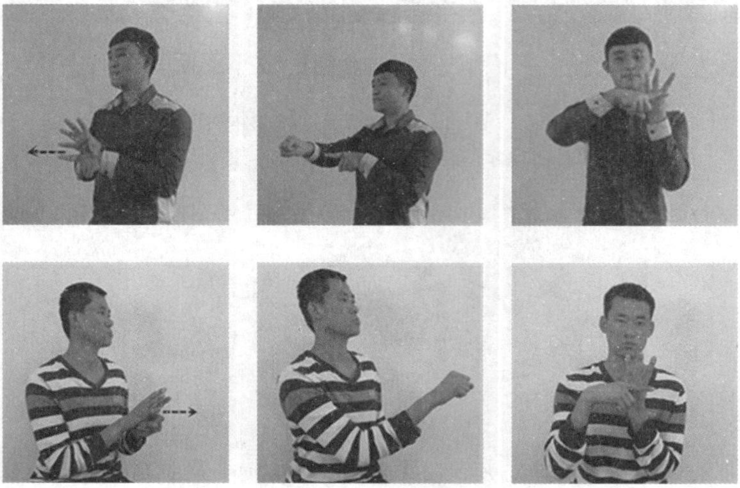

一手五指微曲,搭在另一手直伸的食指根部向外移动,同时收拢五指。右手食指与左手四指搭成“业”字形。

年级

右手伸食指从左拳的骨节处向下划。左手侧立;右手平伸,
掌心向下,食指侧靠左手掌心一顿一顿地向上移动。

班级

右手拇指向上不动;左手五指分开,掌心贴于右拳。左手平伸,指尖向上直立;
右手平伸,掌心向下,食指边缘贴于左手掌心,一顿一顿向上移动。

书(本)

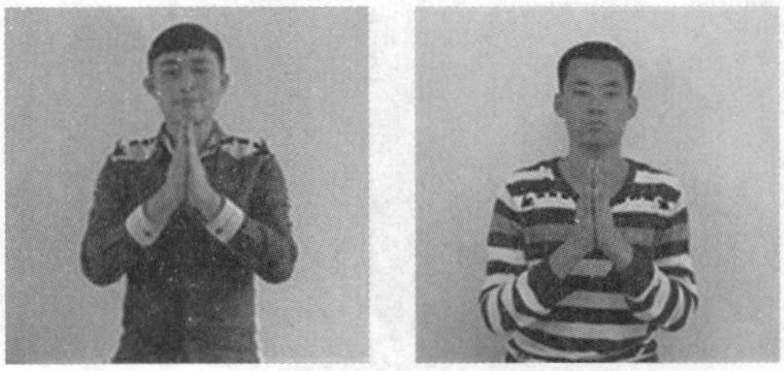

双手掌心相合,再打开,如翻书本状。

上课(上学)

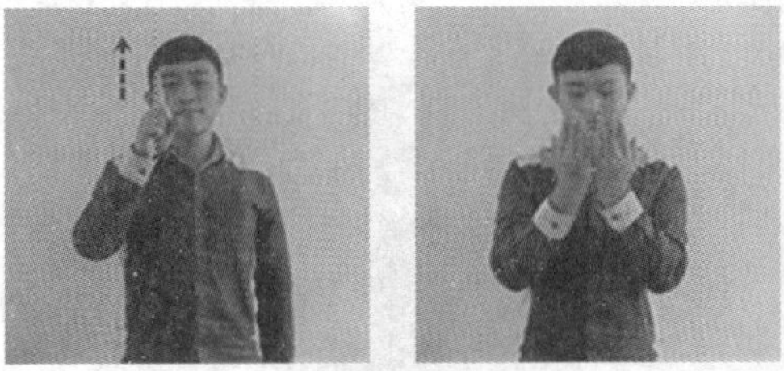

中国手语

一手食指向上指。双手斜伸,
掌心向内不动。

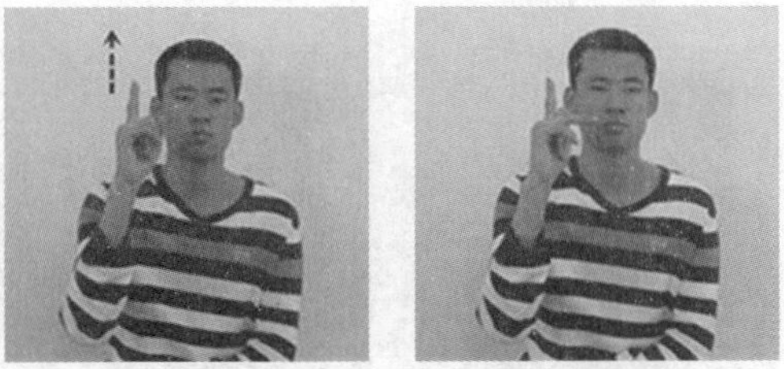

自然手语

一手食指向上指。打“K”的手势。

下课(下学)

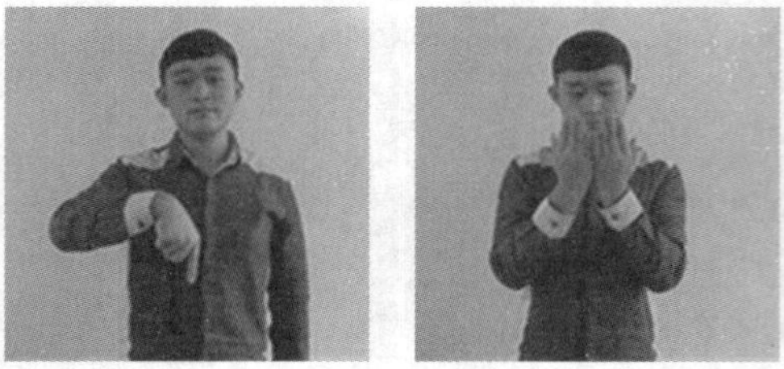

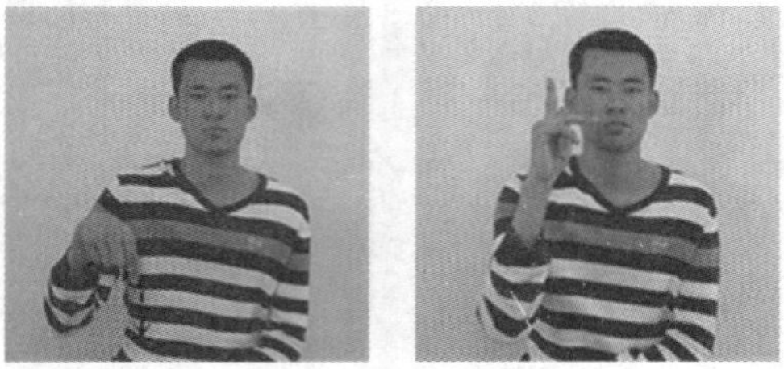

中国手语 自然手语

一手食指向下指。双手斜伸,掌心向内不动。 一手食指向下指。打“K”的手势。

教室

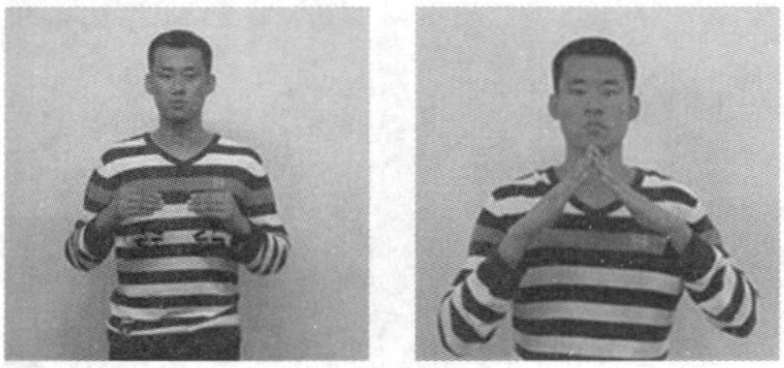

双手拇指与四指相捏,指尖相对,微动几下。双手搭成“∧”形。

教案

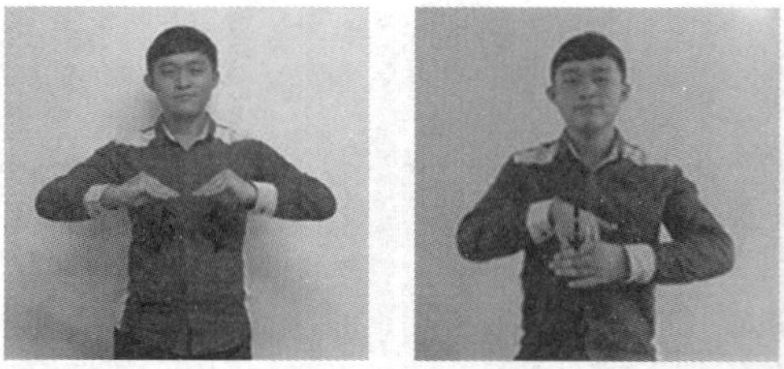

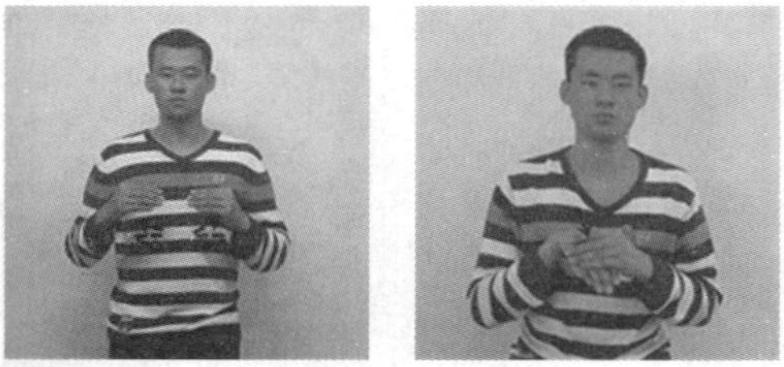

双手拇指与四指相捏,指尖相对,微动几下。左手呈“[”形,虎口向上;右手掌心向内,指尖向下插入左手中。

语文

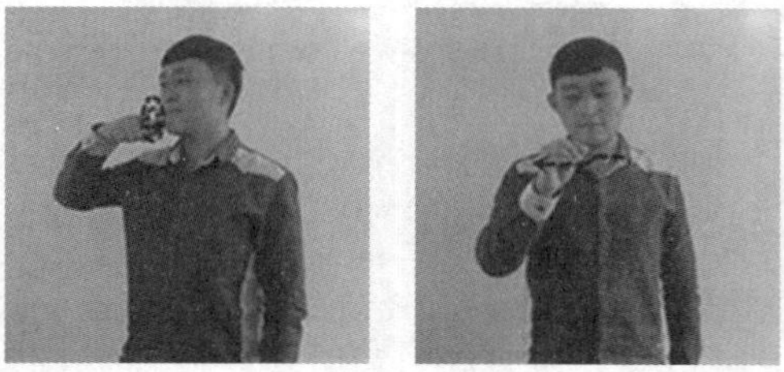

中国手语 自然手语

一手食指在嘴前画圈,四指撮合如写字状。 右手手背贴于颏下,向右移动一下。

手语(手势)

双手五指微曲，交替上下舞动，手指灵活曲伸，如打手势动作。

写字

中国手语

一手拇、食、中指相捏，做写字状。

自然手语

一手拇、食、中指相捏，做写字状。

打“Z”的手势。

作业

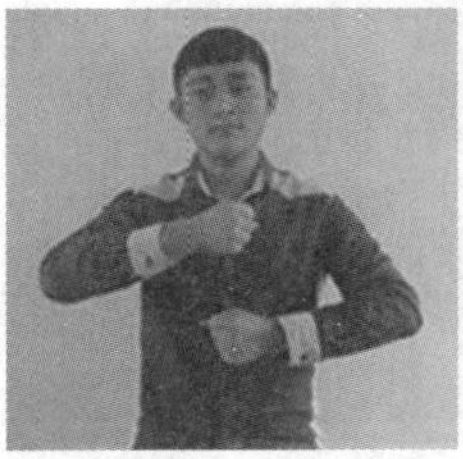
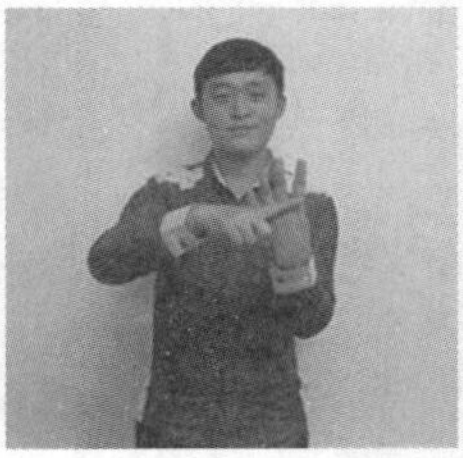

双手握拳，上拳打下拳。一手食指横于另一手食、中、无名、小指根部，仿“业”字形。

练习

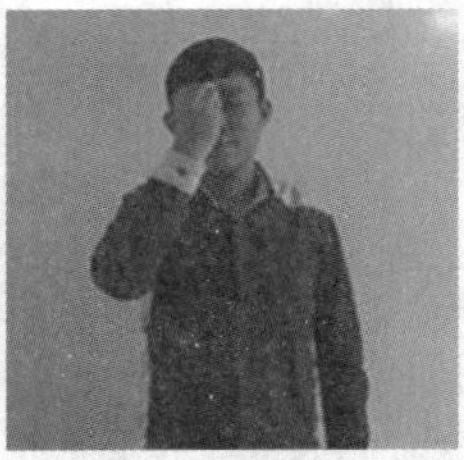

中国手语

双手重叠，右手在上，并翻动几下。

一手五指撮合，放于前额。

自然手语

双手重叠，右手在上，并翻动几下。

复习

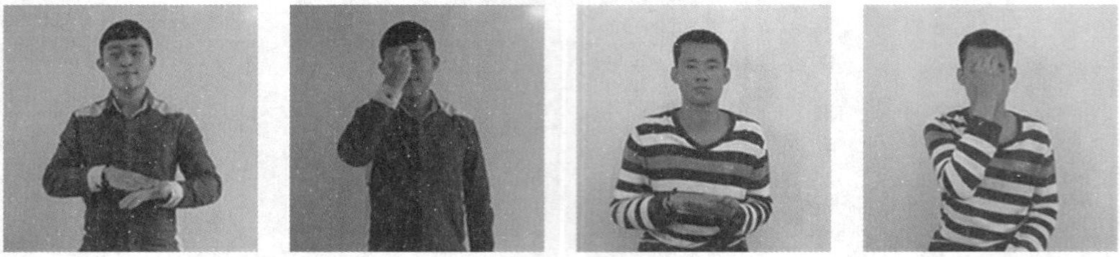

双手掌心上下相贴，下面的手不动，上面的手翻转一下，手背贴于下面的手掌心。一手五指撮合，按于前额。

考试(测验)

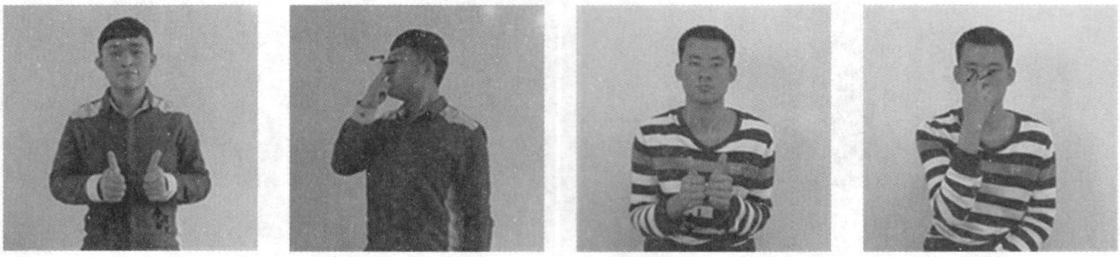

双手伸拇指，交替上下动，表示比较、比试。一手食、中指指尖指着双眼，交替微动。

试卷

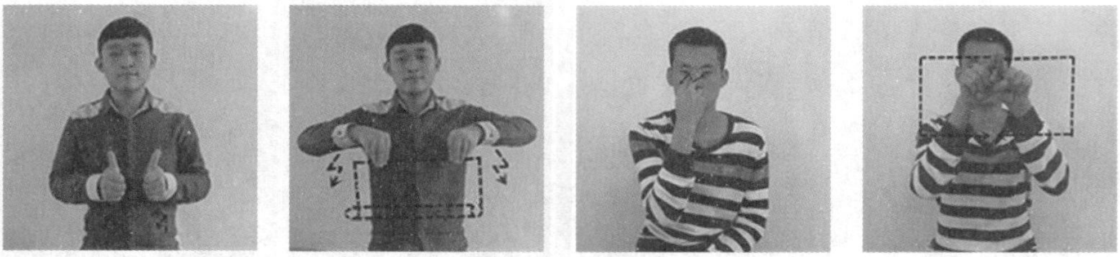

中国手语

双手伸拇指，在胸前上下交替动几下。双手五指相捏，腕部微动几下。

自然手语

打“考试”的手势。双手伸食指，在面前画长方形。

答案

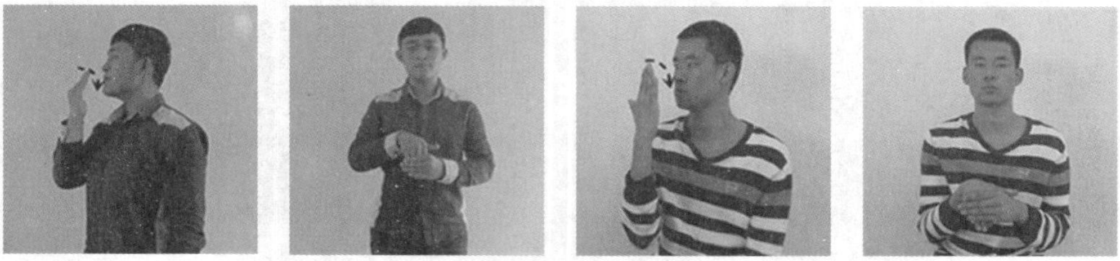

一手直立，掌心向内，食、中、无名、小指弯动一下。左手呈“[”形，虎口朝上；右手五指并拢，指尖朝下，插入左手虎口内。

成绩

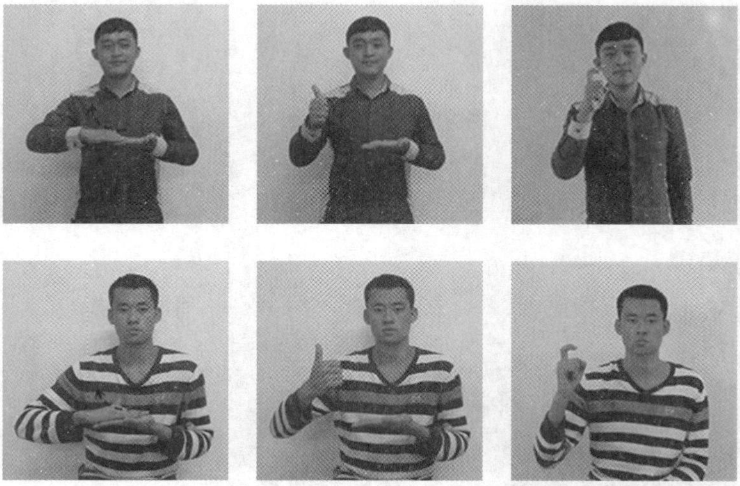

右手拍左手掌心。随即右手伸出拇指。一手打手指字母“J”的指式。

及格

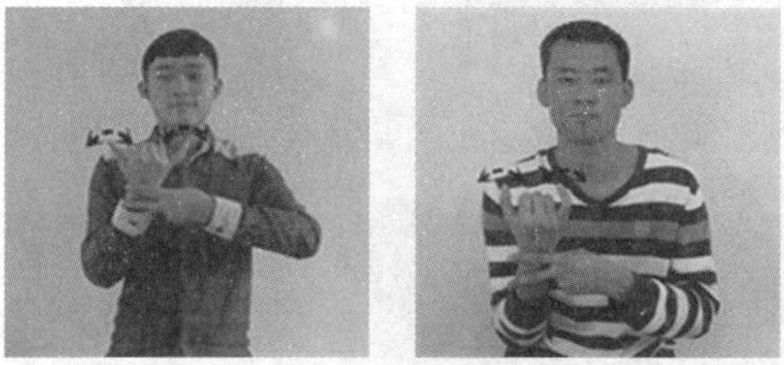

左手食、中指横伸，手背向外；右手拇、小指伸出置于左手食、中指上打数字“60”的手势，表示60分。

合格

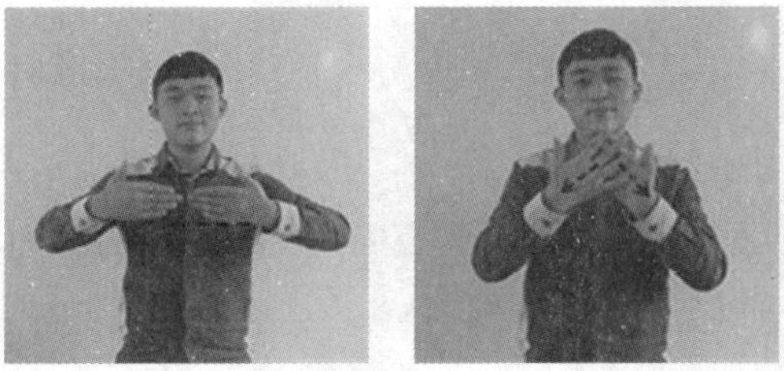

中国手语

双手侧伸，指尖相对，向中间移至双手相叠。双手五指分开，交叉搭成格子，并向两旁微移。

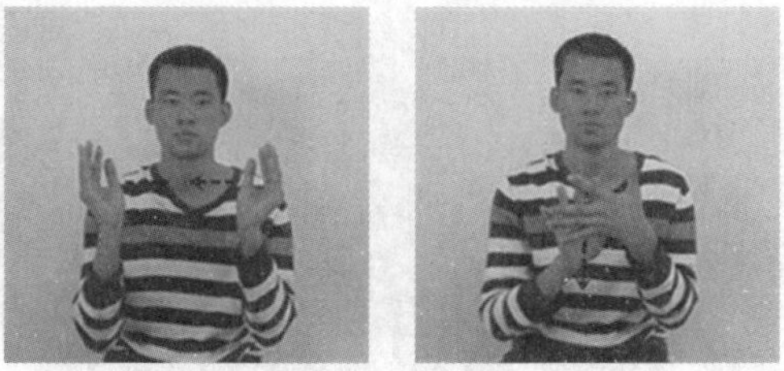

自然手语

双手张开，掌心相对，向中间合掌。双手五指分开，交叉搭成格子，并向两旁微移。

实习

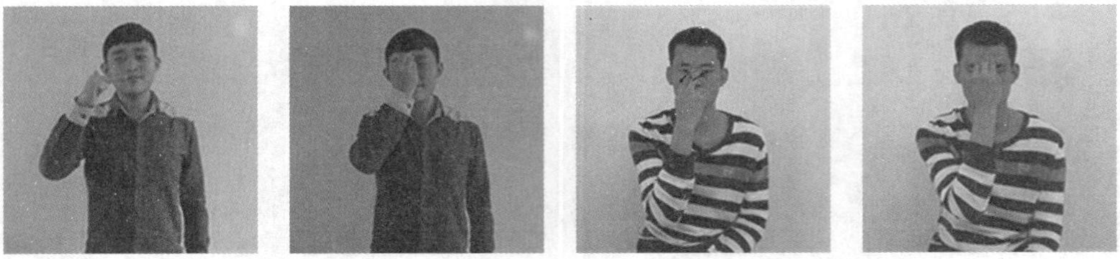

中国手语
打手指字母"SH"的指式。一手五指撮合，按于前额。

自然手语
打"考试"的手势。一手五指撮合，按于前额。

开学

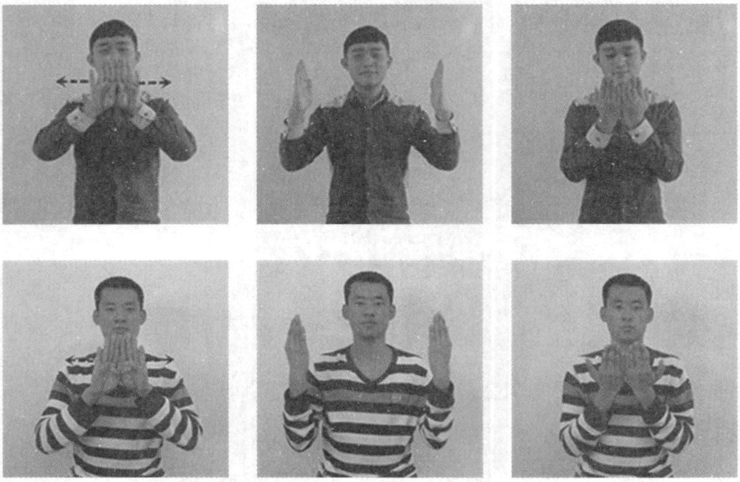

双手直立先靠拢，掌心向外。然后双手做"开门"状。双手放于面前，如读书状。

放学

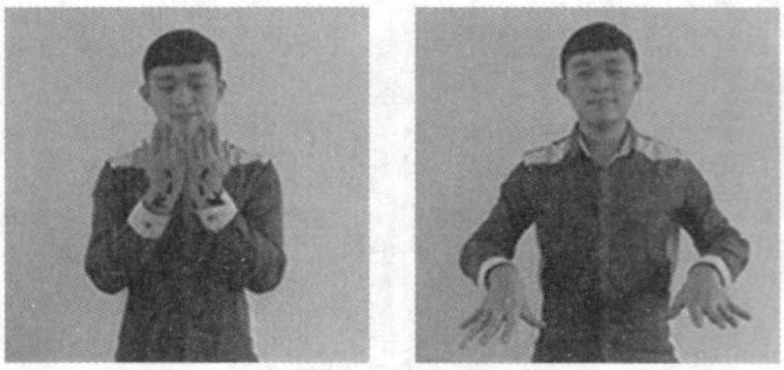

中国手语
双手放在面前，掌心向内，如读书状。然后双手向下一甩。

自然手语
双手虚握，虎口朝上。然后双手向下一甩。双手置于胸前，掌心向内，如看书状。

寒假

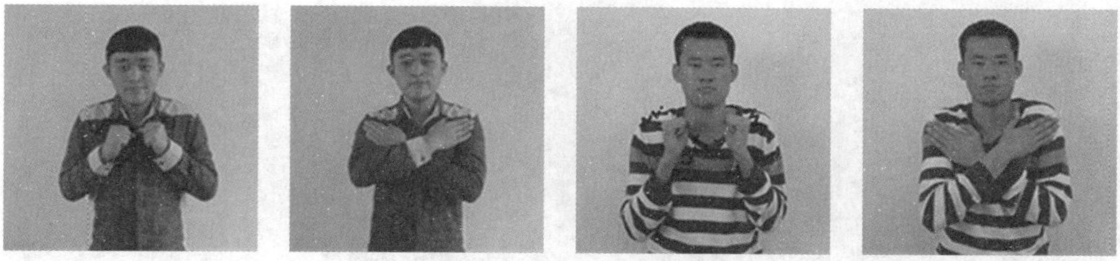

双手握拳在胸前微微抖动，即“寒冷”手势。双手交叉贴于胸前，表示休息之意。

暑假

一手在额部做挥汗状，表示天气炎热。双手交叉贴于胸前，表示休息之意。

毕业

中国手语
双手放在面前，掌心向内，如读书状。然后双手向下一甩。双手搭成“业”字形。

自然手语
左手平伸，掌心向上；右手伸拇指在左手上滑动。双手搭成“业”字形。

证书

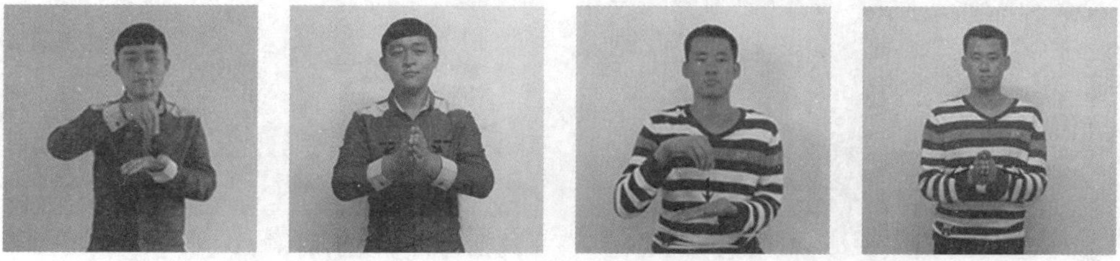

右手拇、食、中指撮合，在左手掌心上做盖章状。双手手掌相合，再打开。

黑板

一手打手指字母“H”的指式，在头发上摸一下。双手伸食指，指尖朝前，在面前画一个“□”形，表示黑板。

纸

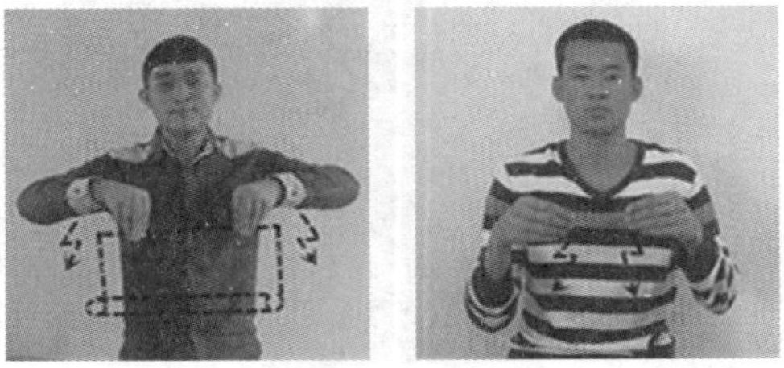

双手拇指与四指相捏，腕部微微振动几下 。

表格

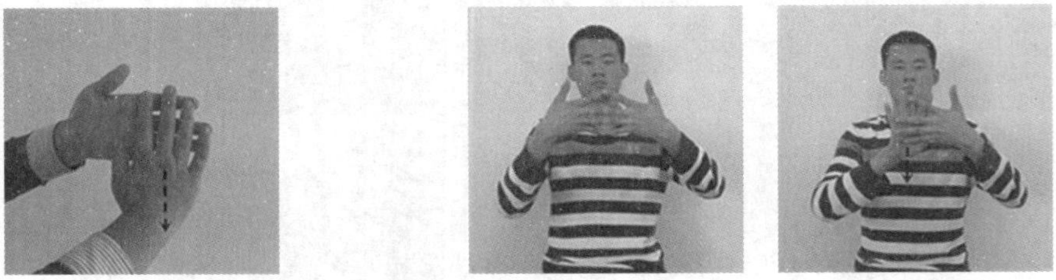

双手五指分开，一横一竖搭成长方形，然后左手不动，右手向下移。

笔记

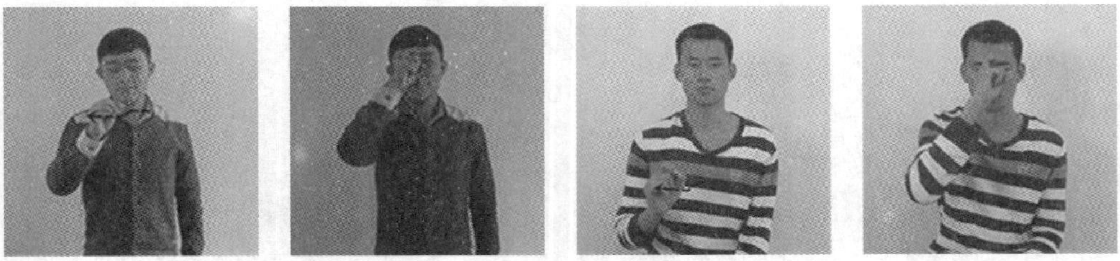

一手如执笔写字状。一手食指弯曲，按于前额。

笔记本

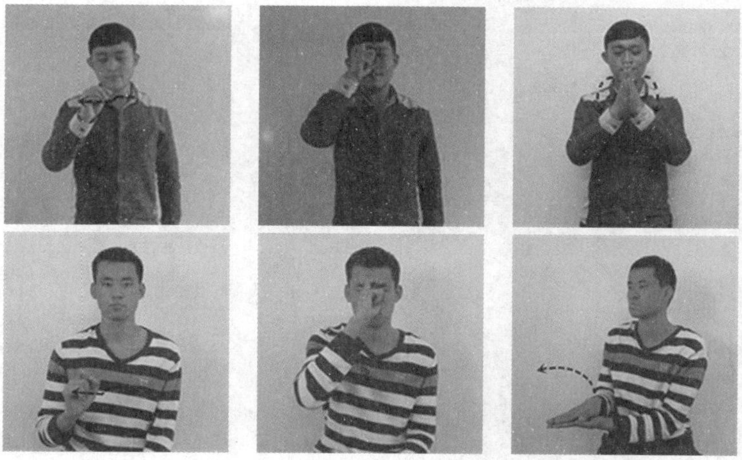

一手如执笔写字状。一手打“J”的手势，按于前额。双手掌心相合，再打开，如翻书本状。

日记

右手拇、食指弯曲成半圆形，从右边向左边做弧形移动。打“J”的手势并置于前额。

铅笔

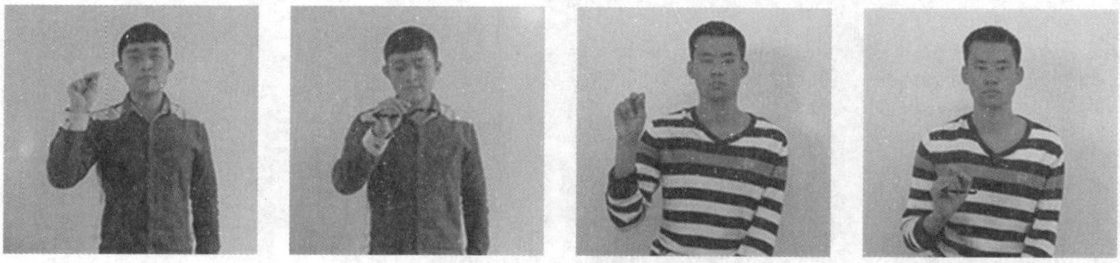

一手打手指字母“Q”的指式。一手如执笔写字状。

钢笔

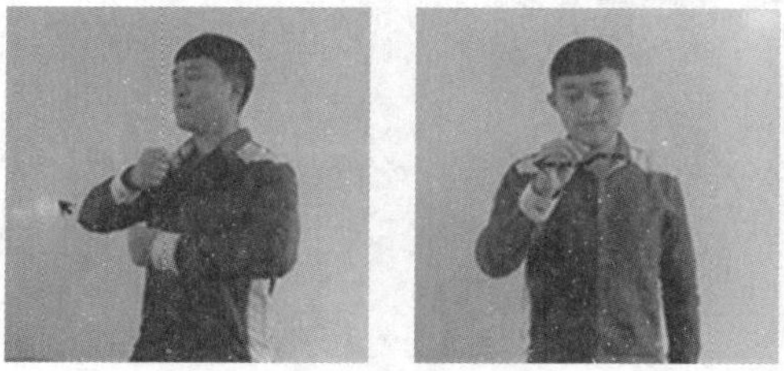

中国手语

一手打“钢”的手势。一手如执笔写字状。

自然手语

一手食、中指向胸侧口袋中插入，如插钢笔动作。

圆珠笔

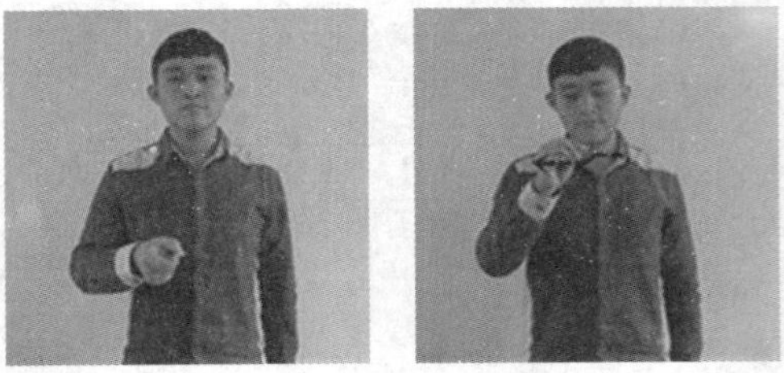

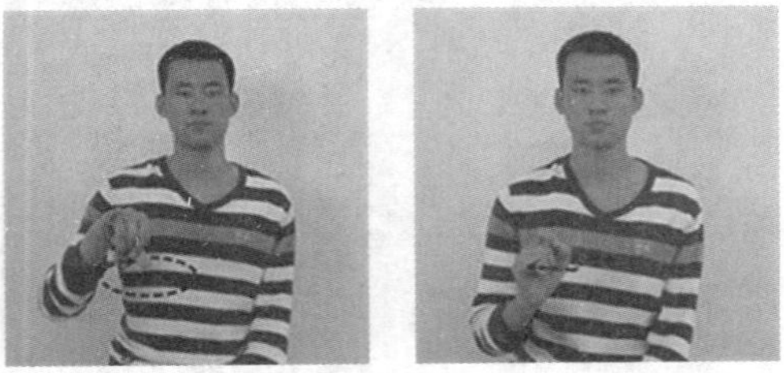

中国手语
一手拇、食指捏成小圆形。
一手如执笔写字状。

自然手语
打"油"的手势。一手如执笔写字状。

毛笔

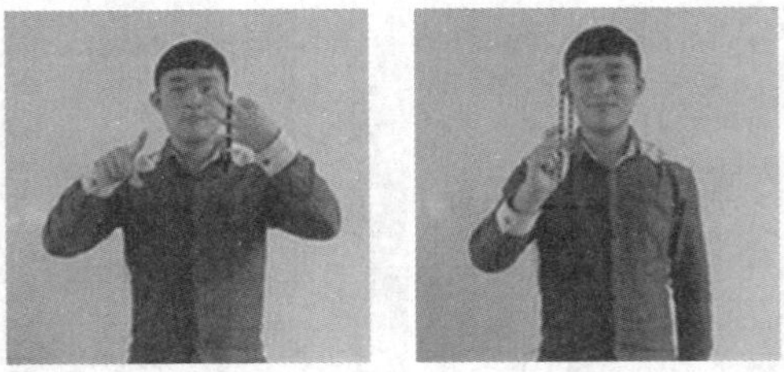

中国手语
双手搭成"毛"字形。右手如拿毛笔状。

自然手语
右手如拿毛笔状。

粉笔

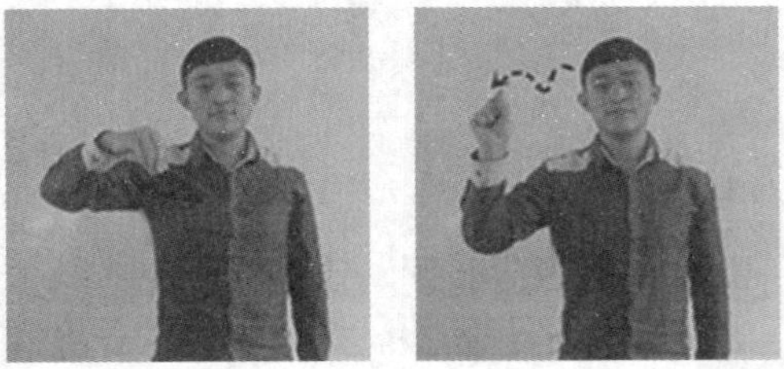

中国手语
一手拇、食、中指互捻，如捻粉末。
一手如执粉笔写字状。

自然手语
一手食指指牙齿。一手拇、食、中指互捻，如捻粉末。一手如执粉笔写字状。

体育

双手握拳在胸前做扩胸动作。

运动

双手握拳，在身侧交替摆动，如跑步动作。

足球

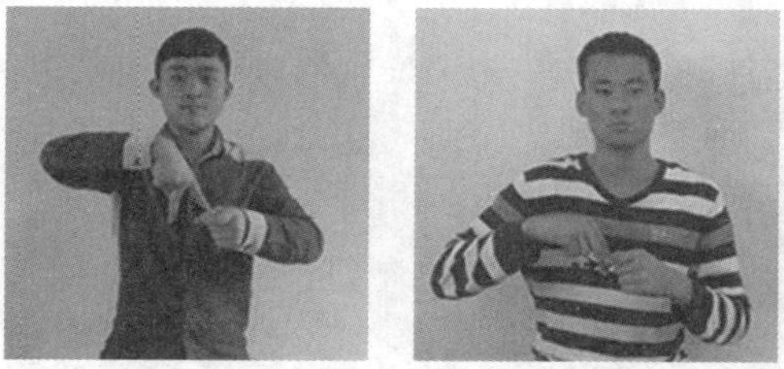

左手拇、食指捏成小圆圈。右手食、中指交替踢向左手小圆圈，如踢足球状。

篮球

双手五指分开微曲，掌心相对呈圆形，如捧篮球并做投篮状。

网球

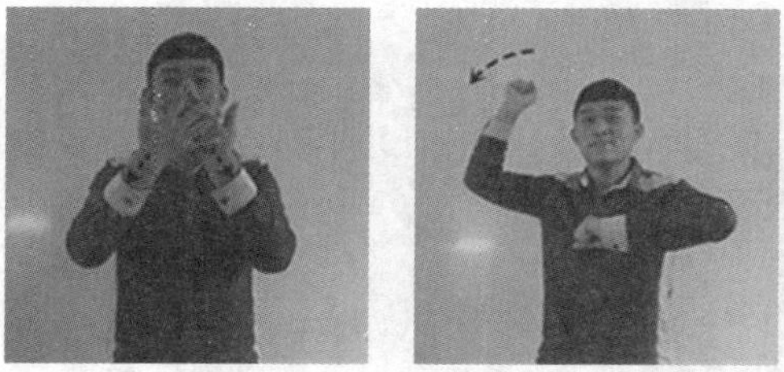

中国手语

双手五指分开，交叉相叠，分向两边下移，象征球网。右手握拳在胸前左右挥动，如打网球状。

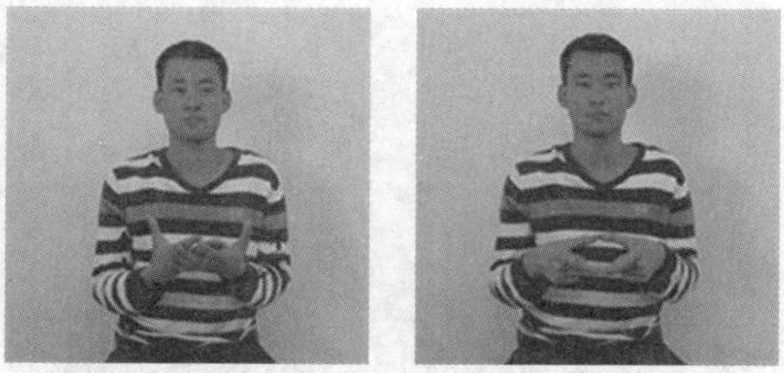

自然手语

双手五指分开，交叉相叠，分向两边下移，象征球网。双手搭成球状。

羽毛球

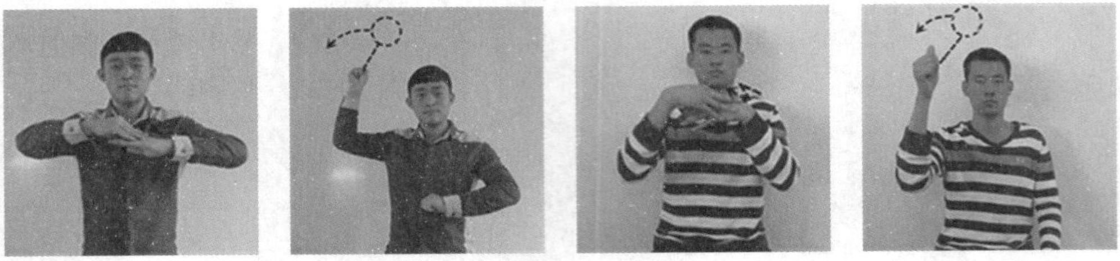

右手五指微曲，指尖轻抚左手手背，如整理羽毛状。右手握拳，模仿打羽毛球动作。

乒乓球

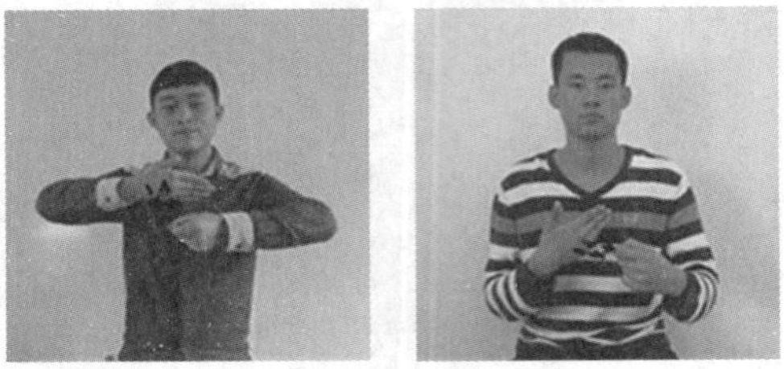

左手拇、食指捏成小圆圈，如乒乓球。右手掌背拍打小圆圈，如打乒乓球状。

游泳（蛙泳）

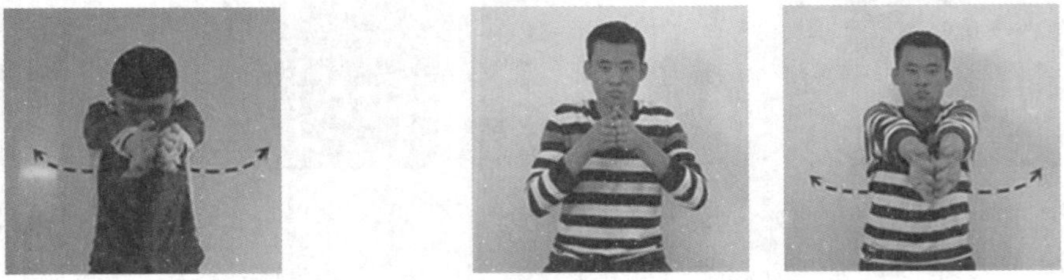

双手微曲，两臂同时向前伸出、划动，如游泳动作。

散步

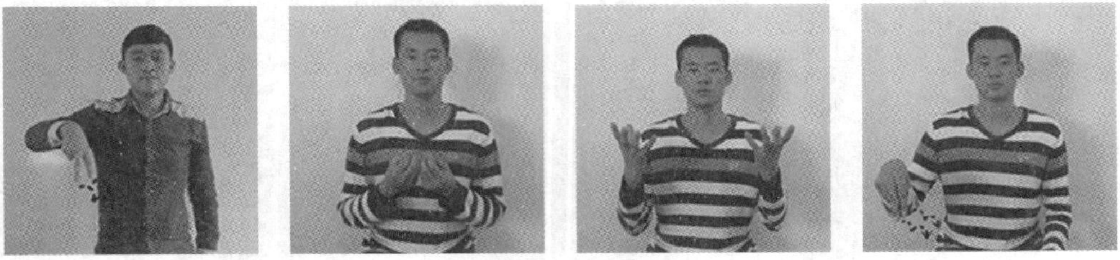

中国手语

一手伸食、中指，指尖朝下，缓慢交替前后来回移动，如散步的样子。

自然手语

双手虚握在胸前，向上运动的同时张开双手。一手伸食、中指，指尖朝下，缓慢交替前后来回移动，如散步的样子。

听力

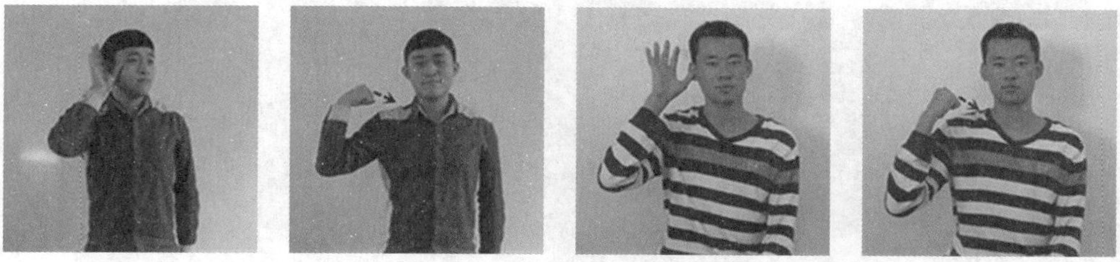

一手贴于耳部。一手握拳屈肘时,向内弯动几下。

视力

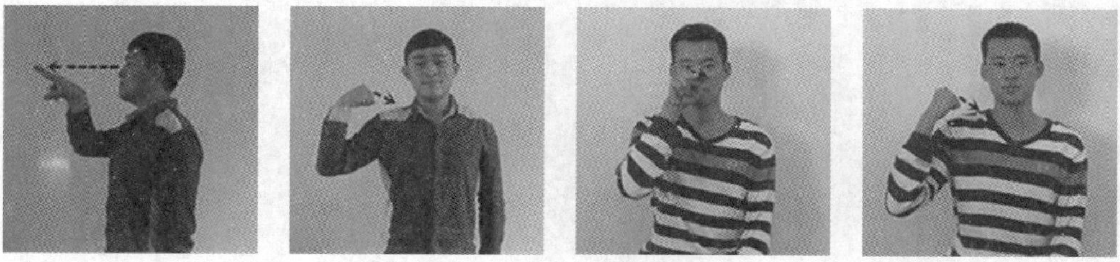

右手伸食指,在面前做向上、向左、向右指的动作,模仿视力检查。一手握拳屈肘时,向内弯动几下。

怀孕

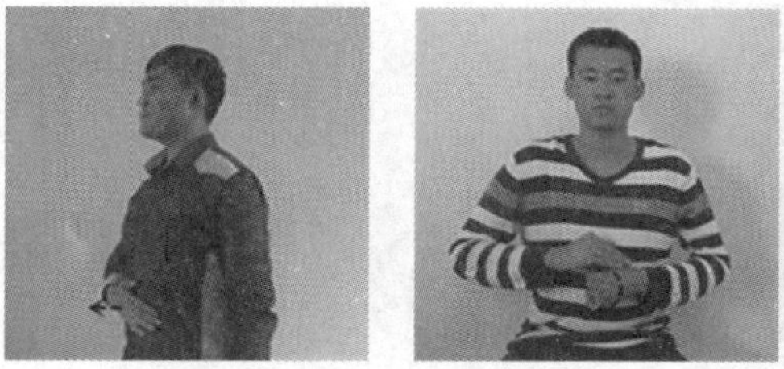

中国手语

一手掌心贴于腹部,向外缓缓移动,如腹部隆起状。

自然手语

左手伸拇、小指置于腹部,右手在左手外画半圆。

生育(分娩、诞生)

左手侧立,掌心向内,置于腹前;右手伸拇、小指在左手内缓缓下移。

孕妇

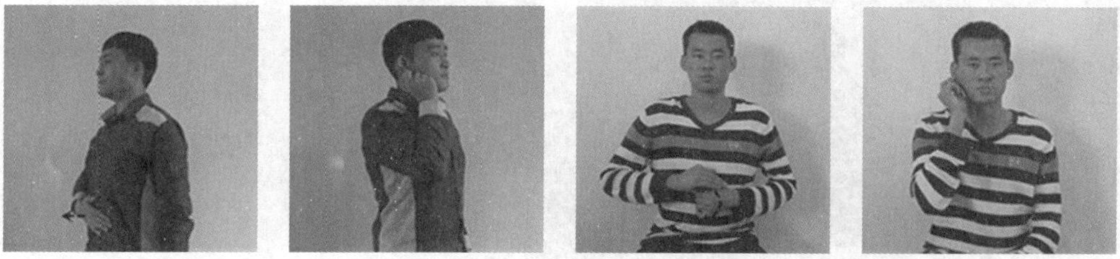

中国手语

一手掌心贴于腹部,向外缓缓移动,如腹部隆起状。一手拇、食指捏耳垂。

自然手语

打"怀孕"的手势。一手拇、食指捏耳垂。

病

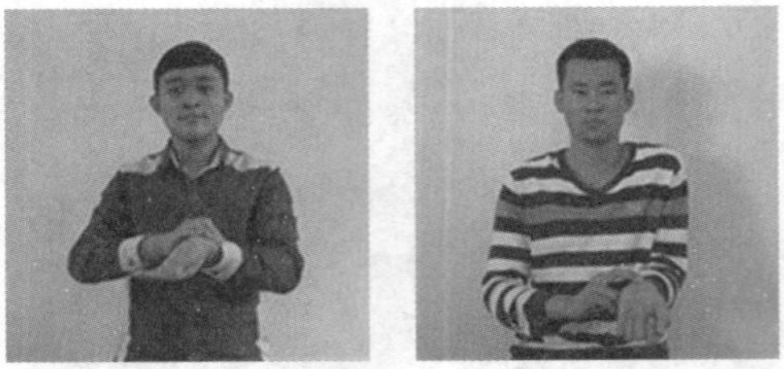

一手食、中、无名指搭于另一手脉门处,如中医诊脉动作。

病历

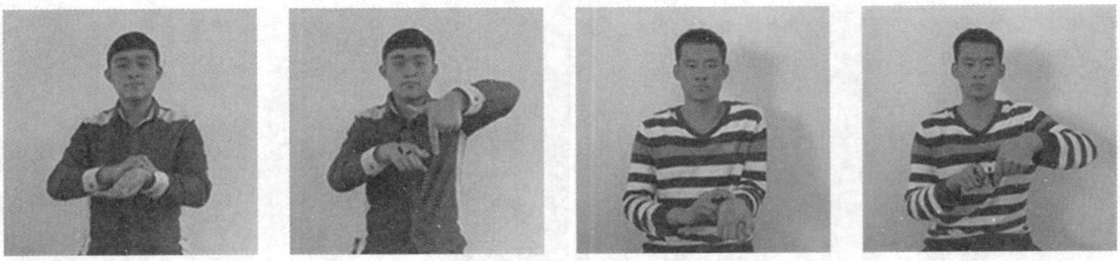

一手食、中、无名指搭于另一手脉门处,如中医诊脉动作。左手拇、食指伸出,手背向外呈“厂”字形;右手在“厂”中书空“力”字。

痛

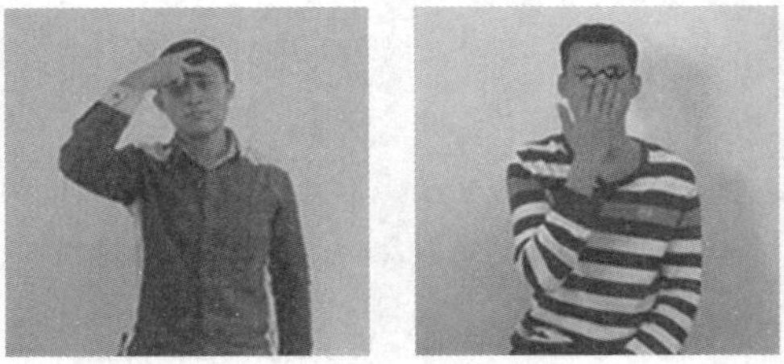

中国手语
一手伸拇、食、中指,抵于前额,模仿头痛状。

自然手语
一手直立,掌心向内,四指在鼻子前晃动几下。

近视

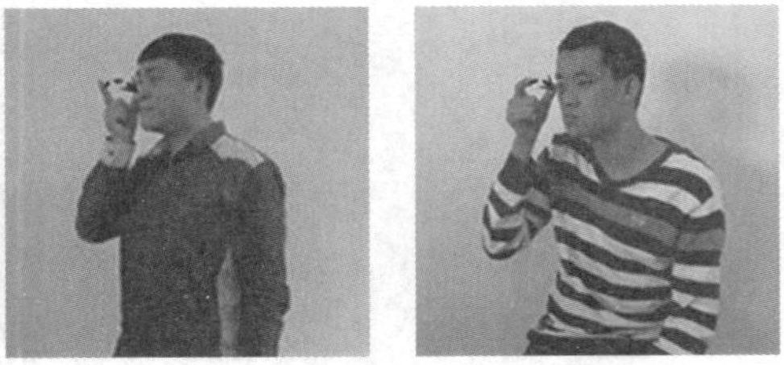

右手拇、食指相对,拇指抵于眼睑下方,食指逐渐向拇指靠近,同时做眯眼动作。

重听

中国手语
右手手掌成直角,在右耳中部向前移动一下。

自然手语
打“重”的手势。五指张开,拇指置于耳孔。

感冒

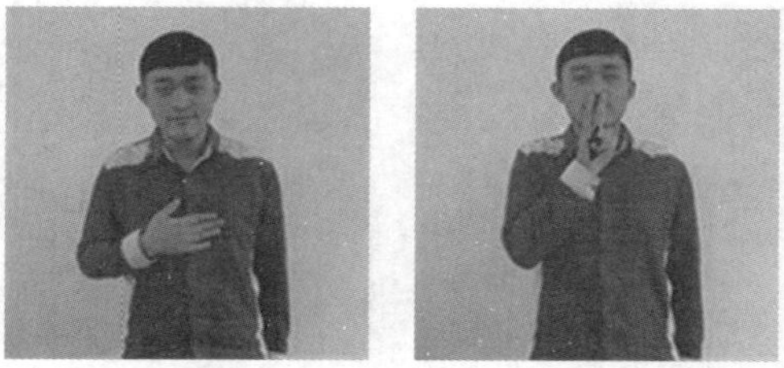

中国手语

一手捂于胸部，面露痛苦表情。一手伸食、中指，指尖对着鼻部，上下移动几下，如流鼻涕状。

自然手语

一手捂腹部，一手捂头部。

医院

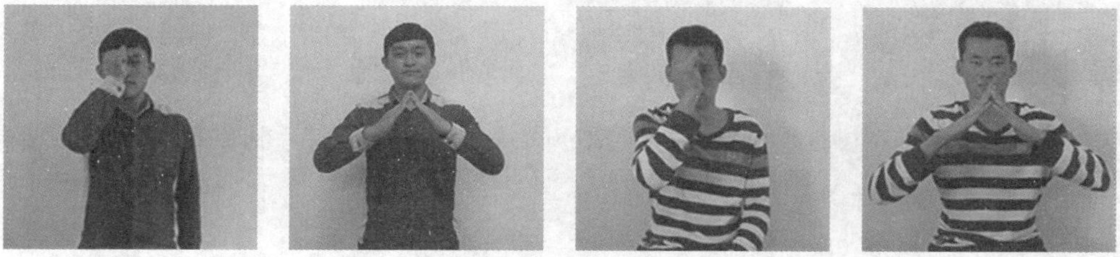

一手拇、食指搭成“十”字形置于前额。双手搭成“∧”形。

挂号处

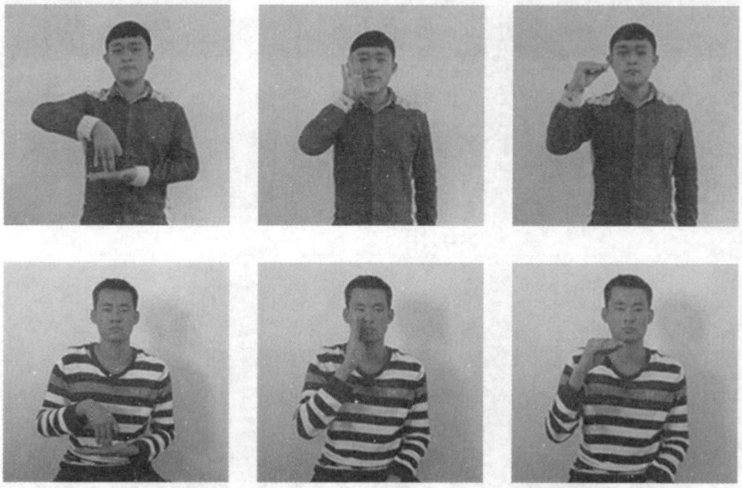

一手中、无名、小指向下，在另一手掌心上点一下。一手拇指和虎口贴于嘴边，其他四指并拢直立。一手打“CH”的手势。

外科

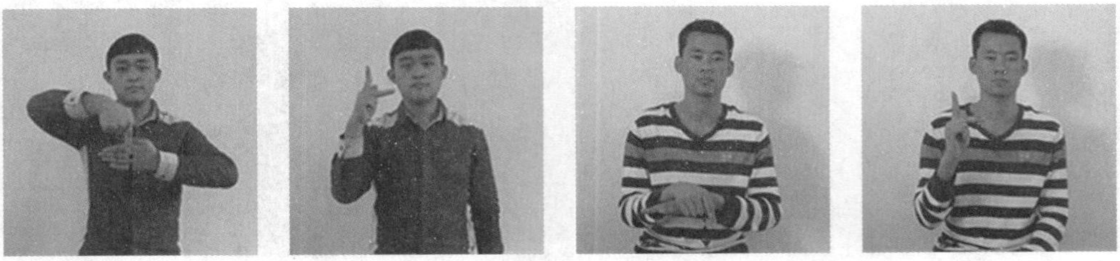

左手侧伸，掌心向内；右手食指在左手背外向下指。打手指字母“K”的指式。

内科

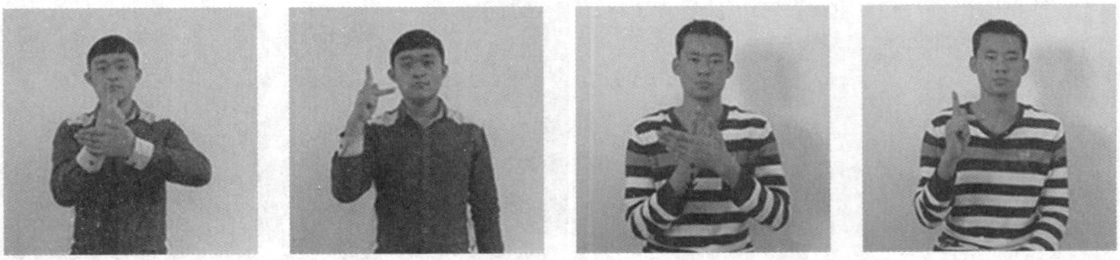

左手侧伸，掌心向内；右手食指在左手掌心内从上向下移。打手指字母“K”的指式。

针灸

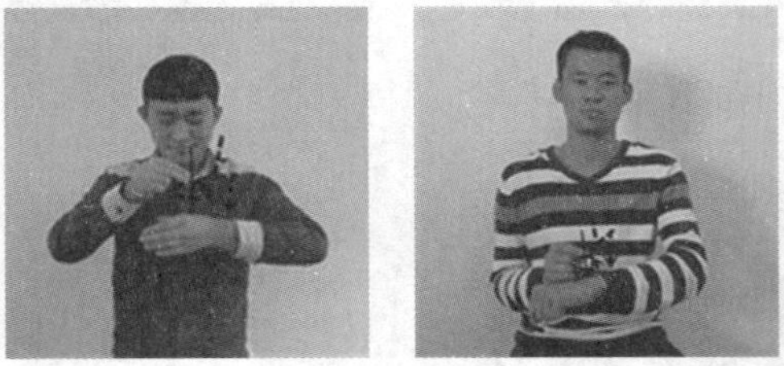

右手拇、食、中指互捏，
在左手虎口上一面捻动
一面微微升降，如针灸动作。

按摩

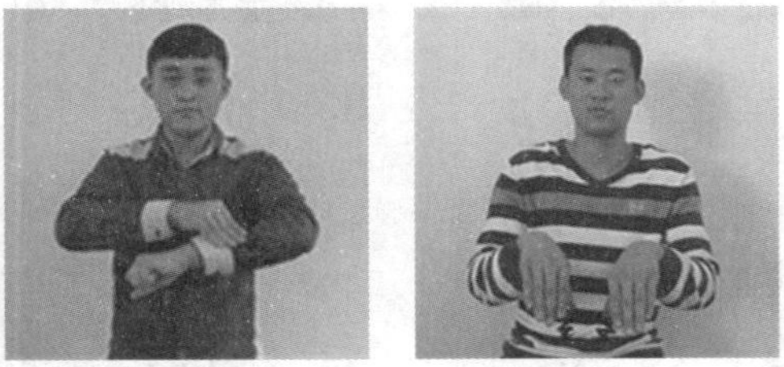

中国手语

一手捏住另一手手臂，轻捻几下，如按摩动作。

自然手语

双手做按摩的手势。

药

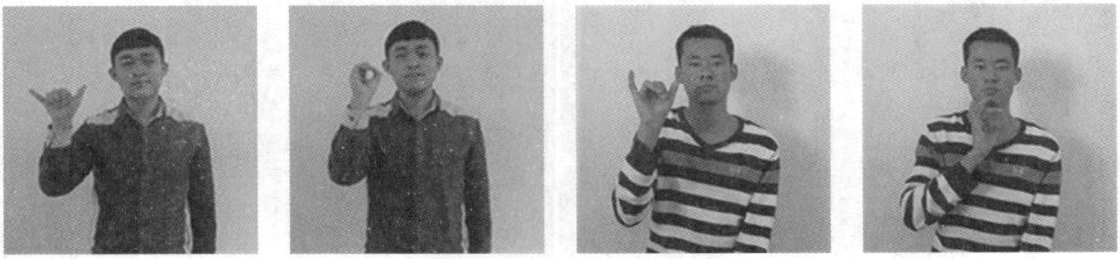

一手连打手指字母“Y”“O”两个指式。

健康

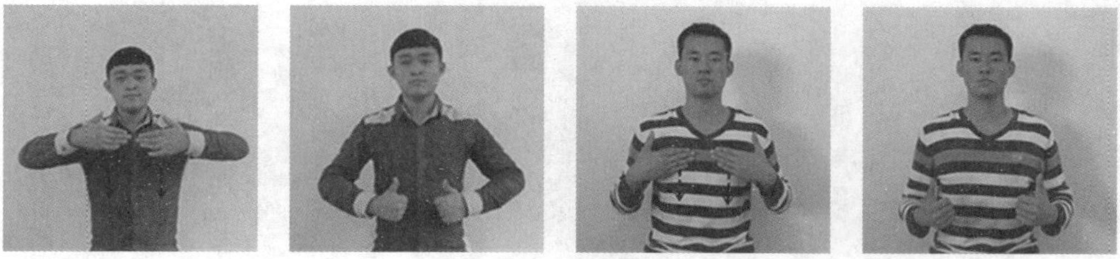

双手贴于胸前,向下微移。同时双手握拳伸拇指并向下一顿。

零(0)

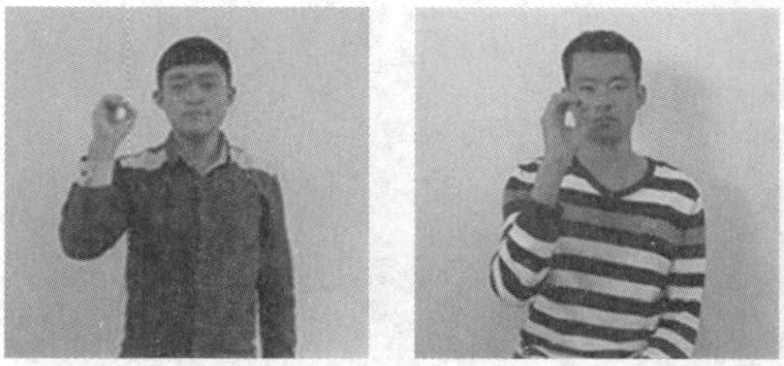

一手拇、食指相捏成圆圈,余指自然弯曲。

一(1)

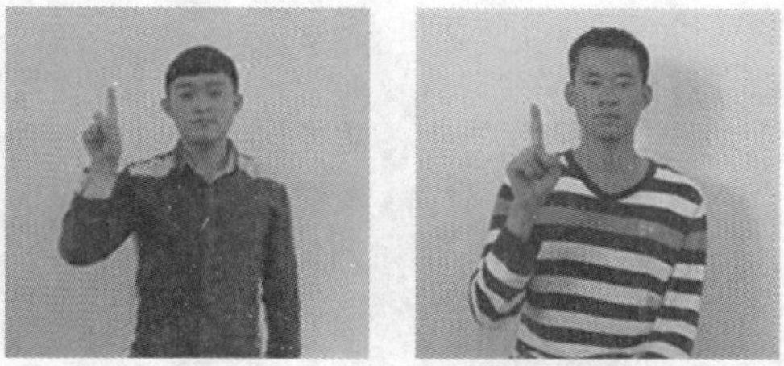

一手伸出食指,其余四指弯曲。

二(2)

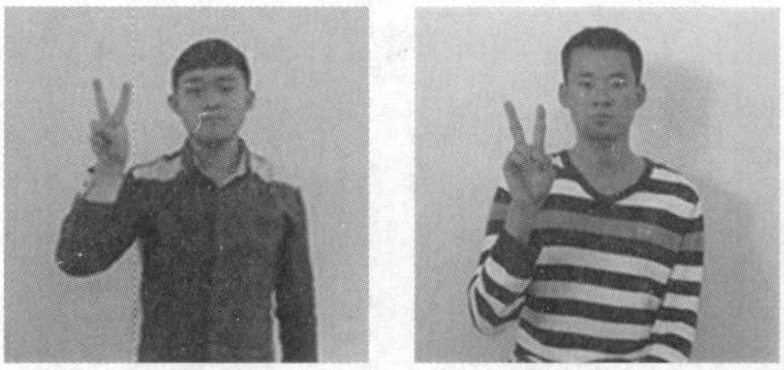

一手伸出食、中指,其余三指弯曲。

三(3)

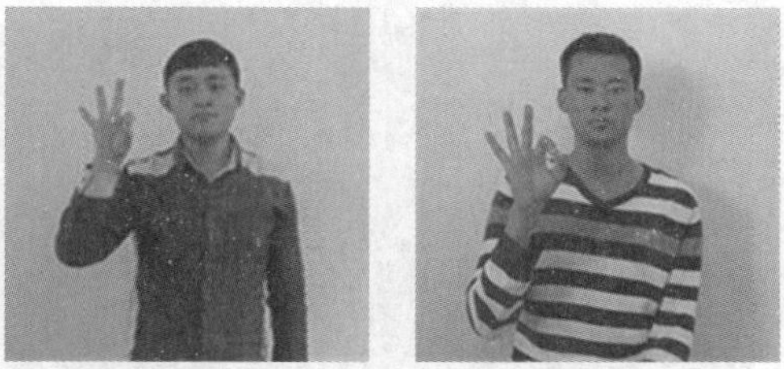

一手伸出中、无名、小指,拇、食指弯曲。

四(4)

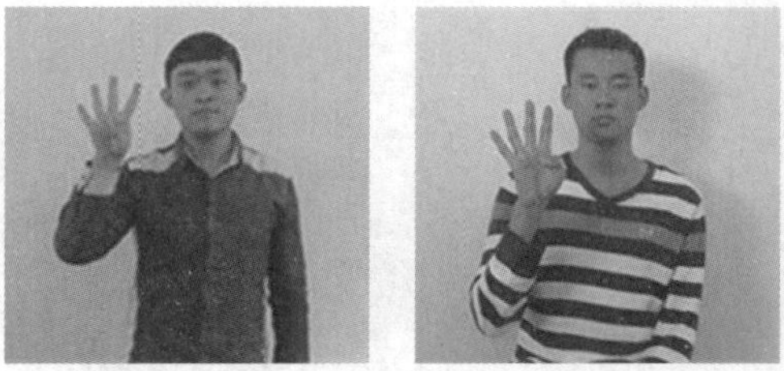

一手伸出食、中、无名、小指,拇指弯曲。

五(5)

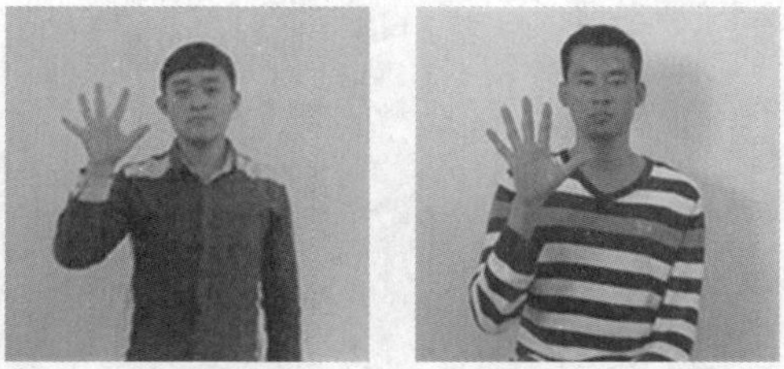

五指一齐伸出。

六(6)

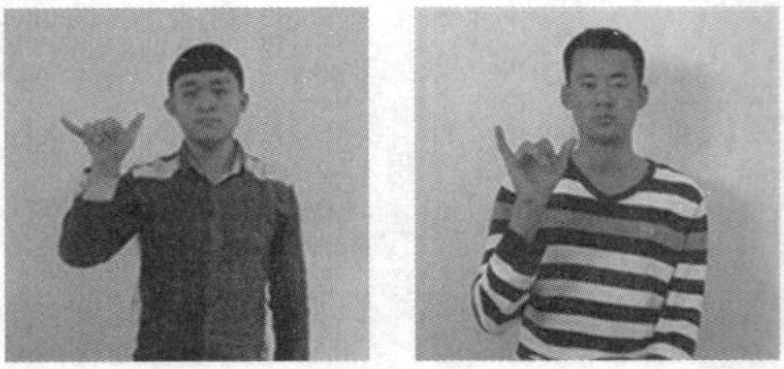

一手伸出拇、小指，其余三指弯曲。

七(7)

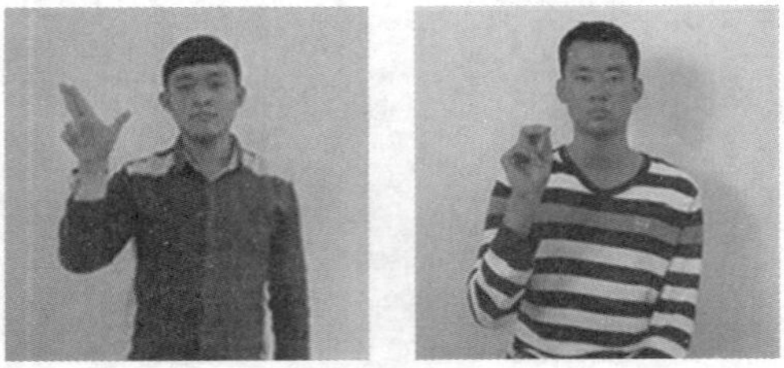

中国手语

一手伸拇、食、中指，食、中指指尖朝上。

自然手语

一手拇、食、中指相捏，其余两指弯曲。

八(8)

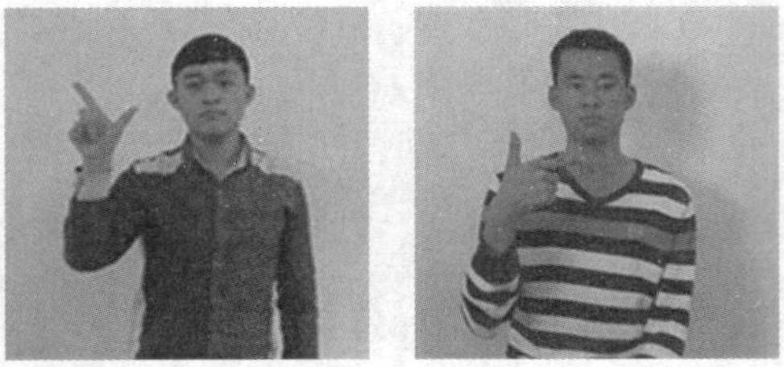

一手伸出拇、食指，其余三指弯曲。

九(9)

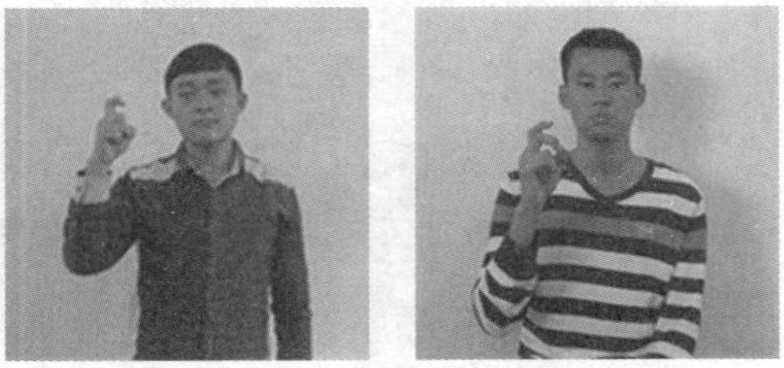

一手食指弯如钩形，其余四指弯曲。

十(10)

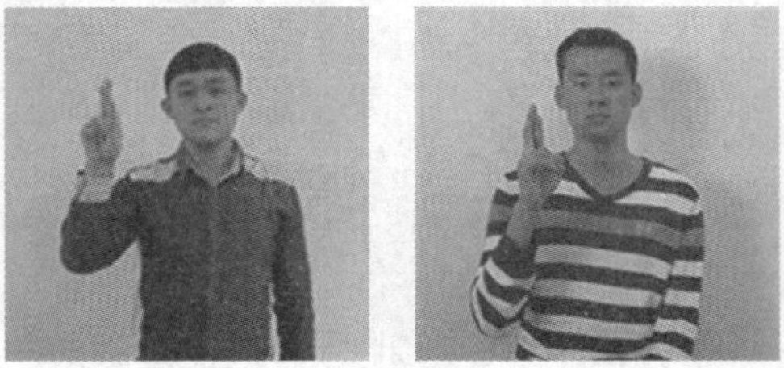

一手食、中指交叉，其余三指弯曲。

二十

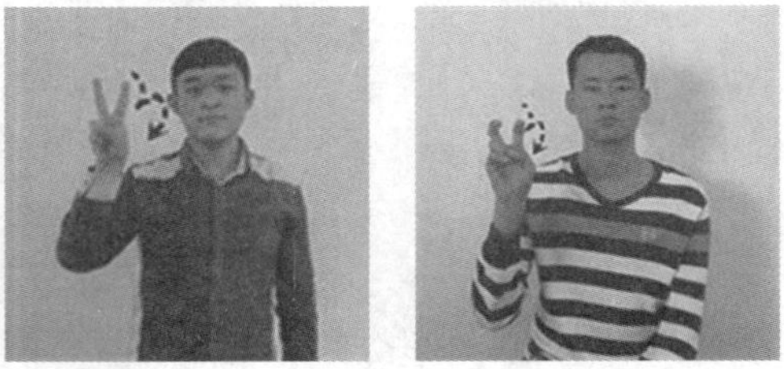

用“二”的手势，并将食、中指弯动一下。

百

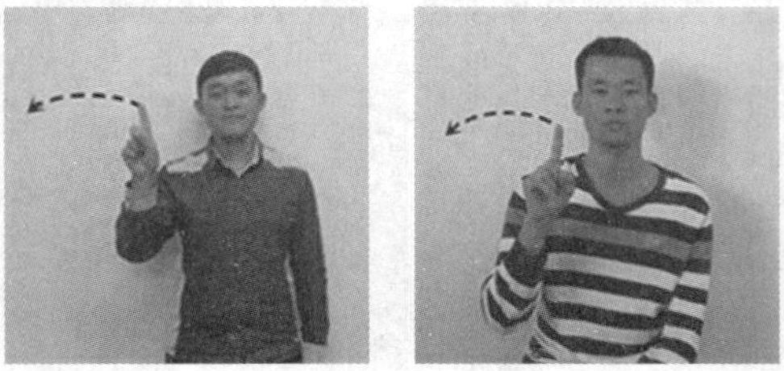

一手伸出食指，从左向右挥动一下。

千

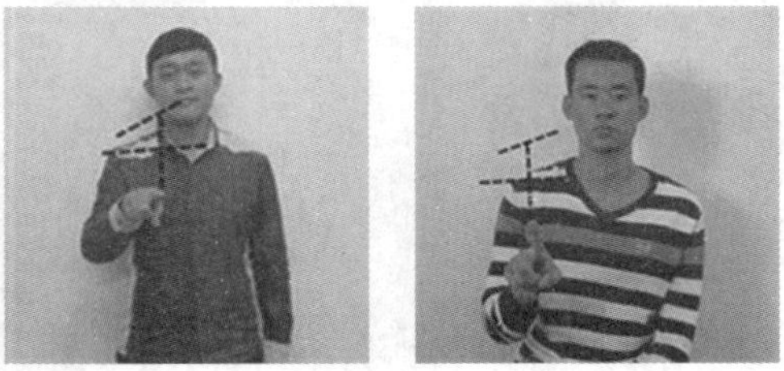

一手食指书空“千”字。

万

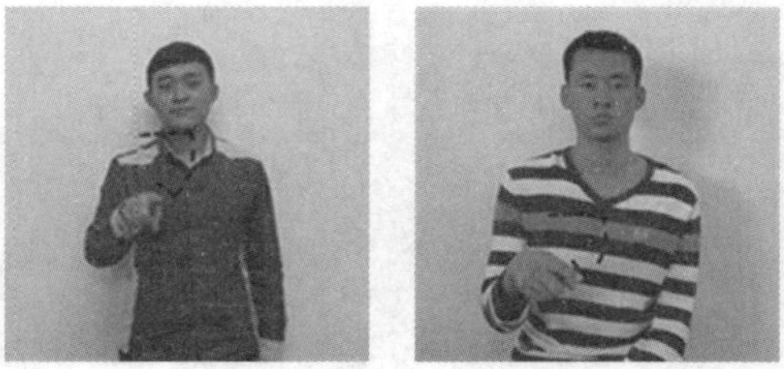

一手食指书空“万的最后一笔”（即“万”字笔画的省略）。

亿

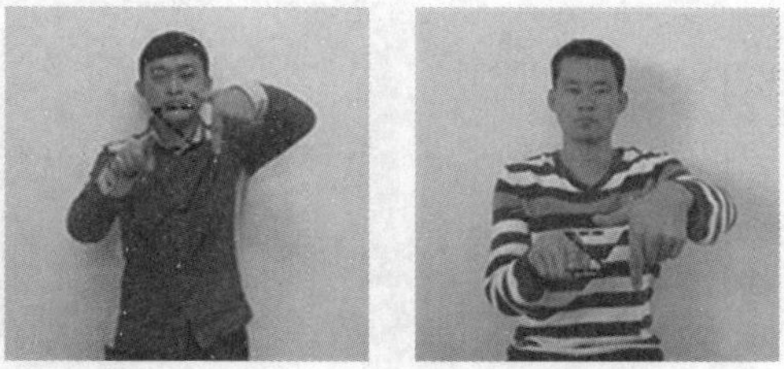

左手搭成“亻”形，右手食指书空“乙”字形。

公斤（千克）

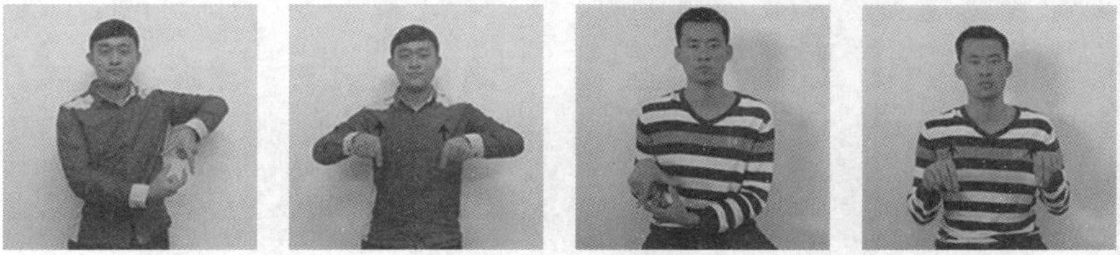

双手拇、食指搭成“公”字形。双手拇、食指相捏，指尖朝下，向上微提一下。

克

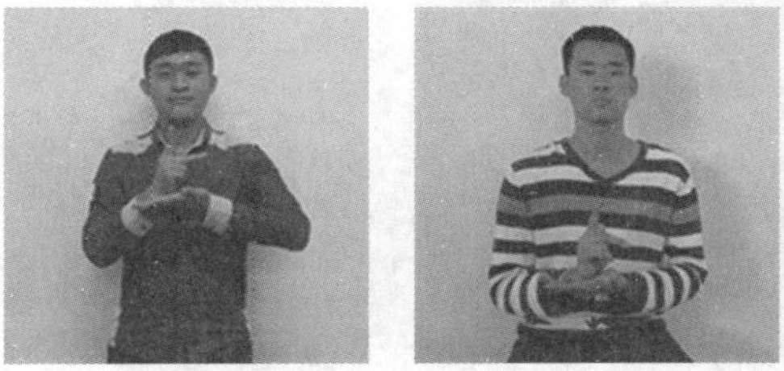

一手打出手指字母“K”的指式，置于另一手掌心上，并向下微沉一下。

吨

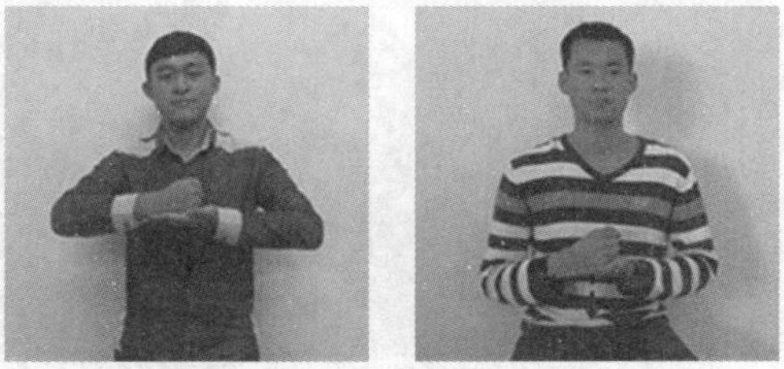

一手打出手指字母“D”的指式，置于另一手掌心上，并向下一沉。

米（m）

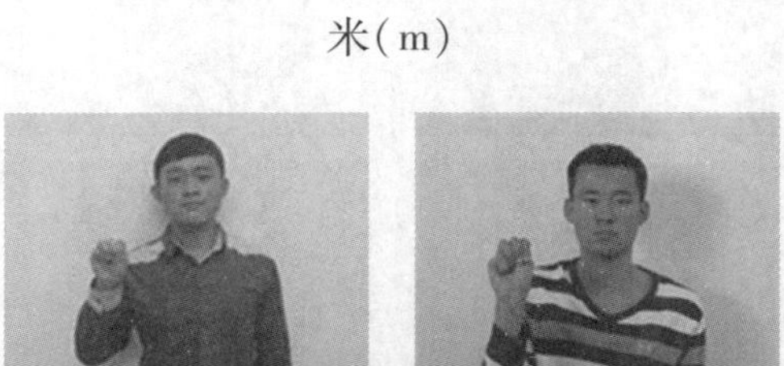

打手指字母“M”的指式。

厘米(cm)

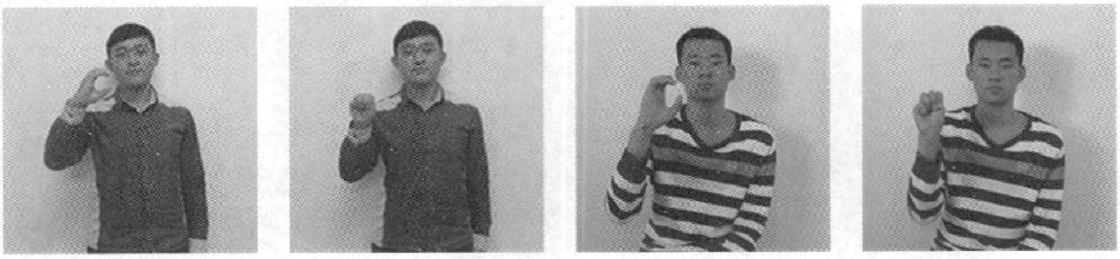

一手连续打出手指字母“C”“M”的指式。

毫米(mm)

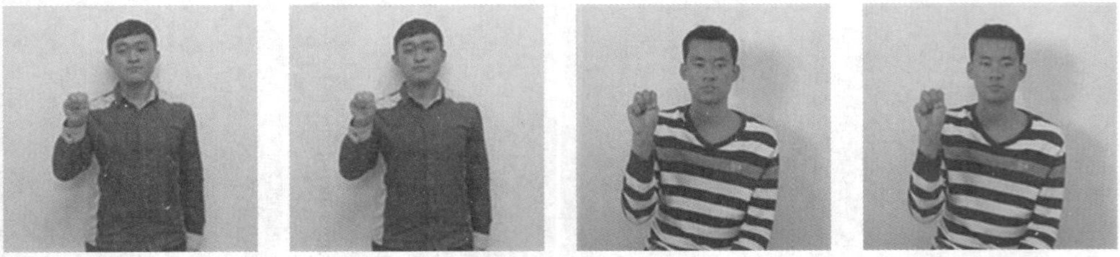

一手连续打出手指字母“M”“M”的指式。

顷

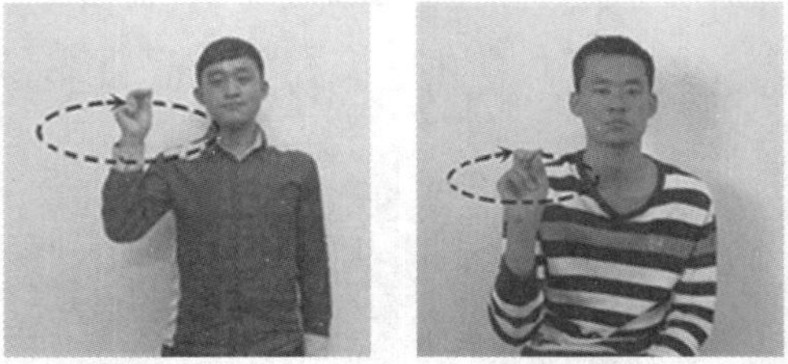

打手指字母“Q”的指式,并画一圆圈。

半

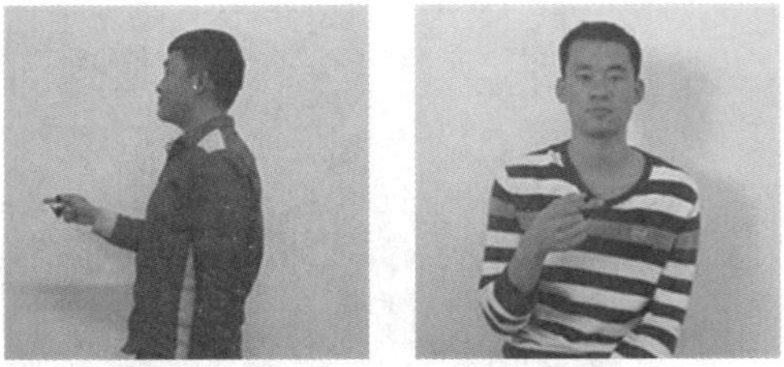

一手食指横伸,拇指在食指中部划一下。

个

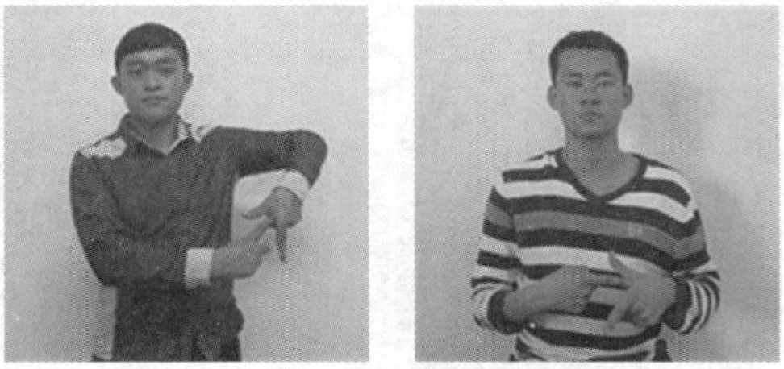

左手拇、食指与右手食指搭成“个”字。

册

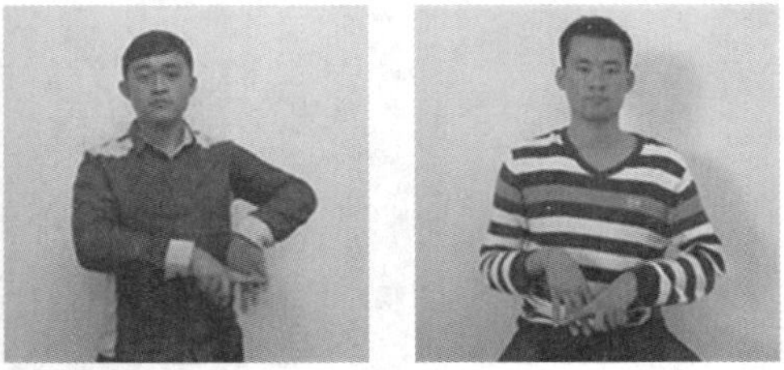

一手食、中、无名、小指伸出,指尖朝下;
另一手食指横于之前手四指中间,
仿“册”字形。

页

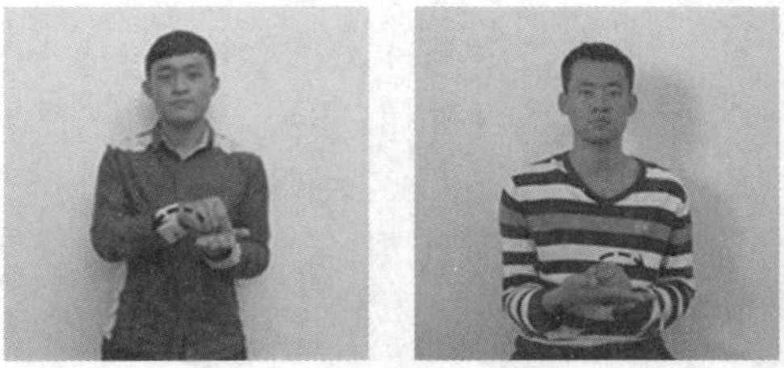

一手平伸，掌心向上；另一手拇、食指相捏，从之前手掌心上向一旁做翻页动作。

每（各）

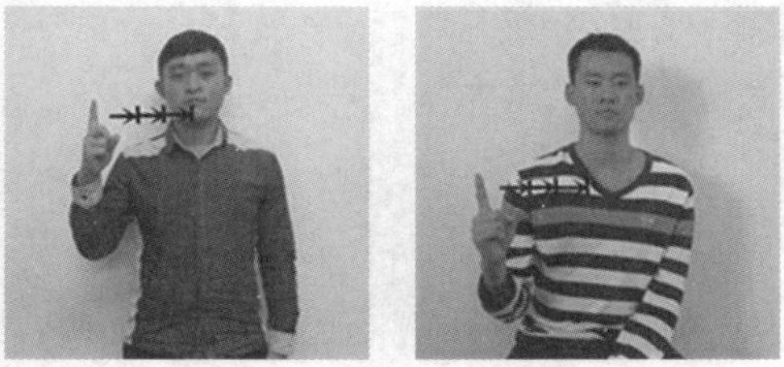

一手食指向上伸直，向一边一顿一顿移动几次。

一次

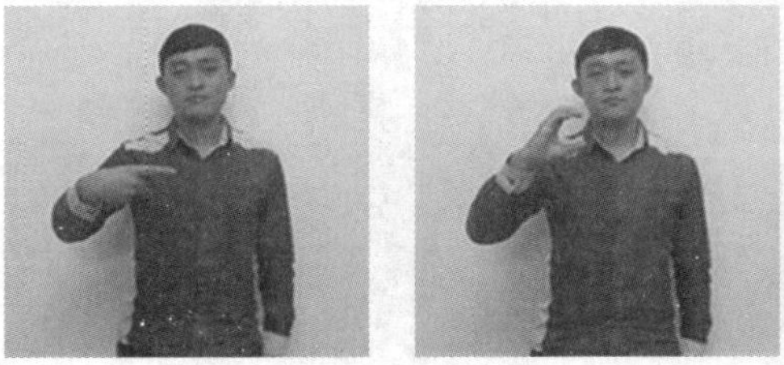

中国手语
右手食指横伸，掌心向内；
右手打手指字母“C”的指式。

自然手语
右手食指直立，掌心向外。
右手打手指字母“C”的指式。

第一次

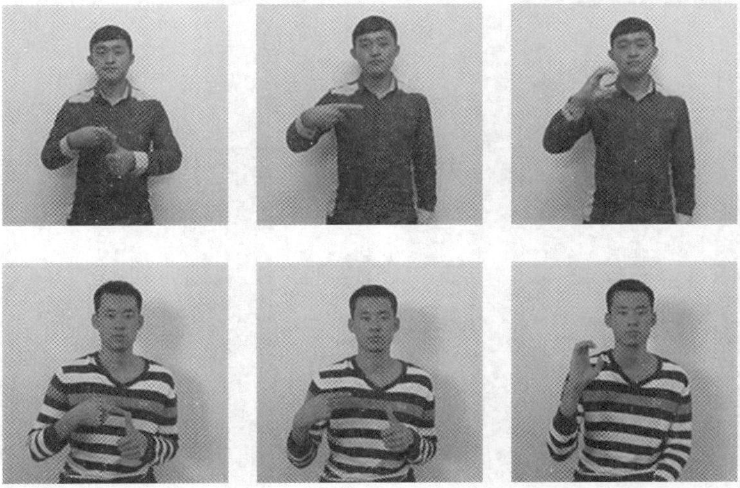

左手伸拇指，右手伸食指敲一下左手拇指指尖。右手食指横伸，掌心向内。右手打手指字母“C”的指式。

甲

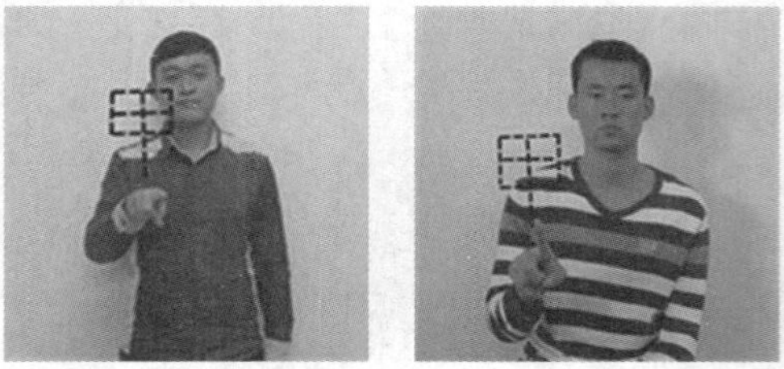

右手食指书空“甲”字。

乙

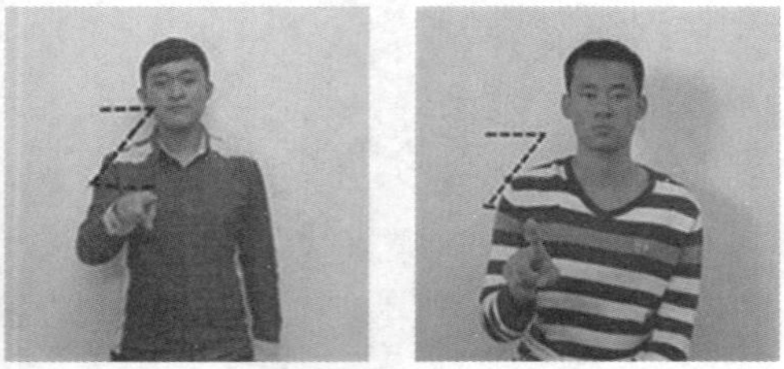

右手食指书空“乙”字。

丙

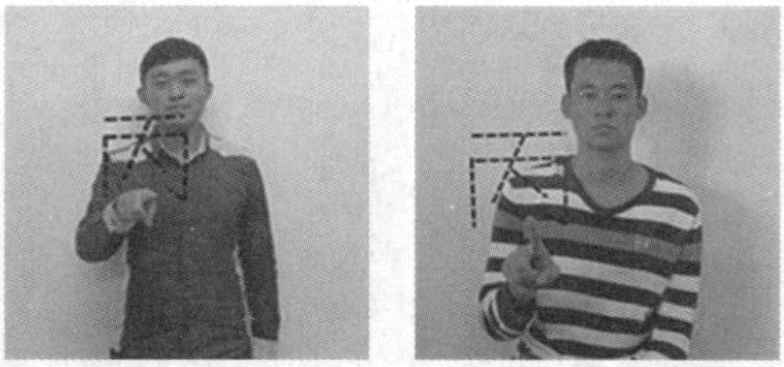

右手食指书空“丙”字。

数学

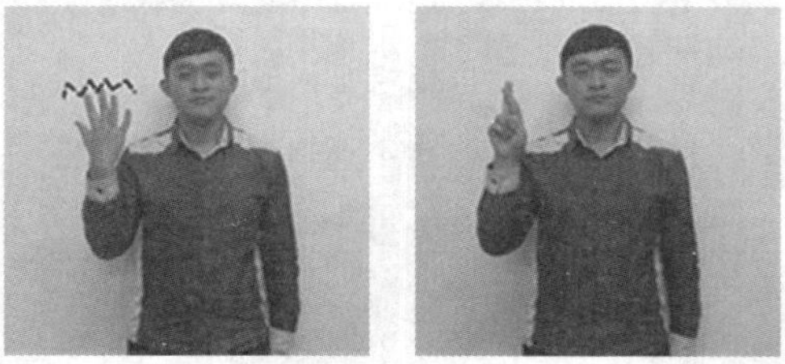

中国手语

一手五指向上，手指抖动几下。

一手打手指字母“X”的指式。

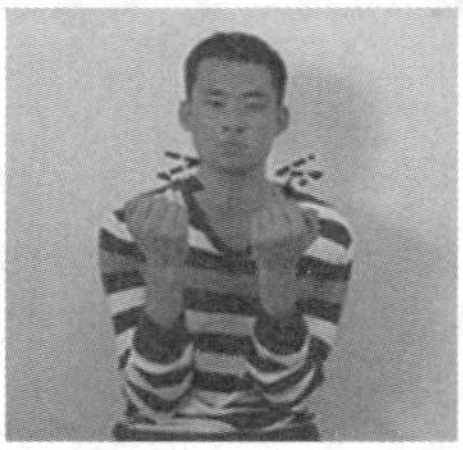

自然手语

双手握拳，撞两下。

填空

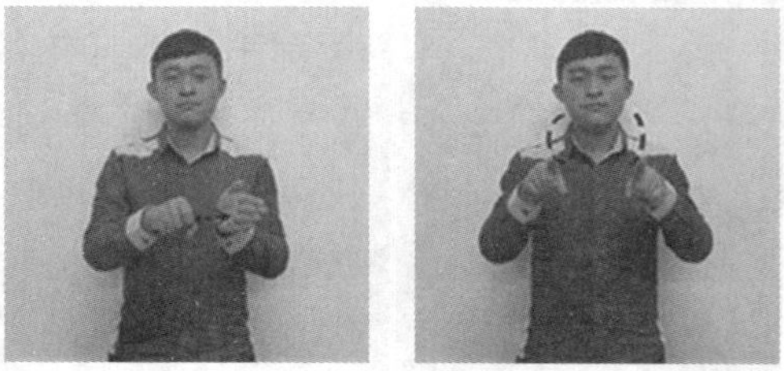

中国手语

右手拇、食指捏成小圆圈，虎口贴在左手掌心上。双手食指在面前画“( )”形。

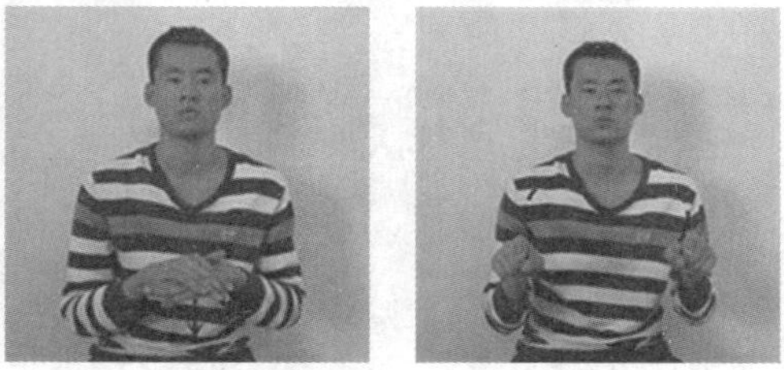

自然手语

双手重叠，向下按。双手食指在面前画“( )”形。

加（＋）

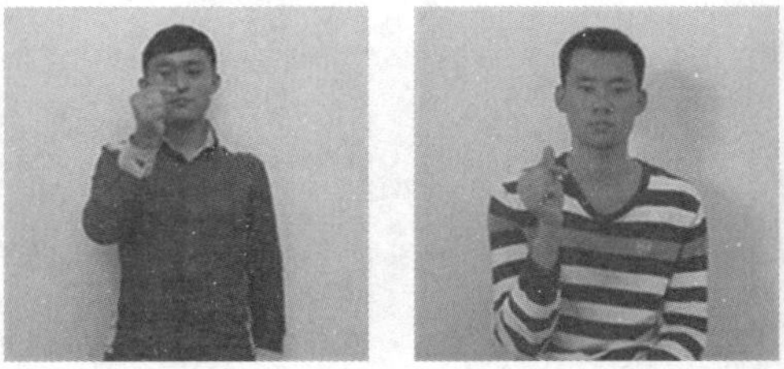

一手拇、食指搭成“＋”字形，表示“加号”“正号”。

减（－）

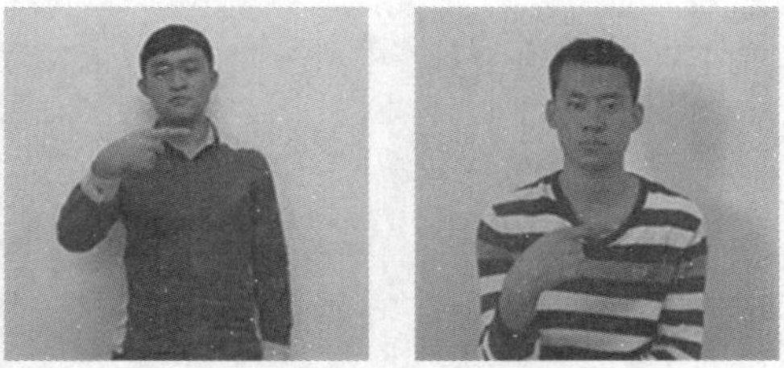

一手食指横伸成“－”形，表示“减号”“负号”。

乘（×）

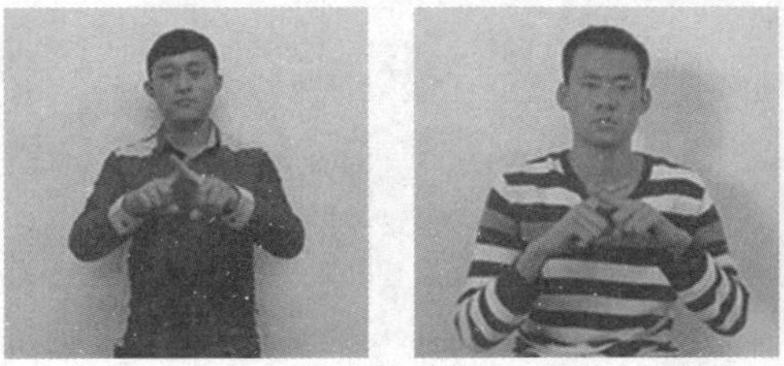

双手食指交叉搭成“×”形，表示“乘号”。

除（/）

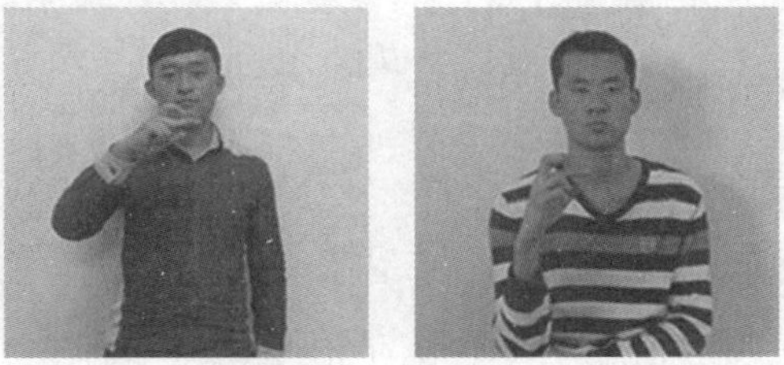

一手拇、中指搭在食指上，象征“÷”，表示“除号”。

等号（＝）

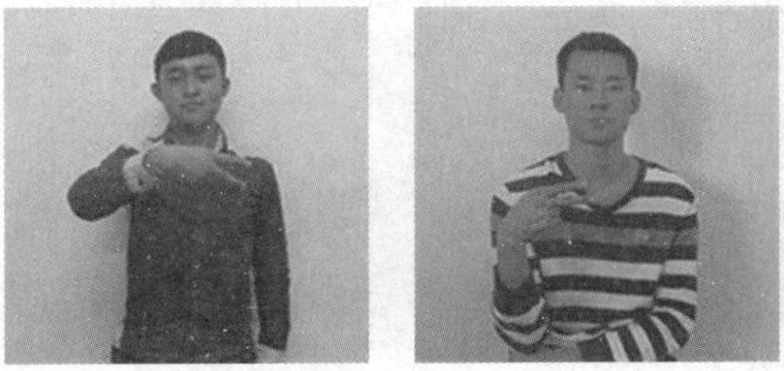

右手食、中指横伸，并稍分开，从左向右微移。打手指字母“H”的指式。

等于（相等）

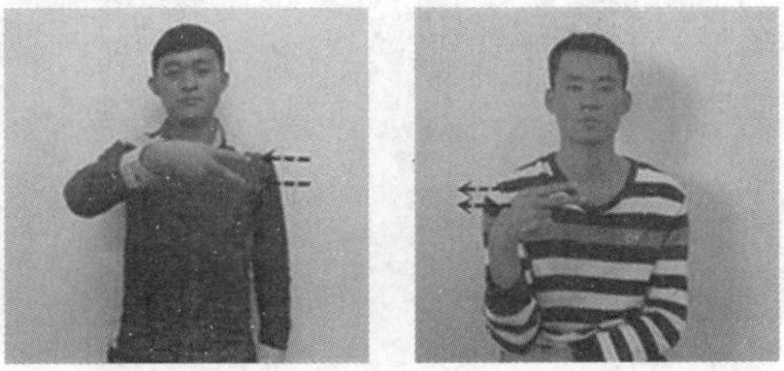

右手食、中指横伸，手背朝外，从左向右移动一下。

约等（≈）

右手食、中指横伸，做“≈”形移动。

负数

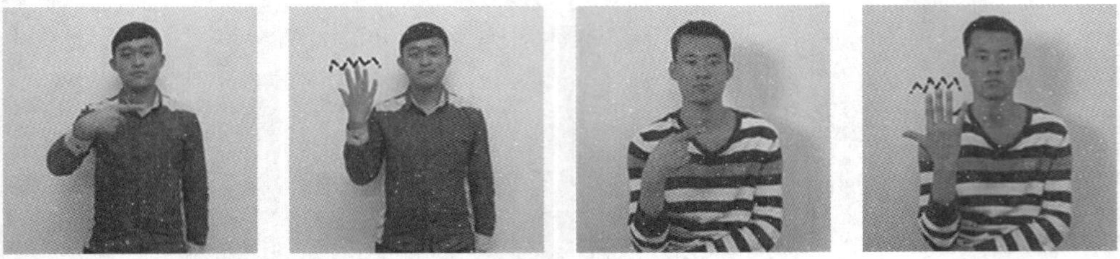

一手食指先横伸成“－”形，然后伸出五指，指尖向上抖动几下。

偶数

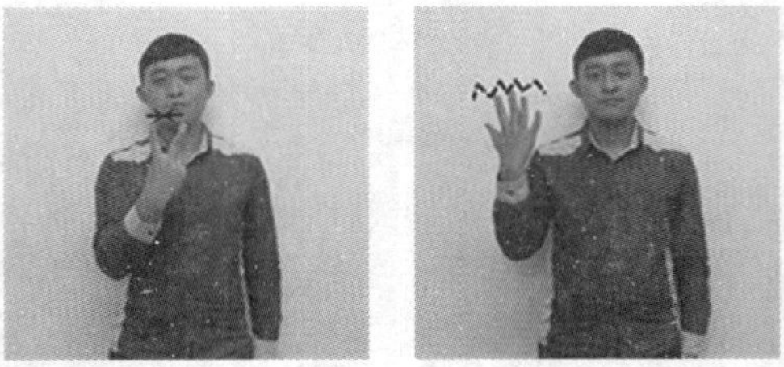

中国手语

一手食、中指伸直，并闭合。
一手五指向上，手指抖动几下。

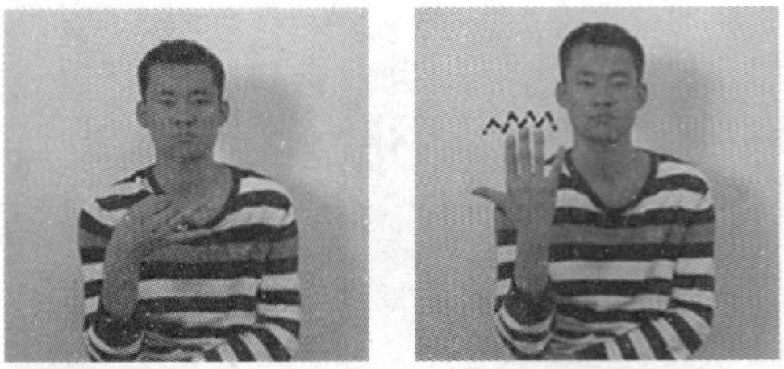

自然手语

一手伸无名指、小指。一手五指向上，
手指抖动几下。

奇数

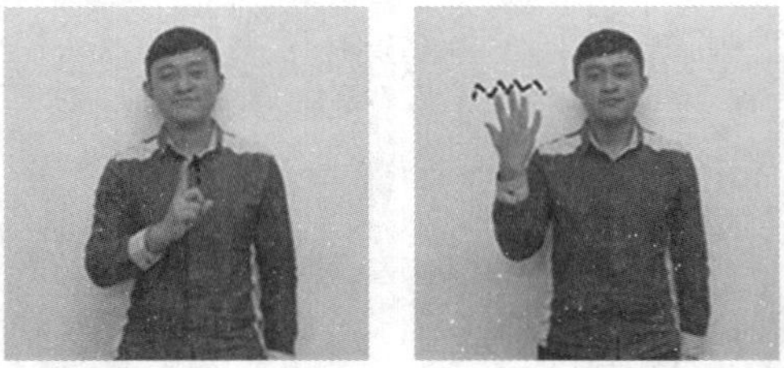

中国手语

一手食指伸直，表示“单数”。
一手五指向上，手指抖动几下。

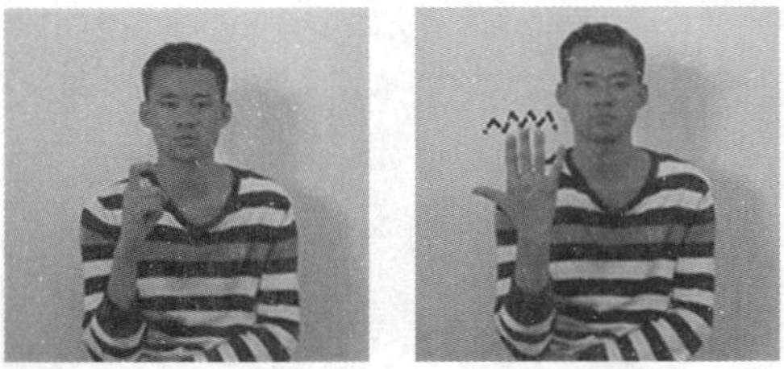

自然手语

一手打“J”的手势。一手五指向上，
手指抖动几下。

圆

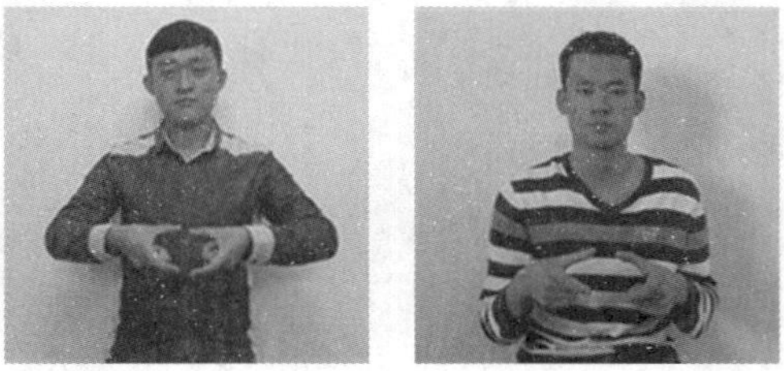

双手拇、食指微弯，搭成圆形。

圆柱体

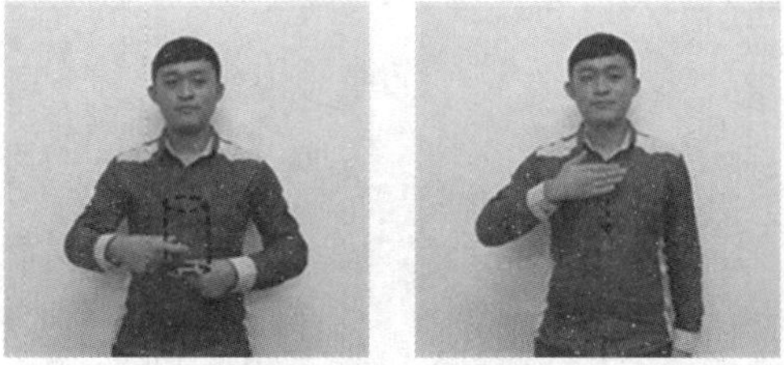

中国手语

双手拇、食指呈半圆形，一上一下，下面的手不动，上面的手向上一提，如圆柱形。一手贴于胸部，向下微移。

自然手语

双手拇、食指呈半圆形，双手向上一提，如圆柱形。

面积

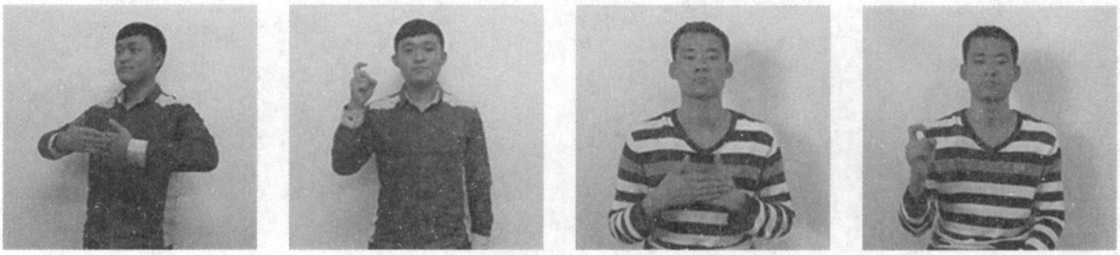

两手四指并拢，拇指自然向上，一前一后横放相叠，前手拍一下后手背。一手打手指字母“J”的指式。

体积

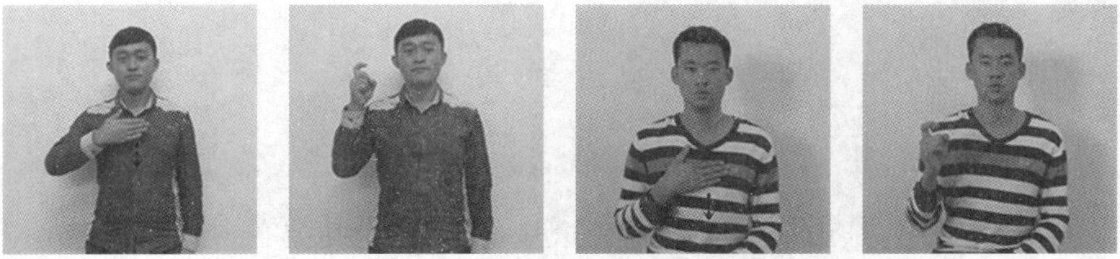

一手贴于胸前，向下移动。一手打手指字母“J”的指式。

容积

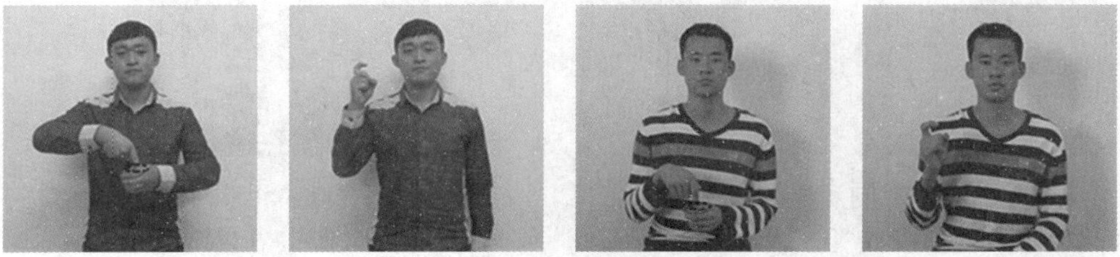

左手五指捏成圆形，虎口向上；右手伸出食指，指尖插入左手虎口内画一圆圈。一手打手指字母“J”的指式。

平面

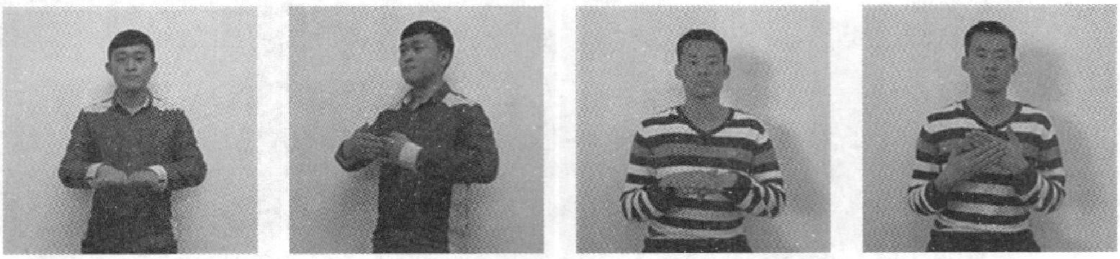

双手并排，掌心向下，同时向左右展开。一手抚摸另一手手背，表示物体的“表面”。

平方

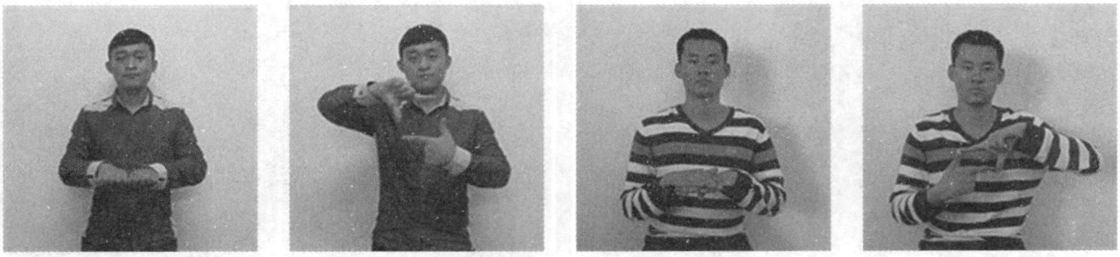

双手并排，掌心向下，同时向左右展开。双手拇、食指搭成“□”形。

立方

一手食、中指伸直，立于另一手掌心。双手拇、食指搭成“□”形。

正方形

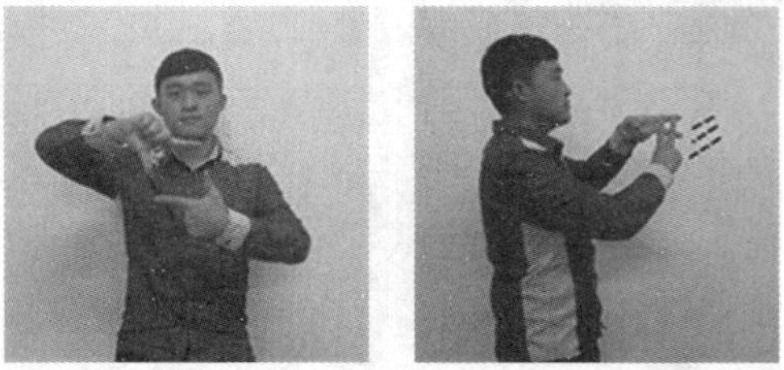

中国手语

双手拇、食指搭成“□”形。双手搭成“开”字，右手后三指在右侧一滑。

自然手语

双手拇、食指搭成“□”形。

长方形

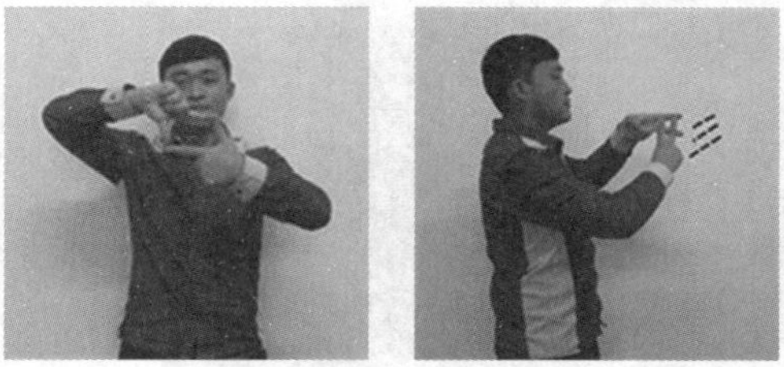

中国手语
双手拇、食指相对，指尖相挨，搭成方形。
双手食、中指搭成“开”字形，然后右手伸中、无名、小指在旁一撇，如“彡”形，合成“形”字。

自然手语
双手拇、食指相对，指尖相挨，搭成方形。

四边形

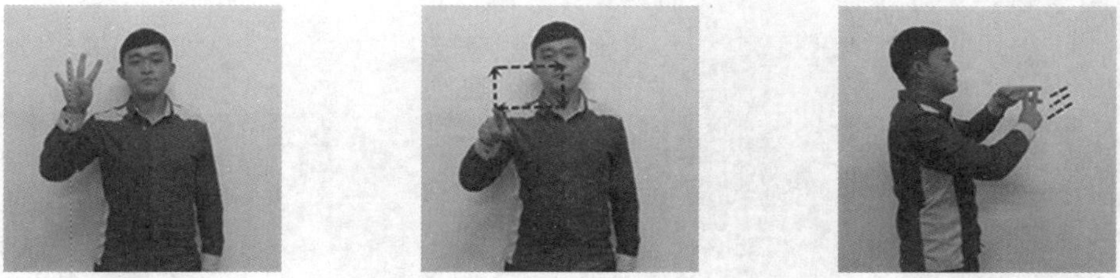

中国手语
打“4”的手势。一手食指在胸前画长方形。双手食、中指搭成“开”字形，然后右手伸中、无名、小指在旁一撇，如“彡”形，合成“形”字。

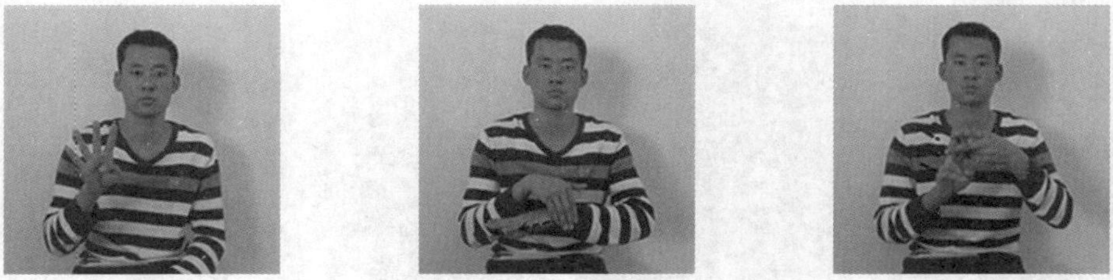

自然手语
打“4”的手势。左手平伸，右手在左手一侧滑过。双手食、中指搭成“开”字形，然后右手伸中、无名、小指在旁一撇，如“彡”形，合成“形”字。

梯形

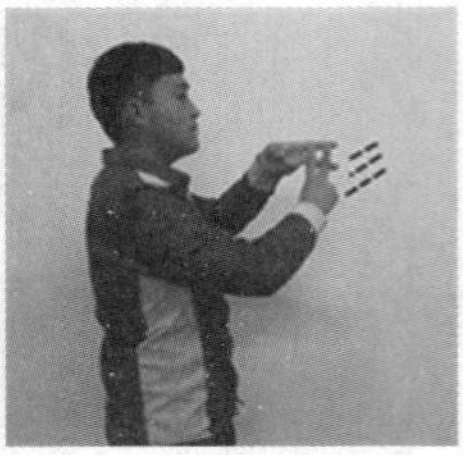

中国手语
双手食指指尖朝前，在胸前画梯形。
双手食、中指搭成“开”字形，然后
右手伸中、无名、小指在旁一撇，
如“彡”形，合成“形”字。

自然手语
双手食指指尖朝前，在胸前画梯形。

三角形

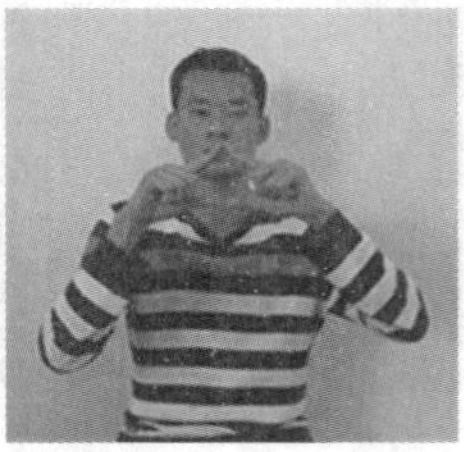

双手拇、食指搭成“△”形。

直角

双手食指搭成直角形。

锐角

双手食指搭成小于 90 度角。

钝角

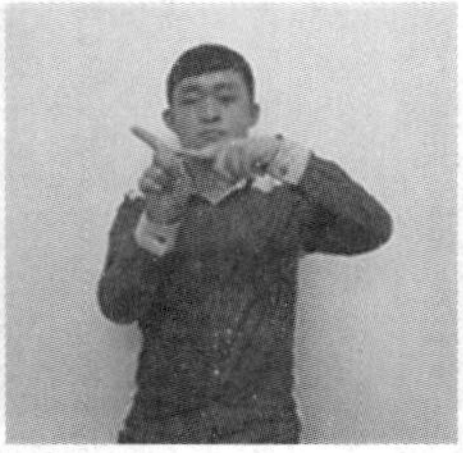

双手食指搭成大于 90 度角。

平行

中国手语

右手食指、中指分开，掌心向外，由右上方向左下方划动一下。

自然手语

打“平”的手势。双手伸食指，手背向外，一上一下，间隔10厘米，同时由右向左做等距离移动。

相交

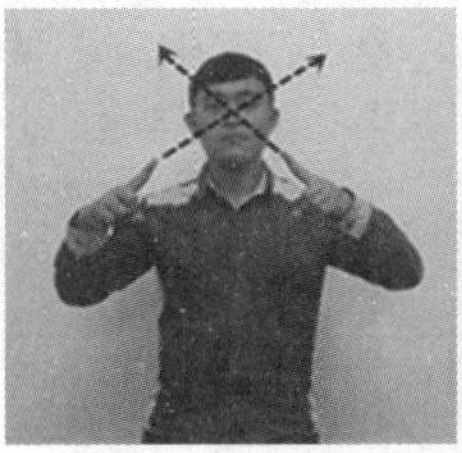

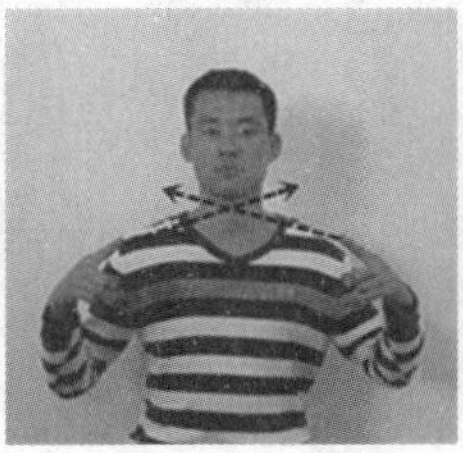

双手食指斜对，由下向上移动，然后两食指交叉在一起。

时间(时候)

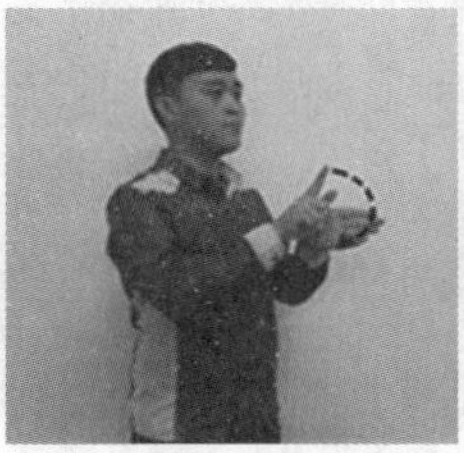

一手伸出拇、食两指，拇指尖抵住另一手掌心，食指向下转动，象征钟表的时针在转动。

星期一

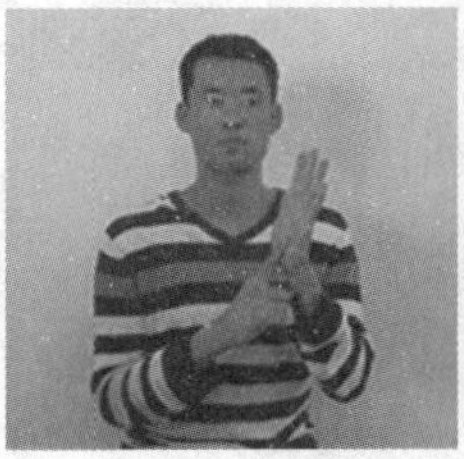

左手伸直，指尖向上不动。右手伸食指，其余四指握拳，与左手掌互碰。

月(一月)

左手食指直立不动，右手食指从左手食指指尖向下划。

年(一年)

右手伸食指从左拳的骨节处向下划。

每天

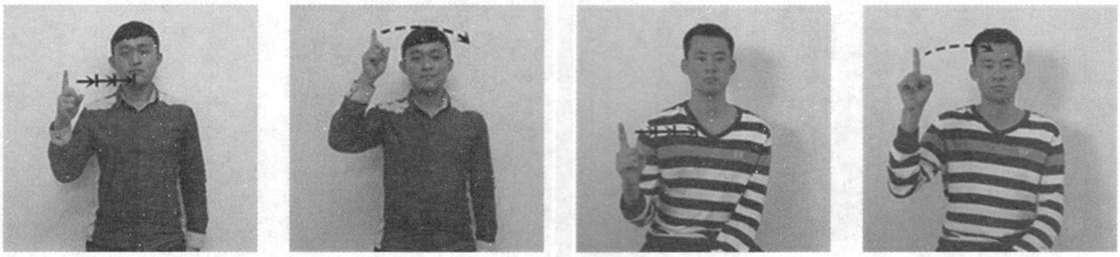

一手食指向上伸直，向一侧一顿一顿移动几下。右手食指指尖向右，
然后做弧形移动至左肩前。

明天

一手伸食指贴于太阳穴处，头微偏；然后食指离开，头部转正，表示睡觉过了一天，即“明天”之意。

早上（早晨）

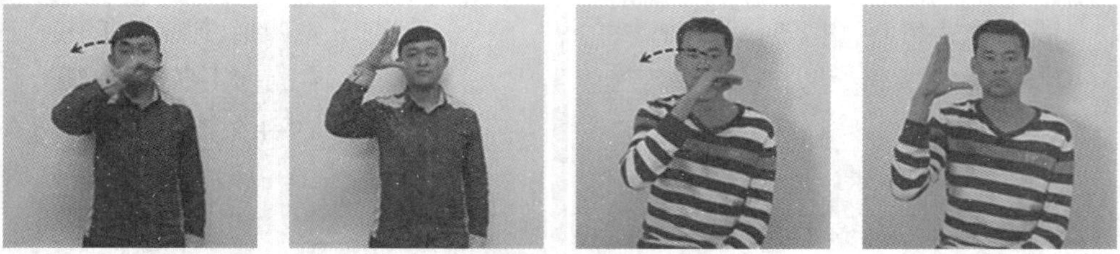

一手四指与拇指相捏，手背向上横放面前，缓缓向上抬起。五指逐渐张开，
象征天色由暗转明。

上午

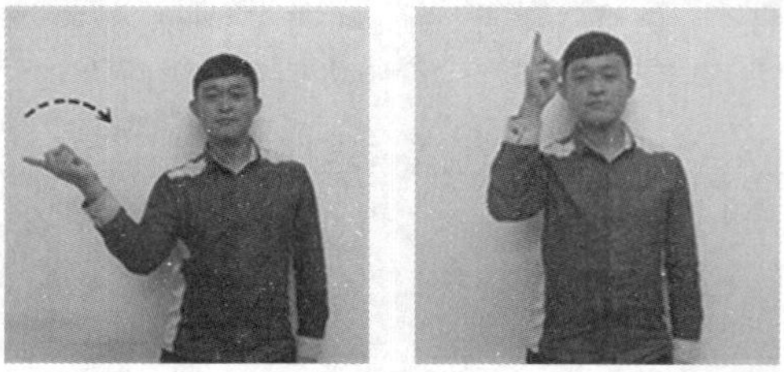

中国手语

右手伸食指，指尖向右外侧横放。
一手做弧形向上移动后直立，
象征太阳逐渐升到头顶。

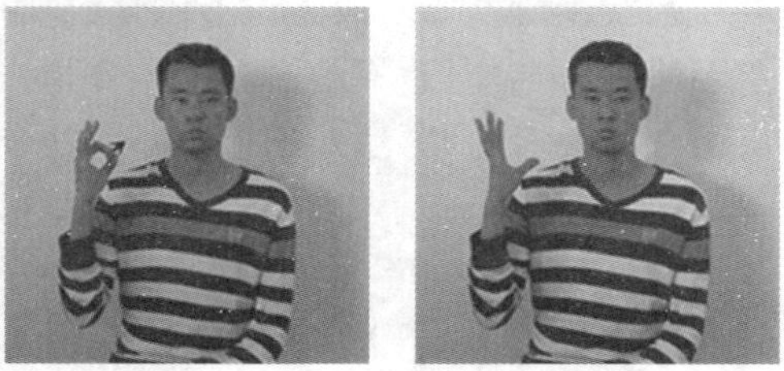

自然手语

一手中指、拇指相捏，再弹开。

中午

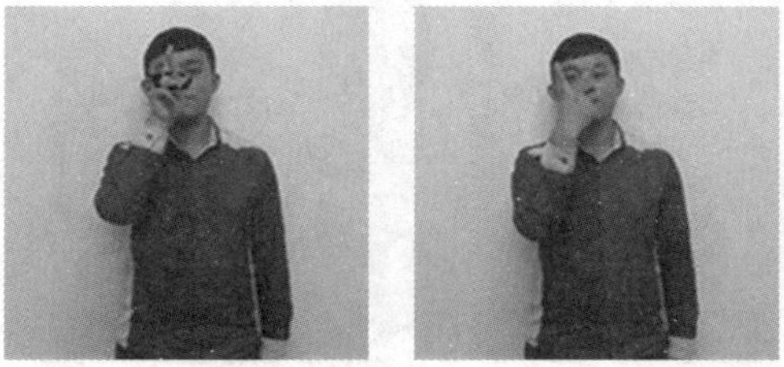

中国手语
打“十”和“二”两个手势，
象征时钟是十二点。

自然手语
双手组成“中”字。

下午

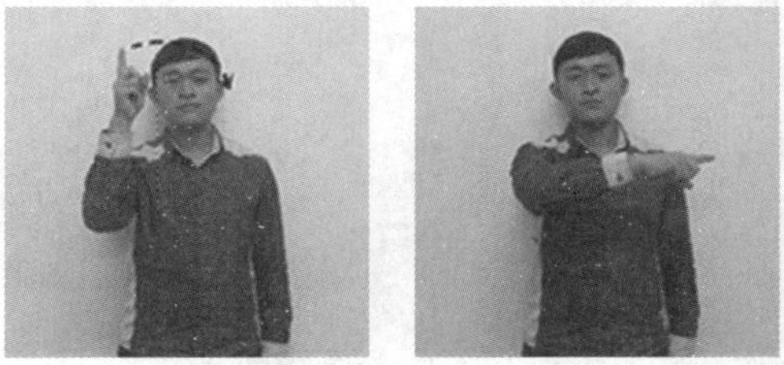

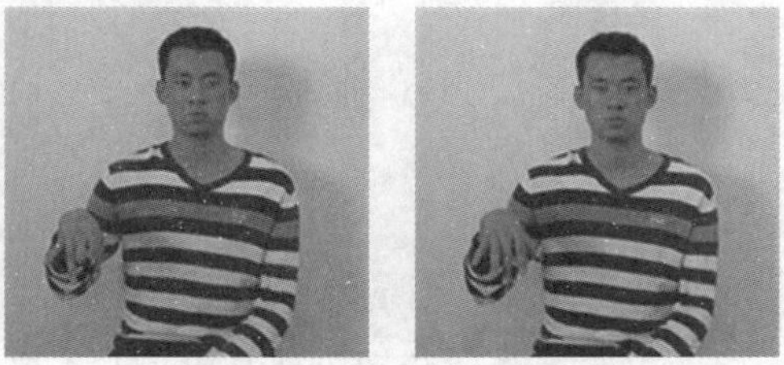

中国手语
一手伸食指在面前从右向左划过。

自然手语
一手中指、拇指相捏，再弹开。

白天

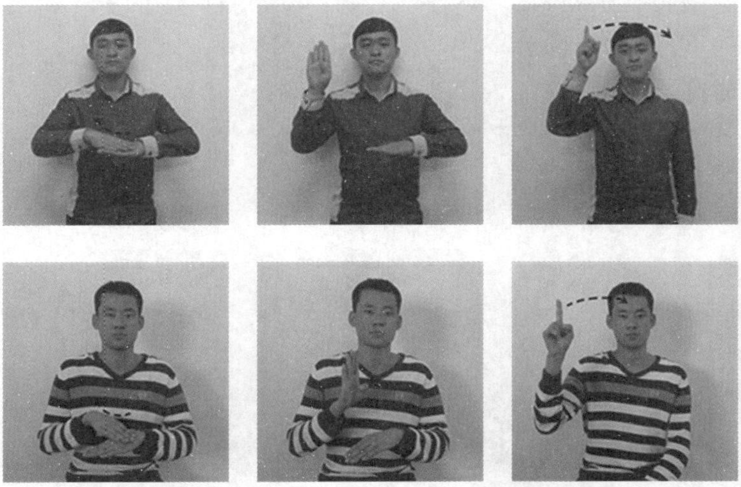

左手横伸，掌心向下，右手轻轻拍打左手手背。然后右手打手指字母“B”的指式。右手伸食指，指尖朝右，然后向左做弧形移动至左肩前。

傍晚(黄昏)

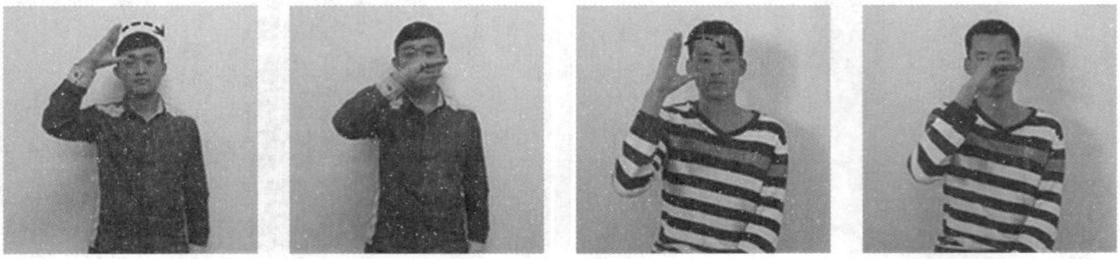

一手拇指与并拢的四指成90度角,放在眼前。然后拇指不动,
其他四指做弧形移动与拇指搭成"]"形,表示天色转暗。

晚上

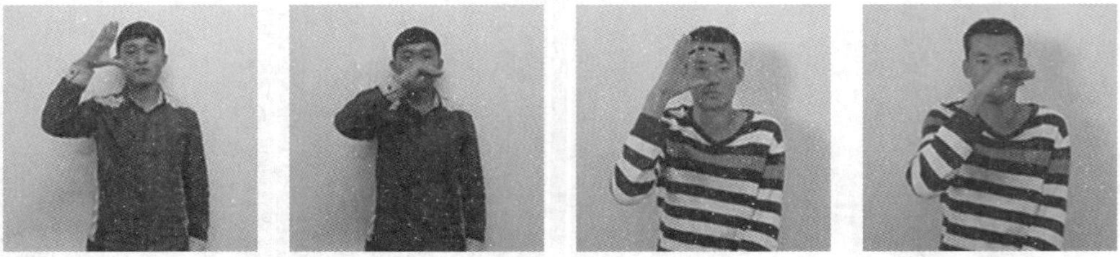

一手四指并拢与拇指成90度直角,放在眼前。然后这只手缓慢做弧形下移,
同时五指捏合,象征天色由明转暗。

分钟

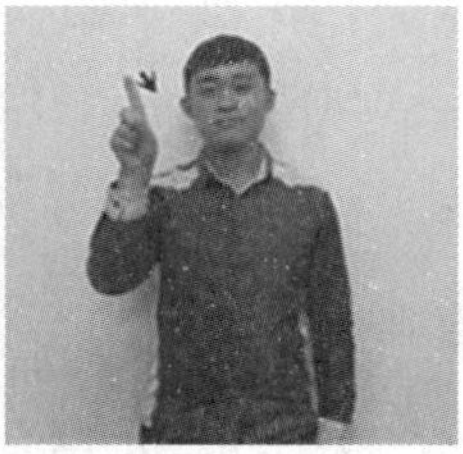

中国手语
一手食指书空"′"一下,表示分的计时符号。

自然手语
打"F"的手势。

小时

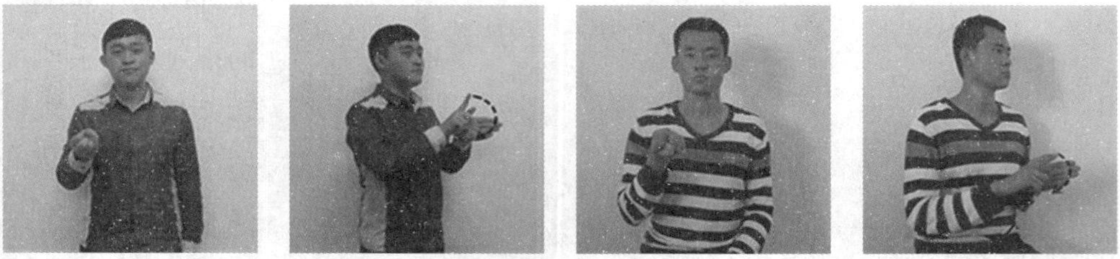

一手拇指与小指指尖相捏。一手伸出拇、食指,拇指尖抵住另一手掌心,
食指向下移动,表示钟表的指针转动。

一刹那(一会儿、瞬间)

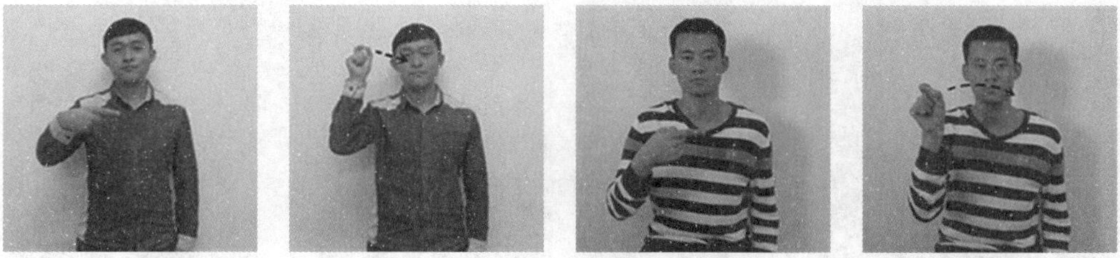

一手食指横伸。一手拇、食指相捏,在眼前迅速划过。

以前(过去)

一手五指微曲,用手向肩后挥几下,表示是过去的但无肯定日数,引申为“以前”的概念。

以后

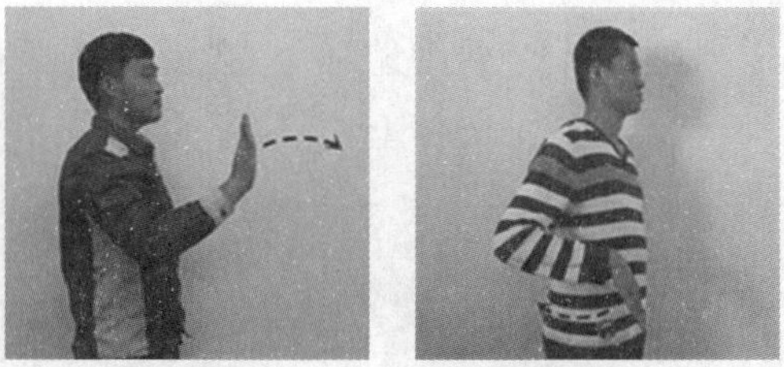

中国手语
一手直立,向前推。

自然手语
一手五指微曲,在腰部向身后扇动几下。

现在

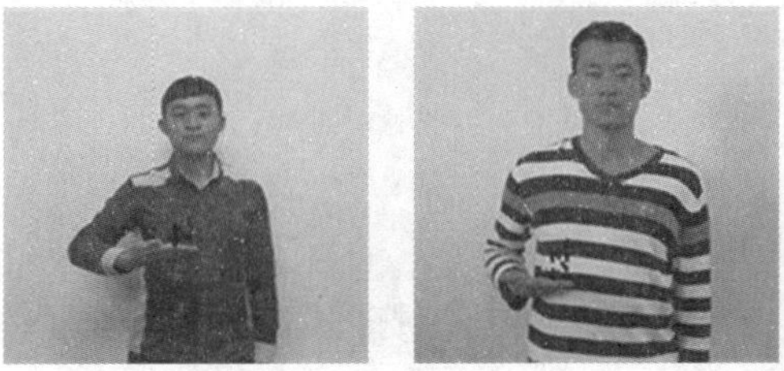

一手平伸,掌心向上,横于腰部,上下颠动两下。

永远

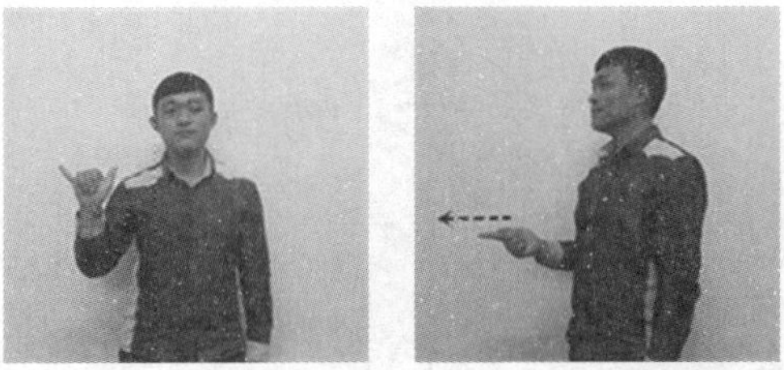

中国手语
一手打手指字母“Y”的指式。一手拇指置于食指根部,食指伸直向前方移动。

自然手语
双手伸食指在胸前,左手不动,右手在一侧向前移动。

假期

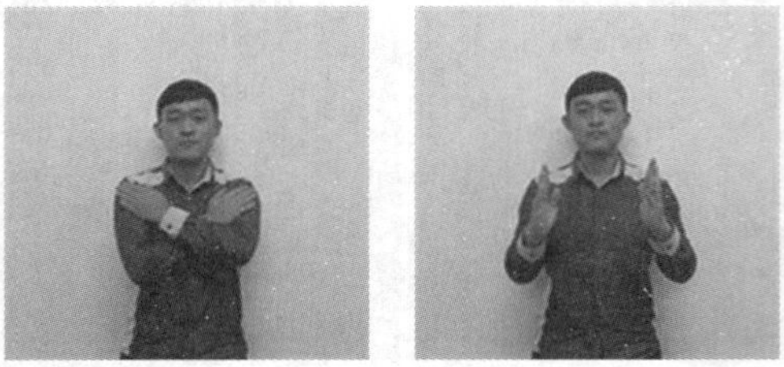

中国手语

双手交叉贴于胸前，表示休息之意。双手直立，掌心相对间距约 20 厘米，向前一顿。

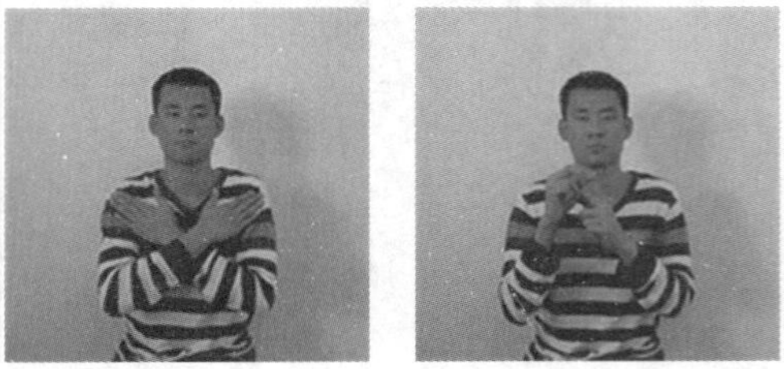

自然手语

双手交叉贴于胸前，表示休息之意。左手伸食指，右手打“7”的手势，双手指尖相对。

来得及

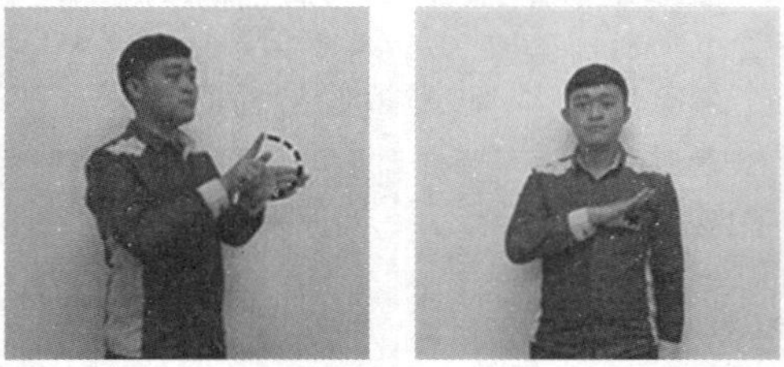

中国手语

打“时间”的手势。打“够”的手势。

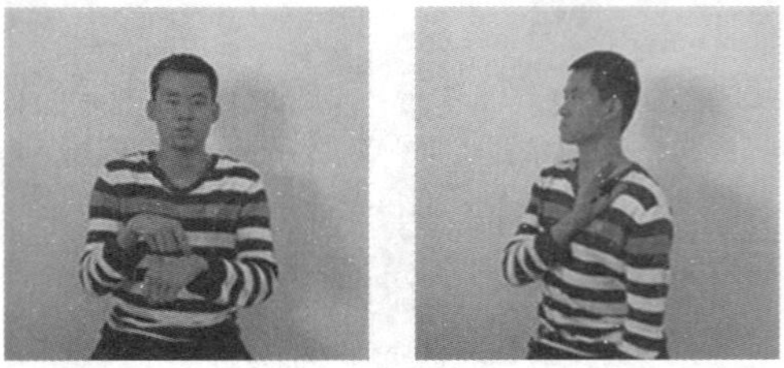

自然手语

打“表”的手势。打“够”的手势。

来不及

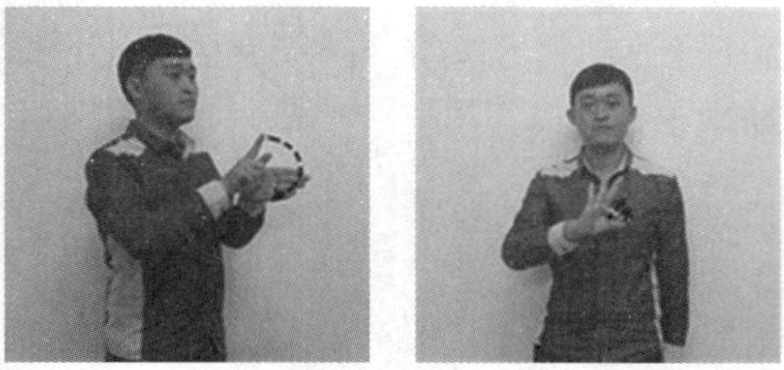

中国手语

打“时间”的手势。打“不够”的手势。

自然手语

打“表”的手势。

打“不”的手势。

打“够”的手势。

季节

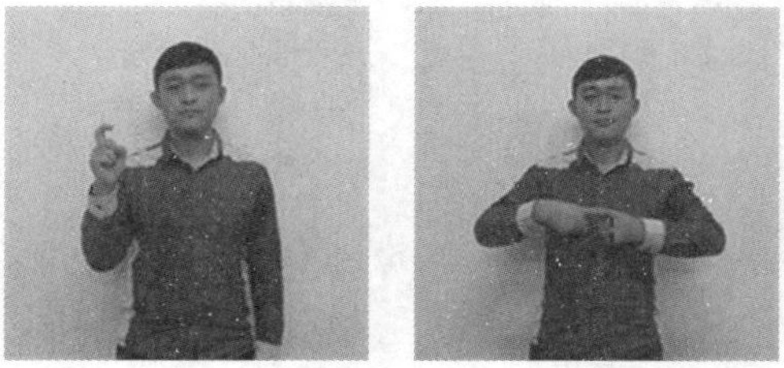

中国手语

一手打手指字母“J”的指式。右手伸食指在左拳四个骨节处自上而下各点一下。

自然手语

右手伸食指在左拳四个骨节处自上而下各点一下。

春

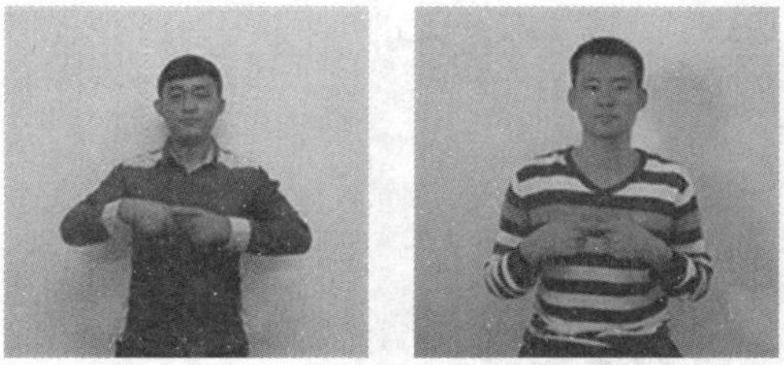

右手伸食指在左拳食指骨节处点一下，表示第一个季节。

夏

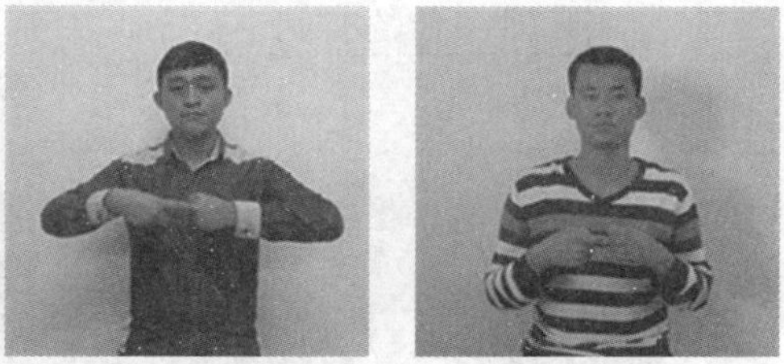

右手伸食指在左拳中指骨节处点一下，表示第二个季节。

秋

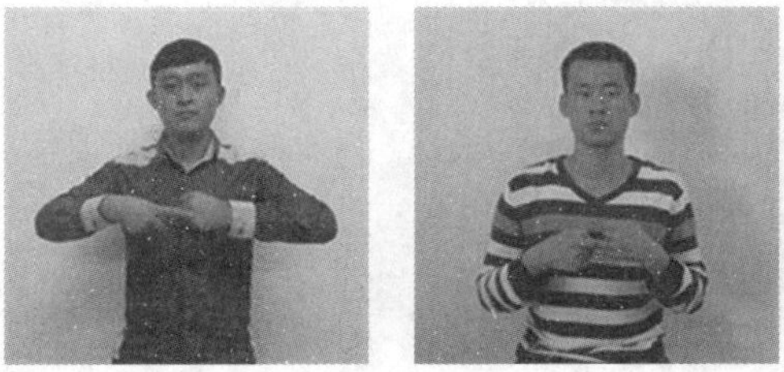

右手伸食指在左拳无名指骨节处点一下，表示第三个季节。

冬

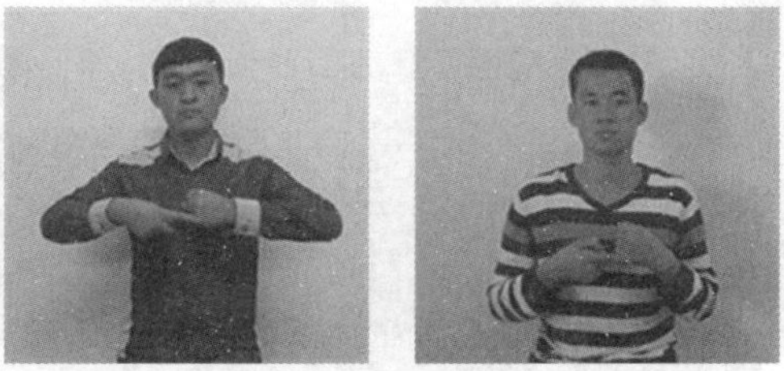

右手伸食指在左拳小指骨节处点一下，表示第四个季节。

生日

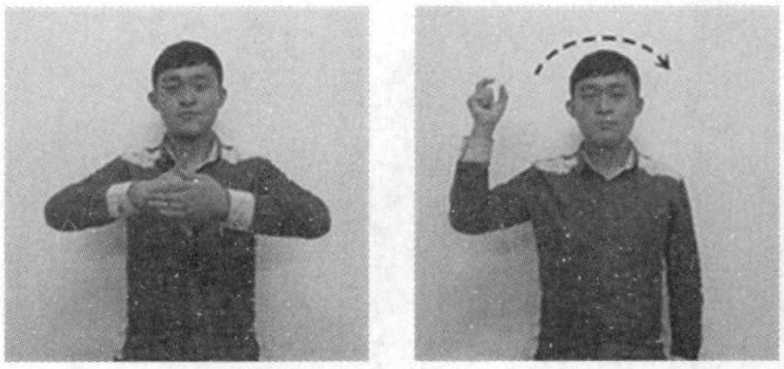

左手虚握，虎口向上；右手小指置于左拳内，再向下抽出。一手拇、食指两指弯曲成半圆形，从一边向另一边做半弧形移动。

节日

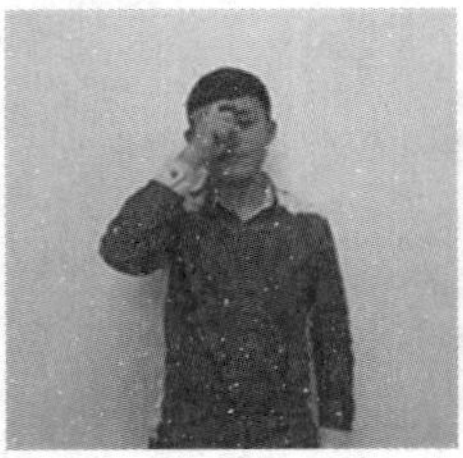

中国手语
一手打出手指字母“J”的指式。一手拇、食两指弯曲成半圆形，从一边向另一边做半弧形移动，象征从日出到日落，即一天的时间。

自然手语
双手抱拳并前后晃动几下。一手拇、食两指弯曲成半圆形，从一边向另一边做半弧形移动，象征从日出到日落，即一天的时间。

元旦

双手伸出食指，一上一下横于胸前，表示阳历一月一日。

春节

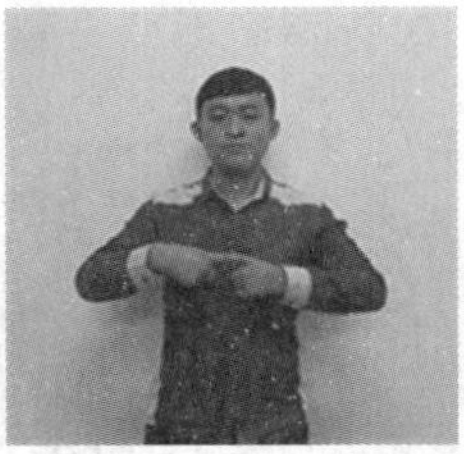
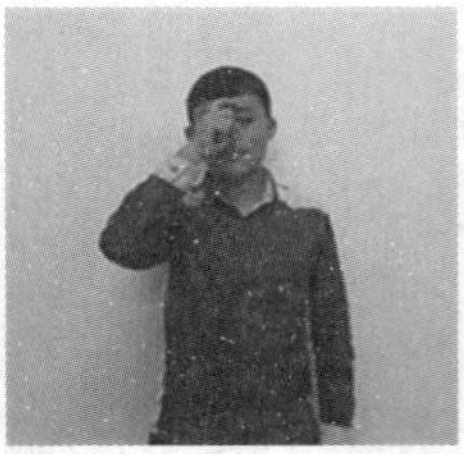

中国手语
右手伸食指点在左拳食指骨节处。右手打“J”指式置于额前。

自然手语
右手伸食指点在左拳食指骨节处。双手抱拳并前后晃动几下。

三八妇女节

中国手语
双手分别打“三”“八”的手势。一手打“J”的指势置于前额。

自然手语

双手分别打“三”“八”的手势。打“女”的手势。双手抱拳并前后晃动几下。

端阳节(端午节)

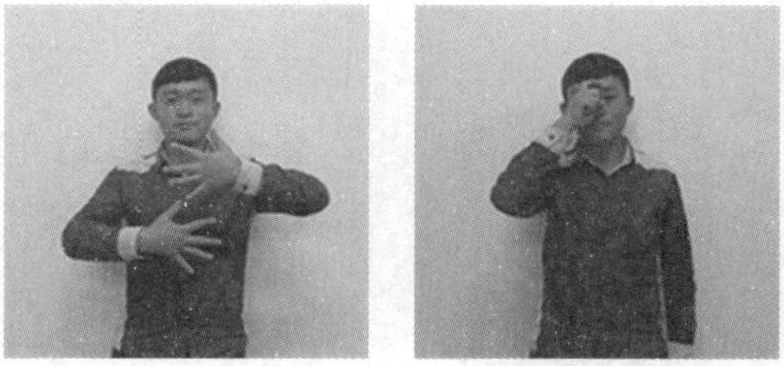

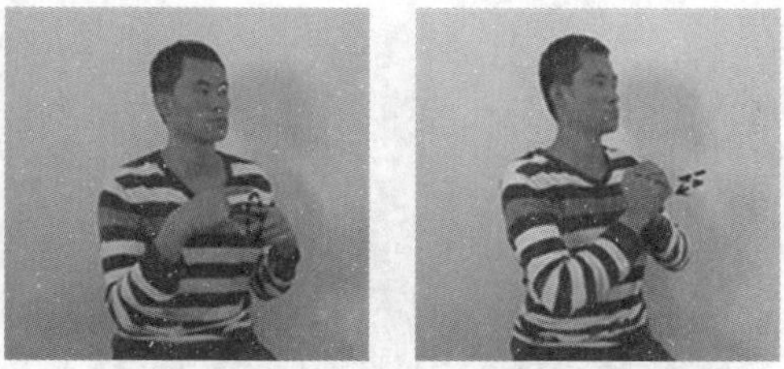

中国手语

双手各横伸五指,一上一下。一手打出手指字母“J”的指式。

自然手语

左手伸拇指食指中指,右手伸食指在左手的三指上缠绕。双手抱拳并前后晃动几下。

中秋节

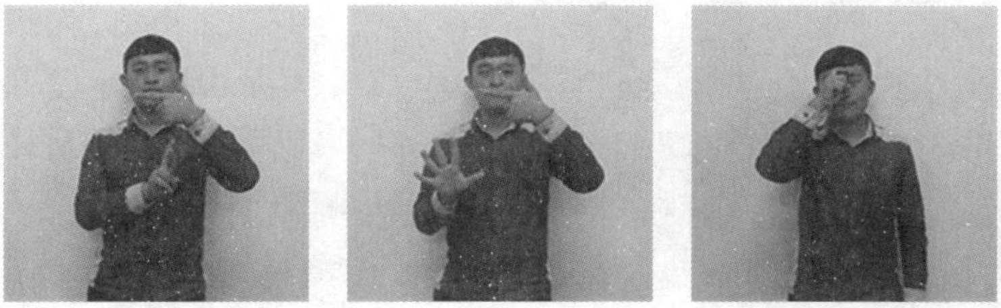

中国手语

一手伸拇、食两指,这是“八”的手势。一手先伸食、中指交叉相搭,然后改伸五指。这是“十五”的手势。一手打出手指字母“J”的指式。

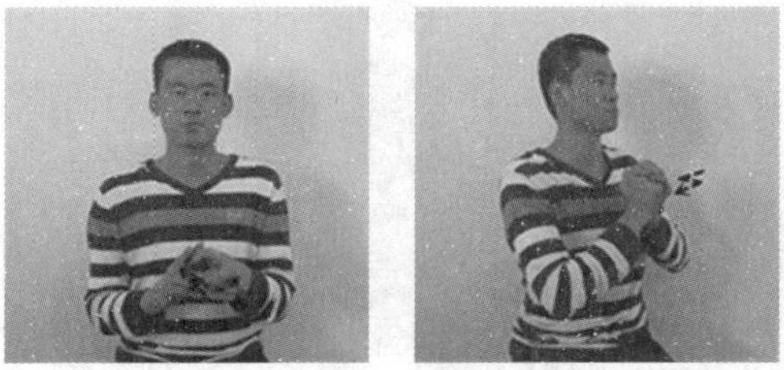

自然手语

左手拇指、食指捏成圈,右手伸食指、中指在左手上一顿一顿。双手抱拳并前后晃动几下。

国庆节

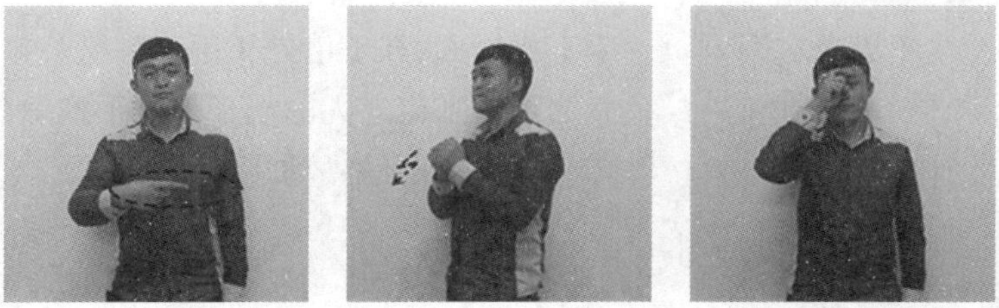

中国手语

打“国”的手势。双手抱拳并前后晃动几下。一手打出手指字母“J”的指式。

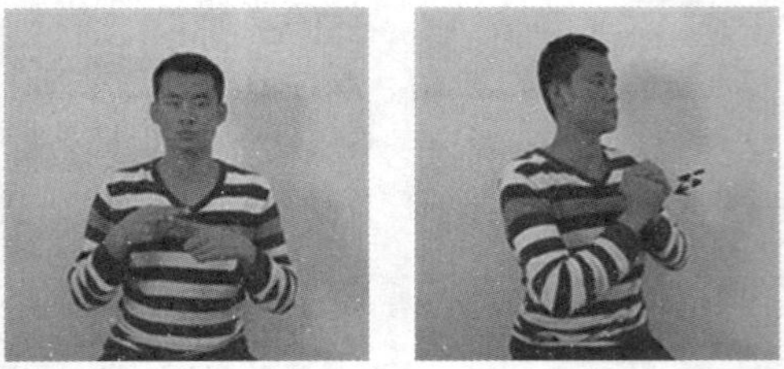

自然手语

左手伸食指，右手打“十”的手势，互相敲一下。双手抱拳并前后晃动几下。

聋人节

中国手语

一手食、中指贴于耳部，表示耳聋。双手食指相搭成“人”字形。一手打出手指字母“J”的指式。

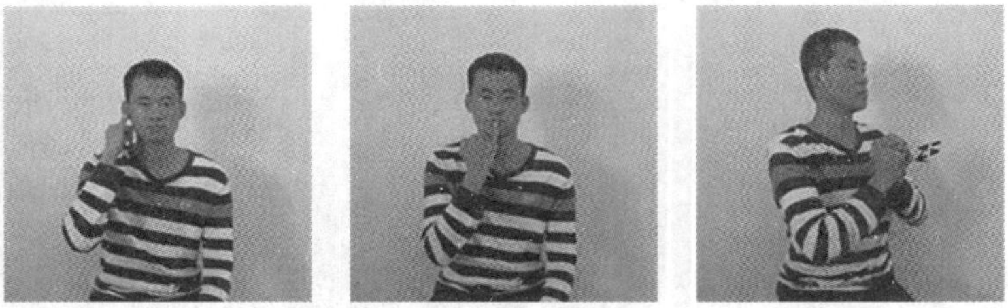

自然手语

一手伸小指，先指耳朵再指嘴。双手抱拳并前后晃动几下。

圣诞节

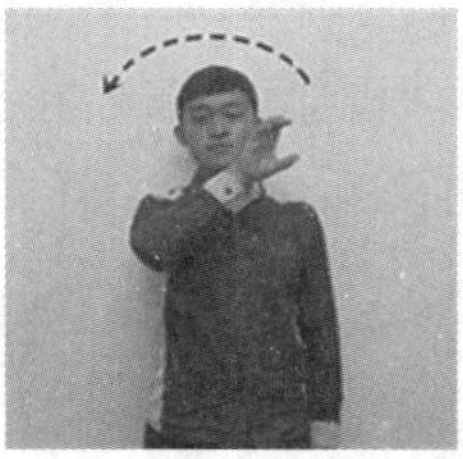

中国手语

一手呈“[”状，在头的左侧滑向右侧。

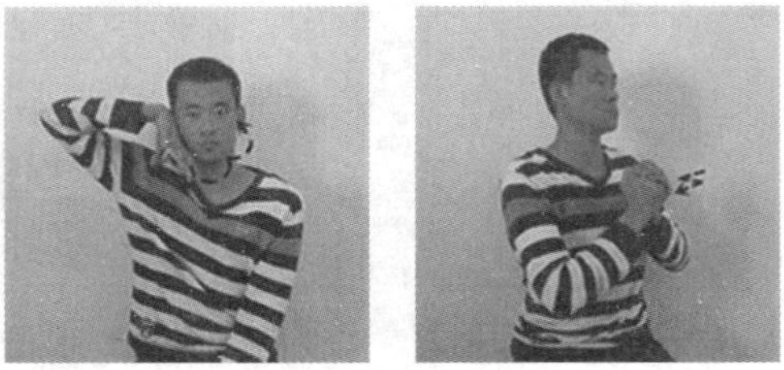

自然手语

一手五指微曲，在下巴处用手背贴脸一顿一顿，形容圣诞老人的胡子。双手抱拳并前后晃动几下。

空间

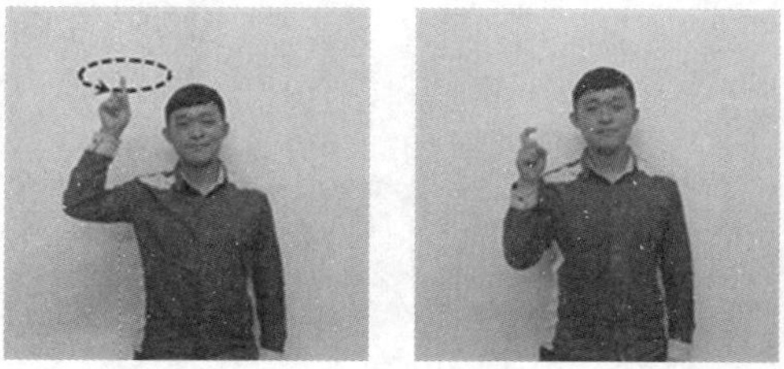

中国手语

一手伸食指向上，在头部侧面转动一圈，表示天空。一手打手指字母“J”的指式。

自然手语

左手呈“［”状，右手打“Z”的手势，在左手“［”形内向外移动。

方向

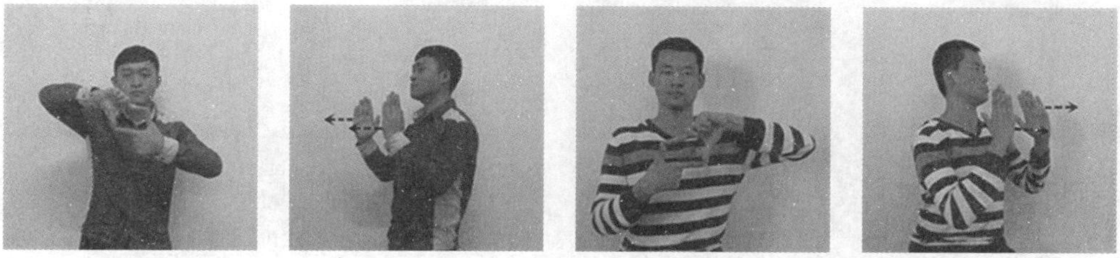

双手伸拇、食指相搭成方形。双手伸掌，向前伸出，以示方向。

位置(位)

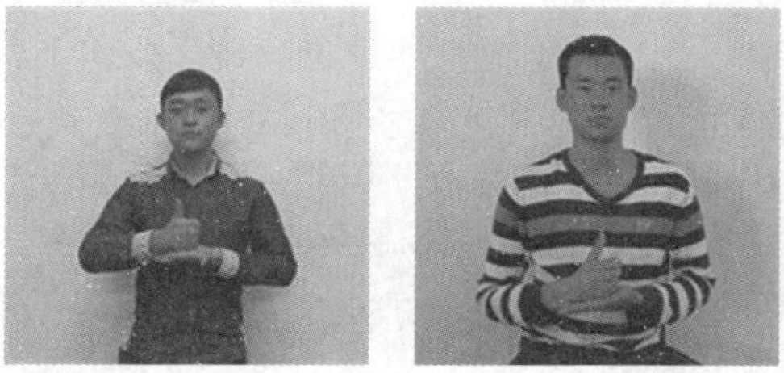

一手握拳伸出拇指，置于另一手掌心上，表示所在的位子。

西

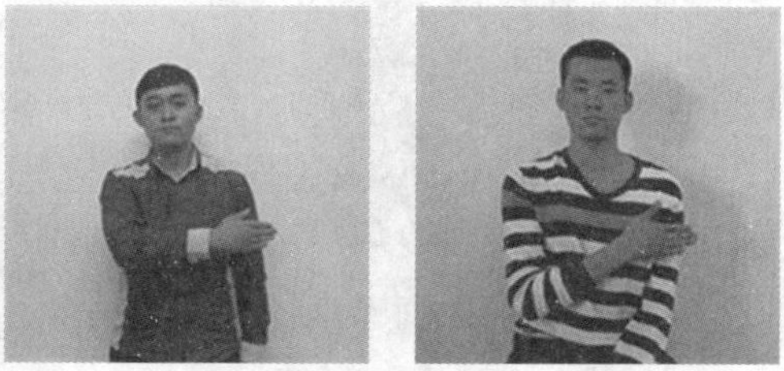

右手伸掌，指尖指向左边。

南

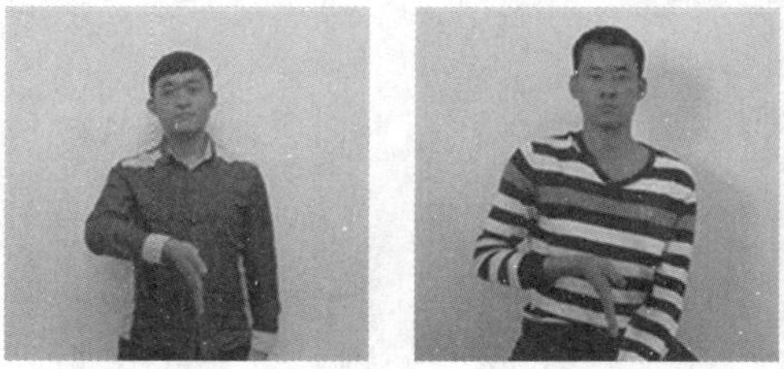

右手伸掌，指尖朝下。

北

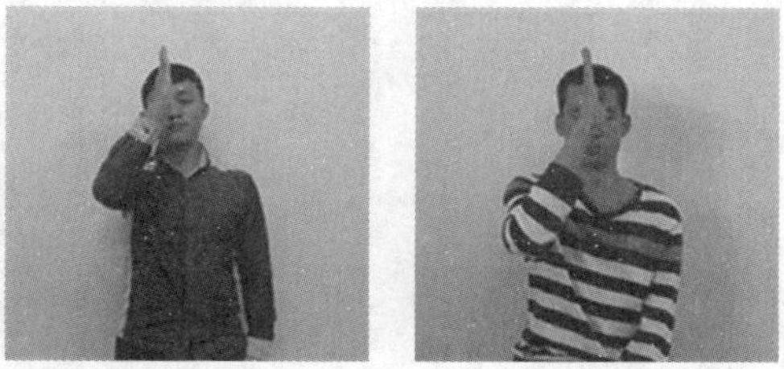

右手伸掌，小臂上举，指尖在头右侧。

上

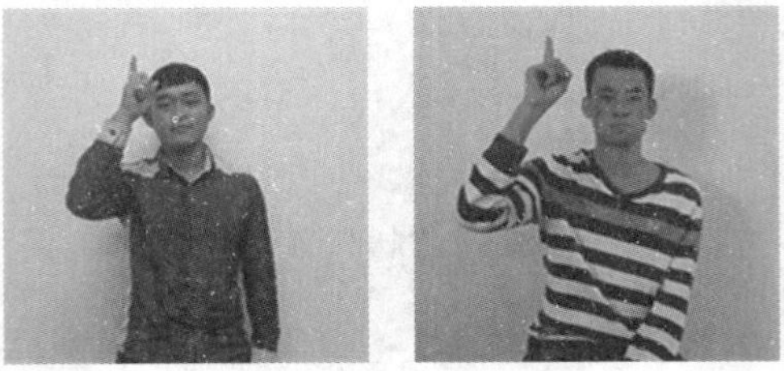

一手伸食指向上指。

下

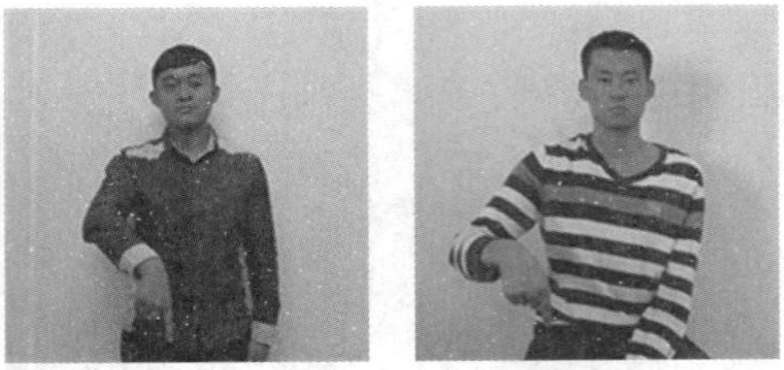

一手伸食指向下指。

左

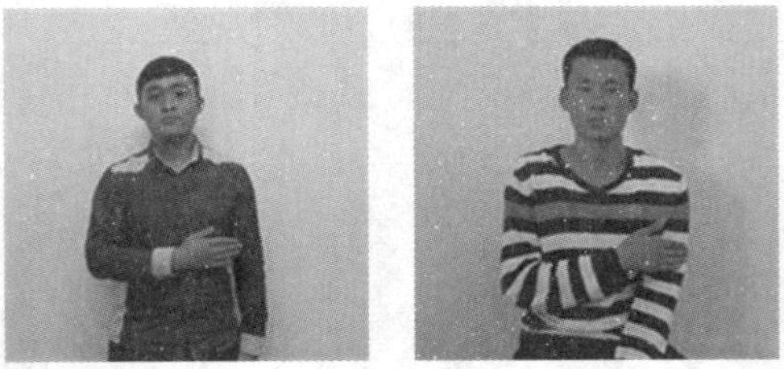

右手拍一下左臂，表示左。

外（外面）

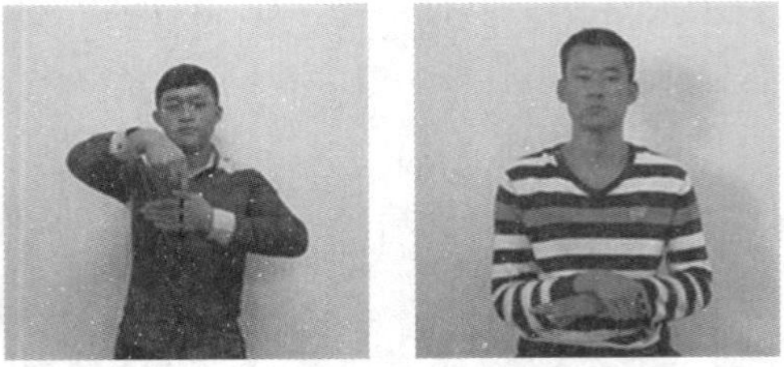

左手横伸，手背向外。右手伸食指，指尖向下，在左手背外向下指，表示外面。

旁边

中国手语
一手伸食指在另一侧手臂处向外指几下。

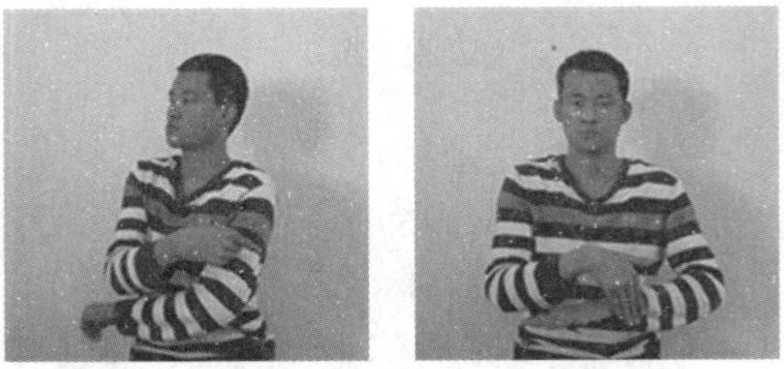

自然手语
一手伸食指在另一侧手臂处向外指几下。打“边”的手势。

右

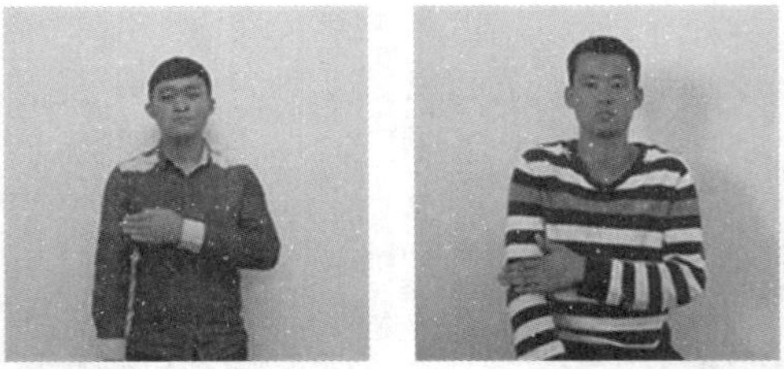

左手拍一下右臂，表示右。

内（里面）

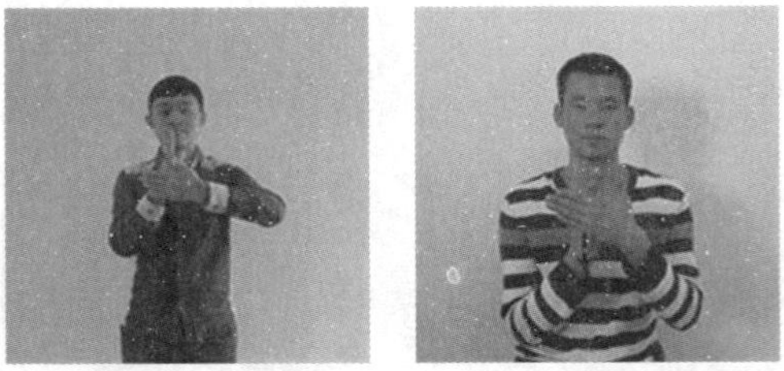

左手侧伸，掌心向内。右手食指在左手掌心内从上向下移。

哪里

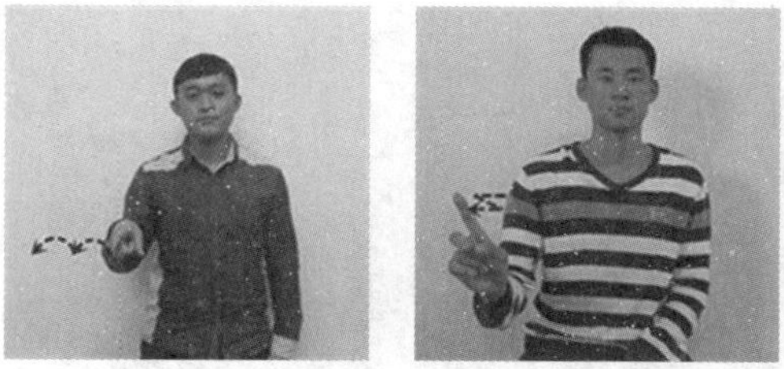

一手食指指尖向外，做波纹状移动几下。

这里

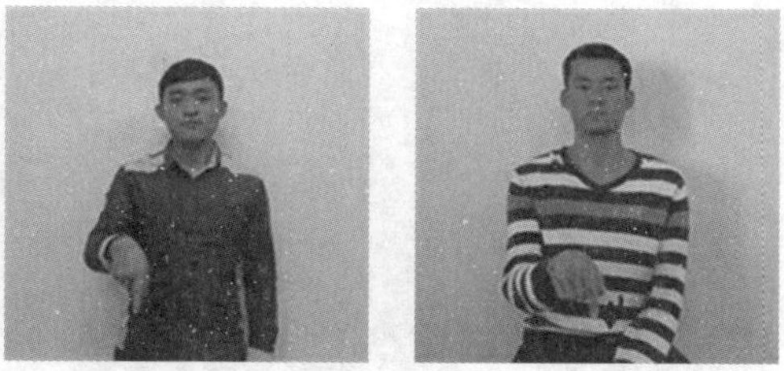

一手食指向下指点两下。

历史

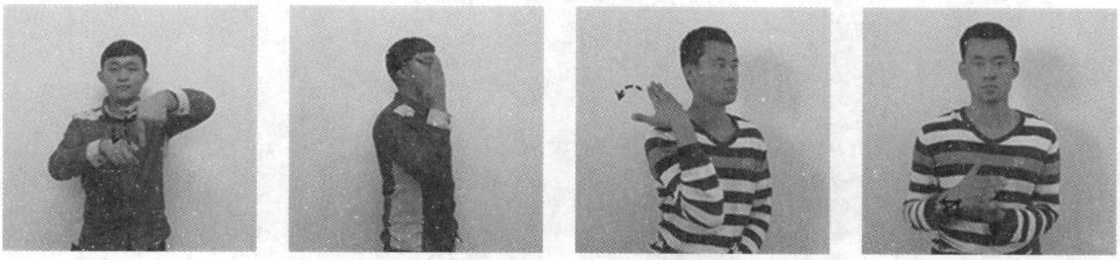

中国手语

左手搭成“厂”字，右手在左手内书空“力”字。一手直立，在肩膀前向后一扇。

自然手语

右手直立，掌心向内，在肩膀处向后。一手五指并齐，侧立于另一手掌心，并从指尖处向掌根划过去。

古代

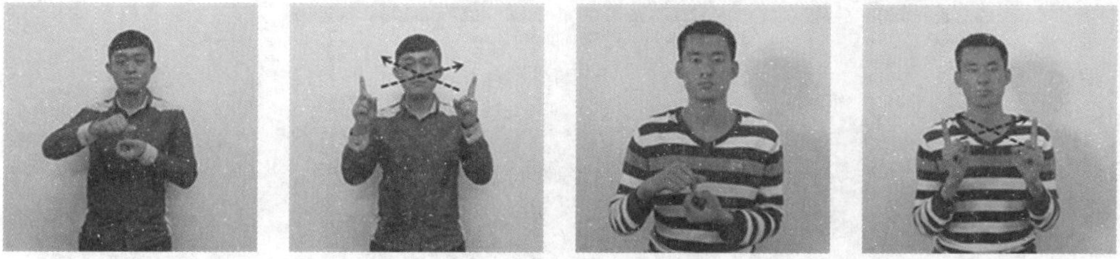

双手拇、食指搭成“古”字形。双手食指指尖朝上，左右互换位置。

近代

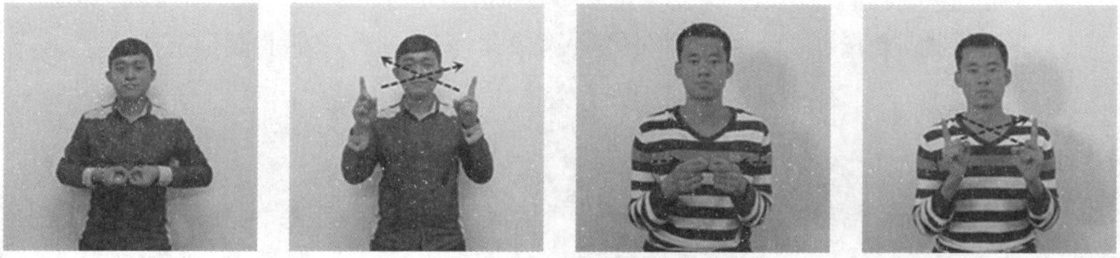

双手拇、食指相捏，相互靠近，表示距离接近。双手食指指尖朝上，左右互换位置。

现代

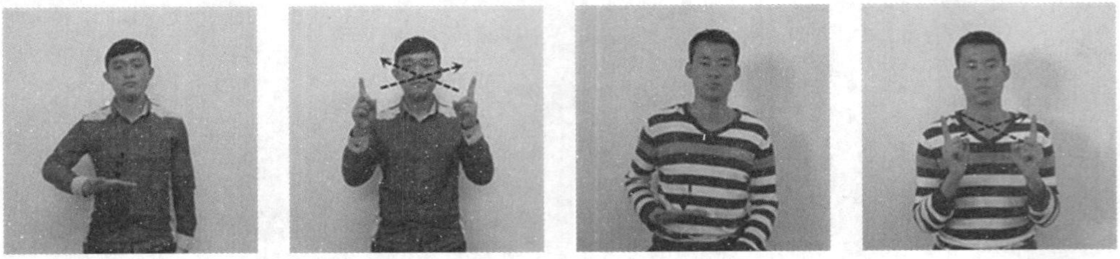

一手平伸，掌心向上，横于腰部，上下颠动两下。双手食指指尖朝上，左右互换位置。

物理

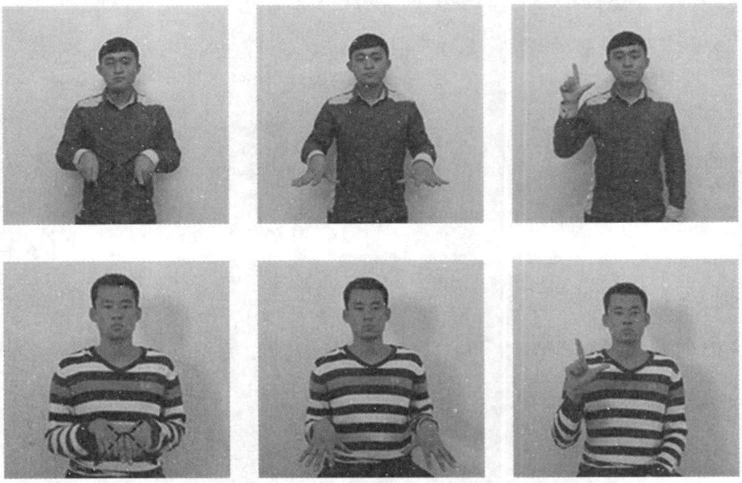

双手先以食指互碰一下再分开，同时张开五指。一手打手指字母“L”的指式。

速度

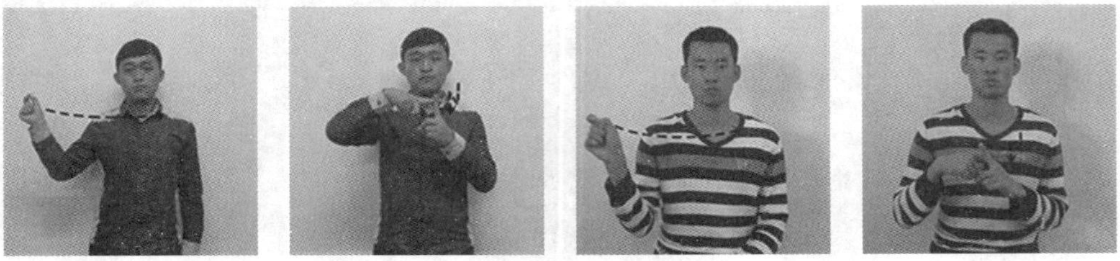

一手拇、食指相捏，由一侧向另一侧快速挥动一下。左手食指直立，右手食指横伸，贴于左手手指并上下移动。

光

一手五指先撮合成尖形。然后此手斜向一侧移动并放开五指。

液体

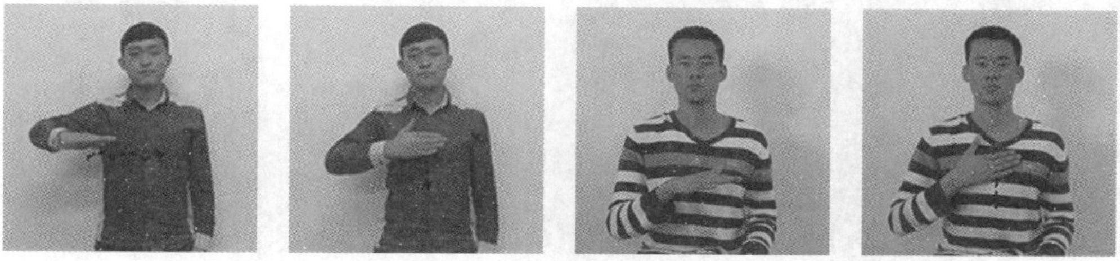

一手平伸，掌心向下，做波纹状移动。一手伸掌，贴于胸前，向下微移。

固体

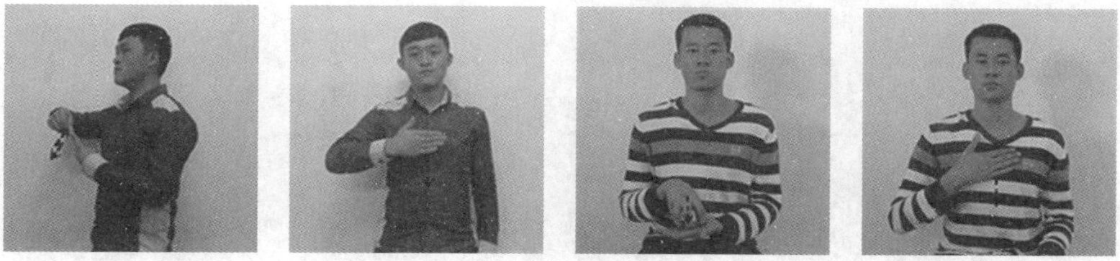

中国手语

一手拇、食指捏住另一手食指。一手伸掌，贴于胸前，向下微移。

自然手语

左手平伸掌心向上，右手五指微曲扣在左手上。一手伸掌，贴于胸前，向下微移。

气体

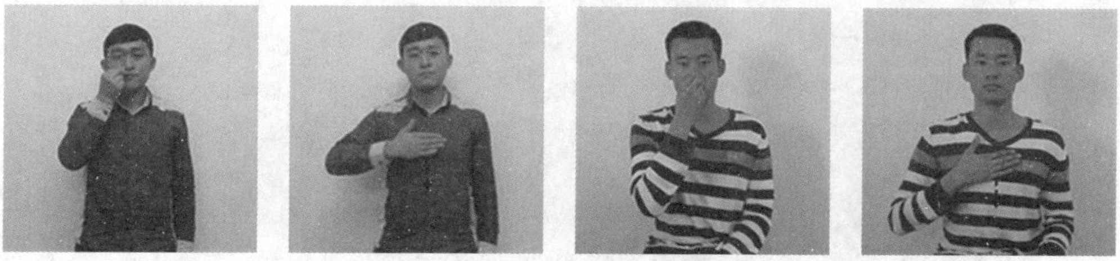

一手打手指字母“Q”的指式，并伸向鼻孔，如吸气状。一手伸掌，贴于胸前，向下微移。

声音

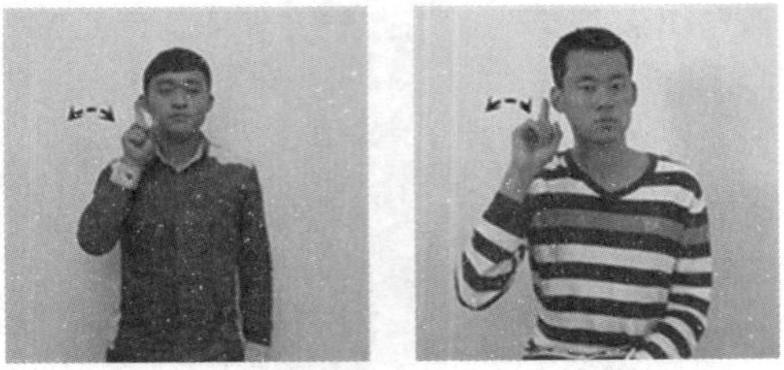

一手食指指于耳旁,并左右动几下。

化学

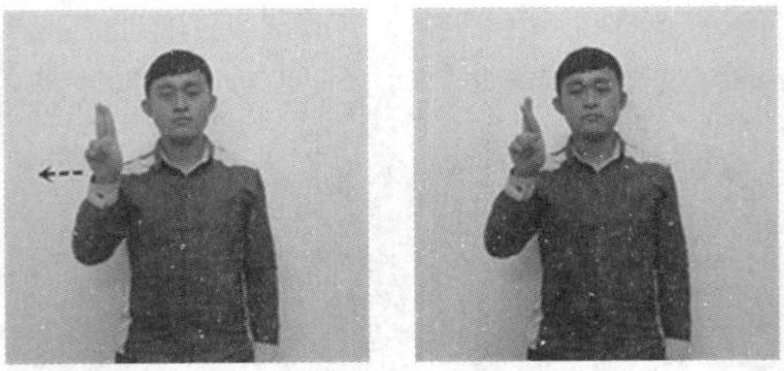

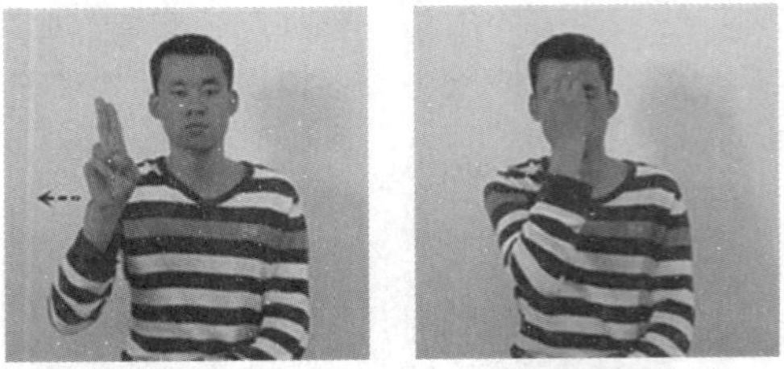

中国手语

一手打手指字母"H"的指式,并向旁边微移。一手打手指字母"X"的指式。

自然手语

一手打手指字母"H"的指式,并向旁边微移。一手打"学"的手势。

空气

一手伸出食指,指尖向上,在头侧上方转动一圈,表示"天空"之意。

一手打手指字母"Q"的指式,并伸向鼻孔,如吸气状。

计算机

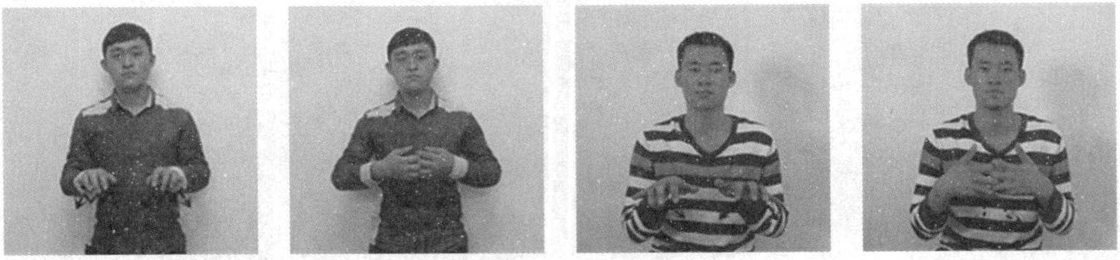

五指弯曲在胸前颤动。双手五指弯曲,四指关节交错相触,转动几下,象征机器齿轮转动状。

硬件

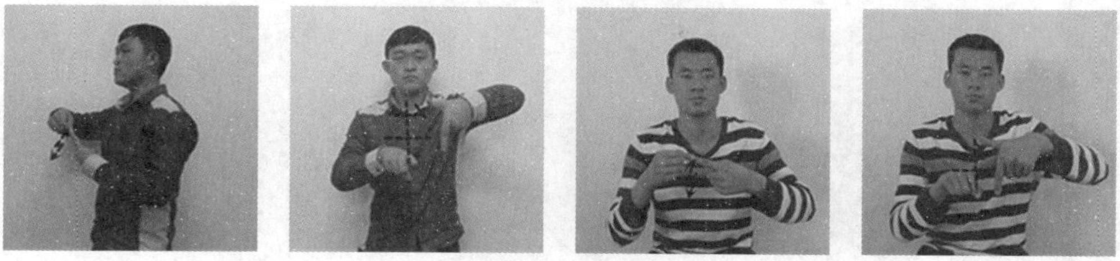

右手拇、食指捏住左手食指指尖，扳动几下，但左手食指仍挺直不动，表示坚硬。左手拇、食指呈“亻”形，右手食指书空“牛”字，组成“件”字。

软件

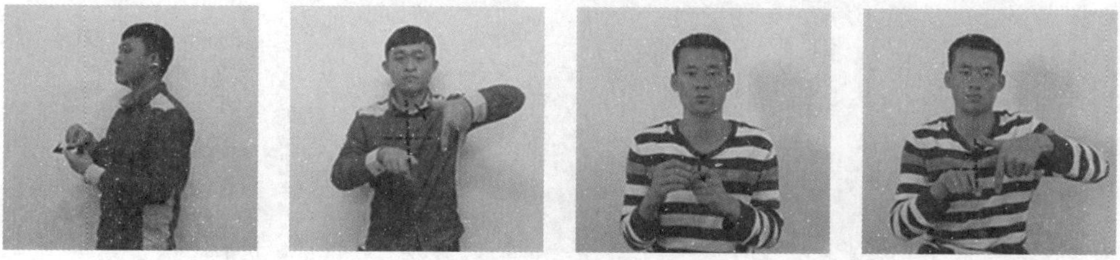

右手拇、食指捏住左手食指指尖，轻轻扳动几下，左手食指随之弯曲，显示出柔软。左手拇、食指呈“亻”形，右手食指书空“牛”字，组成“件”字。

网络

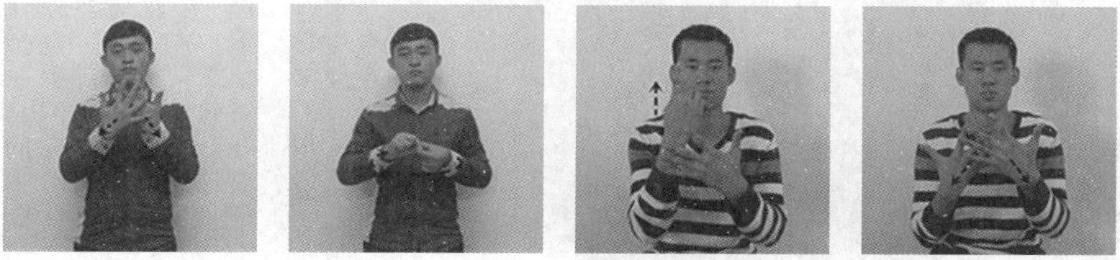

中国手语
双手五指分开，交叉相叠，手背向外，分别向两边下移。两手拇、食指搭成圆圈，互相套环。

自然手语
左手五指张开，右手伸拇指、食指。双手重叠，向下移动的同时，右手张开五指。

程序(顺序)

双手侧伸,一前一后,后面的手不动,前面的手一顿一顿向前移。

左手横伸,五指张开;右手食指沿左手五指向下划一下。

密码

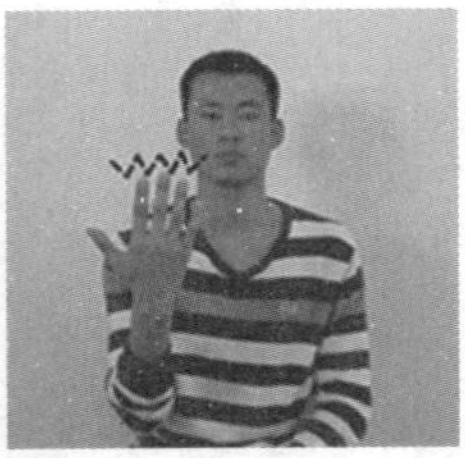

中国手语

一手伸食指贴于嘴部,表示秘密。左手呈“]”状,右手直立,在左手内晃动。

自然手语

一手伸食指贴于嘴部,表示秘密。打“数”的手势。

编码

中国手语

双手五指一张一捏,上下交替动几下。左手拇、食指呈“]”形;右手手背向外,五指伸出,在“]”形内从左向右边连续抖动手指,表示一串数码。

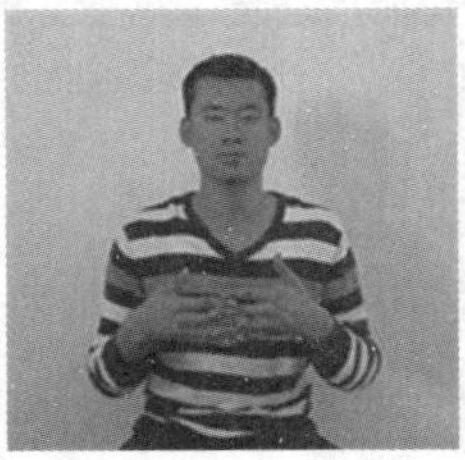

自然手语

双手五指交叉。打“码”的手势。

号码

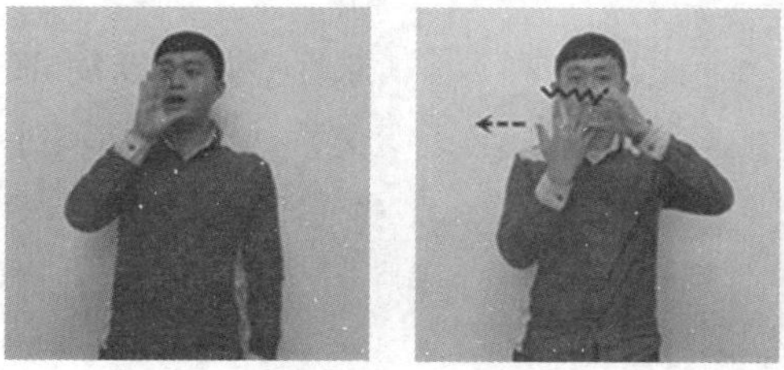

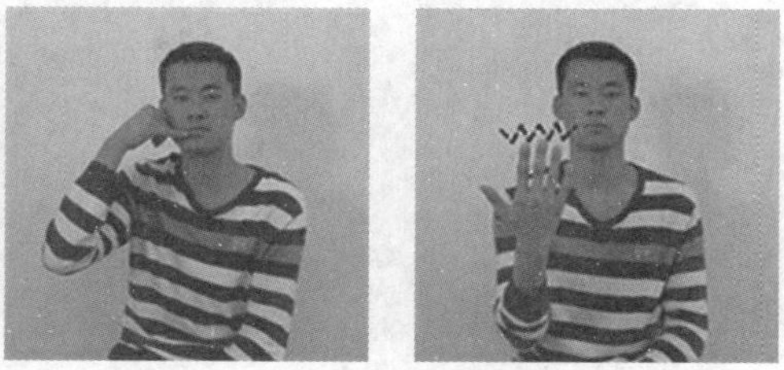

中国手语

一手五指微曲，虎口贴于嘴边。左手拇、食指呈“]”形；右手手背向外，五指伸出，在“]”形内从左向右连续抖动手指，表示一串数码。

自然手语

打“电话”的手势。打“数”的手势。

生物

打“SH”的手势。

打“物”的手势。

生命

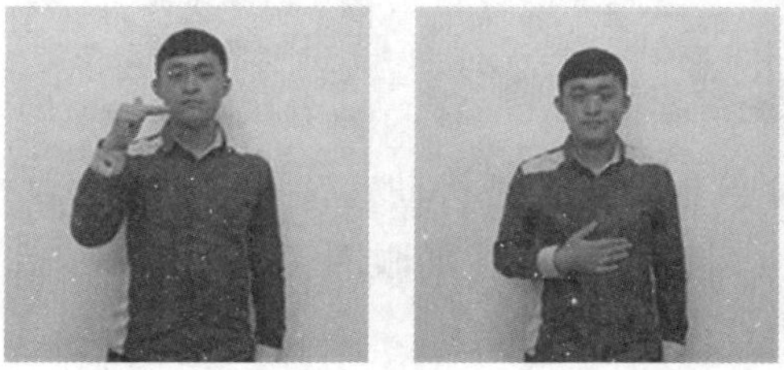

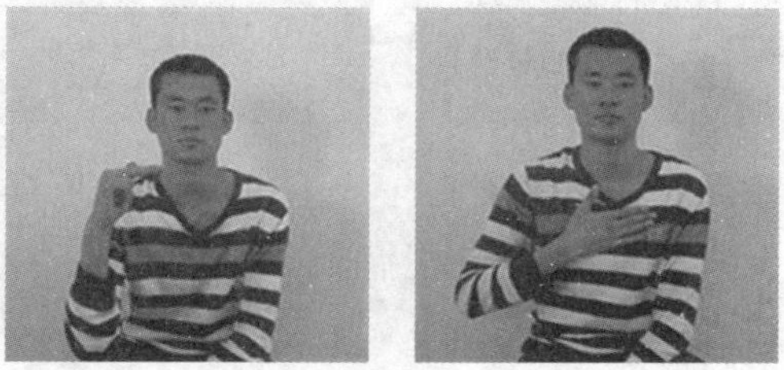

打手指字母“SH”的指式。一手拍一下胸口。

动物

中国手语
双手握拳，以肘部交替转动几下。打“东西”的手势。

自然手语
打手指字母“D”的指式，并摇动。打“东西”的手势。

虎

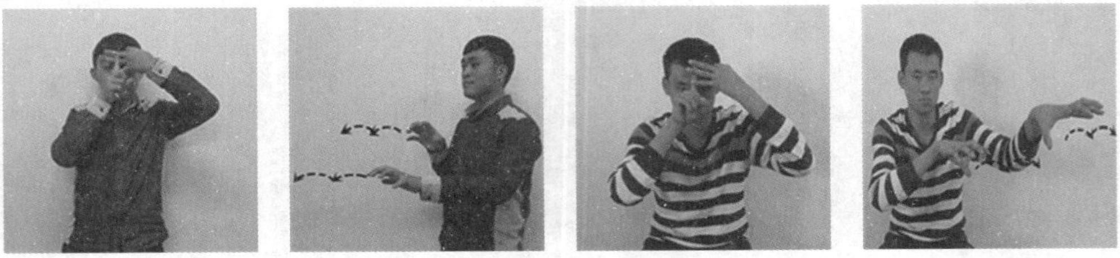

双手搭成“王”字形置于前额，象征虎额花纹。双手五指弯曲如兽爪，一前一后，向前伸出，如攫物状。

熊猫

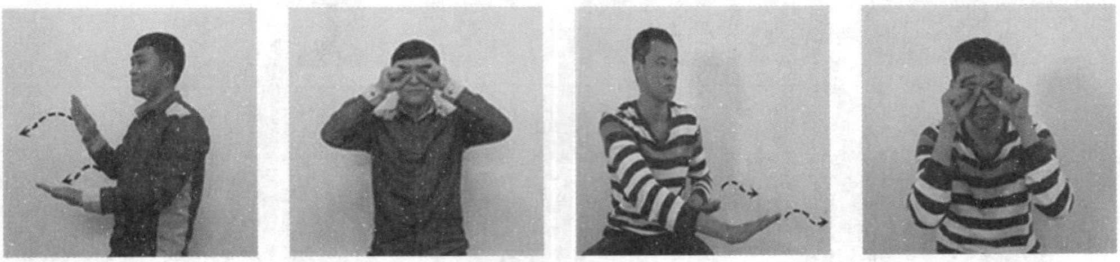

双手掌心向下，一前一后交互向前伸，模仿熊走路状态。双手拇、食指捏成半圆形，贴在双眼上，象征熊猫黑色的眼圈。

象

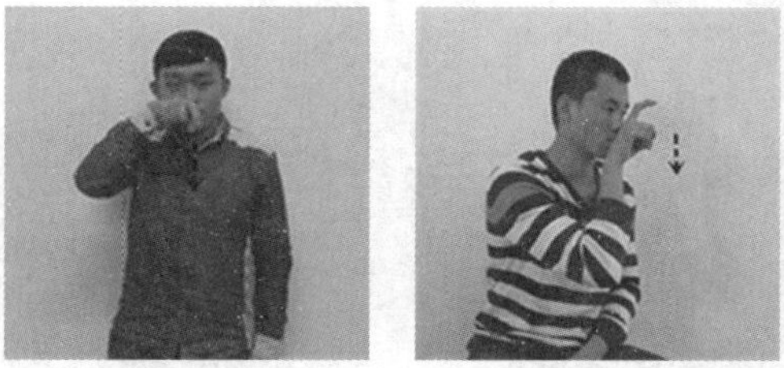

一手食指微曲，指尖向下，自鼻部向下伸，象征象的长鼻子。

狗

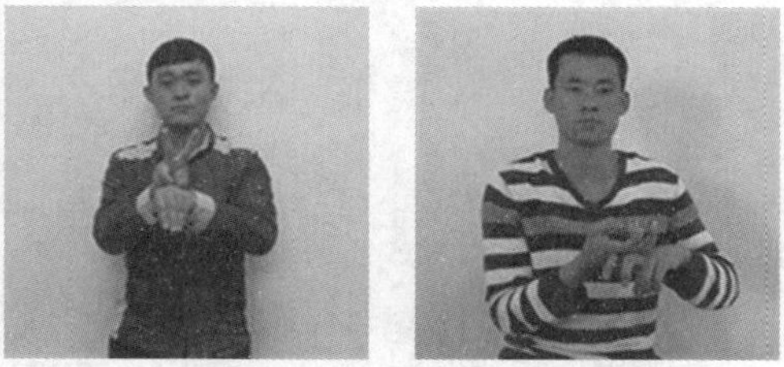

左手五指撮合成尖形，指尖向前不动；右手伸食、中指，指尖分开，贴在左手背上，模拟狗头的外形。

猫

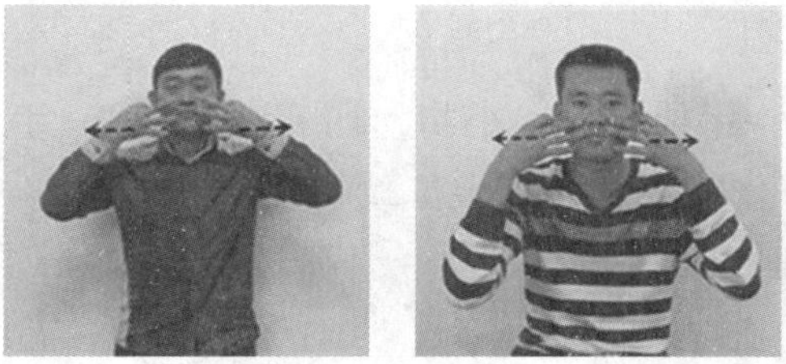

双手拇、食指相捏，其他手指伸出，指尖相对，在嘴的两侧同时向外划动，表示猫的胡须。

鼠

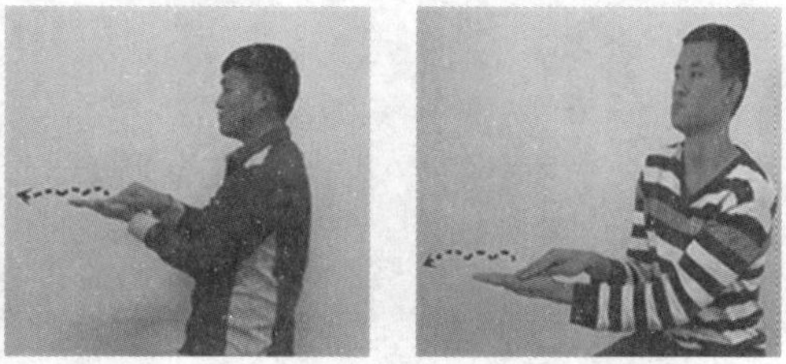

一手五指撮合成尖形，放在另一手掌心上，向前快速做曲线运动，象征老鼠的灵活动作。

猴

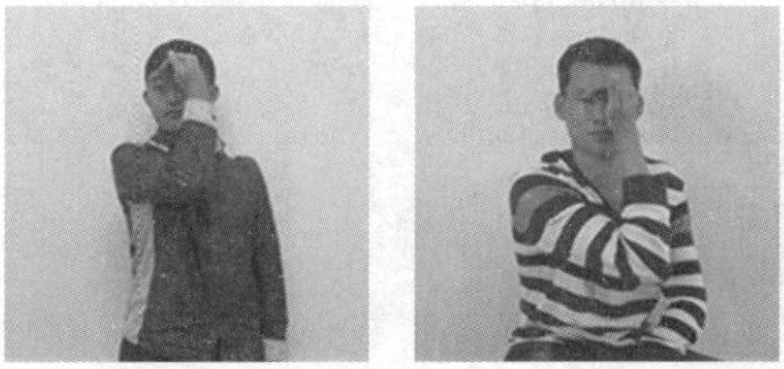

一手伸掌，掌心向下，五指并拢弯曲，反转来以小指边沿贴在前额，模仿猴的动作。

蜻蜓

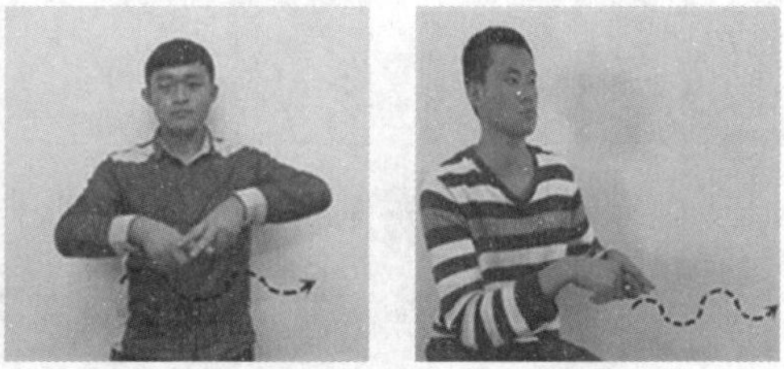

左手食、中两指与右手食指搭成“干”字形，在眼前做不规则移动，如蜻蜓飞行状。

蝴蝶

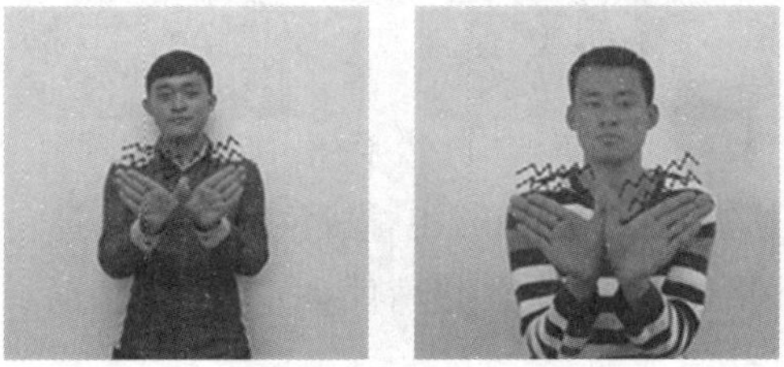

双手拇指互搭，其余各指张开轻轻扇动，象征蝴蝶在飞舞。

苍蝇

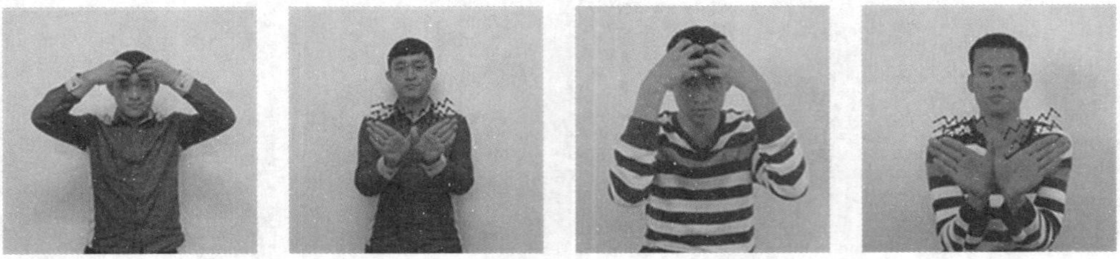

双手虚撮，指尖贴于额部，象征苍蝇的大眼。双手拇指互搭，其余各指张开轻轻扇动，象征苍蝇在飞舞。

蚊

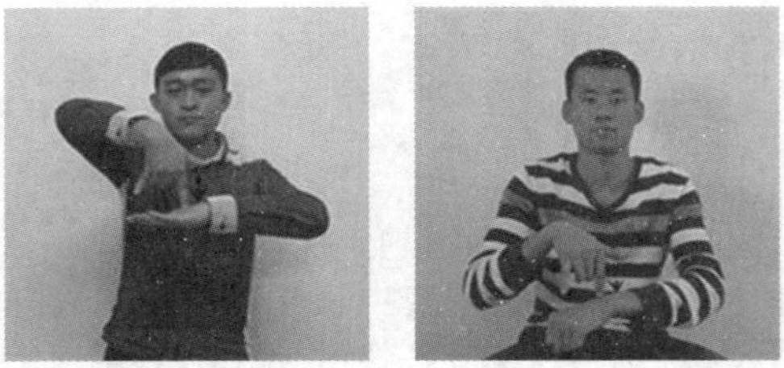

一手伸拇、食、小指，食指指尖在另一手手背上点一下，象征蚊子叮人动作。

鸟

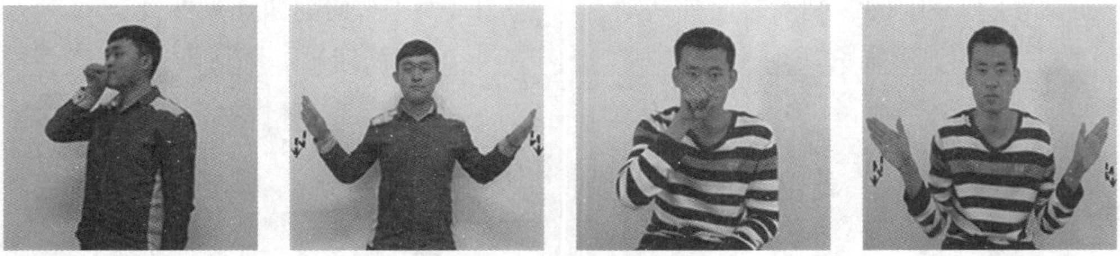

一手拇、食指先捏成尖形，手背贴于嘴上，指尖开合几下，表示“鸟”的嘴。然后双手侧伸，掌心向下，扇动几下。

蜘蛛

中国手语

双手拇指互叠，其余各指弯曲如爪，缓缓蠕动。

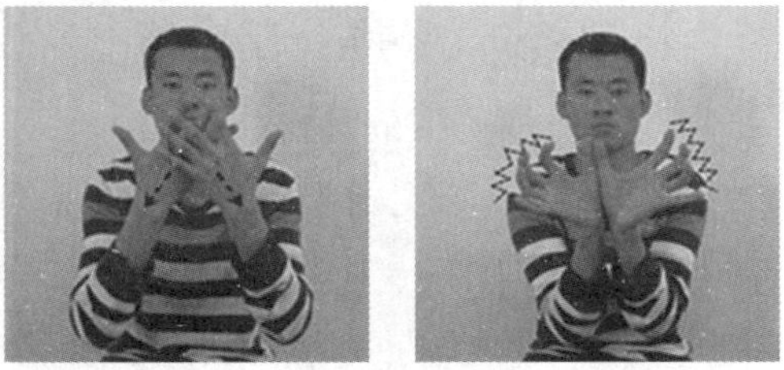

自然手语

双手五指张开，相叠成网状。双手拇指互叠，其余各指弯曲如爪，缓缓蠕动。

植物

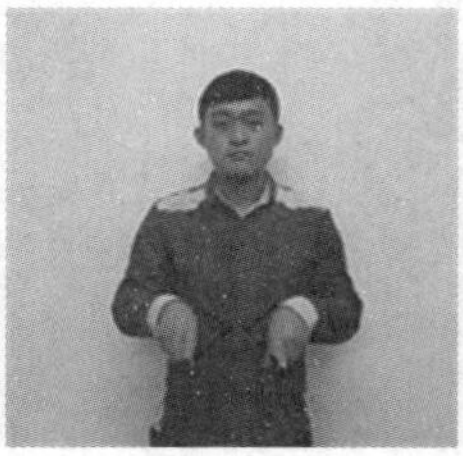
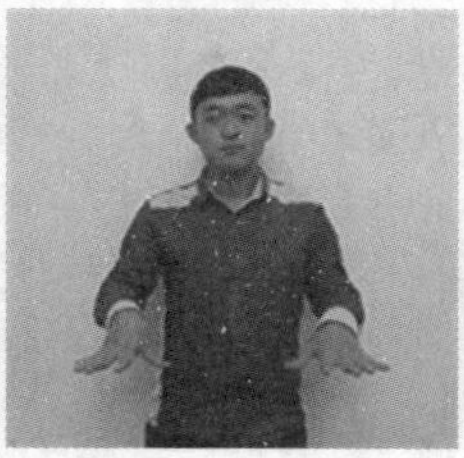
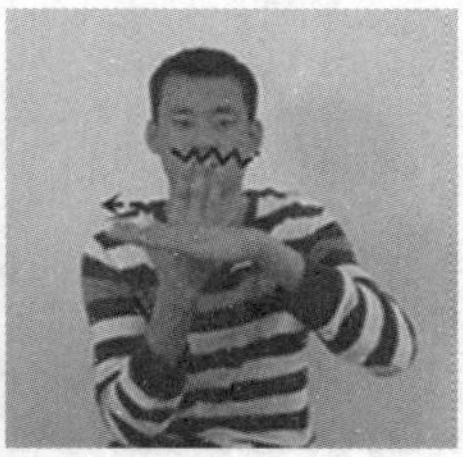

中国手语

左手平伸，掌心向下不动。右手五指向上张开，沿左掌腕部向指尖处，边移动边抖动手指，象征植物群。双手以食指互碰一下，然后分开并张开五指。

自然手语

左手平伸，掌心向下不动；右手五指向上张开，沿左掌腕部向指尖处，边移动边抖动手指，象征植物群。

叶

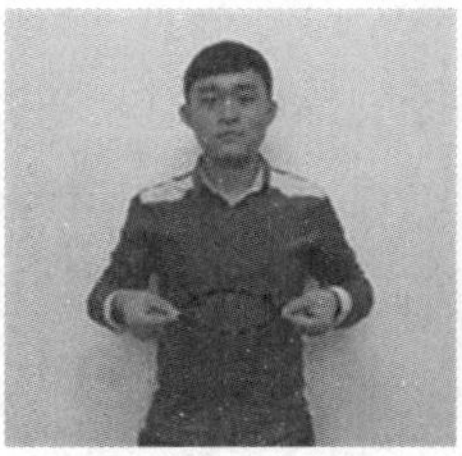

双手拇、食指相对，向左右拉开表示叶形。

草

双手伸出食指，指尖向上，交替上下动几下，象征丛生的野草。

花

一手五指撮合，指尖向上，然后向上移动，并放开五指。

菊花

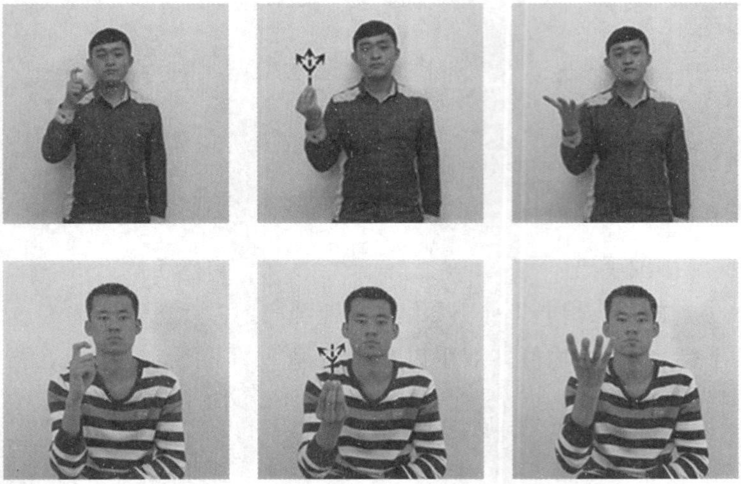

打手指字母"J"的指式。一手五指撮合,指尖向上,然后向上移动,并放开五指。

兰花

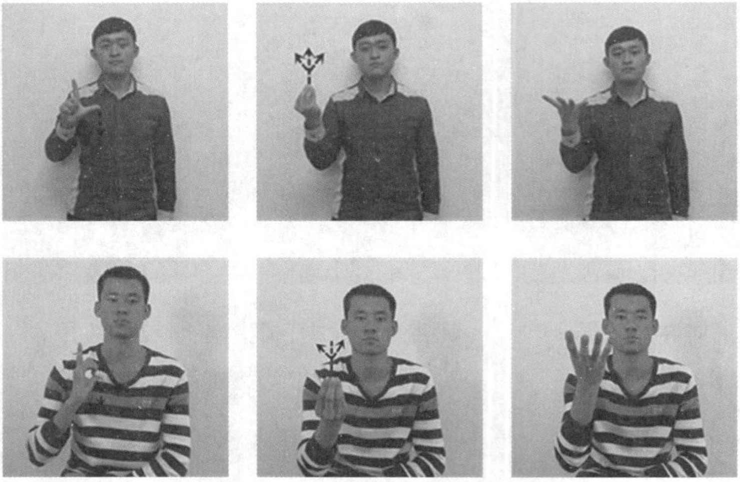

打手指字母"L"的指式。一手五指撮合,指尖向上,然后向上移动,并放开五指。

玫瑰花

打手指字母"M""G"的指式。一手五指撮合,指尖向上,然后向上移动,并放开五指。

天空

一手伸食指，指尖向上，在头侧上方转动一圈。

地球

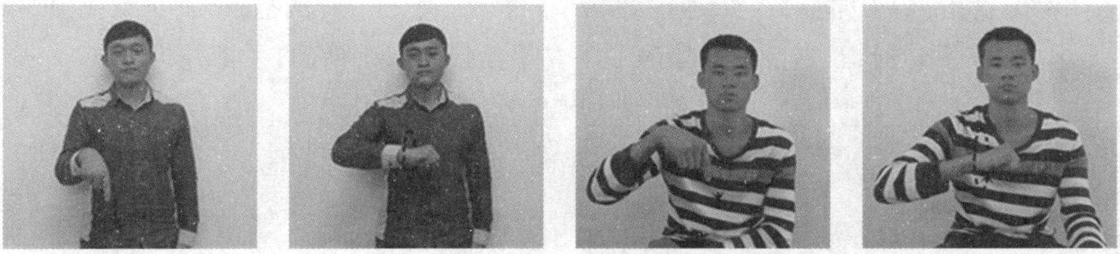

一手食指向下指，表示“地”。一手握拳，以腕部为轴心转动一圈，表示地球自转。

月亮

双手伸拇、食指，相距约一寸，指尖相对，然后做弧形分开向左右下移，同时拇、食指间距渐小，如半弦新月状。

太阳

中国手语

双手搭成“圆”形，从头的左侧向右侧划过。

自然手语

右手拇指、中指相捏，置于头侧上方，然后中指弹出，象征太阳的光芒。

天气预报

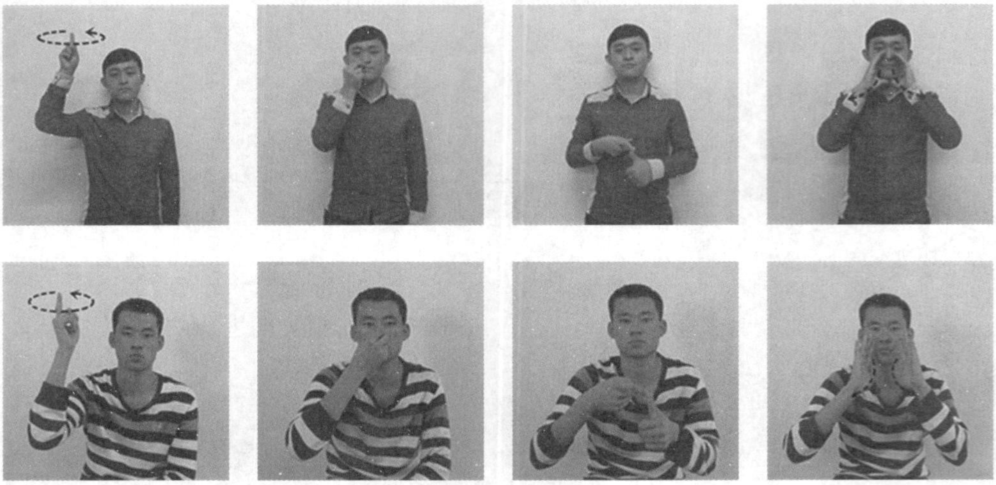

一手伸食指，指尖向上，在头侧上方转动一圈。一手打“Q”的指式，置于鼻孔前。左手伸拇指，右手伸食指敲一下左手拇指。双手微曲，手指并拢，掌心相对，放于嘴角旁，向外伸出。

晴

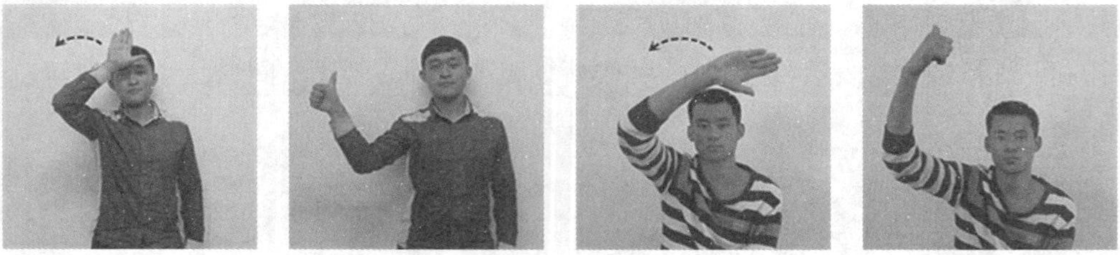

一手五指并拢，掌心向外，置于头部前方，向一边移动，同时伸出拇指，表示天气晴朗。

阴

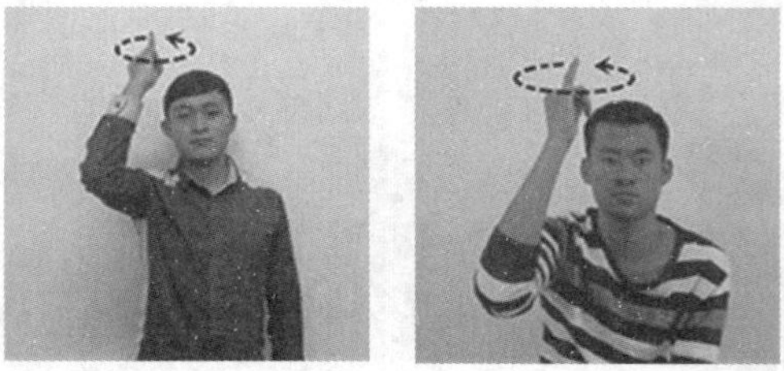

一手伸出小指，指尖向上，在头前上方转一圈，表示天气不好，是阴天。

云

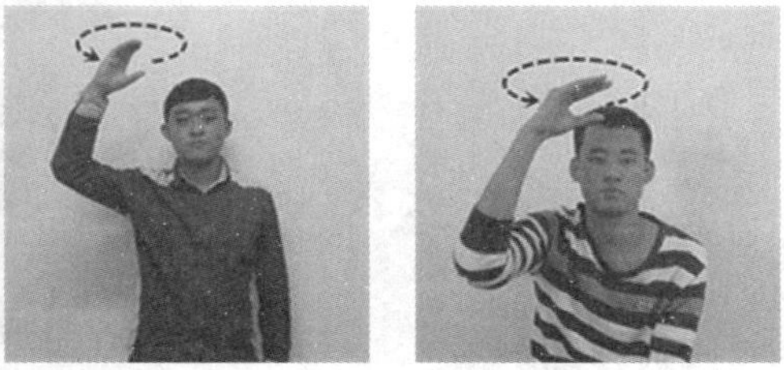

右手五指微曲，在头部上方转一圈，表示天上有云。

雨

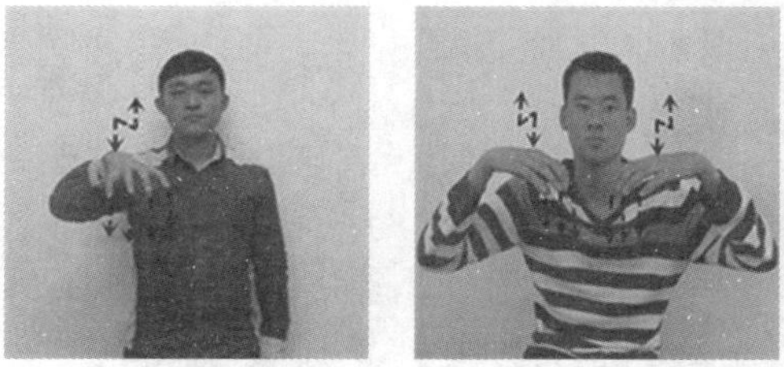

一手或双手五指分开微曲，指尖向下，上下快速动几下，象征雨点落下。

风（刮风）

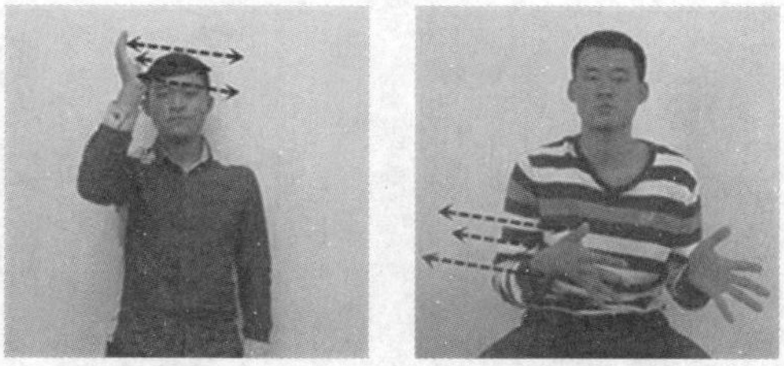

一手或双手五指分开微曲，指尖向上，左右来回扇动，象征空气流动（即刮风）。

雷

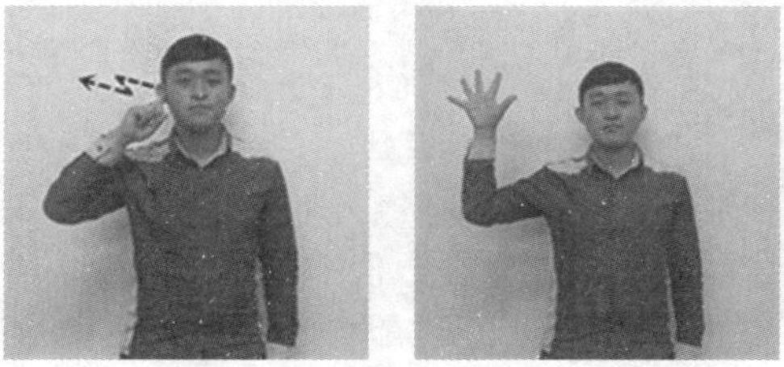

中国手语

一手食指先指耳部，然后向外做“闪电”形伸出，同时五指放开，象征雷声震耳。

自然手语

画“闪电”状。

雾

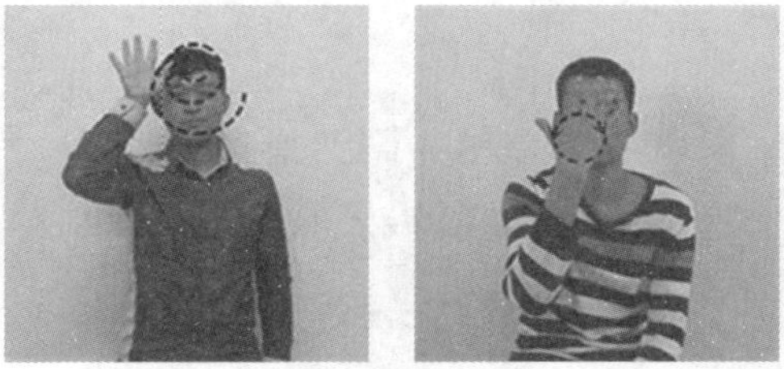

一手伸掌，掌心向外（内），五指张开，在眼前转几圈。

雪

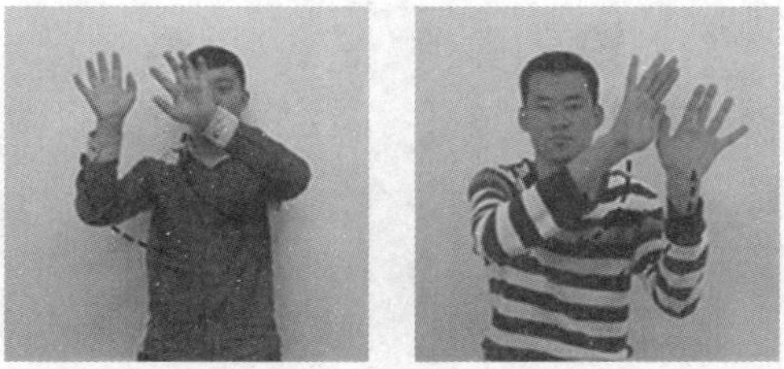

双手五指分开微曲，指尖向上，食指微微飘动，双手缓缓下降并向一旁飘移，象征雪花飘落之状。

冰

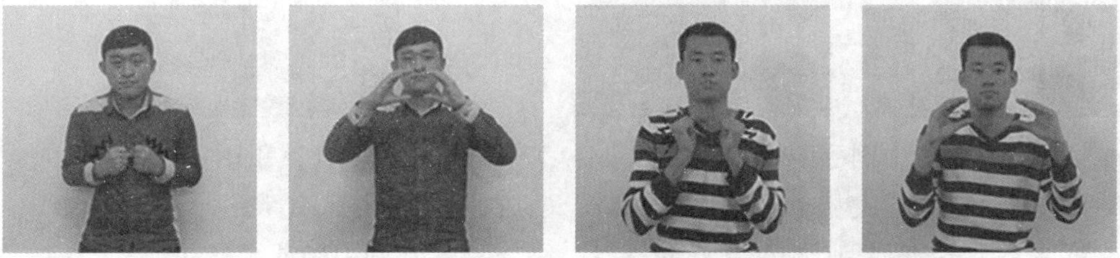

双手握拳，在胸前微微抖动，表示寒冷。双手四指在上，拇指在下，相距约一寸，相对不动，象征冰块。

地理

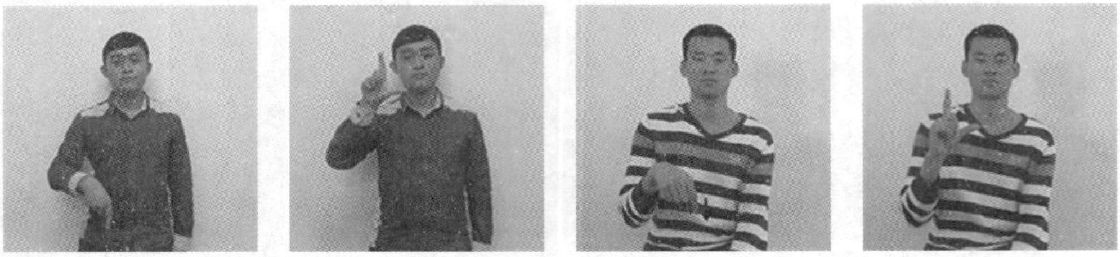

一手食指向下指，表示“地”。一手打手指字母“L”指势。

地图

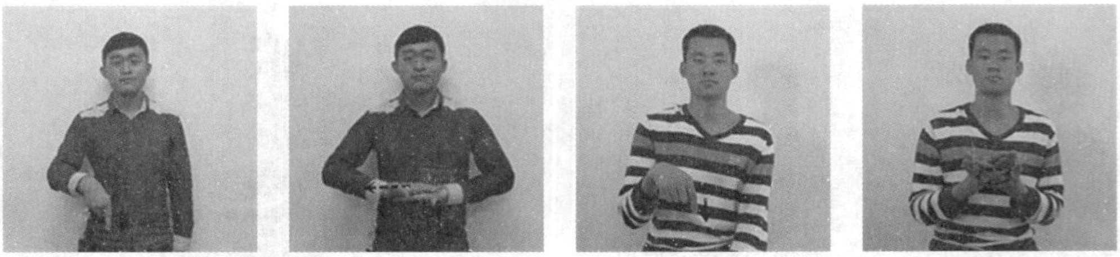

中国手语

一手食指向下指。双手横伸，右手手背在左手掌心上抹一下。

自然手语

一手食指向下指。双手掌心向上，右手手背在左手掌心上顺时针转一圈，如画图状。

山

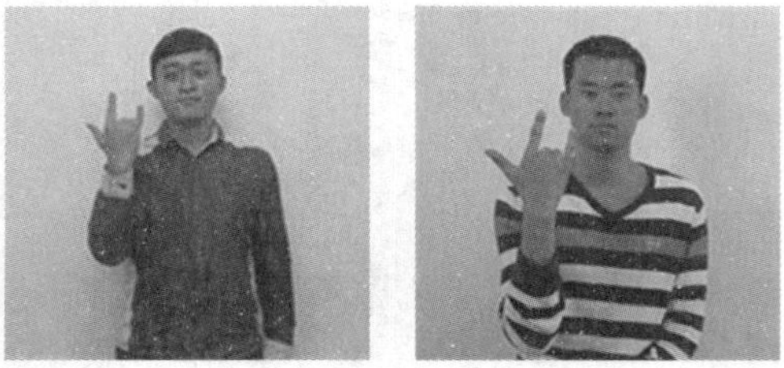

一手伸拇、食、小指，指尖向上，如“山”字形。

湖

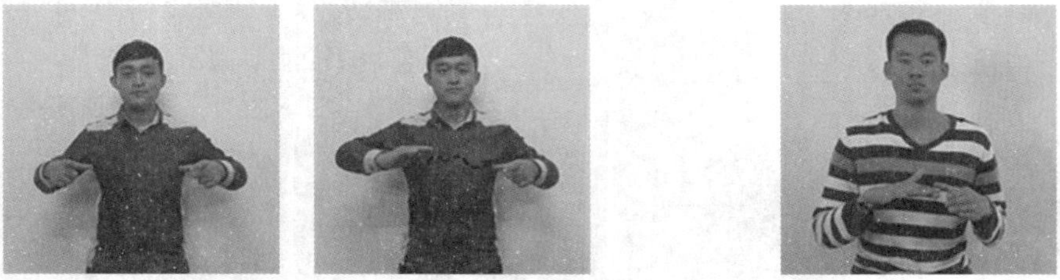

中国手语

双手伸拇、食指，指尖相对，呈一个大圆形。然后左手不动，右手伸开，掌心向下，在圆中做波纹状移动。

自然手语

左手呈半圆形，右手平伸，掌心向下，在圆中做波纹状移动。

海洋

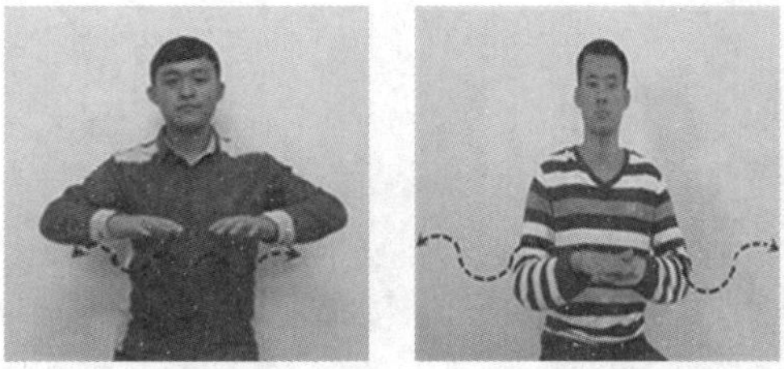

双手平伸，掌心向下，向两旁做波浪形移动，动作幅度要大，象征海浪起伏波动的状态。

水

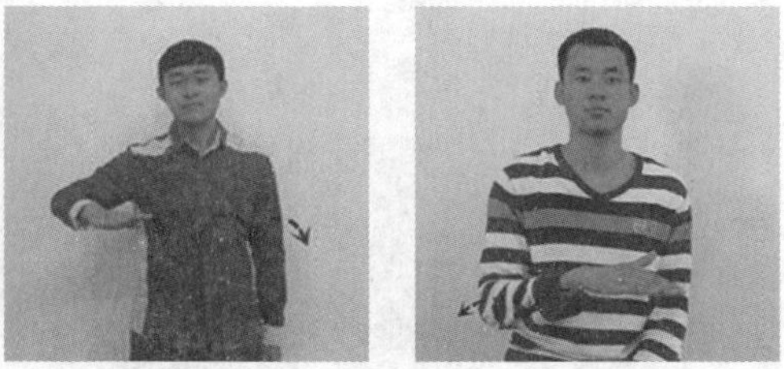

一手平伸，掌心向下，做波纹状移动。

金

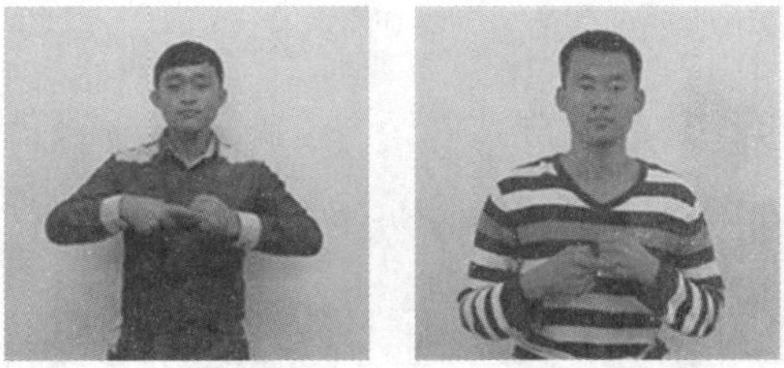

一手食指在另一手中指或无名指根部点几下。以金戒指表示“金”。

银

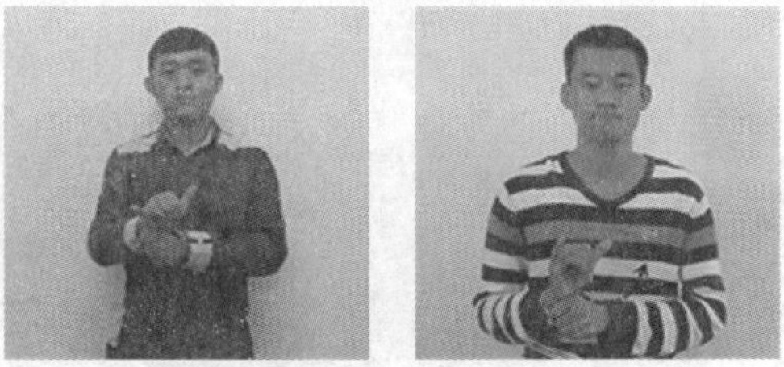

左手握拳，虎口向上不动；右手打手指字母“Y”的指式，以腕部敲一下左拳，表示“银”金属。

铜

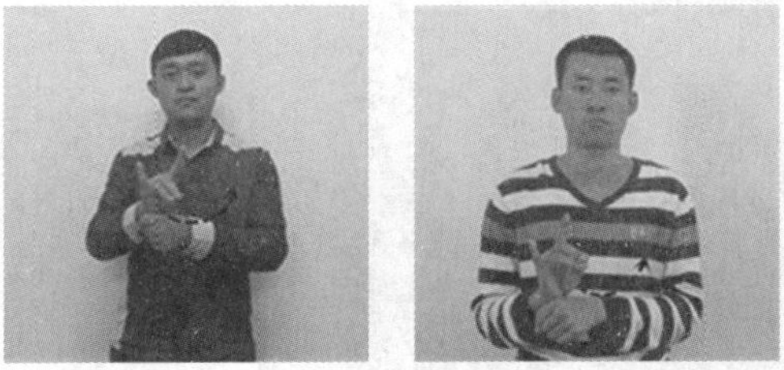

左手握拳，虎口向上不动；右手打手指字母“T”的指式，以腕部敲一下左拳，表示“铜”金属。

铝

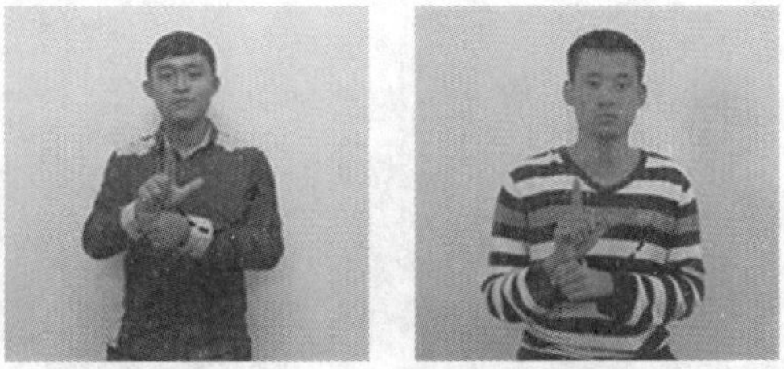

左手握拳，虎口向上不动；右手打手指字母“L”的指式，以腕部敲打一下左拳，表示“铝”金属。

中国

中国手语
一手伸食指，自咽喉部向下顺肩、胸部至右腰部画一条线。
自然手语
双手搭成“中”字形，打“国”的手势。

城市(市)

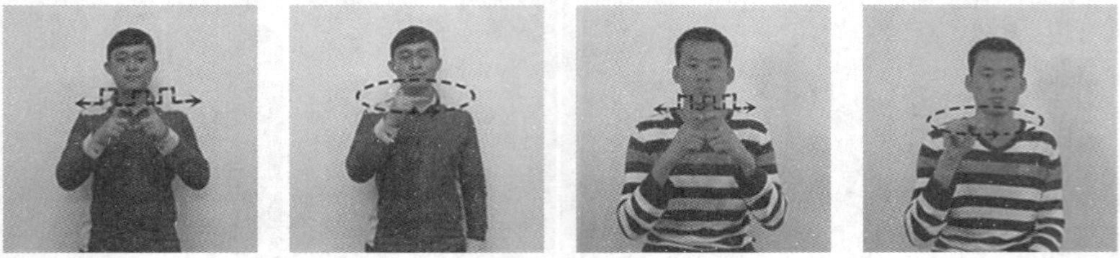

双手伸食指,指背向上,指尖相对,做“长城”形向两旁分开,
象征城垛。打手指字母“SH”的指式转一圈。

北京

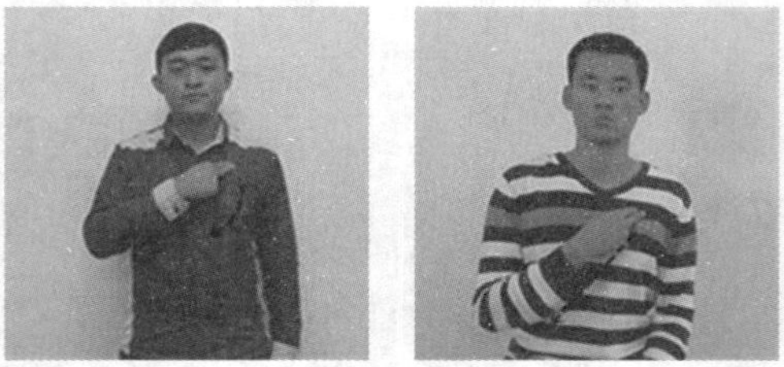

右手伸食、中指,自左肩斜划向右腰部。

上海

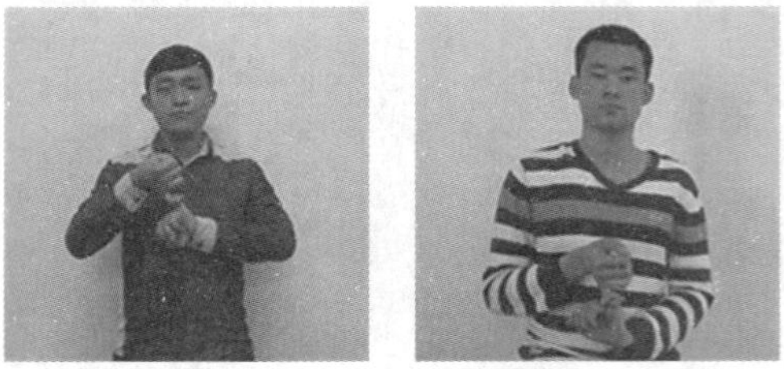

双手握拳,小指一上一下互相勾住。

黑龙江

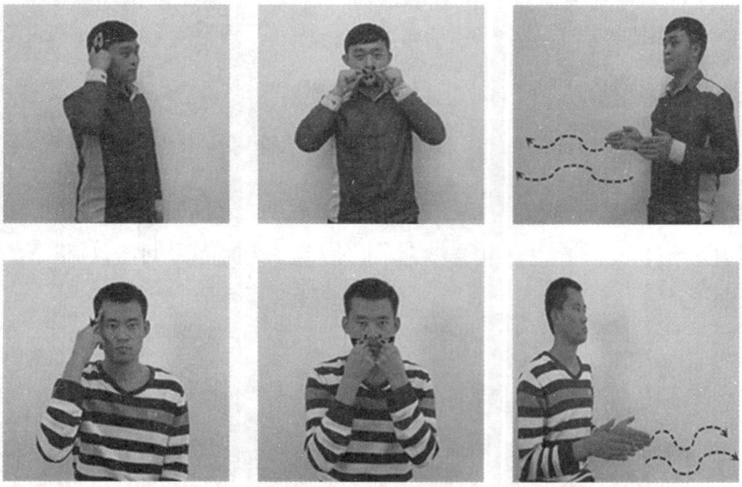

一手打手指字母“H”的指式,并在头发边摸一下。双手拇、食指相捏,从上嘴唇两边引出两条线,如“龙须”状。双手掌心相对,相距一尺余,斜着向前做曲线移动。

吉林

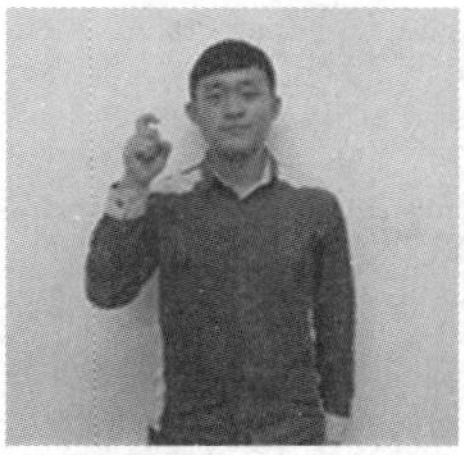

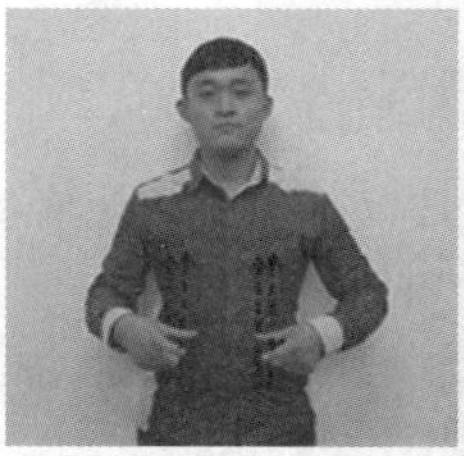

一手打手指字母“J”的指式。双手伸拇、食指搭成圆形，连续上举两次。

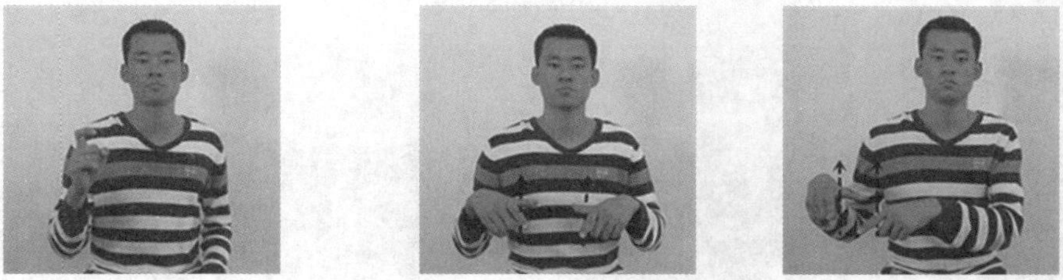

辽宁

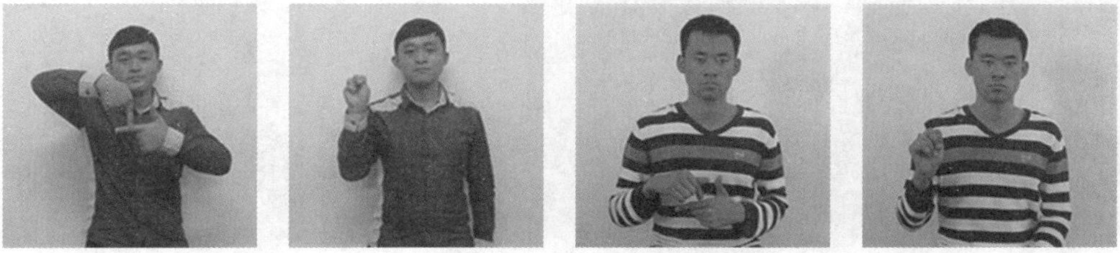

双手伸拇、食指相搭成“辽”字形。一手打手指字母“N”的指式。

哈尔滨

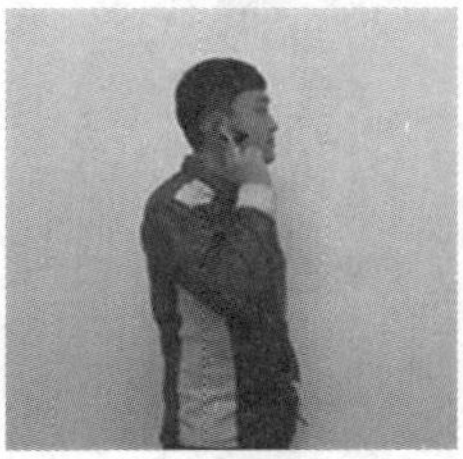

中国手语

一手打手指字母“H”的指式，在耳朵上轻拨一下，并注意显示口型。

自然手语

一手拇指、食指置于下颌处。

长春

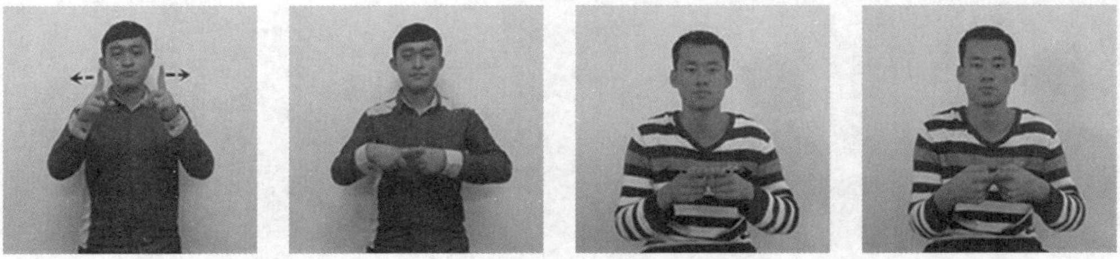

双手伸食指，指尖相对，从中间向两边拉开，即“长”手势。

左手握拳不动。右手伸食指在左拳食指骨节处点一下。

沈阳

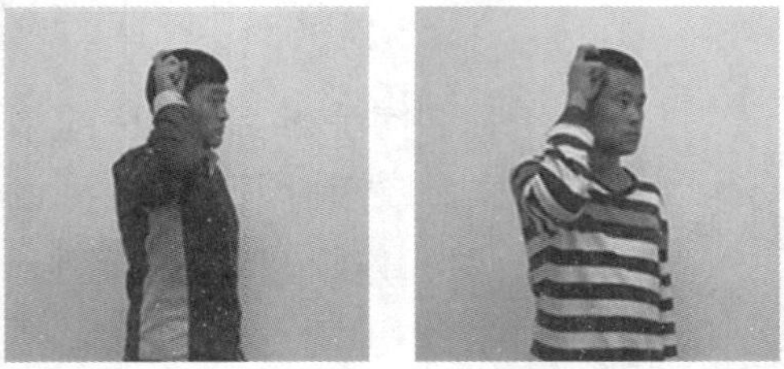

一手食指弯曲如钩，贴在太阳穴上。

天安门

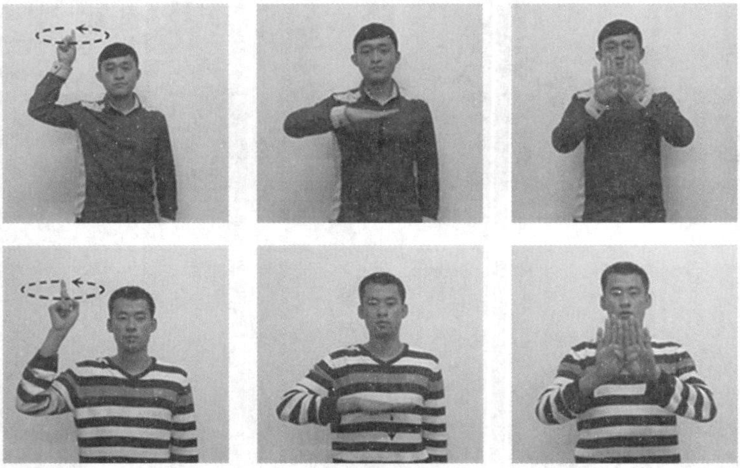

一手食指指尖朝上，在头上方转一圈。一手平伸，掌心向下，在胸前向下一按。双手五指并拢，掌心向外，并排直立。

天坛

一手食指指尖朝上，在头上方转一圈。双手拇、食指搭成圆形，从下向上边移动边缩小圆形，模仿天坛的外观。

长城

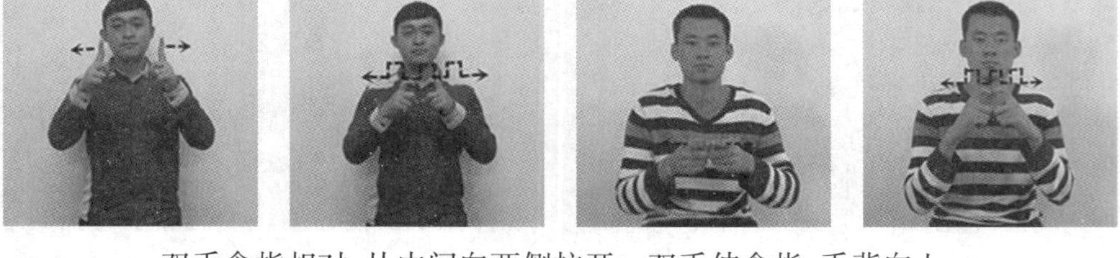

双手食指相对，从中间向两侧拉开。双手伸食指，手背向上，指尖相对，由中间向两侧做“城墙”形移动。

故宫

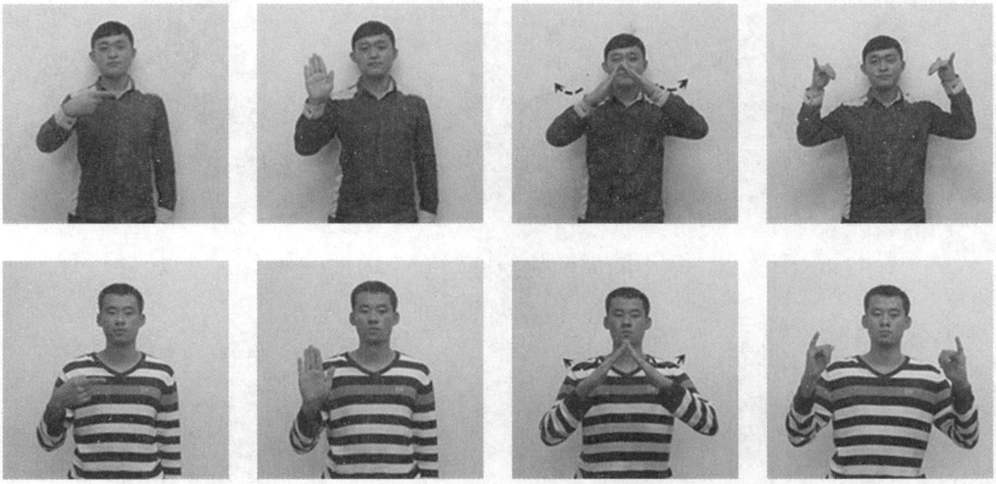

一手打手指字母“G”“U”的指式。双手搭成“∧”形，
然后左右分开并伸出拇、小指，指尖朝上，如屋檐形。

圆明园

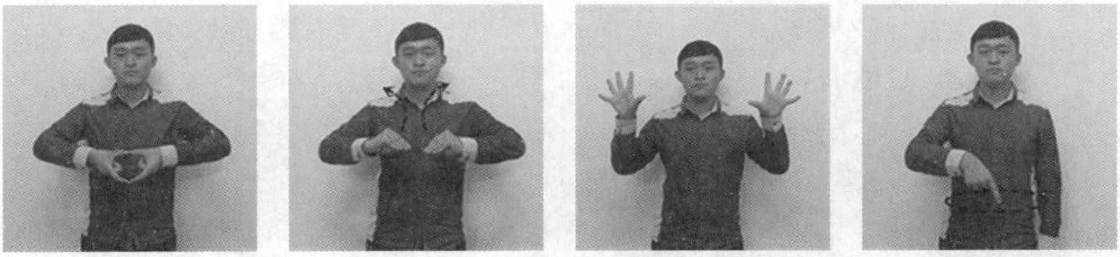

中国手语

双手拇、食指虚捏成一个圆形。双手五指撮合，手背向上，然后边向两侧上方移动，边放开五指。一手伸食指，指尖朝下，在胸前画一大圆圈。

自然手语

一手拇指、食指捏成圆，打“M”的手势。一手伸食指，指尖朝下，在胸前画一大圆圈。

长江

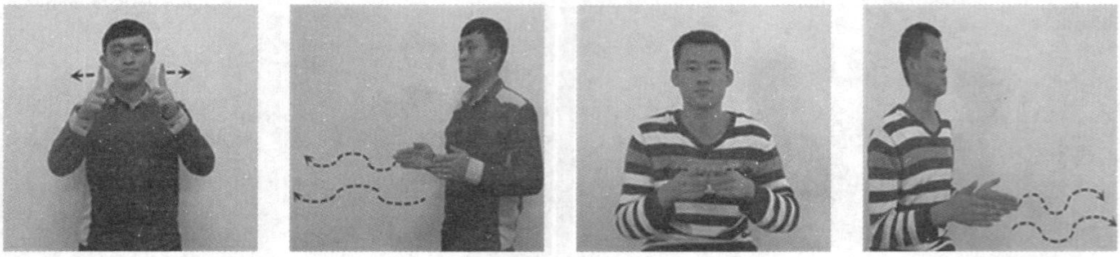

双手食指相对，从中间向两侧拉开。双手向前侧伸，掌心相对，相距一尺余，斜着向前做曲线状移动。

世界

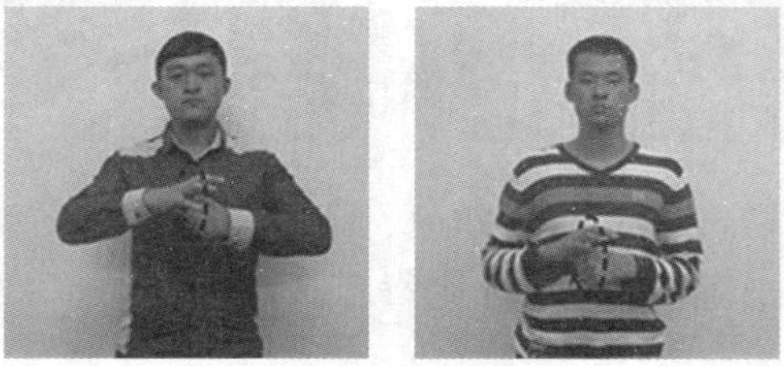

左手握拳不动，右手五指张开，微曲，绕左拳转动。

亚洲

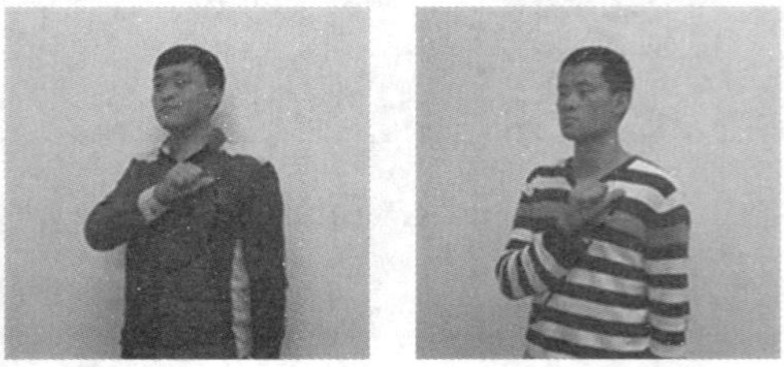

打手指字母“A”的指势，然后由左上向右下至右腰部画弧线。

欧洲

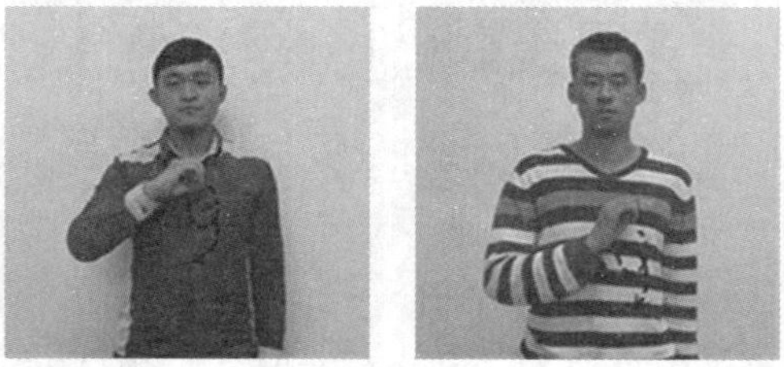

右手拇指与四指虚捏，右拳在左肩部胸前，由左上肩至右下腹画两个圆弧形。

非洲

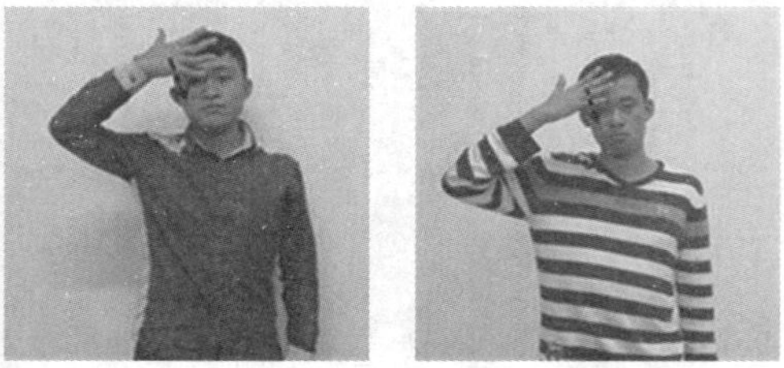

一手伸开，五指张开，掌心贴在前额，由上至下移动。

北美洲

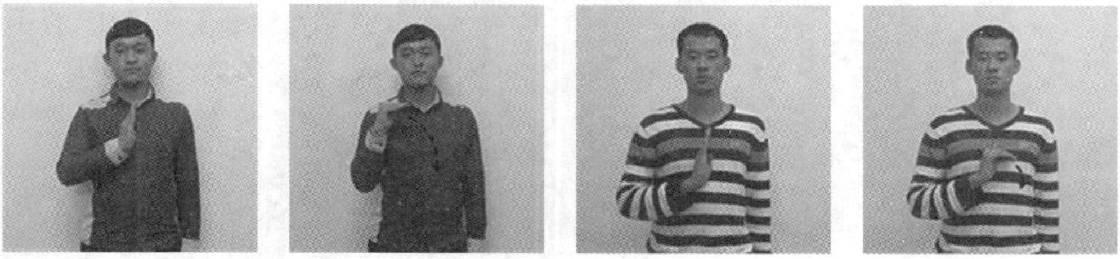

右手伸掌，五指并拢，指尖在头部右侧向上指。右手四指并拢，手背向上，弯曲如“ ┌”形，置于右肩部，向下做弧形移动。

南美洲

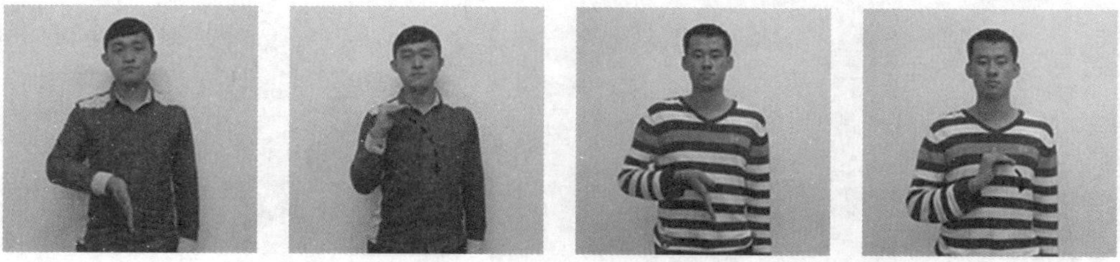

右手伸掌，五指并拢，指尖在胸、腹部向下指。右手四指并拢，手背向上，弯曲如“┌”形，置于右肩部，向下做弧形移动。

太平洋

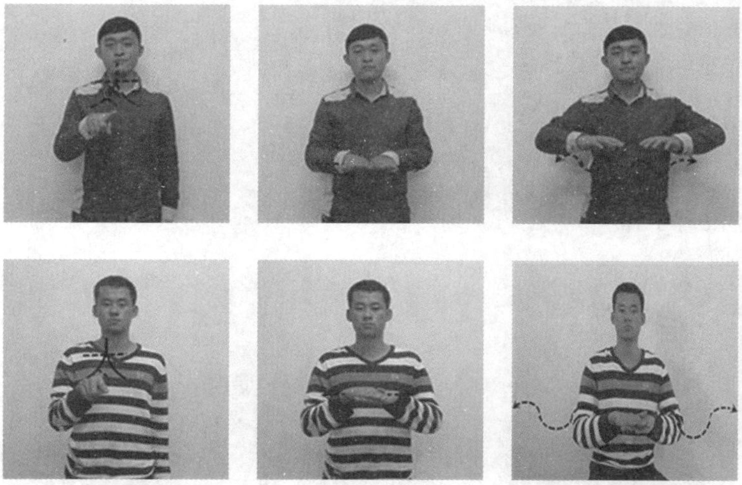

一手食指书空“太”字。双手并排，掌心向下，同时向两旁展开。双手平伸，掌心向下，向两旁做波浪形移动，动作幅度要大。

印度洋

一手握拳伸拇指，指尖抵于眉心处。双手平伸，掌心向下，向两旁做波浪形移动，动作幅度要大。

大西洋

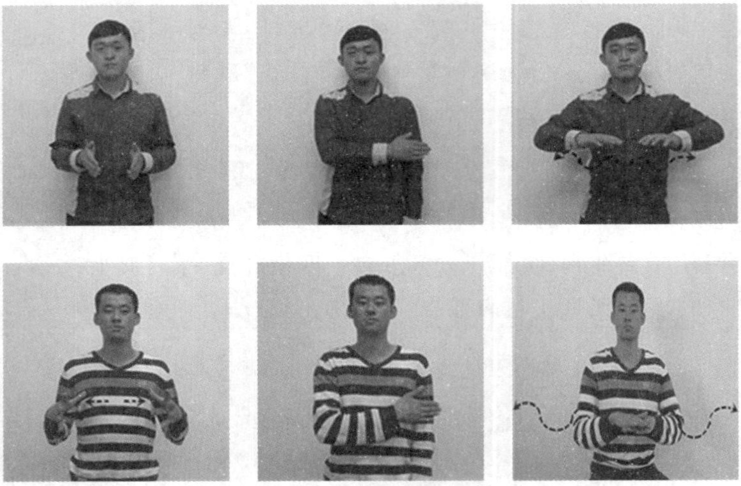

双手侧立，掌心相对，同时向两侧移动。右手伸直，五指并拢，指向左方。双手平伸，掌心向下，向两旁做波浪形移动，动作幅度要大。

二、句子训练

1. 他大学毕业后还没有工作。

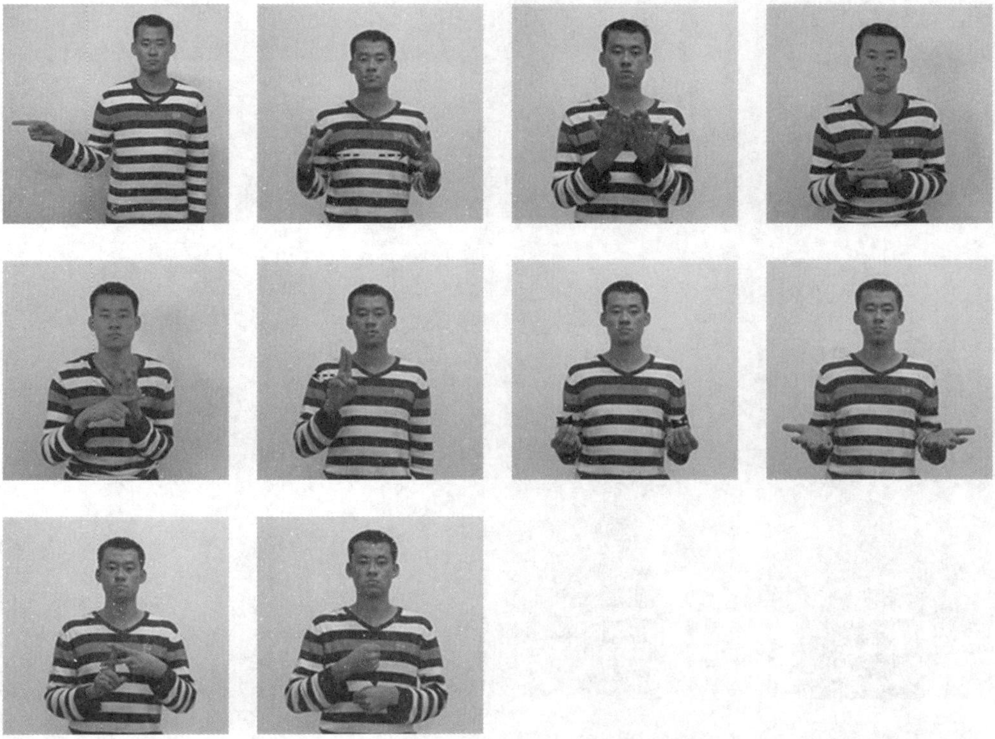

2. 明天就要考试了，后天我们开家长会。

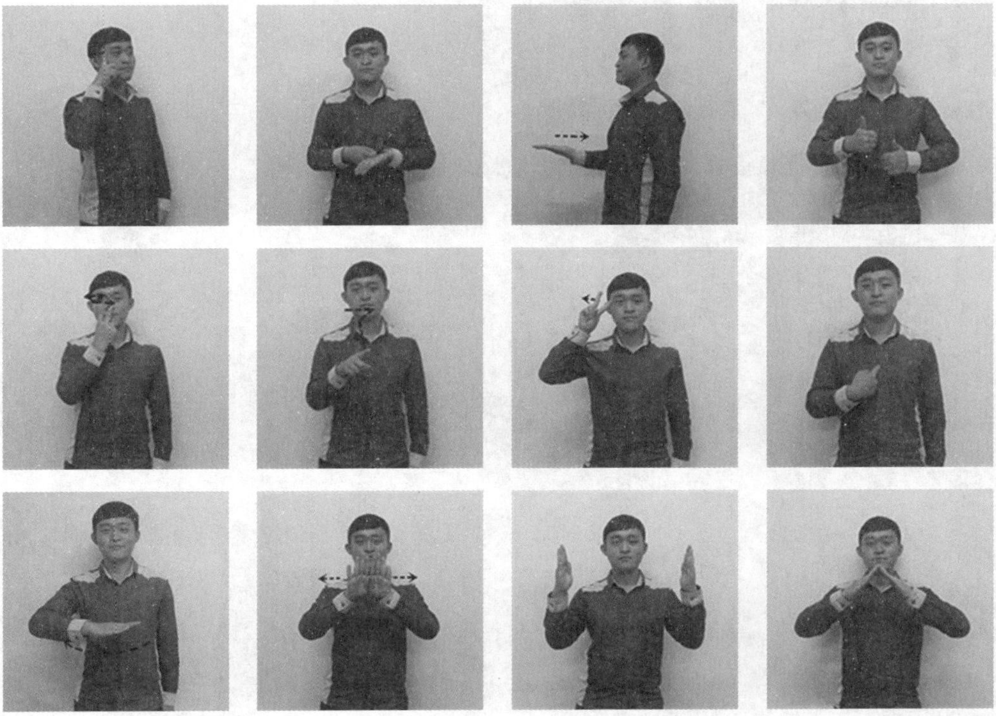

3. 中秋节我们准备去公园，带上你们的相机，我们去拍照。

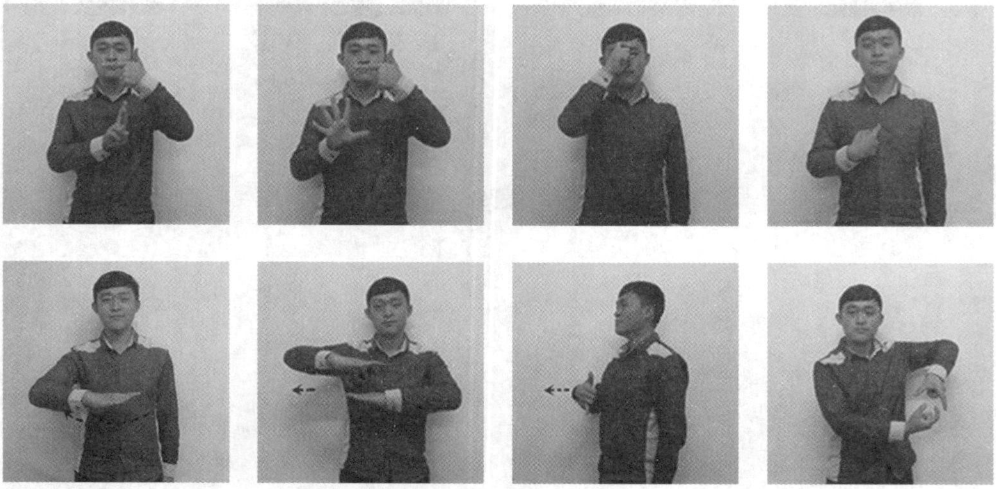

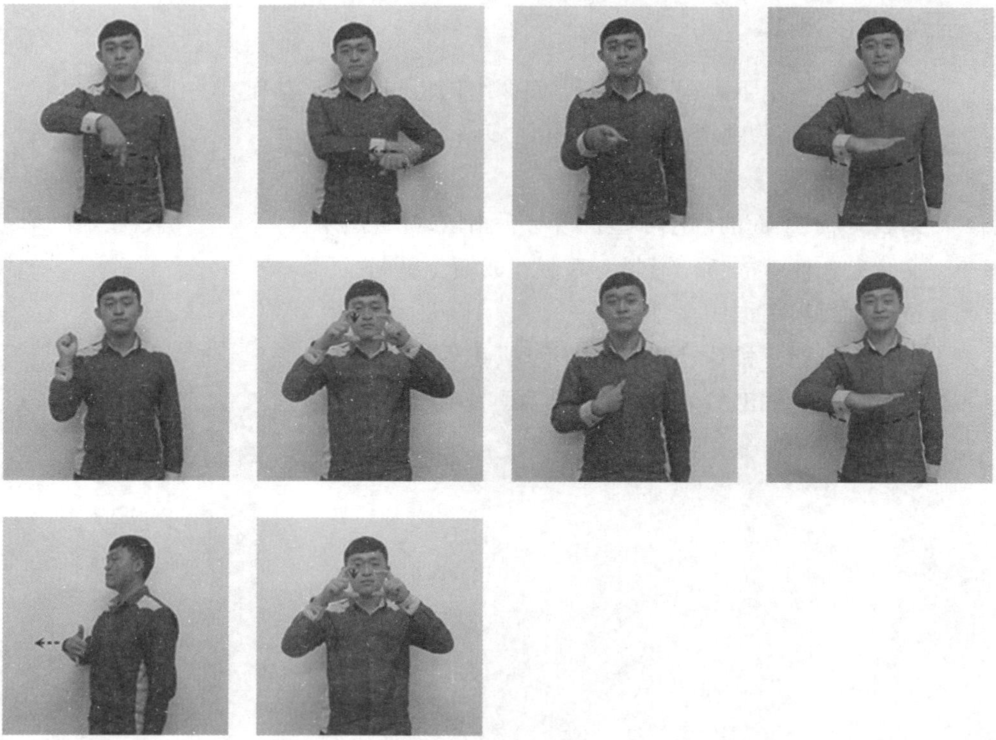

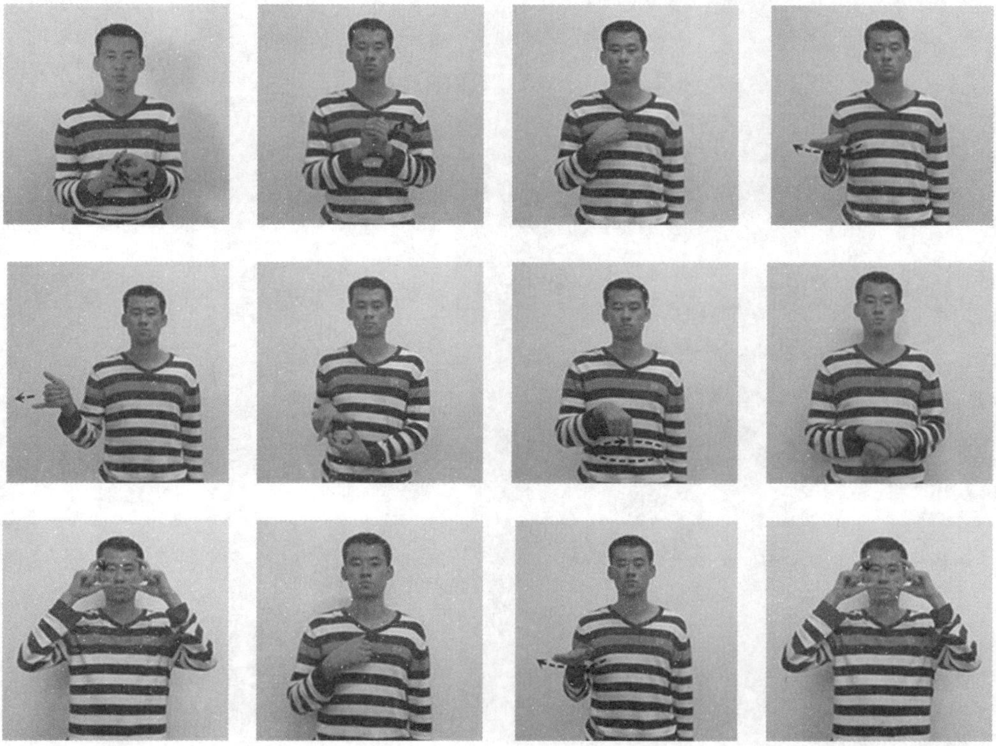

三、同步测试

1. 请用手语表示下列词,并找出下面两组词相同的基本动作。

(1)美术(绘画)、国画、油画、水彩画、漫画

(2)教育、教案、教室、教师

2. 请找一找,下面的词中哪些词含有手指语,并打出来。

文化　作业　故事　资料　寒假　成绩　星期一

3. 请区别每组字词的手势动作。

足球、篮球，　排球、网球，　羽毛球、乒乓球

4. 请用所学的词汇编成对话,并用手语表示出来。

主题八：虚词

一、词汇

把

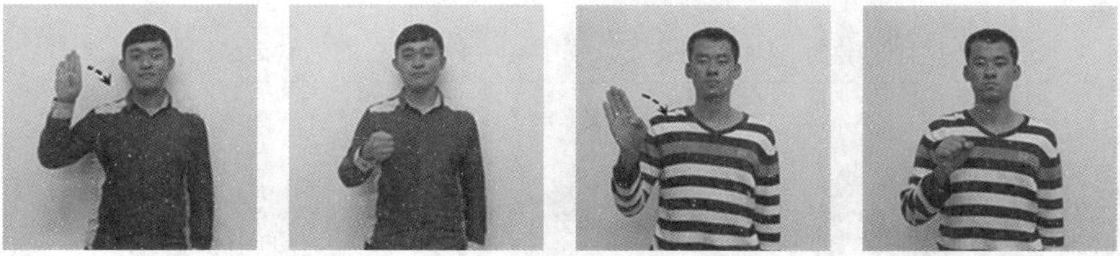

一手先打手指字母“B”的指式。然后此手变为握拳，并向下微移一下。

从

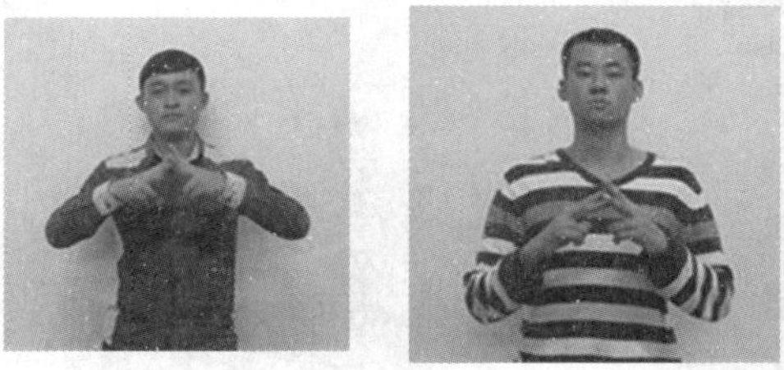

双手食、中指搭成“从”字形。

在

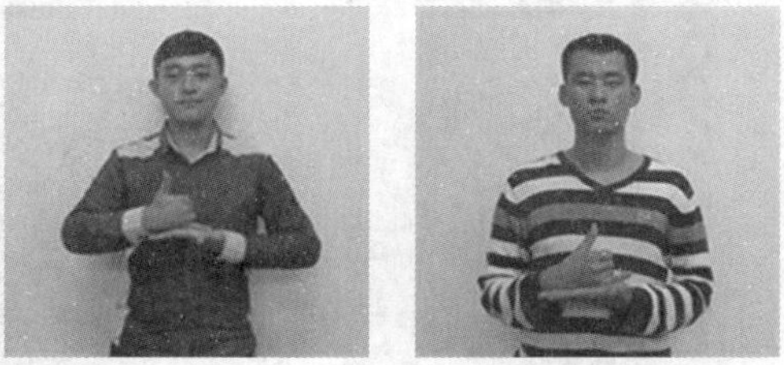

一手伸出拇、小指，坐于另一手掌心上。

不

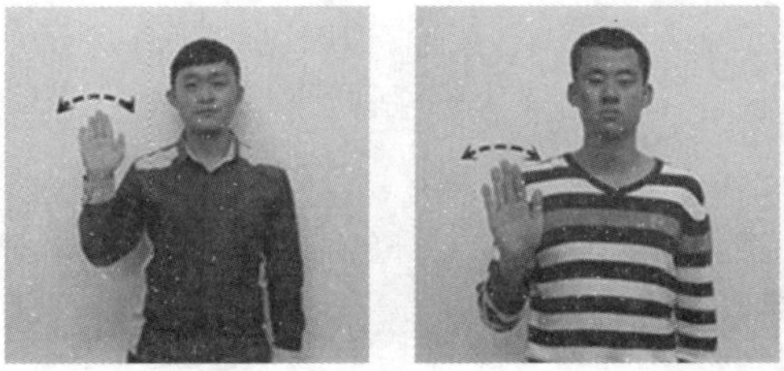

一手伸直，左右摆动几下。

就

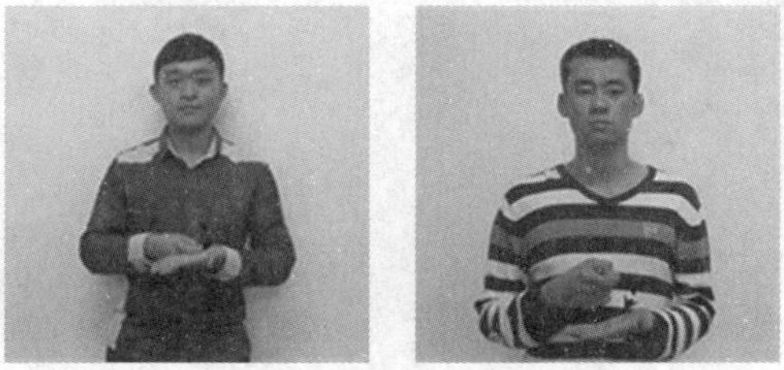

一手打手指字母“J”的指式，并打另一手掌心。

也

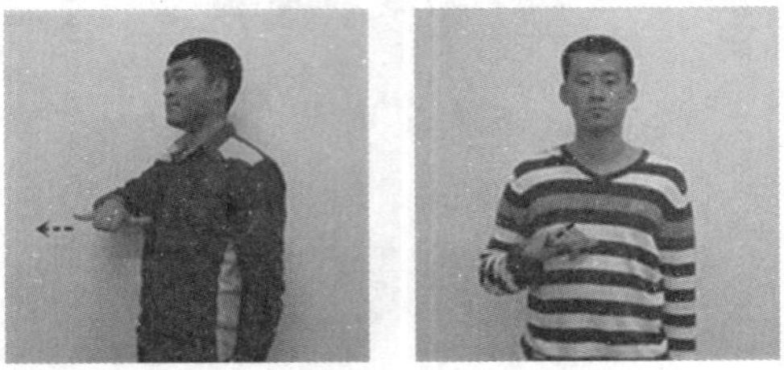

一手伸出拇、小指,拇指指尖向内,手背向上,前后移动两下。

又(再)

一手伸出食指,拇、中指先相捏,然后向一侧挥动时张开。

最(更、很、极)

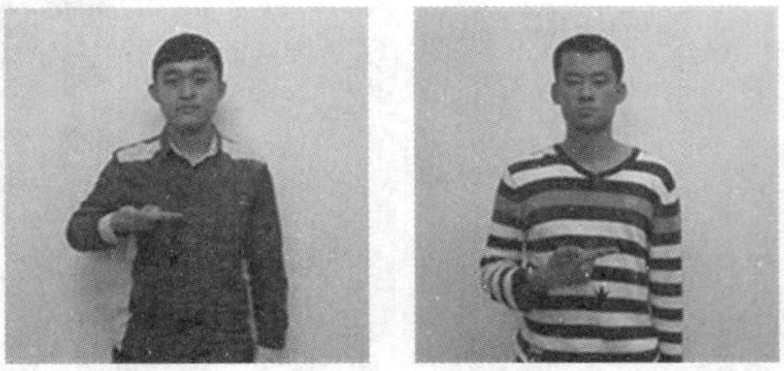

一手拇指指尖抵于食指根部,向下一沉。

的(得)

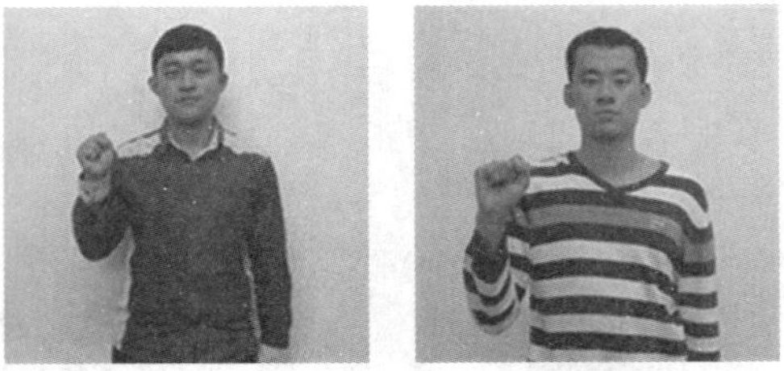

一手打手指字母“D”的指式。

好像

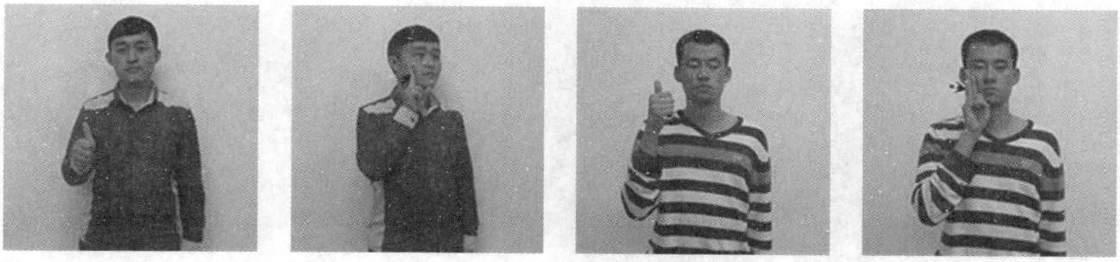

一手握拳，向上伸出拇指。一手食、中指并拢，掌心向外，指尖向上，贴于脸颊，并微动一下，表示两者相像。

应该（应当）

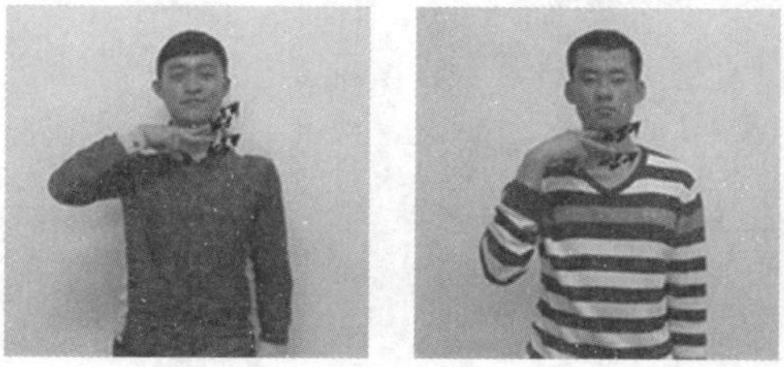

一手食、中指指背交替弹击下颏。

一定（必须）

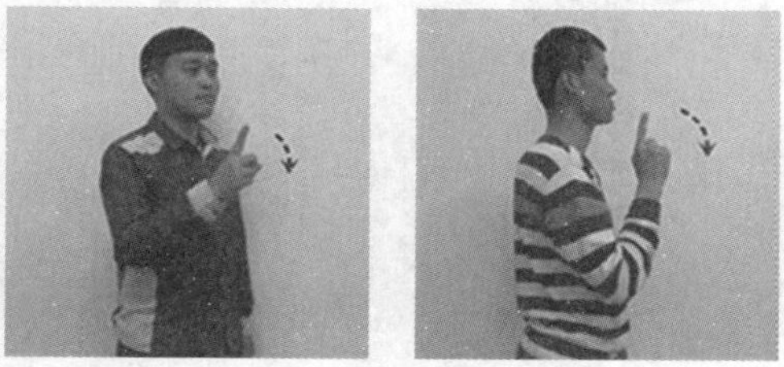

一手食指伸直，向下一挥。

不一定（也许）

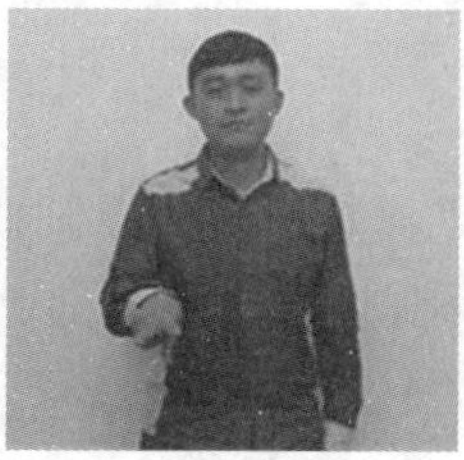

中国手语

一手食指、中指分开，指尖朝前，手腕左右转动几下。

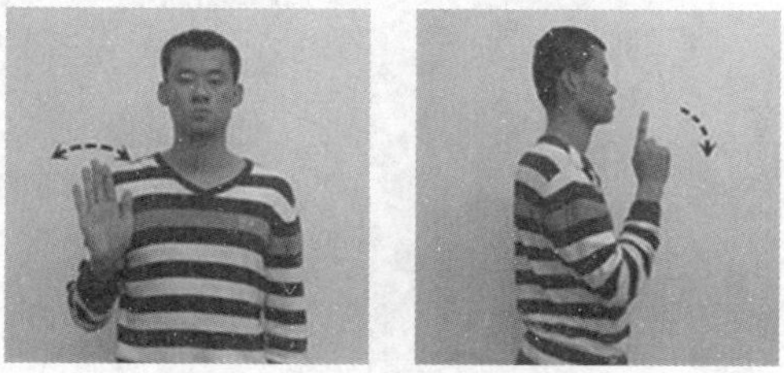

自然手语

一手打"不"的手势。一手伸食指，向前一滑。

差不多

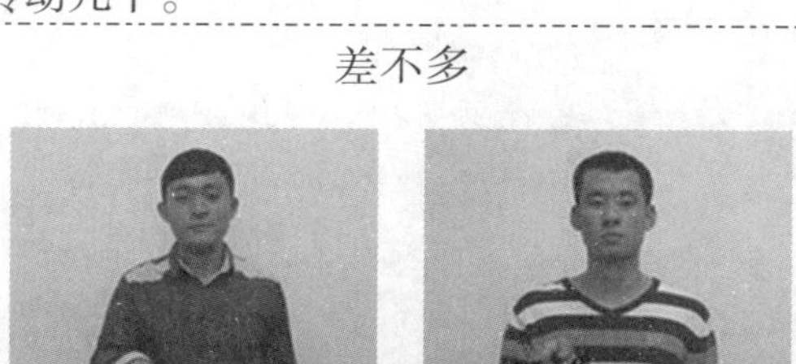

一手食、中指一上一下交替动几下。

或者

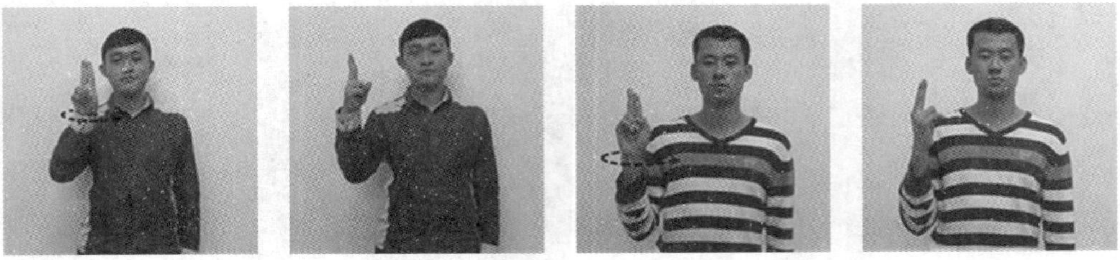

一手打手指字母“H”的指式转动半圈。

虽然

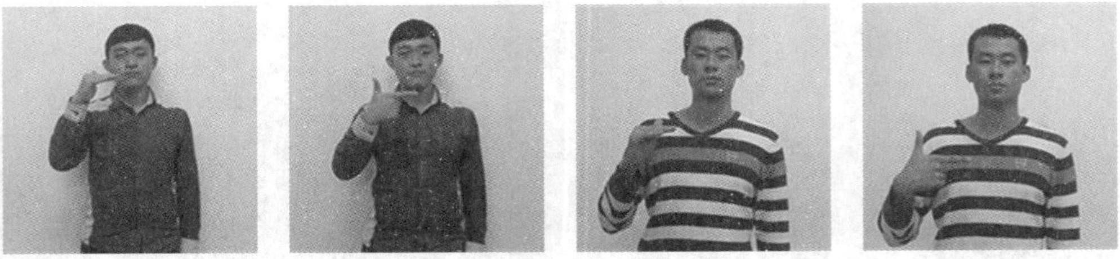

打手指字母“S”的指式。打手指字母“R”的指式。

如果

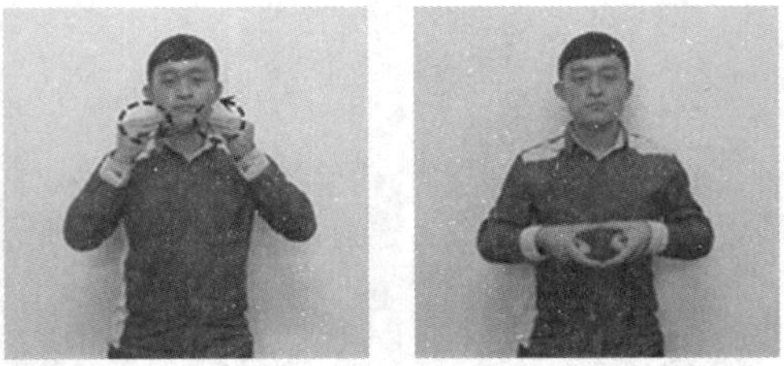

中国手语

双手五指撮合在脸的两侧旋转。

双手搭成圆形。

自然手语

一手打“J”置于下颌处。

但是

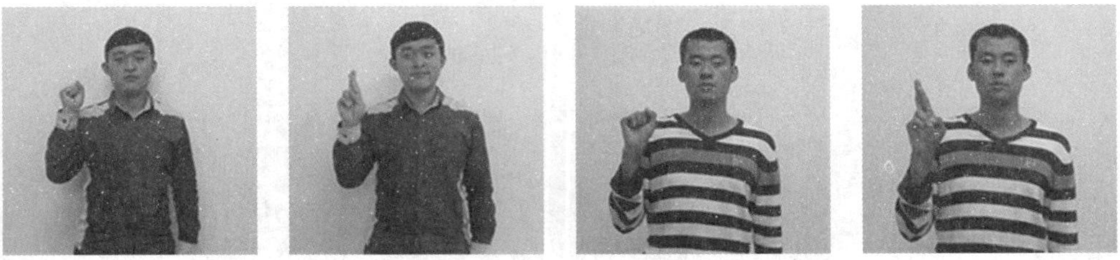

打手指字母“D”的指式。打“是”的手势。

可是

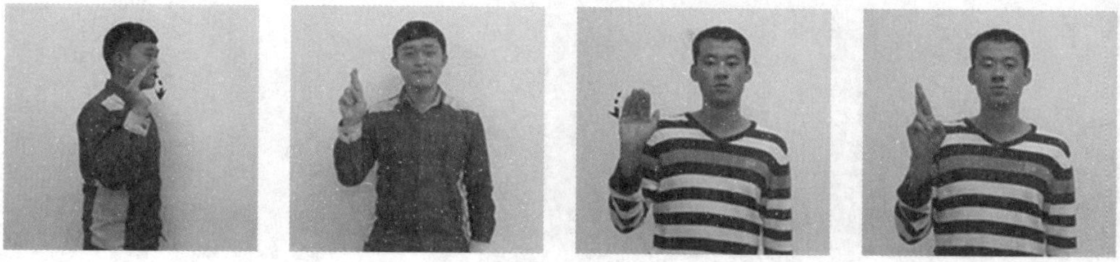

一手伸直,四指弯曲一下。一手食、中指相搭,向下指动几下。

不但

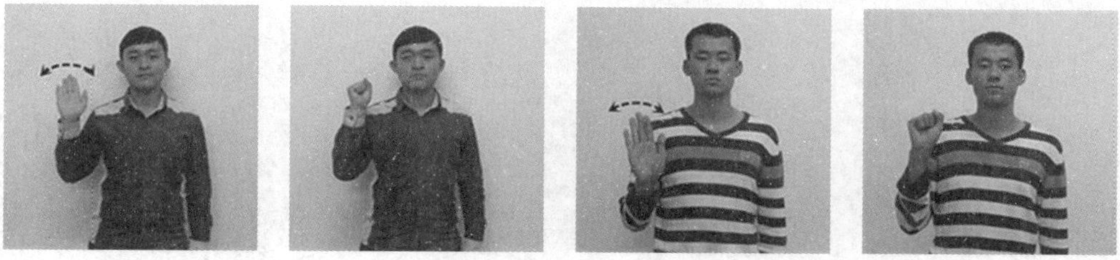

一手五指伸直,左右摇动几下。打手指字母“D”的指式。

而且

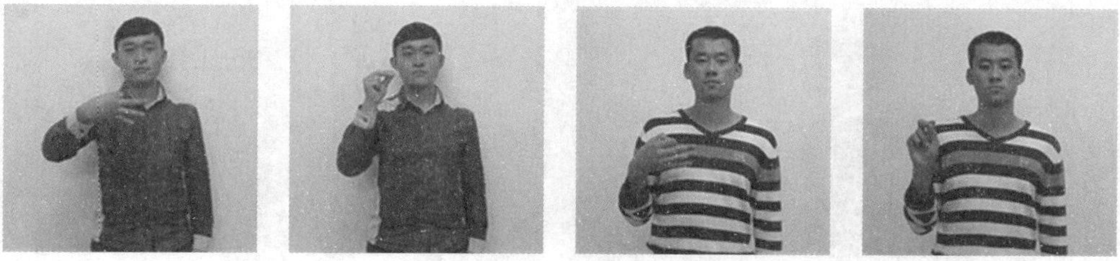

打手指字母“E”的指式。打手指字母“Q”的指式。

并且

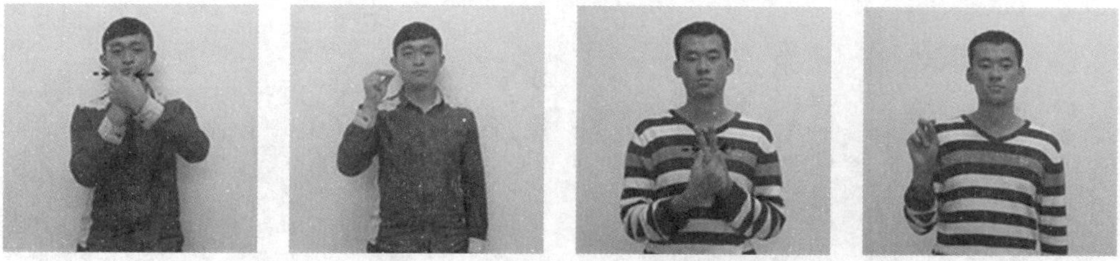

左手拇、食指将右手食、中指捏拢。打手指字母“Q”的指式。

因为

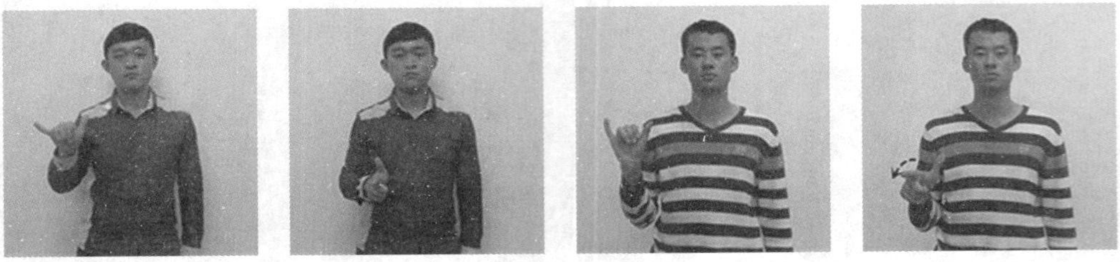

一手打手指字母“Y”的指式。一手伸拇指、食指，在胸前右倾。

所以

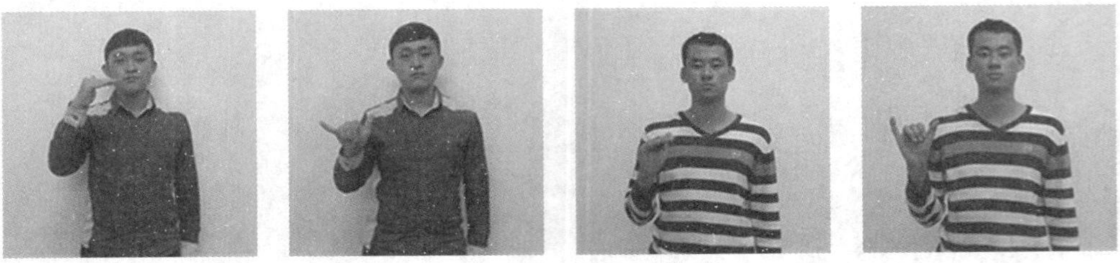

打手指字母“S”的指式。打手指字母“Y”的指式。

常常

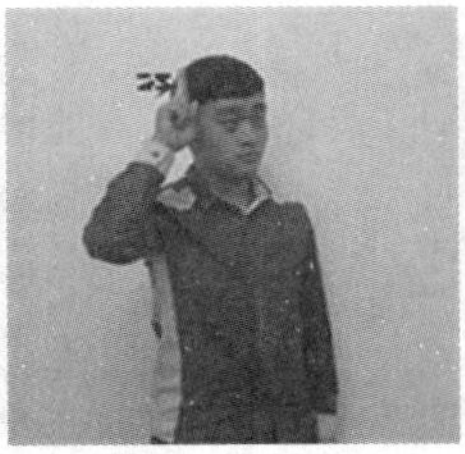

中国手语

一手食、中指在太阳穴碰几下。

自然手语

一手拇、中指捏成圆，置于下颌处，并弹开。

首先

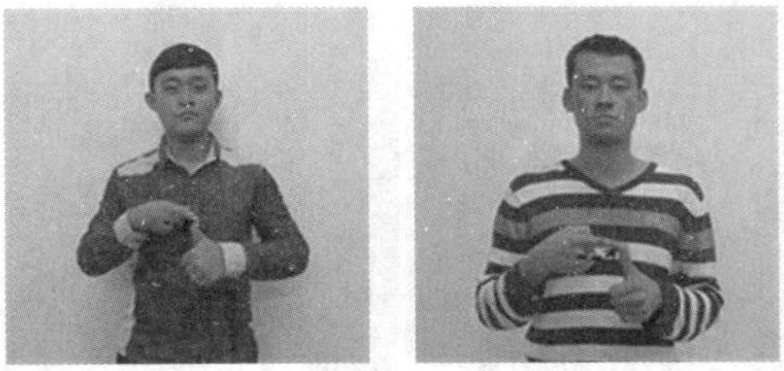

一手食指打另一手拇指。

其次

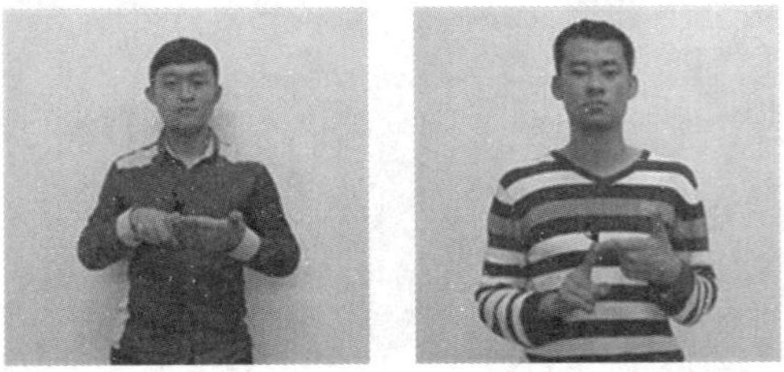

一手食指打另一手食指。

然后

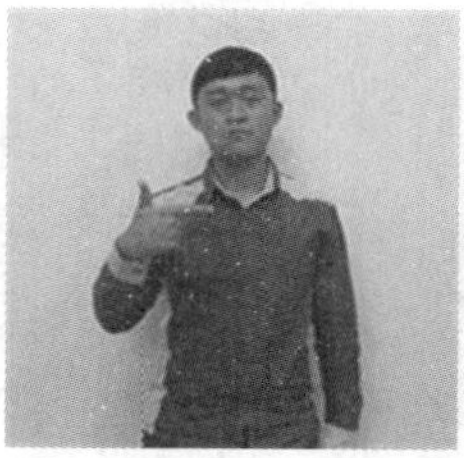

中国手语
一手打手指字母“R”的指式。
右手直立，掌心向外，在身前
向前移动。

自然手语
一手打手指字母“R”的指式。
一手五指微曲，在腰部向身后
扇动一下。

最后

左手横伸小指，右手食指敲一下左手小指。

终于

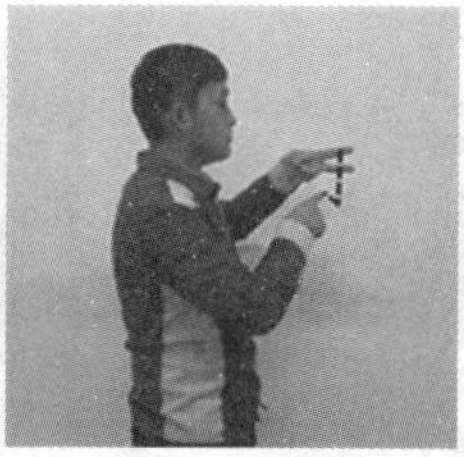

中国手语
一手食指打另一手小指。左手食、中指
伸出，与右手食指搭成“干”字形，
右手向上稍一钩即成“于”字。

自然手语
一手食指打另一手小指。

怎样(怎么)

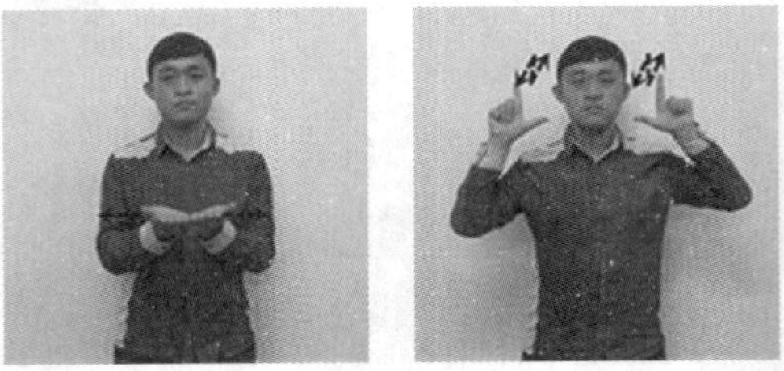

中国手语

双手平伸,掌心向上,从中间向两侧平移。打“样子”的手势。

自然手语

双手握拳,右拳打一下左拳。左拳不动,右拳向上翻开手掌。

什么

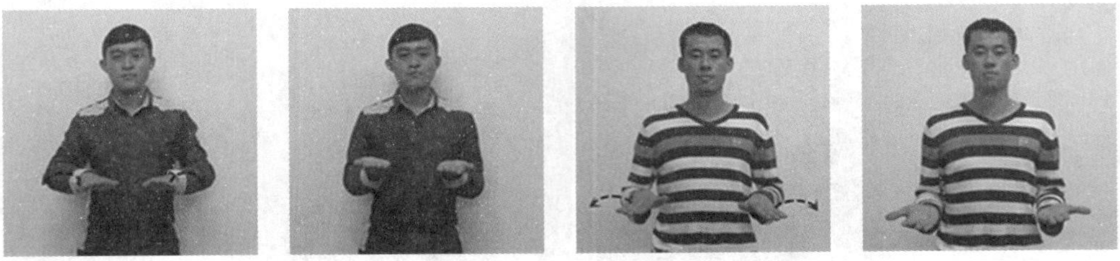

双手伸开,掌心向下,然后翻转为掌心向上。

为什么

一手伸出拇、食指,转动几下。双手伸开,掌心向下。然后双手翻转为掌心向上。

谁(某)

一手伸食指,指尖向上,在肩前摇动。

哪些

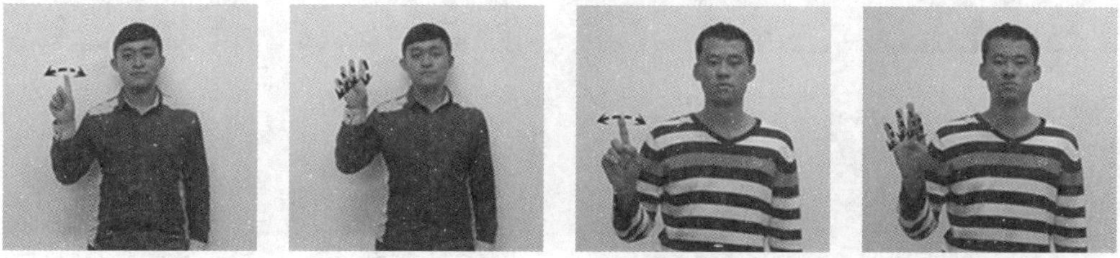

一手食指伸直,左右挥动几下。一手五指伸直,从拇指起依次弯曲五指。

越……越……

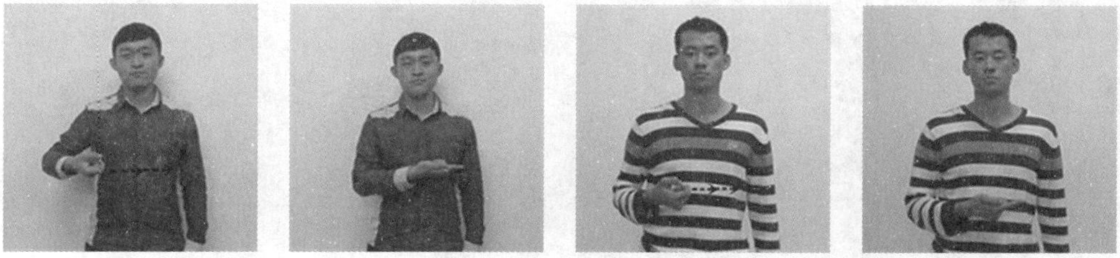

一手拇指先捏于食指指尖,然后手臂边向前一顿一顿移动,
拇指也一顿一顿向食指根部移动。

二、句子训练

1. 每个医生在照顾病人时都各尽所能,常常无微不至地关心病人。

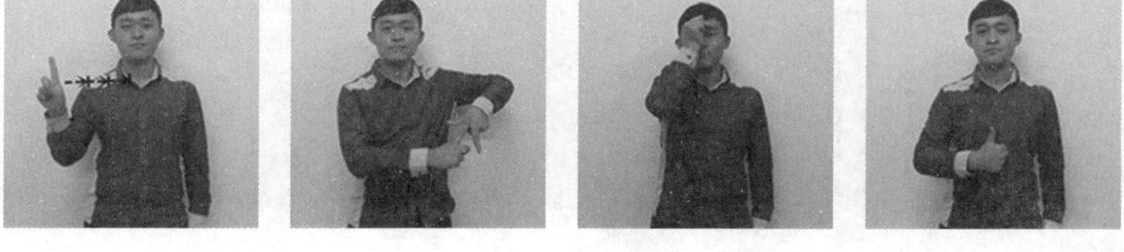

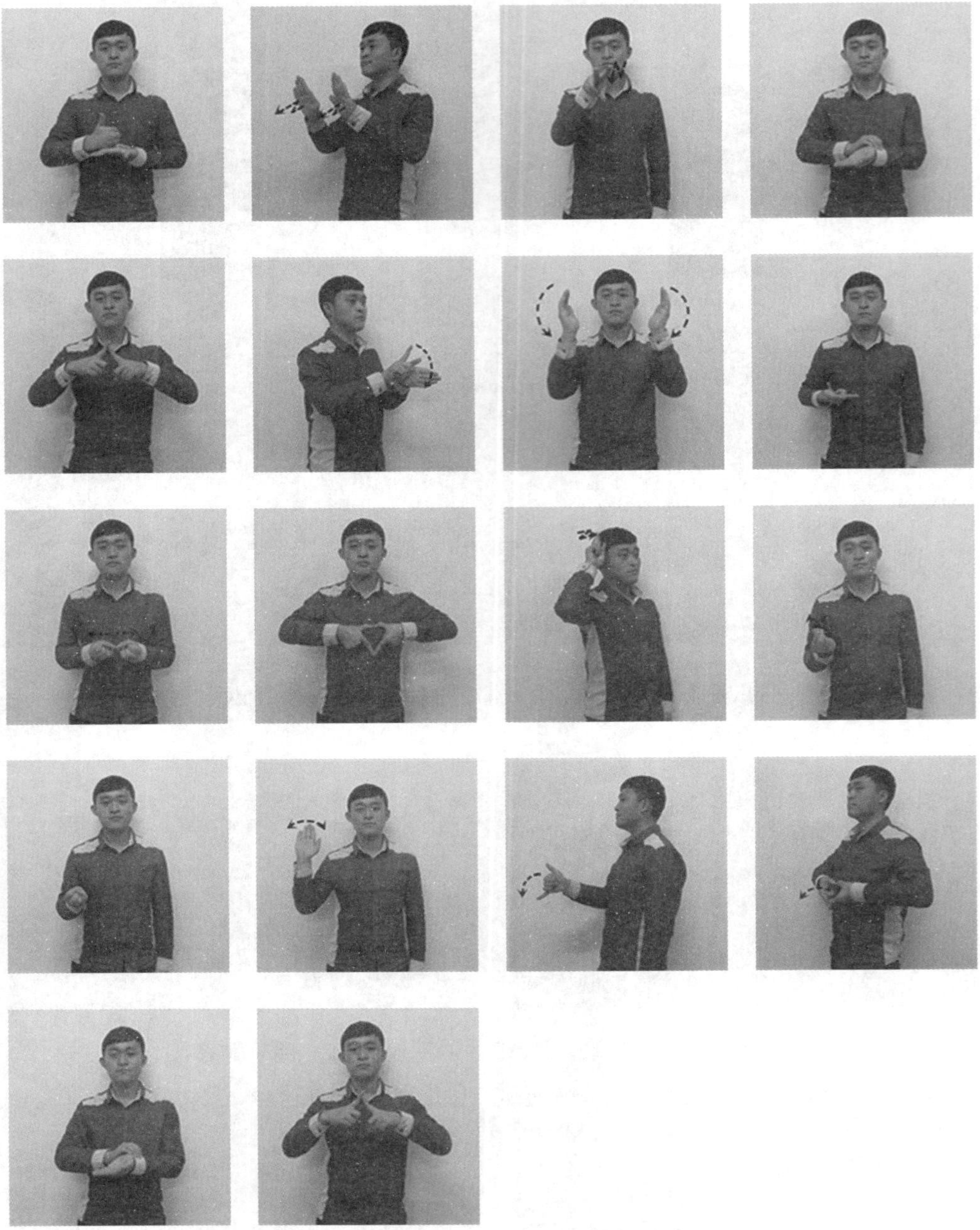

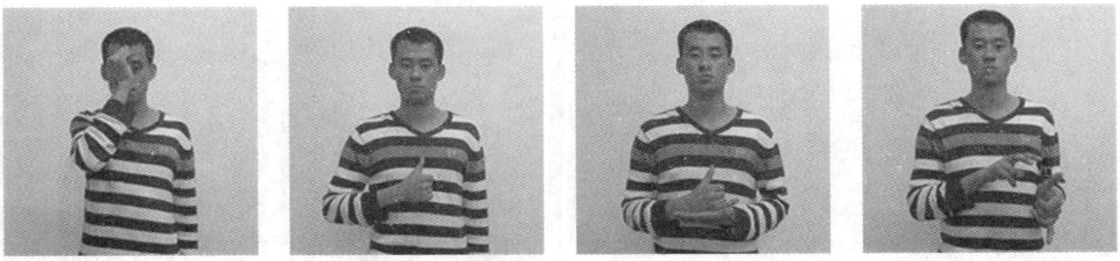

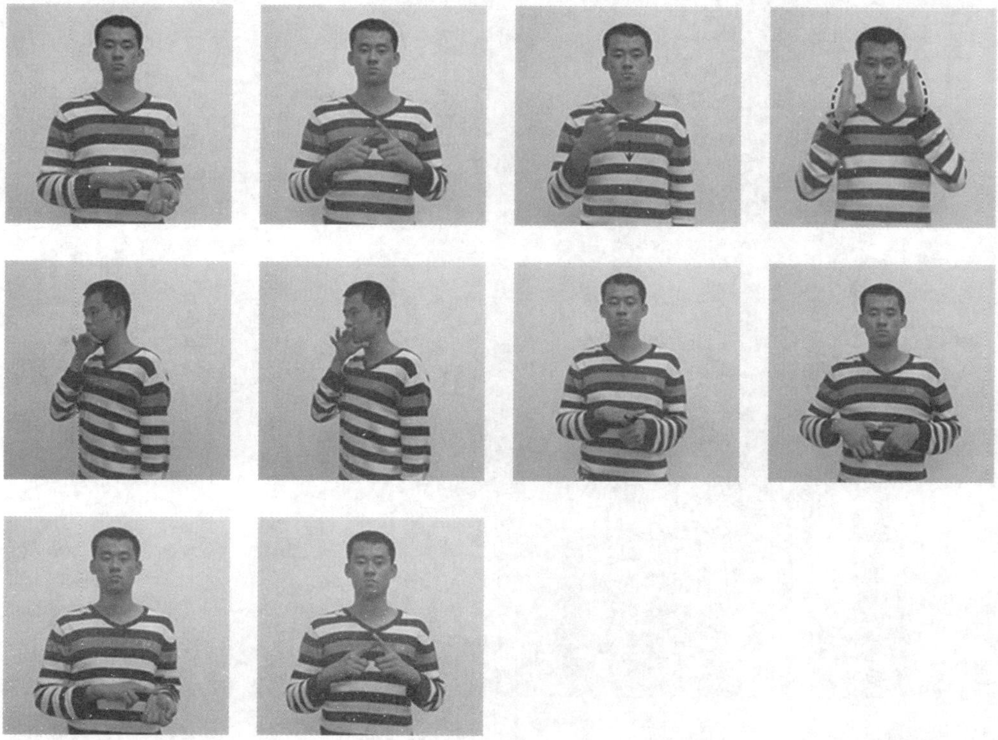

2. 要想学好手语，不但要学习一定数量的词语，更要多实践。

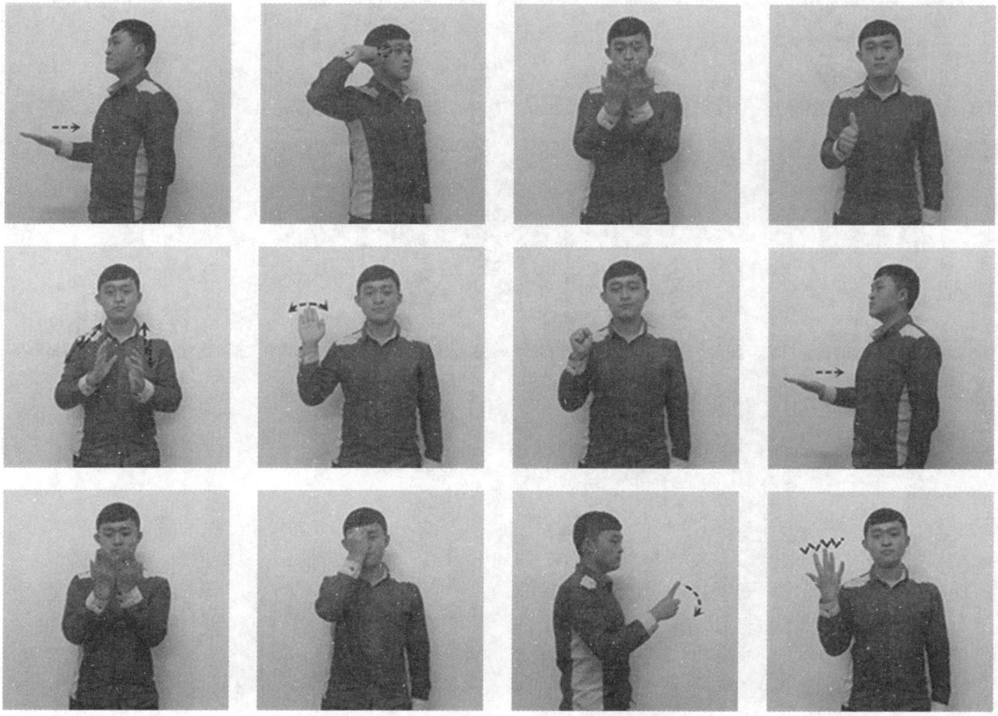

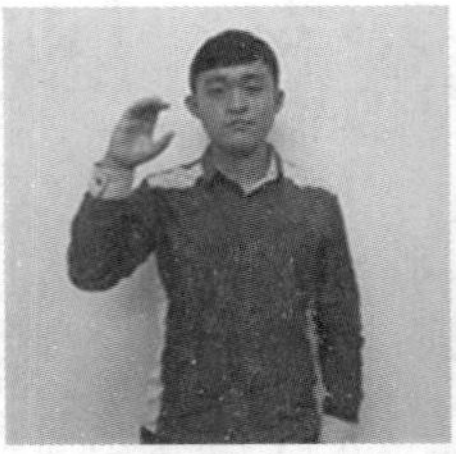

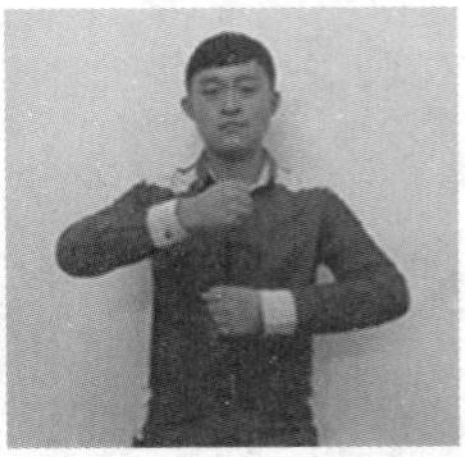

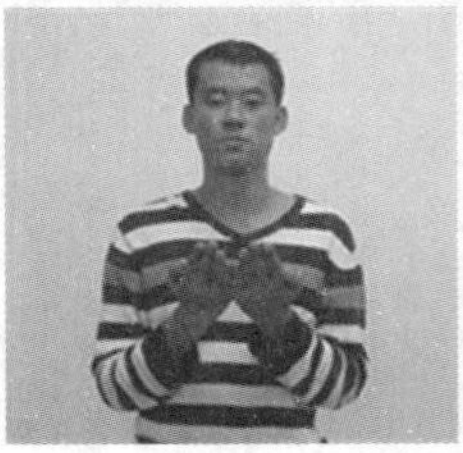
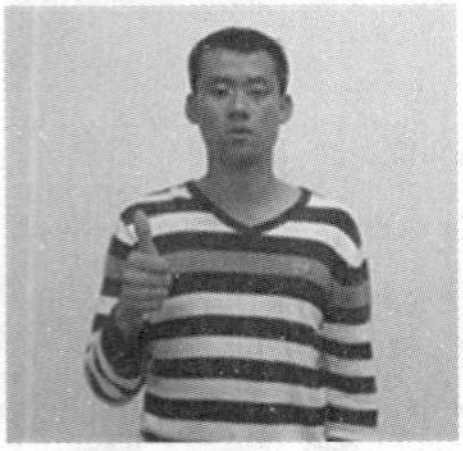

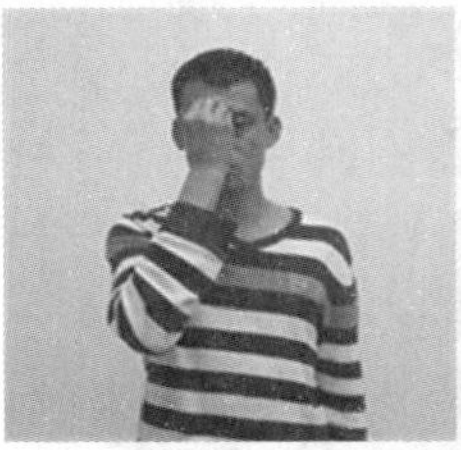

3. 在中国共产党的领导下，我们的生活越来越好了。

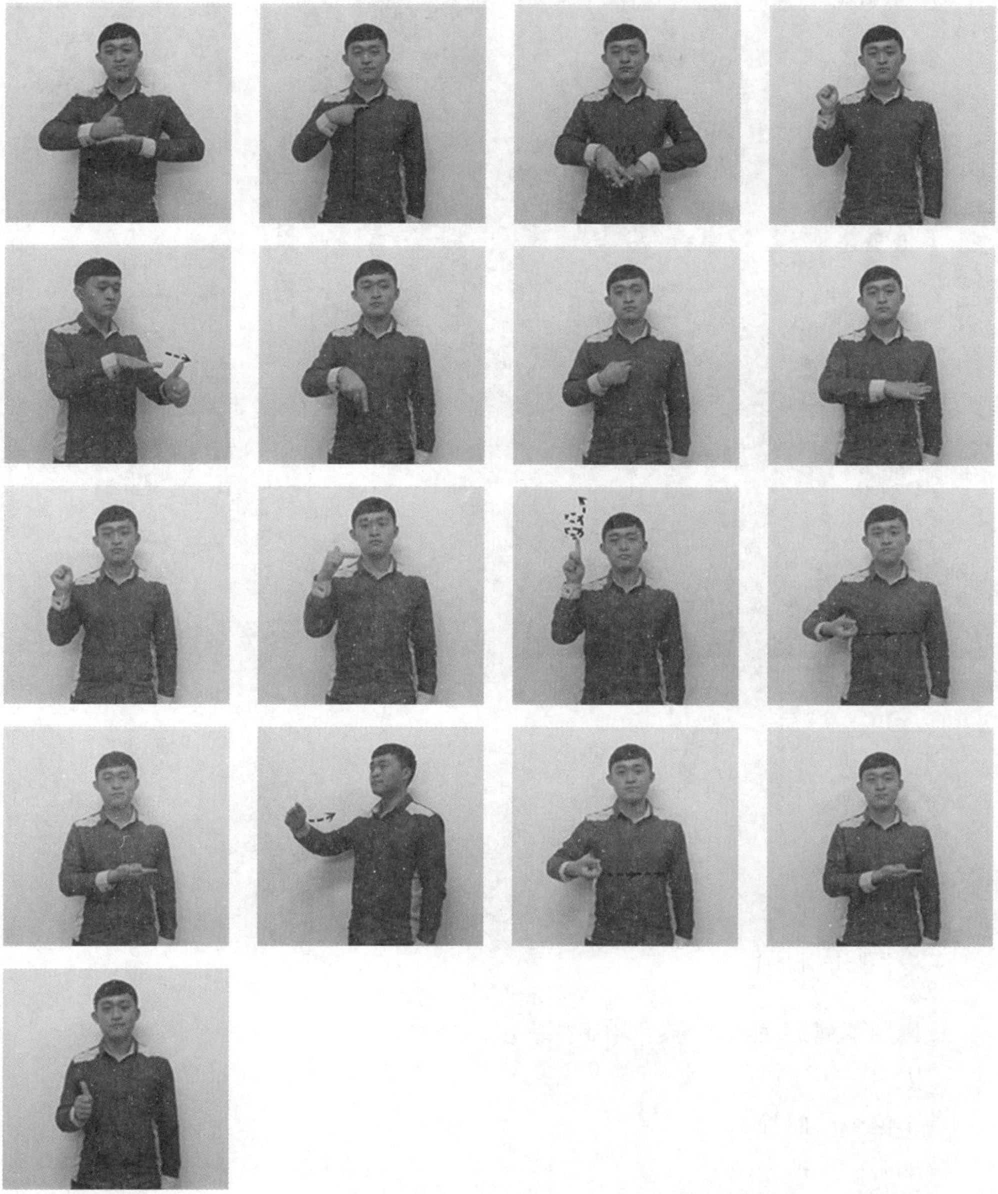

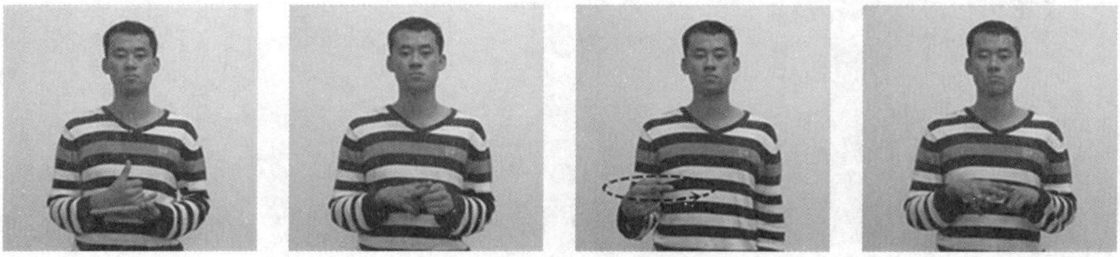

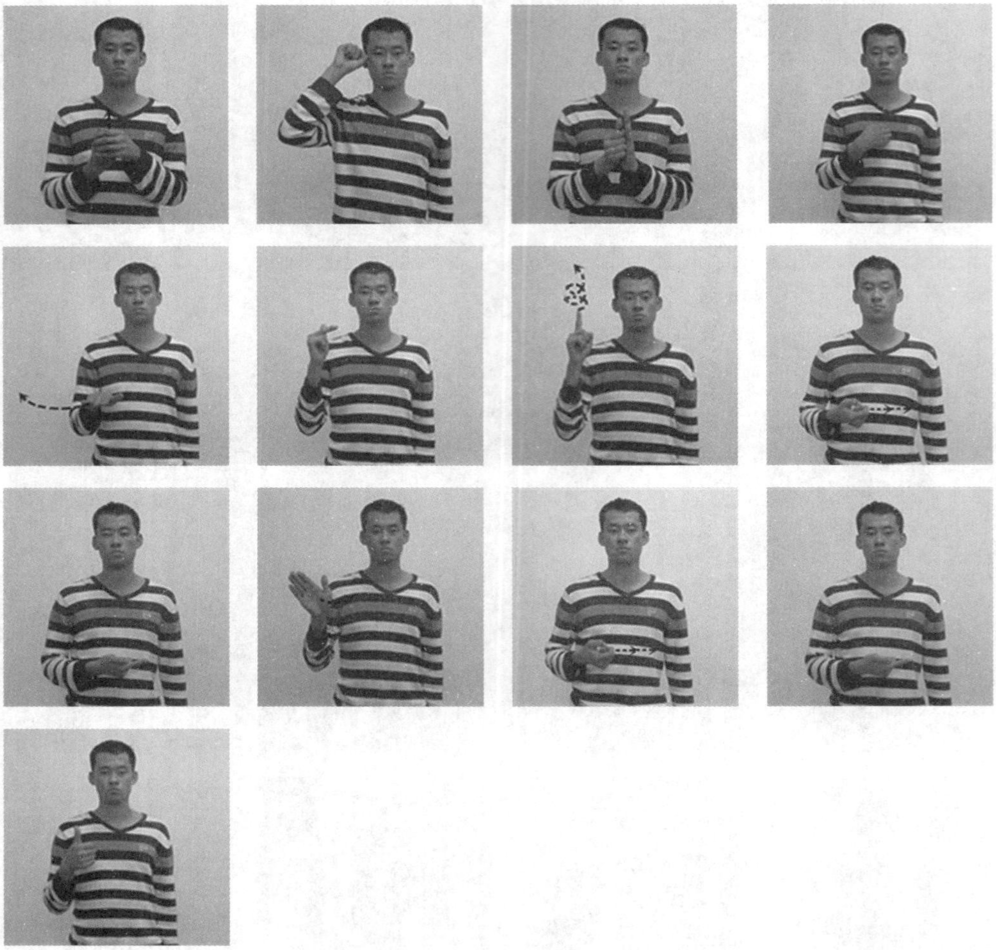

三、同步测试

1. 请用下列关联词造句，并用手语表示出来。

因为……所以……

不但……而且……

如果……就……

越……越……

主题九：民族、宗教

一、词汇

民族

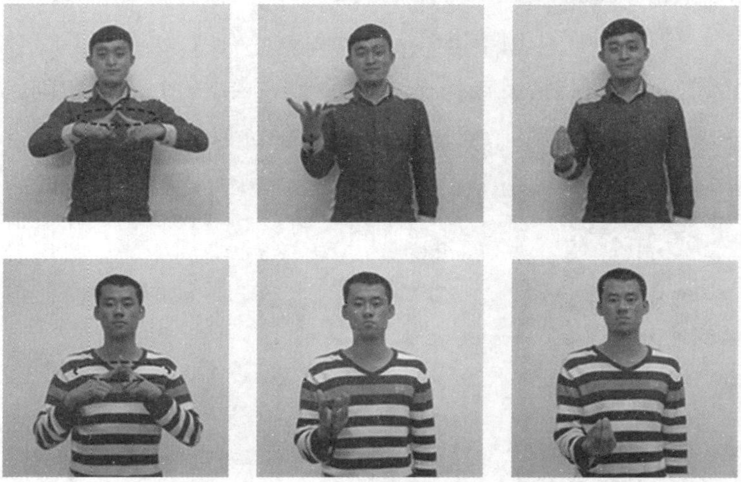

双手食指搭成“人”字形并转一圈。一手五指指尖向上，先张开后撮合，表示一个组合的单位。

汉族

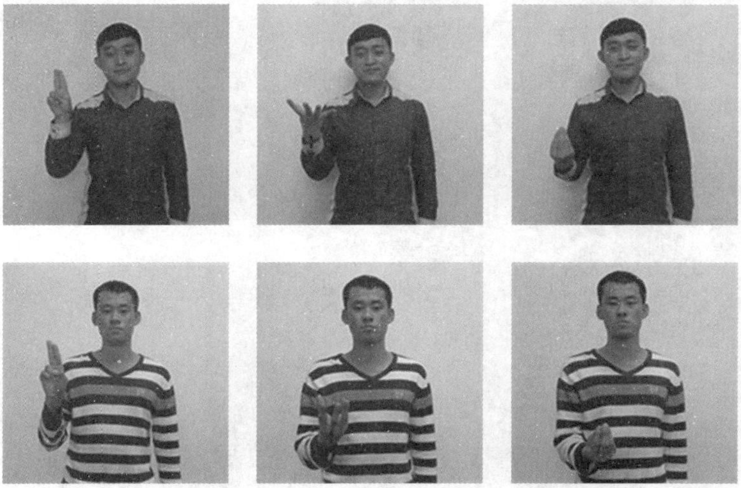

一手打手指字母“H”的指式。一手五指指尖向上，先张开后撮合，表示一个组合的单位。

回族

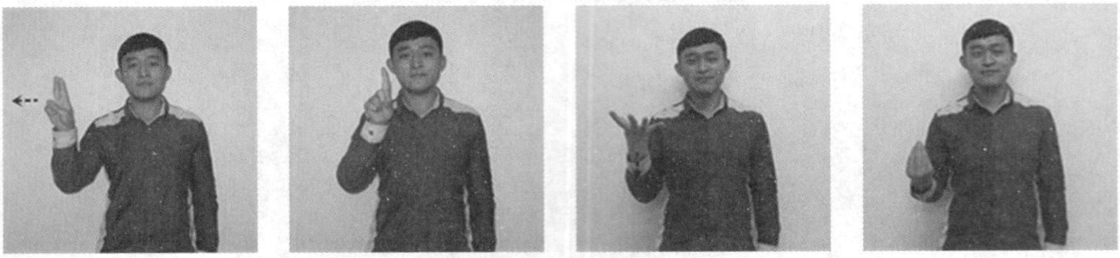

中国手语

打手指字母“H”“I”的指式。一手五指指尖向上,先张开后撮合,表示一个组合的单位。

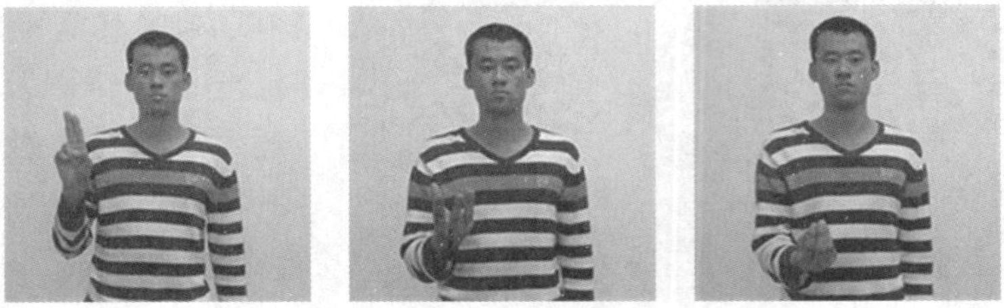

自然手语
打手指字母“H”的指式。一手五指指尖向上,先张开后撮合,表示一个组合的单位。

满族

打“满”的手势。一手五指指尖向上,先张开后撮合,表示一个组合的单位。

蒙古族

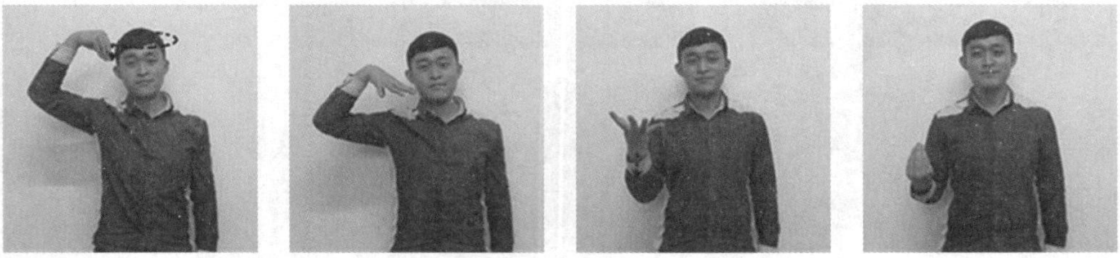

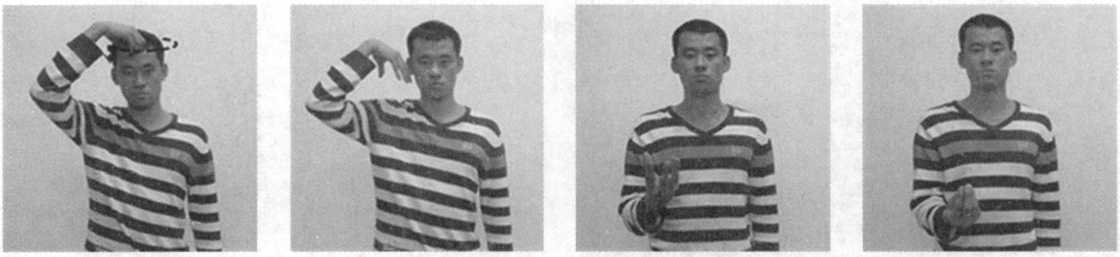

一手五指撮合在头上转一圈，然后张开五指。一手五指指尖向上，先张开后撮合，表示一个组合的单位。

基督教(天主教)

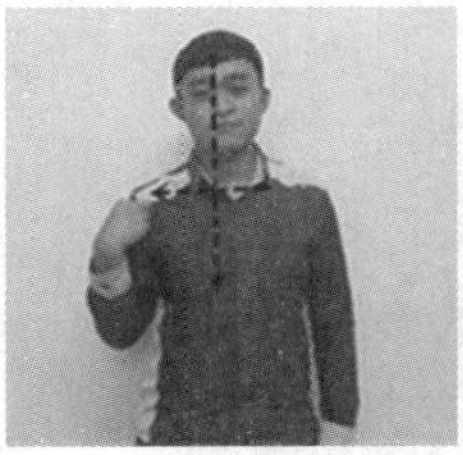

右手拇、食、中指撮合，先自眉间至胸前，再自左肩至右肩画“十”字。

祈祷

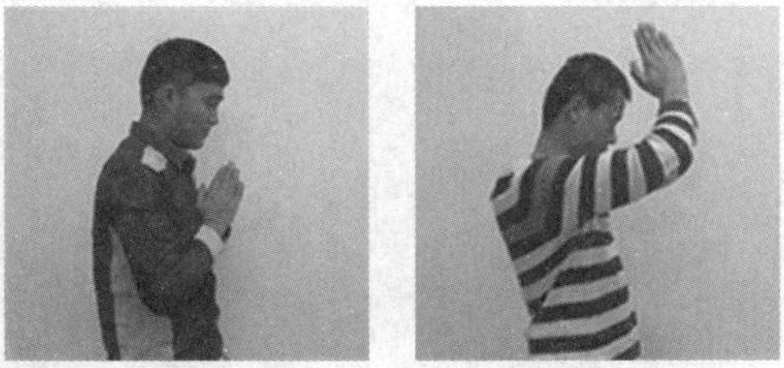

双手合十，在胸前微微低头。

教堂

中国手语

打“基督教”的手势。打“房子”的手势。

自然手语

打“教育”的手势。打“房子”的手势。

天堂

一手伸食指，指尖朝上，在头侧方转动一圈。双手斜伸，指尖相对，搭成“∧”形。

地狱

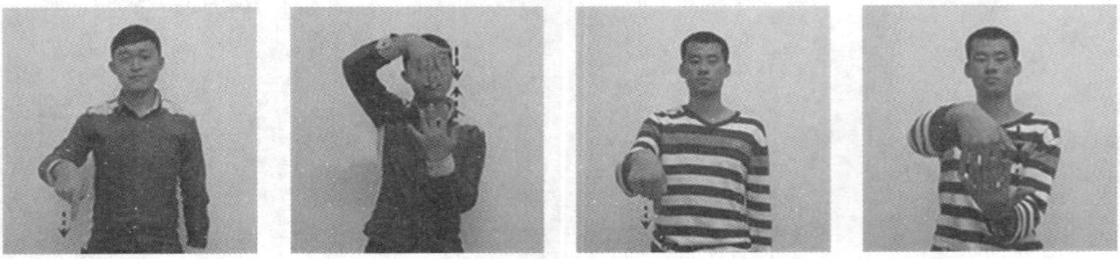

一手食指向下一指。双手五指伸直叉开，指尖上下相对，如监狱铁门状。

佛教（和尚）

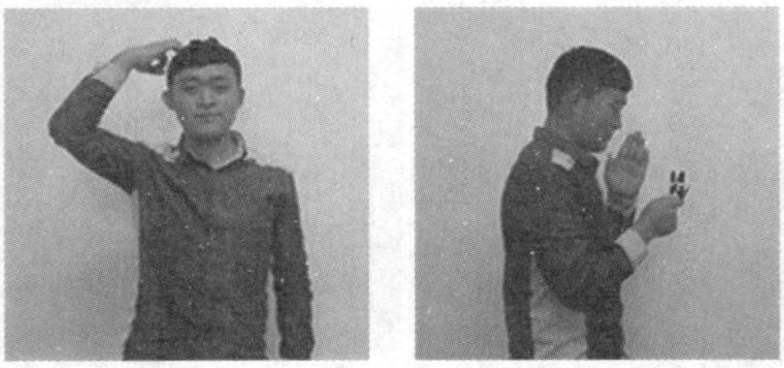

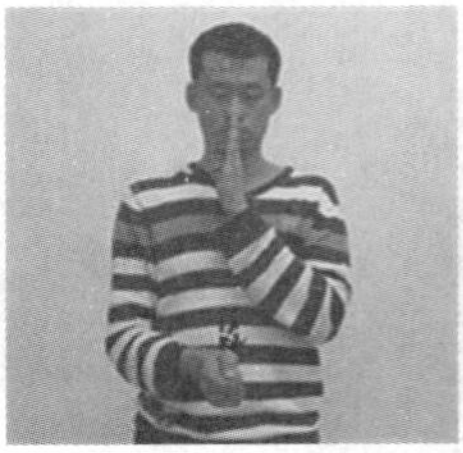

中国手语

一手伸出中、无名、小指，在头顶上点两下，象征和尚头顶上的“香火洞”。一手手掌侧立置于胸前，另一手做敲木鱼状。

自然手语

一手手掌侧立置于胸前，另一手做敲木鱼状。

道教（道士）

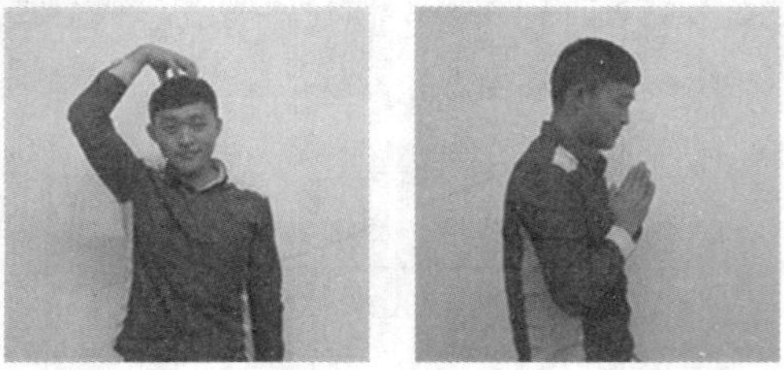

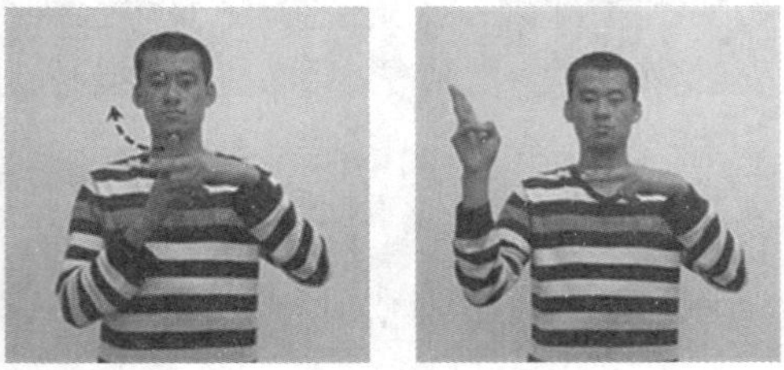

中国手语

一手五指虚撮，指尖抵于头顶上，象征道士的发髻。双手合“十”置于胸前，低头做祈祷状。

自然手语

双手伸出食指、中指，左手平放，右手与左手十字交叉，右手从左侧滑向右侧。

算命

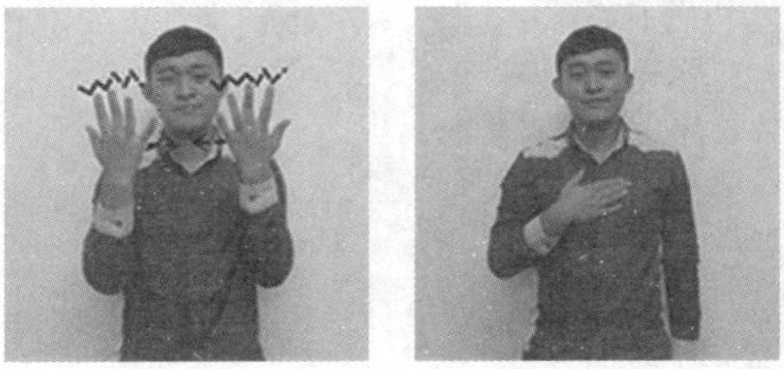

中国手语

打“数”的手势。一手拍一下胸口。

自然手语

一手做捋胡子状,一手拇指与其他四指掐算。

迷信

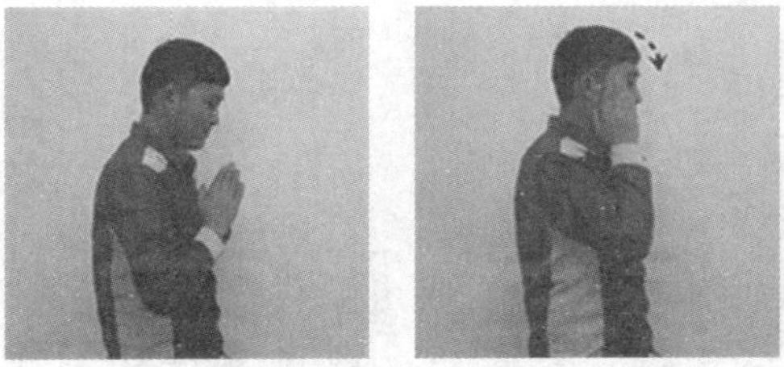

中国手语

双手合掌紧靠鼻前,微微抖动几下。一手置于太阳穴处,微微低头。

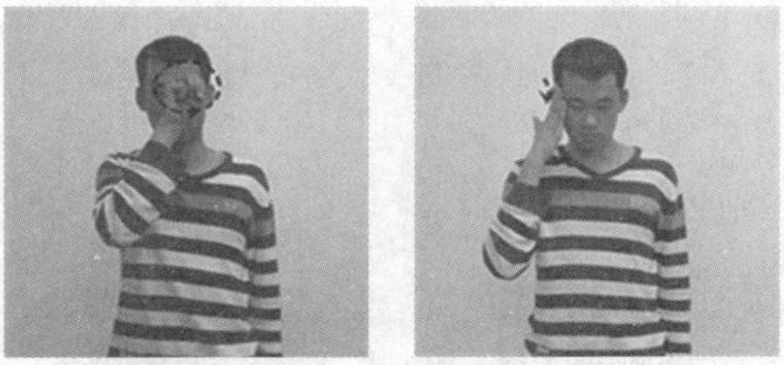

自然手语

打“M”的手势,在前额画圈。一手置于太阳穴处,微微低头。

二、句子训练

1. 汉族是我国人口最多的民族。

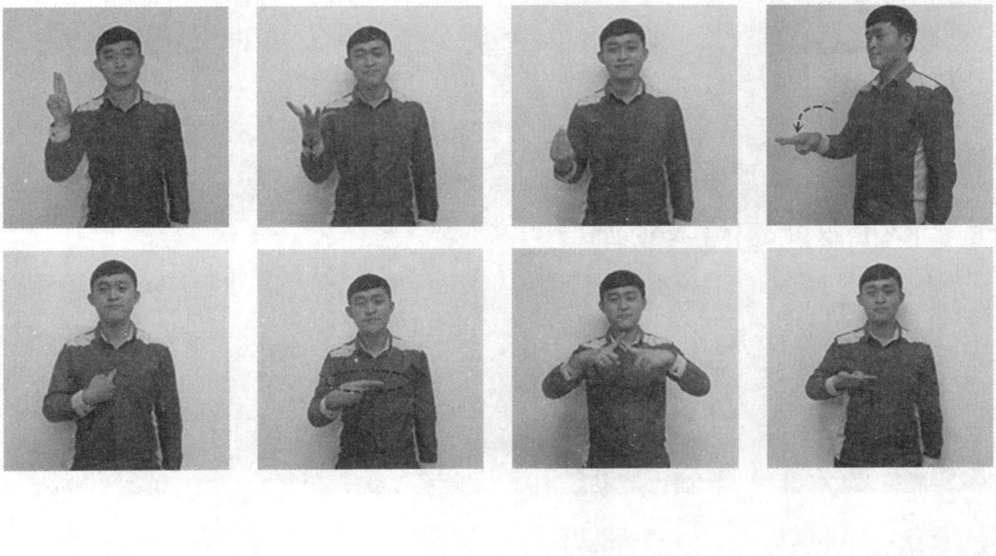

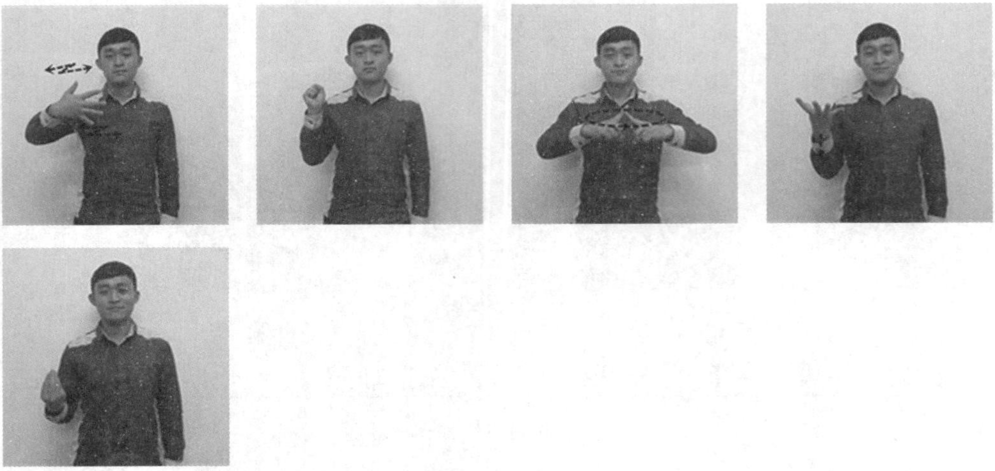

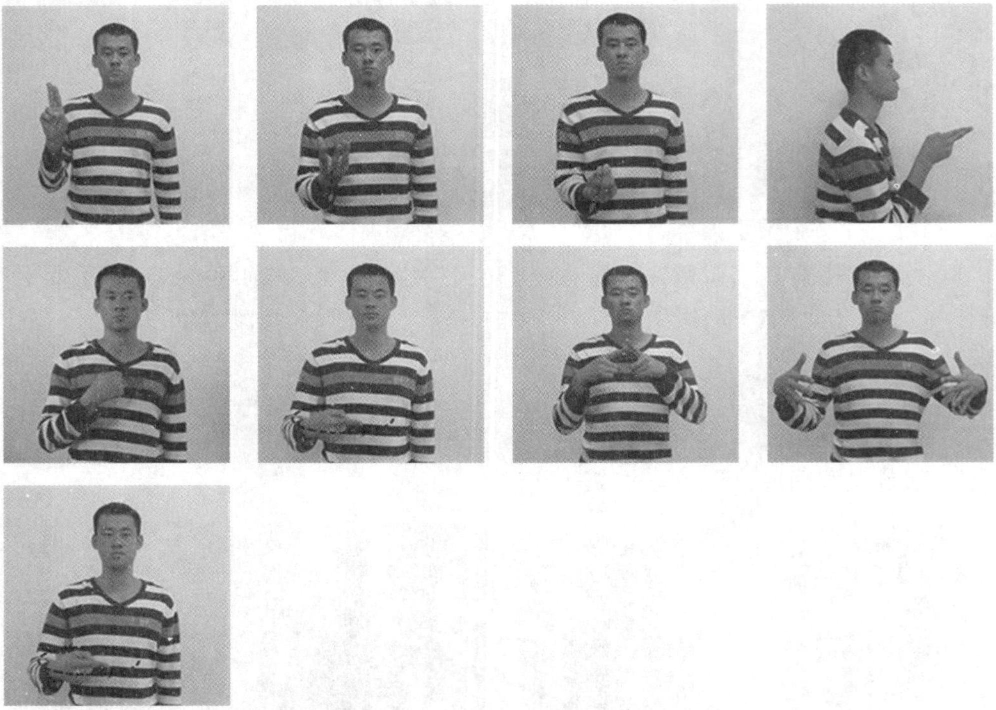

2. 我们应该相信科学，反对迷信。

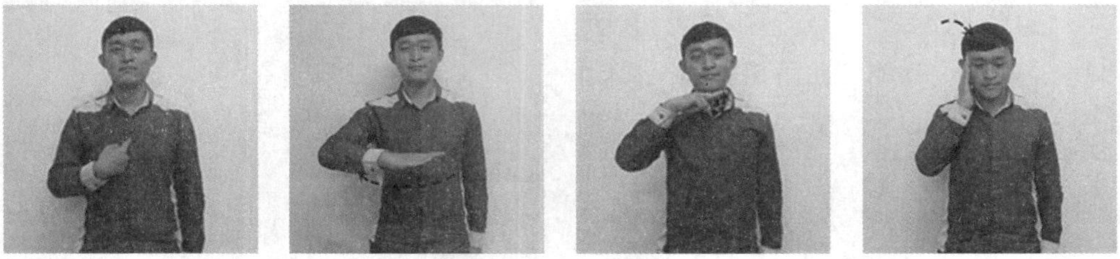

3. 中国是一个历史文化悠久的文明古国。

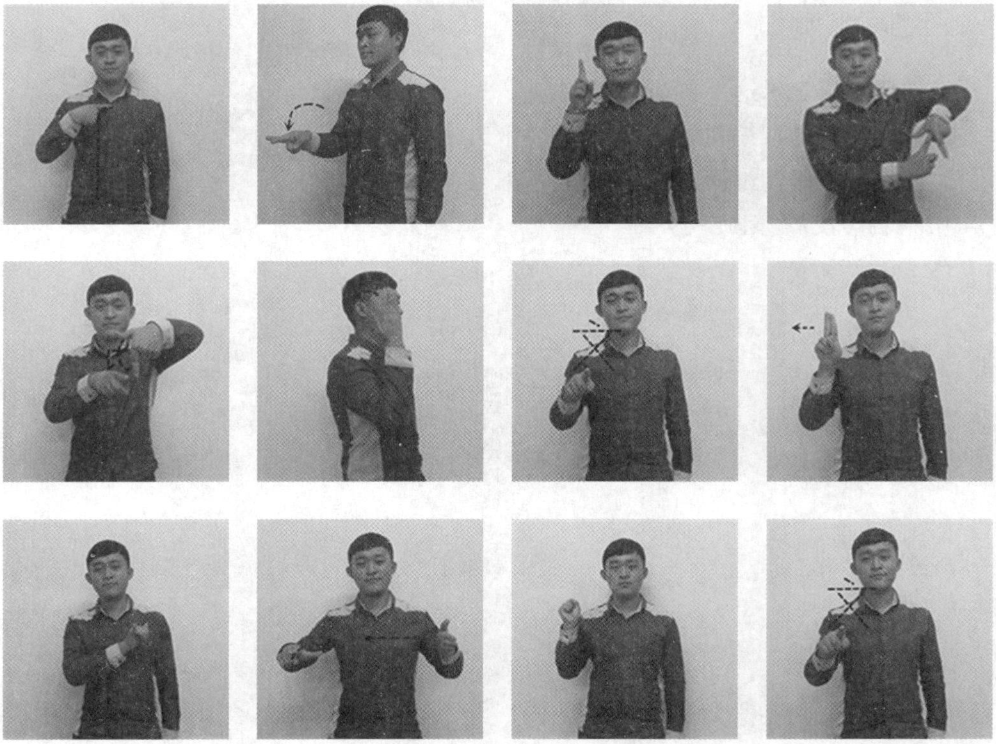

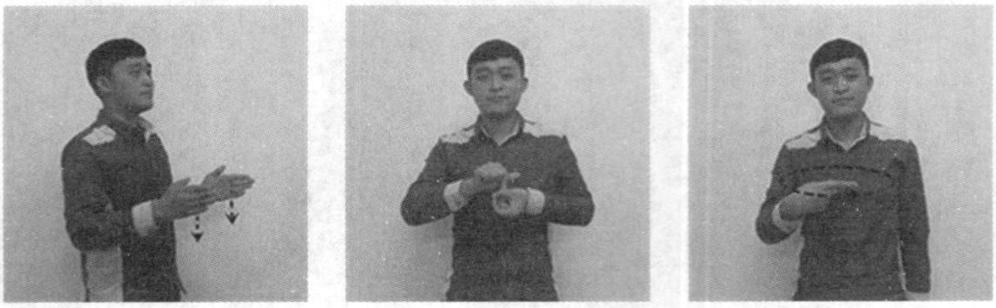

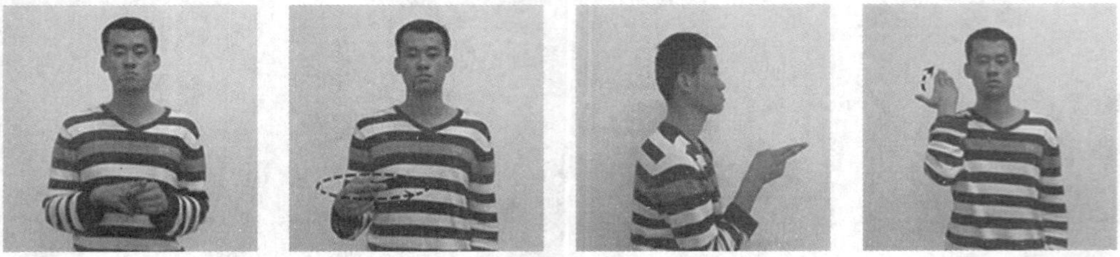

三、同步测试

1. 请用手语表示这个主题的词。
2. 请用所学的词编句子,再用手语表示出来。
3. 请比较下面几组词,并用手语表示出来。

(1)民族、汉族、回族

(2)宗教、祈祷

主题十:国防、外交

一、词汇

海军

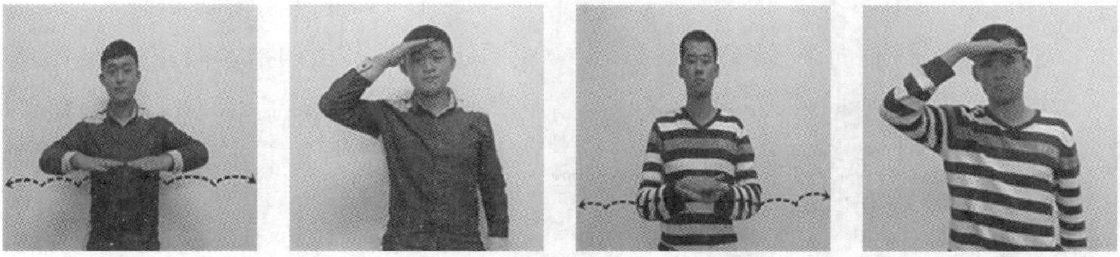

双手平伸,掌心向下,向两旁做波浪状移动。右手平伸,掌心向下,贴于额前。

空军

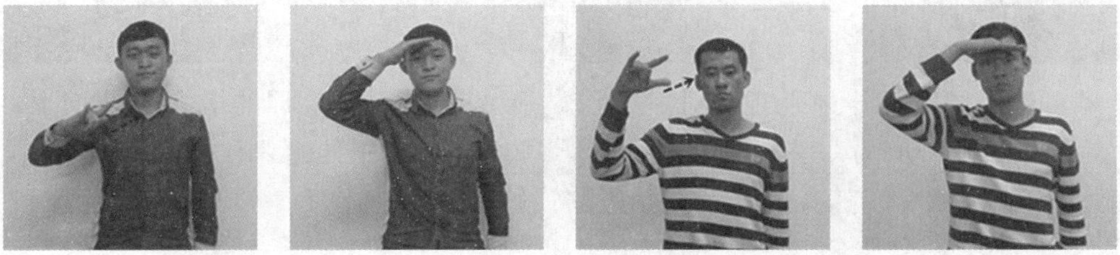

一手伸出拇、食、小指,并向斜上方移动。右手平伸,掌心向下,贴于额前。

队伍

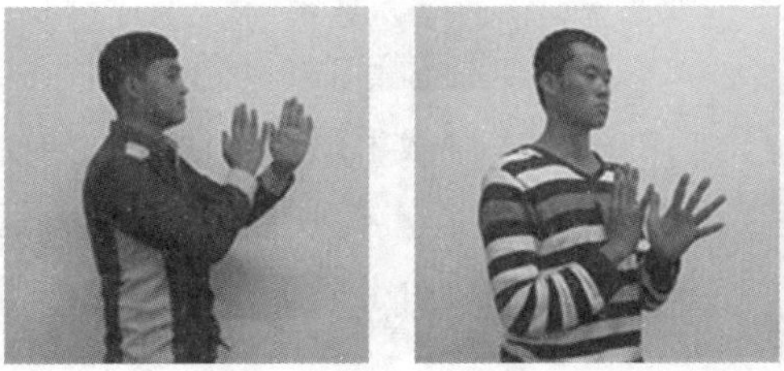

双手五指张开,指尖朝上,一前一后,排成一行。

战争

双手拇、食指伸直,食指指尖相对。双手互相对戳,象征交战双方的武器相对。

保卫

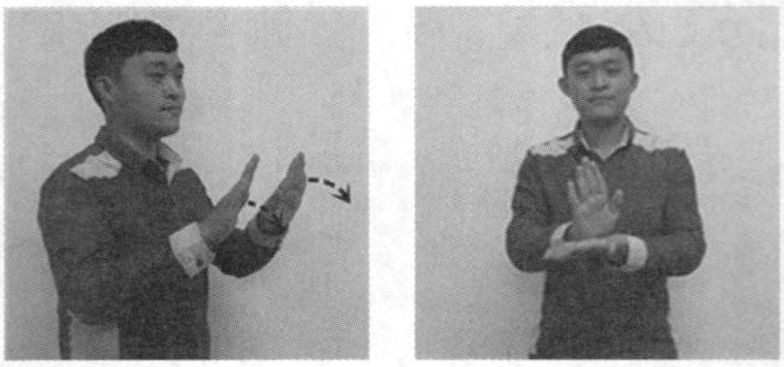

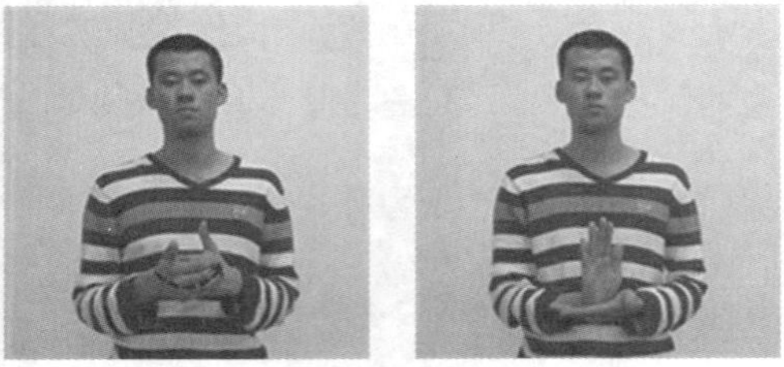

中国手语

双手斜伸，掌心向下，按动一下。右手直立，掌心向外，左手手掌托右手手腕置于肩前。

自然手语

左手伸拇指，其他四指弯曲，右手四指从左手手指向手背方向转半圈。右手直立，掌心向外，左手手掌托右手手腕置于肩前。

胜利(赢)

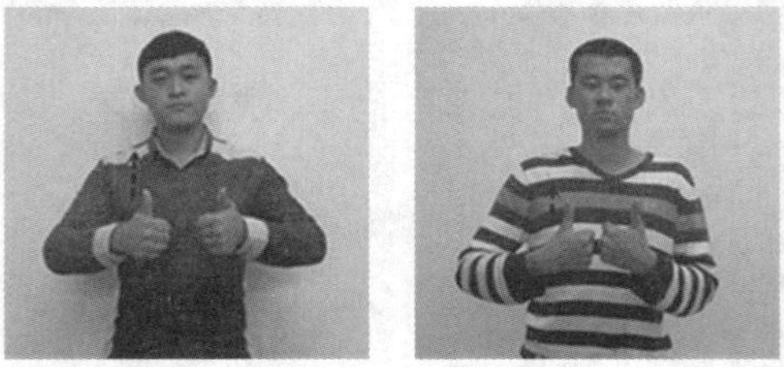

双手伸出拇指，在胸前相对。一手不动，另一手向上举。

牺牲

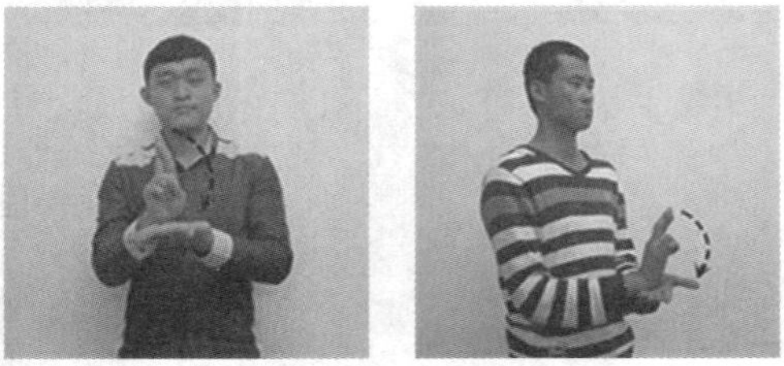

一手打手指字母“X”的指式，指尖向上，放于另一手平伸的掌心上向一侧倾倒。

失败(输)

中国手语

左手伸出拇指。右手先伸出拇指，再改为伸小指，指尖朝下一甩。

自然手语

左手伸出小指。右手伸出小指，指尖向上，由上向下移动。

敌人(仇人)

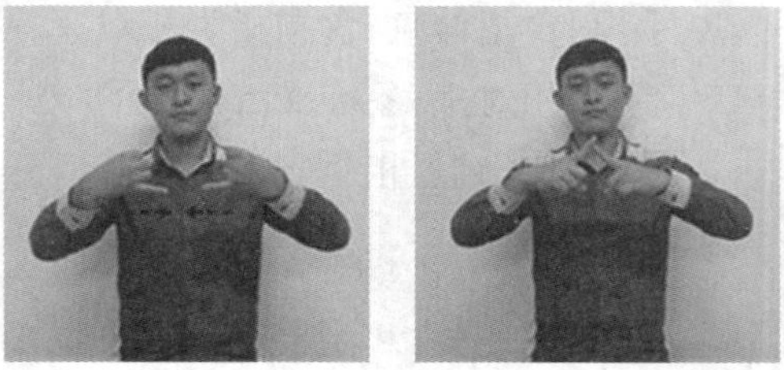

双手伸小指，指尖相对，表示敌对之意。双手搭成“人”字形。

武器

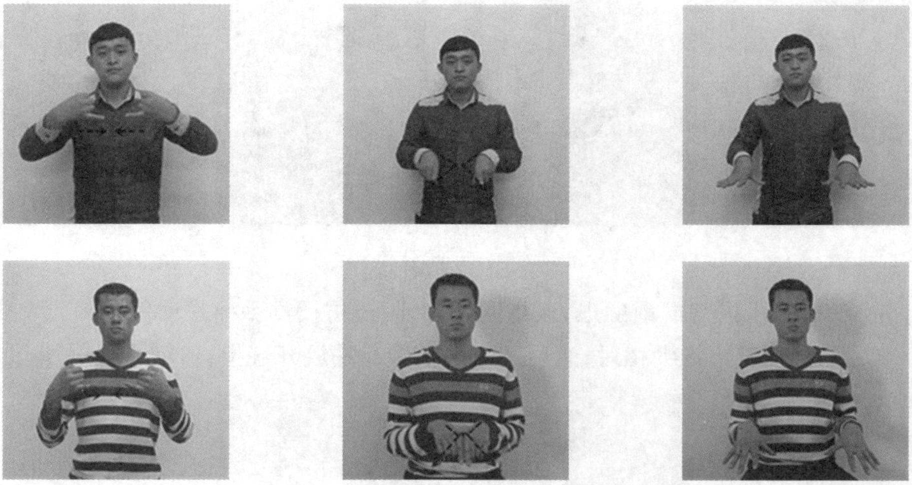

双手小指对触几下，象征手枪互击。双手先以食指互碰一下，
然后分开，并张开五指。

手枪

一手伸出拇、食指，指尖微曲，如握手枪射击状。

子弹

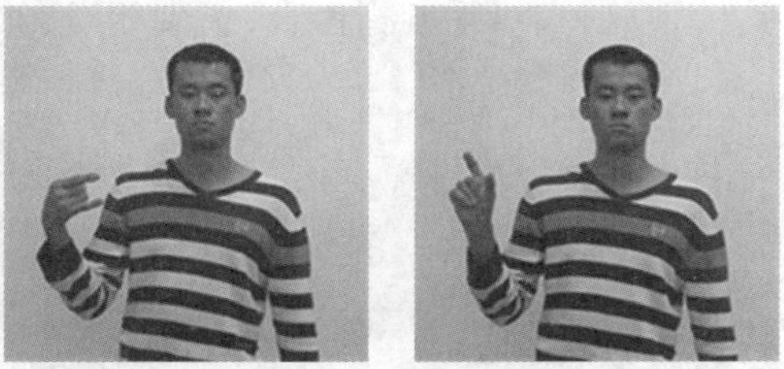

中国手语

双手做持步枪射击状。一手拇、食指相对，相距约两寸，表示步枪子弹。

自然手语

打“Z”的手势。一手拇、食指相对，相距约两寸，表示步枪子弹。

手榴弹

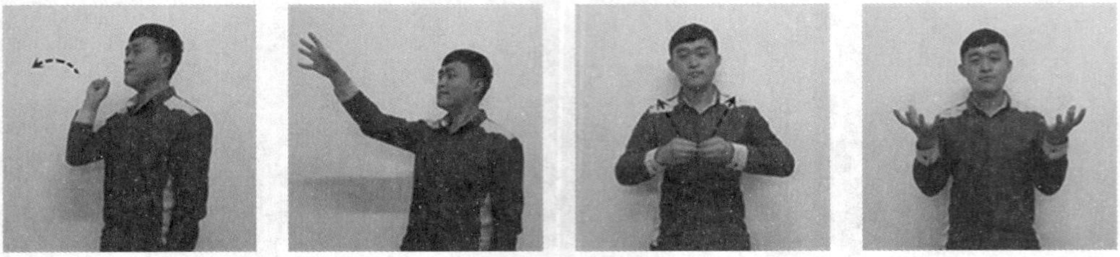

中国手语

一手握拳向前猛甩，五指同时放开，模仿投掷手榴弹动作。
双手五指撮合，指尖相对，然后迅速向上弹起并放开五指，象征炸弹爆炸。

自然手语
如拉手榴弹状，并抛出。

炸弹

中国手语

右手伸出拇、食、小指，左手食指指尖朝前置于右手手掌下，然后垂直下移。
双手五指撮合，指尖相对，然后迅速向上弹起并放开五指。

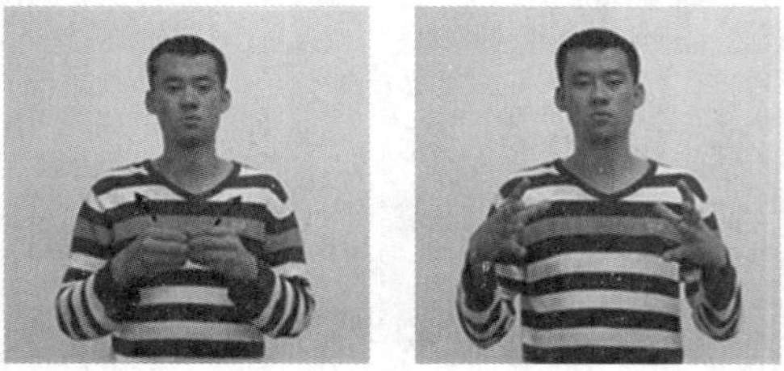

自然手语
双手五指撮合，指尖碰一下，然后向两侧移动并放开五指。

地雷

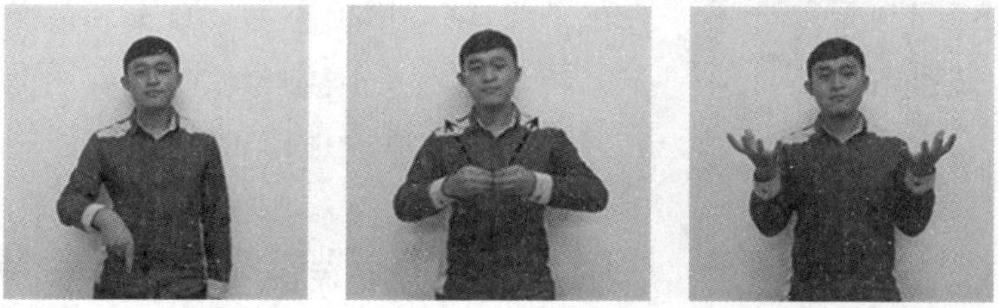

中国手语

一手食指向下指。双手五指撮合，指尖相对，然后迅速向上弹起并放开五指。

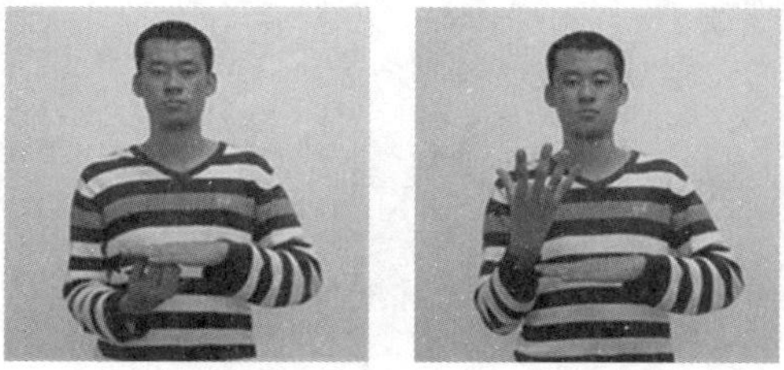

自然手语

左手平伸，掌心向下，右手虚握在左手下，右手向上移动的同时张开五指。

导弹

中国手语

一手五指捏住另一手食指指尖，由下向前上方迅速移动。双手五指撮合，指尖相对。然后双手迅速向上弹起并放开五指。

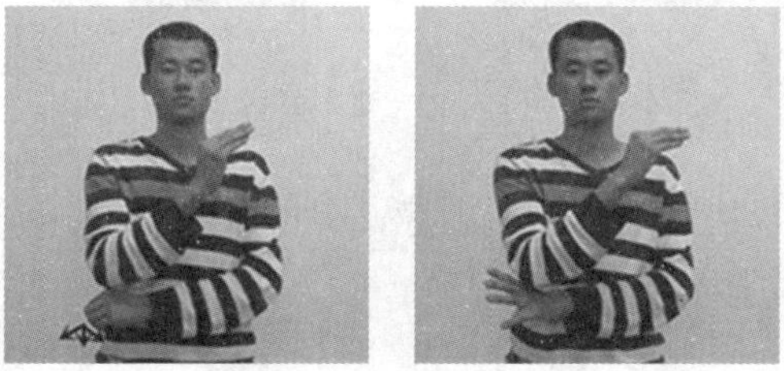

自然手语

右手五指撮合，左手虚握置于右肘下，并张开五指。

原子弹

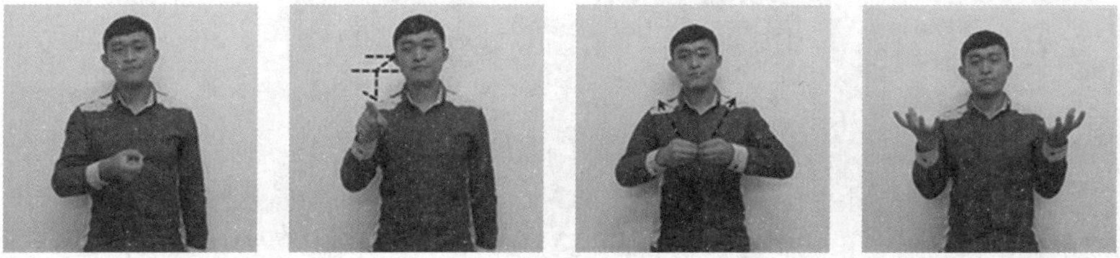

中国手语

一手拇、食指捏成小圆圈。一手食指书空“子”字。双手虚握在胸前，向两侧移动的同时展开双手。

自然手语

左手平伸,掌心向上不动。右手五指撮合,指尖在左手掌心上碰一下,然后向上提起并放开五指,象征原子弹爆炸后的蘑菇云。

降落伞

左手五指向下张开;右手拇、小指伸出,置于左手下,同时由上往下移动,如降落伞的形状。

望远镜

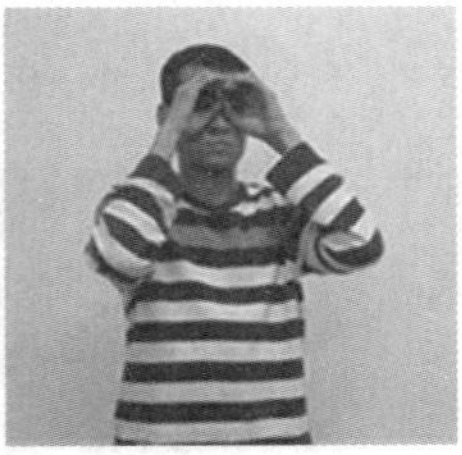

双手虚握成圆筒形,虎口贴在两眼上,模拟使用望远镜的动作。

联合国

双手拇、食指互相套环,并转动一下。打手指字母“G”的指式并转动一圈。

会谈(交涉)

中国手语

双手伸出拇、小指,相互靠近。双手伸出食指,指尖相对,在嘴前交替转动。

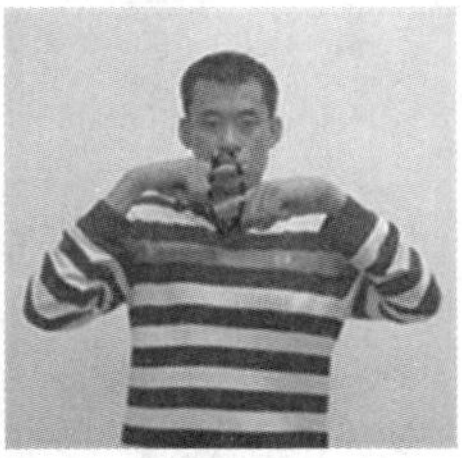

自然手语

打“会”的手势。双手伸出食指,指尖相对,在嘴前交替转动。

谈判

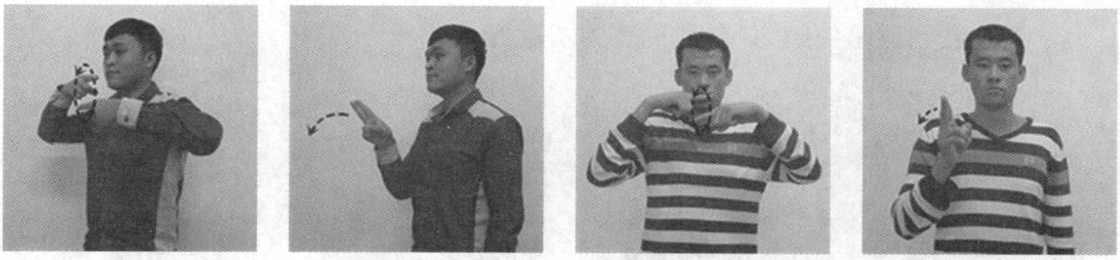

打“谈”手势。一手伸出食、中指，同时向下一顿。

公约

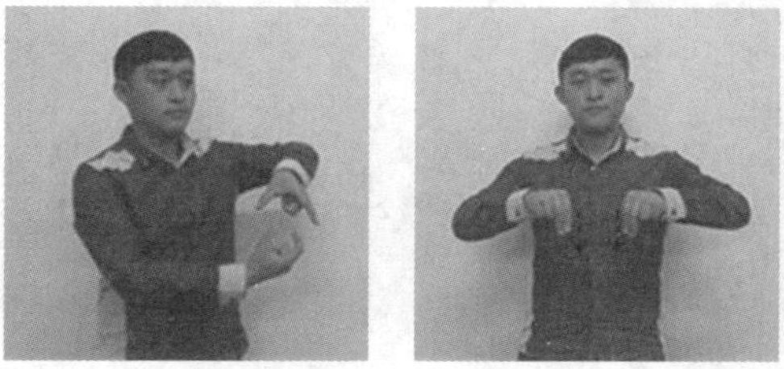

中国手语

双手拇、食指搭成“公”字形。双手拇、食、中指撮合，向下一按。

自然手语

双手拇、食指搭成“公”字形。双手伸拇指，向下一按。

条约

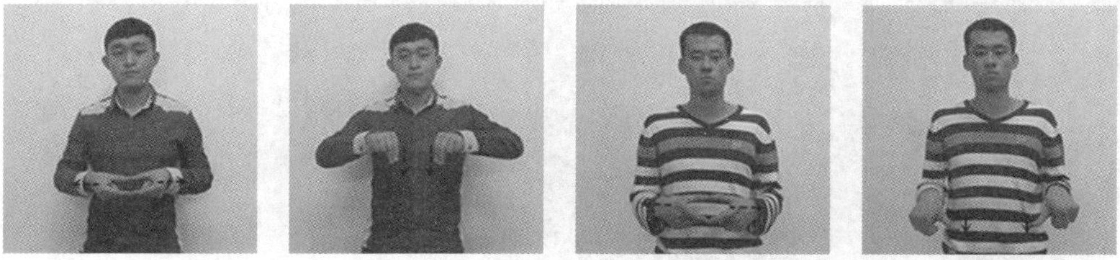

双手拇、食指弯曲相对，由中间向两侧拉开。双手拇、食、中指相捏（或双手伸出拇指），向下一按。

护照

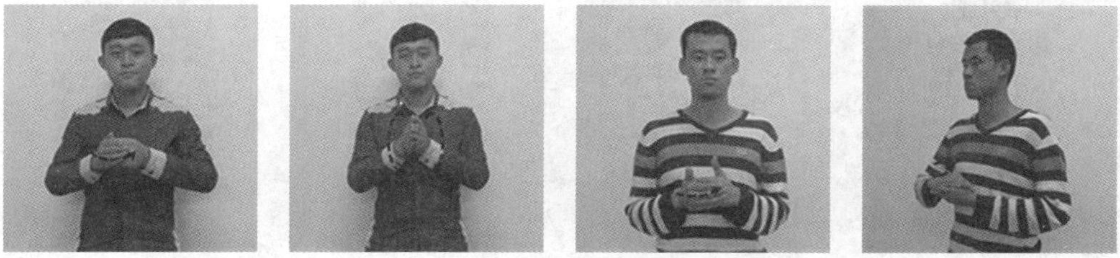

左手伸出拇指，右手五指微曲，绕左手拇指半圈。双手合轧掌，左右翻开。

二、句子训练

1. 无论胜利还是失败，只要我们努力了就好。

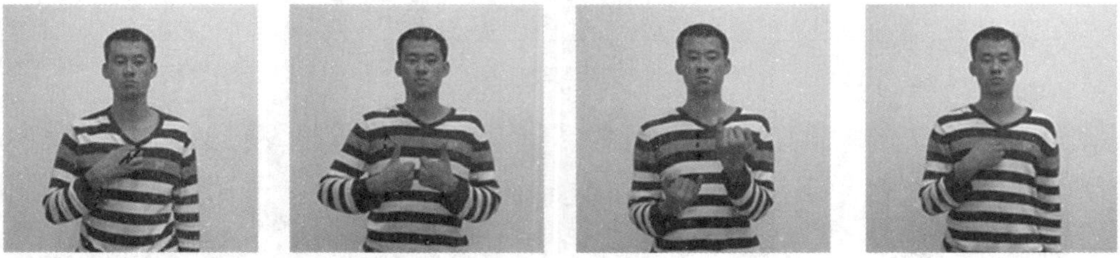

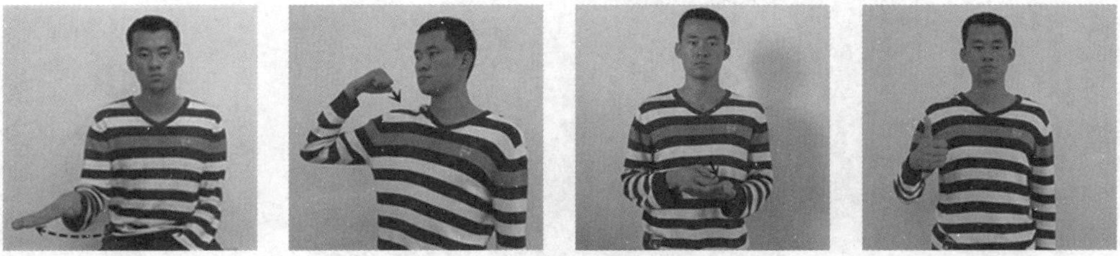

2. 我们要到国外旅游，必须先办理护照。

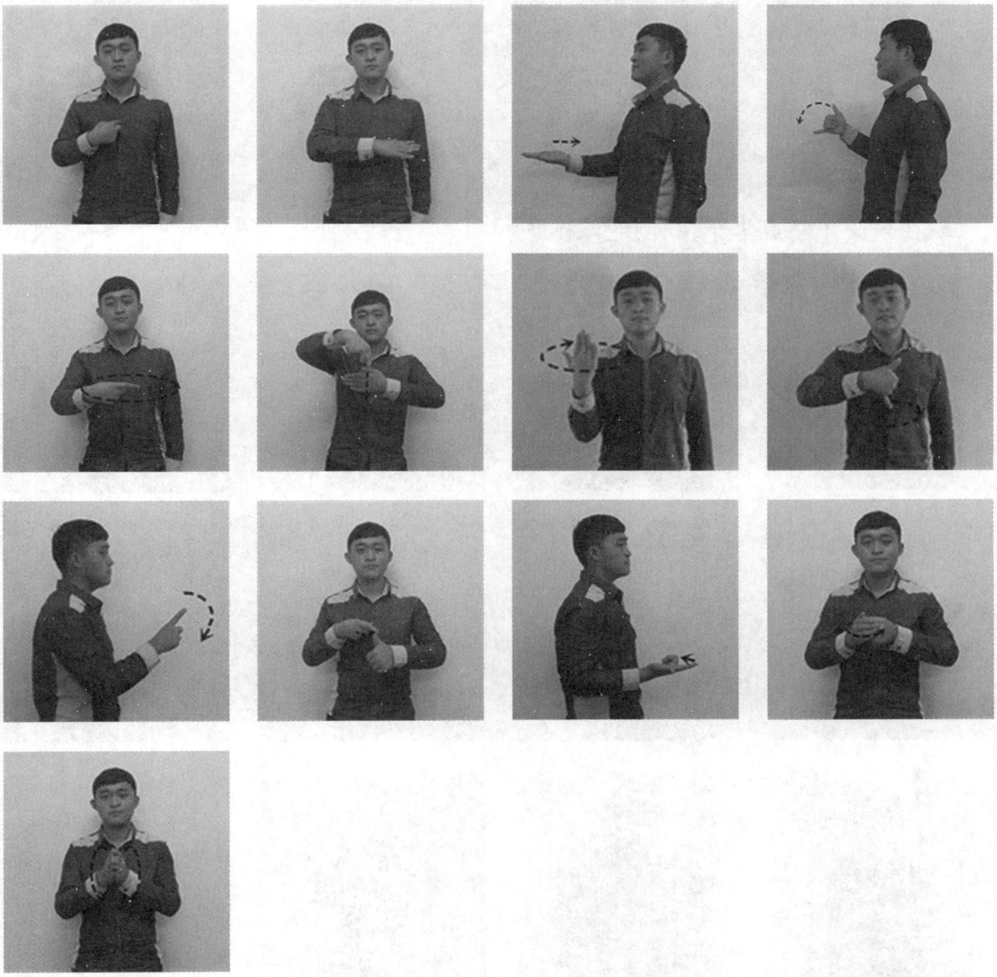

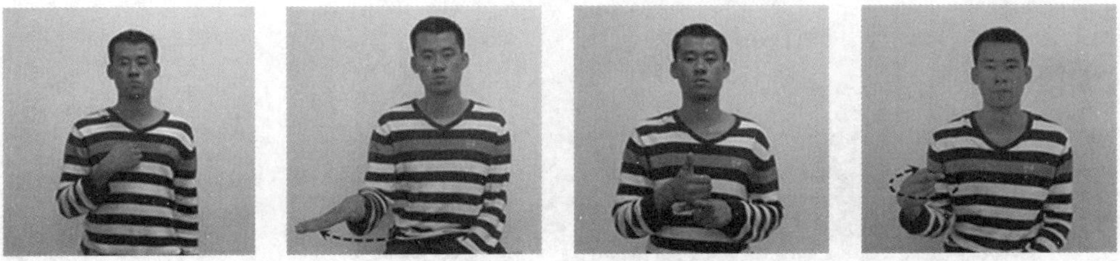

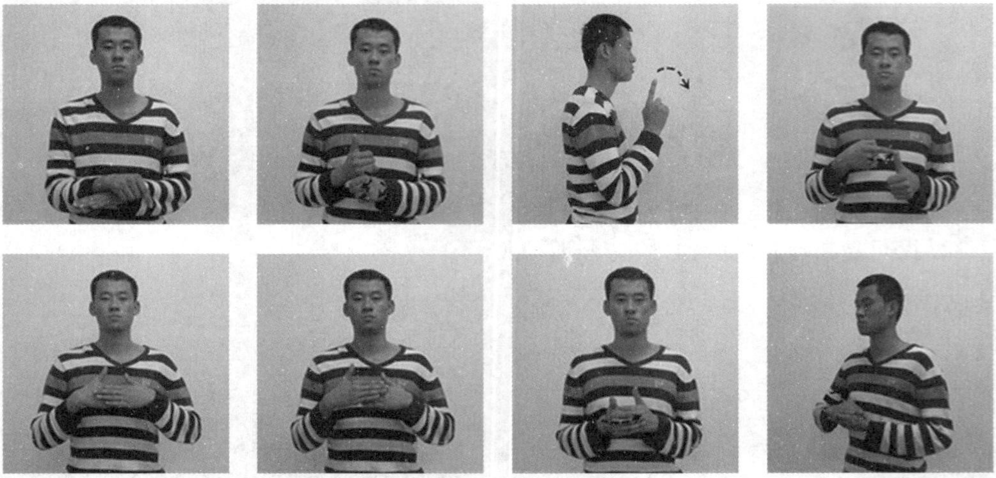

3. 在公交车站点坐车，我们应该排队。

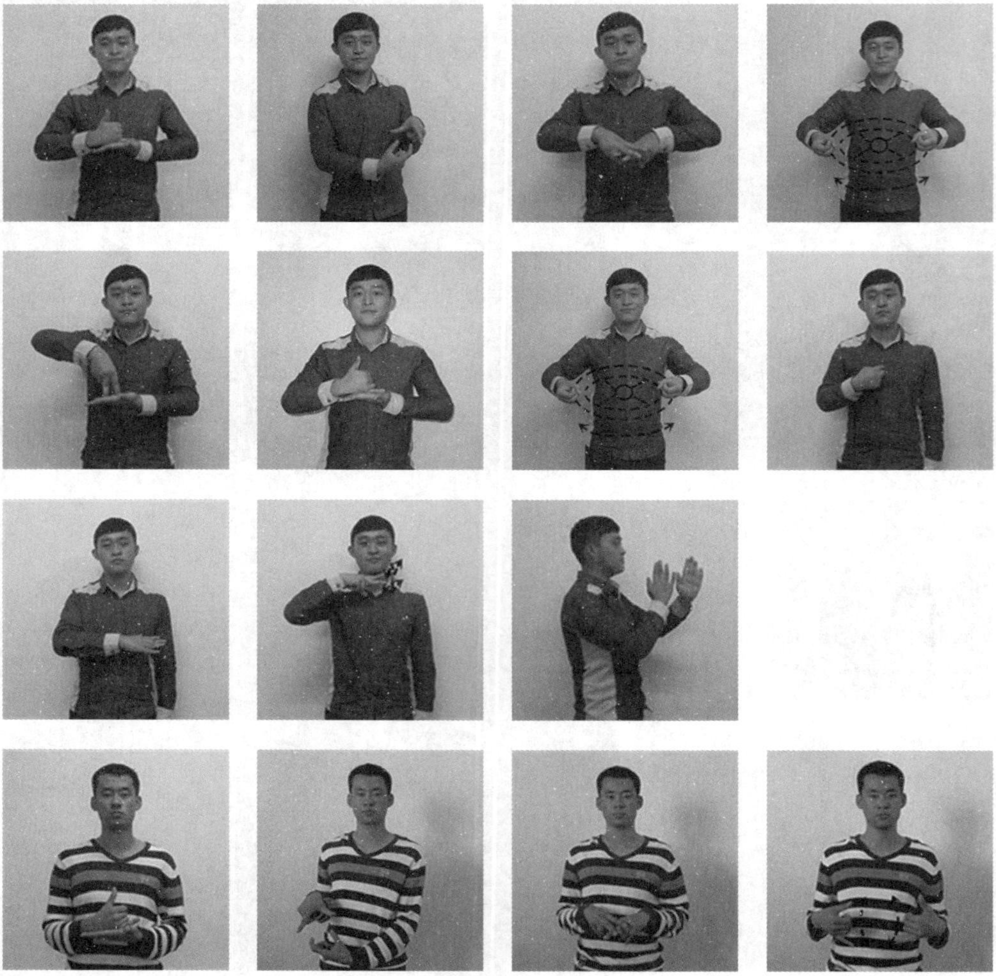

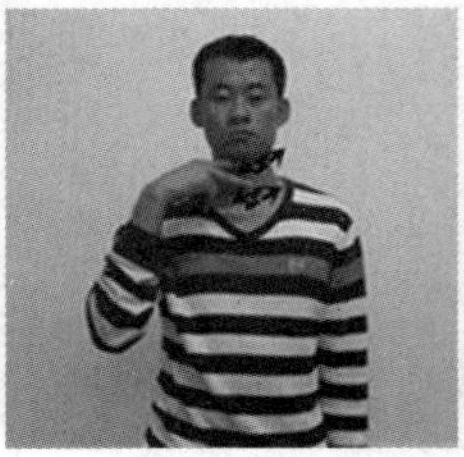

三、同步测试

1. 请用手语表示本主题的词。
2. 请找出下列几组词中相同的手势。
(1)谈判、讨论、会谈
(2)战争、武装
(3)警惕、警卫
3. 请用本主题所学词汇造句,并用手势表示出来。

下　篇　综合篇

第一部分　场景对话

主题一:图书馆

新生 A:你好,我们是新来的学生,请问图书馆怎么走?

学生 B:我也去那里,我们一起去吧,带你们参观一下。

新生 A:太感谢你了。

学生 B:不用客气。

主题一　图书馆

学生 B:这是一楼。

新生 A:那么多桌子是休息用的吗?

学生 B:对,一楼还有三个自习室。

新生 A:以后我们就可以在这里休息了吧?

学生 B:是的,这是超市,这是电梯。

新生 A:墙上的画真漂亮啊!

学生 B:这是关于世界各地著名图书馆的画,我们去二楼看看吧。

学生 B:这是二楼,我们不常在这活动。

学生 B:这是三楼。

新生 A:电子阅览室?是上网的地方吗?

学生 B:对。这是文学借阅室,可以在这里借书。这里是展览厅,我们去四楼看看吧。

学生 B:这是四楼。这里是社会科学借阅室,这是单本书阅览室,这里的书只可以看,不可以借。

新生 A:这里是考研学习室,考研的同学在这里学习吗?

学生 B:是,我们去五楼看看。

学生 B:这是古籍阅览室,这是自然科学借阅室。

新生 A:我们可以借几本书吗?

学生 B:你们想借什么书?

新生 A:心理方面的。

学生 B:在五楼,我们进去吧。

学生 B:书都选好了吧,咱们去办借书手续吧。

图书管理员:请把饭卡放在这里,借书需要刷卡,然后输入密码。

新生 A:可以借多久?

图书管理员:最多一个月,超过期限每天交 2 角钱。

新生 A:知道了,谢谢。

学生 B:图书馆都参观完了,还有什么需要帮助的吗?

新生 A:没有了,谢谢。

学生 B:不客气,再见。

新生 A:再见。

主题二:食堂就餐

主题二　食堂就餐

A:同学打扰一下,我是新来的,食堂在哪儿?

B:我们学校有三个食堂,二食堂、三食堂和丁香苑。

A:哪个食堂比较好呢?

B:他们各有特点,丁香苑品种比较多,我带你去看看吧!

A:好的。

B:一楼主要是饭和菜,有免费的汤和粥供应。

A:生活用品在哪里?

B:在西门旁边是超市,有各种食品和生活用品,刷卡付钱。

A:水果呢?

B:在东门旁边。

A:二楼呢?

B:二楼是快餐,饭卡充值在二楼。

A:谢谢你。

B:不用谢。

C:同学想吃点什么?

D:你们这都有什么?

C:我们这有小米粥、大米粥、汤、豆浆、鸡蛋、皮蛋粥、豆沙饼、包子、烤肠、韭菜合子等。

D:我要一碗小米粥、一个鸡蛋、一根烤肠和一个豆沙饼。

C:请刷卡。你是带走还是在这吃?

D:在这吃。

C:这是你的早餐。

D:谢谢。

主题三:购物

情景一

A:我能帮助你吗?

B:你们这牙膏多少钱?

A:10 元。

B:看起来不错,只是有点儿贵。我们还需要买一些烟,烟在哪里?

A:超市里是不卖烟的,你们要到卖烟的商店买才行。

B:什么?这里不卖烟,怎么可能?

A:这是学校规定的。学校不允许超市卖烟,只有卖烟的商店才有。

B:请问你们这里卖香蕉吗?

A:有的,就在你前面。在这里,看到了吗?

B:看到了,谢谢。这些一共多少钱啊?我可以要一个袋子吗?袋子要付钱吗?

A:要钱的,你要袋子吗?

B:要。

A:请问你有会员卡吗?

B:没有。

A:请问你刷卡还是付现金?

B:我付现金。

主题三 购物

A:同学,没零钱找你了,以糖代替。

情景二

店员:有什么需要服务的吗?

莎拉:是的,我想退货。

店员:好的,你有收据吗?

莎拉:有的,在这儿。上星期才买的。

店员:为什么要退货呢?

莎拉:我不太喜欢了。

店员:我明白了,等一等。太太,这是拍卖品。

莎拉:没错,它们是七折品。

店员:对不起,拍卖品是不能退货的。

莎拉:我知道很多店都是这样,但是我在你们店退过拍卖品。

店员:对不起,我们通常是不接受的,这是规定。

莎拉:我上个星期才买的,而且我是你们店的常客。这次可以例外吗?

店员:让我和经理说说看。太太,经理说这次可以。

莎拉:太好了,我是你们的常客,我很高兴你们可以为我破例。

店员:再让我看看你的收据好吗?

莎拉:这里。谢谢你的服务。

店员:谢谢惠顾。

主题四:就医

情景一:校园

学生 A:快点儿吧,一会儿我们要迟到了。

学生 B:我肚子疼。

学生 A:你今天是怎么了,我带你去医院吧。

学生 B:好,我们走吧。

主题四　就医

情景二:挂号处

护士:你好,请问你有挂号卡吗?

学生 B:有的。

护士:请告诉我你的挂号卡号码。

学生 B:给你。

护士:我给你一份病历。

学生 B:谢谢。

护士:你要挂什么科?

学生 B:内科。

护士:这是你的挂号卡,请拿好。

学生 B:请问内科在哪儿?

护士:进门右转第二个门。

学生 B:谢谢。

情景三:看病

医生:请进,你哪里不舒服?

学生 B:肚子不舒服,可能吃多了。

医生:你昨晚吃了些什么,能告诉我吗?

学生 B:鱼和肉,种类很多。

医生:你去化验一下,再把报告给我。

学生 B:医生,这是化验报告。

医生:请坐,让我看看,你只是吃得过多,消化不良,以后注意饮食就可以了。

学生 B:谢谢。

主题五:银行

(取钱 A 走进银行,并走向咨询处)

咨询处人员:您好! 请问您要办什么业务?

取钱 A:我想要取钱。

咨询处人员:您可以去那边的自动取款机。

取钱 A:可是我也想修改银行卡密码。

咨询处人员:请您取号排队等待。

取钱 A:好的,谢谢!

(取钱 A 走向业务办理处)

业务员:您好!

取钱 A:您好,我想修改密码,并且取出 100 元钱。

业务员:好的,请您出示身份证。

取钱 A:给您。

业务员:请您输入新密码。

取钱 A:好的。(A 输入密码)

业务员:办完了,给您。

取钱 A:谢谢!

业务员:不客气!

(取钱 A 走出银行后,取钱 B 进入,进门后发现地上 100 元钱并走向咨询处)

取钱 B:您好!,我刚才在门口捡到 100 元钱。

咨询处人员:可能是刚才那个人丢的,我去问一下业务员。

(业务员在办公,咨询人员和取钱 B 走向业务员处)

咨询处人员:刚才取钱的人走时丢了 100 元钱,能联系到她吗?

业务员:我查一下。可以,这是她的电话号码。

主题五　银行

咨询处人员:好的,我现在打。

(这时取钱 A 回来找钱)

取钱 A:请问你看到地上有 100 元钱了吗?

咨询处人员:这里,刚准备给你打电话。

取钱 A:非常感谢你。

咨询处人员:你应该谢谢这位好心人,是他捡的。

取钱 A:太谢谢你了。

取钱 B:没关系,应该的。

取钱 A:真的很感谢你们,我先走了,再见。

咨询处人员、取钱 B:再见。

第二部分 综合练习

主题一:图书馆

(一)句子练习

1. 严禁在图书馆内吸烟。

2. 保持室内整洁,禁止将食物及饮料带入馆内;请勿随意搬拽阅览桌椅。

3. 保持室内安静:入馆请将手机关机或调为静音状态;在馆内请轻声交谈,以免影响他人阅读。

4. 尊重管理人员,做个文明读者。

5. 爱护书刊资料及一切公共财物,请勿涂抹、撕毁、私藏书刊。

6. 图书馆的工作是由很多相互联系的环节组成的。一般包括文献的收集、整理、典藏和服务 4 个部分。

7. 图书馆提供的服务,满足了社会对文化娱乐的需要,丰富和活跃了人民群众的文化生活,在精神文明建设当中,起到了不可磨灭的作用。

8. 图书馆按用户群划分为:儿童图书馆、盲人图书馆、少数民族图书馆等。

9. 图书馆按图书载体划分为:传统图书馆、数字图书馆、移动图书馆、真人图书馆等。

10. 图书馆按馆藏文献范围划分为:综合性图书馆、专业性图书馆等。

11. "同学你好,你手里的这本书能借给我看一下吗?"

12. "我想借阅一下这本书,请问需要在什么时间还书?"

13. 阅读书籍的同时,请大家要爱护图书,不要把图书损坏。

14. 为了营造良好的阅读气氛,请大家注意保持图书馆的整洁。

15. "请问关于校园青春类的书籍放在哪个区域?"

16. "您好,我是一名大学生,想要了解金融专业以后就业的相关情况,请您推荐给我一本书好吗?"

17. 请班里需要借书的同学自觉排队,保持安静。

18.“这位同学,图书馆中要保持安静,请你不要再讲话了。”

19.请大家在阅读书籍之后将书放回到原来的位置。

20.“我找不到这本书原来的位置了,您能帮助我一下吗?”

21.“你说话声音有一点儿大,影响我看书了,请你小点儿声,谢谢。”

22.“你认为我借的这本书怎么样,我觉得还不错,想给你推荐一下。”

23.“我想借阅这本书,请问需要在什么时间归还?”

24.“这位同学,你的书放错位置了,它不属于这个类型。”

25.“这位同学,请你把制造的垃圾清理干净后再离开。”

26.一楼有阳光讲坛,定期会有知名老师的讲座。

27.“考研室在哪儿?”

28.考研室在一楼,一共有两个考研室。

29.每一个阅览室都有读书、学习的位置,从二楼的后大厅到一楼都是学习的位置。

30.图书馆外面一楼的门是不能打开的,如果到一楼需要从进门的左右楼梯或二楼后面的楼梯下楼。

31.“请问可以全天都在图书馆吗?”

32.“请问书可以借多长时间啊?”

33.图书馆不是全天开放的,个别阅览室开放时,中间会闭室休息。

34.一本书可以借一个月,超过一个月需要缴费,但是很便宜。

35.一张一卡通一次最多可借20本书。

36.进门时刷卡进入,出门时刷卡出去,如果没有刷卡出去,再次进图书馆时进不去。

37.“图书馆在哪儿?”

38.图书馆位于联通广场的南侧。

39.阳光讲坛有特邀老师讲座的时候,会在图书馆的门口贴海报。

40.在二楼大厅可以看到整个图书馆的布局情况。

41.电梯只允许持电梯卡的教职工乘坐。

42.电子阅览室的使用需要花钱,需往一卡通中单独充钱。

(二)场景练习

情景一

A:你好,请问图书馆在哪儿?

B:在学校主楼的南侧,正对着联通广场和九思湖。

A:我是新生,你能带我了解一下咱们学校的图书馆吗?

B:好的,正好我要去学习,走吧。

A:好大啊!这里一共有几层啊?

B:五层,我先带你去看看一层。

B:一楼是自习区,还有阳光讲堂,有时会聘请专家进行讲座等。

A:好厉害啊,以后我也可以来这里学习了,氛围真好。

B:二楼有电子阅览室,可以查阅资料,做论文等。

B:三楼以上就都是借阅区了,可以看书,借书,学习等。

A:这么多,应该涵盖了很多种类的书籍吧!

B:是的,我们都要好好学习。

情景二

A:早上好!

B:早上好,有什么可以帮助你的吗?

A:我想知道怎样使用学生证借书,你能帮我吗?

B:当然了,你只要有学生证就能从图书馆借书,在图书馆里阅读杂志。

A:一次可以借几本书?

B:一次三本。但杂志是不能外借的,你只能在图书馆里阅读。

A:我可以借多长时间?

B:一个月。如果你不按时还书就会被罚款,但如果你办理续借,就可以保留更长时间。

A:明白了。

A:我现在想借两本有关中国文学的书和两本小说。

B:可以,请刷一下卡。

A:非常感谢。

B:不用谢。

情景三

B:要帮忙吗?

A:我想还这些书。

B:好的。这些全是你借的吗?

A:是的,总共 4 本。

B:好像有 2 本过期了。

A:真的吗?我是同一天借的这些书。

B:但这两本是小说,所有的小说只能外借两周。

A:很抱歉,我不知道。

B:所有规定都印在借书口的注意事项里面。恐怕你得付罚款了。

A:是吗?罚多少钱?

B:1 元。

A:太谢谢你了!

B:这是我的工作。

情景四

A:打扰了,你看一下上边的指示牌,图书馆是禁止吃零食的。

B:啊,不好意思,我看到了。

A:那你怎么还在吃薯片?

B:我早上没吃东西,肚子饿得慌。

A:那也别在这里吃啊,你吃薯片的声音这么大,大家都学不进去习了。

B:抱歉,我吃完这包就不吃啦。

A:如果饿了的话,这个图书馆三楼有一个餐厅,蛮不错的,可以到那里吃点东西。

B:是吗?图书馆三楼就有餐厅?

A:对呀,味道还不错,他们家的法式牛排特别好吃。可以去尝尝。

B:价位很贵吗?

A:还好,不是很贵。

B:谢谢啦,我去吃点啦。

A:拜拜。

B:拜拜。

情景五

A:打扰一下,这里是图书馆,你们能保持安静吗?

B:我知道这是图书馆,我们在讨论一道非常重要的题。

A:但是图书馆需要保持安静。

B:好的,我知道了。请不要再打扰我们了。

A:你们根本就不是在讨论问题。

B:你怎么知道?

A:你们聊天的声音那么大。

B:对不起,我们会注意的 。

A:下次注意。

B:好的。

情景六

A:同学,你好,请问图书馆怎么走?

B:沿着这条路一直走,你会看到一个篮球场,从篮球场的东侧走到它的西侧就能看到一个教学主楼,穿过教学主楼,你会看到一个很大的广场,这个广场叫作联通广场,当你走到联通广场的中心时,请向你的右手边看,你就能看到一个大的图书馆。

A:好的,同学,一定要从教学主楼穿过去吗?

B:不一定,你也可以从教学主楼前面绕到后面,但是我建议你从教学主楼内穿过,这样比较方便、快捷。

A:同学,还有其他的路可以到图书馆吗?

B:有,你可以从特殊教育楼和学生中心的中间的路穿过去,一直走,走到头的时候,你还是会看见一个篮球场,穿过篮球场到教学主楼,剩下的路就是一样的了。

A:知道了,那怎样才能进入图书馆呢?

B:带好你的一卡通,当你看到图书馆时,你走进二楼,可以刷卡进入图书馆。

A:好的,同学,谢谢你啦,我走了,拜拜!

B:没事,注意安全,拜拜!

情景七

A:同学,你好,请问我要借书需要带什么吗?

B:带好你的一卡通,没有一卡通是借不到书的。

A:那怎样知道我要借的书在哪儿呢?

B:在二楼大厅,你可以看到阅览室的分布情况,找到你要借的书的类型,找到相应的阅览室。

A:那怎样借书呢?

B 找到对的阅览室,按照编码找到你要借的书,拿到门口,图书管理员会进行登记,登记完你就借书成功了。

A:借书时有什么要注意的吗?

B:将你身上的书包放在物品放置处,看的书如果不想借,要放回原处。

A:同学,谢谢你。

B:没事,祝你借书愉快!

情景八

A:同学,你好,请问图书馆的卫生间在哪儿?

B:每个楼层都有一个卫生间。

A:那怎么走呢?

B:从二楼大厅的右侧上楼,直走就能看到卫生间的标志。

A:哦哦,那热水在哪儿呢?

B:在三楼的电子阅览室门口有一台热水机,还有咖啡机。

A:需要钱吗,现金还是网银呢?

B:热水不需要钱,咖啡需要现金投币。

A:谢谢同学。

B:客气了。

情景九

A:你好,有什么需要帮忙吗?

B:你好,我想借用一下电子阅览室。

A:你有学生证吗?

B:有的,给你。

A:好的,稍等,我查证一下。

B:请收好你的证件。

A:电子阅览室在二楼拐角。

B:请问我是几号机器?

A:36 号。

B:好的,麻烦你了。

主题二:食堂就餐

(一)句子练习

1. 学校食堂主要是供应校内师生一日三餐的,也有学校食堂对外开放,只要来,就可以吃饭。

2. 自觉遵守就餐纪律,养成饮食卫生习惯!

3. 相互礼让,自觉排队。

4. 为了你和他人的健康,不要在食堂内吸烟。

5. 就餐对象包括:学校学生、教师、教师家属、外来临时人员等。

6. 学校食堂的饭菜有一定的地方特色,全国各地的学校食堂越来越重视分类窗口的管理和售卖,重视师生的饮食习惯和口味。

7. 食堂的内部设施主要有桌、椅、收款处和厨房摊位。现在,一般的食堂也提供风扇或者空调。

8. 食堂主要是餐饮消费,大部分食堂配有商店或小卖部供日用品消费。

9. 食堂收款一般是现金结算,日清月结,不赊账。

10. 收款方式分两种:饭卡刷卡消费和现金消费。

11. 食堂类似快餐店经营,一般是先付款,后取收据到厨房窗口取食物。

12. 遇到刷饭卡出错情况应及时找相关人员询问。

13. 吃完饭后应将餐具放置到餐具回收处。

14. 食堂属于公共场所,应保管好私人物品。

15. “你好,我想要一个肉包子,一碗粥,一个鸡蛋。”

16. “我想要一份冰饮料,哪个比较好喝?”

17. 四食堂可以外卖点餐,会送到寝室,而且价格是一样的。

18. “我喜欢食堂的烤冷面,虽然它很贵,但是它很好吃。”

19. 吃完饭以后,自己要把餐具收起来。

20. 吃饭的时候,不要把脚蹬在桌子上,很没有礼貌。

21. 特殊教育食堂,饭菜价格很便宜,也很实惠。

22.“今天食堂有我喜欢吃的牛肉和鸡蛋。”

23.“我们学生放假,食堂也会放假。”

24.“我想来一杯热奶,多加点糖,谢谢。”

25.“给我来一份冷面,要凉的。”

26.“同学,你的饭卡被捡到了,在学校食堂二楼。”

27.“食堂有厕所吗,在几楼?”

28.“我校共有三个食堂,它们分别是特殊教育食堂、丁香苑、第三食堂。”

29.“相比较而言,饭菜便宜的是哪一个食堂?”

30.“食堂里有超市吗?”

31. 第三食堂有教职工食堂。

32. 特殊教育食堂的用餐人员为教育学院和特殊教育学院的师生。

33.“早餐在食堂的哪一层?”

34.“食堂都有什么类型的饭菜?”

35. 食堂可以充饭卡,但是充卡时间有要求。

36. 周六是不可以充饭卡的。

37. 吃完饭需要自己将餐盘拿到餐盘回收处。

(二)场景练习

情景一

A:走了一上午,好饿啊!我们去吃饭吧。

B:好啊,我带你去咱们学校的食堂吧。

(路上)

B:咱们学校有 3 个食堂,它们分别是丁香苑、第三食堂还有咱们南区的特殊教育食堂。

A:好多选择啊,都有什么吃的啊?

B:主食有米饭和面食,菜有炒菜、炖菜等。

A:好丰富呀,每个食堂都有特色吧?

B:是的。丁香苑,一楼有超市、蛋糕店和小火锅;第三食堂,有自助餐;特殊教育食堂,汤是免费的。

A:有饺子吗?

B:有啊,在丁香苑,我们去吃吧!

A:我想吃猪肉玉米馅的。

情景二

A:晚上去北区吃饭啊?

B:行,正好我要去充饭卡。

A:咱们南区也可以充啊,不是有充卡机吗?

B:它中午就坏了。

(晚上)

B:我先去打个饭票。

A:那我就找座位了,一会儿会合。

B:你吃的啥? 又是面,真是个面食主义者。

A:晚上了嘛,好消化。

A:我饭卡也快没钱了,一会儿一起充吧。

B:好,正好试试机器,我还没用过机器呢。

情景三

学生:你好,我想要一碗麻辣烫。

食堂工作人员:好的,请问要自选吗?

学生:不是,九块钱一碗的。

食堂工作人员:同学,你要什么面?

学生:我要冷面和粉。

食堂工作人员:青菜呢?

学生:我要菠菜和白菜。其他的我不要。

食堂工作人员:同学,你吃土豆和海带吗?

学生:吃,麻烦多给我放点儿金针菇和豆芽。

食堂工作人员:好的,你要什么口味的?

学生:加麻加辣加糖、醋。

食堂工作人员:好的,你是 36 号。

学生:好的,谢谢。能再给我来一杯冰可乐吗?

食堂工作人员:好的,一共 12 块钱。

学生:好的。可是我没带饭卡,我去打饭票。等我一下。

食堂工作人员:咱们可以微信支付,省得你还得去楼下打饭票。

学生:哦,真是太棒了,非常感谢,支付成功了!

情景四

A:同学,你好,请问第六食堂怎么走?

B:在教学主楼的旁边,它是一个三层楼。

A:谢谢,那请问楼层这么多,有什么特色吗?

B:一楼可以按照自己的喜好选自助菜品和打饭,二楼是小吃,三楼供教职工用餐。

A:它是公立的食堂?

B:是的,吃的挺多的。

A:位置多吗?

B:位置很多,它是最大的食堂。

A:谢谢,我去了。

B:好的,祝你用餐愉快。

情景五

A:同学,你好,我想去吃饭,你有什么推荐的吗?

B:看你呀,你有什么想吃的吗?

A:我都行,比较喜欢吃米饭。

B:三个食堂都可以,特殊教育食堂的饭菜实惠便宜,主要是餐盘饭,第三食堂的吃的可以自选称斤,丁香苑的小吃居多。

A:感觉都很好,好纠结。

B:确实都很好,但是你要看你自己的喜好。

A:我其实也不是很确定自己要吃什么。

B 那你可以去看看,找找感觉。

A:我知道了,谢谢。

B:没事。

主题三:购物

(一)句子练习

1. 网络购物是一种潮流,像淘宝购物、京东购物,现代网络购物模式越来越多。

2. 购物中心通常设在城市中较大规模的商业区内。

3. 货品分类:书店、精品店、药房、宠物店、超级市场等。

4. 检查商品有无商标、厂家、生产日期、保质期和合格证明。

5. 索取购物凭据,收据上要有单位名称、品名、牌子、型号、价格、数量等,还要看清是否有财税局发行的发票。

6. 在购买商品时,要想把住购物质量关,消费者必须做到"五清楚",即想清楚、问清楚、听清楚、看清楚、记清楚。

7. 货品通常按其价格牌的售价出售,不过有的店铺会采用价格歧视的策略,向某些客人收取较高价钱。

8. 时尚品包括奢侈品、化妆品、家居用品、装饰品、时尚消费品(服装、鞋帽、箱包)、文化类产品。

9. "您好,我需要结账,一共多少钱?"

10. "请问这个橘子多少钱一斤?"

11. "请问在哪个区域有卖牙刷的?"

12. "你看到在哪里有购物车吗?"

13. “请问购物区二楼怎么走？”
14. “请问什么洗发露比较好用？给我推荐一个。”
15. “这棵菜看着不是很新鲜，能帮我换一下吗？”
16. “能麻烦你帮我拿一下那个薯片吗？”
17. “您进入购物区时，请把您的包裹封存一下。”
18. “用会员卡买这个会有折扣吗？”
19. “请问结账时能刷卡吗？我没带现金。”
20. “你好，请帮我挑选 2 斤苹果。”
21. “我找不到卖洗衣粉的地方，你能告诉我一下吗？”
22. “这个苹果不应该被放在蔬菜区，谁把它放错了！”
23. 请您在进入购物区时，不要携带宠物。
24. 请您在购物区乘坐电梯时，招呼好老人和小孩。
25. 本物品较贵重，请您轻拿轻放。
26. 本物品谢绝品尝，谢谢合作。
27. “进入购物区时，请您不要随便乱扔垃圾，保持卫生，谢谢。”
28. “超市里的分区也很明确，方便顾客去挑选自己想买的物品。”
29. “如果你背书包或者比较大的包进入超市，在进去之前需要封包。”
30. 如果你要买比较多的东西，需要推一辆购物车。
31. 如果你买的东西少，则只提一个购物筐就可以。
32. 如果你在购物过程中有问题，可以询问流动的工作人员。
33. 超市可以用微信或者支付宝支付。
34. 比较大型的连锁超市的物品种类很齐全。
35. 购物小票一定要留好。
36. 有些地方的购物车需要投一元硬币才可以用。
37. “当你看不到商品的价格时，你可以询问服务员。”
38. 购物者可以自备购物袋。
39. 在超市入口，一般会备有手提篮或手推车等供顾客使用。
40. 在超市中，你可以购买到零食、生鲜、日用品、酒水等日常能够用到的东西。
41. 超市有车可以送顾客回家。
42. 出门时需要手持购物小票。
43. 在超市结账时，要注意排队，不能插队。
44. 在超市结账时，为了提倡环保，方便袋都是收费的。
45. “卫生间在哪儿？”
46. “如何退货？”
47. 结账前请出示会员卡。

48.“需要购物袋吗?”

49. 盘子里的东西可以免费品尝。

50.“购物车可以推到外面吗?”

(二)场景练习

情景一

A:我能帮你什么吗?

B:不,谢谢。我只是随便看看。有需要我会叫你的。

A:好的。

B:我想要一双棕色的袜子。

A:你想要什么样式的?

B:就和这个一样就行。

A:这个给你,还有其他的需要吗?

B:没有了,谢谢你。

B:请问在哪里付款?

A:直走右拐就能看到了。

B:好的。

情景二

A:咱们去买点水果吧!

B:走吧,去对面的小超市吗?

A:还是去大超市吧,我还想买点别的东西。

B:行,那我背个大包。

A:你都想买什么水果啊?

B:买点苹果、橘子什么的。你呢?

A:我想买柚子,你帮我挑一个吧!

B:好的。给你。

A:那边有打特价的,我们去看看吧。

B:走吧。

情景三

(结账处)

A:请您下次买水果或蔬菜时,先用袋子装好称重再来这里结账,要不我们没有办法输入价格。

B:好的,我以前不知道,谢谢你。

A:总共是50元,刷卡还是现金?

B:我用银行卡,给你。

A:好,请输入密码。

B:＊＊＊＊＊＊＊

A:请问需要塑料袋吗?

B:拿一个小袋子吧。

A:请拿好东西收好银行卡和小票。欢迎下次光临。

B:好,谢谢。

情景四

服务员:您好,请问您要买什么?

顾客:我要买牙膏。

服务员:您想买什么类型的?

顾客:我想买牙膏 A。

服务员:我推荐您买牙膏 B。

顾客:我一直都用牙膏 A,觉得挺好用的。

服务员:因为您是典型的黄斑牙,牙膏 B 更适合您。

顾客:是吗,我之前并不知道呀。

服务员:因为您用含碘伏的牙膏,黄斑牙会越来越严重。

顾客:好的,那我知道了,谢谢你的推荐。

服务员:不客气。

顾客:请问洗发水在哪里?

服务员:一直往前走,在第四个货架上。

顾客:好的,我看到了,谢谢你。

情景五

A:你好,你经常来这家超市吗?

B:不是经常来,一般会选择离家比较近的超市。

A:那今天为什么会来这里呢?

B:因为比较有名的超市的东西比较全,小超市经常会缺货。

A:那你平时都什么时候来超市呢?

B:一般我来超市会买很多东西回去,等用完了再来。

A:那你平时喜欢去大超市还是小超市呢?

B:如果买比较一般的东西我会选择比较近的地方。

A:好吧,谢谢你的配合。

B:不谢。

主题四:就医

(一)句子练习

1. 按不同疾病或伤害,医院可分为儿科医院、耳鼻喉科医院、皮肤科医院、精神病院、肿瘤医院、传染病医院等。

2. 如果有不良反应，马上来找医生。

3. “你有点发烧，你应该打针。”

4. “我建议你物理退烧，多喝开水。”

5. “没关系的，注重保暖，多喝水，吃青菜、水果增强抵抗力。”

6. “我的现金不够办理住院手续，可以刷卡吗？”

7. “麻烦您和我一起去办理住院手续，然后缴费。”

8. “根据检查结果显示，你得了病毒性疱疹。”

9. “根据血液的化验结果显示，您已经怀孕了。”

10. “我来做体检，我该去哪里化验？”

11. “你把衣服脱了，准备上手术台吧。”

12. “你身体太虚弱，不可以吃寒性食物。”

13. 不可以吃海鲜，辛辣的食物。

14. “你要按时吃药。”

15. 医院二十四小时都会为病人提供帮助。

16. 在医院，要先挂号再去就诊。

17. 医院里的医生和护士对他们所在的科室来说都是专业的。

18. “请问急诊室应该怎么走？”

19. “你好，我想挂一个骨科的号。”

20. “我有点发烧，可以帮我看看是什么原因吗？”

21. “可以给我一些感冒药吗？”

22. “你这病是由病毒引起的感冒。”

23. 回去注意多喝水，按时吃药。

24. 请拿着药单去一楼药房拿药。

25. “请问，专家号怎么挂？”

26. “你好，我想预约一下张医生。”

27. 医院里禁止大声喧哗。

28. 病毒性感冒通常伴有一些并发症，类似于咽喉炎。

29. 进出手术室之前需要消毒。

30. 医院在输液前一般会进行皮试。

31. 部分人对部分药物有过敏反应。

32. 一台手术通常需要很多医护人员一起操作。

33. 医用的治疗工具的精密度要高于民用的医疗工具。

34. 手术刀、剪刀等手术用具都是一次性的。

35. 为了避免感染，伤口处通常需要进行消毒处理。

(二)场景练习

情景一

A:您好,这里是导诊台,很高兴为您服务。

B:您好,请问一下医药费可以用支付宝支付吗?

A:不好意思,只支持微信支付。

B:那微信支付分哪几步呢?

A:首先关注一下我们人民医院的公众号,扫码关注。

B:好的,已经扫码关注了。

A:之后打开“我的消息”,注册一下身份。

B:只需注册姓名、手机号、病号,对吗?

A:是的,然后点开“我的账单”就可以支付了。

B:谢谢。

情景二

A:您好,请问有什么可以帮助您的?

B:您好,我是来找我哥哥的,他腿受伤了,住院了。

A:那你哥哥在哪个病房?

B:我忘记了,只记得在这个楼。

A:那你跟我来导诊室查一下。

B:好的,谢谢。

A:你把你哥哥的姓名、年龄说一下。

B:他叫张××,年龄24岁。

A:嗯嗯,他在三楼316病房,恰好我也要去一趟三楼,咱俩一起吧。

B:再次感谢。

情景三

A:大夫,早上好。

B:请进。你哪里不舒服?

A:肚子不舒服。我想可能是昨晚吃得太多了。

B:你昨晚吃了些什么,能告诉我吗?

A:海鲜、烤鸭……种类很多,有的我叫不出名儿。

B:你呕吐过没有?

A:吐过。我昨晚吐了三次,还上了好几趟厕所。

B:你得做一个检查。我给你开一张化验单。你带着化验单到化验室去。

A:好吧。待会儿见,大夫。

B:待会儿见。

情景四

A:你好,请问是在这里挂号吗?

B:没错,请问你要挂什么科的号?

A:我嗓子不太舒服,请问应该挂哪个科室的号?

B:挂耳鼻喉科的号就行,请问您有预约专家号吗?

A:没有。

B:那你挂的是普通号,请注意号码,时间到了会念您的号码。

A:我知道了,谢谢。

B:耳鼻喉科二科室,挂号费五元。

A:请问我应该怎么走?

B:二楼右转第五个门,门上有门牌。

A:谢谢。

情景五

A:你好,取药是在这里吗?

B:是的,请把你的药单给我。

A:请问这些药要多少钱?

B:我也不知道,你直接拿着药单去缴费的地方缴费就行了。

A:请问在哪里缴费?

B:最左侧的窗口就能缴费。

A:谢谢。

B:这是你的药,拿好。

A:可以给我一个方便袋吗?

B:可以。

情景六

A:你好,我交一下费用。

B:共计 107.60 元人民币。

A:不好意思,我现金不太够,可以用别的方式支付吗?

B:可以,现金支付、医保卡、微信或者支付宝都可以。

A:请问医保卡能打折吗?

B:可以,请出示您的医保卡。

A:给。

B:经过折扣,共计 102.22 元,直接刷卡了。

A:谢谢。

B:这是您的药单和发票,请拿好。

情景七

A:医生,我弟弟现在情况怎么样?

B:你弟弟的阑尾我们已经切除了,手术很成功。

A:那我弟弟要在这住多久?

B:看他恢复程度吧,最快也要在这休息两三天,我们需要观察一下情况,避免感染发炎。

A:那医生,他需要注意什么呢?

B:伤口没长好的情况下,尽量避免做过多的动作,防止伤口开裂。

A:那有没有什么忌口的?

B:尽量少吃辛辣,油腻的东西吧,不利于伤口恢复。

A:那谢谢医生了。

B:对了,注意病人的营养,营养好了才能恢复得快。

A:知道了,谢谢医生。

主题五:银行

(一)句子练习

1. 请22号到6号窗口办理手续。
2. "我想汇款,请问我该带什么证件?"
3. "我的银行卡消磁了,能帮我看一下吗?"
4. "请在大厅稍等一下,马上会有客户经理过来帮助您解决。"
5. 请填张存款单,写明数额、姓名、地址、工作单位。
6. 请收好单据。
7. "请保管好存折,如有遗失及时联系我们。"
8. "很高兴为您服务,请对我们的服务做出评价。"
9. "对不起,您的余额只有3 000元,不够5 000元,余额不足。"
10. "请支付15元,包含换卡工本费5元,手续费10元。"
11. "是,我们收手续费,我们按照金额百分之一收取。"
12. "我需要一些现金,请问能给我兑换美元吗?"
13. "当然很乐意为您兑现,但是兑现的利率比较高。"
14. "你想开一个活期存款账户吗?"
15. "请您重填一份,因为金额不能涂改。"
16. "你想开一个定期存款账户吗?"
17. "这是你的存折,存取款时请带来。"
18. "对不起,这张是假币。"

19.“您在我行有储蓄账户吗?”
20.“您能告诉我如何开户吗?”
21.“怎样取钱呢?”
22.“你们银行存钱的利息是多少?”
23.“取钱需要手续费吗?”
24.“麻烦帮我转一下账。”
25. 自动取款机取款是有限额的。
26. 银行存款分活期存款和定期存款。
27. 取款大于 10 000 元,请到柜台办理。
28. 取款金额特别大,应该提前预约。
29. 跨行转账不收取手续费。
30.“如何办理新卡?”
31.“请问需要办理什么业务?”
32. 办理业务需要排队领取号码,等待叫号。
33.“请帮我查询账户余额。”
34.“我的银行卡的磁条好像出问题了,能帮我看一下吗?”
35.“最近有什么合适的理财产品吗?”
36.“我的银行卡丢失了,补办需要哪些手续?”
37. 激活银行卡需要本人身份证和本人手机号。
38. 对不起,您的余额不足。
39.“请您当面清点现金,离开后如有问题概不负责。”
40.“对不起,您的银行卡已被冻结,请问您是否解冻?”
41. 办新卡需要 10 元卡费。
42. 可以通过手机银行查看自己的银行流水记录。
43.“如何激活手机银行?”
44. 手机银行需要在银行柜台,由服务人员激活。
45.“银行中午休息吗?”
46.“请问,银行早上几点上班,晚上几点下班呀?”

(二)场景练习

情景一

A:你好,我想开个账户。

B:您想开什么样的账户?

A:我想开个存款账户,请问第一次存款有最低额度限制吗?

B:是的,第一次存款的最低额度是 1 000 元。

A:那以后的额度呢?

B:然后您可以任意存。存一元也行。

A:好的。

B:把您的身份证给我。

A:给你,1 000 元钱和我的身份证。

B:请等一等……这是您的存折。请好好保存。

A:谢谢,我会的。

情景二

A:您好,您要办理什么业务?

B:我想申请个人贷款。

A:您想要贷款多少钱?

B:10 万元。

A:让我和我们的信用部主管谈谈,我们的记录上显示您的信用评价很高。我想您不会有问题的。

B:目前的利率是多少?

A:我们每月利率是未偿余额的 1.5%,请您填好这张申请表好吗?

B:好的,这是申请表。

A:请您稍等一下,我们正在为您尽快办理此业务。

B:好的,谢谢。

情景三

A:你好,我想给我儿子汇一千元钱。

B:请您填一下这张表格。

A:好的,在收款人一项填我儿子的名字吗?

B:是的。您必须填写您儿子的名字和银行卡卡号。

A:好的,知道了。给你,这样行吗?

B:我看看,可以了。请您给我一千元钱。

A:这就是。请问手续费率是多少?

B:是千分之一。就是一元。

A:好的。

B:请您保管好这张汇款单。

情景四

职员:您好,请问您要办理什么业务?

顾客:请帮我查询一下账户余额。

职员:您用纸把名字写下来好吗?

顾客:写完了,给你。

职员:好的,您在本行的账户余额是人民币 5 000 元。

顾客：我的银行卡出现故障了，能帮我看一下吗？

职员：问题不大，您的银行卡被锁住了，请出示身份证，输入密码就可以给您解开。

顾客：我想注销在你们这儿的账户。

职员：请到6号柜台办理。

顾客：你这里办理不了吗？

职员：是的，请先在大厅休息一下，马上会有客户经理来帮助您。

顾客：好的。

经理：你好，请问您要注销账户，是吗？

顾客：是的，因为你们银行太麻烦了。

经理：对不起，先生，我们都是按照规定办理手续的。其他银行也是一样的。

顾客：给我办理手续吧，注销账户。

经理：您不要再考虑考虑吗？我们银行的利率比较高。

顾客：不用了，谢谢，麻烦你了。

经理：好的，不客气。

情景五

顾客：你好，我想要存款。

职员：您有多少钱要存入呢？

顾客：请告诉我开个储蓄账户需要什么手续。

职员：请填张存款单，写明数额、姓名、地址和工作单位。

顾客：好的，给你。

职员：请再写上您的姓名、证件号码和联系方式。

顾客：我知道了，等一下，我确认一下再给你。

职员：您填写的文字与数字不符。

顾客：怎么可能，我已经确认过了。

职员：您的签名有误。

顾客：给我，我重新签一下。

职员：请收好单据。

顾客：好的。

职员：这是您的存折，以后存取款时请带来。

顾客：好的，我知道了。

职员：请保管好存折（银行卡），若遗失请告诉我们。

顾客：非常感谢。

职员：不客气。

情景六

A:你好,你需要办理什么业务吗?

B:你好,我想要办一张新卡。

A:好的,请出示您的身份证。

B:好的,还需要什么别的吗?

A:需要本人填表格并签字,还需要照相。

B:好的,需要付费吗?

A:需要10元的卡费。

B:好的,给你。

A:好的,已办理完毕,期待您下次光临。

B:谢谢

情景七

A:你好,我想取钱,在哪里办呀?

B:请问你取多少钱呀?

A:3 000元。

B:低于10 000元可以在自动存取款机自行取钱。

A:不可以在窗口取钱吗?

B:可以,但是建议用自动存取款机,更快一些。

A:好的,需要我拿什么东西吗?

B:拿好您的银行卡,知道密码就行。

A:谢谢!

B:不用谢!

情景八

A:你好。

B:您好,有什么需要我帮忙吗?

A:我想把钱都取出来,然后销户。

B:我能看看您的存折吗?

A:给你。

B:数额很大,您为什么要销户?

A:我要离开这里,所以这个账户没有用了。

B:我明白了,但是数额很大,需要经理的许可。

A:没问题,我在这里等。

B:好的,请稍等。